Johann Friedrich Böhmer

Die Regesten des Kaiserreichs unter den Karolingern. 751-918

Johann Friedrich Böhmer

Die Regesten des Kaiserreichs unter den Karolingern. 751-918

ISBN/EAN: 9783743656895

Hergestellt in Europa, USA, Kanada, Australien, Japan

Cover: Foto ©ninafisch / pixelio.de

Weitere Bücher finden Sie auf **www.hansebooks.com**

Harvard College Library

FROM

THE ESTATE OF

Professor E. W. GURNEY

(Class of 1852)

Received 1 July, 1902

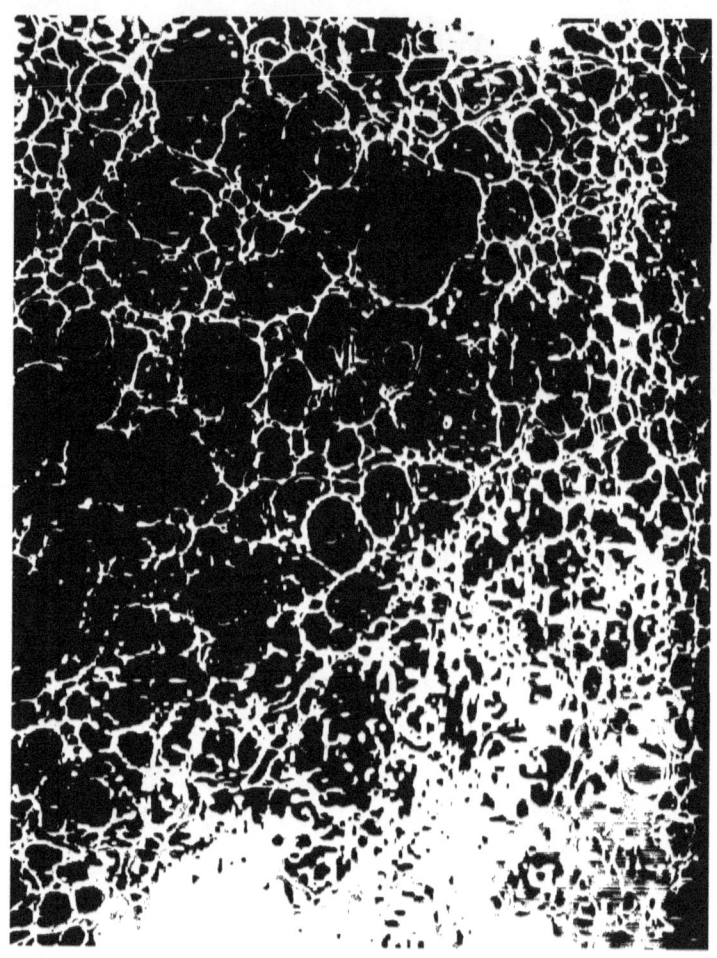

RÖMISCHE GESCHICHTE

VON

THEODOR MOMMSEN.

ERSTER BAND.
BIS ZUR SCHLACHT VON PYDNA.

VIERTE AUFLAGE.

MIT EINER MILITÄRKARTE VON ITALIEN.

BERLIN,
WEIDMANNSCHE BUCHHANDLUNG.
1865.

MEINEM FREUNDE

MORIZ HAUPT

IN BERLIN.

Vorrede zu der zweiten Auflage.

Die neue Auflage der Römischen Geschichte weicht von der früheren beträchtlich ab. Am meisten gilt dies von den beiden ersten Büchern, welche die ersten fünf Jahrhunderte des römischen Staats umfassen. Wo die pragmatische Geschichte beginnt, bestimmt und ordnet sie durch sich selbst Inhalt und Form der Darstellung; für die frühere Epoche aber sind die Schwierigkeiten, welche die Grenzenlosigkeit der Quellenforschung und die Zeit- und Zusammenhanglosigkeit des Materials dem Historiker bereiten, von der Art, dafs er schwerlich Andern und gewifs sich selber nicht genügt. Obwohl der Verfasser des vorliegenden Werkes mit diesen Schwierigkeiten der Forschung und der Darstellung ernstlich gerungen hat, ehe er dasselbe dem Publicum verlegte, so blieb dennoch nothwendig hier noch viel zu thun und viel zu bessern. In diese Auflage ist eine Reihe neu angestellter Untersuchungen, zum Beispiel über die staatsrechtliche Stellung der Unterthanen Roms, über die Entwickelung der dichtenden und bildenden Künste, ihren Ergebnissen nach aufgenommen worden. Ueberdies wurden eine

Vorrede zu der dritten [und vierten] Auflage.

Die dritte [und vierte] Auflage wird man im Ganzen von den vorhergehenden nicht beträchtlich abweichend finden. Kein billiger und sachkundiger Beurtheiler wird den Verfasser eines Werkes, wie das vorliegende ist, verpflichtet erachten, für dessen neue Auflagen jede inzwischen erschienene Specialuntersuchung auszunutzen, das heifst zu wiederholen. Was inzwischen aus fremden oder aus eigenen seit dem Erscheinen der zweiten Auflage angestellten Forschungen sich dem Verfasser als versehen oder verfehlt ergeben hat, ist wie billig berichtigt worden; zu einer Umarbeitung gröfserer Abschnitte hat sich keine Veranlassung dargeboten. Eine Ausführung über die Grundlagen der römischen Chronologie im vierzehnten Kapitel des dritten Buches ist späterhin in umfassenderer und dem Stoffe angemessenerer Weise in einer besonderen Schrift (Die römische Chronologie bis auf Caesar. Zweite Auflage. Berlin 1859) vorgelegt und defshalb hier jetzt auf die kurze Darlegung der Ergebnisse von allgemein geschichtlicher Wichtigkeit eingeschränkt worden. — Im Uebrigen ist die Einrichtung nicht verändert. Das verheifsene Inhaltsverzeichnifs zu den ersten drei Bänden, dessen Veröffentlichung unvorhergesehener Hindernisse wegen bisher unterblieben ist, wird im Laufe des nächsten Jahres als besonderes Heft ausgegeben werden.

Berlin am 1. Febr. 1861 und am 29. Decbr. 1864.

INHALT.

ERSTES BUCH.
Bis zur Abschaffung des römischen Königthums.

	Seite
KAPITEL I.	
Einleitung	3
KAPITEL II.	
Die ältesten Einwanderungen in Italien	8
KAPITEL III.	
Die Ansiedelungen der Latiner	31
KAPITEL IV.	
Die Anfänge Roms	43
KAPITEL V.	
Die ursprüngliche Verfassung Roms	57
KAPITEL VI.	
Die Nichtbürger und die reformirte Verfassung	85
KAPITEL VII.	
Roms Hegemonie in Latium	100
KAPITEL VIII.	
Die umbrisch-sabellischen Stämme. Anfänge der Samniten	115
KAPITEL IX.	
Die Etrusker	120
KAPITEL X.	
Die Hellenen in Italien. Seeherrschaft der Tusker und Karthager	129
KAPITEL XI.	
Recht und Gericht	149
KAPITEL XII.	
Religion	163
KAPITEL XIII.	
Ackerbau, Gewerbe und Verkehr	186
KAPITEL XIV.	
Maſs und Schrift	207
KAPITEL XV.	
Die Kunst	223

ZWEITES BUCH.
Von der Abschaffung des römischen Königthums bis zur Einigung Italiens.

KAPITEL I.	
Aenderung der Verfassung. Beschränkung der Magistratsgewalt	247
KAPITEL II.	
Das Volkstribunat und die Decemvirn	268

INHALT.

KAPITEL III.
Die Ausgleichung der Stände und die neue Aristokratie . . . . Seite 290

KAPITEL IV.
Sturz der etruskischen Macht. Die Kelten 323

KAPITEL V.
Die Unterwerfung der Latiner und Campaner unter Rom 342

KAPITEL VI.
Die Italiker gegen Rom 364

KAPITEL VII.
König Pyrrhos gegen Rom und die Einigung Italiens 386

KAPITEL VIII.
Recht. Religion. Kriegswesen. Volkswirthschaft. Nationalität. 434

KAPITEL IX.
Kunst und Wissenschaft 461

DRITTES BUCH.
Von der Einigung Italiens bis auf die Unterwerfung Karthagos und der griechischen Staaten.

KAPITEL I.
Karthago 489

KAPITEL II.
Der Krieg um Sicilien zwischen Rom und Karthago 513

KAPITEL III.
Die Ausdehnung Italiens bis an seine natürlichen Grenzen 545

KAPITEL IV.
Hamilkar und Hannibal 567

KAPITEL V.
Der hannibalische Krieg bis zur Schlacht bei Cannae 594

KAPITEL VI.
Der hannibalische Krieg von Cannae bis Zama 620

KAPITEL VII.
Der Westen vom hannibalischen Frieden bis zum Ende der dritten Periode 673

KAPITEL VIII.
Die östlichen Staaten und der zweite makedonische Krieg 693

KAPITEL IX.
Der Krieg gegen Antiochos von Asien 731

KAPITEL X.
Der dritte makedonische Krieg 762

KAPITEL XI.
Regiment und Regierte 792

KAPITEL XII.
Boden- und Geldwirthschaft 840

KAPITEL XIII.
Glaube und Sitte 871

KAPITEL XIV.
Litteratur und Kunst 891

ERSTES BUCH.

Bis zur Abschaffung des römischen Königthums.

> τὰ παλαιότερα σαφῶς μὲν εὑρεῖν διὰ χρόνου πλῆθος ἀδύνατα ἦν· ἐκ δὲ τεκμηρίων ὧν ἐπὶ μακρότατον σκοποῦντί μοι πιστεῦσαι ξυμβαίνει οὐ μεγάλα νομίζω γενέσθαι, οὔτε κατὰ τοὺς πολέμους οὔτε ἐς τὰ ἄλλα.
> Thukyd.

KAPITEL I.

Einleitung.

Rings um das mannichfaltig gegliederte Binnenmeer, das tief einschneidend in die Erdfeste den gröfsten Busen des Oceans bildet und, bald durch Inseln oder vorspringende Landfesten verengt, bald wieder sich in beträchtlicher Breite ausdehnend die drei Theile der alten Welt scheidet und verbindet, siedelten in alten Zeiten Völkerstämme sich an, welche, ethnographisch und sprachgeschichtlich betrachtet verschiedenen Racen angehörig, historisch ein Ganzes ausmachen. Dies historische Ganze ist es, was man nicht passend die Geschichte der alten Welt zu nennen pflegt, die Culturgeschichte der Anwohner des Mittelmeers, die in ihren vier grofsen Entwickelungsstadien an uns vorüberführt die Geschichte des koptischen oder ägyptischen Stammes an dem südlichen Gestade, die der aramäischen oder syrischen Nation, die die Ostküste einnimmt und tief in das innere Asien hinein bis an den Euphrat und Tigris sich ausbreitet, und die Geschichte des Zwillingsvolkes der Hellenen und der Italiker, welche die europäischen Uferlandschaften des Mittelmeers zu ihrem Erbtheil empfingen. Wohl knüpft jede dieser Geschichten in ihren Anfängen an andre Gesichts- und Geschichtskreise an; aber jede auch schlägt bald ihren eigenen abgesonderten Gang ein. Die stammfremden oder auch stammverwandten Nationen aber, die diesen grofsen Kreis umwohnen, die Berbern und Neger Afrikas, die Araber, Perser und Indier Asiens, die Kelten und Deutschen Europas haben mit jenen Anwohnern des Mittelmeers wohl auch vielfach sich berührt, aber eine eigentlich bestimmende Entwickelung doch weder ihnen gegeben noch von ihnen empfangen; und soweit überhaupt Culturkreise sich abschliefsen lassen, kann derjenige als eine Einheit gelten, dessen Höhepunkte die Namen Theben, Karthago, Athen und Rom bezeichnen. Es haben jene vier Nationen, nachdem jede von ihnen auf eigener Bahn zu einer eigenthümlichen und grofsartigen Civilisation gelangt war, in mannichfaltigster Wechselbeziehung zu einander alle Elemente der Menschennatur scharf und reich durchgearbeitet und entwickelt, bis auch dieser Kreis erfüllt war, bis neue Völkerschaften, die bis dahin das Gebiet der Mittelmeerstaaten nur wie die Wellen den Strand umspielt hatten, sich über beide Ufer ergossen und indem sie die Südküste geschichtlich trennten von der nördlichen, den Schwerpunkt der Civilisation verlegten vom Mittelmeer an den atlantischen Ocean. So scheidet sich die alte Geschichte von der neuen nicht blofs zufällig und chronologisch; was wir die neue Geschichte nennen, ist in der That die Gestaltung eines neuen Culturkreises, der in mehreren seiner Entwickelungsepochen wohl anschliefst an die untergehende oder untergegangene Civilisation der Mittelmeerstaaten wie diese an die älteste indogermanische, aber auch wie diese bestimmt ist eine eigene Bahn zu durchmessen und Völkerglück und Völkerleid im vollen Mafse zu erproben: die Epochen der Entwickelung, der Vollkraft und des Alters, die beglückende Mühe des Schaffens in Religion, Staat und Kunst, den bequemen Genufs erworbenen materiellen und geistigen Besitzes, vielleicht auch dereinst das Versiegen der schaffenden Kraft in der satten Befriedigung des erreichten Zieles. Aber auch dies Ziel wird nur ein vorläufiges sein; das grofsartigste Civilisationssystem hat seine Peripherie und kann sie erfüllen, nimmer aber das Geschlecht der Menschen, dem so wie es am Ziele zu stehen scheint die alte Aufgabe auf weiterem Felde und in höherem Sinne neu gestellt wird.

Italien. Unsere Aufgabe ist die Darstellung des letzten Akts jenes grofsen weltgeschichtlichen Schauspiels, die alte Geschichte der mittleren unter den drei Halbinseln, die vom nördlichen Continent aus sich in das Mittelmeer erstrecken. Sie wird gebildet durch die von den westlichen Alpen aus nach Süden sich verzweigenden Gebirge. Der Apennin streift zunächst in südöstlicher Richtung zwischen dem breiteren westlichen und dem schmalen östlichen Busen des Mittelmeers, an welchen letzteren hinantretend er seine höchste, kaum indefs zu der Linie des ewigen Schnees hinansteigende Erhebung in den Abruzzen erreicht. Von den Abruzzen aus setzt das Gebirge sich in südlicher Richtung fort, anfangs ungetheilt und von beträchlicher Höhe; nach einer Einsattlung, die eine Hügellandschaft bildet, spaltet es sich in einen flacheren südöstlichen und einen steileren südlichen Höhenzug und schliefst dort wie hier mit der Bildung zweier schmaler Halbinseln ab. Das nördlich zwischen Alpen und Apennin bis zu den Abruzzen hinab sich ausbreitende Flachland gehört geographisch und bis in sehr späte Zeit auch historisch nicht zu dem südlichen Berg- und Hügelland, demjenigen Italien, dessen Geschichte uns hier beschäftigt. Erst im siebenten Jahrhundert Roms wurde das Küstenland von Sinigaglia bis Rimini, erst im achten das Pothal Italien einverleibt; die alte Nordgrenze Italiens sind also nicht die Alpen, sondern der Apennin. Dieser steigt von keiner Seite in steiler Kette empor, sondern breit durch das Land gelagert und vielfache durch mäfsige Pässe verbundene Thäler und Hochebenen einschliefsend gewährt er selbst den Menschen eine wohl geeignete Ansiedlungsstätte, und mehr noch gilt dies von dem östlich, südlich und westlich an ihn sich anschliefsenden Vor- und Küstenland. Zwar an der östlichen Küste dehnt sich, gegen Norden von dem Bergstock der Abruzzen geschlossen und nur von dem steilen Rücken des Garganus inselartig unterbrochen, die apulische Ebene in einförmiger Fläche mit schwach entwickelter Küsten- und Strombildung aus. An der Südküste aber zwischen den beiden Halbinseln, mit denen der Apennin endigt, lehnt sich an das innere Hügelland eine ausgedehnte Niederung, die zwar an Häfen arm, aber wasserreich und fruchtbar ist. Die Westküste endlich, ein breites, von bedeutenden Strömen, namentlich der Tiber, durchschnittenes, von den Fluthen und den einst zahlreichen Vulkanen in mannichfaltigster Thal- und Hügel-, Hafen- und Inselbildung entwickeltes Gebiet, bildet in den Landschaften Etrurien, Latium und Campanien den Kern des italischen Landes, bis südlich von Campanien das Vorland allmählich verschwindet und die Gebirgskette fast unmittelbar von dem tyrrhenischen Meere bespült wird. Ueberdies schliefst, wie an Griechenland der Peloponnes, so an Italien die Insel Sicilien sich an, die schönste und gröfste des Mittelmeers, deren gebirgiges und zum Theil ödes Innere ringsum, vor allem im Osten und Süden, mit einem breiten Saume des herrlichsten grofsentheils vulkanischen Küstenlandes umgürtet ist; und wie geographisch die sicilischen Gebirge die kaum durch den schmalen 'Rifs' ($Ρήγιον$) der Meerenge unterbrochene Fortsetzung des Apennins sind, so ist auch geschichtlich Sicilien in älterer Zeit ebenso entschieden ein Theil Italiens wie der Peloponnes von Griechenland, der Tummelplatz derselben Stämme und der gemeinsame Sitz der gleichen höheren Gesittung. Die italische Halbinsel theilt mit der griechischen die gemäfsigte Temperatur und die gesunde Luft auf den mäfsig hohen Bergen und im Ganzen auch in den Thälern und Ebenen. In der Küstenentwickelung steht sie ihr nach; namentlich fehlt das inselreiche Meer, das die Hellenen zur seefahrenden Nation gemacht hat. Dagegen ist Italien dem Nachbar überlegen durch die reichen Flufsebenen und die fruchtbaren und kräuterreichen Bergabhänge, wie der Ackerbau und die Viehzucht ihrer bedarf. Es ist wie Griechenland ein schönes Land, das die Thätigkeit des Menschen anstrengt und belohnt und dem unruhigen Streben die Bahnen in die Ferne, dem ruhigen die Wege zu friedlichem Gewinn daheim in gleicher Weise eröffnet. Aber wenn die griechische Halbinsel nach Osten gewendet ist, so ist es die italische nach Westen. Wie das epirotische und akarnanische Gestade für Hellas, so sind die apulischen und messapischen Küsten für Italien von untergeordneter Bedeutung; und wenn dort diejenigen Landschaften, auf denen die geschichtliche Entwickelung ruht, Attika und Makedonien nach Osten schauen, so sehen Etrurien, Latium und Campanien nach Westen. So stehen die beiden so eng benachbarten und fast verschwisterten Halbinseln gleichsam von einander abgewendet; obwohl das unbewaffnete Auge von Otranto die akrokeraunischen Berge erkennt, haben Italiker und Hellenen sich doch früher und enger auf jeder andern Strafse berührt, als auf der nächsten über das adriatische Meer. Es war auch hier wie so oft in den Bodenverhältnissen der geschichtliche Beruf der Völker vorgezeichnet: die beiden grofsen Stämme, auf denen die Civilisation der alten Welt erwuchs, warfen ihren Schatten wie ihren Samen die eine nach Osten, die andere nach Westen.

Es ist die Geschichte Italiens, die hier erzählt werden soll, nicht die Geschichte der Stadt Rom. Wenn auch nach formalem Staatsrecht die Stadtgemeinde von Rom es war, die die Herrschaft erst über Italien, dann über die Welt gewann, so läfst sich doch dies im höheren geschichtlichen Sinne keineswegs behaupten und erscheint das, was man die Bezwingung Italiens durch die Römer zu nennen gewohnt ist, vielmehr als die Einigung zu einem Staate des gesammten Stammes der Italiker, von dem die Römer wohl der gewaltigste, aber doch nur ein Zweig sind. — Die italische Geschichte zerfällt in zwei Hauptabschnitte: in die innere Geschichte Italiens bis zu seiner Vereinigung unter der

Führung des latinischen Stammes und in die Geschichte der italischen Weltherrschaft. Wir werden also darzustellen haben des italischen Volksstammes Ansiedlung auf der Halbinsel; die Gefährdung seiner nationalen und politischen Existenz und seine theilweise Unterjochung durch Völker anderer Herkunft und älterer Civilisation, durch Griechen und Etrusker; die Auflehnung der Italiker gegen die Fremdlinge und deren Vernichtung oder Unterwerfung; endlich die Kämpfe der beiden italischen Hauptstämme, der Latiner und der Samniten um die Hegemonie auf der Halbinsel und den Sieg der Latiner am Ende des vierten Jahrhunderts vor Christi Geburt oder des fünften der Stadt Rom. Es wird dies den Inhalt der beiden ersten Bücher bilden. Den zweiten Abschnitt eröffnen die punischen Kriege; er umfafst die reifsend schnelle Ausdehnung des Römerreichs bis an und über Italiens natürliche Grenzen, den langen Statusquo der römischen Kaiserzeit und das Zusammenstürzen des gewaltigen Reiches. Dies wird im dritten und den folgenden Büchern erzählt werden.

KAPITEL II.

Die ältesten Einwanderungen in Italien.

Italische Urstämme. Keine Kunde, ja nicht einmal eine Sage erzählt von der ersten Einwanderung des Menschengeschlechts in Italien; vielmehr war im Alterthum der Glaube allgemein, dafs dort wie überall die erste Bevölkerung dem Boden selbst entsprossen sei. Indefs die Entscheidung über den Ursprung der verschiedenen Racen und deren genetische Beziehungen zu den verschiedenen Klimaten bleibt billig dem Naturforscher überlassen; geschichtlich ist es weder möglich noch wichtig festzustellen, ob die älteste bezeugte Bevölkerung eines Landes daselbst autochthon oder selbst schon eingewandert ist. — Wohl aber liegt es dem Geschichtsforscher ob die successive Völkerschichtung in dem einzelnen Lande darzulegen, um die Steigerung von der unvollkommenen zu der vollkommneren Cultur und die Unterdrückung der minder culturfähigen oder auch nur minder entwickelten Stämme durch höher stehende Nationen so weit möglich rückwärts zu verfolgen. Italien indefs ist auffallend arm an Denkmälern der primitiven Epoche und steht in dieser Beziehung in einem bemerkenswerthen Gegensatz zu andern Culturgebieten. Den Ergebnissen der deutschen Alterthumsforschung zufolge mufs in England, Frankreich, Norddeutschland und Scandinavien, bevor indogermanische Stämme hier sich ansässig machten, ein Volk vielleicht tschudischer Race gewohnt oder vielmehr gestreift haben, das von Jagd und Fischfang lebte, seine Geräthe aus Stein, Thon oder Knochen verfertigte und mit Thierzähnen und Bernstein sich schmückte, des Ackerbaues aber und des Gebrauchs der Metalle unkundig war. In ähnlicher Weise ging in Indien der indogermanischen eine minder culturfähige dunkelfarbige Bevölkerung vorauf. In Italien aber begegnen weder Trümmer einer verdrängten Nation, wie im keltisch-germanischen Gebiet die Finnen und Lappen und die schwarzen Stämme in den indischen Gebirgen sind, noch ist daselbst bis jetzt die Verlassenschaft eines verschollenen Urvolkes nachgewiesen worden, wie sie die eigenthümlich gearteten Gerippe, die Mahlzeit- und Grabstätten der sogenannten Steinepoche des deutschen Alterthums zu offenbaren scheinen. Es ist bisher nichts zum Vorschein gekommen, was zu der Annahme berechtigt, dafs in Italien die Existenz des Menschengeschlechts älter sei als die Bebauung des Ackers und das Schmelzen der Metalle; und wenn wirklich innerhalb der Grenzen Italiens das Menschengeschlecht einmal auf der primitiven Culturstufe gestanden hat, die wir den Zustand der Wildheit zu nennen pflegen, so ist davon doch jede Spur schlechterdings ausgelöscht.

Die Elemente der ältesten Geschichte sind die Völkerindividuen, die Stämme. Unter denen, die uns späterhin in Italien begegnen, ist von einzelnen, wie von den Hellenen, die Einwanderung, von anderen, wie von den Brettiern und den Bewohnern der sabinischen Landschaft, die Denationalisirung geschichtlich bezeugt. Nach Ausscheidung beider Gattungen bleiben eine Anzahl Stämme übrig, deren Wanderungen nicht mehr mit dem Zeugnifs der Geschichte, sondern höchstens auf aprioristischem Wege sich nachweisen lassen und deren Nationalität nicht nachweislich eine durchgreifende Umgestaltung von aufsen her erfahren hat; diese sind es, deren nationale Individualität die Forschung zunächst festzustellen hat. Wären wir dabei einzig angewiesen auf den wirren Wust der Völkernamen und der zerrütteten angeblich geschichtlichen Ueberlieferung, welche aus wenigen brauchbaren Notizen civilisirter Reisender und einer Masse meistens geringhaltiger Sagen, gewöhnlich ohne Sinn für Sage wie für Geschichte zusammengesetzt und conventionell fixirt ist, so müfste man die Aufgabe als eine hoffnungslose abweisen. Allein noch fliefst auch für uns eine Quelle der Ueberlieferung, welche zwar auch nur Bruchstücke, aber doch authentische gewährt; es sind dies die einheimischen Sprachen der in Italien seit unvordenklicher Zeit ansässigen Stämme. Ihnen, die mit dem Volke selbst geworden sind, war der Stempel des Werdens zu tief eingeprägt, um durch die nachfolgende Cultur gänzlich verwischt zu werden. Ist von den italischen Sprachen auch nur eine vollständig bekannt, so sind doch von mehreren anderen hinreichende Ueberreste erhalten, um der Geschichtsforschung für die Stammverschiedenheit oder Stammverwandtschaft und deren Grade zwischen den einzelnen Sprachen und Völkern einen Anhalt zu gewähren. — So lehrt uns die Sprachforschung drei italische Urstämme unterscheiden, den iapygischen, den etruskischen und den italischen, wie wir ihn nennen wollen, von welchen der letztere in zwei Hauptzweige sich spaltet: das latinische Idiom und dasjenige, dem die Dialekte der Umbrer, Marser, Volsker und Samniten angehören.

Iapyger. Von dem iapygischen Stamm haben wir nur geringe Kunde. Im äufsersten Südosten Italiens, auf der messapischen oder calabrischen Halbinsel sind Inschriften in einer eigenthümlichen verschollenen Sprache*) in ziemlicher Anzahl gefunden worden, unzweifelhaft Trümmer des Idioms der Iapyger, welche auch die Ueberlieferung mit grofser Bestimmtheit von den latinischen und samnitischen Stämmen unterscheidet; glaubwürdige Angaben und zahlreiche Spuren führen dahin, dafs die gleiche Sprache und der gleiche Stamm ursprünglich auch in Apulien heimisch war. Was wir von diesem Volke jetzt wissen, genügt wohl um dasselbe von den übrigen Italikern bestimmt zu unterscheiden, nicht aber um positiv den Platz zu bestimmen, welcher dieser Sprache und diesem Volk in der Geschichte des Menschengeschlechts zukommt. Die Inschriften sind nicht enträthselt und es ist kaum zu hoffen, dafs dies dereinst gelingen wird. Dafs der Dialekt den indogermanischen beizuzählen ist, scheinen die Genitivformen *aihi* und *ihi*, entsprechend dem sanskritischen *asya*, dem griechischen *οιο* anzudeuten. Andere Spuren, zum Beispiel der Gebrauch der aspirirten Consonanten und das Vermeiden der Buchstaben *m* und *t* im Auslaut, zeigen diesen iapygischen in wesentlicher Verschiedenheit von den italischen und in einer gewissen Uebereinstimmung mit den griechischen Dialekten. Die Annahme einer vorzugsweise engen Verwandtschaft der iapygischen Nation mit den Hellenen findet weitere Unterstützung in den auf den Inschriften mehrfach hervortretenden griechischen Götternamen und in der auffallenden von der Sprödigkeit der übrigen italischen Nationen scharf abstechenden Leichtigkeit, mit der die Iapyger

350 v. Chr. sich hellenisirten: Apulien, das noch in Timaeos Zeit (400 Roms) als ein barbarisches Land geschildert wird, ist im sechsten Jahrhundert der Stadt, ohne dafs irgend eine unmittelbare Colonisirung von Griechenland aus dort stattgefunden hätte, eine durch-

---

*) Ihren Klang mögen einige Grabschriften vergegenwärtigen; wie *Seotoras artahiaihi bennarrihino* und *dazihonas platorrihi bollihi.*

aus griechische Landschaft geworden, und selbst bei dem roheren Stamm der Messapier zeigen sich vielfache Ansätze zu einer analogen Entwickelung. Bei dieser allgemeinen Stamm- oder Wahlverwandtschaft der Iapyger mit den Hellenen, die aber doch keineswegs so weit reicht, dafs man die Iapygersprache als einen rohen Dialekt des Hellenischen auffassen könnte, wird die Forschung vorläufig wenigstens stehen bleiben müssen, bis ein schärferes und besser gesichertes Ergebnifs zu erreichen steht*). Die Lücke ist indefs nicht sehr empfindlich; denn nur weichend und verschwindend zeigt sich uns dieser beim Beginn unserer Geschichte schon im Untergehen begriffene Volksstamm. Der wenig widerstandsfähige, leicht in andere Nationalitäten sich auflösende Charakter der iapygischen Nation pafst wohl zu der Annahme, welche durch ihre geographische Lage wahrscheinlich gemacht wird, dafs dies die ältesten Einwanderer oder die historischen Autochthonen Italiens sind. Denn unzweifelhaft sind die ältesten Wanderungen der Völker alle zu Lande erfolgt; zumal die nach Italien gerichteten, dessen Küste zur See nur von kundigen Schiffern erreicht werden kann und defshalb noch in Homers Zeit den Hellenen völlig unbekannt war. Kamen aber die früheren Ansiedler über den Apennin, so kann, wie der Geolog aus der Schichtung der Gebirge ihre Entstehung erschliefst, auch der Geschichtsforscher die Vermuthung wagen, dafs die am weitesten nach Süden geschobenen Stämme die ältesten Bewohner Italiens sein werden; und eben an dessen äufserstem südöstlichen Saume begegnen wir der iapygischen Nation.

Die Mitte der Halbinsel ist, so weit unsere zuverlässige Ueber- *Italiker.* lieferung zurückreicht, bewohnt von zwei Völkern oder vielmehr zwei Stämmen desselben Volkes, dessen Stellung in dem indogermanischen Volksstamm sich mit gröfserer Sicherheit bestimmen läfst als dies bei der iapygischen Nation der Fall war. Wir

---

*) Man hat, freilich auf überhaupt wenig und am wenigsten für eine Thatsache von solcher Bedeutung zulängliche sprachliche Vergleichungspunkte hin, eine Verwandtschaft zwischen der iapygischen Sprache und der heutigen albanesischen angenommen. Sollte diese Stammverwandtschaft sich bestätigen und sollten andrerseits die Albanesen — ein ebenfalls indogermanischer und dem hellenischen und italischen gleichstehender Stamm — wirklich ein Rest jener hellenobarbarischen Nationalität sein, deren Spuren in ganz Griechenland und namentlich in den nördlichen Landschaften hervortreten, so würde diese vorhellenische Nationalität damit als auch voritalisch nachgewiesen sein; Einwanderung der Iapyger in Italien über das adriatische Meer hin würde daraus zunächst noch nicht folgen.

dürfen dies Volk billig das italische heifsen, da auf ihm die geschichtliche Bedeutung der Halbinsel beruht; es theilt sich in die beiden Stämme der Latiner einerseits, andrerseits der Umbrer mit deren südlichen Ausläufern, den Marsern und Samniten und den schon in geschichtlicher Zeit von den Samniten ausgesandten Völkerschaften. Die sprachliche Analyse der diesen Stämmen angehörenden Idiome hat gezeigt, dafs sie zusammen ein Glied sind in der indogermanischen Sprachenkette und dafs die Epoche, in der sie eine Einheit bildeten, eine verhältnifsmäfsig späte ist. Im Lautsystem erscheint bei ihnen der eigenthümliche Spirant *f*, worin sie übereinstimmen mit den Etruskern, aber sich scharf scheiden von allen hellenischen und hellenobarbarischen Stämmen so wie vom Sanskrit selbst. Die Aspiraten dagegen, die von den Griechen durchaus und die härteren davon auch von den Etruskern festgehalten werden, sind den Italikern ursprünglich fremd und werden bei ihnen vertreten durch eines ihrer Elemente, sei es durch die Media, sei es durch den Hauch allein *f* oder *h*. Die feineren Hauchlaute *s*, *w*, *j*, die die Griechen so weit möglich beseitigen, sind in den italischen Sprachen wenig beschädigt erhalten, ja hie und da noch weiter entwickelt worden. Das Zurückziehen des Accents und die dadurch hervorgerufene Zerstörung der Endungen haben die Italiker zwar mit einigen griechischen Stämmen und mit den Etruskern gemein, jedoch in stärkerem Grad als jene, in geringerem als diese angewandt; die unmäfsige Zerrüttung der Endungen im Umbrischen ist sicher nicht in dem ursprünglichen Sprachgeist begründet, sondern spätere Verderbnifs, welche sich in derselben Richtung wenn gleich schwächer auch in Rom geltend gemacht hat. Kurze Vokale fallen in den italischen Sprachen defshalb im Auslaut regelmäfsig, lange häufig ab; die schliefsenden Consonanten sind dagegen im Lateinischen und mehr noch im Samnitischen mit Zähigkeit festgehalten worden, während das Umbrische auch diese fallen läfst. Damit hängt es zusammen, dafs die Medialbildung in den italischen Sprachen nur geringe Spuren zurückgelassen hat und dafür ein eigenthümliches durch Anfügung von *r* gebildetes Passiv an die Stelle tritt; ferner dafs der gröfste Theil der Tempora durch Zusammensetzungen mit den Wurzeln *es* und *fu* gebildet wird, während den Griechen neben dem Augment die reichere Ablautung den Gebrauch der Hülfszeitwörter grofsentheils erspart. Während die italischen Sprachen wie der aeolische Dialekt auf den Dual verzichteten, haben sie den Ablativ, der den Griechen verloren ging, durchgängig, grofsentheils auch den Locativ erhalten. Die strenge Logik der Italiker scheint Anstofs daran genommen zu haben den Begriff der Mehrheit in den der Zweiheit und der Vielheit zu spalten, während man die in den Beugungen sich ausdrückenden Wortbeziehungen mit grofser Schärfe festhielt. Eigenthümlich italisch und selbst dem Sanskrit fremd ist die in den Gerundien und Supinen vollständiger als sonst irgendwo durchgeführte Substantivirung der Zeitwörter. — Diese aus einer reichen Fülle analoger Erscheinungen ausgewählten Beispiele genügen um die Individualität des italischen Sprachstamms jedem andern indogermanischen gegenüber darzuthun und zeigen denselben zugleich sprachlich wie geographisch als nächsten Stammverwandten der Griechen; der Grieche und der Italiker sind Brüder, der Kelte, der Deutsche und der Slave ihnen Vettern. Die wesentliche Einheit aller italischen wie aller griechischen Dialekte und Stämme unter sich mufs früh und klar den beiden grofsen Nationen selbst aufgegangen sein; denn wir finden in der römischen Sprache ein uraltes Wort räthselhaften Ursprungs, *Graius* oder *Graicus*, das jeden Hellenen bezeichnet, und ebenso bei den Griechen die analoge Benennung Ὀπικός, die von allen den Griechen in älterer Zeit bekannten latinischen und samnitischen Stämmen, nicht aber von Iapygern oder Etruskern gebraucht wird. — Innerhalb des italischen Sprachstammes aber tritt das Lateinische wieder in einen bestimmten Gegensatz zu den umbrisch-samnitischen Dialekten. Allerdings sind von diesen nur zwei, der umbrische und der samnitische oder oskische Dialekt einigermafsen, und auch diese nur in äufserst lückenhafter und schwankender Weise bekannt; von den übrigen Dialekten sind die einen, wie der volskische und der marsische, in zu geringen Trümmern auf uns gekommen um sie in ihrer Individualität zu erfassen oder auch nur die Mundarten selbst mit Sicherheit und Genauigkeit zu classificiren, während andere, wie der sabinische, bis auf geringe als dialektische Eigenthümlichkeiten im provinzialen Latein erhaltene Spuren völlig untergegangen sind. Indefs läfst die Combination der sprachlichen und der historischen Thatsachen daran keinen Zweifel, dafs diese sämmtlichen Dialekte dem umbrisch-samnitischen Zweig des grofsen italischen Stammes angehört haben und dafs dieser, obwohl dem lateinischen Stamm weit näher als dem griechischen verwandt, doch auch wieder von ihm aufs Bestimmteste sich unterscheidet. Im Fürwort und sonst häufig sagte der Samnite und der Umbrer *p*, wo der Römer *q* sprach — so *pis* für *quis*; ganz wie sich auch sonst nahverwandte Sprachen scheiden, zum Beispiel dem Keltischen in der Bretagne und Wales *p*, dem Galischen und Irischen *k* eigen ist. In den Vokalen erscheinen die Diphthonge im Lateinischen und überhaupt den nördlichen Dialekten sehr zerstört, dagegen in den südlichen italischen Dialekten sie wenig gelitten haben; womit verwandt ist, dafs in der Zusammensetzung der Römer den sonst so streng bewahrten Grundvokal abschwächt, was nicht geschieht in der verwandten Sprachengruppe. Der Genitiv der Wörter auf *a* ist in dieser wie bei den Griechen *as*, bei den Römern in der ausgebildeten Sprache *ae*; der der Wörter auf *us* im Samnitischen *eis*, im Umbrischen *es*, bei den Römern *ei*; der Locativ tritt bei diesen im Sprachbewufstsein mehr und mehr zurück, während er in den andern italischen Dialekten in vollem Gebrauch blieb; der Dativ des Plural auf *bus* ist nur im Lateinischen vorhanden. Der umbrischsamnitische Infinitiv auf *um* ist den Römern fremd; während das oskisch-umbrische von der Wurzel *es* gebildete Futur nach griechischer Art (*her-est* wie λέγ-σω) bei den Römern fast, vielleicht ganz verschollen und ersetzt ist durch den Optativ des einfachen Zeitworts oder durch analoge Bildungen von *fuo* (*ama-bo*). In vielen dieser Fälle, zum Beispiel in den Casusformen sind die Unterschiede indefs nur vorhanden für die beiderseits ausgebildeten Sprachen, während die Anfänge zusammenfallen. Wenn also die italische Sprache neben der griechischen selbstständig steht, so verhält sich innerhalb jener die lateinische Mundart zu der umbrisch-samnitischen etwa wie die ionische zur dorischen, während sich die Verschiedenheiten des Oskischen und des Umbrischen und der verwandten Dialekte etwa vergleichen lassen mit denen des Dorismus in Sicilien und in Sparta. — Jede dieser Spracherscheinungen ist Ergebnifs und Zeugnifs eines historischen Ereignisses. Es läfst sich daraus mit vollkommener Sicherheit erschliefsen, dafs aus dem gemeinschaftlichen Mutterschofs der Völker und der Sprachen ein Stamm ausschied, der die Ahnen der Griechen und der Italiker gemeinschaftlich in sich schlofs; dafs aus diesem alsdann die Italiker sich abzweigten und diese wieder in den westlichen und östlichen Stamm, der östliche noch später in Umbrer und Osker aus einander gingen. — Wo und wann diese Scheidungen stattfanden, kann freilich die Sprache nicht lehren und kaum darf der verwegene Gedanke es versuchen diesen Revolutionen ahnend zu folgen, von denen die frühesten unzweifelhaft lange vor derjenigen Einwanderung stattfanden, welche die Stammväter der Italiker über die Apenninen führte. Dagegen kann die Vergleichung der Sprachen, richtig und vorsichtig behandelt, von demjenigen Culturgrade, auf dem das Volk sich befand als jene Trennungen eintraten, ein annäherndes Bild und damit uns die Anfänge der Geschichte gewähren, welche nichts ist als die Entwickelung der Civilisation. Denn es ist namentlich in der Bildungsepoche die Sprache das treue Bild und Organ der erreichten Culturstufe; die grofsen technischen und sittlichen Revolutionen sind darin wie in einem Archiv aufbewahrt, aus dessen Acten die Zukunft nicht versäumen wird für jene Zeiten zu schöpfen, aus welchen alle unmittelbare Ueberlieferung verstummt ist.

Während die jetzt getrennten indogermanischen Völker einen gleichsprachigen Stamm bildeten, erreichten sie einen gewissen Culturgrad und einen diesem angemessenen Wortschatz, den als gemeinsame Ausstattung in conventionell festgestelltem Gebrauch alle Einzelvölker übernahmen um auf der gegebenen Grundlage selbstständig weiter zu bauen. Wir finden in diesem Wortschatz nicht blofs die einfachsten Bezeichnungen des Seins, der Thätigkeiten, der Wahrnehmungen, wie *sum, do, pater*, das heifst den ursprünglichen Wiederhall des Eindrucks, den die Aufsenwelt auf die Brust des Menschen macht, sondern auch eine Anzahl Culturwörter nicht blofs ihren Wurzeln nach, sondern in einer gewohnheitsmäfsig ausgeprägten Form, welche Gemeingut des indogermanischen Stammes und weder aus gleichmäfsiger Entfaltung noch aus späterer Entlehnung erklärbar sind. So besitzen wir Zeugnisse für die Entwickelung des Hirtenlebens in jener fernen Epoche in den unabänderlich fixirten Namen der zahmen Thiere: sanskritisch *gaus* ist lateinisch *bos*, griechisch βοῦς; sanskritisch *avis* ist lateinisch *ovis*, griechisch ὄϊς; sanskritisch *açvas*, lateinisch *equus*, griechisch ἵππος; sanskritisch *hañsas*, lateinisch *anser*, griechisch χήν; sanskritisch *âtis*, griechisch νῆσσα, lateinisch *anas*; ebenso sind *pecus, sus, porcus, taurus, canis* sanskritische Wörter. Also schon in dieser fernsten Epoche hatte der Stamm, auf dem von den Tagen Homers bis auf unsere Zeit die geistige Entwickelung der Menschheit beruht, den niedrigsten Culturgrad der Civilisation, die Jäger- und Fischerepoche überschritten und war zu einer wenigstens relativen Stetigkeit der Wohnsitze gelangt. Dagegen fehlt es bis jetzt an sicheren Beweisen dafür, dafs schon damals der Acker gebaut worden ist. Die Sprache spricht eher dagegen als dafür. Unter den lateinisch-griechischen Getreidenamen kehrt keiner wieder im Sanskrit mit einziger Ausnahme von ζεά, das sprachlich dem sanskritischen *yavas* entspricht, übrigens im Indischen die Gerste,

Indogermanische Cultur.

im Griechischen den Spelt bezeichnet. Es muſs nun freilich zugegeben werden, daſs diese von der wesentlichen Uebereinstimmung der Benennungen der Hausthiere so scharf abstechende Verschiedenheit in den Namen der Culturpflanzen eine ursprüngliche Gemeinschaft des Ackerbaus noch nicht unbedingt ausschlieſst; in primitiven Verhältnissen ist die Uebersiedelung und Acclimatisirung der Pflanzen schwieriger als die der Thiere und der Reisbau der Inder, der Weizen- und Speltbau der Griechen und Römer, der Roggen- und Haferbau der Germanen und Kelten könnten an sich wohl alle auf einen gemeinschaftlichen ursprünglichen Feldbau zurückgehen. Aber auf der andern Seite ist die den Griechen und Indern gemeinschaftliche Benennung einer Halmfrucht doch höchstens ein Beweis dafür, daſs man vor der Scheidung der Stämme die in Mesopotamien wildwachsenden Gersten- und Speltkörner*) sammelte und aſs, nicht aber dafür, daſs man schon Getreide baute. Wenn sich hier nach keiner Seite hin eine Entscheidung ergiebt, so führt dagegen etwas weiter die Beobachtung, daſs eine Anzahl der wichtigsten hier einschlagenden Culturwörter im Sanskrit zwar auch, aber durchgängig in allgemeinerer Bedeutung vorkommen: *agras* ist bei den Indern überhaupt Flur, *kùrnu* ist das Zerriebene, *aritram* ist Ruder und Schiff, *venas* das Anmuthige überhaupt, namentlich der anmuthende Trank. Die Wörter also sind uralt; aber ihre bestimmte Beziehung auf die Ackerflur (*ager*), auf das zu mahlende Getreide (*granum*, Korn), auf das Werkzeug, das den Boden furcht wie das Schiff die Meeresfläche (*aratrum*), auf den Saft der Weintraube (*vinum*) war bei der ältesten Theilung der Stämme noch nicht vorhanden und es kann daher auch nicht Wunder nehmen, wenn die Beziehungen zum Theil sehr verschieden ausfielen und zum Beispiel von dem sanskritischen *kùrnu* sowohl das zum Zerreiben bestimmte Korn als auch die zerreibende Mühle, gothisch *quaírnus*, litthauisch *gírnós* ihre Namen empfingen. Wir dürfen danach als wahrscheinlich annehmen, daſs das indogermanische Urvolk den Ackerbau noch nicht kannte, und als gewiſs, daſs, wenn es ihn kannte, er doch noch in der Volkswirthschaft eine durchaus untergeordnete Rolle spielte;

---

*) Nordwestlich von Anah am rechten Euphratufer fanden sich zusammen Gerste, Weizen und Spelt im wilden Zustande (Alph. de Candolle *géographie botanique raisonnée* 2, p. 934). Dasselbe, daſs Gerste und Weizen in Mesopotamien wild wachsen, sagt schon der babylonische Geschichtschreiber Berosos (bei Georgios Synkellos p. 50 *Bonn.*).

denn wäre er damals schon gewesen, was er später den Griechen und Römern war, so hätte er tiefer der Sprache sich eingeprägt als es geschehen ist. — Dagegen zeugen für den Häuser- und Hüttenbau der Indogermanen sanskritisch *dam(as)*, lateinisch *domus*, griechisch δόμος; sanskritisch *veças*, lateinisch *vicus*, griechisch οἶκος; sanskritisch *dvaras*, lateinisch *fores*, griechisch θύρα; ferner für den Bau von Ruderböten die Namen des Nachens — sanskritisch *ndus*, griechisch ναῦς, lateinisch *navis* — und des Ruders — sanskritisch *aritram*, griechisch ἐρετμός, lateinisch *remus*, *tri-res-mis*; für den Gebrauch der Wagen und die Bändigung der Thiere zum Ziehen und Fahren sanskritisch *akshas* (Achse und Karren), lateinisch *axis*, griechisch ἄξων, ἅμ-αξα; sanskritisch *iugam*, lateinisch *iugum*, griechisch ζυγόν. Auch die Benennungen des Kleides — sanskritisch *vastra*, lateinisch *vestis*, griechisch ἐσθής — und des Nähens — sanskritisch *siv*, lateinisch *suo*; sanskritisch *nah*, lateinisch *neo*, griechisch νήθω — sind in allen indogermanischen Sprachen die gleichen. Von der höheren Kunst des Webens läfst dies dagegen nicht in gleicher Weise sich sagen*). Dagegen ist wieder die Kunde von der Benutzung des Feuers zur Speisenbereitung und des Salzes zur Würzung derselben uraltes Erbgut der indogermanischen Nationen und das Gleiche gilt sogar von der Kenntnifs der ältesten zum Werkzeug und zum Zierrath von dem Menschen verwandten Metalle. Wenigstens vom Kupfer (*aes*) und Silber (*argentum*), vielleicht auch vom Gold kehren die Namen wieder im Sanskrit und diese Namen sind doch schwerlich entstanden, bevor man gelernt hatte die Erze zu scheiden und zu verwenden; wie denn auch sanskritisch *asis*, lateinisch *ensis* auf den uralten Gebrauch metallener Waffen hinleitet. — Nicht minder reichen in diese Zeiten die Fundamentalgedanken zurück, auf denen die Entwickelung aller indogermanischen Staaten am letzten Ende beruht: die Stellung von Mann und Weib zu einander, die Ge-

---

*) Wenn das lateinische *vieo*, *vimen* demselben Stamm angehört wie unser weben und die verwandten Wörter, so mufs das Wort, noch als Griechen und Italiker sich trennten, die allgemeine Bedeutung flechten gehabt haben und kann diese erst später, wahrscheinlich in verschiedenen Gebieten unabhängig von einander, in die des Webens übergegangen sein. Auch der Leinbau, so alt er ist, reicht nicht bis in diese Zeit zurück, denn die Inder kennen die Flachspflanze wohl, bedienen sich ihrer aber bis heute nur zur Bereitung des Leinöls. Der Hanf ist den Italikern wohl noch später bekannt geworden als der Flachs; wenigstens sieht *cannabis* ganz aus wie ein spätes Lehnwort.

schlechtsordnung, das Priesterthum des Hausvaters und die Abwesenheit eines eigenen Priesterstandes so wie überhaupt einer jeden Kastensonderung, die Sklaverei als rechtliche Institution, die Rechtstage der Gemeinde bei Neumond und Vollmond. Dagegen die positive Ordnung des Gemeinwesens, die Entscheidung zwischen Königthum und Gemeindeherrlichkeit, zwischen erblicher Bevorzugung der Königs- und Adelsgeschlechter und unbedingter Rechtsgleichheit der Bürger gehört überall einer späteren Zeit an. — Selbst die Elemente der Wissenschaft und der Religion zeigen Spuren ursprünglicher Gemeinschaft. Die Zahlen sind dieselben bis hundert (sanskritisch *çatam*, *ekaçatam*, lateinisch *centum*, griechisch *ἑ-κατόν*, gothisch *hund*); der Mond heifst in allen Sprachen davon, dafs man nach ihm die Zeit mifst (*mensis*). Wie der Begriff der Gottheit selbst (sanskritisch *dévas*, lateinisch *deus*, griechisch *θεός*) gehören zum gemeinen Gut der Völker auch manche der ältesten Religionsvorstellungen und Naturbilder. Die Auffassung zum Beispiel des Himmels als des Vaters, der Erde als der Mutter der Wesen, die Festzüge der Götter, die in eigenen Wagen auf sorgsam gebahnten Gleisen von einem Orte zum andern ziehen, die schattenhafte Fortdauer der Seele nach dem Tode sind Grundgedanken der indischen wie der griechischen und römischen Götterlehre. Selbst einzelne der Götter vom Ganges stimmen mit den am Ilissos und an der Tiber verehrten bis auf die Namen überein — so ist der Uranos der Griechen der Varunas, so der Zeus, Jovis pater, Diespiter der Djâus pitâ der Veden. Auf manche räthselhafte Gestalt der hellenischen Mythologie ist durch die neuesten Forschungen über die ältere indische Götterlehre ein ungeahntes Licht gefallen. Die altersgrauen geheimnifsvollen Gestalten der Erinnyen sind nicht hellenisches Gedicht, sondern schon mit den ältesten Ansiedlern aus dem Osten eingewandert. Das göttliche Windspiel *Saramâ*, das dem Herrn des Himmels die goldene Heerde der Sterne und Sonnenstrahlen behütet und ihm die Himmelskühe, die nährenden Regenwolken zum Melken zusammentreibt, das aber auch die frommen Todten treulich in die Welt der Seligen geleitet, ist den Griechen zu dem Sohn der *Saramâ*, dem *Saraméyas* oder Hermeias geworden und die räthselhafte ohne Zweifel auch mit der römischen Cacussage zusammenhängende hellenische Erzählung von dem Raub der Rinder des Helios erscheint nun als ein letzter unverstandener Nachklang jener alten sinnvollen Naturphantasie.

Wenn die Aufgabe den Culturgrad zu bestimmen, den die Graecoitalische Cultur. Indogermanen vor der Scheidung der Stämme erreichten, mehr der allgemeinen Geschichte der alten Welt angehört, so ist es dagegen speciell Aufgabe der italischen Geschichte zu ermitteln, so weit es möglich ist, auf welchem Stande die graecoitalische Nation sich befand, als Hellenen und Italiker sich von einander schieden. Es ist dies keine überflüssige Arbeit; wir gewinnen damit den Anfangspunkt der italischen Civilisation, den Ausgangspunkt der nationalen Geschichte. — Alle Spuren deuten dahin, dafs, während Ackerbau. die Indogermanen wahrscheinlich ein Hirtenleben führten und nur etwa die wilde Halmfrucht kannten, die Graecoitaliker ein korn-, vielleicht sogar schon ein weinbauendes Volk waren. Dafür zeugt nicht gerade die Gemeinschaft des Ackerbaues selbst, die im Ganzen noch keineswegs einen Schlufs auf alte Völkergemeinschaft rechtfertigt. Ein geschichtlicher Zusammenhang des indogermanischen Ackerbaus mit dem der chinesischen, aramäischen und ägyptischen Stämme wird schwerlich in Abrede gestellt werden können; und doch sind diese Stämme den Indogermanen entweder stammfremd oder doch zu einer Zeit von ihnen getrennt worden, wo es sicher noch keinen Feldbau gab. Vielmehr haben die höher stehenden Stämme vor Alters wie heut zu Tage die Culturgeräthe und Culturpflanzen beständig getauscht; und wenn die Annalen von China den chinesischen Ackerbau auf die unter einem bestimmten König in einem bestimmten Jahr stattgefundene Einführung von fünf Getreidearten zurückführen, so zeichnet diese Erzählung im Allgemeinen wenigstens die Verhältnisse der ältesten Culturepoche ohne Zweifel richtig. Gemeinschaft des Ackerbaus wie Gemeinschaft des Alphabets, der Streitwagen, des Purpurs und andern Geräths und Schmuckes gestattet weit öfter einen Schlufs auf alten Völkerverkehr als auf ursprüngliche Volkseinheit. Aber was die Griechen und Italiker anlangt, so darf bei den verhältnifsmäfsig wohl bekannten Beziehungen dieser beiden Nationen zu einander die Annahme, dafs der Ackerbau wie Schrift und Münze erst durch die Hellenen nach Italien gekommen sei, als völlig unzulässig bezeichnet werden. Andrerseits zeugt für den engsten Zusammenhang des beiderseitigen Feldbaus die Gemeinschaftlichkeit aller ältesten hierher gehörigen Ausdrücke: *ager* ἀγρός; *aro aratrum* ἀρόω ἄροτρον; *ligo* neben λαχαίνω; *hortus* χόρτος; *hordeum* κριθή; *milium* μελίνη; *rapa* ῥαφανίς; *malva* μαλάχη; *vinum* οἶνος; und ebenso das Zusammentreffen des griechischen und italischen Ackerbaus in der Form des Pfluges, der auf altattischen und römischen Denkmälern ganz gleichgebildet vorkommt; in der Wahl der ältesten Kornarten: Hirse, Gerste, Spelt; in dem Gebrauch die Aehren mit der Sichel zu schneiden und sie auf der glattgestampften Tenne durch das Vieh austreten zu lassen; endlich in der Bereitungsart des Getreides: *puls* πόλτος, *pinso* πτίσσω, *mola* μύλη; denn das Backen ist jüngeren Ursprungs und wird auch defshalb im römischen Ritual statt des Brotes stets der Teig oder Brei gebraucht. Dafs auch der Weinbau in Italien über die älteste griechische Einwanderung hinausgeht, dafür spricht die Benennung 'Weinland' (Οἰνωτρία), die bis zu den ältesten griechischen Anlandern hinaufzureichen scheint. Danach mufs der Uebergang vom Hirtenleben zum Ackerbau oder genauer gesprochen die Verbindung des Feldbaus mit der älteren Weidewirthschaft stattgefunden haben, nachdem die Inder aus dem Mutterschofs der Nationen ausgeschieden waren, aber bevor die Hellenen und die Italiker ihre alte Gemeinsamkeit aufhoben. Uebrigens scheinen, als der Ackerbau aufkam, die Hellenen und Italiker nicht blofs unter sich, sondern auch noch mit anderen Gliedern der grofsen Familie zu einem Volksganzen verbunden gewesen zu sein; wenigstens ist es Thatsache, dafs die wichtigsten jener Culturwörter zwar den asiatischen Gliedern der indogermanischen Völkerfamilien fremd, aber den Römern und Griechen mit den keltischen sowohl als mit den deutschen, slavischen, lettischen Stämmen gemeinsam sind*). Die Sonderung des gemeinsamen Erbgutes von dem wohlerworbenen Eigen einer jeden Nation in Sitte und Sprache ist noch lange nicht vollständig und in aller Mannichfaltigkeit der Gliederungen und Abstufungen durchgeführt; die Durchforschung der Sprachen in dieser Beziehung hat kaum begonnen und auch die Geschicht-

---

*) So finden sich *aro*, *aratrum* wieder in dem altdeutschen *aran* (pflügen, mundartlich *eren*), *erida*, im slavischen *orati*, *oradlo*, im litthauischen *arti*, *arimnas*, im keltischen *ar*, *aradar*. So steht neben *ligo* unser Rechen, neben *hortus* unser Garten, neben *mola* unser Mühle, slavisch *mlyn*, litthauisch *malunas*, keltisch *malin*. — Allen diesen Thatsachen gegenüber wird man es nicht zugeben können, dafs es eine Zeit gegeben, wo die Griechen in allen hellenischen Gauen nur von der Viehzucht gelebt haben. Wenn nicht Grund-, sondern Viehbesitz in Hellas wie in Italien der Ausgangs- und Mittelpunkt alles Privatvermögens ist, so beruht dies nicht darauf, dafs der Ackerbau erst später aufkam, sondern dafs er anfänglich nach dem System der Feldgemeinschaft betrieben ward. Ueberdies versteht es sich von selbst, dafs eine reine Ackerbauwirthschaft vor Scheidung der Stämme noch nirgends bestanden haben kann, sondern, je nach der Localität mehr oder minder, die Viehzucht damit sich in ausgedehnterer Weise verband, als dies später der Fall war.

schreibung entnimmt immer noch ihre Darstellung der Urzeit vorwiegend, statt dem reichen Schacht der Sprachen, vielmehr dem gröfstentheils tauben Gestein der Ueberlieferung. Für jetzt muſs es darum hier genügen auf die Unterschiede hinzuweisen zwischen der Cultur der indogermanischen Familie in ihrem ältesten Beisammensein und zwischen der Cultur derjenigen Epoche, wo die Graecoitaliker noch ungetrennt zusammen lebten; die Unterscheidung der den asiatischen Gliedern dieser Familie fremden, den europäischen aber gemeinsamen Culturresultate von denjenigen, welche die einzelnen Gruppen dieser letzteren, wie die griechischitalische, die deutsch-slavische, jede für sich erlangten, kann, wenn überhaupt, doch auf jeden Fall erst nach weiter vorgeschrittenen sprachlichen und sachlichen Untersuchungen gemacht werden. Sicher aber ist der Ackerbau für die graecoitalische, wie ja für alle anderen Nationen auch, der Keim und der Kern des Volks- und Privatlebens geworden und als solcher im Volksbewuſstsein geblieben. Das Haus und der feste Heerd, den der Ackerbauer sich gründet anstatt der leichten Hütte und der unsteten Feuerstelle des Hirten, werden im geistigen Gebiete dargestellt und idealisirt in der Göttin Vesta oder Ἑστία, fast der einzigen, die nicht indogermanisch und doch beiden Nationen von Haus aus gemein ist. Eine der ältesten italischen Stammsagen legt dem König Italus, oder, wie die Italiker gesprochen haben müssen, Vitalus oder Vitulus die Ueberführung des Volkes vom Hirtenleben zum Ackerbau bei und knüpft sinnig die ursprüngliche italische Gesetzgebung daran; nur eine andere Wendung davon ist es, wenn die samnitische Stammsage zum Führer der Urcolonien den Ackerstier macht oder wenn die ältesten latinischen Volksnamen das Volk bezeichnen als Schnitter (*Siculi*, auch wohl *Sicani*) oder als Feldarbeiter (*Opsci*). Es gehört zum sagenwidrigen Charakter der sogenannten römischen Ursprungssage, daſs darin ein städtegründendes Hirten- und Jägervolk auftritt; Sage und Glaube, Gesetze und Sitten knüpfen bei den Italikern wie bei den Hellenen durchgängig an den Ackerbau an [*]).

---

[*]) Nichts ist dafür bezeichnender als die enge Verknüpfung, in welche die älteste Culturepoche den Ackerbau mit der Ehe wie mit der Stadtgründung setzte. So sind die bei der Ehe zunächst betheiligten Götter in Italien die Ceres und (oder?) Tellus (Plutarch *Romul.* 22; Servius zur *Aen.* 4, 166; Roſsbach röm. Ehe S. 257. 301), in Griechenland die Demeter (Plutarch *coniug. praec.* Vorr.), wie denn auch in alten griechischen Formeln die Gewinnung von Kindern selber ‚Ernte' heiſst (S. 24 A); ja die älteste römische Eheform, die Confarreatio entnimmt ihren Namen und ihr Ritual

— Wie der Ackerbau selbst beruhen auch die Bestimmungen der Flächenmaſse und die Weise der Limitation bei beiden Völkern auf gleicher Grundlage; wie denn das Bauen des Bodens ohne eine wenn auch rohe Vermessung desselben nicht gedacht werden kann. Der oskische und umbrische Vorsus von 100 Fuſs ins Gevierte entspricht genau dem griechischen Plethron. Auch das Princip der Limitation ist dasselbe. Der Feldmesser orientirt sich nach einer der Himmelsgegenden und zieht also zuerst zwei Linien von Norden nach Süden und von Osten nach Westen, in deren Schneidepunkt (*templum*, τέμενος von τέμνω) er steht, alsdann in gewissen festen Abständen den Hauptschneidelinien parallele Linien, wodurch eine Reihe rechtwinklichter Grundstücke entsteht, deren Ecken die Grenzpfähle (*termini*, in sicilischen Inschriften τέρμονες, gewöhnlich ὅροι) bezeichnen. Diese Limitationsweise, die wohl auch etruskisch, aber schwerlich etruskischen Ursprungs ist, finden wir bei den Römern, Umbrern, Samniten, aber auch in sehr alten Urkunden der tarentinischen Herakleoten, die sie wahrscheinlich eben so wenig von den Italikern entlehnt haben, als diese sie von den Tarentinern, sondern es ist altes Gemeingut. Eigenthümlich römisch und charakteristisch ist erst die eigensinnige Ausbildung des quadratischen Princips, wonach man selbst wo Fluſs und Meer eine natürliche Grenze machten, diese nicht gelten lieſs, sondern mit dem letzten vollen Quadrat das zum Eigen vertheilte Land abschloſs. — Aber nicht

Sonstige Wirthschaft. bloſs im Ackerbau, sondern auch auf den übrigen Gebieten der ältesten menschlichen Thätigkeit ist die vorzugsweise enge Verwandtschaft der Griechen und Italiker unverkennbar. Das griechische Haus, wie Homer es schildert, ist wenig verschieden von demjenigen, das in Italien beständig festgehalten ward; das wesentliche Stück und ursprünglich der ganze innere Wohnraum des lateinischen Hauses ist das Atrium, das heiſst das schwarze Gemach mit dem Hausaltar, dem Ehebett, dem Speisetisch und dem Heerd und nichts anderes ist auch das homerische Megaron mit Hausaltar und Heerd und schwarzberuſster Decke. Nicht dasselbe läſst sich von dem Schiffbau sagen. Der Rudernachen ist altes indogermanisches Gemeingut; der Fortschritt zu Segelschiffen aber gehört der graecoitalischen Periode schwerlich an, da es keine nicht allgemein indogermanische und doch von Haus aus den Griechen und Italikern gemeinsame Seeausdrücke giebt.

---

vom Kornbau. Die Verwendung des Pflugs bei der Stadtgründung ist bekannt.

Dagegen wird wieder die uralte italische Sitte der gemeinschaftlichen Mittagsmahlzeiten der Bauern, deren Ursprung der Mythus an die Einführung des Ackerbaus anknüpft, von Aristoteles mit den kretischen Syssitien verglichen; und auch darin trafen die ältesten Römer mit den Kretern und Lakonen zusammen, dafs sie nicht, wie es später bei beiden Völkern üblich ward, auf der Bank liegend, sondern sitzend die Speisen genossen. Das Feuerzünden durch Reiben zweier verschiedenartiger Hölzer ist allen Völkern gemein; aber gewifs nicht zufällig treffen Griechen und Italiker zusammen in den Bezeichnungen der beiden Zündehölzer, des 'Reibers' (τρύπανον, *terebra*) und der 'Unterlage' (στόρευς, ἐσχάρα, *tabula*, wohl von *tendere*, τέταμαι). Ebenso ist die Kleidung beider Völker wesentlich identisch, denn die Tunica entspricht völlig dem Chiton und die Toga ist nichts als ein bauschigeres Himation; ja selbst in dem so veränderlichen Waffenwesen ist wenigstens das beiden Völkern gemein, dafs die beiden Hauptangriffswaffen Wurfspeer und Bogen sind, was römischer Seits in den ältesten Wehrmannsnamen (*quirites, samnites, pilumni — arquites*) deutlich sich ausspricht*) und der ältesten nicht eigentlich auf den Nahkampf berechneten Fechtweise angemessen ist. So geht bei den Griechen und Italikern in Sprache und Sitte zurück auf dieselben Elemente alles was die materiellen Grundlagen der menschlichen Existenz betrifft; die ältesten Aufgaben, die die Erde an den Menschen stellt, sind einstmals von beiden Völkern, als sie noch eine Nation ausmachten, gemeinschaftlich gelöst worden.

Anders ist es in dem geistigen Gebiet. Die grofse Aufgabe des Menschen, mit sich selbst, mit seines Gleichen und mit dem Ganzen in bewufster Harmonie zu leben, läfst so viele Lösungen zu als es Provinzen giebt in unsers Vaters Reich; und auf diesem Gebiet ist es, nicht auf dem materiellen, wo die Charaktere der Individuen und der Völker sich scheiden. In der graecoitalischen Periode müssen die Anregungen noch gefehlt haben, welche diesen innerlichen Gegensatz hervortreten machten; erst zwischen den Hellenen und den Italikern hat jene tiefe geistige Verschiedenheit sich offenbart, deren Nachwirkung noch bis auf den heu-

Italiker und Griechen im innerlichen Gegensatze.

---

*) Unter den beiderseits ältesten Waffennamen werden kaum sicher verwandte aufgezeigt werden können: *lancea*, obwohl ohne Zweifel mit λόγχη zusammenhängend, ist als römisches Wort jung und vielleicht von den Deutschen oder Spaniern entlehnt; und ähnlich verhält es sich mit dem griechischen σαυνίον.

tigen Tag sich fortsetzt. Familie und Staat, Religion und Kunst sind in Italien wie in Griechenland so eigenthümlich, so durchaus national entwickelt worden, dafs die gemeinschaftliche Grundlage, auf der auch hier beide Völker fufsten, dort und hier überwuchert und unsern Augen fast ganz entzogen ist. Jenes hellenische Wesen, das dem Einzelnen das Ganze, der Gemeinde die Nation, dem Bürger die Gemeinde aufopferte, dessen Lebensideal das schöne und gute Sein und nur zu oft der süfse Müfsiggang war, dessen politische Entwickelung in der Vertiefung des ursprünglichen Particularismus der einzelnen Gaue und später sogar in der innerlichen Auflösung der Gemeindegewalt bestand, dessen religiöse Anschauung erst die Götter zu Menschen machte und dann die Götter leugnete, das die Glieder entfesselte in dem Spiel der nackten Knaben und dem Gedanken in aller seiner Herrlichkeit und in aller seiner Furchtbarkeit freie Bahn gab; und jenes römische Wesen, das den Sohn in die Furcht des Vaters, die Bürger in die Furcht des Herrschers, sie alle in die Furcht der Götter bannte, das nichts forderte und nichts ehrte als die nützliche That und jeden Bürger zwang jeden Augenblick des kurzen Lebens mit rastloser Arbeit auszufüllen, das die keusche Verhüllung des Körpers schon dem Buben zur Pflicht machte, in dem wer anders sein wollte als die Genossen ein schlechter Bürger hiefs, in dem der Staat alles war und die Erweiterung des Staates der einzige nicht verpönte hohe Gedanke — wer vermag diese scharfen Gegensätze in Gedanken zurückzuführen auf die ursprüngliche Einheit, die sie beide umschlofs und beide vorbereitete und erzeugte? Es wäre thörichte Vermessenheit, diesen Schleier lüften zu wollen; nur mit wenigen Andeutungen soll es versucht werden die Anfänge der italischen Nationalität und ihre Anknüpfung an eine ältere Periode zu bezeichnen, um den Ahnungen des einsichtigen Lesers nicht Worte zu leihen, aber die Richtung zu weisen.

Familie und Staat. Alles was man das patriarchalische Element im Staate nennen kann, ruht in Griechenland wie in Italien auf denselben Fundamenten. Vor allen Dingen gehört hierher die sittliche und ehrbare Gestaltung des geschlechtlichen Lebens*), welche dem Manne die Monogamie gebietet und den Ehebruch der Frau schwer ahn-

---

*) Selbst im Einzelnen zeigt sich diese Uebereinstimmung z. B. in der Bezeichnung der rechten als der ‚zur Gewinnung rechter Kinder abgeschlossenen Ehe' ($\gamma\alpha\mu o\varsigma\ \epsilon\pi\iota\ \pi\alpha\iota\delta\omega\nu\ \gamma\nu\eta\sigma\iota\omega\nu\ \alpha\rho\sigma\tau\omega$ — *matrimonium liberorum quaerendorum causa*).

det und welche in der hohen Stellung der Mutter innerhalb des häuslichen Kreises die Ebenbürtigkeit beider Geschlechter und die Heiligkeit der Ehe anerkennt. Dagegen ist die schroffe und gegen die Persönlichkeit rücksichtslose Entwicklung der eheherrlichen und mehr noch der väterlichen Gewalt den Griechen fremd und italisches Eigen; die sittliche Unterthänigkeit hat erst in Italien sich zur rechtlichen Knechtschaft umgestaltet. In derselben Weise wurde die vollständige Rechtlosigkeit des Knechts, wie sie im Wesen der Sklaverei lag, von den Römern mit erbarmungsloser Strenge festgehalten und in allen ihren Consequenzen entwickelt; wogegen bei den Griechen früh thatsächliche und rechtliche Milderungen stattfanden und zum Beispiel die Sklavenehe als ein gesetzliches Verhältnifs anerkannt ward. — Auf dem Hause beruht das Geschlecht, das heifst die Gemeinschaft der Nachkommen desselben Stammvaters; und von dem Geschlecht ist bei den Griechen wie den Italikern das staatliche Dasein ausgegangen. Aber wenn in der schwächeren politischen Entwicklung Griechenlands der Geschlechtsverband als corporative Macht dem Staat gegenüber sich noch weit in die historische Zeit hinein behauptet hat, erscheint der italische Staat sofort in sofern fertig, als ihm gegenüber die Geschlechter vollständig neutralisirt sind und er nicht die Gemeinschaft der Geschlechter, sondern die Gemeinschaft der Bürger darstellt. Dafs dagegen umgekehrt das Individuum dem Geschlecht gegenüber in Griechenland weit früher und vollständiger zur innerlichen Freiheit und eigenartigen Entwicklung gediehen ist als in Rom, spiegelt sich mit grofser Deutlichkeit in der bei beiden Völkern durchaus verschiedenartigen Entwickelung der ursprünglich doch gleichartigen Eigennamen. In den älteren griechischen tritt der Geschlechtsname sehr häufig adjectivisch zum Individualnamen hinzu, während umgekehrt noch die römischen Gelehrten es wufsten, dafs ihre Vorfahren ursprünglich nur einen, den späteren Vornamen führten. Aber während in Griechenland der adjectivische Geschlechtsname früh verschwindet, wird er bei den Italikern und zwar nicht blofs bei den Römern zum Hauptnamen, so dafs der eigentliche Individualname, das Praenomen sich ihm unterordnet. Ja es ist als sollte die geringe und immer mehr zusammenschwindende Zahl und die Bedeutungslosigkeit der italischen, besonders der römischen Individualnamen, verglichen mit der üppigen und poetischen Fülle der griechischen, uns wie im Bilde zeigen, wie dort die Nivellirung, hier die freie Entwicklung der Persönlichkeit im Wesen der Nation lag. — Ein Zusammenleben in Familiengemeinden unter Stammhäuptern, wie man es für die graecoitalische Periode sich denken mag, mochte den späteren italischen wie hellenischen Politien ungleich genug sehen, mußte aber dennoch die Anfänge der beiderseitigen Rechtsbildung nothwendig bereits enthalten. Die ‚Gesetze des Königs Italus', die noch in Aristoteles Zeiten angewendet wurden, mögen diese beiden Nationen wesentlich gemeinsamen Institutionen bezeichnen. Frieden und Rechtsfolge innerhalb der Gemeinde, Kriegsstand und Kriegsrecht nach außen, ein Regiment des Stammhauptes, ein Rath der Alten, Versammlungen der waffenfähigen Freien, eine gewisse Verfassung müssen in denselben enthalten gewesen sein. Gericht (*crimen*, $\varkappa\varrho\acute{\iota}\nu\varepsilon\iota\nu$), Buſse (*poena*, $\pi o\acute{\iota}\nu\eta$), Wiedervergeltung (*talio*, $\tau\alpha\lambda\acute{\alpha}\omega$ $\tau\lambda\tilde{\eta}\nu\alpha\iota$) sind graecoitalische Begriffe. Das strenge Schuldrecht, nach welchem der Schuldner für die Rückgabe des Empfangenen zunächst mit seinem Leibe haftet, ist den Italikern und zum Beispiel den tarentinischen Herakleoten gemeinsam. Die Grundgedanken der römischen Verfassung — Königthum, Senat, und eine nur zur Bestätigung oder Verwerfung der von dem König und dem Senat an sie gebrachten Anträge befugte Volksversammlung — sind kaum irgendwo so scharf ausgesprochen wie in Aristoteles Bericht über die ältere Verfassung von Kreta. Die Keime zu gröſseren Staatenbünden in der staatlichen Verbrüderung oder gar der Verschmelzung mehrerer bisher selbstständiger Stämme (Symmachie, Synoikismos) sind gleichfalls beiden Nationen gemein. Es ist auf diese Gemeinsamkeit der Grundlagen hellenischer und italischer Politie um so mehr Gewicht zu legen, als dieselbe sich nicht auch auf die übrigen indogermanischen Stämme mit erstreckt; wie denn zum Beispiel die deutsche Gemeindeordnung keineswegs wie die der Griechen und Italiker von dem Wahlkönigthum ausgeht. Wie verschieden aber die auf dieser gleichen Basis in Italien und in Griechenland aufgebauten Politien waren und wie vollständig der ganze Verlauf der politischen Entwicklung jeder der beiden Nationen als Sondergut angehört*), wird die weitere Erzählung darzulegen haben. — Nicht

Religion. anders ist es in der Religion. Wohl liegt in Italien wie in Hellas

---

*) Nur darf man natürlich nicht vergessen, daſs ähnliche Voraussetzungen überall zu ähnlichen Institutionen führen. So ist nichts so sicher als daſs die römischen Plebejer erst innerhalb des römischen Gemeinwesens erwuchsen, und doch finden sie überall ihr Gegenbild, wo neben einer Bürger- eine Insassenschaft sich entwickelt hat. Daſs auch der Zufall hier sein neckendes Spiel treibt, versteht sich von selbst.

dem Volksglauben der gleiche Gemeinschatz symbolischer und allegorisirter Naturanschauungen zu Grunde; auf diesem ruht die allgemeine Analogie zwischen der römischen und der griechischen Götter - und Geisterwelt, die in späteren Entwicklungsstadien so wichtig werden sollte. Auch in zahlreichen Einzelvorstellungen, in der schon erwähnten Gestalt des Zeus-Diovis und der Hestia-Vesta, in dem Begriff des heiligen Raumes ($\tau \acute{\varepsilon} \mu \varepsilon$-$\nu o \varsigma$, *templum*), in manchen Opfern und Ceremonien stimmten die beiderseitigen Culte nicht blofs zufällig überein. Aber dennoch gestalteten sie sich in Hellas wie in Italien so vollständig national und eigenthümlich, dafs selbst von dem alten Erbgut nur weniges in erkennbarer Weise und auch dieses meistentheils unverstanden oder mifsverstanden bewahrt ward. Es konnte nicht anders sein; denn wie in den Völkern selbst die grofsen Gegensätze sich schieden, welche die graecoitalische Periode noch in ihrer Unmittelbarkeit zusammengehalten hatte, so schied sich auch in ihrer Religion Begriff und Bild, die bis dahin nur ein Ganzes in der Seele gewesen waren. Jene alten Bauern mochten, wenn die Wolken am Himmel hin gejagt wurden, sich das so ausdrücken, dafs die Hündin der Götter die verscheuchten Kühe der Heerde zusammentreibe; der Grieche vergafs es, dafs die Kühe eigentlich die Wolken waren, und machte aus dem blofs für einzelne Zwecke gestalteten Sohn der Götterhündin den zu allen Diensten bereiten und geschickten Götterboten. Wenn der Donner in den Bergen rollte, sah er den Zeus auf dem Olymp die Keile schwingen; wenn der blaue Himmel wieder auflächelte, blickte er in das glänzende Auge der Tochter des Zeus Athenaea; und so mächtig lebten ihm die Gestalten, die er sich geschaffen, dafs er bald in ihnen nichts sah als vom Glanze der Naturkraft strahlende und getragene Menschen und sie frei nach den Gesetzen der Schönheit bildete und umbildete. Wohl anders, aber nicht schwächer offenbarte sich die innige Religiosität des italischen Stammes, der den Begriff festhielt und es nicht litt, dafs die Form ihn verdunkelte. Wie der Grieche, wenn er opfert, die Augen zum Himmel aufschlägt, so verhüllt der Römer sein Haupt; denn jenes Gebet ist Anschauung und dieses Gedanke. In der ganzen Natur verehrt er das Geistige und Allgemeine; jedem Wesen, dem Menschen wie dem Baum, dem Staat wie der Vorrathskammer ist der mit ihm entstandene und mit ihm vergehende Geist zugegeben, das Nachbild des Physischen im geistigen Gebiet; dem Mann der männliche Genius, der Frau die weibliche Iuno, der Grenze der Terminus, dem Wald der Silvanus,

dem kreisenden Jahr der Vertumnus, und also weiter jedem nach
seiner Art. Ja es wird in den Handlungen der einzelne Moment
der Thätigkeit vergeistigt; so wird beispielsweise in der Fürbitte
für den Landmann angerufen der Geist der Brache, des Ackerns,
des Furchens, Säens, Zudeckens, Eggens und so fort bis zu dem
des Einfahrens, Aufspeicherns und des Oeffnens der Scheuer;
und in ähnlicher Weise wird Ehe, Geburt und jedes andere phy-
sische Ereignifs mit heiligem Leben ausgestattet. Je gröfsere
Kreise indefs die Abstraction beschreibt, desto höher steigt der
Gott und die Ehrfurcht der Menschen; so sind Jupiter und Iuno
die Abstractionen der Männlichkeit und der Weiblichkeit, Dea Dia
oder Ceres die schaffende, Minerva die erinnernde Kraft, Dea bona
oder bei den Samniten Dea cupra die gute Gottheit. Wie den
Griechen alles concret und körperlich erschien, so konnte der
Römer nur abstracte vollkommen durchsichtige Formeln brau-
chen; und warf der Grieche den alten Sagenschatz der Urzeit
defshalb zum gröfsten Theil weg, weil in deren Gestalten der
Begriff noch zu durchsichtig war, so konnte der Römer ihn noch
weniger festhalten, weil ihm die heiligen Gedanken auch durch
den leichtesten Schleier der Allegorie sich zu trüben schienen.
Nicht einmal von den ältesten und allgemeinsten Mythen, zum
Beispiel der den Indern, Griechen und selbst den Semiten geläufigen Erzählung von dem nach einer grofsen Fluth übriggebliebe-
nen gemeinsamen Stammvater des gegenwärtigen Menschengeschlechts, ist bei den Römern eine Spur bewahrt worden. Ihre
Götter konnten nicht sich vermählen und Kinder zeugen wie die
hellenischen: sie wandelten nicht ungesehen unter den Sterblichen
und bedurften nicht des Nektars. Aber dafs sie dennoch in ihrer
Geistigkeit, die nur der platten Auffassung platt erscheint, die
Gemüther mächtig und vielleicht mächtiger fafsten als die nach
dem Bilde des Menschen geschaffenen Götter von Hellas, davon
würde, auch wenn die Geschichte schwiege, schon die römische
dem Worte wie dem Begriffe nach unhellenische Benennung des
Glaubens, die ‚Religio', das heifst die Bindung zeugen. Wie In-
dien und Iran aus einem und demselben Erbschatz jenes die
Formenfülle seiner heiligen Epen, dieses die Abstractionen des
Zendavesta entwickelte, so herrscht auch in der griechischen
Mythologie die Person, in der römischen der Begriff, dort die

Kunst. Freiheit, hier die Nothwendigkeit. — Endlich gilt was von dem
Ernst des Lebens, auch von dessen Nachbild in Scherz und Spiel,
welche ja überall und am meisten in der ältesten Zeit des vollen
und einfachen Daseins den Ernst nicht ausschliefsen, sondern

einhüllen. Die einfachsten Elemente der Kunst sind in Latium und in Hellas durchaus dieselben: der ehrbare Waffentanz, der ‚Sprung' (*triumpus*, $\vartheta\varrho ί α μ β ο ς$, $\delta ι - \vartheta ύ \varrho α μ β ο ς$); die Mummenschanz der ‚vollen Leute' ($σάτυροι$, *satura*), die in Schaf- und Bockfelle gehüllt mit ihren Späfsen das Fest beschliefsen; endlich das Instrument der Flöte, das den feierlichen wie den lustigen Tanz mit angemessenen Weisen beherrscht und begleitet. Nirgend vielleicht tritt so deutlich wie hier die vorzugsweise enge Verwandtschaft der Hellenen und der Italiker zu Tage; und dennoch ist die Entwicklung der beiden Nationen in keiner anderen Richtung so weit auseinandergegangen. Die Jugendbildung blieb in Latium gebannt in die engen Schranken der häuslichen Erziehung; in Griechenland schuf der Drang nach mannichfaltiger und doch harmonischer Bildung des menschlichen Geistes und Körpers die von der Nation und von den Einzelnen als ihr bestes Gut gepflegten Wissenschaften der Gymnastik und der Paedeia. Latium steht in der Dürftigkeit seiner künstlerischen Entwicklung fast auf der Stufe der culturlosen Völker; in Hellas ist mit unglaublicher Raschheit aus den religiösen Vorstellungen der Mythos und die Cultfigur und aus diesen jene Wunderwelt der Poesie und der Bildnerei erwachsen, deren Gleichen die Geschichte nicht wieder aufzuzeigen hat. In Latium giebt es im öffentlichen wie im Privatleben keine anderen Mächte als Klugheit, Reichthum und Kraft; den Hellenen war es vorbehalten die beseligende Uebermacht der Schönheit zu empfinden, in sinnlich idealer Schwärmerei dem schönen Knabenfreunde zu dienen und den verlorenen Muth in den Schlachtliedern des göttlichen Sängers wiederzufinden. — So stehen die beiden Nationen, in denen das Alterthum sein Höchstes erreicht hat, ebenso verschieden wie ebenbürtig neben einander. Die Vorzüge der Hellenen vor den Italikern sind von allgemeinerer Fafslichkeit und von hellerem Nachglanz; aber das tiefe Gefühl des Allgemeinen im Besondern, die Hingebung und Aufopferungsfähigkeit des Einzelnen, der ernste Glaube an die eigenen Götter ist der reiche Schatz der italischen Nation. Beide Völker haben sich einseitig entwickelt und darum beide vollkommen; nur engherzige Armseligkeit wird den Athener schmähen weil er seine Gemeinde nicht zu gestalten verstand wie die Fabier und Valerier, oder den Römer, weil er nicht bilden lernte wie Pheidias und dichten wie Aristophanes. Es war eben das Beste und Eigenste des griechischen Volkes, was es ihm unmöglich machte von der nationalen Einheit zur politischen fortzuschreiten, ohne doch die Politie zugleich mit der Despotie zu vertauschen. Die ideale Welt der Schönheit war den Hellenen alles und ersetzte ihnen selbst bis zu einem gewissen Grade, was in der Realität ihnen abging; wo immer in Hellas ein Ansatz zu nationaler Einigung hervortritt, beruht dieser nicht auf den unmittelbar politischen Faktoren, sondern auf Spiel und Kunst: nur die olympischen Wettkämpfe, nur die homerischen Gesänge, nur die euripideische Tragödie hielten Hellas in sich zusammen. Entschlossen gab dagegen der Italiker die Willkür hin um der Freiheit willen und lernte dem Vater gehorchen, damit er dem Staate zu gehorchen verstände. Mochte der Einzelne bei dieser Unterthänigkeit verderben und der schönste menschliche Keim darüber verkümmern; er gewann dafür ein Vaterland und ein Vaterlandsgefühl wie der Grieche es nie gekannt hat und errang allein unter allen Culturvölkern des Alterthums bei einer auf Selbstregiment ruhenden Verfassung die nationale Einheit, die ihm endlich über den zersplitterten hellenischen Stamm und über den ganzen Erdkreis die Botmäfsigkeit in die Hand legte.

KAPITEL III.

Die Ansiedelungen der Latiner.

Die Heimath des indogermanischen Stammes ist der westliche Theil Mittelasiens; von dort aus hat er sich theils in südöstlicher Richtung über Indien, theils in nordwestlicher über Europa ausgebreitet. Genauer den Ursitz der Indogermanen zu bestimmen ist schwierig; jedenfalls mufs er im Binnenlande und von der See entfernt gewesen sein, da keine Benennung des Meeres dem asiatischen und dem europäischen Zweige gemeinsam ist. Manche Spuren weisen näher in die Euphratlandschaften, so dafs merkwürdiger Weise die Urheimath der beiden wichtigsten Culturstämme, des indogermanischen und des aramäischen, räumlich fast zusammenfällt — eine Unterstützung für die Annahme einer allerdings fast jenseits aller verfolgbaren Cultur- und Sprachentwicklung liegenden Gemeinschaft auch dieser Völker. Eine engere Localisirung ist ebenso wenig möglich als es möglich ist die einzelnen Stämme auf ihren weiteren Wanderungen zu begleiten. Der europäische mag noch nach dem Ausscheiden der Inder in Persien und Armenien längere Zeit verweilt haben; denn allem Anschein nach ist hier die Wiege des Acker- und Weinbaus. Gerste, Spelt und Weizen sind in Mesopotamien, der Weinstock südlich vom Kaukasus und vom kaspischen Meer einheimisch; eben da sind der Pflaumen- und der Nufsbaum und andere der leichter zu verpflanzenden Fruchtbäume zu Hause. Bemerkenswerth ist es auch, dafs den meisten europäischen Stämmen, den Lateinern, Kelten, Deutschen und Slaven der Name des Meeres gemeinsam ist; sie müssen also wohl vor ihrer Scheidung die Küste des schwarzen oder auch des

Indogermanische Wanderung.

kaspischen Meeres erreicht haben. Auf welchem Wege von dort die Italiker an die Alpenkette gelangt sind und wo namentlich sie allein noch mit den Hellenen vereinigt gesiedelt haben mögen, läfst sich nur beantworten, wenn es entschieden ist, auf welchem Wege, ob von Kleinasien oder vom Donaugebiet aus, die Hellenen nach Griechenland gelangt sind. Dafs die Italiker eben wie die Inder von Norden her in ihre Halbinsel eingewandert sind, darf auf jeden Fall als ausgemacht gelten (S. 11). Der Zug des umbrisch-sabellischen Stammes auf dem mittleren Bergrücken Italiens in der Richtung von Norden nach Süden läfst sich noch deutlich verfolgen; ja die letzten Phasen desselben gehören der vollkommen historischen Zeit an. Weniger kenntlich ist der Weg, den die latinische Wanderung einschlug. Vermuthlich zog sie in ähnlicher Richtung an der Westküste entlang, wohl lange bevor die ersten sabellischen Stämme aufbrachen; der Strom überfluthet die Höhen erst wenn die Niederungen schon eingenommen sind und nur wenn die latinischen Stämme schon vorher an der Küste safsen, erklärt es sich, dafs die Sabeller sich mit den rauheren Gebirgen begnügten und erst von diesen aus wo es anging sich zwischen die latinischen Völker drängten. — Dafs vom linken Ufer der Tiber bis an die volskischen Berge ein latinischer Stamm wohnte, ist allbekannt; diese Berge selbst aber, welche bei der ersten Einwanderung, als noch die Ebenen von Latium und Campanien offen standen, verschmäht worden zu sein scheinen, waren, wie die volskischen Inschriften zeigen, von einem den Sabellern näher als den Latinern verwandten Stamm besetzt. Dagegen wohnten in Campanien vor der griechischen und samnitischen Einwanderung wahrscheinlich Latiner; denn die italischen Namen *Novla* oder *Nola* (Neustadt), *Campani Capua*, *Volturnus* (von *volvere* wie *Iuturna* von *iuvare*), *Opsci* (Arbeiter) sind nachweislich älter als der samnitische Einfall und beweisen, dafs, als Kyme von den Griechen gegründet ward, ein italischer und wahrscheinlich latinischer Stamm, die Ausoner Campanien inne hatten. Auch die Urbewohner der später von den Lucanern und Brettiern bewohnten Landschaften, die eigentlichen *Itali* (Bewohner des Rinderlandes) werden von den besten Beobachtern nicht zu dem iapygischen, sondern zu dem italischen Stamm gestellt; es ist nichts im Wege sie dem latinischen Stamm beizuzählen, obwohl die noch vor dem Beginn der staatlichen Entwicklung Italiens erfolgte Hellenisirung dieser Gegenden und deren spätere Ueberfluthung durch samnitische Schwärme die Spuren der älteren Nationalität hier gänzlich verwischt hat. Auch den gleichfalls verschollenen Stamm der Siculer setzten sehr alte Sagen in Beziehung zu Rom; so erzählt der älteste italische Geschichtschreiber Antiochos von Syrakus, dafs zum König Morges von Italia (d. h. der brettischen Halbinsel) ein Mann Namens Sikelos auf flüchtigem Fufs aus Rom gekommen sei und es scheinen diese Erzählungen zu beruhen auf der von den Berichterstattern wahrgenommenen Stammesgleichheit der Siculer, deren es noch zu Thukydides Zeit in Italien gab, und der Latiner. Die auffallende Verwandtschaft einzelner dialektischer Eigenthümlichkeiten des sicilischen Griechisch mit dem Lateinischen erklärt sich zwar wohl nicht aus der alten Sprachgleichheit der Siculer und Römer, sondern vielmehr aus den alten Handelsverbindungen zwischen Rom und den sicilischen Griechen; nach allen Spuren indefs ist nicht blofs die latinische, sondern wahrscheinlich auch die campanische und lucanische Landschaft, das eigentliche Italia zwischen den Buchten von Tarent und Laos und die östliche Hälfte von Sicilien in uralter Zeit von verschiedenen Stämmen der latinischen Nation bewohnt gewesen.

Die Schicksale dieser Stämme waren sehr ungleich. Die in Sicilien, Grofsgriechenland und Campanien angesiedelten kamen mit den Griechen in Berührung in einer Epoche, wo sie deren Civilisation Widerstand zu leisten nicht vermochten und wurden entweder völlig hellenisirt, wie namentlich in Sicilien, oder doch so geschwächt, dafs sie der frischen Kraft der sabinischen Stämme ohne sonderliche Gegenwehr unterlagen. So sind die Siculer, die Italer und Morgeten, die Ausoner nicht dazu gekommen eine thätige Rolle in der Geschichte der Halbinsel zu spielen. — Anders war es in Latium, wo griechische Colonien nicht gegründet worden sind und es den Einwohnern nach harten Kämpfen gelang sich gegen die Sabiner wie gegen die nördlichen Nachbarn zu behaupten. Werfen wir einen Blick auf die Landschaft, die wie keine andere in die Geschicke der alten Welt einzugreifen bestimmt war.

Schon in urältester Zeit ist die Ebene von Latium der Schauplatz der grofsartigsten Naturkämpfe gewesen, in denen die langsam bildende Kraft des Wassers und die Ausbrüche gewaltiger Vulkane Schicht über Schicht schoben desjenigen Bodens, auf dem entschieden werden sollte, welchem Volk die Herrschaft der Erde gehöre. Eingeschlossen im Osten von den Bergen der Sabiner und Aequer, die dem Apennin angehören; im Süden von dem bis zu 4000 Fufs Höhe ansteigenden volskischen Gebirg, welches von dem Hauptstock des Apennin durch das alte Gebiet der Herniker, die Hochebene des Sacco (Trerus, Nebenflufs des Liris), getrennt ist und von dieser aus sich westlich ziehend mit dem Vorgebirg von Terracina abschliefst; im Westen von dem Meer, das an diesem Gestade nur wenige und geringe Häfen bildet; im Norden in das weite etruskische Hügelland sich verlaufend, breitet eine stattliche Ebene sich aus, durchflossen von dem Tiberis, dem ‚Bergstrom', der aus den umbrischen, und dem Anio, der von den sabinischen Bergen herkommt. Inselartig steigen in der Fläche auf theils die steilen Kalkfelsen des Soracte im Nordosten, des circeischen Vorgebirgs im Südwesten, so wie die ähnliche obwohl niedrigere Höhe des Ianiculum bei Rom; theils vulkanische Erhebungen, deren erloschene Krater zu Seen geworden und zum Theil es noch sind: die bedeutendste unter diesen ist das Albanergebirge, das nach allen Seiten frei zwischen den Volskergebirgen und dem Tiberflufs aus der Ebene emporragt. — Hier siedelte der Stamm sich an, den die Geschichte kennt unter dem Namen der Latiner, oder, wie sie später zur Unterscheidung von den aufserhalb dieses Bereichs gegründeten latinischen Gemeinden genannt werden, der ‚alten Latiner' (*prisci Latini*). Allein das von ihnen besetzte Gebiet, die Landschaft Latium ist nur ein kleiner Theil jener mittelitalischen Ebene. Alles Land nördlich von der Tiber ist den Latinern ein fremdes, ja sogar ein feindliches Gebiet, mit dessen Bewohnern ein ewiges Bündnifs, ein Landfriede nicht möglich war und die Waffenruhe stets auf beschränkte Zeit abgeschlossen worden zu sein scheint. Die Tibergrenze gegen Norden ist uralt und weder die Geschichte noch die bessere Sage hat eine Erinnerung davon bewahrt, wie und wann diese folgenreiche Abgrenzung sich festgestellt hat. Die flachen und sumpfigen Strecken südlich vom Albanergebirg finden wir, wo unsere Geschichte beginnt, in den Händen umbrisch-sabellischer Stämme, der Rutuler und Volsker; schon Ardea und Velitrae sind nicht mehr ursprünglich latinische Städte. Nur der mittlere Theil jenes Gebietes zwischen der Tiber, den Vorbergen des Apennin, den Albanerbergen und dem Meer, ein Gebiet von etwa 34 deutschen Quadratmeilen, wenig gröfser als der jetzige Canton Zürich, ist das eigentliche Latium, die ‚Ebene'*), wie sie von den Höhen des

---

*) Wie *lătus* (Seite) und πλᾰτύς (platt); es ist also das Plattland im Gegensatz zu der sabinischen Berglandschaft, wie Campania die ‚Ebene', den Gegensatz bildet zu Samnium. *Lātus*, ehemals *stlātus* gehört nicht hieher.

Monte Cavo dem Auge sich darstellt. Die Landschaft ist eben, aber nicht flach; mit Ausnahme des sandigen und zum Theil von der Tiber aufgeschwemmten Meeresstrandes wird überall die Fläche unterbrochen durch mäfsig hohe oft ziemlich steile Tuffhügel und tiefe Erdspalten, und diese stets wechselnden Steigungen und Senkungen des Bodens bilden zwischen sich im Winter jene Lachen, deren Verdunsten in der Sommerhitze, namentlich wegen der darin faulenden organischen Substanzen, die böse fieberschwangere Luft entwickelt, welche in alter wie in neuer Zeit im Sommer die Landschaft verpestet. Es ist ein Irrthum, dafs diese Miasmen erst durch den Verfall des Ackerbaus entstanden seien, wie ihn das Mifsregiment des letzten Jahrhunderts der Republik und das heutige erzeugt haben; ihre Ursache liegt vielmehr in dem mangelnden Gefäll des Wassers und wirkt noch heute wie vor Jahrtausenden. Wahr ist es indefs, dafs bis auf einen gewissen Grad die böse Luft sich bannen läfst durch die Intensität der Bodenkultur; wovon die Ursache noch nicht vollständig ermittelt ist, zum Theil aber darin liegen wird, dafs die Bearbeitung der Oberfläche das Austrocknen der stehenden Wässer beschleunigt. Immer bleibt die Entstehung einer dichten ackerbauenden Bevölkerung in Gegenden, die jetzt keine gesunde Bevölkerung gedeihen lassen und in denen der Reisende nicht gern die Nacht verweilt, wie die latinische Ebene und die Niederungen von Sybaris und Metapont sind, eine für uns befremdliche Thatsache. Man mufs sich erinnern, dafs auf einer niedrigen Culturstufe das Volk überhaupt einen schärferen Blick hat für das, was die Natur erheischt, und eine gröfsere Fügsamkeit gegen ihre Gebote, vielleicht auch physisch eine elastischere Natur, die dem Boden sich inniger anschmiegt. In Sardinien wird unter ganz ähnlichen natürlichen Verhältnissen der Ackerbau noch heut zu Tage betrieben; die böse Luft ist wohl vorhanden, allein der Bauer entzieht sich ihren Einflüssen durch Vorsicht in Kleidung, Nahrung und Wahl der Tagesstunden. In der That schützt vor der Aria cattiva nichts so sicher als das Tragen der Thiervliefse und das lodernde Feuer; woraus sich erklärt, wefshalb der römische Landmann beständig in schwere Wollstoffe gekleidet ging und das Feuer auf seinem Heerd nicht erlöschen liefs. Im Uebrigen mufste die Landschaft einem einwandernden ackerbauenden Volke einladend erscheinen; der Boden ist leicht mit Hacke und Karst zu bearbeiten und auch ohne Düngung ertragsfähig, ohne nach italienischem Mafsstab auffallend ergiebig

zu sein; der Weizen giebt durchschnittlich etwa das fünfte Korn*).
An gutem Wasser ist kein Ueberfluſs; um so höher und heiliger
hielt die Bevölkerung jede frische Quelle.

Latinische Ansiedlungen.
Es ist kein Bericht darüber erhalten, wie die Ansiedlungen
der Latiner in der Landschaft, welche seitdem ihren Namen trug,
erfolgt sind und wir sind darüber fast allein auf Rückschlüsse
angewiesen. Einiges indeſs läſst sich dennoch erkennen oder mit
Wahrscheinlichkeit vermuthen. — Die römische Mark zerfiel in
Geschlechterdörfer.
ältester Zeit in eine Anzahl Geschlechterbezirke, welche späterhin benutzt wurden um daraus die ältesten ‚Landquartiere' (*tribus rusticae*) zu bilden. Von dem claudischen Quartier ist es
überliefert, daſs es aus der Ansiedlung der claudischen Geschlechtsgenossen am Anio hervorging; und geht eben so sicher
für die übrigen Districte der ältesten Eintheilung hervor aus ihren
Namen. Diese sind nicht, wie die der später hinzugefügten Districte, von Oertlichkeiten entlehnt, sondern ohne Ausnahme von
Geschlechternamen gebildet; und es sind die Geschlechter, die
den Quartieren der ursprünglichen römischen Mark die Namen
gaben, so weit sie nicht gänzlich verschollen sind (wie die *Ca-
milii, Galerii, Lemonii, Pollii, Pupinii, Voltinii*), durchaus die
ältesten römischen Patricierfamilien, die *Aemilii, Cornelii, Fabii,
Horatii, Menenii, Papirii, Romilii, Sergii, Veturii*. Bemerkenswerth ist es, daſs unter all diesen Geschlechtern kein einziges
erscheint, das nachweislich erst später nach Rom übergesiedelt
wäre. Aehnlich wie der römische, wird jeder italische und ohne

---

*) Ein französischer Statistiker, Dureau de la Malle (*écon. pol. des
Romains* 2, 226), vergleicht mit der römischen Campagna die Limagne in
Auvergne, gleichfalls eine weite sehr durchschnittene und ungleiche Ebene,
mit einer Bodenoberfläche aus decomponirter Lava und Asche, den Resten
ausgebrannter Vulcane. Die Bevölkerung, mindestens 2500 Menschen auf
die Quadratlieue, ist eine der stärksten, die in rein ackerbauenden Gegenden vorkommt, das Eigenthum ungemein zerstückelt. Der Ackerbau wird
fast ganz von Menschenhand beschafft, mit Spaten, Karst oder Hacke; nur
ausnahmsweise tritt dafür der leichte Pflug ein, der mit zwei Kühen be-
spannt ist und nicht selten spannt an der Stelle der einen sich die Frau des
Ackersmanns ein. Das Gespann dient zugleich um Milch zu gewinnen und
das Land zu bestellen. Man erntet zweimal im Jahre, Korn und Kraut;
Brache kommt nicht vor. Der mittlere Pachtzins für einen Arpent Ackerland ist 100 Franken jährlich. Würde dasselbe Land statt dessen unter
sechs oder sieben groſse Grundbesitzer vertheilt werden; würden Verwal-
ter- und Taglöhnerwirthschaft an die Stelle des Bewirthschaftens durch
kleine Grundeigenthümer treten, so würde in hundert Jahren ohne Zweifel
die Limagne öde, verlassen und elend sein wie heutzutage die Campagna
di Roma.

Zweifel auch jeder hellenische Gau von Haus aus in eine Anzahl zugleich örtlich und geschlechtlich vereinigter Genossenschaften zerfallen sein; es ist diese Geschlechtsansiedlung das ‚Haus' (οἰκία) der Griechen, aus dem wie in Rom die Tribus auch dort sehr häufig die Komen oder Demen hervorgegangen sind. Die entsprechenden italischen Benennungen ‚Haus' (*vicus*) oder ‚Baute' (*pagus* von *pangere*) deuten gleichfalls das Zusammensiedeln der Geschlechtsgenossen an und gehen im Sprachgebrauch begreiflicher Weise über in die Bedeutung Weiler oder Dorf. Wie zu dem Hause ein Acker, so gehört zu dem Geschlechtshaus oder Dorf eine Geschlechtsmark, die aber, wie später zu zeigen sein wird, bis in verhältnifsmäfsig späte Zeit noch gleichsam als Hausmark, das heifst nach dem System der Feldgemeinschaft bestellt wurde. Ob die Geschlechtshäuser in Latium selbst sich zu Geschlechtsdörfern entwickelt haben oder ob die Latiner schon als Geschlechtsgenossenschaften in Latium eingewandert sind, ist eine Frage, auf die wir ebensowenig eine Antwort haben als wir zu bestimmen vermögen, in wie weit das Geschlecht neben der Abstammung noch auf äufserlicher Ein- und Zusammenordnung nicht blutsverwandter Individuen mit beruhen mag. — Von Haus aus aber galten diese Geschlechtsgenossenschaften nicht als selbstständige Einheiten, sondern als die integrirenden Theile einer politischen Gemeinde (*civitas*, *populus*), welche zunächst auftritt als ein zu gegenseitiger Rechtsfolge und Rechtshülfe und zu Gemeinschaftlichkeit in Abwehr und Angriff verpflichteter Inbegriff einer Anzahl stamm-, sprach- und sittengleicher Geschlechtsdörfer. An einem festen örtlichen Mittelpunkt konnte es diesem Gau so wenig fehlen wie der Geschlechtsgenossenschaft; da indefs die Geschlechts-, d. h. die Gaugenossen in ihren Dörfern wohnten, so konnte der Mittelpunkt des Gaus nicht eine eigentliche Zusammensiedlung, eine Stadt, sondern nur eine gemeine Versammlungsstätte sein, welche die Dingstätte und die gemeinen Heiligthümer des Gaues in sich schlofs, wo die Gaugenossen an jedem achten Tag des Verkehrs wie des Vergnügens wegen sich zusammenfanden und wo sie im Kriegsfall sich und ihr Vieh vor dem einfallenden Feind sicherer bargen als in den Weilern, die aber übrigens regelmäfsig nicht oder schwach bewohnt war. Ganz ähnliche alte Zufluchtsstätten sind noch heutzutage in dem Hügellande der Ostschweiz auf mehreren Bergspitzen zu erkennen. Ein solcher Platz heifst in Italien ‚Höhe' (*capitolium*, wie ἄκρα, das Berghaupt) oder ‚Wehr' (*arx* von *arcere*); er ist noch keine Stadt, aber die Grundlage einer künftigen, indem die Häuser an die Burg sich anschliefsen und späterhin sich umgeben mit dem ‚Ringe' (*urbs* mit *urvus, curvus*, vielleicht auch mit *orbis* verwandt). Den äufserlichen Unterschied zwischen Burg und Stadt giebt die Anzahl der Thore, deren die Burg möglichst wenige, die Stadt möglichst viele, jene in der Regel nur ein einziges, diese mindestens drei hat. Auf diesen Befestigungen ruht die vorstädtische Gauverfassung Italiens, welche in denjenigen italischen Landschaften, die zum städtischen Zusammensiedeln erst spät und zum Theil noch bis auf den heutigen Tag nicht vollständig gelangt sind, wie im Marserland und in den kleinen Gauen der Abruzzen, noch einigermafsen deutlich sich erkennen läfst. Die Landschaft der Aequiculer, die noch in der Kaiserzeit nicht in Städten, sondern in unzähligen offenen Weilern wohnten, zeigt eine Menge alterthümlicher Mauerringe, die als ‚verödete Städte' mit einzelnen Tempeln das Staunen der römischen wie der heutigen Archäologen erregten, von denen jene ihre ‚Urbewohner' (*aborigines*), diese ihre Pelasger hier unterbringen zu können meinten. Gewifs richtiger wird man in diesen Anlagen nicht ummauerte Städte erkennen, sondern Zufluchtsstätten der Markgenossen, wie sie in älterer Zeit ohne Zweifel in ganz Italien, wenn gleich in weniger kunstvoller Weise angelegt, bestanden. Dafs in derselben Epoche, wo die zu städtischen Ansiedlungen übergegangenen Stämme ihren Städten steinerne Ringmauern gaben, auch diejenigen Landschaften, die in offenen Weilern zu wohnen fortfuhren, die Erdwälle und Pfahlwerke ihrer Festungen durch Steinbauten ersetzten, ist natürlich; als dann in der spätern Zeit des gesicherten Landfriedens man solcher Festungen nicht mehr bedurfte, wurden diese Zufluchtsstätten verlassen und bald den spätern Generationen ein Räthsel.

Aelteste Ortschaften. Jene Gaue also, die in einer Burg ihren Mittelpunkt fanden und eine gewisse Anzahl Geschlechtsgenossenschaften in sich begriffen, sind als die ursprünglichen staatlichen Einheiten der Ausgangspunkt der italischen Geschichte. Indefs wo und in welchem Umfang innerhalb Latium dergleichen Gaue sich bildeten, ist weder mit Bestimmtheit auszumachen noch von besonderem historischen Interesse. Das isolirte Albanergebirge, das den Ansiedlern die gesundeste Luft, die frischesten Quellen und die am meisten gesicherte Lage darbot, diese natürliche Burg Latiums ist ohne Zweifel von den Ankömmlingen zuerst besetzt worden.

Alba. Hier lag denn auch auf der schmalen Hochfläche oberhalb Palazzuola zwischen dem albanischen See (*lago di Castello*) und dem albanischen Berg (*Monte Cavo*) lang hingestreckt Alba, das durchaus als Ursitz des latinischen Stammes und Mutterort Roms so wie aller übrigen altlatinischen Gemeinden galt; hier an den Abhängen die uralten latinischen Ortschaften Lanuvium, Aricia und Tusculum. Hier finden sich auch von jenen uralten Bauwerken, welche die Anfänge der Civilisation zu bezeichnen pflegen und gleichsam der Nachwelt zum Zeugnifs dastehen davon, dafs Pallas Athene in der That, wenn sie erscheint, erwachsen in die Welt tritt: so die Abschroffung der Felswand unterhalb Alba nach Palazzuola zu, welche den durch die steilen Abhänge des Monte Cavo nach Süden zu von der Natur unzugänglich gemachten Ort von Norden her ebenso unnahbar macht und nur die beiden schmalen leicht zu vertheidigenden Zugänge von Osten und Westen her für den Verkehr freiläfst; und vor allem der gewaltige in die harte sechstausend Fufs mächtige Lavawand mannshoch gebrochene Stollen, durch welchen der in dem alten Krater des Albanergebirges entstandene See bis auf seine jetzige Tiefe abgelassen und für den Ackerbau auf dem Berge selbst ein bedeutender Raum gewonnen worden ist. — Natürliche Festen der latinischen Ebene sind auch die Spitzen der letzten Ausläufer der Sabinergebirge, wo aus solchen Gauburgen später die ansehnlichen Städte Tibur und Praeneste hervorgingen. Auch Labici, Gabii und Nomentum in der Ebene zwischen dem Albaner- und Sabinergebirge und der Tiber, Rom an der Tiber, Laurentum und Lavinium an der Küste sind mehr oder minder alte Mittelpunkte latinischer Colonisation, um von zahlreichen andern minder namhaften und zum Theil fast verschollenen zu schweigen. Alle diese Gaue waren in ältester Zeit politisch souverain und wurden ein jeder von seinem Fürsten unter Mitwirkung des Rathes der Alten und der Versammlung der Wehrmänner regiert. Aber dennoch ging nicht blofs das Gefühl der Sprach- und Stammgenossenschaft durch diesen ganzen Kreis, sondern es offenbarte sich dasselbe auch in einer wichtigen religiösen und staatlichen Institution, in dem ewigen Bunde der sämmtlichen latinischen Gaue. Die Vorstandschaft stand ursprünglich nach allgemeinem italischen wie hellenischen Gebrauch demjenigen Gau zu, in dessen Grenzen die Bundesstätten lagen; es war dies der Gau von Alba, der überhaupt, wie gesagt, als der älteste und vornehmste der latinischen betrachtet ward. Der berechtigten Gemeinden waren anfänglich dreifsig, wie denn diese Zahl als Summe der Theile eines Gemeinwesens in Griechenland wie in Italien ungemein häufig begegnet. Welche Ortschaften zu den dreifsig altlatinischen Gemeinden oder, wie sie in Beziehung auf die Metropolrechte

Albas auch wohl genannt werden, zu den dreifsig albanischen
Colonien ursprünglich gezählt worden sind, ist nicht überliefert
und nicht mehr auszumachen. Wie bei den ähnlichen Eidgenossenschaften zum Beispiel der Boeoter und der Ionier die Pam-
boeotien und Panionien, war der Mittelpunkt dieser Vereinigung
das ‚latinische Fest' (*feriae Latinae*), an welchem auf dem ‚Berg
von Alba' (*mons Albanus*, Monte Cavo) an einem alljährlich von
dem Vorstand dafür festgesetzten Tage dem ‚latinischen Gott'
(*Iupiter Latiaris*) von dem gesammten Stamm ein Stieropfer
dargebracht ward. Zu dem Opferschmaus hatte jede theilneh-
mende Gemeinde nach festem Satz ein Gewisses an Vieh, Milch
und Käse zu liefern und dagegen von dem Opferbraten ein Stück
zu empfangen. Diese Gebräuche dauerten fort bis in späte Zeit
und sind wohlbekannt; über die wichtigeren rechtlichen Wirkungen dieser Verbindung dagegen vermögen wir fast nur Muth-
mafsungen aufzustellen. Seit ältester Zeit schlossen sich an das
religiöse Fest auf dem Berg von Alba auch Versammlungen der
Vertreter der einzelnen Gemeinden auf der benachbarten latinischen Dingstätte am Quell der Ferentina (bei Marino); und überhaupt kann eine solche Eidgenossenschaft nicht gedacht werden
ohne eine gewisse Oberverwaltung des Bundes und eine für die
ganze Landschaft gültige Rechtsordnung. Dafs dem Bunde wegen
Verletzungen des Bundesrechts eine Gerichtsbarkeit zustand und
in diesem Fall selbst auf den Tod erkannt werden konnte, ist
überliefert und glaublich. Auch die spätere Rechts- und Ehegemeinschaft der latinischen Gemeinden darf wohl schon als inte-
grirender Theil des ältesten Bundesrechts gedacht werden, so
dafs also jeder Latiner mit jeder Latinerin rechte Kinder erzielen
und in ganz Latium Grundbesitz erwerben und Handel und Wandel treiben konnte. Der Bund mag ferner für die Streitigkeiten
der Gaue unter einander ein Schieds- und Bundesgericht angeordnet haben; dagegen läfst sich eine eigentliche Beschränkung
des souverainen Rechts jeder Gemeinde über Krieg und Frieden
durch den Bund nicht nachweisen. Ebenso leidet es keinen
Zweifel, dafs mit der Bundesverfassung die Möglichkeit gegeben
war einen Bundeskrieg abwehrend und selbst angreifend zu
führen, wobei denn ein Bundesfeldherr, ein Herzog natürlich
nicht fehlen konnte. Aber wir haben keinen Grund anzunehmen,
dafs in diesem Fall jede Gemeinde rechtlich gezwungen war Heeresfolge zu leisten oder dafs es ihr umgekehrt verwehrt war auf
eigene Hand einen Krieg selbst gegen ein Bundesmitglied zu beginnen. Dagegen finden sich Spuren, dafs während der latinischen

Feier, ähnlich wie während der hellenischen Bundesfeste, ein Gottesfriede in ganz Latium galt*) und wahrscheinlich in dieser Zeit auch die verfehdeten Stämme einander sicheres Geleit zugestanden. Noch weniger ist es möglich den Umfang der Vorrechte des führenden Gaues zu bestimmen; nur so viel läfst sich sagen, dafs keine Ursache vorhanden ist in der albanischen Vorstandschaft eine wahre politische Hegemonie über Latium zu erkennen und dafs möglicher, ja wahrscheinlicher Weise dieselbe nicht mehr in Latium zu bedeuten hatte als die elische Ehrenvorstandschaft in Griechenland**). Ueberhaupt war der Umfang wie der Rechtsinhalt dieses latinischen Bundes vermuthlich lose und wandelbar: doch war und blieb er nicht ein zufälliges Aggregat verschiedener mehr oder minder stammfremder Gemeinden, sondern der rechtliche und nothwendige Ausdruck des latinischen Stammes. Wenn der latinische Bund nicht zu allen Zeiten alle latinische Gemeinden umfafst haben mag, so hat er doch zu keiner Zeit einer nicht latinischen die Mitgliedschaft gewährt — sein Gegenbild in Griechenland ist nicht die delphische Amphiktionie, sondern die boeotische oder aetolische Eidgenossenschaft. — Diese allgemeinen Umrisse müssen genügen; ein jeder Versuch die Linien schärfer zu ziehen würde das Bild nur verfälschen. Das mannichfache Spiel, wie die ältesten politischen Atome, die Gaue sich in Latium gesucht und geflohen haben mögen, ist ohne berichtfähige Zeugen vorübergegangen und es mufs genügen das Eine und Bleibende darin festzuhalten, dafs

---

*) Das latinische Fest wird geradezu ‚Waffenstillstand' (*iudutiae* Macrob. sat. 1, 16; ἐκεχειρίαι Dionys. 4, 49) genannt und es war nicht erlaubt während desselben einen Krieg zu beginnen (Macrob. a. a. O.).

**) Die oft in alter und neuer Zeit aufgestellte Behauptung, dafs Alba einstmals in den Formen der Symmachie über Latium geherrscht habe, findet bei genauerer Untersuchung nirgends ausreichende Unterstützung. Alle Geschichte geht nicht von der Einigung, sondern von der Zersplitterung der Nation aus, und es ist sehr wenig wahrscheinlich, dafs das Problem, das Rom nach manchem durchkämpften Jahrhundert endlich löste, die Einigung Latiums, schon vorher einmal durch Alba gelöst worden sei. Auch ist es bemerkenswerth, dafs Rom niemals als Erbin Albas eigentliche Herrschaftsansprüche gegen die latinischen Gemeinden geltend gemacht, sondern mit einer Ehrenvorstandschaft sich begnügt hat, die freilich, als sie mit der materiellen Macht sich vereinigte, für die hegemonischen Ansprüche Roms eine Handhabe gewährte. Von eigentlichen Zeugnissen kann bei einer Frage wie diese ist überall kaum die Rede sein; und am wenigsten reichen Stellen wie Festus *v. praetor* p. 241 und Dionys 3, 10 aus um Alba zum latinischen Athen zu stempeln.

sie in einem gemeinschaftlichen Mittelpunkt zwar nicht ihre Einheitlichkeit aufgaben, aber doch das Gefühl der nationalen Zusammengehörigkeit hegten und steigerten und damit den Fortschritt vorbereiteten von dem cantonalen Particularismus, mit dem jede Volksgeschichte anhebt und anheben mufs, zu der nationalen Einigung, mit der jede Volksgeschichte endigt oder doch endigen sollte.

KAPITEL IV.

Die Anfänge Roms.

Etwa drei deutsche Meilen von der Mündung des Tiberflusses stromaufwärts erheben sich an beiden Ufern desselben mäfsige Hügel, höhere auf dem rechten, niedrigere auf dem linken; an den letzteren haftet seit mindestens dritthalbtausend Jahren der Name der Römer. Es läfst sich natürlich nicht angeben, wie und wann er aufgekommen ist; sicher ist nur, dafs in der ältesten uns bekannten Namensform die Gaugenossen nicht Romaner heifsen, sondern — mit einer der älteren Sprachperiode geläufigen, dem Lateinischen aber in früher Zeit abhanden gekommenen*) Lautverschiebung — Ramner (*Ramnes*) — ein redendes Zeugnifs für das unvordenkliche Alter dieses Namens. Eine sichere Ableitung läfst sich nicht geben; möglich ist es, dafs die Ramner die Wald- oder Buschleute sind. — Aber sie blieben nicht allein auf den Hügeln am Tiberufer. In der Gliederung der ältesten römischen Bürgerschaft hat sich eine Spur erhalten, dafs dieselbe hervorgegangen ist aus der Verschmelzung dreier wahrscheinlich ehemals unabhängiger Gaue, der Ramner, Titier und Lucerer, zu einem einheitlichen Gemeinwesen, also aus einem Synökismus wie derjenige war, woraus in Attika Athen hervorging**). Wie

---

*) Aehnlichen Lautwechsel zeigen beispielsweise folgende Bildungen sämmtlich ältester Art: *pars portio, Mars mors, farreum* alt statt *horreum, Fabii Forii, Valerius Volesus, vacuus vocivus.*

**) Eine wirkliche Zusammensiedlung ist mit dem Synökismus nicht nothwendig verbunden, sondern es wohnt jeder wie bisher auf dem Seinigen, aber für alle giebt es fortan nur ein Rath- und Amthaus. Thukyd. 2, 15; Herodot 1, 170.

uralt diese Drittelung der Gemeinde ist*), zeigt wohl am deutlichsten, dafs die Römer namentlich in staatsrechtlicher Beziehung für ‚theilen' und ‚Theil' regelmäfsig sagen ‚dritteln' (*tribuere*) und ‚Drittel' (*tribus*) und dieser Ausdruck schon früh, wie unser Quartier, die ursprüngliche Zahlbedeutung einbüfst. Noch nach der Vereinigung besafs jede dieser drei ehemaligen Gemeinden und jetzigen Abtheilungen ein Drittel der gemeinschaftlichen Feldmark und war in der Bürgerwehr wie im Rathe der Alten gleichmäfsig vertreten; wie denn auch im Sacralwesen die durch drei theilbare Mitgliederzahl fast aller ältesten Collegien, der heiligen Jungfrauen, der Tänzer, der Ackerbrüder, der Wolfsgilde, der Vogelschauer wahrscheinlich auf diese Dreitheilung zurückgeht. Man hat mit diesen drei Elementen, in die die älteste römische Bürgerschaft zerfiel, den heillosesten Unfug getrieben; die unverständige Meinung, dafs die römische Nation ein Mischvolk sei, knüpft hier an und bemüht sich in verschiedenartiger Weise die drei grofsen italischen Racen als componirende Elemente des ältesten Rom darzustellen und das Volk, das wie wenig andere seine Sprache, seinen Staat und seine Religion rein und volksthümlich entwickelt hat, in ein wüstes Gerölle etruskischer und sabinischer, hellenischer und leider sogar pelasgischer Trümmer zu verwandeln. Nach Beseitigung der theils widersinnigen, theils grundlosen Hypothesen läfst sich in wenige Worte zusammenfassen, was über die Nationalität der componirenden Elemente des ältesten römischen Gemeinwesens gesagt werden kann. Dafs die Ramner ein latinischer Stamm waren, kann nicht bezweifelt werden, da sie dem neuen römischen Gemeinwesen den Namen gaben, also auch die Nationalität der vereinigten Gemeinde wesentlich bestimmt haben werden. Ueber die Herkunft der Lucerer läfst sich nichts sagen, als dafs nichts im Wege steht sie gleich den Ramnern dem latinischen Stamm zuzuweisen. Dagegen die zweite dieser Gemeinden wird einstimmig aus der Sabina ab-

---

*) Man könnte sogar, im Hinblick auf die attische τριττύς, die umbrische *trifo*, die Frage aufwerfen, ob nicht die Dreitheilung der Gemeinde eine gräcoitalische Grundform sei; in welchem Falle die Dreitheilung der römischen Gemeinde gar nicht auf die Verschmelzung mehrerer einstmals selbstständigen Stämme zurückgeführt werden dürfte. Aber um eine gegen die Ueberlieferung sich also auflehnende Annahme aufzustellen, müfste doch die Dreitheilung im gräcoitalischen Gebiet allgemeiner auftreten, als dies der Fall zu sein scheint und überall gleichmäfsig als Grundschema erscheinen. Die Umbrer könnten das Wort *tribus* möglicher Weise erst unter dem Einflufs der römischen Herrschaft sich angeeignet haben; im Oskischen ist es nicht mit Sicherheit nachzuweisen.

geleitet und dies kann wenigstens zurückgehen auf eine in der titischen Brüderschaft bewahrte Ueberlieferung, wonach dieses Priestercollegium bei dem Eintritt der Titier in die Gesammtgemeinde zur Bewahrung des sabinischen Sonderrituals gestiftet worden wäre. Es mag also in einer sehr fernen Zeit, als der latinische und der sabellische Stamm sich noch in Sprache und Sitte bei weitem weniger scharf gegenüberstanden als später der Römer und der Samnite, eine sabellische Gemeinde in einen latinischen Gauverband eingetreten sein — wahrscheinlich, da die Titier in der älteren und glaubwürdigen Ueberlieferung ohne Ausnahme den Platz vor den Ramnern behaupten, in der Art, dafs die eindringenden Titier den älteren Ramnern den Synökismus aufnöthigten. Eine Mischung verschiedener Nationalitäten hat hier also allerdings stattgefunden; aber schwerlich hat sie viel tiefer eingegriffen als zum Beispiel die einige Jahrhunderte später erfolgte Uebersiedelung des sabinischen Attus Clauzus oder Appius Claudius und seiner Genossen und Clienten nach Rom. So wenig wie diese Aufnahme der Claudier unter die Römer berechtigt die ältere der Titier unter die Ramner, die Gemeinde darum den Mischvölkern beizuzählen. Mit Ausnahme vielleicht einzelner im Ritual fortgepflanzter nationaler Institutionen lassen auch sabellische Elemente in Rom sich nirgends nachweisen und namentlich giebt die latinische Sprache für eine solche Annahme schlechterdings keinen Anhalt*). Es wäre in der That mehr als auffallend, wenn die Einfügung einer einzelnen Gemeinde von einem dem latinischen nächstverwandtem Stamm die latinische Nationalität auch nur in fühlbarer Weise getrübt hätte; wobei vor allem nicht vergessen werden darf, dafs in der Zeit, wo die Titier neben den Ramnern sich ansässig machten, die latinische Nationalität auf Latium ruhte und nicht auf Rom. Das neue dreitheilige römische Gemeinwesen war, trotz etwaiger ursprünglich sabellischer Bestandtheile, nichts als was die Gemeinde der Ramner gewesen war, ein Theil der latinischen Nation.

---

*) Nachdem die ältere Meinung, dafs das Lateinische als eine Mischsprache aus griechischen und nicht griechischen Elementen zu betrachten sei, jetzt von allen Seiten aufgegeben ist, wollen selbst besonnene Forscher (z. B. Schwegler R. G. I, 184. 193) doch noch in dem Lateinischen eine Mischung zweier nahverwandter italischer Dialecte finden. Aber vergebens fragt man nach der sprachlichen oder geschichtlichen Nöthigung zu einer solchen Annahme. Wenn eine Sprache als Mittelglied zwischen zwei anderen erscheint, so weifs jeder Sprachforscher, dafs dies ebenso wohl und häufiger auf organischer Entwickelung beruht als auf äufserlicher Mischung.

Rom das Emporium Latiums. Lange bevor eine städtische Ansiedlung an der Tiber entstand, mögen jene Ramner, Titier, Lucerer erst vereinzelt, später vereinigt auf den römischen Hügeln ihre Burg gehabt und von den umliegenden Dörfern aus ihre Acker bestellt haben. Eine Ueberlieferung aus diesen urältesten Zeiten mag das ‚Wolfsfest' sein, das das Geschlecht der Quinctier am palatinischen Hügel beging; ein Bauern- und Hirtenfest, das wie kein anderes die schlichten Späfse patriarchalischer Einfalt bewahrt und merkwürdig genug noch im christlichen Rom sich unter allen heidnischen Festen am längsten behauptet hat. — Aus diesen Ansiedlungen ging dann das spätere Rom hervor. Von einer eigentlichen Stadtgründung, wie die Sage sie annimmt, kann natürlich in keinem Fall die Rede sein: Rom ist nicht an einem Tage gebaut worden. Wohl aber verdient es eine ernstliche Erwägung, auf welchem Wege Rom so früh zu seiner hervorragenden politischen Stellung innerhalb Latiums gelangt sein kann, während man nach den Bodenverhältnissen eher das Gegentheil erwarten sollte. Die Stätte, auf der Rom liegt, ist minder gesund und minder fruchtbar als die der meisten alten Latinerstädte. Der Weinstock und der Feigenbaum gedeihen in Roms nächster Umgebung nicht wohl und es mangelt an ausgiebigen Quellen — denn weder der sonst treffliche Born der Camenen vor dem capenischen Thor noch der später im Tullianum gefafste capitolinische Brunnen sind wasserreich. Dazu kommt das häufige Austreten des Flusses, der bei sehr geringem Gefäll die in der Regenzeit reichlich zuströmenden Bergwasser nicht schnell genug dem Meere zuzuführen vermag und daher die zwischen den Hügeln sich öffnenden Thäler und Niederungen überstaut und versumpft. Für den Ansiedler ist die Oertlichkeit nichts weniger als lockend, und schon in alter Zeit ist es ausgesprochen worden, dafs auf diesen ungesunden und unfruchtbaren Fleck innerhalb eines gesegneten Landstrichs sich nicht die erste naturgemäfse Ansiedlung der einwandernden Bauern gelenkt haben könne, sondern dafs die Noth oder vielmehr irgend ein besonderer Grund die Anlage dieser Stadt veranlafst haben müsse. Schon die Legende hat diese Seltsamkeit empfunden: das Geschichtchen von der Anlage Roms durch Ausgetretene von Alba unter Führung der albanischen Fürstensöhne Romulus und Remus ist nichts als ein naiver Versuch der ältesten Quasihistorie die seltsame Entstehung des Orts an so ungünstiger Stätte zu erklären und zugleich den Ursprung Roms an die allgemeine Metropole Latiums anzuknüpfen. Von solchen Mährchen, die Geschichte sein wollen und nichts sind als nicht gerade geistreiche Autoschediasmen, wird die Geschichte vor allen Dingen sich frei zu machen haben; vielleicht ist es ihr aber auch vergönnt noch einen Schritt weiter zu thun und nach Erwägung der besonderen Localverhältnisse nicht über die Entstehung des Ortes, aber über die Veranlassung seines raschen und auffallenden Gedeihens und seiner Sonderstellung in Latium eine positive Vermuthung aufzustellen. — Betrachten wir vor allem die ältesten Grenzen des römischen Gebietes. Gegen Osten liegen die Städte Antemnae, Fidenae, Caenina, Collatia, Gabii in nächster Nähe, zum Theil keine deutsche Meile von den Thoren des servianischen Rom entfernt und mufs die Gaugrenze hart vor den Stadtthoren gewesen sein. Gegen Süden trifft man in einem Abstand von drei deutschen Meilen auf die mächtigen Gemeinden Tusculum und Alba und es scheint das römische Stadtgebiet hier nicht weiter gereicht zu haben als bis zum cluilischen Graben, eine deutsche Meile von Rom. Ebenso war in südwestlicher Richtung die Grenze zwischen Rom und Lavinium bereits am sechsten Miglienstein. Während so landeinwärts der römische Gau überall in die möglichst engen Schranken zurückgewiesen ist, erstreckt er sich dagegen seit ältester Zeit ungehindert an beiden Ufern der Tiber gegen das Meer hin, ohne dafs zwischen Rom und der Küste irgend eine als alter Gaumittelpunkt hervortretende Ortschaft, irgend eine Spur alter Gaugrenze begegnete. Die Sage, die für alles einen Ursprung weifs, weifs freilich auch zu berichten, dafs die römischen Besitzungen am rechten Tiberufer, die ‚sieben Weiler‘ (*septem pagi*) und die wichtigen Salinen an der Mündung durch König Romulus den Veientern entrissen worden sind und dafs König Ancus am rechten Tiberufer den Brückenkopf, den Janusberg (*Ianiculum*) befestigt, am linken den römischen Peiraeeus, die Hafenstadt an der ‚Mündung‘ (*Ostia*) angelegt habe. Aber dafür, dafs die Besitzungen am etruskischen Ufer vielmehr schon zu der ältesten römischen Mark gehört haben müssen, legt besseres Zeugnifs ab der eben hier, am vierten Miglienstein der späteren Hafenstrafse belegene Hain der schaffenden Göttin (*dea dia*), der uralte Hochsitz des römischen Ackerbaufestes und der Ackerbrüderschaft; und in der That ist seit unvordenklicher Zeit das Geschlecht der Romilier, wohl das vornehmste unter allen römischen, eben hier angesessen, das Ianiculum ein Theil der Stadt selbst, Ostia Bürgercolonie, das heifst Vorstadt gewesen. Es kann das nicht Zufall sein. Die Tiber ist Latiums natürliche Handelsstrafse, ihre Mündung an dem hafenarmen Strande der nothwendige Ankerplatz der Seefahrer. Die

Tiber ist ferner seit uralter Zeit die Grenzwehr des latinischen Stammes gegen die nördlichen Nachbaren. Zum Entrepot für den latinischen Flufs- und Seehandel und zur maritimen Grenzfestung Latiums eignet kein Platz sich besser als Rom, das die Vortheile einer festen Lage und der unmittelbaren Nachbarschaft des Flusses vereinigte, das über beide Ufer des Flusses bis zur Mündung gebot, das dem die Tiber oder den Anio herab kommenden Flufsschiffer ebenso bequem gelegen war wie bei der damaligen mäfsigen Gröfse der Fahrzeuge dem Seefahrer, und das gegen Seeräuber gröfseren Schutz gewährte als die unmittelbar an der Küste gelegenen Orte. Dafs Rom wenn nicht seine Entstehung, doch seine Bedeutung diesen commerciellen und strategischen Verhältnissen verdankt, davon begegnen denn auch weiter zahlreiche Spuren, die von ganz anderem Gewicht sind als die Angaben historisirter Novelletten. Daher rühren die uralten Beziehungen zu Caere, das für Etrurien war was für Latium Rom und denn auch dessen nächster Nachbar und Handelsfreund wurde; daher die ungemeine Bedeutung der Tiberbrücke und des Brückenbaues überhaupt in dem römischen Gemeinwesen; daher die Galeere als städtisches Wappen. Daher der uralte römische Hafenzoll, dem von Haus aus nur unterlag, was zum Feilbieten (*promercale*), nicht was zu eigenem Bedarf des Verladers (*usuarium*) in Ostia aus- und einging und der also recht eigentlich eine Auflage auf den Handel war. Daher, um vorzugreifen, das verhältnifsmäfsig frühe Vorkommen des gemünzten Geldes, der Handelsverträge mit überseeischen Staaten in Rom. In diesem Sinn mag denn Rom allerdings, wie auch die Sage annimmt, mehr eine geschaffene als eine gewordene Stadt und unter den latinischen eher die jüngste als die älteste sein. Ohne Zweifel war die Landschaft schon einigermafsen bebaut und das albanische Gebirge so wie manche andere Höhe der Campagna mit Burgen besetzt, als das latinische Grenzemporium an der Tiber entstand. Ob ein Beschlufs der latinischen Eidgenossenschaft, ob der geniale Blick eines verschollenen Stadtgründers oder die natürliche Entwickelung der Verkehrsverhältnisse die Stadt Rom ins Leben gerufen hat, darüber ist uns nicht einmal eine Muthmafsung gestattet. Wohl aber knüpft sich an diese Wahrnehmung über Roms Emporienstellung in Latium eine andere Beobachtung an. Wo uns die Geschichte zu dämmern beginnt, steht Rom dem latinischen Gemeindebund als einheitlich geschlossene Stadt gegenüber. Die latinische Sitte in offenen Dörfern zu wohnen und die gemeinschaftliche Burg nur zu Festen und Versammlungen oder im Nothfall zu benutzen, ist höchst wahrscheinlich im römischen Gau weit früher beschränkt worden als irgendwo sonst in Latium. Nicht als ob der Römer seinen Bauerhof selbst zu bestellen oder ihn als sein rechtes Heim zu betrachten aufgehört hätte; aber schon die böse Luft der Campagna mufste es mit sich bringen, dafs er so weit es anging auf den luftigeren und gesunderen Stadthügeln seine Wohnung nahm; und neben dem Bauer mufs eine zahlreiche nicht agricole Bevölkerung von Fremden und Einheimischen dort seit uralter Zeit ansässig gewesen sein. Die dichte Bevölkerung des altrömischen Gebietes, das höchstens zu 5½ Quadratmeilen zum Theil sumpfigen und sandigen Bodens angeschlagen werden kann und schon nach der ältesten Stadtverfassung eine Bürgerwehr von 3300 freien Männern stellte, also mindestens 10000 freie Einwohner zählte, erklärt sich auf diese Art einigermafsen. Aber noch mehr. Wer die Römer und ihre Geschichte kennt, der weifs es, dafs das Eigenthümliche ihrer öffentlichen und Privatthätigkeit auf ihrem städtischen und kaufmännischen Wesen ruht und dafs ihr Gegensatz gegen die übrigen Latiner und überhaupt die Italiker vor allem der Gegensatz ist des Bürgers gegen den Bauer. Zwar ist Rom keine Kaufstadt wie Korinth oder Karthago; denn Latium ist eine wesentliche ackerbauende Landschaft und Rom zunächst und vor allem eine latinische Stadt gewesen und geblieben. Aber was Rom auszeichnet vor der Menge der übrigen latinischen Städte, mufs allerdings zurückgeführt werden auf seine Handelsstellung und auf den dadurch bedingten Geist seiner Bürgerschaft. Wenn Rom das Emporium der latinischen Landschaften war, so ist es begreiflich, dafs hier neben und über der latinischen Feldwirthschaft sich ein städtisches Leben kräftig und rasch entwickelte und damit der Grund zu seiner Sonderstellung gelegt ward. Die Verfolgung dieser mercantilen und strategischen Entwickelung der Stadt Rom ist bei weitem wichtiger und ausführbarer als das unfruchtbare Geschäft unbedeutende und wenig verschiedene Gemeinden der Urzeit chemisch zu analysiren. Jene städtische Entwickelung können wir noch einigermafsen erkennen in den Ueberlieferungen über die allmählich entstandenen Umwallungen und Verschanzungen Roms, deren Anlage mit der Entwickelung des römischen Gemeinwesens zu städtischer Bedeutung nothwendig Hand in Hand gegangen sein mufs.

Die ursprüngliche städtische Anlage, aus welcher im Laufe der Jahrhunderte Rom erwachsen ist, umfafste nach glaubwürdigen Zeugnissen nur den Palatin, in späterer Zeit auch das vier- *Die palatinische Stadt und die sieben Berge.*

eckige Rom (*Roma quadrata*) genannt von der unregelmäfsig viereckigen Form des palatinischen Hügels. Die Thore und Mauern dieses ursprünglichen Stadtringes blieben bis in die Kaiserzeit sichtbar; zwei von jenen, die Porta Romana bei S. Giorgio in Velabro und die Porta Mugionis am Titusbogen sind auch uns noch ihrer Lage nach bekannt und den palatinischen Mauerring beschreibt noch Tacitus nach eigener Anschauung wenigstens an den dem Aventin und dem Caelius zugewendeten Seiten. Vielfache Spuren deuten darauf hin, dafs hier der Mittelpunkt und der Ursitz der städtischen Ansiedlung war. Auf dem Palatin befand sich das heilige Symbol derselben, die sogenannte ‚Einrichtung‘ (*mundus*), darein die ersten Ansiedler von allem, dessen das Haus bedarf, zur Genüge und dazu von der lieben heimischen Erde eine Scholle gethan hatten. Hier lag ferner das Gebäude, in welchem die sämmtlichen Curien jede an ihrem eigenen Heerd zu gottesdienstlichen und anderen Zwecken sich versammelten (*curiae veteres*). Hier war das Versammlungshaus der ‚Springer‘ (*curia saliorum*), zugleich der Aufbewahrungsort der heiligen Schilde des Mars, das Heiligthum der ‚Wölfe‘ (*lupercal*) und die Wohnung des Jupiterpriesters. Auf und an diesem Hügel ward die Gründungssage der Stadt hauptsächlich localisirt und wurde das strohgedeckte Haus des Romulus, die Hirtenhütte seines Ziehvaters Faustulus, der heilige Feigenbaum, daran der Kasten mit den Zwillingen angetrieben war, der aus dem Speerschaft, welchen der Gründer der Stadt vom Aventin her über das Thal des Circus weg in diesen Mauerring geschleudert hatte, aufgeschossene Cornelkirschbaum und andere dergleichen Heiligthümer mehr den Gläubigen gewiesen. Eigentliche Tempel kannte diese Zeit noch nicht und daher hat solche auch der Palatin nicht aus älterer Zeit aufzuweisen. Die Gemeindestätten aber sind früh anderswohin verlegt und defshalb verschollen; nur vermuthen läfst sich, dafs der freie Platz um den Mundus, später der Platz des Apollo genannt, die älteste Versammlungsstätte der Bürgerschaft und des Senats, die über dem Mundus selbst errichtete Bühne die älteste Mahlstatt der römischen Gemeinde gewesen sein mögen. — Dagegen hat sich in dem ‚Fest der sieben Berge‘ (*septimontium*) das Andenken bewahrt an die erweiterte Ansiedlung, welche allmählich um den Palatin sich gebildet hat, Vorstädte eine nach der andern erwachsen, eine jede durch besondere, wenn auch schwächere Umwallungen geschützt, und an den ursprünglichen Mauerring des Palatin wie in den Marschen an den Hauptdeich die Aufsendeiche angelehnt. Die ‚sieben Ringe‘ sind

der Palatin selbst; der Cermalus, der Abhang des Palatins gegen
den in ältester Zeit zwischen diesem und dem Capitol sich ausbreitenden Sumpf (*velabrum*); die Velia, der den Palatin mit dem
Esquilin verbindende, später durch die kaiserlichen Bauten fast
ganz verschwundene Hügelrücken; das Fagutal, der Oppius und
der Cispius, die drei Höhen des Esquilin; endlich die Sucūsa
oder Subūra, eine aufserhalb des Erdwalls, der die Neustadt auf
den Carinen schützte, unterhalb S. Pietro in Vincoli in der Niederung zwischen dem Esquilin und dem Quirinal angelegte
Festung. In diesen offenbar allmählich erfolgten Anbauten liegt
die älteste Geschichte des palatinischen Rom bis zu einem gewissen Grade deutlich vor, zumal wenn man die späterhin auf
Grund dieser ältesten Gliederung gebildete servianische Bezirkseintheilung damit zusammenhält. — Der Palatin war der Ursitz
der römischen Gemeinde, der älteste und ursprünglich einzige
Mauerring; aber die städtische Ansiedlung hat in Rom wie überall
nicht innerhalb, sondern unterhalb der Burg begonnen und die
ältesten Ansiedelungen, von denen wir wissen und die späterhin
in der servianischen Stadteintheilung das erste und zweite Quartier bilden, liegen im Kreise um den Palatin herum. So diejenige
auf dem Abhang des Cermalus mit der Tuskergasse, worin sich
wohl eine Erinnerung bewahrt haben mag an den wohl schon in
der palatinischen Stadt lebhaften Handelsverkehr zwischen Caeriten und Römern, und die Niederlassung auf der Velia, die beide
später in der servianischen Stadt mit dem Burghügel selbst ein
Quartier gebildet haben. Ferner die Bestandtheile des späteren
zweiten Quartiers: die Vorstadt auf dem Caelius, welche vermuthlich nur dessen äufserste Spitze über dem Colosseum umfasst hat,
diejenige auf den Carinen, derjenigen Höhe, in welche der Esquilin
gegen den Palatin ausläuft, endlich das Thal und das Vorwerk der
Subura, von welcher das ganze Quartier den Namen empfing. Beide
Quartiere zusammen bilden die anfängliche Stadt, und der suburanische Bezirk derselben, der unterhalb der Burg etwa vom Bogen
des Constantin bis nach S. Pietro in Vincoli und über das darunter
liegende Thal hin sich erstreckte, scheint ansehnlicher, vielleicht
auch älter gewesen zu sein als die in der servianischen Ordnung
dem palatinischen Bezirk einverleibten Siedelungen, da jener diesem in der Rangfolge der Quartiere vorangeht. Eine merkwürdige
Erinnerung an den Gegensatz dieser beiden Stadttheile hat einer
der ältesten heiligen Gebräuche des nachherigen Rom bewahrt, das
auf dem Anger des Mars jährlich begangene Opfer des Octoberrosses: bis in späte Zeit wurde bei diesem Feste um das Pferdehaupt

gestritten zwischen den Männern der Subura und denen von der heiligen Strafse und je nachdem jene oder diese siegten, dasselbe entweder an dem mamilischen Thurm (unbekannter Lage) in der Subura oder an dem Königshaus unter dem Palatin angenagelt. Es waren die beiden Hälften der Altstadt, die hier in gleichberechtigtem Wetteifer mit einander rangen. Damals waren also die Esquiliae — welcher Name eigentlich gebraucht die Carinen ausschliefst — in der That, was sie hiefsen, der Aufsenbau (*ex-quiliae*, wie *inquilinus* von *colere*) oder die Vorstadt; sie wurden in der späteren Stadteintheilung das dritte Quartier und es hat dieses stets neben dem suburanischen und dem palatinischen als minder ansehnlich gegolten. Auch andere benachbarte Anhöhen, wie Capitol und Aventin, mögen noch von der Gemeinde der sieben Berge besetzt gewesen sein; vor allem die ‚Pfahlbrücke‘ (*pons sublicius*) über den natürlichen Brückenpfeiler der Tiberinsel wird — das Pontificalcollegium allein bürgt dafür hinreichend — schon damals bestanden und man auch den Brückenkopf am etruskischen Ufer, die Höhe des Ianiculum nicht aufser Acht gelassen haben; aber die Gemeinde hatte beides doch keineswegs in ihren Befestigungsring gezogen. Die Ordnung, die als Ritualsatz bis in die späteste Zeit festgehalten worden ist, dafs die Brücke ohne Eisen lediglich aus Holz zusammengefügt werden dürfe, geht in ihrem ursprünglichen praktischen Zweck offenbar darauf hinaus, dafs sie nur eine fliegende sein sollte und jederzeit leicht mufste abgebrochen oder abgebrannt werden können; man erkennt daraus, wie lange Zeit hindurch die römische Gemeinde den Flufsübergang nur unsicher und unterbrochen beherrscht hat. — Ein Verhältnifs dieser allmählich erwachsenen städtischen Ansiedelungen zu den drei Gemeinden, in die die römische staatsrechtlich seit unvordenklich früher Zeit zerfiel, ist nicht zu ersehen. Da die Ramner, Titier und Lucerer ursprünglich selbstständige Gemeinden gewesen zu sein scheinen, müssen sie freilich auch ursprünglich jede für sich gesiedelt haben; aber auf den sieben Hügeln selbst haben sie sicherlich nicht in getrennten Umwallungen gewohnt und was der Art in alter oder neuer Zeit erfunden worden ist, wird der verständige Forscher dahin stellen, wo die Schlacht am Palatin und das anmuthige Märchen von der Tarpeia ihren Platz finden. Vielmehr werden schon die beiden Quartiere der ältesten Stadt, Subura und Palatin und ebenso das vorstädtische jedes in die drei Theile der Ramner, Titier und Lucerer zerfallen sein; womit es zusammenhängen kann, dafs späterhin sowohl in dem suburanischen und palatinischen wie in jedem der nachher hinzugefügten

Stadttheile es drei Paare Argeerkapellen gab. Eine Geschichte hat die palatinische Siebenhügelstadt vielleicht gehabt; uns ist keine andere Ueberlieferung von derselben geblieben als die des blofsen Dagewesenseins. Aber wie die Blätter des Waldes für den neuen Lenz zuschicken, auch wenn sie ungesehen von Menschenaugen niederfallen, also hat diese verschollene Stadt der sieben Berge dem geschichtlichen Rom die Stätte bereitet.

Aber die palatinische Stadt ist nicht die einzige gewesen, die in dem späterhin von den servianischen Mauern eingeschlossenen Kreise vor Alters bestanden hat; vielmehr lag ihr in unmittelbarer Nachbarschaft gegenüber eine zweite auf dem Quirinal. Die ‚alte Burg‘ (*Capitolium vetus*) mit einem Heiligthum des Jupiter, der Juno und der Minerva und einem Tempel der Göttin des Treuworts, in welchem Staatsverträge öffentlich aufgestellt wurden, ist das deutliche Gegenbild des späteren Capitols mit seinem Jupiter- Juno- und Minervatempel und mit dem ebenfalls gleichsam zum völkerrechtlichen Archiv bestimmten Tempel der römischen Treue und ein sicherer Beweis dafür, dafs auch der Quirinal einstmals der Mittelpunkt eines selbstständigen Gemeinwesens gewesen ist. Dasselbe geht hervor aus dem zwiefachen Marscult auf dem Palatin und dem Quirinal; denn Mars ist das Vorbild des Wehrmanns und der älteste Hauptgott der italischen Bürgergemeinden. Damit hängt weiter zusammen, dafs dessen Dienerschaft, die beiden uralten Genossenschaften der Springer (*salii*) und der Wölfe (*Luperci*) in dem spätern Rom gedoppelt vorhanden gewesen sind und neben der palatinischen auch eine Springerschaft vom Quirinal bestanden hat, neben den quinctischen Wölfen vom Palatin eine fabische Wolfsgilde, die ihr Heiligthum höchst wahrscheinlich auf dem Quirinal gehabt hat*).

Die Ansiedelmer auf dem Quirinal.

---

*) Dafs die quinctischen Luperker den fabischen im Rang vorgingen, geht daraus hervor, dafs die Fabulisten dem Romulus die Quinctier, dem Remus die Fabier beilegen (Ovid fast. 2, 373 fg.; Vict. de orig. 22). Dafs die Fabier zu den Hügelrömern gehörten, beweist ihr Geschlechtsopfer auf dem Quirinal (Liv. 5, 46. 52), mag dies nun mit den Lupercalien zusammenhängen oder nicht. — Uebrigens heifst der Lupercus jenes Collegiums auf Inschriften (Orelli 2253) *Lupercus Quinctialis vetus*, und der höchst wahrscheinlich mit dem Lupercalcult zusammenhängende Vorname Kaeso (siehe röm. Forsch. 1, 17) findet sich ausschliefslich bei den Quinctiern und den Fabiern; die bei den Schriftstellern gangbare Form *Lupercus Quinctilius* und *Quinctilianus* ist also entstellt und das Collegium nicht den verhältnifsmäfsig jungen Quinctiliern, sondern den weit älteren Quinctiern eigen. Wenn dagegen die Quinctier (Liv. 1, 30) oder Quinctilier (Dion. 3, 29) unter den albanischen Geschlechtern genannt werden, so dürfte hier

Alle diese Anzeichen, schon an sich von grofsem Gewicht, gewinnen um so höhere Bedeutung, wenn man sich erinnert, dafs der genau bekannte Umkreis der palatinischen Siebenhügelstadt den Quirinal ausschlofs und dafs späterhin in dem servianischen Rom, während die drei ersten Bezirke der ehemaligen palatinischen Stadt entsprechen, aus dem Quirinal nebst dem benachbarten Viminal das vierte Quartier gebildet wurde. So erklärt sich auch, zu welchem Zweck aufserhalb der Stadtmauer das feste Vorwerk der Subura in dem Thalgrunde zwischen Esquilin und Quirinal angelegt ward — hier berührten sich ja die beiderseitigen Marken und mufste von den Palatinern, nachdem sie die Niederung in Besitz genommen hatten, zum Schutz gegen die vom Quirinal eine Burg aufgeführt werden. — Endlich ist auch der Name nicht untergegangen, mit dem sich die Männer vom Quirinal von ihren palatinischen Nachbarn unterschieden. Wie die palatinische Stadt sich die ‚der sieben Berge‘, ihre Bürger ‚die von den Bergen‘ (*montani*) sich nennen, die Bezeichnung ‚Berg‘ wie an den übrigen ihr angehörigen Höhen, so vor allem an dem Palatin haftet, so heifst die quirinalische Spitze, obwohl nicht niedriger, im Gegentheil etwas höher als jene, und ebenso die dazu gehörige viminalische im genauen Sprachgebrauch nie anders als ‚Hügel‘ (*collis*); ja in den sacralen Urkunden wird nicht selten der Quirinal als der ‚Hügel‘ ohne weiteren Beisatz bezeichnet. Ebenso heifst das von dieser Höhe ausführende Thor gewöhnlich das Hügelthor (*porta collina*), die daselbst ansässige Marspriesterschaft die vom Hügel (*salii collini*) im Gegensatz zu der vom Palatium (*salii Palatini*), das aus diesem Bezirk gebildete vierte servianische das Hügelquartier (*tribus collina*)*). Den zunächst wohl an der

---

die letztere Lesung vorzuziehen und das quinctische vielmehr als altrömisch zu betrachten sein.
*) Wenn späterhin für die Höhe, wo die Hügelrömer ihren Sitz hatten, der Name des Quirinushügels gebräuchlich gewesen ist, so darf darum doch keineswegs der Name der Quiriten als ursprünglich der Bürgerschaft auf dem Quirinal vorbehalten angesehen werden. Denn einerseits führen, wie gezeigt ist, alle ältesten Spuren für diese auf den Namen *Collini*; andererseits ist es unbestreitbar gewifs, dafs der Name der Quiriten von Haus aus wie nachher lediglich den Vollbürger bezeichnet und mit dem Gegensatz der *montani* und *collini* durchaus nichts gemein hat (vgl. unten Kap. 5). Vielmehr ist ursprünglich der Mars *quirinus*, der speertragende Todesgott sowohl auf dem Palatin wie auf dem Quirinal verehrt worden, wie denn noch die ältesten bei dem nachher sogenannten Quirinustempel gefundenen Inschriften diese Gottheit geradezu Mars heifsen, späterhin aber der Unterscheidung wegen der Gott der Bergrömer vorzugsweise Mars, der der Hü-

Gegend haftenden Namen der Römer mögen dabei diese Hügelmänner ebenso wie die von den Bergen sich beigelegt und etwa Hügelrömer (*Romani collini*) sich genannt haben. Dafs in dem Gegensatz der beiden Nachbarstädte zugleich eine Stammverschiedenheit obgewaltet hat, ist möglich, aber an Beweisen, welche ausreichen um eine auf latinischem Boden gegründete Gemeinde für stammfremd zu erklären, fehlt es auch für die quirinalische Gemeinde durchaus *).

So standen an der Stätte des römischen Gemeinwesens zu dieser Zeit noch die Bergrömer vom Palatin und die Hügelrömer vom Quirinal als zwei gesonderte und ohne Zweifel vielfach sich befehdende Gemeinwesen einander gegenüber, einigermafsen wie im heutigen Rom die Montigiani und die Trasteverini. Dafs die Gemeinde der sieben Berge schon früh die quirinalische bei weitem überwog, ist mit Sicherheit zu schliefsen sowohl aus der gröfseren Ausdehnung ihrer Neu- und Vorstädte als auch aus der Zurücksetzung, die die ehemaligen Hügelrömer in der spätern servianischen Ordnung sich durchaus haben müssen gefallen lassen. Aber auch innerhalb der palatinischen Stadt ist es schwerlich zu einer rechten und vollständigen Verschmelzung der ver-

Verhältnifs der palatinischen und quirinalischen Gemeinde.

gelrömer vorzugsweise Quirinus genannt worden. — Wenn der Quirinal auch wohl *collis agonalis*, Opferhügel genannt wird, so wird er damit nur bezeichnet als der sacrale Mittelpunkt der Hügelrömer.

*) Was man dafür ausgiebt (vgl. z. B. Schwegler, R. G. 1, 480), geht im Wesentlichen auf eine von Varro aufgestellte und von den Spätern wie gewöhnlich einstimmig nachgesprochene etymologisch-historische Hypothese, dafs das lateinische *quiris*, *quirinus* mit dem sabinischen Stadtnamen *Cures* verwandt und demnach der Quirinalhügel von Cures aus bevölkert worden sei. Die sprachliche Verwandtschaft jener Wörter ist wahrscheinlich; mit wie geringem Recht aber daraus der geschichtliche Folgesatz hergeleitet worden ist, liegt auf der Hand. Dafs die alten Heiligthümer auf diesem Berge — wo es übrigens auch einen ‚latiarischen Hügel' gab — sabinisch sind, hat man wohl behauptet, aber nicht erwiesen. Mars quirinus, Sol, Salus, Flora, Semo Sancus oder Deus fidius sind wohl sabinische, aber auch latinische Gottheiten, gebildet offenbar in der Epoche, wo Latiner und Sabiner noch ungeschieden beisammen waren. Wenn an den heiligen Stätten des späterhin zurücktretenden Quirinal ein Name wie der des Semo Sancus vorzugsweise haftet (vgl. die davon benannte *porta sanqualis*), der übrigens auch auf der Tiberinsel begegnet, so wird jeder unbefangene Forscher darin nur einen Beweis für das hohe Alter dieser Culte, nicht für ihre Entlehnung aus dem Nachbarland erblicken. Die Möglichkeit, dafs alte Stammgegensätze dennoch hier mitgewirkt, soll damit nicht geleugnet werden; aber wenn dies der Fall war, so sind sie für uns verschollen und die unseren Zeitgenossen geläufigen Betrachtungen über das sabinische Element im Römerthum nur geeignet vor dergleichen aus dem Leeren in das Leere führenden Betrachtungen ernstlich zu warnen.

schiedenen Bestandtheile der Ansiedlung gekommen. Wie Subura und Palatin mit einander jährlich um das Pferdehaupt stritten, ist schon erzählt worden; aber auch die einzelnen Berge, ja die einzelnen Curien — es gab noch keinen gemeinschaftlichen Stadtheerd, sondern die verschiedenen Curienheerde standen, obwohl in derselben Localität, doch noch neben einander — mögen sich mehr gesondert als geeinigt gefühlt haben und das ganze Rom eher ein Inbegriff städtischer Ansiedlungen als eine einheitliche Stadt gewesen sein. Manchen Spuren zufolge waren auch die Häuser der alten und mächtigen Familien gleichsam festungsartig angelegt und der Vertheidigung fähig, also auch wohl bedürftig. Erst der grofsartige Wallbau, der dem König Servius Tullius zugeschrieben wird, hat nicht blofs jene beiden Städte vom Palatin und Quirinal, sondern auch noch die nicht in ihren Ringen einbegriffenen Anhöhen des Capitol und des Aventin mit einem einzigen grofsen Mauerring umzogen und somit das neue Rom, das Rom der Weltgeschichte geschaffen. Aber ehe dieses gewaltige Werk angegriffen ward, war Roms Stellung zu der umliegenden Landschaft ohne Zweifel gänzlich umgewandelt. Wie die Periode, in der der Ackersmann auf den sieben Hügeln von Rom nicht anders als auf den andern latinischen den Pflug führte und nur die in gewöhnlichen Zeiten leer stehenden Zufluchtstätten auf einzelnen Spitzen einen Anfang festerer Ansiedlung darboten, der ältesten handel- und thatenlosen Epoche des latinischen Stammes entspricht; wie dann später die aufblühende Ansiedlung auf dem Palatin und in den ‚sieben Ringen‘ zusammenfällt mit der Besetzung der Tibermündungen durch die römische Gemeinde und überhaupt mit dem Fortschritt der Latiner zu regerem und freierem Verkehr, zu städtischer Gesittung vor allem in Rom und wohl auch zu festerer politischer Einigung in den Einzelstaaten wie in der Eidgenossenschaft, so hängt die Gründung einer einheitlichen Grofsstadt, der servianische Wall zusammen mit jener Epoche, in der die Stadt Rom um die Herrschaft über die latinische Eidgenossenschaft zu ringen und endlich sie zu erringen vermochte.

KAPITEL V.

Die ursprüngliche Verfassung Roms.

Vater und Mutter, Söhne und Töchter, Hof und Wohnung, Knechte und Geräth — das sind die natürlichen Elemente, aus denen überall, wo nicht durch die Polygamie die Mutter als solche verschwindet, das Hauswesen besteht. Darin aber gehen die Völker höherer Culturfähigkeit aus einander, dafs diese natürlichen Gegensätze flacher oder tiefer, mehr sittlich oder mehr rechtlich aufgefafst und durchgearbeitet werden. Keines kommt dem römischen gleich an schlichter, aber unerbittlicher Durchführung der von der Natur selbst vorgezeichneten Rechtsverhältnisse. *Römisches Haus.*

Die Familie, das heifst der durch den Tod seines Vaters in eigene Gewalt gelangte freie Mann mit der feierlich ihm von den Priestern zu Gemeinschaft des Wassers und des Feuers durch das heilige Salzmehl (durch Confarreatio) angetrauten Ehefrau, mit ihren Söhnen und Sohnessöhnen und deren rechten Frauen und ihren unverheiratheten Töchtern und Sohnestöchtern nebst allem einem von diesen zukommenden Hab und Gut ist eine Einheit, von der dagegen die Kinder der Töchter ausgeschlossen sind, da sie entweder, wenn sie ehelich sind, der Familie des Mannes angehören, oder, wenn aufser der Ehe erzeugt, in gar keiner Familie stehen. Eigenes Haus und Kindersegen erscheinen dem römischen Bürger als das Ziel und der Kern des Lebens. Der Tod ist kein Uebel, denn er ist nothwendig; aber das Aussterben des Hauses oder gar des Geschlechts ist ein Unheil selbst für die Gemeinde, welche darum in frühester Zeit dem Kinderlosen einen Rechtsweg eröffnete durch Annahme fremder Kinder *Der Hausvater und die Seinen.*

anstatt eigener diesem Verhängnifs auszuweichen. Von vorn herein trug die römische Familie die Bedingungen höherer Cultur in sich in der sittlich geordneten Stellung der Familienglieder zu einander. Familienhaupt kann nur der Mann sein; die Frau ist zwar im Erwerb von Gut und Geld nicht hinter dem Manne zurückgesetzt, sondern es nimmt die Tochter gleichen Erbtheil mit dem Bruder, die Mutter gleichen Erbtheil mit den Kindern, aber immer und nothwendig gehört die Frau dem Hause, nicht der Gemeinde an, und ist auch im Hause nothwendig hausunterthänig, die Tochter dem Vater, das Weib dem Manne*), die vaterlose unverheirathete Frau ihren nächsten männlichen Verwandten; diese sind es und nicht der König, von denen erforderlichen Falls die Frau verrechtfertigt wird. Aber innerhalb des Hauses ist die Frau nicht Dienerin, sondern Herrin. Befreit von den nach römischen Vorstellungen dem Gesinde zukommenden Arbeiten des Getreidemahlens und des Kochens widmet die römische Hausmutter sich wesentlich nur der Beaufsichtigung der Mägde und daneben der Spindel, die für die Frau ist, was für den Mann der Pflug**). Ebenso wurde die sittliche

---

*) Es gilt dies nicht blofs von der alten religiösen Ehe (*matrimonium confarreatione*), sondern auch die Civilehe (*matrimonium consensu*) gab zwar nicht an sich dem Manne Eigenthumsgewalt über die Frau, aber es wurden doch die Rechtsbegriffe der förmlichen Tradition (*coemptio*) und der Verjährung (*usus*) ohne weiteres auf dieselbe angewandt und dadurch dem Ehemann der Weg geöffnet, Eigenthumsgewalt über die Frau zu gewinnen. Bis er sie gewann, also namentlich in der bis zur Vollendung der Verjährung verfliefsenden Zeit, war das Weib, ganz wie bei der späteren Ehe mit *causae probatio* bis zu dieser, nicht *uxor*, sondern *pro uxore*; bis in die Zeit der ausgebildeten Rechtswissenschaft erhielt sich dieser Satz, dafs die nicht in der Gewalt des Mannes stehende Frau nicht Ehefrau sei, sondern nur dafür gelte (*uxor tantummodo habetur*. Cicero *top*. 3, 14).

**) Die folgende Grabschrift, obwohl einer viel späteren Zeit angehörig, ist nicht unwerth hier zu stehen. Es ist der Stein, der spricht.
Kurz, Wandrer, ist mein Spruch; halt' an und lies ihn durch.
Es deckt der schlechte Grabstein eine schöne Frau.
Mit Namen nannten Claudia die Eltern;
Mit eigner Liebe liebte sie den eignen Mann;
Zwei Söhne gebar sie; einen liefs auf Erden sie
Zurück, den andern barg sie in der Erde Schofs.
Sie war von artiger Rede und von edlem Gang,
Besorgt' ihr Haus und spann. Ich bin zu Ende, geh.
Vielleicht noch bezeichnender ist die Aufführung des Wollspinnens unter lauter sittlichen Eigenschaften, die in römischen Grabschriften nicht ganz selten ist. (Orelli 4639: *optima et pulcherrima, lanifica pia pudica frugi casta domiseda*. Orelli 4861: *modestia probitate pudicitia obsequio lanificio diligentia fide par similisque ceteris probeis feminis fuit*. Grabschrift

Verpflichtung der Eltern gegen die Kinder von der römischen
Nation voll und tief empfunden, und es galt als arger Frevel,
wenn der Vater das Kind vernachlässigte oder verdarb oder auch
nur zum Nachtheil desselben sein Vermögen vergeudete. Aber
rechtlich wird die Familie unbedingt geleitet und gelenkt durch
den einen allmächtigen Willen des Hausvaters (*pater familias*).
Ihm gegenüber ist alles rechtlos, was innerhalb des Hauses steht,
der Stier und der Sklave, aber nicht minder Weib und Kind.
Wie die Jungfrau durch die freie Wahl des Mannes zu seiner
Ehefrau wird, so steht auch das Kind, das sie ihm geboren, auf-
zuziehen oder nicht in seinem freien Willen. Es ist nicht Gleich-
giltigkeit gegen die Familie, welche diese Satzung eingegeben
hat, vielmehr wohnte die Ueberzeugung, dafs Hausbegründung
und Kinderzeugung sittliche Nothwendigkeit und Bürgerpflicht
sei, tief und ernst im Bewufstsein des römischen Volkes. Vielleicht das einzige Beispiel einer in Rom von Gemeindewegen gewährten Unterstützung ist die Bestimmung, dafs dem Vater, welchem Drillinge geboren werden, eine Beihülfe gegeben werden
soll; und wie man über die Aussetzung dachte, zeigt die religiöse
Untersagung derselben hinsichtlich aller Söhne — mit Ausnahme
der Mifsgeburten — und wenigstens der ersten Tochter. Aber
wie tadelnswerth und gemeinschädlich auch die Aussetzung erscheinen mochte, das Recht dazu konnte dem Vater nicht genommen werden; denn vor allen Dingen war er in seinem Hause
durchaus und unbeschränkt Herr und sollte es bleiben. Der
Hausvater hält die Seinigen nicht blofs in strengster Zucht, sondern er hat auch das Recht und die Pflicht, über sie die richterliche Gewalt auszuüben und sie nach Ermessen an Leib und
Leben zu strafen. Der erwachsene Sohn kann einen gesonderten Hausstand begründen oder, wie die Römer dies ausdrücken,
sein ‚eigenes Vieh' (*peculium*) vom Vater angewiesen erhalten;
aber rechtlich bleibt aller Erwerb der Seinigen, mag er durch
eigene Arbeit oder durch fremde Gabe, im väterlichen oder im
eigenen Haushalte gewonnen sein, Eigenthum des Vaters und es
kann, so lange der Vater lebt, die unterthänige Person niemals
eigenes Vermögen haben, daher auch nicht anders als im Auftrag
des Vaters veräufsern und nie vererben. In dieser Beziehung
stehen Weib und Kind völlig auf gleicher Linie mit dem Sklaven,

---

der Turia: *domestica bona pudicitiae, opsequi, comitatis, facilitatis, lani-
ficiis [tuis adsiduitatis, religionis] sine superstitione, ornatus non conspi-
ciendi, cultus modici.*

dem die Führung einer eigenen Haushaltung auch nicht selten verstattet ward und der mit Auftrag des Herrn gleichfalls befugt war zu veräufsern. Ja der Vater kann wie den Sklaven so auch den Sohn einem Dritten zum Eigenthum übertragen; ist der Käufer ein Fremder, so wird der Sohn sein Knecht, ist er ein Römer, so wird der Sohn, da er als Römer nicht Knecht eines Römers werden kann, seinem Käufer wenigstens an Knechtes Statt. Die väterliche und eheherrliche Gewalt unterlag in der That schlechterdings gar keinen Rechtsbeschränkungen. Die Religion allerdings sprach über einige der ärgsten Fälle ihren Bannfluch aus; so wurde aufser der schon erwähnten Beschränkung des Aussetzungsrechts verwünscht, wer seine Ehefrau oder den verheiratheten Sohn verkauft; und in ähnlicher Weise ward es durchgesetzt, dafs bei der Ausübung der häuslichen Gerichtsbarkeit der Vater und mehr noch der Ehemann den Spruch über Kind und Frau nicht fällte, ohne vorher die nächsten Blutsverwandten, sowohl die seinigen wie die der Frau, zugezogen zu haben. Aber eine rechtliche Minderung der Gewalt lag auch hierin nicht; denn die Execution der Bannflüche kam den Göttern, nicht der irdischen Gerechtigkeit zu, und die bei dem Hausgericht zugezogenen Blutsverwandten hatten nicht zu richten, sondern nur den richtenden Hausvater zu berathen. Es ist die hausherrliche Macht aber nicht blofs unumschränkt und keinem auf der Erde verantwortlich, sondern auch, so lange der Hausherr lebt, unabänderlich und unzerstörlich. Nach den griechischen wie nach den deutschen Rechten ist der erwachsene thatsächlich selbstständige Sohn auch rechtlich von dem Vater frei; die Macht des römischen Hausvaters vermag bei dessen Lebzeiten nicht das Alter, nicht der Wahnsinn desselben, ja nicht einmal sein eigener freier Wille zu lösen, aufser wenn die Tochter durch eine rechte Ehe aus der Hand des Vaters übergeht in die Hand des Mannes und aus ihrem Geschlecht und Gottesschutz in das Geschlecht und den Gottesschutz des Mannes eintretend, ihm nun unterthan wird, wie sie bisher es ihrem Vater war. Nach römischem Recht ist es dem Knechte leichter gemacht sich von dem Herrn, als dem Sohne sich von dem Vater zu lösen; die Freilassung des ersteren ward früh und in einfachen Formen gestattet, die Freigebung des letzteren wurde erst viel später und auf weiten Umwegen möglich gemacht. Ja wenn der Herr den Knecht und der Vater den Sohn verkauft und der Käufer beide freigiebt, so erlangt der Knecht die Freiheit, der Sohn aber fällt durch die Freilassung vielmehr zurück in die frühere väterliche

Gewalt. So ward durch die unerbittliche Consequenz, mit der die väterliche und eheherrliche Gewalt von den Römern aufgefafst wurde, dieselbe in ein wahres Eigenthumsrecht umgewandelt. Indefs bei aller Annäherung der hausherrlichen Gewalt über Weib und Kind an die Eigenthumsgewalt über Sklaven und Vieh blieben dennoch die Glieder der Familie von der Familienhabe nicht blofs thatsächlich, sondern auch rechtlich auf schärfste getrennt. Die hausherrliche Gewalt, auch abgesehen davon, dafs sie nur innerhalb des Hauses sich wirksam erzeigt, ist vorübergehender und gewissermafsen stellvertretender Art. Weib und Kind sind nicht blofs um des Hausvaters willen da, wie das Eigenthum nur für den Eigenthümer, wie in dem absoluten Staat die Unterthanen nur für den König vorhanden sind; sie sind wohl auch Gegenstand des Rechts, aber doch zugleich eigenberechtigt, nicht Sachen, sondern Personen. Ihre Rechte ruhen nur der Ausübung nach, weil die Einheit des Hauses im Regiment einen einheitlichen Repräsentanten erfordert; wenn aber der Hausherr stirbt, so treten die Söhne von selbst als Hausherren auf und erlangen nun ihrerseits über die Frauen und Kinder und das Vermögen die bisher vom Vater über sie geübten Rechte, wogegen durch den Tod des Herrn die rechtliche Stellung des Knechtes in nichts sich ändert. — Indefs war die Einheit der Familie so mächtig, dafs selbst der Tod des Hausherrn sie nicht vollständig löste. Die durch denselben selbstständig gewordenen Descendenten betrachten dennoch in mancher Hinsicht sich noch als eine Einheit, wovon bei der Erbfolge und in vielen andern Beziehungen Gebrauch gemacht wird, vor allen Dingen aber um die Stellung der Wittwe und der unverheiratheten Töchter zu ordnen. Da nach älterer römischer Ansicht das Weib nicht fähig ist weder über Andere noch über sich die Gewalt zu haben, so bleibt die Gewalt über sie oder, wie sie mit milderem Ausdruck heifst, die Hut (*tutela*) bei dem Hause, dem sie angehört, und wird statt des verstorbenen Hausherrn jetzt ausgeübt durch die Gesammtheit der nächsten männlichen Familienglieder, regelmäfsig also über die Mutter durch die Söhne, über die Schwestern durch die Brüder. In diesem Sinne dauerte die einmal gegründete Familie unverändert fort, bis der Mannesstamm ihres Urhebers ausstarb; nur mufste freilich von Generation zu Generation factisch das Band sich lockern und zuletzt selbst die Möglichkeit des Nachweises der ursprünglichen Einheit verschwinden. Hierauf und hierauf allein beruht der Unterschied der Familie und des Geschlechts, oder nach römischem Ausdruck der Agnaten

Familie und Geschlecht.

und Gentilen. Beide bezeichnen den Mannsstamm; die Familie aber umfaſst nur diejenigen Individuen, welche von Generation zu Generation aufsteigend den Grad ihrer Abstammung von einem gemeinschaftlichen Stammherrn darthun können, das Geschlecht dagegen auch diejenigen, welche bloſs die Abstammung selbst von einem gemeinschaftlichen Ahnherrn, aber nicht mehr vollständig die Zwischenglieder, also nicht den Grad nachzuweisen vermögen. Sehr klar spricht sich das in den römischen Namen aus; wenn es heiſst: ‚Quintus, Sohn des Quintus, Enkel des Quintus und so weiter, der Quintier', so reicht die Familie so weit, als die Ascendenten individuell bezeichnet werden und wo sie endlich aufhört, tritt ergänzend ein das Geschlecht, die Abstammung von dem gemeinschaftlichen Urahn, der auf alle seine Nachkommen den Namen der Quintuskinder vererbt hat.

Schutzverwandte des Hauses.
Diesen streng geschlossenen unter der Gewalt eines lebenden Herrn vereinigten oder aus der Auflösung solcher Häuser hervorgegangenen Familien- und Geschlechtseinheiten gehörten auſserdem noch an zwar nicht die Gäste, das sind die Glieder anderer gleichartiger Kreise, welche vorübergehend in einem fremden Hause verweilen, und ebensowenig die Sklaven, welche rechtlich nur als Habe, nicht als Glieder des Hauses angesehen werden, aber wohl die Hörigen (*clientes*, von *cluere*), das heiſst diejenigen Individuen, die, ohne freie Bürger irgend eines Gemeinwesens zu sein, doch in einem solchen im Zustande geschützter Freiheit sich befanden. Dahin gehörten theils die landflüchtigen Leute, die bei einem fremden Schutzherrn Aufnahme gefunden hatten, theils diejenigen Knechte, denen gegenüber der Herr auf den Gebrauch seiner Herrenrechte vorläufig verzichtet, ihnen die thatsächliche Freiheit geschenkt hatte. Es war dies Verhältniſs in seiner Eigenthümlichkeit nicht ein rechtliches wie das zu dem Gast oder dem Knecht; der Hörige blieb ein unfreier Mann, wenn auch Treuwort und Herkommen die Unfreiheit für ihn milderte. Darum bilden die ‚Hörigen' (*clientes*) des Hauses in Verbindung mit den eigentlichen Knechten die von dem Willen des ‚Bürgers' (*patronus*, wie *patricius*) abhängige ‚Knechtschaft' (*familia*); darum ist nach ursprünglichem Recht der Bürger befugt das Vermögen des Clienten theilweise oder ganz wieder an sich zu ziehen, ihn vorkommenden Falls in die Sklaverei zurückzuversetzen, ja ihn am Leben zu strafen und es sind nur thatsächliche Verschiedenheiten, wenn gegen den Clienten nicht so leicht wie gegen den wirklichen Knecht die volle Schärfe dieses hausherrlichen Rechtes hervorgekehrt wird und wenn auf

der andern Seite die sittliche Verpflichtung des Herrn für seine
eigenen Leute zu sorgen und sie zu vertreten bei dem thatsächlich freier gestellten Clienten gröfsere Bedeutung gewinnt als bei
dem Sklaven. Ganz besonders mufste die factische Freiheit des
Clienten der rechtlichen da sich nähern, wo das Verhältnifs durch
mehrere Generationen hindurchgegangen war: wenn der Freilasser und der Freigelassene selber gestorben waren, konnte das
Herrenrecht über die Nachkommen des Freigelassenen von den
Rechtsnachfolgern des Freilassers nicht ohne schreiende Impietät in Anspruch genommen werden und immer bildete also schon
in dem Hause selbst sich ein Kreis abhängig freier Leute, die von
den Knechten sich ebenso unterschieden wie von den gleichberechtigten Geschlechtsgenossen.

Auf diesem römischen Hause beruht der römische Staat sowohl den Elementen als der Form nach. Die Volksgemeinde entstand aus der wie immer erfolgten Zusammenfügung jener alten
Geschlechtsgenossenschaften der Romilier, Voltinier, Fabier und
so ferner, das römische Gebiet aus den vereinigten Marken dieser Geschlechter (S. 36); römischer Bürger war, wer einem jener
Geschlechter angehörte. Jede innerhalb dieses Kreises in den
üblichen Formen abgeschlossene Ehe galt als echte römische und
begründete für die Kinder das Bürgerrecht; wer in unrechter
oder aufser der Ehe erzeugt war, war aus dem Gemeindeverband
ausgeschlossen. Defshalb nannten die römischen Bürger sich
die ,Vaterkinder' (*patricii*), insofern nur sie rechtlich einen Vater
hatten. Die Geschlechter wurden mit allen in ihnen zusammengeschobenen Familien dem Staat wie sie bestanden einverleibt.
Die häuslichen und Geschlechterkreise blieben innerhalb des Staates bestehen; allein dem Staate gegenüber galt die Stellung in
denselben nicht, so dafs der Haussohn im Hause unter, aber in
politischen Pflichten und Rechten neben dem Vater stand. Die
Stellung der Schutzbefohlenen änderte sich natürlich dahin, dafs
die Freigelassenen und die Clienten eines jeden Schutzherrn um
seinetwillen in der ganzen Gemeinde geduldet wurden; zwar
blieben sie zunächst angewiesen auf den Schutz derjenigen Familie, der sie angehörten, aber es lag doch auch in der Sache,
dafs von dem Gottesdienst und den Festlichkeiten der Gemeinde
die Schutzbefohlenen der Gemeindeglieder nicht gänzlich ausgeschlossen werden konnten, wenn auch die eigentlichen bürgerlichen Rechte wie die eigentlichen bürgerlichen Lasten selbstverständlich dieselben nicht trafen. Um so mehr galt dies von den
Schutzbefohlenen der Gesammtschaft. So bestand der Staat wie

das Haus aus den eigenen und den zugewandten Leuten, den Bürgern und den Insassen.

König. Wie die Elemente des Staates die auf der Familie ruhenden Geschlechter sind, so ist auch die Form der Staatsgemeinschaft im Einzelnen wie im Ganzen der Familie nachgebildet. Dem Hause giebt die Natur selbst den Vater, mit dem dasselbe entsteht und vergeht. In der Volksgemeinde aber, die unvergänglich bestehen soll, findet sich kein natürlicher Herr, wenigstens in der römischen nicht, die aus freien und gleichen Bauern bestand und keines Adels von Gottes Gnaden sich zu rühmen vermochte. Darum wird einer aus ihrer Mitte ihr Leiter (*rex*) und Gebieter (*dictator*), Meister des Volkes (*magister populi*) und Herr im Hause der römischen Gemeinde, wie denn auch in späterer Zeit in oder neben seiner Wohnung der ewig flammende Heerd und die wohlversperrte Vorrathskammer der Gemeinde, die römische Vesta und die römischen Penaten zu finden sind — sie alle die sichtbare Einheit des obersten Hauses darstellend, das ganz Rom einschlofs. Das Königsamt beginnt, wenn der Nachfolger bezeichnet und das Amt erledigt ist, sofort und von Rechtswegen; aber Treue und Gehorsam ist die Gemeinde dem König erst schuldig, wenn er die Versammlung der waffenfähigen Freien zusammenberufen und sie förmlich in Pflicht genommen hat. Alsdann hat er ganz die Macht in der Gemeinde, die im Hause dem Hausvater zukommt und herrscht wie dieser auf Lebenszeit. Er verkehrt mit den Göttern der Gemeinde, die er befragt und befriedigt (*auspicia publica*) und ernennt alle Priester und Priesterinnen. Die Verträge, die er abschliefst im Namen der Gemeinde mit Fremden, sind verpflichtend für das ganze Volk, obwohl sonst kein Gemeindeglied durch einen Vertrag mit dem Nichtmitglied der Gemeinschaft gebunden wird. Sein Gebot (*imperium*) ist allmächtig im Frieden wie im Kriege, wefshalb die Boten (*lictores*, von *licere* laden) mit Beilen und Ruthen ihm überall voranschreiten, wo er in amtlicher Function auftritt. Er allein hat das Recht öffentlich zu den Bürgern zu reden und er ist es, der die Schlüssel zu dem Gemeindeschatz führt. Ihm steht wie dem Vater das Züchtigungsrecht und die Gerichtsbarkeit zu. Er erkennt Ordnungsstrafen, namentlich Stockschläge wegen Versehen im Kriegsdienst. Er sitzt zu Gericht in allen privaten und criminellen Rechtshändeln und entscheidet unbedingt über Leben und Tod wie über die Freiheit, so dafs er den Bürger dem Mitbürger an Knechtes Statt zusprechen oder auch den Verkauf desselben in die wirkliche Sklaverei, also ins Ausland anordnen kann; der Berufung an das Volk um Begnadigung nach gefälltem Bluturtheil stattzugeben ist er berechtigt, jedoch nicht verpflichtet. Er bietet das Volk zum Kriege auf und er befehligt das Heer; nicht minder aber mufs er bei Feuerlärm persönlich auf der Brandstelle erscheinen. Wie der Hausherr im Hause nicht der mächtigste ist, sondern der allein mächtige, so ist auch der König nicht der erste, sondern der einzige Machthaber im Staate; er mag aus den der heiligen oder der Gemeindesatzungen besonders kundigen Männern Sachverständigenvereine bilden und deren Rath einfordern; er mag, um sich die Uebung der Gewalt zu erleichtern, einzelne Befugnisse Andern übertragen, die Mittheilungen an die Bürgerschaft, den Befehl im Kriege, die Entscheidung der minder wichtigen Prozesse, die Aufspürung der Verbrechen; er mag namentlich, wenn er den Stadtbezirk zu verlassen genöthigt ist, einen Stadtvogt (*praefectus urbi*) mit der vollen Gewalt eines Stellvertreters daselbst zurücklassen; aber jede Amtsgewalt neben der königlichen ist aus dieser abgeleitet und jeder Beamte nur durch den König und so lange dieser will im Amt. Alle Beamten der ältesten Zeit, der aufserordentliche Stadtvogt sowohl wie die wahrscheinlich regelmäfsig ernannten ‚Spürer des argen Mordes' (*quaestores paricidii*) und die Abtheilungsführer (*tribuni*, von *tribus* Theil) des Fufsvolks (*milites*) und der Reiterei (*celeres*) sind nichts als Beauftragte des Königs und keineswegs Magistrate im spätern Sinn. Eine äufsere rechtliche Schranke hat die Königsgewalt nicht und kann sie nicht haben; für den Herrn der Gemeinde giebt es so wenig einen Richter innerhalb der Gemeinde wie für den Hausherrn innerhalb des Hauses. Nur der Tod beendigt seine Macht; aber selbst auf diesen Fall hat es ihm allem Anschein nach rechtlich nicht blofs freigestanden, sondern wohl im Kreise seiner Pflichten gelegen sich einen Nachfolger nach freier Wahl zu ernennen. Eine formelle Mitwirkung bei der Königswahl kommt dem Rath der Alten gar nicht und der Bürgerschaft erst nach der Ernennung zu; rechtlich wird der neue König von seinem Vorgänger eingesetzt*) und also ‚der hohe Göttersegen, unter dem

---

*) Unmittelbare Zeugnisse über die verfassungsmäfsigen Voraussetzungen der römischen Königswahl wird man nicht erwarten. Aber da die Ernennung des Dictators genau in der hier beschriebenen Weise erfolgt; da auch die Ernennung des Consuls nur darin von derselben abweicht, dafs hier selbstverständlich die Nachfolge nicht auf den Todesfall des Vorgängers, sondern auf dessen Rücktritt gestellt ist und dafs der Gemeinde dabei ein bindendes Vorschlags- und dem Rath der Alten das dadurch bedingte Be-

die berühmte Roma gegründet ist', von dem ersten königlichen Empfänger in stetiger Folge auf die Nachfolger übertragen und die Einheit des Staats trotz des Personenwechsels der Machthaber unveränderlich bewahrt. Diese Einheit des römischen Volkes, die im religiösen Gebiet der römische Diovis darstellt, repräsentirt rechtlich der Fürst und darum ist auch seine Tracht die des höchsten Gottes; der Wagen selbst in der Stadt, wo sonst Jedermann zu Fuſs geht, der Elfenbeinstab mit dem Adler, die rothe Gesichtsschminke, der goldene Eichenkranz kommen dem römischen Gott wie dem römischen König in gleicher Weise zu. Aber man würde sehr irren darum aus der römischen Verfassung eine Theokratie zu machen; nie sind den Italienern die Begriffe Gott und König in ägyptischer und orientalischer Weise in einander verschwommen. Nicht der Gott des Volkes ist der König, sondern viel eher der Eigenthümer des Staats. Darum weiſs man auch nichts von besonderer göttlicher Begnadigung eines Geschlechtes oder von irgend einem geheimniſsvollen Zauber, danach der König von anderem Stoff wäre als andre Menschen; die edle Abkunft, die Verwandtschaft mit früheren Regenten ist eine Empfehlung, aber keine Bedingung; vielmehr kann rechtlich jeder zu seinen Jahren gekommene und an Geist und Leib gesunde römische Mann zum Königthum gelangen*). Der König ist also eben nur ein gewöhnlicher Bürger, den Verdienst oder Glück, vor allem aber die Nothwendigkeit daſs Einer Herr sein müsse in jedem Hause, zum Herrn gesetzt haben über seines Gleichen, den Bauer über Bauern, den Krieger über Krieger. Wie der Sohn dem Vater unbedingt gehorcht und doch sich nicht geringer achtet als den Vater, so unterwirft sich

---

stätigungsrecht eingeräumt wird, welche Einrichtung den Stempel späterer Entstehung unwidersprechlich an sich trägt, während die Ernennung selbst auch zum Consulat ohne Ausnahme durch den Vorgänger oder den Zwischenkönig bewirkt wird; da ferner Consulat und Dictatur wesentlich nichts sind als Fortsetzungen des Königtbums, so muſs jene Annahme nichts desto weniger als völlig gesichert betrachtet werden. Selbst den Berichten zufolge ist die vorgängige Wahl durch die Curien nur zulässig, keineswegs rechtlich nothwendig, wie die Erzählung von Servius Tullius beweist. Es war wohl gebräuchlich die Ernennung öffentlich (*contione advocata*) vorzunehmen und die hier stattfindende Acclamation konnte von Späteren füglich als Wahl aufgefaſst werden.

*) Daſs Lahmheit vom höchsten Amte ausschloſs, sagt Dionys 5, 25. Daſs das römische Bürgerthum Bedingung wie des Consulats so auch des Königthums war, versteht sich so sehr von selbst, daſs es kaum der Mühe werth ist, die Fabeleien über den Bürger von Cures noch ausdrücklich abzuweisen.

der Bürger dem Gebieter, ohne ihn gerade für seinen Besseren zu halten. Darin liegt die sittliche und factische Begrenzung der Königsgewalt. Der König konnte zwar, auch ohne gerade das Landrecht zu brechen, viel Unbilliges thun; er konnte den Mitstreitern ihren Antheil an der Beute schmälern, er konnte übermäfsige Frohnden auflegen oder sonst durch Auflagen unbillig eingreifen in das Eigenthum des Bürgers; aber wenn er es that, so vergafs er, dafs seine Machtfülle nicht von Gott kam, sondern unter Gottes Zustimmung von dem Volke, das er vertrat, und wer schützte ihn, wenn dieses wieder des Eides vergafs, den es ihm geschworen? Die rechtliche Beschränkung aber der Königsgewalt lag darin, dafs er das Gesetz nur zu üben, nicht zu ändern befugt war, jede Abweichung vom Gesetze vielmehr entweder von der Volksversammlung und dem Rath der Alten zuvor gutgeheifsen sein mufste oder ein nichtiger und tyrannischer Act war, dem rechtliche Folgen nicht entsprangen. So ist sittlich und rechtlich die römische Königsgewalt im tiefsten Grunde verschieden von der heutigen Souveränetät und überhaupt im modernen Leben so wenig vom römischen Hause wie vom römischen Staat ein entsprechendes Abbild vorhanden.

Was die Eintheilung der Bürgerschaft anlangt, so ruht diese auf dem uralten Normalsatz, dafs zehn Häuser ein Geschlecht (*gens*), zehn Geschlechter oder hundert Häuser eine Pflegschaft (*curia*, wohl mit *curare* = *coerare*, κοίρανος verwandt), zehn Pflegschaften oder hundert Geschlechter oder tausend Häuser die Gemeinde bilden; dafs ferner jedes Haus einen Mann zum Fufsheer (daher *mil-es*, wie *equ-es*, der Tausendgänger), jedes Geschlecht aber einen Reiter und einen Rathmann stellt. Bei combinirten Gemeinden erscheint eine jede derselben natürlich als Theil (*tribus*) der ganzen Gemeinde (*tota* umbrisch und oskisch) und vervielfältigt sich die Grundzahl mit der Zahl der Theile. Diese Eintheilung bezog sich zwar zunächst auf den Personalbestand der Bürgerschaft, ward aber ebenso auch angewandt auf die Feldmark, so weit diese überhaupt aufgetheilt war. Dafs es nicht blofs Theil-, sondern auch Curienmarken gab, kann um so weniger bezweifelt werden, als unter den wenigen überlieferten römischen Curiennamen neben anscheinend gentilicischen, wie zum Beispiel *Faucia*, auch sicher örtliche, zum Beispiel *Veliensis*, vorkommen; überdies findet sich ein sehr altes der Curie von hundert Häusern correspondirendes Ackermafs, die ‚Hunderte' (*centuria*) von hundert Hofstellen zu je zwei Morgen. Die Geschlechtsmarken, von denen schon die Rede war

Volksgemeinde.

(S. 36) müssen in dieser ältesten Zeit der Feldgemeinschaft die kleinste Einheit der Ackertheilung gewesen sein. — In ihrer einfachsten Gestalt begegnet diese Verfassung in dem Schema der späterhin unter römischem Einfluſs entstandenen latinischen oder Bürgergemeinden; durchgängig zählten dieselben hundert wirkliche Rathmänner (*centumviri*) und jeder derselben heiſst ‚das Haupt von zehn Häusern' (*decurio*)*). Aber auch in der ältesten Tradition über das dreitheilige Rom, welche demselben dreiſsig Curien, dreihundert Geschlechter, dreihundert Reiter, dreihundert Senatoren, dreitausend Häuser und ebenso viele Fuſssoldaten beilegt, treten durchgängig dieselben Normalzahlen hervor. — Nichts ist gewisser, als daſs dieses älteste Verfassungsschema nicht in Rom entstanden, sondern uraltes allen Latinern gemeinsames Recht ist und vielleicht weit über die Trennung der Stämme zurückreicht. Die in solchen Dingen sehr glaubwürdige römische Verfassungstradition, die für alle übrigen Eintheilungen der Bürgerschaft eine Geschichte hat, läſst einzig die Curieneintheilung entstehen mit der Entstehung der Stadt; und damit im vollsten Einklang erscheint die Curienverfassung nicht bloſs in Rom, sondern tritt in dem neuerlich aufgefundenen Schema der latinischen Gemeindeordnungen auf als wesentlicher Theil des latinischen Stadtrechts überhaupt. — Schwierig ist es dagegen über den Zweck und den praktischen Werth dieses Schemas zu einem sicheren Urtheil zu gelangen. Der Kern desselben war offenbar die Gliederung in Curien. Die ‚Theile' können schon deſshalb kein wesentliches Moment gewesen sein, weil ihr Vorkommen überhaupt wie nicht minder ihre Zahl zufällig ist; wo es deren gab, kam ihnen sicher keine andere Bedeutung zu, als daſs das Andenken an eine Epoche, wo diese Theile selber Ganze gewesen waren, sich in ihnen bewahrte**). Es ist nirgends überliefert, daſs der einzelne Theil einen Sondervorstand und Sonderzusammenkünfte gehabt habe; und die groſse Wahrscheinlichkeit spricht dafür, daſs im Interesse der Einheit des Gemeinwesens den Thei-

---

*) Selbst in Rom, wo die einfache Zehncurienverfassung sonst früh verschwunden ist, findet sich noch eine praktische Anwendung derselben, und merkwürdig genug eben bei demjenigen Formalact, den wir auch sonst Grund haben unter allen, deren unsere Rechtsüberlieferung gedenkt, für den ältesten zu halten, bei der Confarreation. Es scheint kaum zweifelhaft, daſs deren zehn Zeugen dasselbe in der Zehncurien-, was die dreiſsig Lictoren in der Dreiſsigcurienverfassung sind.

**) Es liegt dies schon im Namen. Der ‚Theil' ist, wie der Jurist weiſs, nichts als ein ehemaliges oder auch ein künftiges Ganze, also in der Gegenwart ohne alle Realität.

len, aus denen es zusammengeschmolzen war, dergleichen in der That nie verstattet worden sind. Selbst im Heere zählte das Fufsvolk zwar so viel Anführerpaare, als es Theile gab; aber es befehligte nicht jedes dieser Kriegstribunenpaare das Contingent einer Tribus, sondern sowohl jeder einzelne wie alle zusammen geboten über das gesammte Fufsheer. Aehnlich wie den Theilen, obwohl aus ganz andern Gründen, mufs den Geschlechtern und Familien in diesem Verfassungstypus mehr eine schematische als eine praktische Bedeutung zugekommen sein. Die Grenzen des Stammes und des Hauses sind durch die Natur gegeben. Die gesetzgebende Gewalt mag modificirend in diese Kreise eingreifen, das grofse Geschlecht in Zweige spalten und es als doppeltes zählen oder mehrere schwache zusammenschlagen, ja sogar das Haus in ähnlicher Weise mindern oder mehren. Aber nichts desto weniger ist den Römern als die Wurzel der Zusammengehörigkeit des Geschlechts und noch viel mehr der Familie stets die Blutsverwandtschaft erschienen, und es kann also die römische Gemeinde in diese Kreise nur in so beschränkter Weise eingegriffen haben, dafs der verwandtschaftliche Grundcharakter derselben bestehen blieb. Wenn demnach die Zahl der Häuser und Geschlechter in den latinischen Gemeinden auch vielleicht ursprünglich als feste gedacht war, so mufs sie doch durch die Zufälligkeiten der menschlichen Dinge sehr bald ins Schwanken gekommen sein und dem Normalschema von gerade tausend Häusern und gerade hundert Geschlechtern kann höchstens nur für die frühesten Anfänge dieses uns schon beim Beginn der Geschichte fertig entgegentretenden Instituts eine mehr als ideale Bedeutung beigelegt werden*). Unwiderleglich beweist die praktische Werthlosigkeit dieser Zahlen der völlige Mangel irgend einer reellen Anwendung derselben. Es ist weder überliefert noch glaublich,

---

*) In Slavonien, wo die patriarchalische Haushaltung bis auf den heutigen Tag festgehalten wird, bleibt die ganze Familie, oft bis zu funfzig, ja hundert Köpfen stark, unter den Befehlen des von der ganzen Familie auf Lebenszeit gewählten Hausvaters (Goszpodár) in demselben Hause beisammen. Das Vermögen des Hauses, das hauptsächlich in Vieh besteht, verwaltet der Hausvater; der Ueberschufs wird nach Familienstämmen vertheilt. Privaterwerb durch Industrie und Handel bleibt Sondereigenthum. Austritte aus dem Hause, auch der Männer, z. B. durch Einheirathen in eine fremde Wirthschaft, kommen vor (Csaplovics, Slavonien I, 106. 179). — Bei derartigen Verhältnissen, die von den ältesten römischen sich nicht allzuweit entfernen mögen, nähert das Haus sich der Gemeinde und läfst sich eine feste Zahl von Häusern allerdings denken. Man darf selbst die uralte Adrogation hiermit in Verbindung bringen.

dafs man gerade aus jedem Hause einen Fufsgänger und aus jedem Geschlecht einen Reiter genommen habe; obwohl man im Ganzen dreitausend von jenen und von diesen dreihundert erlas, entschieden doch im Einzelnen ohne Zweifel seit fernster Zeit durchaus praktische Rücksichten, und wenn man jene Normalzahlen nicht völlig fallen liefs, so lag der Grund davon lediglich in der dem latinischen Wesen tief eingepflanzten Richtung auf logische oder vielmehr schematische Zurechtlegung der Verhältnisse. Sonach bleibt als das einzige wirklich functionirende Glied in diesem ältesten Verfassungsorganismus die Curie übrig, deren es zehn oder, wo mehrere Theile waren, je zehn auf jeden Theil gab. Eine solche Pflegschaft war eine wirkliche corporative Einheit, deren Mitglieder wenigstens zu gemeinsamen Festen sich versammelten, die auch jede unter einem besonderen Pfleger (*curio*) standen und einen eigenen Priester (*flamen curialis*) hatten; ohne Zweifel wurde auch nach Curien ausgehoben und geschätzt und im Ding trat die Bürgerschaft nach Curien zusammen und stimmte nach Curien ab. Indefs kann diese Ordnung nicht zunächst der Abstimmung wegen eingeführt sein, da man sonst sicherlich die Zahl der Abtheilungen ungerade gemacht haben würde.

Bürgerliche Gleichheit.
So schroff der Bürger dem Nichtbürger gegenüberstand, so vollkommen war innerhalb der Bürgerschaft die Rechtsgleichheit. Vielleicht giebt es kein Volk, das in unerbittlich strenger Durchführung des einen wie des andern Satzes es den Römern jemals gleich gethan hat. Die Schärfe des Gegensatzes zwischen Bürgern und Nichtbürgern bei den Römern tritt vielleicht nirgends mit solcher Deutlichkeit hervor wie in der Behandlung der uralten Institution des Ehrenbürgerrechts, welches ursprünglich bestimmt war diesen Gegensatz zu vermitteln. Wenn ein Fremder durch Gemeindebeschlufs in den Kreis der Bürger hineingenommen ward[*]), so konnte er zwar sein bisheriges Bürgerrecht aufgeben, wo er dann völlig in die neue Gemeinschaft übertrat, aber auch sein bisheriges Bürgerrecht mit dem ihm neu gewährten verbinden. So war es älteste Sitte und so ist es in Hellas immer geblieben, wo auch späterhin nicht selten derselbe Mann in mehreren Gemeinden gleichzeitig verbürgert war. Allein das leben-

---

*) Die ursprüngliche Bezeichnung dafür ist *patronum cooptari*, welches, zumal da *patronus* eben wie *patricius* an sich nur den Vollbürger bezeichnet (S. 62), nicht verschieden ist von dem *in patricios cooptari* (Liv. 4, 4; Sueton Tib. 1) oder dem späteren *in patricios adlegi*.

diger entwickelte Gemeindegefühl Latiums duldete es nicht, dafs man zweien Gemeinden zugleich als Bürger angehören könne, und liefs für den Fall, wo der neugewählte Bürger nicht die Absicht hatte sein bisheriges Gemeinderecht aufzugeben, dem nominellen Ehrenbürgerrecht nur die Bedeutung der gastrechtlichen Freundschaft und Schutzverpflichtung, wie sie auch Ausländern gegenüber von jeher vorgekommen war. — Aber mit dieser strengen Einhaltung der Schranken gegen aufsen ging Hand in Hand, dafs aus dem Kreise der römischen Bürgergemeinde jede Rechtsverschiedenheit der Glieder unbedingt ferngehalten wurde. Dafs die innerhalb des Hauses bestehenden Unterschiede, welche freilich nicht beseitigt werden konnten, innerhalb der Gemeinde wenigstens ignorirt wurden, wurde bereits erwähnt; derselbe, der als Sohn dem Vater zu eigen untergeben war, konnte also als Bürger in den Fall kommen ihm als Herr zu gebieten. Standesvorzüge aber gab es nicht; dafs die Titier den Ramnern, beide den Lucerern in der Reihe vorangingen, that ihrer rechtlichen Gleichstellung keinen Eintrag. Die Bürgerreiterei, welche in dieser Zeit zum Einzelgefecht vor der Linie zu Pferd oder auch zu Fufs verwandt ward, und mehr eine Eliten- oder Reservetruppe als eine Specialwaffe war, also durchaus die wohlhabendste, bestgerüstete und geübteste Mannschaft in sich schlofs, war natürlich angesehener als das Bürgerfufsvolk; aber auch dieser Gegensatz war rein thatsächlicher Art und der Eintritt in die Reiterei ohne Zweifel jedem Patricier gestattet. Es war einzig und allein die verfassungsmäfsige Gliederung der Bürgerschaft, welche rechtliche Unterschiede hervorrief; im Uebrigen war die rechtliche Gleichheit aller Gemeindeglieder selbst in der äufserlichen Erscheinung durchgeführt. Die Tracht zeichnete wohl den Vorsteher der Gemeinde vor den Gliedern derselben, den Rathsherrn vor dem nicht dem Rathe angehörigen Bürger, den erwachsenen dienstpflichtigen Mann vor dem noch nicht heerbannfähigen Knaben aus; übrigens aber durfte der Reiche und Vornehme wie der Arme und Niedriggeborne öffentlich nur erscheinen in dem gleichen einfachen Umwurf (*toga*) von weifsem Wollenstoff. Diese vollkommene Rechtsgleichheit der Bürger ist ohne Zweifel ursprünglich begründet in der indogermanischen Gemeindeverfassung, aber in dieser Schärfe der Auffassung und Durchführung doch eine der bezeichnendsten und der folgenreichsten Eigenthümlichkeiten der latinischen Nation; und wohl mag man dabei sich erinnern, dafs in Italien keine den latinischen Einwanderern botmäfsig gewordene Race älterer Ansiedlung und geringerer Culturfähigkeit begegnet (S. 9) und damit die hauptsächlichste Gelegenheit mangelte, woran das indische Kastenwesen, der spartanische und thessalische und wohl überhaupt der hellenische Adel und vermuthlich auch die deutsche Ständescheidung angeknüpft hat.

Bürgerliche Lasten.

Dafs der Staatshaushalt auf der Bürgerschaft ruht, versteht sich von selbst. Die wichtigste Bürgerleistung war der Heerdienst; denn nur die Bürgerschaft hatte das Recht und die Pflicht die Waffen zu tragen. Die Bürger sind zugleich die ‚Kriegerschaft' (*populus*, verwandt mit *populari* verheeren, *popa* der Schlächter); in den alten Litaneien ist es die ‚speerbewehrte Wehrmannschaft' (*pilumnus poplus*), auf die der Segen des Mars herabgefleht wird und ‚Lanzenmänner' (*quirites*)*) heifst sie der

---

*) *Quiris, quirītis* oder *quirīnus* heifst der Wortbedeutung nach der Lanzenträger, von *quiris* oder *curis* = Lanze und *ire* und fällt insofern zusammen mit *samnis, samnitis* und *säbinus*, das auch bei den Alten von σαύνιον, Speer, hergeleitet wird; verwandt sind *arquites, milites, pedites, equites, velites*, die mit dem Bogen, die im Tausend, die zu Fufs, die zu Pferde, die ohne Rüstung im blofsen Ueberwurf gehen, nur dafs in den letzteren Bildungen wie *dedĕrĭtis, homĭnis* und unzähligen anderen Wörtern das ursprünglich lange i gekürzt worden ist. So werden die Juno quiritis, der (Mars) quirinus, der Janus quirinus durch das Beiwort zunächst als speerschwingende Gottheiten bezeichnet; und von Menschen gebraucht ist *quiris* der Wehrmann, das ist der Vollbürger. Damit stimmt der Sprachgebrauch überein. Wo die Oertlichkeit bezeichnet werden soll, wird nie von Quiriten gesprochen, sondern stets von Rom und Römern (*urbs Roma, populus, civis, ager Romanus*), weil die Benennung *quiris* so wenig eine locale Bedeutung hat wie *civis* oder *miles*. Eben darum können auch diese Bezeichnungen nicht mit einander verbunden werden: man sagt nicht *civis quiris*, weil beides, wenn gleich von verschiedenen Standpunkten aus, denselben Rechtsbegriff bezeichnet. Dagegen lautet die feierliche Ankündigung der Bürgerleiche darauf, dafs ‚dieser Wehrmann mit Tode abgegangen' (*ollus quiris leto datus*) und ebenso ruft der Beschädigte mit diesem Wort die Bürger heraus (*quiritare*), redet der König die versammelte Gemeinde mit diesem Namen an und spricht, wenn er zu Gericht sitzt, nach dem Rechte der wehrhaften Freien (*ex iure quiritium*, ganz gleich dem jüngeren *ex iure civili*). *Populus Romanus, quirites* heifst also ‚die Gemeinde und die einzelnen Bürger' und werden darum in einer alten Formel (Liv. 1, 32) dem *populus Romanus* die *prisci Latini*, den *quirites* die *homines prisci Latini* entgegengesetzt (Becker Handb. 2, 20 fg.); *populus Romanus quiritium* entspricht den bekannten Bezeichnungen *colonia colonorum, municipium municipum*. — Diesen Thatsachen gegenüber kann nur sprachliche und sachliche Unkunde noch festhalten an der Vorstellung, als habe der römischen Gemeinde einst eine gleichartige quiritische gegenüber gestanden und nach deren Incorporirung der Name der neu aufgenommenen Gemeinde den der aufnehmenden im sacralen und rechtlichen Sprachgebrauch verdrängt. Vgl. p. 54 A.

König, wenn er zu ihnen redet. In welcher Art das Angriffsheer, die ‚Lese‘ (*legio*) gebildet ward, ist schon gesagt worden; in der dreitheiligen römischen Gemeinde bestand sie aus drei Hundertschaften (*centuriae*) der Reiter (*celeres*, die Schnellen oder *flexuntes*, die Schwenker) unter den drei Abtheilungsführern der Reiter (*tribuni celerum*)*) und drei Tausendschaften der Fufsgänger (*milites*) unter den drei Abtheilungsführern des Fufsvolks (*tribuni militum*); letzteres war vermuthlich von Haus aus der Kern des Gemeindeaufgebots. Dazu mögen etwa noch eine Anzahl aufser Reihe und Glied fechtende Leichtbewaffnete, besonders Bogenschützen gekommen sein**). Der Feldherr war regelmäfsig der König selbst. Aufser dem Kriegsdienst konnten noch andere persönliche Lasten den Bürger treffen, wie die Pflicht zur Uebernahme der königlichen Aufträge im Kriege wie im Frieden (S. 65) und die Frohnden zur Bestellung der königlichen Aecker oder zur Anlage öffentlicher Bauten; wie schwer namentlich der Bau der Stadtmauern auf der Gemeinde lastete, zeigt, dafs der Name

---

*) Unter den acht sacralen Institutionen des Numa führt Dionysios (2, 64) nach den Curionen und den Flamines als dritte auf die Führer der Reiter (οἱ ἡγεμόνες τῶν Κελερίων). Nach dem praenestinischen Kalender wird am 19. März ein Fest auf dem Comitium begangen [*adstantibus pon]tificibus et trib(unis) celer(um)*. Valerius Antias (bei Dionys 2, 13 vgl. 3, 41) giebt der ältesten römischen Reiterei einen Führer Celer und drei Centurionen, wogegen in der Schrift *de viris ill.* 1 Celer selbst *centurio* genannt wird. Ferner soll Brutus bei Vertreibung der Könige *tribunus celerum* gewesen sein (Liv. 1, 59), nach Dionysios (4, 71) sogar kraft dieses Amtes die Verbannung der Tarquinier beantragt haben. Endlich identificiren Pomponius (Dig. 1, 2, 2, 15. 19) und ähnlich, zum Theil wohl aus ihm schöpfend, Lydus (de mag. 1, 14. 37) den *tribunus celerum* mit dem Celer des Antias, dem *magister equitum* des republikanischen Dictators, dem Präfectus Prätorio der Kaiserzeit. — Von diesen Angaben, den einzigen, die über die *tribuni celerum* vorhanden sind, rührt die letzte nicht blofs von späten und gänzlich unzuverlässigen Gewährsmännern her, sondern widerspricht auch der Bedeutung des Namens, welcher nur ‚Theilführer der Reiter' heifsen kann; vor allen Dingen aber kann der immer nur aufserordentlich und späterhin gar nicht mehr ernannte Reiterführer der republikanischen Zeit unmöglich identisch gewesen sein mit der für das Jahrfest des 19. März erforderlichen, also stehenden Magistratur. Sieht man, wie man nothwendig mufs, ab von der Nachricht des Pomponius, die offenbar lediglich hervorgegangen ist aus der mit immer steigender Unwissenheit historisirten Brutusanekdote, so ergiebt sich einfach, dafs die *tribuni celerum* den *tribuni militum* in Zahl und Wesen durchaus entsprechen und die Abtheilungsführer der Reiter gewesen sind, also völlig verschieden von dem Reiterfeldherrn.

**) Darauf deuten die offenbar uralten Wortbildungen *velites* und *arquites* und die spätere Organisation der Legion.

der ‚Frohnden' (*moenia*) den Ringwällen verblieb. Eine regelmäfsige directe Besteuerung dagegen kam ebensowenig vor wie directe regelmäfsige Staatsausgaben. Zur Bestreitung der Gemeindelasten bedurfte es derselben nicht, da der Staat für Heerfolge, Frohnde und überhaupt öffentliche Dienste keine Entschädigung gewährte, sondern, so weit eine solche überhaupt vorkam, sie dem Dienenden entweder von dem Bezirk geleistet ward, den zunächst die Auflage traf, oder auch von dem, der selber nicht dienen konnte oder wollte. Die für den öffentlichen Gottesdienst nöthigen Opferthiere wurden durch eine Prozefssteuer beschafft, indem, wer im ordentlichen Prozefs unterlag, eine nach dem Werthe des Streitgegenstandes abgemessene Viehbufse (*sacramentum*) an den Staat erlegte. Von stehenden Geschenken der Gemeindebürger an den König wird nichts berichtet. Wohl aber scheinen die in Rom ansässigen Nichtbürger (*aerarii*) ihm einen Schutzzins entrichtet zu haben. Aufserdem flossen dem König die Hafenzölle zu (S. 48), so wie die Einnahme von den Domänen, namentlich der Weidezins (*scriptura*) von dem auf die Gemeinweide aufgetriebenen Vieh und die Fruchtquote (*vectigalia*), die die Pächter der Staatsäcker statt Pachtzinses abzugeben hatten. Hiezu kam der Ertrag der Viehbufsen und Confiscationen und der Kriegsgewinn. In Nothfällen endlich wurde eine Umlage (*tributum*) ausgeschrieben, welche indefs als gezwungene Anleihe betrachtet und in besseren Zeitläuften zurückgezahlt ward; ob dieselbe die Ansässigen traf, mochten sie Bürger sein oder nicht, oder die Bürger allein, läfst sich nicht entscheiden, doch ist die letztere Annahme wahrscheinlicher. — Der König leitete die Finanzen; mit dem königlichen Privatvermögen indefs, das, nach den Angaben über den ausgedehnten Grundbesitz des letzten römischen Königsgeschlechts der Tarquinier zu schliefsen, regelmäfsig bedeutend gewesen sein mufs, fiel das Staatsvermögen nicht zusammen und namentlich der durch die Waffen gewonnene Acker scheint stets als Staatseigenthum gegolten zu haben. Ob und wie weit der König in der Verwaltung des öffentlichen Vermögens durch Herkommen beschränkt war, ist nicht mehr auszumachen; nur zeigt die spätere Entwicklung, dafs die Bürgerschaft hiebei nie gefragt worden sein kann, wogegen es Sitte sein mochte die Auflage des Tributum und die Vertheilung des im Kriege gewonnenen Ackerlandes mit dem Senat zu berathen.

Rechte der Bürgerschaft. Indefs nicht blofs leistend und dienend erscheint die römische Bürgerschaft, sondern auch betheiligt an dem öffentlichen Regimente. Es traten hiezu die Gemeindeglieder alle, mit Ausnahme der Weiber und der noch nicht waffenfähigen Kinder, also, wie die Anrede lautet, die ‚Lanzenmänner' (*quirites*) auf der Dingstätte zusammen, wenn der König sie berief um ihnen eine Mittheilung zu machen (*conventio*, *contio*) oder auch sie förmlich auf die dritte Woche (*in trinum noundinum*) zusammentreten hiefs (*comitia*) um sie nach Curien zu befragen. Ordnungsmäfsig setzte derselbe zweimal im Jahr, zum 24. März und zum 24. Mai, dergleichen förmliche Gemeindeversammlungen an und aufserdem so oft es ihm erforderlich schien; immer aber lud er die Bürger nicht zum Reden, sondern zum Hören, nicht zum Fragen, sondern zum Antworten. Niemand spricht in der Versammlung als der König oder wem er das Wort zu gestatten für gut findet; die Rede der Bürgerschaft ist einfache Antwort auf die Frage des Königs, ohne Erörterung, ohne Begründung, ohne Bedingung, ohne Fragtheilung. Nichts desto weniger ist die römische Bürgergemeinde eben wie die deutsche und vermuthlich die älteste indogermanische überhaupt die eigentliche und letzte Trägerin der Idee des souveränen Staats; allein diese Souveränetät ruht im ordentlichen Lauf der Dinge oder äufsert sich doch hier nur darin, dafs die Bürgerschaft sich zum Gehorsam gegen den Vorsteher freiwillig verpflichtet. Zu diesem Ende richtet der König, nachdem er sein Amt angetreten hat, an die versammelten Curien die Frage, ob sie ihm treu und botmäfsig sein und ihn selbst wie seine Diener, die Spürer (*quaestores*) und Boten (*lictores*) in hergebrachter Weise anerkennen wollen; eine Frage, die ohne Zweifel ebenso wenig verneint werden durfte, als die ihr ganz ähnliche Huldigung in der Erbmonarchie verweigert werden darf. Es war durchaus folgerichtig, dafs die Bürgerschaft, eben als der Souverain, ordentlicher Weise an dem Gang der öffentlichen Geschäfte sich nicht betheiligte. So lange die öffentliche Thätigkeit sich beschränkt auf die Ausübung der bestehenden Rechtsordnungen, kann und darf die eigentlich souveräne Staatsgewalt nicht eingreifen; es regieren die Gesetze, nicht der Gesetzgeber. Aber anders ist es, wo eine Aenderung der bestehenden Rechtsordnung oder auch nur eine Abweichung von derselben in einem einzelnen Fall nothwendig wird; und hier tritt denn auch in der römischen Verfassung ohne Ausnahme die Bürgerschaft handelnd auf, so dafs ein solcher Act der souveränen Staatsgewalt vollzogen wird durch das Zusammenwirken der Bürgerschaft und des Königs oder Zwischenkönigs. Wie das Rechtsverhältnifs zwischen Regent und Regierten selbst durch mündliche Frage und Antwort contractmäfsig sanctionirt wird, so wird auch jeder Oberherrlichkeitsact der Gemeinde zu

Stande gebracht durch eine Anfrage (*rogatio*), welche der König — aber auch nur er, nicht einmal sein Stellvertreter (S. 65) — an die Bürger gerichtet und welcher die Mehrzahl der Curien zugestimmt hat; in welchem Fall die Zustimmung ohne Zweifel auch verweigert werden durfte. Darum ist den Römern das Gesetz nicht zunächst, wie wir es fassen, der von dem Souverän an die sämmtlichen Gemeindeglieder gerichtete Befehl, sondern zunächst der zwischen den constitutiven Gewalten des Staates durch Rede und Gegenrede abgeschlossene Vertrag*). Einer solchen Gesetzvertragung bedurfte es rechtlich in allen Fällen, die der ordentlichen Rechtsconsequenz zuwiderliefen. Im gewöhnlichen Rechtslauf kann jeder unbeschränkt sein Eigenthum weggeben an wen er will, allein nur in der Art, dafs er dasselbe sofort aufgiebt; dafs das Eigenthum vorläufig dem Eigenthümer bleibe und bei seinem Tode auf einen andern übergebe, ist rechtlich unmöglich — es sei denn, dafs ihm die Gemeinde solches gestatte; was hier nicht blofs die auf dem Markt versammelte, sondern auch die zum Kampf sich ordnende Bürgerschaft bewilligen konnte. Dies ist der Ursprung der Testamente. Im gewöhnlichen Rechtslauf kann der freie Mann das unveräufserliche Gut der Freiheit nicht verlieren noch weggeben, darum auch, wer keinem Hausherrn unterthan ist, sich nicht einem andern an Sohnes Statt unterwerfen — es sei denn, dafs ihm die Gemeinde solches gestatte. Dies ist die Adrogation. Im gewöhnlichen Rechtslauf kann das Bürgerrecht nur gewonnen werden durch die Geburt und nicht verloren werden — es sei denn, dafs die Gemeinde den Patriciat verleihe oder dessen Aufgeben gestatte, was beides unzweifelhaft ursprünglich ohne Curienbeschlufs nicht in gültiger Weise geschehen konnte. Im gewöhnlichen Rechtslauf trifft den todeswürdigen Verbrecher, nachdem der König oder sein Stellvertreter nach Urtheil und Recht den Spruch gethan, unerbittlich die Todesstrafe, da der König nur richten, nicht begnadigen kann — es sei denn, dafs der zum Tode verurtheilte Bürger die Gnade der Gemeinde anrufe und der Richter ihm die Betretung des Gnadenweges freigebe. Dies ist der Anfang der Provocation, die

---

*) *Lex* (dunklen Ursprungs, aber verwandt mit *legare*, abordnen, anordnen) bezeichnet bekanntlich überhaupt den Vertrag, jedoch mit der Nebenbedeutung eines Vertrages, dessen Bedingungen der Proponent dictirt und der andere Theil einfach annimmt oder ablehnt; wie dies z. B. bei öffentlichen Licitationen der Fall zu sein pflegt. Bei der *lex publica populi Romani* ist der Proponent der König, der Acceptant das Volk; die beschränkte Mitwirkung des letzteren ist also auch sprachlich prägnant bezeichnet.

darum auch vorzugsweise nicht dem leugnenden Verbrecher gestattet wird, der überwiesen ist, sondern dem geständigen, der Milderungsgründe geltend macht. Im gewöhnlichen Rechtslauf darf der mit einem Nachbarstaat geschlossene ewige Vertrag nicht gebrochen werden — es sei denn, dafs wegen zugefügter Unbill die Bürgerschaft sich desselben entbunden erachtet. Daher mufste sie nothwendig befragt werden, wenn ein Angriffskrieg beabsichtigt wird, nicht aber bei dem Vertheidigungskrieg, wo der andere Staat den Vertrag bricht, noch auch beim Abschlufs des Friedens; doch richtete sich jene Frage, wie es scheint, nicht an die gewöhnliche Versammlung der Bürger, sondern an das Heer. So wird endlich überhaupt, wenn der König eine Neuerung beabsichtigt, eine Aenderung des bestehenden gemeinen Rechtes, es nothwendig die Bürger zu befragen; und insofern ist das Recht der Gesetzgebung von Alters her ein Recht der Gemeinde, nicht des Königs. In diesen und allen ähnlichen Fällen konnte der König ohne Mitwirkung der Gemeinde nicht mit rechtlicher Wirkung handeln; der vom König allein zum Patricier erklärte Mann blieb nach wie vor Nichtbürger und es konnte der nichtige Act nur etwa factische Folgen erzeugen. Insofern war also die Gemeindeversammlung, wie beschränkt und gebunden sie auch auftrat, doch von Alters her ein constitutives Element des römischen Gemeinwesens und stand dem Rechte nach mehr über als neben dem König.

Aber neben dem König und neben der Bürgerversammlung erscheint in der ältesten Gemeindeverfassung noch eine dritte Grundgewalt, nicht zum Handeln bestimmt wie jener noch zum Beschliefsen wie diese, und dennoch neben beide und innerhalb ihres Rechtskreises über beide gesetzt. Dies ist der Rath der Alten oder der *senatus*. Unzweifelhaft ist derselbe hervorgegangen aus der Geschlechtsverfassung: die alte Ueberlieferung, dafs in dem ursprünglichen Rom die sämmtlichen Hausväter den Senat gebildet hätten, ist staatsrechtlich insofern richtig, als jedes der nicht erst nachher zugewanderten Geschlechter des späteren Rom seinen Ursprung zurückführte auf einen jener Hausväter der ältesten Stadt als auf seinen Stammvater und Patriarchen. Wenn, wie dies wahrscheinlich ist, es in Rom oder doch in Latium einmal eine Zeit gegeben hat, wo wie der Staat selbst, so auch jedes seiner letzten Bestandtheile, das heifst jedes Geschlecht gleichsam monarchisch organisirt war und unter einem sei es durch Wahl der Geschlechtsgenossen oder des Vorgängers, sei es durch Erbfolge bestimmten Aeltesten stand, so ist in derselben Epoche auch der Senat nichts gewesen als die

Gesammtheit dieser Geschlechtsältesten und demnach eine vom König wie von der Bürgerversammlung durchaus unabhängige Institution, gegenüber der letzteren unmittelbar durch die Gesammtheit der Bürger gebildeten gewissermafsen eine Volksvertretung mit repräsentativem Charakter. Allerdings ist jene gleichsam staatliche Selbstständigkeit der Geschlechter bei dem latinischen Stamm in unvordenklich früher Zeit überwunden und der erste und vielleicht schwerste Schritt, um aus der Geschlechtsordnung die Gemeinde zu entwickeln, die Beseitigung der Geschlechtsältesten, möglicher Weise in Latium lange vor der Gründung Roms gethan worden; wie wir das römische Geschlecht kennen, ist es durchaus ohne ein sichtbares Haupt und zur Vertretung des gemeinsamen Patriarchen, von dem alle Geschlechtsmänner abstammen oder abzustammen behaupten, von den lebenden Geschlechtsgenossen kein einzelner vorzugsweise berufen, so dafs selbst Erbschaft und Vormundschaft, wenn sie dem Geschlecht ansterben, von den Geschlechtsgenossen insgesammt geltend gemacht werden. Aber nichtsdestoweniger sind von dem ursprünglichen Wesen des Rathes der Aeltesten auch auf den römischen Senat noch viele und wichtige Rechtsfolgen übergegangen; um es mit einem Worte zu sagen, die Stellung des Senats, wonach er etwas anderes und mehr ist als ein blofser Staatsrath, als die Versammlung einer Anzahl vertrauter Männer, deren Rathschläge der König einzuholen zweckmäfsig findet, beruht lediglich darauf, dafs er einst eine Versammlung gewesen war gleich jener, die Homer schildert, der um den König im Kreise herum zu Rathe sitzenden Fürsten und Herren des Volkes. Die Mitgliederzahl des ursprünglichen Rathes der Aeltesten war nothwendig eine feste, entsprechend der Zahl der den Staat bildenden Geschlechter, und die Mitgliedschaft nothwendig lebenslänglich: beides gilt auch vom römischen Senat. Die Zahl der Rathsherrnstellen ist in Rom nicht blofs zu allen Zeiten eine feste geblieben, sondern auch anfänglich eine der Zahl der dem Staat angehörenden Geschlechtsgenossenschaften nothwendig gleiche gewesen, so dafs mit der Verschmelzung der drei Urgemeinden, deren jede der Annahme nach aus hundert Geschlechtsgenossenschaften bestand, die Vermehrung der Senatssitze auf die seitdem feststehende Normalzahl von dreihundert verbunden war als staatsrechtlich nothwendig. Auf Lebenszeit ferner sind die Rathsherren zu allen Zeiten berufen worden; und wenn in späterer Zeit dies lebenslängliche Verbleiben mehr thatsächlich als von Rechtswegen eintrat und die von Zeit zu Zeit stattfindenden Revisionen der Senatsliste eine Gelegenheit darboten den unwürdigen oder auch nur mifsliebigen Rathsherrn zu beseitigen, so hat diese Einrichtung sich nachweislich erst im Laufe der Zeit entwickelt. Die Wahl der Senatoren hat allerdings zu allen Zeiten bei dem König gestanden und es konnte das auch nicht anders sein, seitdem es keine Geschlechtsältesten mehr gab; wohl aber mag bei dieser Wahl in älterer Zeit, so lange noch die Individualität der Geschlechter im Volke lebendig war, es wenigstens als Regel festgestanden haben, dafs wenn ein Senator starb, der König einen anderen erfahrenen und bejahrten Mann derselben Geschlechtsgenossenschaft an seine Stelle zu berufen hatte und dafs im Senat der römischen Gemeinde kein römisches Geschlecht unvertreten und keines doppelt vertreten sein sollte. Vermuthlich ist erst mit der steigenden Verschmelzung und inneren Einigung der Volksgemeinde hiervon abgegangen worden und die Auswahl der Rathsherren ganz in das freie Ermessen des Königs übergegangen, so dafs nur das noch als Mifsbrauch erschien, wenn er erledigte Stellen unbesetzt liefs.

Die Befugnisse dieses Rathes der Aeltesten beruhen auf der Anschauung, dafs die Herrschaft über die aus den Geschlechtern gebildete Gemeinde von Rechtswegen den sämmtlichen Geschlechtsältesten zusteht, wenn sie auch, nach der schon in dem Hause so scharf sich ausprägenden monarchischen Grundanschauung der Römer, zur Zeit immer nur von einem dieser Aeltesten, das ist von dem König ausgeübt werden kann. Ein jedes Mitglied des Senats ist also als solches, nicht der Ausübung, aber der Befugnifs nach, ebenfalls König der Gemeinde; wefshalb auch seine Abzeichen zwar geringer als die königlichen, aber denselben vollkommen gleichartig sind: er trägt den Purpur am Gewand und den rothen Schuh gleich dem König, nur dafs das ganze Gewand des Königs purpurn ist, dagegen das senatorische blofs einen Purpursaum (*latus clavus*) hat und dafs die rothen Schuhe des Königs höher und ansehnlicher sind als diejenigen der Senatoren. Hierauf beruht es ferner, dafs die königliche Gewalt in der römischen Gemeinde überhaupt nicht erledigt werden kann. Stirbt der König, ohne sich selbst einen Nachfolger ernannt zu haben, so treten ohne weiteres die Aeltesten an seine Stelle und üben die Befugnisse der königlichen Gewalt. Jedoch nach dem unwandelbaren Grundsatz, dafs nur einer zur Zeit Herr sein kann, herrscht auch jetzt immer nur einer von ihnen und es unterscheidet sich ein solcher ‚Zwischenkönig‘ (*interrex*) von dem auf Lebenszeit ernannten zwar in der

<small>Befugnisse des Senats. Das Zwischenkönigthum.</small>

Dauer, nicht aber in der Fülle der Gewalt. Die Dauer des Zwischenkönigthums ist für den einzelnen Inhaber festgesetzt auf höchstens fünf Tage; es geht dasselbe demnach unter den Senatoren in der Art um, dafs, bis das Königthum auf die Dauer wieder besetzt ist, der zeitige Inhaber bei Ablauf jener Frist gemäfs der durch das Loos festgesetzten Reihenfolge sich einen Nachfolger ebenfalls auf fünf Tage bestellt. Ein Treuwort wird dem Zwischenkönig begreiflicher Weise von der Gemeinde nicht geleistet. Im Uebrigen aber ist der Zwischenkönig berechtigt und verpflichtet nicht blofs alle dem König sonst zustehenden Amtshandlungen vorzunehmen, sondern selbst einen König auf Lebenszeit zu ernennen — nur dem erstbestellten von ihnen fehlt ausnahmsweise das letztere Recht, vermuthlich weil dieser als mangelhaft eingesetzt angesehen wird, da er nicht von seinem Vorgänger ernannt ist. Also ist diese Aeltestenversammlung am letzten Ende die Trägerin der Herrschermacht (*imperium*) und des Gottesschutzes (*auspicia*) des römischen Gemeinwesens und in ihr die Bürgschaft gegeben für die ununterbrochene Dauer desselben und seiner monarchischen, nicht aber erblich monarchischen Ordnung. Wenn also dieser Senat später den Griechen eine Versammlung von Königen zu sein dünkte, so ist das nur in der Ordnung: ursprünglich ist er in der That eine solche gewesen.

Der Senat und die Gemeindebeschlüsse: patrum auctoritas.

Aber nicht blofs insofern der Begriff des ewigen Königthums in dieser Versammlung seinen lebendigen Ausdruck fand, ist sie ein wesentliches Glied der römischen Gemeindeverfassung. Zwar hat der Rath der Aeltesten sich nicht in die Amtsthätigkeit des Königs einzumischen. Seine Stellvertreter freilich hat dieser, falls er nicht im Stande war selbst das Heer zu führen oder den Rechtsstreit zu entscheiden, wohl von jeher aus dem Senat genommen — wefshalb auch später noch die höchsten Befehlshaberstellen regelmäfsig nur an Senatoren vergeben und ebenso als Geschworne vorzugsweise Senatoren verwendet werden. Aber weder bei der Heerleitung noch bei der Rechtsfolge ist der Senat in seiner Gesammtheit je zugezogen worden; wefshalb es auch in dem späteren Rom nie ein militärisches Befehlsrecht und keine Gerichtsbarkeit des Senats gegeben hat. Aber wohl galt der Rath der Alten als der berufene Wahrer der bestehenden Verfassung selbst gegenüber dem König und der Bürgerschaft. Es lag defshalb ihm ob jeden auf Antrag des Königs von dieser gefafsten Beschlufs zu prüfen und, wenn derselbe die bestehenden Rechte zu verletzen schien, demselben die Bestätigung zu versagen, oder, was dasselbe ist, in allen Fällen, wo verfassungsmäfsig ein Gemeindebeschlufs erforderlich war, also bei jeder Verfassungsänderung, bei der Aufnahme neuer Bürger, bei der Erklärung eines Angriffskrieges, stand dem Rath der Alten ein Veto zu. Allerdings darf man dies wohl nicht so auffassen, als habe die Gesetzgebung der Bürgerschaft und dem Rath gemeinschaftlich zugestanden, etwa wie den beiden Häusern in dem heutigen constitutionellen Staat: der Senat war nicht sowohl Gesetzgeber als Gesetzwächter und konnte den Beschlufs nur dann cassiren, wenn die Gemeinde ihre Befugnisse überschritten, also bestehende Verpflichtungen gegen die Götter oder gegen auswärtige Staaten oder auch organische Einrichtungen der Gemeinde durch ihren Beschlufs verletzt zu haben schien. Immer aber bleibt es vom gröfsten Gewichte, dafs zum Beispiel, wenn der römische König die Kriegserklärung beantragt und die Bürgerschaft dieselbe zum Beschlufs erhoben hatte, auch die Sühne, welche die auswärtige Gemeinde zu erlegen verpflichtet schien, von derselben umsonst gefordert worden war, der römische Sendbote die Götter zu Zeugen der Unbill anrief, und mit den Worten schlofs: ‚darüber aber wollen wir Alten Rath pflegen daheim, wie wir zu unserem Rechte kommen'; erst wenn der Rath der Alten sich einverstanden erklärt hatte, war der nun von der Bürgerschaft beschlossene, vom Senat gebilligte Krieg förmlich erklärt. Gewifs war es weder die Absicht noch die Folge dieser Satzung ein stetiges Eingreifen des Senats in die Beschlüsse der Bürgerschaft hervorzurufen und durch solche Bevormundung die Bürgerschaft ihrer souveränen Gewalt zu entkleiden; aber wie im Fall der Vacanz des höchsten Amtes der Senat die Dauer der Gemeindeverfassung verbürgte, finden wir auch hier ihn als den Hort der gesetzlichen Ordnung gegenüber selbst der höchsten Gewalt der Gemeinde.

Hieran wahrscheinlich knüpft endlich auch die allem Anschein nach uralte Uebung an, dafs der König die an die Volksgemeinde zu bringenden Anträge vorher dem Rath der Alten vorlegte und dessen sämmtliche Mitglieder eines nach dem anderen darüber ihr Gutachten abgeben liefs. Da dem Senat das Recht zustand den gefafsten Beschlufs zu cassiren, so lag es dem König nahe sich vorher die Ueberzeugung zu verschaffen, dafs Widerspruch hier nicht zu befürchten sei; wie denn überhaupt einerseits die römische Sitte es mit sich brachte in wichtigen Fällen sich nicht zu entscheiden, ohne anderer Männer Rath vernommen zu haben, andrerseits der Senat seiner ganzen Zusammensetzung nach dazu berufen war dem Herrscher der Gemeinde als Staatsrath zur Seite zu stehen. Aus diesem Rathertheilen ist weit mehr als aus der bisher bezeichneten Competenz die spätere Machtfülle des Senats hervorgegangen; die Anfänge indefs sind unscheinbar und gehen eigentlich auf in die Befugnifs der Senatoren dann zu antworten, wenn sie gefragt werden. Es mag üblich gewesen sein bei Angelegenheiten von Wichtigkeit, die weder richterliche noch feldherrliche waren, also zum Beispiel, abgesehen von den an die Volksversammlung zu bringenden Anträgen, auch bei der Auflage von Frohnden und aufserordentlichen Leistungen überhaupt und bei Verfügungen über das eroberte Gebiet, den Senat vorher zu fragen; aber wenn auch üblich, rechtlich nothwendig war eine solche vorherige Befragung nicht. Der König beruft den Rath, wann es ihm beliebt und legt die Fragen ihm vor; ungefragt darf kein Rathsherr seine Meinung sagen, noch weniger der Rath sich ungeladen versammeln, abgesehen von dem einen Fall, wo er in der Vacanz zusammentritt um die Reihenfolge der Zwischenkönige durch das Loos festzustellen. Dafs es ferner dem König zusteht neben den Senatoren und gleichzeitig mit ihnen auch andere Männer seines Vertrauens zu berufen und zu befragen, ist zwar nicht durch positive Thatsachen zu beweisen, aber dennoch kaum zu bezweifeln. Der Rathschlag sodann ist kein Befehl; der König kann es unterlassen ihm zu folgen ohne dafs dem Senat ein anderes Mittel zustände seiner Ansicht praktische Geltung zu schaffen als jenes früher erwähnte keineswegs allgemein anwendbare Cassationsrecht. ‚Ich habe euch gewählt, nicht dafs ihr mich leitet, sondern um euch zu gebieten': diese Worte, die ein späterer Schriftsteller dem König Romulus in den Mund legt, bezeichnen nach dieser Seite hin die Stellung des Senats gewifs im Wesentlichen richtig.

Ursprüngliche römische Verfassung. Fassen wir die Ergebnisse zusammen. Es war die römische Bürgergemeinde, an welcher der Begriff der Souveränetät haftete; aber allein zu handeln war sie nie, mitzuhandeln nur dann befugt, wenn von der bestehenden Ordnung abgegangen werden sollte. Neben ihr stand die Versammlung der lebenslänglich bestellten Gemeindeältesten, gleichsam ein Beamtencollegium mit königlicher Gewalt, berufen im Fall der Erledigung des Königsamtes dasselbe bis zur definitiven Wiederbesetzung durch ihre Mitglieder zu verwalten und befugt den rechtswidrigen Beschlufs der Gemeinde umzustofsen. Die königliche Gewalt selber war, wie Sallust sagt, zugleich unbeschränkt und durch die Gesetze gebunden (*imperium legitimum*); unbeschränkt, insofern des Königs Gebot, gerecht oder nicht, zunächst unbedingt vollzogen werden mufste, gebunden, insofern ein dem Herkommen zuwiderlaufendes und nicht von dem wahren Souverän, dem Volke, gutgeheifsenes Gebot auf die Dauer keine rechtlichen Folgen erzeugte. Also war die älteste römische Verfassung gewissermafsen die umgekehrte constitutionelle Monarchie. Wie in dieser der König als Inhaber und Träger der Machtfülle des Staates gilt und darum zum Beispiel die Gnadenacte lediglich von ihm ausgehen, den Vertretern des Volkes aber und den ihnen verantwortlichen Beamten die Staatsverwaltung zukommt, so war die römische Volksgemeinde ungefähr was in England der König ist und das Begnadigungsrecht, wie in England ein Reservatrecht der Krone, so in Rom ein Reservatrecht der Volksgemeinde, während alles Regiment bei dem Vorsteher der Gemeinde stand. — Fragen wir endlich nach dem Verhältnifs des Staates selbst zu dessen einzelnen Gliedern, so finden wir den römischen Staat gleich weit entfernt von der Lockerheit des blofsen Schutzverbandes und von der modernen Idee einer unbedingten Staatsallmacht. Die Gemeinde verfügte wohl über die Person des Bürgers durch Auflegung von Gemeindelasten und Bestrafung der Vergehen und Verbrechen; aber ein Specialgesetz, das einen einzelnen Mann wegen nicht allgemein verpönter Handlungen mit Strafe belegte oder bedrohte, ist, selbst wenn in den Formen nicht gefehlt war, doch den Römern stets als Willkür und Unrecht erschienen. Bei weitem beschränkter noch war die Gemeinde hinsichtlich der Eigenthums- und, was damit mehr zusammenfiel als zusammenhing, der Familienrechte; in Rom wurde nicht, wie in dem lykurgischen Polizeistaat, das Haus geradezu vernichtet und die Gemeinde auf dessen Kosten grofs gemacht. Es ist einer der unleugbarsten wie einer der merkwürdigsten Sätze der ältesten römischen Verfassung, dafs der Staat den Bürger wohl fesseln und hinrichten, aber nicht ihm seinen Sohn oder seinen Acker wegnehmen oder auch nur ihn besteuern durfte. In diesen und ähnlichen Dingen war selbst die Gemeinde dem Bürger gegenüber beschränkt und diese Rechtsschranke bestand nicht blofs im Begriff, sondern fand auch ihren Ausdruck und ihre praktische Anwendung in dem verfassungsmäfsigen Veto des Senats, der gewifs befugt und verpflichtet war jeden einem solchen Grundrecht zuwiderlaufenden Gemeindebeschlufs zu vernichten. Keine Gemeinde war innerhalb ihres Kreises so wie die römische allmächtig; aber in keiner Gemeinde auch lebte der unsträflich sich führende Bürger in gleich unbedingter Rechtssicherheit gegenüber seinen Mitbürgern wie gegenüber dem

6*

Staat selbst. — So regierte sich die römische Gemeinde, ein freies Volk, das zu gehorchen verstand, in klarer Absagung von allem mystischen Priesterschwindel, in unbedingter Gleichheit vor dem Gesetz und unter sich, in scharfer Ausprägung der eigenen Nationalität, während zugleich — es wird dies nachher dargestellt werden — dem Verkehr mit dem Auslande so grofsherzig wie verständig die Thore weit aufgethan wurden. Diese Verfassung ist weder gemacht noch erborgt, sondern erwachsen in und mit dem römischen Volke. Es versteht sich, dafs sie auf der älteren italischen, gräcoitalischen und indogermanischen Verfassung beruht; aber es liegt doch eine unübersehbar lange Kette staatlicher Entwickelungsphasen zwischen den Verfassungen, wie die homerischen Gedichte oder Tacitus Bericht über Deutschland sie schildern, und der ältesten Ordnung der römischen Gemeinde. In dem Zuruf des hellenischen, in dem Schildschlagen des deutschen Umstandes lag wohl auch eine Aeufserung der souveränen Gewalt der Gemeinde; aber es war weit von da bis zu der geordneten Competenz und der geregelten Erklärung der latinischen Curienversammlung. Es mag ferner sein, dafs, wie das römische Königthum den Purpurmantel und den Elfenbeinstab sicher den Griechen — nicht den Etruskern — entlehnt hat, so auch die zwölf Lictoren und andere Aeufserlichkeiten mehr vom Ausland herübergenommen worden sind. Aber wie entschieden die Entwickelung des römischen Staatsrecht nach Rom oder doch nach Latium gehört, und wie wenig und wie unbedeutend das Geborgte darin ist, beweist die durchgängige Bezeichnung aller seiner Begriffe mit Wörtern latinischer Prägung. — Diese Verfassung ist es, die die Grundgedanken des römischen Staats für alle Zeiten thatsächlich festgestellt hat; denn trotz der wandelnden Formen steht es fest, so lange es eine römische Gemeinde giebt, dafs der Beamte unbedingt befiehlt, dafs der Rath der Alten die höchste Autorität im Staate ist, und dafs jede Ausnahmsbestimmung der Sanctionirung des Souveräns bedarf, das heifst der Volksgemeinde.

KAPITEL VI.

Die Nichtbürger und die reformirte Verfassung.

Die Geschichte einer jeden Nation, der italischen aber vor allen ist ein grofser Synoekismus: schon das älteste Rom, von dem wir Kunde haben, ist ein dreieiniges und erst mit der völligen Erstarrung des Römerthums endigen die ähnlichen Incorporationen. Abgesehen von jenem ältesten Verschmelzungsprocefs der Ramner, Titier und Lucerer, von dem fast nur die nackte Thatsache bekannt ist, ist der früheste derartige Incorporationsact derjenige, durch den die Hügelbürgerschaft aufging in dem palatinischen Rom. Die Ordnung der beiden Gemeinden wird, als sie verschmolzen werden sollten, im Wesentlichen gleichartig und die durch die Vereinigung gestellte Aufgabe in der Art gedacht werden dürfen, dafs man zu wählen hatte zwischen dem Festhalten der Doppelinstitution oder, unter Aufhebung der einen, der Beziehung der übrigbleibenden auf die ganze vereinigte Gemeinde. Hinsichtlich der Heiligthümer und Priesterschaften hielt man im Ganzen den ersten Weg ein. Die römische Gemeinde besafs fortan zwei Springer- und zwei Wolfsgilden und wie einen zwiefachen Mars, so auch einen zwiefachen Marspriester, von denen sich späterhin der palatinische den Priester des Mars, der collinische den des Quirinus zu nennen pflegte. Es ist glaublich, wenn gleich nicht mehr nachzuweisen, dafs die gesammten altlatinischen Priesterschaften Roms, der Auguru, Pontifices, Vestalen, Fetialen in gleichartiger Weise aus den combinirten Priestercollegien der beiden Gemeinden vom Palatin und vom Quirinal hervorgegangen sind. Ferner trat in der örtlichen Eintheilung zu den drei Quartieren der palatinischen Stadt, Subura, Palatin und Vorstadt, die

Verschmelzung der palatinischen und der quirinalischen Stadt.

Hügelstadt auf dem Quirinal als viertes hinzu. Wenn dagegen bei dem ursprünglichen Synoekismus die beitretende Gemeinde auch nach der Vereinigung wenigstens als Theil der neuen Bürgerschaft gegolten und somit gewissermaſsen politisch fortbestanden hatte, so ist dies weder in Beziehung auf die Hügelrömer noch überhaupt bei einem der späteren Annexionsprocesse wieder vorgekommen. Auch nach der Vereinigung zerfiel die römische Gemeinde in die bisherigen drei Theile zu je zehn Pflegschaften und die Hügelrömer, mögen sie nun ihrerseits mehrtheilig gewesen sein oder nicht, müssen in die bestehenden Theile und Pflegschaften eingeordnet worden sein. Wahrscheinlich ist dies in der Art geschehen, daſs jeder Theil und jede Pflegschaft eine Quote der Neubürger zugewiesen erhielt, in diesen Abtheilungen aber die Neu- mit den Altbürgern nicht vollständig verschmolzen; vielmehr treten fortan jene Theile doppelgliedrig auf und scheiden sich die Titier, ebenso die Ramner und die Lucerer in sich wieder in erste und zweite (*priores, posteriores*). Eben damit hängt wahrscheinlich die in den organischen Institutionen der Gemeinde überall hervortretende paarweise Anordnung zusammen. So werden die drei Paare der heiligen Jungfrauen ausdrücklich als die Vertreterinnen der drei Theile erster und zweiter Ordnung bezeichnet; auch die jedem der vier städtischen Bezirke zukommenden sechs Argeerkapellen (S. 53) und das in jeder Gasse verehrte Larenpaar sind vermuthlich ähnlich aufzufassen. Vor allem erscheint diese Anordnung im Heerwesen: nach der Vereinigung stellt jeder Halbtheil der dreitheiligen Gemeinde hundert Berittene und es steigt dadurch die römische Bürgerreiterei auf sechs Hundertschaften, die Zahl der Reiterführer wahrscheinlich auch von drei auf sechs. Von einer entsprechenden Vermehrung des Fuſsvolks ist nichts überliefert; wohl aber wird man den nachherigen Gebrauch, daſs die Legionen regelmäſsig je zwei und zwei einberufen wurden, hierauf zurückführen dürfen, und wahrscheinlich rührt von dieser Verdoppelung des Aufgebotes ebenfalls her, daſs nicht, wie wohl ursprünglich, drei, sondern sechs Abtheilungsführer die Legion befehligen. Eine entsprechende Vermehrung der Senatsstellen hat entschieden nicht stattgefunden, sondern die uralte Zahl von dreihundert Rathsherren ist bis in das siebente Jahrhundert hinein die normale geblieben; womit sich sehr wohl verträgt, daſs eine Anzahl der angesehensten Männer der neu hinzutretenden Gemeinde in den Senat der palatinischen Stadt aufgenommen sein mag. Ebenso verfuhr man mit den Magistraturen: auch der vereinigten Gemeinde stand nur ein König vor und von seinen hauptsächlichsten Stellvertretern, namentlich dem Stadtvorsteher gilt dasselbe. Man sieht, dafs die sacralen Institutionen der Hügelstadt fortbestanden und in militärischer Hinsicht man nicht unterliefs der verdoppelten Bürgerschaft die doppelte Mannszahl abzufordern, im Uebrigen aber die Einordnung der quirinalischen Stadt in die palatinische eine wahre Unterordnung der ersteren gewesen ist. Es ist Grund zu vermuthen, dafs ursprünglich dieser Gegensatz zwischen den palatinischen Alt- und den quirinalischen Neubürgern zusammenfiel mit dem zwischen den ersten und zweiten Titiern, Ramnern und Lucerern und also zunächst die Geschlechter der Quirinalstadt die ‚zweiten' gewesen sind. Zwar war der Unterschied sicherlich mehr ein Ehren- als ein Rechtsvorzug; etwa in der Art, wie später bei den Abstimmungen im Rath die aus den alten Geschlechtern genommenen Rathsherren stets vor denen der ‚minderen' gefragt worden sind*). In gleicher Weise steht das collinische Quartier im Range zurück selbst hinter dem vorstädtischen der palatinischen Stadt, der Priester des quirinalischen Mars hinter dem des palatinischen, die quirinalischen Springer und Wölfe hinter denen vom Palatin. Sonach bezeichnet der Synoekismus, durch den die palatinische Gemeinde die quirinalische in sich aufnahm, eine Mittelstufe zwischen dem ältesten, durch den die Titier, Ramner und Lucerer mit einander verwuchsen, und allen späteren: einen eigenen Theil zwar durfte die zutretende Gemeinde in dem neuen Ganzen nicht mehr bilden, wohl aber noch wenigstens einen Theil in jedem Theile, und ihre sacralen Institutionen liefs man nicht blofs bestehen, was auch nachher noch, zum Beispiel nach der Einnahme von Alba, geschah, sondern erhob sie zu Institutionen der vereinigten Gemeinde, was späterhin in dieser Weise nicht wieder vorkam.

Diese Verschmelzung zweier im Wesentlichen gleichartiger Zugewandte und Gäste.

---

*) Die Benennung der ‚geringeren Geschlechter' scheint nicht diesen zweiten, sondern den noch später hinzugetretenen, namentlich den albanischen Geschlechtern zugekommen zu sein. Ueberliefert ist über die *gentes minores*, abgesehen von geschichtlich ziemlich werthlosen Conjecturen über die Zeit ihres Eintritts in die Bürgerschaft (Cic. de rep. 2, 20, 25. Liv. 1, 35. Tacit. ann. 11, 25. Victor *viri ill.* 6), nichts weiter als dafs sie bei der Abstimmung im Senat zurückstanden (Cic. a. a. O.) — wefshalb der *princeps senatus* nur aus den *maiores gentes* genommen werden kann — und dafs die Papirier zu ihnen gehörten (Cic. ad fam. 9, 21); welches letztere bemerkenswerth ist, weil nach diesem Geschlecht ein Gau benannt ist (S. 36). Da die Fabier der Hügelstadt anzugehören scheinen (S. 53), aber mehrere *principes senatus* gestellt haben, so wird man wohl die collinischen Geschlechter von den *minores* zu unterscheiden haben.

Gemeinwesen war mehr eine quantitative Steigerung als eine innerliche Umgestaltung der bestehenden Gemeinde. Von einem zweiten Incorporationsprocefs, der weit allmählicher durchgeführt ward und weit tiefere Folgen gehabt hat, reichen die ersten Anfänge gleichfalls bis in diese Epoche zurück: es ist dies die Verschmelzung der Bürgerschaft und der Insassen. Von jeher standen in der römischen Gemeinde neben der Bürgerschaft die Schutzleute, die ‚Hörigen‘ (*clientes*), wie man sie nannte als die Zugewandten der einzelnen Bürgerhäuser, oder die ‚Menge‘ (*plebes*, von *pleo*, *plenus*), wie sie negativ hiefsen mit Hinblick auf die mangelnden politischen Rechte*). Die Elemente zu dieser Mittelstufe zwischen Freien und Unfreien waren, wie gezeigt ward (S. 62), bereits in dem römischen Hause vorhanden; aber in der Gemeinde mufste diese Klasse aus einem zwiefachen Grunde thatsächlich und rechtlich zu gröfserer Bedeutung erwachsen. Einmal konnte die Gemeinde selbst wie Knechte, so auch halbfreie Hörige besitzen; besonders mochte nach Ueberwindung einer Stadt und Auflösung ihres Gemeinwesens es oft der siegenden Gemeinde zweckmäfsig erscheinen die Masse der Bürgerschaft nicht förmlich als Sklaven zu verkaufen, sondern ihnen den factischen Fortbesitz der Freiheit zu gestatten, so dafs sie gleichsam als Freigelassene der Gemeinde zu dieser, das heifst zu dem König in Clientelverhältnifs traten. Zweitens aber war durch die Gemeinde und deren Macht über die einzelnen Bürger die Möglichkeit gegeben auch deren Clienten gegen mifsbräuchliche Handhabung des rechtlich fortbestehenden Herrenrechts zu schützen. Bereits in unvordenklich früher Zeit ist in das römische Landrecht der Grundsatz eingeführt worden, von dem die gesammte Rechtsstellung der Insassenschaft ihren Ausgang genommen hat: dafs wenn der Herr bei Gelegenheit eines öffentlichen Rechtsacts — Testament, Procefs, Schatzung — sein Herrenrecht ausdrücklich oder stillschweigend aufgegeben habe, weder er selbst noch seine Rechtsnachfolger diesen Verzicht gegen die Person des Freigelassenen selbst oder gar seiner Descendenten jemals wieder sollten willkürlich rückgängig machen können. Die Hörigen und ihre Nachkommen besafsen nun zwar weder Bürger- noch Gastrecht; denn zu jenem bedurfte es förmlicher Ertheilung von Seiten der Gemeinde, dieses aber setzte das Bürgerrecht des Gastes in einer mit der römischen in Vertrag stehenden Gemeinde voraus. Was ihnen zu Theil ward, war ein gesetzlich geschützter Freiheitbesitz

---

*) *Habuit plebem in clientelas principum descriptam.* Cicero de rep. 2, 2.

bei rechtlich fortdauernder Unfreiheit; und darum scheinen längere Zeit hindurch ihre vermögensrechtlichen Beziehungen gleich denen der Sklaven als Rechtsverhältnisse des Patrons gegolten und dieser prozessualisch sie nothwendig vertreten zu haben, womit denn auch zusammenhängen wird, dafs der Patron im Nothfall Beisteuern von ihnen einheben und sie vor sich zu crimineller Verantwortung ziehen konnte. Aber allmählich entwuchs die Insassenschaft diesen Fesseln: sie fing an in eigenem Namen zu erwerben und zu veräufsern und ohne die formelle Vermitlung ihres Patrons von den römischen Bürgergerichten Recht anzusprechen und zu erhalten. In Ehe und Erbrecht ward die Rechtsgleichheit mit den Bürgern zwar weit eher den Ausländern (S. 40) gestattet als diesen keiner Gemeinde angehörigen eigentlich unfreien Leuten; aber es konnte denselben doch nicht wohl gewehrt werden in ihrem eigenen Kreise Ehen einzugehen und die daran sich knüpfenden Rechtsverhältnisse der eheherrlichen und väterlichen Gewalt, der Agnation und des Geschlechts, der Erbschaft und der Vormundschaft nach Art der bürgerrechtlichen zu gestalten. — Theilweise zu ähnlichen Folgen führte die Ausübung des Gastrechts, insofern auf Grund desselben Ausländer sich auf die Dauer in Rom niederliefsen und dort eine Häuslichkeit begründeten, vielleicht sogar liegende Güter erwarben. In dieser Hinsicht müssen seit uralter Zeit die liberalsten Grundsätze in Rom bestanden haben. Das römische Recht weifs weder von Erbgutsqualität noch von Geschlossenheit der Liegenschaften und gestattet einestheils jedem dispositionsfähigen Mann bei seinen Lebzeiten vollkommen unbeschränkte Verfügung über sein Vermögen, andrerseits, so viel wir wissen, jedem, der überhaupt zum Verkehr mit römischen Bürgern befugt war, selbst dem Fremden und dem Clienten, das unbeschränkte Recht bewegliches und, seitdem Immobilien überhaupt im Privateigenthum stehen konnten, auch unbewegliches Gut in Rom zu erwerben. Es ist eben Rom eine Handelsstadt gewesen, die den Anfang ihrer Bedeutung dem internationalen Verkehr verdankte und das Niederlassungsrecht mit grofsartiger Freisinnigkeit jedem Kinde ungleicher Ehe, jedem freigelassenen Knecht, jedem nach Rom unter Aufgebung seines Heimathrechts übersiedelnden Fremden, ja sogar in grofser Ausdehnung dem im Bürgerverband befreundeter Gemeinden verbleibenden Ausländer gewährte.

Anfänglich waren also die Bürger in der That die Schutzherren, die Nichtbürger die Geschützten; allein wie in allen Gemeinden, die die Ansiedelung freigeben und das Bürgerrecht

Insassenschaft neben der Gemeinde.

schliefsen, ward es auch in Rom bald schwer und wurde immer schwerer dieses rechtliche Verhältnifs mit dem factischen Zustand in Harmonie zu erhalten. Das Aufblühen des Verkehrs, das durch das latinische Bündnifs gewährleistete Niederlassungsrecht aller Latiner in der Hauptstadt, die mit dem Wohlstand steigende Häufigkeit der Freilassungen mufsten schon im Frieden die Zahl der Insassen unverhältnifsmäfsig vermehren. Es kam dazu der gröfsere Theil der Bevölkerung der mit den Waffen bezwungenen und Rom incorporirten Nachbarstädte, welcher, mochte er nun nach Rom übersiedeln oder in seiner alten zum Dorf herabgesetzten Heimath verbleiben, in der Regel wohl sein eigenes Bürgerrecht mit römischem Metökenrecht vertauschte. Dazu lastete der Krieg ausschliefslich auf den Altbürgern und lichtete beständig die Reihen der patricischen Nachkommenschaft, während die Insassen an dem Erfolg der Siege Antheil hatten, ohne mit ihrem Blute dafür zu bezahlen. — Unter solchen Verhältnissen ist es nur befremdlich, dafs der römische Patriciat nicht noch viel schneller zusammenschwand als es in der That der Fall war. Dafs er noch längere Zeit eine zahlreiche Gemeinde blieb, davon ist der Grund schwerlich zu suchen in der Verleihung des römischen Bürgerrechts an einzelne ansehnliche auswärtige Geschlechter, die nach dem Austritt aus ihrer Heimath oder nach der Ueberwindung ihrer Stadt das römische Bürgerrecht empfingen — denn diese Verleihungen scheinen von Anfang an sparsam erfolgt und immer seltener geworden zu sein, je mehr das römische Bürgerrecht im Preise stieg. Von gröfserer Bedeutung war vermuthlich die Einführung der Civilehe, wonach das von patricischen, als Eheleute wenn auch ohne Confarreation zusammenlebenden Aeltern erzeugte Kind volles Bürgerrecht erwarb so gut wie das in confarreirter Ehe erzeugte; es ist wenigstens wahrscheinlich, dafs die schon vor den zwölf Tafeln in Rom bestehende, aber doch gewifs nicht ursprüngliche Civilehe eben eingeführt ward um das Zusammenschwinden des Patriciats zu hemmen*). Auch die Mafs-

---

*) Die Bestimmungen der zwölf Tafeln über den Usus zeigen deutlich, dafs dieselben die Civilehe bereits vorfanden. Ebenso klar geht das hohe Alter der Civilehe daraus hervor, dafs auch sie so gut wie die religiöse Ehe die eheherrliche Gewalt nothwendig in sich schlofs (S. 58) und von der religiösen Ehe hinsichtlich der Gewalterwerbung nur darin abwich, dafs die religiöse Ehe selbst als eigenthümliche und rechtlich nothwendige Erwerbsform der Frau galt, wogegen bei der Civilehe eine der anderweitigen allgemeinen Formen des Eigenthumserwerbs, Uebergabe von Seiten des Berechtigten oder auch Verjährung, vorhanden sein mufste um eine gültige eheherrliche Gewalt und damit eine gültige Ehe zu begründen.

regeln, durch welche bereits in ältester Zeit auf die Erhaltung einer zahlreichen Nachkommenschaft in den einzelnen Häusern hingewirkt ward (S. 59), gehören in diesen Zusammenhang; und es ist sogar nicht unglaublich, dafs aus gleichem Grund alle in ungleicher oder aufser der Ehe von patricischen Müttern erzeugten Kinder in späterer Zeit als Glieder der Bürgerschaft zugelassen wurden. — Nichtsdestoweniger war nothwendiger Weise die Zahl der Insassen in beständigem und keiner Minderung unterliegendem Wachsen begriffen, während die der Bürger sich im besten Fall nicht vermindern mochte; und in Folge dessen erhielten nothwendig die Insassen unmerklich eine andere und freiere Stellung. Die Nichtbürger waren nicht mehr blofs entlassene Knechte und schutzbedürftige Fremde; es gehörten dazu die ehemaligen Bürgerschaften der im Krieg unterlegenen latinischen Gemeinden und vor allen Dingen die latinischen Ansiedler, die nicht durch Gunst des Königs oder eines anderen Bürgers, sondern nach Bundesrecht in Rom lebten. Vermögensrechtlich unbeschränkt gewannen sie Geld und Gut in der neuen Heimath, und vererbten gleich dem Bürger ihren Hof auf Kinder und Kindeskinder. Auch die drückende Abhängigkeit von den einzelnen Bürgerhäusern lockerte sich allmählich. Stand der befreite Knecht, der eingewanderte Fremde noch ganz isolirt im Staat, so galt dies schon nicht mehr von seinen Kindern, noch weniger von den Enkeln und die Beziehungen zu dem Patron traten damit von selbst immer mehr zurück. War in älterer Zeit der Client ausschliefslich für den Rechtsschutz angewiesen auf die Vermittlung des Patrons, so mufste, je mehr der Staat sich consolidirte und folgeweise die Bedeutung der Geschlechtsvereine und der Häuser sank, desto häufiger auch ohne Vermittelung des Patrons vom König dem einzelnen Clienten Rechtsfolge und Abhülfe der Unbill gewährt werden. Eine grofse Zahl der Nichtbürger, namentlich die Mitglieder der aufgelösten latinischen Gemeinden standen überhaupt, wie schon gesagt ward, wahrscheinlich von Hause aus nicht in der Clientel eines Privaten, sondern in derjenigen des jedesmaligen Königs und dienten also nur dem einen Herrn, dem wenn gleich in anderer Art auch die Bürger gehorchten. Dem König, dessen Herrschaft über die Bürger denn doch am Ende abhing von dem guten Willen der Gehorchenden, mufste es willkommen sein, in diesen seinen eigenen Schutzleuten sich eine ihm näher verpflichtete Genossenschaft zu bilden, deren Geschenke und Erbschaften seinen Schatz füllten — selbst das Schutzgeld, das die Insassen dem König zahlten (S. 74), kann hiermit zusammenhängen —

deren Frohnden er kraft eigenen Rechts in Anspruch nehmen konnte, und die er stets bereit fand sich um den Beschützer als Gefolge zu schaaren. — So erwuchs neben der Bürgerschaft eine zweite römische Gemeinde, aus den Clienten ging die Plebs hervor. Dieser Namenwechsel ist charakteristisch; rechtlich ist kein Unterschied zwischen dem Clienten und dem Plebeier, dem Hörigen und dem Manne aus dem Volk, factisch aber ein sehr bedeutender, indem jene Bezeichnung das Schutzverhältnifs zu einem der politisch berechtigten Gemeindeglieder, diese blofs den Mangel der politischen Rechte hervorhebt. Wie das Gefühl der besonderen Abhängigkeit zurücktrat, drängte das der politischen Zurücksetzung den freien Insassen sich auf; und nur die über allen gleichmäfsig waltende Herrschaft des Königs verhinderte das Ausbrechen des politischen Kampfes zwischen der berechtigten und der rechtlosen Gemeinde.

Servianische Verfassung.

Der erste Schritt zur Verschmelzung der beiden Volkstheile geschah indefs schwerlich auf dem Wege der Revolution, den jener Gegensatz vorzuzeichnen schien. Die Verfassungsreform, die ihren Namen trägt vom König Servius Tullius, liegt zwar ihrem geschichtlichen Ursprung nach in demselben Dunkel wie alle Ereignisse einer Epoche, von der wir was wir wissen, nicht durch historische Ueberlieferung, sondern nur durch Rückschlüsse aus den späteren Institutionen wissen; aber ihr Wesen zeugt dafür, dafs nicht die Plebeier sie gefordert haben können, denen die neue Verfassung nur Pflichten, nicht Rechte gab. Sie mufs vielmehr entweder der Weisheit eines der römischen Könige ihren Ursprung verdanken oder auch dem Drängen der Bürgerschaft auf Befreiung von dem ausschliefslichen Kriegsdienst und auf Zuziehung der Nichtbürger zu dem Aufgebot. Es wurde durch die servianische Verfassung die Dienstpflicht und die damit zusammenhängende Verpflichtung dem Staat im Nothfall vorzuschiefsen (das Tributum) statt auf die Bürgerschaft als solche gelegt auf die Grundbesitzer, die „Ansässigen" (*adsidui*) oder „Begüterten" (*locupletes*), mochten sie Bürger oder blofs Insassen sein; die Heeresfolge wurde aus einer persönlichen zu einer Reallast. Im Einzelnen war die Ordnung folgende. Pflichtig zum Dienst war jeder ansässige Mann vom siebzehnten bis zum sechzigsten Lebensjahr mit Einschlufs der Hauskinder ansässiger Väter, ohne Unterschied der Geburt; so dafs selbst der entlassene Knecht zu dienen hatte, wenn er ausnahmsweise zu Grundbesitz gelangt war. Wie es mit den Fremden gehalten ward, die römischen Grundbesitz inne hatten, wissen wir nicht; wahrscheinlich bestand eine Einrichtung, nach der kein Ausländer römischen Grundbesitz erwerben durfte ohne thatsächlich nach Rom überzusiedeln und dort unter die Insassen, also unter die Kriegspflichtigen einzutreten. Nach der Gröfse der Grundstücke wurde die kriegspflichtige Mannschaft eingetheilt in fünf ‚Ladungen' (*classes*, von *calare*), von denen indefs nur die Pflichtigen der ersten Ladung oder die Vollhufener in vollständiger Rüstung erscheinen mufsten und insofern vorzugsweise als die zum Kriegsdienst Berufenen (*classici*) galten, während von den vier folgenden Reihen der kleineren Grundbesitzer, den Besitzern von Drei Vierteln, Hälften, Vierteln und Achtel einer ganzen Bauerstelle, zwar auch die Erfüllung der Dienstpflicht, nicht aber die volle Armirung verlangt ward. Nach der damaligen Vertheilung des Bodens waren fast die Hälfte der Bauerstellen Vollhufen, während die Dreiviertel-, Halb und Viertelhufener jede knapp, die Achtelhufener reichlich ein Achtel der Ansässigen ausmachten; wefshalb festgesetzt ward, dafs für das Fufsvolk auf achtzig Vollhufner je zwanzig der drei folgenden und achtundzwanzig der letzten Reihe ausgehoben werden sollten. Aehnlich verfuhr man bei der Reiterei: die Zahl der Abtheilungen wurde in dieser verdreifacht und nur darin wich man hier ab, dafs den bereits bestehenden sechs Abtheilungen die alten Namen (*Tities*, *Ramnes*, *Luceres primi* und *secundi*) blieben, ohne dafs indefs die Nichtbürger von dem Dienst in diesen oder die Bürger von dem Dienst in den zwölf neuen Abtheilungen ausgeschlossen gewesen wären. Der Grund dieser Abweichung ist wohl darin zu suchen, dafs man damals die Infanterieabtheilungen für jeden Feldzug neu formirte und nach der Heimkehr entliefs, dagegen in der Reiterei Rosse wie Männer aus militärischen Rücksichten auch im Frieden zusammengehalten wurden und regelmäfsige Uebungen hielten, die als Festlichkeiten der römischen Ritterschaft bis in die späteste Zeit fortbestanden[*]). So liefs man denn auch bei dieser Reform den einmal bestehenden Schwadronen ihre hergebrachten Namen. Zur Reiterei nahm man die vermögendsten und ansehnlichsten Grundbesitzer unter Bürgern und Nichtbürgern, und es scheint schon früh, vielleicht von Anfang an ein gewisses Ackermafs als zum Reiterdienst verpflichtend gegolten zu haben; doch bestanden daneben eine An-

---

[*]) Aus demselben Grund wurde bei der Steigerung des Aufgebots nach dem Eintritt der Hügelrömer die Ritterschaft verdoppelt, bei der Fufsmannschaft aber statt der einfachen Lese ein Legionenpaar einberufen (S. 84).

zahl Freistellen, indem die unverheiratheten Frauen, die unmündigen Knaben und die kinderlosen Greise, welche Grundbesitz hatten, angehalten wurden anstatt des eigenen Dienstes einzelnen Reitern die Pferde — jeder Reiter hatte deren zwei — zu stellen und zu füttern. Im Ganzen kam auf neun Fufssoldaten ein Reiter; doch wurden beim effectiven Dienst die Reiter mehr geschont. — Die nicht ansässigen Leute („Kinderzeuger', *proletarii*) hatten zum Heere die Werk- und Spielleute zu stellen so wie eine Anzahl Ersatzmänner (*adcensi*, zugegebene Leute), die unbewaffnet (*velati*) mit dem Heer zogen und wenn im Felde Lücken entstanden, mit den Waffen der Kranken und Gefallenen ausgerüstet in die Reihe eingestellt wurden.

Aushebungsdistricte.   Zum Behuf der Aushebung des Fufsvolks wurde Stadt und Weichbild eingetheilt in vier ‚Theile' (*tribus*) wodurch die alte Dreitheilung wenigstens in ihrer localen Bedeutung beseitigt ward: den palatinischen, der die Anhöhe gleiches Namens nebst der Velia in sich schlofs; den der Subura, dem die Strafse dieses Namens, die Carinen und der Caelius angehörten; den esquilinischen; und den collinischen, den der Quirinal und Viminal, die ‚Hügel' im Gegensatz der ‚Berge' des Capitol und Palatin, bildeten. Von der Bildung dieser Districte ist bereits früher (S. 51) die Rede gewesen und gezeigt, in welcher Weise dieselben aus der alten palatinischen und quirinalischen Doppelstadt hervorgegangen sind. Aufserhalb der Mauern wird zu jedem District der anliegende Landbezirk gehört haben, wie denn Ostia zur Palatina zählt; dafs die vier Districte ungefähr gleiche Mannzahl hatten, ergiebt sich aus ihrer gleichmäfsigen Anziehung bei der Aushebung. Ueberhaupt hat diese Eintheilung, die zunächst auf den Boden allein und nur folgeweise auf die Besitzer sich bezog, einen ganz äufserlichen Charakter und namentlich ist ihr niemals eine religiöse Bedeutung zugekommen; denn dafs in jedem Stadtdistrict sechs Kapellen der räthselhaften Argeer sich befanden, macht dieselben ebenso wenig zu sacralen Bezirken als es die Gassen dadurch wurden, dafs in jeder ein Larenaltar errichtet ward. — Jeder dieser vier Aushebungsdistricte hatte den vierten Theil wie der ganzen Mannschaft, so jeder einzelnen militärischen Abtheilung zu stellen, so dafs jede Legion und jede Centurie gleich viel Conscribirte aus jedem Bezirk zählte; offenbar um alle Gegensätze gentilicischer und localer Natur in dem einen und gemeinsamen Gemeindeaufgebot aufzuheben und vor allem durch den mächtigen Hebel des nivellirenden Soldatengeistes Insassen und Bürger zu einem Volke zu verschmelzen.

Militärisch wurde die waffenfähige Mannschaft geschieden Heeresordnung. in ein erstes und zweites Aufgebot, von denen jene, die ‚Jüngeren' vom laufenden siebzehnten bis zum vollendeten sechsundvierzigsten Jahre, vorwiegend zum Felddienst verwandt wurden, während die ‚Aelteren' die Mauern daheim schirmten. Die militärische Einheit blieb in der Infanterie die bisherige Legion (S. 73), eine vollständig nach alter dorischer Art gereihte und gerüstete Phalanx von dreitausend Mann, die sechs Glieder hoch eine Fronte von fünfhundert Schwergerüsteten bildeten; wozu dann noch zwölfhundert ‚Ungerüstete' (*velites*, s. S. 72 A.) kamen. Die vier ersten Glieder jeder Phalanx bildeten die vollgerüsteten Hopliten der ersten Klasse oder der Vollhufner, im fünften und sechsten standen die minder gerüsteten Bauern der zweiten und dritten Klasse; die beiden letzten Klassen traten als letzte Glieder zu der Phalanx hinzu oder kämpften daneben als Leichtbewaffnete. Für die leichte Ausfüllung zufälliger Lücken, die der Phalanx so verderblich sind, war gesorgt. Es dienten also in jeder Legion 42 Centurien oder 4200 Mann, davon 3000 Hopliten, 2000 der ersten, je 500 der beiden folgenden Klassen, ferner 1200 Leichte, davon 500 der vierten, 700 der fünften Klasse; jeder Aushebungsbezirk stellte zu jeder Legion 1050, zu jeder Centurie 25 Mann. Regelmäfsig rückten zwei Legionen aus, während zwei andere daheim den Besatzungsdienst versahen; wodurch also der Normalbestand des Fufsvolks auf vier Legionen oder 16800 Mann kam, 80 Centurien der ersten, je 20 der drei folgenden, 28 der letzten Klasse; ungerechnet die beiden Centurien Ersatzmannschaft so wie die der Werk- und die der Spielleute. Zu allen diesen kam die Reiterei, welche aus 1800 Pferden bestand; beim Auszug pflegten indefs nur drei Centurien jeder Legion beigegeben zu werden. Der Normalbestand des römischen Heeres ersten und zweiten Aufgebots stieg sonach nahe an 20000 Mann; welche Zahl dem Effectivbestand der römischen Waffenfähigen, wie er war zur Zeit der Einführung dieser neuen Organisation, unzweifelhaft im Allgemeinen entsprochen haben wird. Bei steigender Bevölkerung wurde nicht die Zahl der Centurien vermehrt, sondern man verstärkte durch zugegebene Leute die einzelnen Abtheilungen, ohne doch die Grundzahl ganz fallen zu lassen; wie denn die römischen der Zahl nach geschlossenen Corporationen überhaupt sehr häufig durch Aufnahme überzähliger Mitglieder die ihnen gesetzte Schranke umgingen.

Mit dieser neuen Heeresordnung Hand in Hand ging die Schatzung. sorgfältigere Beaufsichtigung des Grundbesitzes von Seiten des

Staats. Es wurde entweder jetzt eingeführt oder doch sorgfältiger bestimmt, dafs ein Erdbuch angelegt werde, in welchem die einzelnen Grundbesitzer ihre Aecker mit dem Zubehör, den Gerechtigkeiten, den Knechten, den Zug- und Lastthieren verzeichnen lassen sollten. Jede Veräufserung, die nicht offenkundig und vor Zeugen geschah, wurde für nichtig erklärt und eine Revision des Grundbesitzregisters, das zugleich Aushebungrolle war, in jedem vierten Jahre vorgeschrieben. So sind aus der servianischen Kriegsordnung die Mancipation und der Census hervorgegangen.

<small>Politische Folgen der servianischen Heerordnung.</small> Augenscheinlich ist diese ganze Institution von Haus aus militärischer Natur. In dem ganzen weitläufigen Schema begegnet auch nicht ein einziger Zug, der auf eine andere als die rein kriegerische Bestimmung der Centurien hinwiese; und dies allein mufs für jeden, der in solchen Dingen zu denken gewohnt ist, genügen, um ihre Verwendung zu politischen Zwecken für spätere Neuerung zu erklären. Auch wird die Anordnung, wonach, wer das sechzigste Jahr überschritten hat, von den Centurien ausgeschlossen ist, geradezu sinnlos, wenn dieselben von Anfang an bestimmt waren gleich und neben den Curien die Bürgergemeinde zu repräsentiren. Indefs wenn auch die Centurienordnung lediglich eingeführt ward um die Schlagfertigkeit der Bürgerschaft durch die Beiziehung der Insassen zu steigern und insofern nichts verkehrter ist als die servianische Ordnung für die Einführung der Timokratie in Rom auszugeben, so wirkte doch folgeweise die neue Wehrpflichtigkeit der Einwohnerschaft auch auf ihre politische Stellung wesentlich zurück. Wer Soldat werden mufs, mufs auch Offizier werden können, so lange der Staat nicht faul ist; ohne Frage konnten in Rom jetzt auch Plebejer zu Centurionen und Kriegstribunen ernannt werden. Wenn ferner auch der bisherigen in den Curien vertretenen Bürgerschaft durch die Centurieninstitution der Sonderbesitz der politischen Rechte nicht geschmälert werden sollte, so mufsten doch unvermeidlich diejenigen Rechte, welche die bisherige Bürgerschaft nicht als Curienversammlung, sondern als Bürgeraufgebot geübt hatte, übergehen auf die neuen Bürger- und Insassencenturien. Die Centurien also sind es fortan, die zu den Testamenten der Soldaten vor der Schlacht ihr Vollwort geben (S. 76) und die der König vor dem Beginn eines Angriffskrieges um ihre Einwilligung zu befragen hat (S. 77). Es ist wichtig der späteren Entwickelung wegen diese ersten Ansätze zu einer Betheiligung der Centurien an den öffentlichen Angelegenheiten zu bezeichnen; allein zu-

nächst trat der Erwerb dieser Rechte durch die Centurien mehr folgeweise ein, als dafs er geradezu beabsichtigt worden wäre und nach wie vor der servianischen Reform galt die Curienversammlung als die eigentliche Bürgergemeinde, deren Huldigung das ganze Volk dem König verpflichtete. Neben diesen Vollbürgern standen die angesessenen Schutzverwandten oder, wie sie späterhin hiefsen, die ‚Bürger ohne Stimmrecht' (*cives sine suffragio*), als theilnehmend an den öffentlichen Lasten, der Heeresfolge, der Steuer und den Frohnden (daher *municipes*); wogegen das Schutzgeld für sie wegfiel und dies fortan nur noch von den aufser den Tribus stehenden, das heifst den nichtansässigen Metöken (*aerarii*) erlegt ward. — Hatte man somit bisher nur zwei Klassen der Gemeindeglieder: Bürger und Schutzverwandte unterschieden, so stellten jetzt sich drei politische Klassen fest der Activ-, Passiv- und Schutzbürger; Kategorien, die viele Jahrhunderte hindurch das römische Staatsrecht beherrschten.

Wann und wie diese neue militärische Organisation der römischen Gemeinde ins Leben trat, darüber sind nur Vermuthungen möglich. Sie setzt die vier Quartiere voraus, das heifst die servianische Mauer mufste gezogen sein, bevor die Reform stattfand. Aber auch das Stadtgebiet mufste schon seine ursprüngliche Grenze beträchtlich überschritten haben, wenn es 8000 volle und ebensoviel Theilhufener oder Hufenersöhne und aufserdem eine Anzahl gröfserer Landgutsbesitzer oder deren Söhne stellen konnte. Wir kennen zwar den Flächenraum der vollen römischen Bauernstelle nicht, allein es wird nicht möglich sein sie unter 20 Morgen anzusetzen*); rechnen wir als Minimum 10000 Vollhufen, so würden diese einen Flächenraum von 9 deutschen Quadratmeilen Ackerland voraussetzen, wonach, wenn man Weide, Häuserraum und Dünen noch so mäfsig in Ansatz

---

*) Schon um 480 erschienen Landloose von sieben Morgen (Val. Max. 3, 3, 5. Colum. 1 *praef.* 14. 1, 3, 11. Plin. n. h. 18, 3, 18; vierzehn Morgen Victor 33. Plutarch *apophth. reg. et imp.* p. 235 Dübner, wonach Plutarch *Crass.* 2 zu berichtigen ist) den Empfängern klein. — Die Vergleichung der deutschen Verhältnisse ergiebt dasselbe. Jugerum und Morgen, beide ursprünglich mehr Arbeit- als Flächenmafse, können angesehen werden als ursprünglich identisch. Wenn die deutsche Hufe regelmäfsig aus 30, nicht selten auch aus 20 oder 40 Morgen bestand und die Hofstätte häufig, wenigstens bei den Angelsachsen, ein Zehntel der Hufe betrug, so wird bei Berücksichtigung der klimatischen Verschiedenheit und des römischen Heredium von 2 Morgen die Annahme einer römischen Hufe von 20 Morgen den Verhältnissen angemessen erscheinen. Freilich bleibt es zu bedauern, dafs die Ueberlieferung uns eben hier im Stich läfst.

bringt, das Gebiet zu der Zeit, wo diese Reform durchgeführt ward, mindestens eine Ausdehnung von 20 Quadratmeilen, wahrscheinlich aber eine noch beträchtlichere gehabt haben mufs. Folgt man der Ueberlieferung, so müfste man gar eine Zahl von 84000 ansässigen und waffenfähigen Bürgern annehmen; denn so viel soll Servius bei dem ersten Census gezählt haben. Indefs dafs diese Zahl fabelhaft ist, zeigt ein Blick auf die Karte; auch ist sie nicht wahrhaft überliefert, sondern vermuthungsweise berechnet, indem die 16800 Waffenfähigen des Normalstandes der Infanterie nach einem durchschnittlichen die Familie zu 5 Köpfen ansetzenden Ueberschlag eine Zahl von 84000 freien Activ- und Passivbürgern zu ergeben schienen und diese Zahl mit der der Waffenfähigen verwechselt ward. Aber auch nach jenen mäfsigeren Sätzen ist bei einem Gebiet von etwa 16000 Hufen mit einer Bevölkerung von nahe an 20000 Waffenfähigen und mindestens der dreifachen Zahl von Frauen, Kindern und Greisen, nicht grundsässigen Leuten und Knechten nothwendig anzunehmen, dafs nicht blofs die Gegend zwischen Tiber und Anio gewonnen, sondern auch die albanische Mark erobert war, bevor die servianische Verfassung festgestellt wurde; womit denn auch die Sage übereinstimmt. Wie das Verhältnifs der Patricier und Plebeier im Heere sich der Zahl nach ursprünglich gestellt hat, ist nicht zu ermitteln. — Im Allgemeinen aber ist es einleuchtend einerseits, dafs diese servianische Institution nicht hervorgegangen ist aus dem Ständekampf, sondern dafs sie den Stempel eines reformirenden Gesetzgebers an sich trägt gleich der Verfassung des Lykurgos, des Solon, des Zaleukos, andrerseits dafs sie entstanden ist unter griechischem Einflufs. Einzelne Analogien können trügen, wie zum Beispiel die schon von den Alten hervorgehobene, dafs auch in Korinth die Ritterpferde auf die Wittwen und Waisen angewiesen wurden; aber die Entlehnung der Rüstung wie der Gliederstellung von dem griechischen Hoplitensystem ist sicher kein zufälliges Zusammentreffen. Erwägen wir nun, dafs eben im zweiten Jahrhundert der Stadt die griechischen Staaten in Unteritalien von der reinen Geschlechterverfassung fortschritten zu einer modificirten, die das Schwergewicht in die Hände der Besitzenden legte*), so werden wir hierin

---

*) Auch die Analogie zwischen der sogenannten servianischen Verfassung und der Behandlung der attischen Metöken verdient hervorgehoben zu werden. Athen hat eben wie Rom verhältnifsmäfsig früh den Insassen die Thore geöffnet und dann auch dieselben zu den Lasten des Staates mit herangezogen. Je weniger hier ein unmittelbarer Zusammenhang ange-

den Anstofs erkennen, der in Rom die servianische Reform hervorrief, eine im Wesentlichen auf demselben Grundgedanken beruhende und nur durch die streng monarchische Form des römischen Staats in etwas abweichende Bahnen gelenkte Verfassungsänderung.

nommen werden kann, desto bestimmter zeigt es sich, wie dieselben Ursachen — städtische Centralisirung und städtische Entwickelung — überall und nothwendig die gleichen Folgen herbeiführen.

KAPITEL VII.

Roms Hegemonie in Latium.

Ausdehnung des römischen Gebietes. An Fehden unter sich und mit den Nachbarn wird es der tapfere und leidenschaftliche Stamm der Italiker niemals haben fehlen lassen; mit dem Aufblühen des Landes und der steigenden Cultur muſs die Fehde allmählich in den Krieg, der Raub in die Eroberung übergegangen sein und politische Mächte angefangen haben sich zu gestalten. Indeſs von jenen frühesten Raufhändeln und Beutezügen, in denen der Charakter der Völker sich bildet und sich äuſsert wie in den Spielen und Fahrten des Knaben der Sinn des Mannes, hat kein italischer Homer uns ein Abbild aufbewahrt; und ebenso wenig gestattet uns die geschichtliche Ueberlieferung die äuſsere Entwickelung der Machtverhältnisse der einzelnen latinischen Gaue auch nur mit annähernder Genauigkeit zu erkennen. Höchstens von Rom läſst die Ausdehnung seiner Macht und seines Gebietes sich einigermaſsen verfolgen. Die nachweislich ältesten Grenzen der vereinigten römischen Gemeinde sind bereits angegeben worden (S. 47); sie waren landeinwärts durchschnittlich nur etwa eine deutsche Meile von dem Hauptort des Gaus entfernt und erstreckten sich einzig gegen die Küste zu bis an die etwas über drei deutsche Meilen von Rom entfernte Tibermündung (*Ostia*). ‚Gröſsere und kleinere Völkerschaften', sagt Strabon in der Schilderung des ältesten Rom, ‚umschlossen die neue Stadt, von denen einige in unabhängigen Dörfern wohnten und keinem Stammverband botmäſsig waren'. Auf Kosten zunächst dieser stammverwandten Nachbarn scheinen die ältesten Erweiterungen des römischen Gebietes erfolgt zu sein.

Die an der oberen Tiber und zwischen Tiber und Anio ge- Aniogebiet. legenen latinischen Gemeinde Antemnae, Crustumerium, Ficulnea, Medullia, Caenina, Corniculum, Cameria, Collatia drückten am nächsten und empfindlichsten auf Rom und scheinen schon in frühester Zeit durch die Waffen der Römer ihre Selbstständigkeit eingebüfst zu haben. Als selbstständige Gemeinde erscheint in diesem Bezirk später nur Nomentum, das vielleicht durch Bündnifs mit Rom seine Freiheit rettete; um den Besitz von Fidenae, dem Brückenkopf der Etrusker am linken Ufer der Tiber, kämpften Latiner und Etrusker, das heifst Römer und Veienter mit wechselndem Erfolg. Gegen Gabii, das die Ebene zwischem dem Anio und den Albanerbergen inne hatte, stand der Kampf lange Zeit im Gleichgewicht; bis in späte Zeit hinab galt das gabinische Gewand als gleichbedeutend mit dem Kriegskleid und der gabinische Boden als Prototyp des feindlichen Landes*). Durch diese Eroberungen mochte das römische Gebiet sich auf etwa 9 Quadratmeilen erweitert haben. Aber lebendiger Alba. als diese verschollenen Kämpfe ist, wenn auch in sagenhaftem Gewande, der Folgezeit eine andere uralte Waffenthat der Römer im Andenken geblieben: Alba, die alte heilige Metropole Latiums, ward von römischen Schaaren erobert und zerstört. Wie der Zusammenstofs entstand und wie er entschieden ward, ist nicht überliefert; der Kampf der drei römischen gegen die drei albischen Drillingsbrüder ist nichts als eine personificirende Bezeichnung des Kampfes zweier mächtiger und eng verwandter Gaue, von denen wenigstens der römische ein dreieiniger war. Wir wissen eben nichts weiter als die nackte Thatsache der Unterwerfung und Zerstörung Albas durch Rom**). — Dafs in der

---

*) Ebenso charakteristisch sind die Verwünschungsformeln für Gabii und Fidenae (Macrob. *sat.* 3, 9), während doch eine wirkliche geschichtliche Verfluchung des Stadtbodens, wie sie bei Veii, Karthago, Fregellae in der That stattgefunden hat, für diese Städte nirgends nachweisbar und höchst unwahrscheinlich ist. Vermuthlich waren alte Bannfluchformulare auf diese beiden verhafsten Städte gestellt und wurden von späteren Antiquaren für geschichtliche Urkunden gehalten.

**) Aber zu bezweifeln, dafs die Zerstörung Albas in der That von Rom ausgegangen sei, wie es neulich von achtbarer Seite geschehen ist, scheint kein Grund vorhanden. Es ist wohl richtig, dafs der Bericht über Albas Zerstörung in seinen Einzelnheiten eine Kette von Unwahrscheinlichkeiten und Unmöglichkeiten ist; aber das gilt eben von jeder in Sagen eingesponnenen historischen Thatsache. Auf die Frage, wie sich das übrige Latium zu dem Kampfe zwischen Alba und Rom verhielt, haben wir freilich keine Antwort; aber die Frage selbst ist falsch gestellt, denn es ist

gleichen Zeit, wo Rom sich am Anio und auf dem Albanergebirge festsetzte, auch Praeneste, welches späterhin als Herrin von acht benachbarten Ortschaften erscheint, ferner Tibur und andere latinische Gemeinden in gleicher Weise ihr Gebiet arrondirt und ihre spätere verhältnifsmäfsig ansehnliche Macht begründet haben mögen, läfst sich vollends nur vermuthen.

Art der ältesten Gebietserweiterungen.

Mehr als die Kriegsgeschichten vermissen wir genaue Berichte über den rechtlichen Charakter und die rechtlichen Folgen dieser ältesten latinischen Eroberungen. Im Ganzen ist es nicht zu bezweifeln, dafs sie nach demselben Incorporationssystem behandelt wurden, woraus die dreitheilige römische Gemeinde hervorgegangen war; nur dafs die durch die Waffen zum Eintritt gezwungenen Gaue nicht einmal, wie jene ältesten drei, als Quartiere der neuen vereinigten Gemeinde eine gewisse relative Selbstständigkeit bewahrten, sondern völlig und spurlos in dem Ganzen verschwanden (S. 87). So weit die Macht des latinischen Gaues reichte, duldete er in ältester Zeit keinen politischen Mittelpunkt aufser dem eigenen Hauptort und noch weniger legte er selbstständige Ansiedelungen an, wie die Phoenikier und die Griechen es thaten und damit in ihren Colonien vorläufig Clienten und künftig Rivale der Mutterstadt erschufen. Am merkwürdigsten in dieser Hinsicht ist die Behandlung, die Ostia durch Rom erfuhr: die factische Entstehung einer Stadt an dieser Stelle konnte und wollte man nicht hindern, gestattete aber dem Orte keine politische Selbstständigkeit und gab darum den dort Angesiedelten kein Ortsbürger-, sondern liefs ihnen blofs, wenn sie es bereits besafsen, das allgemeine römische Bürgerrecht*). Nach diesem Grundsatz bestimmte sich auch das Schicksal der schwächeren Gaue, die durch Waffengewalt oder auch durch freiwillige

---

unerwiesen, dafs die latinische Bundesverfassung einen Sonderkrieg zweier latinischer Gemeinden schlechterdings untersagte (S. 40). Noch weniger widerspricht die Aufnahme einer Anzahl albischer Familien in den römischen Bürgerverband der Zerstörung Albas durch die Römer; warum soll es nicht in Alba eben wie in Capua eine römische Partei gegeben haben? Entscheidend dürfte aber der Umstand sein, dafs Rom in religiöser wie in politischer Hinsicht als Rechtsnachfolgerin von Alba auftritt; welcher Anspruch nicht auf die Uebersiedelung einzelner Geschlechter, sondern nur auf die Eroberung der Stadt sich gründen konnte und gegründet ward.

*) Hieraus entwickelte sich der staatsrechtliche Begriff der See- oder Bürgercolonie (*colonia civium Romanorum*), das heifst einer factisch gesonderten, aber rechtlich unselbstständigen und willenlosen Gemeinde, die in der Hauptstadt aufgeht wie im Vermögen des Vaters das Peculium des Sohnes und als stehende Besatzung vom Dienst in der Legion befreit ist.

Unterwerfung einem stärkeren unterthänig wurden. Die Festung des Gaues wurde geschleift, seine Mark zu der Mark der Ueberwinder geschlagen, den Gaugenossen selbst wie ihren Göttern in dem Hauptort des siegenden Gaues eine neue Heimath gegründet. Eine förmliche Uebersiedelung der Besiegten in die neue Hauptstadt, wie sie bei den Städtegründungen im Orient Regel ist, wird man hierunter freilich nicht unbedingt zu verstehen haben. Die Städte Latiums konnten in dieser Zeit wenig mehr sein als die Festungen und Wochenmärkte der Bauern; im Ganzen genügte die Verlegung der Markt- und Dingstätte an den neuen Hauptort. Dafs selbst die Tempel oft am alten Platze blieben, läfst sich an dem Beispiel von Alba und von Caenina darthun, welchen Städten noch nach der Zerstörung eine Art religiöser Scheinexistenz geblieben sein mufs. Selbst wo die Festigkeit des geschleiften Ortes eine wirkliche Verpflanzung der Insassen erforderlich machte, wird man mit Rücksicht auf die Ackerbestellung dieselben häufig in offenen Weilern ihrer alten Mark angesiedelt haben. Dafs indefs nicht selten auch die Ueberwundenen alle oder zum Theil genöthigt wurden, sich in ihrem neuen Hauptort niederzulassen, beweist besser als alle einzelne Erzählungen aus der Sagenzeit Latiums der Satz des römischen Staatsrechts, dafs nur, wer die Grenzen des Gebietes erweitert habe, die Stadtmauer (das Pomerium) vorzuschieben befugt sei. Natürlich wurde den Ueberwundenen, übergesiedelt oder nicht, in der Regel das Schutzverwandtenrecht aufgezwungen*); einzelne Individuen oder Geschlechter wurden aber auch wohl mit dem Bürgerrecht, das heifst dem Patriciat beschenkt. Noch in der Kaiserzeit kannte man die nach dem Fall ihrer Heimath in die römische Bürgerschaft eingereihten albischen Geschlechter, darunter die Iulier, Servilier, Quinctilier, Cloelier, Geganier, Curiatier, Metilier; das Andenken ihrer Herkunft bewahrten ihre albischen Familienheiligthümer, unter denen das Geschlechterheiligthum der Iulier in Bovillae sich in der Kaiserzeit wieder zu grofsem Ansehen erhob. — Diese Centralisirung mehrerer kleiner Gemeinden in

---

*) Darauf geht ohne Zweifel die Bestimmung der zwölf Tafeln: *Nex[i mancipiique] forti sanatique idem ius esto*, d. h. es soll im privatrechtlichen Verkehr dem Guten und dem Gebesserten gleiches Recht zustehen. An die latinischen Bundesgenossen kann hier nicht gedacht sein, da deren rechtliche Stellung durch die Bundesverträge bestimmt wird und das Zwölftafelgesetz überhaupt nur vom Landrecht handelt; sondern die *sanates* sind die *Latini prisci cives Romani*, das heifst die von den Römern in das Plebejat genöthigten Gemeinden Latiums.

einer gröfseren war natürlich nichts weniger als eine specifisch römische Idee. Nicht blofs die Entwickelung Latiums und der sabellischen Stämme bewegt sich um die Gegensätze der nationalen Centralisation und der cantonalen Selbstständigkeit, sondern es gilt das Gleiche auch von der Entwickelung der Hellenen. Es war dieselbe Verschmelzung vieler Gaue zu einem Staat, aus der in Latium Rom und in Attika Athen hervorging; und eben dieselbe Fusion war es, welche der weise Thales dem bedrängten Bunde der ionischen Städte als den einzigen Weg zur Rettung ihrer Nationalität bezeichnete. Wohl aber ist es Rom gewesen, das diesen Einheitsgedanken folgerichtiger, ernstlicher und glücklicher festhielt als irgend ein anderer italischer Gau; und eben wie Athens hervorragende Stellung in Hellas die Folge seiner frühen Centralisirung ist, so hat auch Rom seine Gröfse lediglich demselben hier noch weit energischer durchgeführten System zu danken.

Roms Hegemonie über Latium.
Wenn also die Eroberungen Roms in Latium im Wesentlichen als gleichartige unmittelbare Gebiets- und Gemeindeerweiterungen betrachtet werden dürfen, so kommt doch derjenigen von Alba noch eine besondere Bedeutung zu. Es ist nicht blofs die problematische Gröfse und der etwanige Reichthum der Stadt, welche die Sage bestimmt haben die Einnahme Albas in so besonderer Weise hervorzuheben. Alba galt als die Metropole der latinischen Eidgenossenschaft und hatte die Vorstandschaft unter den dreifsig berechtigten Gemeinden. Die Zerstörung Albas hob natürlich den Bund selbst so wenig auf, wie die Zerstörung Thebens die boeotische Genossenschaft*); vielmehr nahm, dem streng privatrechtlichen Charakter des latinischen Kriegsrecht vollkommen entsprechend, Rom jetzt als Rechtsnachfolgerin von Alba dessen Bundesvorstandschaft in Anspruch. Ob und welche Krisen der Anerkennung dieses Anspruchs vorhergingen oder nachfolgten, vermögen wir nicht anzugeben; im Ganzen scheint man die römische Hegemonie über Latium bald und durchgängig anerkannt zu haben, wenn auch einzelne Gemeinden, wie zum Beispiel Labici und vor allem Gabii, zeitweilig sich ihr entzogen haben mögen. Schon damals mochte Rom als seegewaltig der

---

*) Es scheint sogar aus einem Theile der albischen Mark die Gemeinde Bovillae gebildet und diese an Albas Platz unter die autonomen latinischen Städte eingetreten zu sein. Ihren albischen Ursprung bezeugt der Juliercult und der Name *Albani Longani Bovillenses* (Orelli-Henzen 119. 2252. 6019); ihre Autonomie Dionysios 5, 61 und Cicero pro Planc. 9, 23.

Landschaft, als Stadt den Dorfschaften, als Einheitsstaat der Eidgenossenschaft gegenüberstehen, schon damals nur mit und durch Rom die Latiner ihre Küsten gegen Karthager, Hellenen und Etrusker schirmen und ihre Landgrenze gegen die unruhigen Nachbarn sabellischen Stammes behaupten und erweitern können. Ob der materielle Zuwachs, den Rom durch die Ueberwältigung von Alba erhielt, gröfser war als die durch die Einnahme von Antemnae oder Collatia erlangte Machtvermehrung, läfst sich nicht ausmachen; es ist sehr möglich, dafs Rom nicht erst durch die Eroberung Albas die mächtigste latinische Gemeinde ward, sondern schon lange vorher es war; aber was dadurch gewonnen ward, war die Vorstandschaft bei dem latinischen Feste und damit die Grundlage der künftigen Hegemonie der römischen Gemeinde über die gesammte latinische Eidgenossenschaft. Es ist wichtig, diese entscheidenden Verhältnisse so bestimmt wie möglich zu bezeichnen.

Die Form der römischen Hegemonie über Latium war im Ganzen die eines gleichen Bündnisses zwischen der römischen Gemeinde einer- und der latinischen Eidgenossenschaft andrerseits, wodurch ein ewiger Landfriede in der ganzen Mark und ein ewiges Bündnifs für den Angriff wie für die Vertheidigung festgestellt ward. ‚Friede soll sein zwischen den Römern und allen Gemeinden der Latiner, so lange Himmel und Erde bestehen; sie sollten nicht Krieg führen unter einander noch Feinde ins Land rufen noch Feinden den Durchzug gestatten; dem Angegriffenen soll Hülfe geleistet werden mit gesammter Hand und gleichmäfsig vertheilt werden, was gewonnen ist im gemeinschaftlichen Krieg.‘ Die verbriefte Rechtsgleichheit im Handel und Wandel, im Creditverkehr wie im Erbrecht, verflocht die Interessen der schon durch die gleiche Sprache und Sitte verbundenen Gemeinden noch durch die tausendfachen Beziehungen des Geschäftsverkehrs, und es ward damit etwas Aehnliches erreicht, wie in unserer Zeit durch die Beseitigung der Zollschranken. Allerdings blieb jeder Gemeinde formell ihr eigenes Recht; bis auf den Bundesgenossenkrieg war das latinische Recht mit dem römischen nicht nothwendig identisch und wir finden zum Beispiel, dafs die Klagbarkeit der Verlöbnisse, die in Rom früh abgeschafft ward, in den latinischen Gemeinden bestehen blieb. Allein die einfache und rein volksthümliche Entwickelung des latinischen Rechtes und das Bestreben die Rechtsgleichheit möglichst festzuhalten führten denn doch dahin, dafs das Privatrecht in Inhalt und Form wesentlich dasselbe war in ganz Latium.

Verhältnifs Roms zu Latium.

Am schärfsten tritt diese Rechtsgleichheit hervor in den Bestimmungen über den Verlust und den Wiedergewinn der Freiheit des einzelnen Bürgers. Nach einem alten ehrwürdigen Rechtssatz des latinischen Stammes konnte kein Bürger in dem Staat, wo er frei gewesen war, Knecht werden oder innerhalb dessen das Bürgerrecht einbüfsen; sollte er zur Strafe die Freiheit und, was dasselbe war, das Bürgerrecht verlieren, so mufste er ausgeschieden werden aus dem Staat und bei Fremden in die Knechtschaft eintreten. Diesen Rechtssatz erstreckte man jetzt auf das gesammte Bundesgebiet; kein Glied eines der Bundesstaaten sollte als Knecht leben können innerhalb der gesammten Eidgenossenschaft. Anwendungen davon sind die in die zwölf Tafeln aufgenommene Bestimmung, dafs der zahlungsunfähige Schuldner, wenn der Gläubiger ihn verkaufen wolle, verkauft werden müsse jenseit der Tibergrenze, das heifst aufserhalb des Bundesgebietes, und die Clausel des zweiten Vertrags zwischen Rom und Karthago, dafs der von den Karthagern gefangene römische Bundesgenosse frei sein solle, so wie er einen römischen Hafen betrete. Dafs die bundesmäfsige Rechtsgleichheit auch die Ehegemeinschaft in sich schlofs und jeder Vollbürger einer latinischen Gemeinde mit jeder latinischen Vollbürgerin eine echte Ehe abschliefsen konnte, ist schon früher (S. 40) als wahrscheinlich bezeichnet worden. Die politischen Rechte konnte selbstverständlich jeder Latiner nur da ausüben, wo er eingebürgert war; dagegen lag es im Wesen der privatrechtlichen Gleichheit, dafs jeder Latiner an jedem latinischen Orte sich niederlassen konnte, oder, nach heutiger Terminologie, es bestand neben den besondern Bürgerrechten der einzelnen Gemeinden ein allgemeines eidgenössisches Niederlassungsrecht. Dafs dies wesentlich zum Vortheil der Hauptstadt ausschlug, die allein in Latium städtischen Verkehr, städtischen Erwerb, städtische Genüsse darzubieten hatte, und dafs die Zahl der Insassen in Rom sich reifsend schnell vermehrte, seit die latinische Landschaft im ewigen Frieden mit Rom lebte, ist begreiflich. — In Verfassung und Verwaltung blieb nicht blofs die einzelne Gemeinde selbstständig und souverän, so weit nicht die Bundespflichten eingriffen, sondern, was mehr bedeutet, es blieb dem Bunde der dreifsig Gemeinden als solchem Rom gegenüber die Autonomie. Wenn versichert wird, dafs Albas Stellung zu den Bundesgemeinden eine überlegenere gewesen sei als die Roms, und dafs die letzteren durch Albas Sturz die Autonomie erlangt hätten, so ist dies insofern wohl möglich, als Alba wesentlich Bundesglied war, Rom von Haus aus mehr als Sonderstaat dem

Bunde gegenüber als innerhalb desselben stand; aber es mag, eben wie die Rheinbundstaaten formell souverän waren, während die deutschen Reichsstaaten einen Herrn hatten, der Sache nach vielmehr Albas Vorstandschaft gleich der des deutschen Kaisers ein Ehrenrecht (S. 41), Roms Protectorat von Haus aus wie das napoleonische eine Oberherrlichkeit gewesen sein. In der That scheint Alba im Bundesrath den Vorsitz geführt zu haben, während Rom die latinischen Abgeordneten selbstständig, unter Vorsitz wie es scheint eines aus ihrer Mitte gewählten Beamten, ihre Berathungen abhalten liefs und sich begnügte mit der Ehrenvorstandschaft bei dem Bundesopferfest für Rom und Latium und mit der Errichtung eines zweiten Bundesheiligthums in Rom, des Dianatempels auf dem Aventin, so dafs von nun an theils auf römischem Boden für Rom und Latium, theils auf latinischem für Latium und Rom geopfert ward. Nicht minder im Interesse des Bundes war es, dafs die Römer in dem Vertrag mit Latium sich verpflichteten, mit keiner latinischen Gemeinde ein Sonderbündnifs einzugehen — eine Bestimmung, aus der die ohne Zweifel wohl begründete Besorgnifs der Eidgenossenschaft gegenüber der mächtigen leitenden Gemeinde sehr klar heraussieht. Am deutlichsten zeigt sich sowohl die Stellung Roms nicht innerhalb, sondern neben Latium, als auch die formelle Gleichstellung der Stadt einer- und der Eidgenossenschaft andrerseits in dem Kriegswesen. Das Bundesheer war, wie die spätere Weise des Aufgebots unwidersprechlich zeigt, gebildet aus einem gleich starken römischen und einem gleich starken latinischen Heer. Das Obercommando sollte wechseln zwischen Rom und Latium, und nur in den Jahren, wo Rom den Befehlshaber stellte, der latinische Zuzug vor den Thoren Roms erscheinen und am Thor den erwählten Befehlshaber durch Zuruf als seinen Feldherrn begrüfsen, nachdem die vom latinischen Bundesrath dazu beauftragten Römer sich aus der Beobachtung des Vögelflugs der Zufriedenheit der Götter mit der getroffenen Wahl versichert haben würden. Ebenso wurde, was im Bundeskrieg an Land und Gut gewonnen war, zu gleichen Theilen zwischen Rom und Latium getheilt. Wenn sonach in allen inneren Beziehungen mit eifersüchtiger Strenge gehalten ward auf vollständigste Gleichheit in Rechten und Pflichten, so wird auch dem Ausland gegenüber die römisch-latinische Föderation in dieser Epoche schwerlich blofs durch Rom vertreten worden sein. Der Bundesvertrag untersagte weder Rom noch Latium auf eigene Hand einen Angriffskrieg zu beginnen; und wenn, sei es nach

Bundesschluſs, sei es in Folge eines feindlichen Ueberfalls, ein Bundeskrieg geführt ward, so wird bei der Führung wie bei der Beendigung desselben auch der latinische Bundesrath rechtlich betheiligt gewesen sein. Thatsächlich freilich mag Rom auch damals schon die Hegemonie besessen haben, wie denn, wo immer ein einheitlicher Staat und ein Staatenbund in eine dauernde Verbindung zu einander treten, das Uebergewicht auf die Seite von jenem zu fallen pflegt.

Ausdehnung des römischen Gebietes nach Albas Fall. Wie nach Albas Fall Rom, jetzt sowohl die Herrin eines verhältniſsmäſsig bedeutenden Gebietes als auch vermuthlich die führende Macht innerhalb der latinischen Eidgenossenschaft, sein unmittelbares und mittelbares Gebiet weiter ausgedehnt hat, können wir nicht mehr verfolgen. Mit den Etruskern, zunächst den Veientern, fehlte es namentlich um den Besitz von Fidenae an Fehden nicht; es scheint aber nicht, daſs es den Römern gelang, diesen auf dem latinischen Ufer des Flusses nur eine starke deutsche Meile von Rom gelegenen etruskischen Vorposten dauernd in ihre Gewalt zu bringen und die Veienter aus dieser gefährlichen Offensivbasis zu verdrängen. Dagegen behaupten sie sich wie es scheint unangefochten im Besitz des Janiculum und der beiden Ufer der Tibermündung. Den Sabinern und Aequern gegenüber erscheint Rom in einer mehr überlegenen Stellung; von der späterhin so engen Verbindung mit den entfernteren Hernikern werden wenigstens die Anfänge schon in der Königszeit bestanden und die vereinigten Latiner und Herniker ihre östlichen Nachbaren von zwei Seiten umfaſst und niedergehalten haben. Der beständige Kriegsschauplatz aber war die Südgrenze, das Gebiet der Rutuler und mehr noch das der Volsker. Nach dieser Richtung hat die latinische Landschaft sich am frühesten erweitert und hier begegnen wir zuerst den von Rom und Latium in dem feindlichen Lande gegründeten und als autonome Glieder der latinischen Eidgenossenschaft constituirten Gemeinden, den sogenannten latinischen Colonien, von denen die ältesten noch in die Königszeit hineinzureichen scheinen. Wie weit indeſs das römische Machtgebiet um das Ende der Königszeit sich erstreckte, läſst sich in keiner Weise bestimmen. Von Fehden mit den benachbarten latinischen und volskischen Gemeinden ist in den römischen Jahrbüchern der Königszeit genug und nur zu viel die Rede; aber kaum dürften wenige einzelne Meldungen, wie etwa die der Einnahme von Suessa in der pomptinischen Ebene, einen geschichtlichen Kern enthalten. Daſs die Königszeit nicht bloſs die staatlichen Grundlagen Roms gelegt, sondern auch nach auſsen hin Roms Macht begründet hat, läfst sich nicht bezweifeln; die Stellung der Stadt Rom mehr gegenüber als in dem latinischen Staatenbund ist bereits im Beginn der Republik entschieden gegeben und läfst erkennen, dafs in Rom schon in der Königszeit eine energische Machtentfaltung nach aufsen hin stattgefunden haben mufs. Gewifs sind ungemeine Erfolge hier verschollen; aber der Glanz derselben ruht auf der Königszeit Roms, vor allem auf dem königlichen Hause der Tarquinier, wie ein fernes Abendroth, in dem die Umrisse verschwimmen.

So war der latinische Stamm im Zuge sich unter der Führung Roms zu einigen und zugleich sein Gebiet nach Osten und Süden hin zu erweitern; Rom selbst aber war durch die Gunst der Geschicke und die Kraft der Bürger aus einer regsamen Handels- und Landstadt der mächtige Mittelpunkt einer blühenden Landschaft geworden. Die Umgestaltung der römischen Kriegsverfassung und die darin im Keim enthaltene politische Reform, welche uns unter dem Namen der servianischen Verfassung bekannt ist, steht im engsten Zusammenhang mit dieser innerlichen Umwandelung des römischen Gemeindewesens. Aber auch äufserlich mufste mit den reicher strömenden Mitteln, mit den steigenden Anforderungen, mit dem erweiterten politischen Horizont der Charakter der Stadt sich ändern. Die Verschmelzung der quirinalischen Nebengemeinde mit der palatinischen mufs bereits vollzogen gewesen sein, als die sogenannte servianische Reform stattfand; seit in dieser die Bürgerwehr sich in festen und einheitlichen Formen zusammengenommen hatte, konnte die Bürgerschaft nicht dabei beharren die einzelnen Hügel, wie sie nach einander mit Gebäuden sich gefüllt hatten, zu verschanzen und etwa noch zur Beherrschung des Tiberlaufes die Flufsinsel und die Höhe am entgegengesetzten Ufer besetzt zu halten. Die Hauptstadt von Latium verlangte ein anderes und abgeschlossenes Vertheidigungssystem: man schritt zu dem Bau der servianischen Mauer. Der neue zusammenhängende Stadtwall begann am Flufs unterhalb des Aventin und umschlofs diesen Hügel, an dem neuerdings (1855) an zwei Stellen, theils am westlichen Abhang gegen den Flufs zu, theils an dem entgegengesetzten östlichen, die colossalen Ueberreste dieser uralten Befestigungen zum Vorschein gekommen sind, Mauerstücke von der Höhe derjenigen von Alatri und Ferentino, aus mächtigen viereckig behauenen Tuffblöcken unregelmäfsig geschichtet, die wiedererstandenen Zeugen einer gewaltigen Epoche, deren Bauten in diesen Felswänden unvergänglich dastehen und deren geistige Thaten unvergänglicher als diese in Ewigkeit fortwirken werden. Weiter umfaſste der Mauerring den Caelius und den ganzen Raum des Esquilin, Viminal und Quirinal, wo ein ebenfalls erst vor Kurzem (1862) wieder in gröſseren Resten zu Tage gekommener Bau, nach auſsen von Peperinblöcken aufgesetzt und durch einen vorgezogenen Graben geschützt, nach innen in einen mächtigen gegen die Stadt zu abgeböschten und noch heute imponirenden Erddamm auslaufend, den Mangel der natürlichen Vertheidigungsmittel ersetzte, lief von da zum Capitol, dessen steile Senkung gegen das Marsfeld zu einen Theil des Stadtwalls ausmachte, und stieſs oberhalb der Tiberinsel zum zweitenmal an den Fluſs. Die Tiberinsel nebst der Pfahlbrücke und das Janiculum gehörten nicht zur eigentlichen Stadt, wohl aber war die letztere Höhe ein befestigtes Vorwerk. Wenn ferner bisher der Palatin die Burg gewesen war, so wurde dieser Hügel jetzt dem freien städtischen Anbau überlassen und dagegen auf dem nach allen Seiten hin freistehenden und bei seinem mäſsigen Umfang leicht zu vertheidigenden tarpeischen Hügel die neue ‚Burg‘ (*arx, capitolium*) *) angelegt mit dem Burgbrunnen, dem sorgfältig gefaſsten ‚Quellhaus‘ (*tullianum*), der Schatzkammer (*aerarium*), dem Gefängniſs und dem ältesten Versammlungsplatz der Bürgerschaft (*area Capitolina*), auf dem auch später immer noch die regelmäſsigen Abkündigungen der Mondzeiten stattgefunden haben. Privatwohnungen dauernder Art sind dagegen in früherer Zeit nicht auf dem Burghügel geduldet worden **); und der Raum zwischen den beiden Spitzen des Hügels, das Heiligthum des argen Gottes (*Ve-diovis*) oder, wie die spätere hellenisirende Epoche es nannte, das Asyl war mit Wald bedeckt und vermuthlich bestimmt die Bauern mit ihren Heerden aufzunehmen, wenn Ueberschwemmung oder Krieg sie von der Ebene vertrieb. Das Capitol war dem Namen wie der Sache nach die Akropole Roms, ein selbstständiges auch noch nach dem Fall der Stadt vertheidigungs-

---

*) Beide Namen, obwohl später auch als Localnamen und zwar *capitolium* von der nach dem Fluſs, *arx* von der nach dem Quirinal zu liegenden Spitze des Burghügels gebraucht, sind ursprünglich, genau den griechischen ἄκρα und κορυφή entsprechend, appellativ, wie denn jede latinische Stadt ihr *capitolium* ebenfalls hat. Der Localname des römischen Burghügels ist *mons Tarpeius*.

**) Die Bestimmung, *ne quis patricius in arce aut capitolio habitaret*, untersagte wohl nur die steinernen vermuthlich oft festungsartigen Bauten, nicht die leicht zu beseitigenden gewöhnlichen Wohnhäuser. Vgl. Becker Top. S. 386.

fähiges Castell, dessen Thor wahrscheinlich nach dem späteren Markt zu gelegen hat*). In ähnlicher Weise, wenn auch schwächer, scheint der Aventin befestigt und der festen Ansiedelung entzogen worden zu sein. Es hängt damit zusammen, dafs für eigentlich städtische Zwecke, zum Beispiel für die Vertheilung des zugeleiteten Wassers, die römische Stadtbewohnerschaft sich theilte in die eigentlichen Stadtbewohner (*montani*) und in die innerhalb der allgemeinen Ringmauer gelegenen, aber doch nicht zu der eigentlichen Stadt gerechneten Bezirke (*pagani Aventinenses, Ianiculenses, collegia Capitolinorum et Mercurialium*)**). Der von der neuen Stadtmauer umschlossene Raum umfafste also aufser der bisherigen palatinischen und quirinalischen Stadt noch die beiden Bundesfestungen des Capitol und des Aventin, ferner das Ianiculum***); der Palatin als die eigentliche und

---

*) Denn von hier führte der Hauptweg, die ‚heilige Strafse‘, auf die Burg hinauf; und in der Wendung, die diese bei dem Severusbogen nach links macht, ist noch deutlich die Einbiegung auf das Thor zu erkennen. Dieses selbst wird in den grofsen Bauten, die später am Clivus stattfanden, untergegangen sein. Das sogenannte Thor an der steilsten Stelle des capitolinischen Berges, das unter dem Namen des janualischen oder saturnischen oder auch des offenen vorkommt und in Kriegszeiten stets offen stehen mufste, hatte augenscheinlich nur religiöse Bedeutung und ist nie ein wirkliches Thor gewesen.

**) Es kommen vier solcher Gilden vor: 1) die *Capitolini* (Cicero ad Q. fr. 2, 5, 2) mit eigenen *magistri* (Henzen 6010. 6011) und jährlichen Spielen (Liv. 5, 50); vgl. zu C. I. L. I n. 805; 2) die *Mercuriales* (Liv. 2, 27; Cicero a. a. O.; Preller Myth. S. 597) ebenfalls mit *magistri* (Henzen 6010), die Gilde aus dem Circusthal, wo der Mercurtempel sich befand; 3) die *pagani Aventinenses* ebenfalls mit *magistri* (Henzen 6010); 4) die *pagani pagi Ianiculensis* ebenfalls mit *magistri* (C. I. L. I n. 801. 802). Es ist gewifs nicht zufällig, dafs diese vier Gilden, die einzigen derartigen, die in Rom vorkommen, eben den von den vier örtlichen Tribus aus-, aber von der servianischen Mauer eingeschlossenen beiden Hügeln, dem Capitol und dem Aventin und dem zu derselben Befestigung gehörigen Ianiculum angehören; und damit steht weiter im Zusammenhang, dafs als Bezeichnung der gesammten städtischen Eingesessenen Roms *montani paganive* gebraucht wird — vgl. aufser der bekannten Stelle Cic. de domo 28, 74 besonders das Gesetz über die städtischen Wasserleitungen bei Festus unter *sifus* S. 340: [mon]*tani paganive si[fis aquam dividunto*]. Die *montani*, eigentlich die Bewohner der palatinischen drei Bezirke (S. 54), scheinen hier *a potiori* für die ganze eigentliche Stadtbürgerschaft der vier Quartiere gesetzt zu sein; die *pagani* sind sicher die aufserhalb der Tribus stehenden Genossenschaften vom Aventin und Ianiculum und die analogen Collegien vom Capitol und dem Circusthal.

***) Aber als ‚Siebenhügelstadt‘ hat das servianische Rom sich nicht betrachtet, sondern es bezeichnet dieser Name in guter Zeit ausschliefslich das engere, palatinische Altrom (S. 50). Erst in der Zeit des Verfalls,

älteste Stadt ward von den übrigen Anhöhen, an denen die Mauer entlang geführt war, wie im Kranz umschlossen und von den beiden Castellen in die Mitte genommen. — Aber das Werk war nicht vollständig, so lange der mit schwerer Mühe vor dem auswärtigen Feinde geschirmte Boden nicht auch dem Wasser abgewonnen war, welches das Thal zwischen dem Palatin und dem Capitol dauernd füllte, so dafs hier eine regelmäfsige Fähre bestand, und das Thal zwischen dem Capitol und der Velia so wie das zwischen Palatin und Aventin versumpfte. Die heute noch stehenden aus prachtvollen Quadern zusammengefügten unterirdischen Abzugsgräben, welche die Späteren als ein Wunderwerk des königlichen Rom anstaunten, dürften eher der folgenden Epoche angehören, da Travertin dabei verwendet ist und vielfach von Neubauten daran in der republikanischen Zeit erzählt wird; allein die Anlage selbst gehört ohne Zweifel in die Königszeit, wenn gleich vermuthlich in eine spätere Epoche, als die Anlage des Mauerrings und der capitolinischen Burg. Durch sie wurden an den entsumpften oder trocken gelegten Stellen öffentliche Plätze gewonnen, wie die neue Grofsstadt sie bedurfte. Der Versammlungsplatz der Gemeinde, bis dahin der capitolinische Platz auf der Burg selbst, ward verlegt auf die Fläche, die von der Burg gegen die Stadt sich senkte (*comitium*) und dehnte von dort zwischen dem Palatin und den Carinen in der Richtung nach der Velia hin sich aus. An der der Burg zugekehrten Seite der Dingstätte auf der nach Art eines Altanes über der Dingstätte sich erhebenden Burgmauer erhielten die Rathsmitglieder und die Gäste der Stadt bei Festlichkeiten und Volksversammlungen den Ehren-

---

wo das auch in der Kaiserzeit beständig beibehaltene und mit grofser Vorliebe gefeierte Fest der sieben Berge fälschlich als allgemeines Stadtfest zu gelten anfing, haben unwissende Scribenten die sieben Berge in dem Rom ihrer Zeit gesucht und denn auch gefunden. Den Ansatz zu diesem Mifsverständnifs findet man bereits in den griechischen Räthselreden Ciceros ad Att. 6, 5, 2 und bei Plutarch q. Rom. 69 (vgl. Tibullus 2, 5, 55; Martialis 4, 64, 11; Tertullian apolog. 35); aber die älteste Quelle, welche in der That sieben Berge (*montes*) Roms aufzählt, ist die Stadtbeschreibung aus der Zeit Constantins des Grofsen. Sie nennt als solche Palatin, Aventin, Caelius, Esquilin, Tarpeius, Vaticanus und Ianiculum — wo also der Quirinal und Viminal, offenbar als *colles*, fehlen und dafür zwei ‚*montes*‘ vom rechten Tiberufer mit hineingezogen sind. Andere noch spätere und ganz verwirrte Listen geben Servius (zur Aen. 6, 783), die Berner Scholien zu Vergils Georgiken 2, 535 und Lydus (*de mens*. S. 118 Bekker). Die uns geläufigen sieben Berge Palatin, Aventin, Caelius, Esquilin, Viminal, Quirinal, Capitol kennt kein alter Schriftsteller.

platz; und bald ward unweit davon ein eigenes Rathhaus gebaut, das von seinem Erbauer den Namen der hostilischen Curie erhielt. Die Estrade für den Richterstuhl (*tribunal*) und die Bühne, von wo aus zur Bürgerschaft gesprochen ward (die späteren *rostra*), wurden auf der Dingstätte selbst errichtet. Ihre Verlängerung gegen die Velia ward der neue Markt (*forum Romanorum*). An der Westseite desselben unter dem Palatin erhob sich das Gemeindehaus, das die Amtswohnung des Königs (*regia*) und den gemeinsamen Heerd der Stadt, die Rotunde des Vestatempels, einschlofs; nicht weit davon, an der Südseite des Marktes, ward ein dazu gehöriges zweites Rundgebäude errichtet, die Kammer der Gemeinde oder der Tempel der Penaten, der heute noch steht als Vorhalle der Kirche Santi Cosma e Damiano. Es ist bezeichnend für die neu und in ganz anderer Art als die Ansiedlung der ‚sieben Berge‘ es gewesen war, geeinigte Stadt, dafs neben und über die dreifsig Curienheerde, mit deren Vereinigung in einem Gebäude das palatinische Rom sich begnügt hatte, in dem servianischen dieser allgemeine und einheitliche Stadtheerd trat*). Längs der beiden Langseiten des Marktes reihten sich die Fleischbuden und andere Kaufläden. In dem Thal zwischen Aventin und Palatin ward für die Rennspiele der Raum abgesteckt; das ward der Circus. Unmittelbar am Flusse ward der Rindermarkt angelegt und bald entstand hier eines der am dichtesten bevölkerten Quartiere. Auf allen Spitzen erhoben sich Tempel und Heiligthümer, vor allem auf dem Aventin das Bundesheiligthum der Diana (S. 107) und auf der Höhe der Burg der weithin sichtbare Tempel des Vater Diovis, der seinem Volk all diese Herrlichkeit gewährt hatte und nun wie die Römer über die umliegenden Nationen, so mit ihnen über die unterworfenen Götter der Besiegten triumphirte. — Die Namen der Männer, auf deren Geheifs diese städtischen Grofsbauten sich erhoben, sind nicht viel weniger verschollen, als die der Führer in den ältesten römischen Schlachten und Siegen. Die Sage freilich knüpft die verschiedenen Werke an verschiedene Könige an, das Rathhaus an Tullus Hostilius, das Janiculum und die Holzbrücke an Ancus

---

*) Sowohl die Lage der beiden Tempel als das ausdrückliche Zeugnifs des Dionysios 2, 65, dafs der Vestatempel aufserhalb der Roma quadrata lag, bezeugen es, dafs diese Anlagen nicht mit der palatinischen, sondern mit der zweiten (servianischen) Stadtgründung im Zusammenhang stehen; und wenn den Späteren dieses Königshaus mit dem Vestatempel als Anlage Numas gilt, so ist die Ursache dieser Annahme zu offenbar um darauf viel Gewicht zu legen.

Marcius, die grofse Kloake, den Circus, den Jupitertempel an Tarquinius den Aelteren, den Dianatempel und den Mauerring an Servius Tullius. Manche dieser Angaben mögen richtig sein und es scheint nicht zufällig, dafs der Bau des neuen Mauerringes mit der neuen Heeresordnung, die ja auf die stetige Vertheidigung der Stadtwälle wesentliche Rücksicht nahm, auch der Zeit und dem Urheber nach zusammengestellt wird. Im Ganzen aber wird man sich begnügen müssen aus dieser Ueberlieferung zu entnehmen, was schon an sich einleuchtet, dafs diese zweite Schöpfung Roms mit der Anbahnung der Hegemonie über Latium und mit der Umschaffung des Bürgerheeres im engsten Zusammenhange stand, und dafs sie zwar aus einem und demselben grofsen Gedanken hervorgegangen, übrigens aber weder eines Mannes noch eines Menschenalters Werk ist. Dafs auch in diese Umgestaltung des römischen Gemeindewesens die hellenische Anregung mächtig eingegriffen hat, ist ebenso unzweifelhaft, als es unmöglich ist die Art und den Grad dieser Einwirkung darzuthun. Es wurde schon bemerkt, dafs die servianische Militärverfassung wesentlich hellenischer Art ist (S. 98), und dafs die Circusspiele nach hellenischem Muster geordnet wurden, wird später gezeigt werden. Auch das neue Königshaus mit dem Stadtheerd ist vollständig ein griechisches Prytaneion und der runde nach Osten schauende und nicht einmal von den Auguren eingeweihte Vestatempel in keinem Stück nach italischem, sondern durchaus nach hellenischem Ritus erbaut. Es scheint danach durchaus nicht unglaublich, was die Ueberlieferung meldet, dafs der römisch-lateinischen Eidgenossenschaft die ionische in Kleinasien gewissermafsen als Muster diente und darum auch das neue Bundesheiligthum auf dem Aventin dem ephesischen Artemision nachgebildet ward.

KAPITEL VIII.

Die umbrisch-sabellischen Stämme. Anfänge der Samniten.

Später als die der Latiner scheint die Wanderung der um- <small>Umbrisch-</small>
brischen Stämme begonnen zu haben, die gleich der latinischen <small>sabellische
Wanderung.</small>
sich südwärts bewegte, jedoch mehr in der Mitte der Halbinsel
und gegen die östliche Küste zu sich hielt. Es ist peinlich davon
zu reden, denn die Kunde davon kommt zu uns wie der Klang
der Glocken aus der im Meer versunkenen Stadt. Das Volk der
Umbrer dehnt noch Herodotos bis an die Alpen aus und es ist
nicht unwahrscheinlich, dafs sie in ältester Zeit ganz Norditalien
inne hatten, bis wo im Osten die illyrischen Stämme begannen,
im Westen die Ligurer, von deren Kämpfen mit den Umbrern es
Sagen giebt, und auf deren Ausdehnung in ältester Zeit gegen
Süden zu einzelne Namen, zum Beispiel der der Insel Ilva (Elba)
verglichen mit den ligurischen Ilvates vielleicht einen Schlufs gestatten. Dieser Epoche der umbrischen Gröfse mögen die offenbar italischen Namen der ältesten Ansiedlungen im Pothal Hatria
(Schwarzstadt) und Spina (Dornstadt) sowie die zahlreichen
umbrischen Spuren in Südetrurien (Flufs Umbro, Camars alter
Name von Clusium, Castrum Amerinum) ihren Ursprung verdanken. Ganz besonders begegnen dergleichen Anzeichen einer
der etruskischen voraufgegangenen italischen Bevölkerung in dem
südlichsten Strich Etruriens zwischen dem ciminischen Wald
(unterhalb Viterbo) und der Tiber. In Falerii, der Grenzstadt
Etruriens gegen Umbrien und das Sabinerland, ward nach Strabons Zeugnifs eine andere Sprache geredet als die etruskische
und neuerdings sind daselbst derartige Inschriften zum Vorschein gekommen, deren Alphabet und Sprache zwar auch mit

8*

dem Etruskischen Berührungspunkte hat, aber doch im Allgemeinen dem Lateinischen analog ist*). Auch der Localcult zeigt sabellische Spuren; in denselben Kreis gehören die uralten, auch sacralen Beziehungen zwischen Caere und Rom. Wahrscheinlich haben die Etrusker diese sudlichen Striche bedeutend später als die Landschaft nordwärts vom ciminischen Wald den Umbrern entrissen und hat sogar noch nach der tuskischen Eroberung umbrische Bevölkerung sich hier gehalten. Die später nach der römischen Eroberung im Vergleich mit dem zähen Festhalten etruskischer Sprache und Sitte im nördlichen Etrurien so auffallend schnell erfolgende Latinisirung der südlichen Landschaft findet vermuthlich eben hierin ihren letzten Grund. Dafs von Norden und Westen her die Umbrer nach harten Kämpfen zurückgedrängt wurden in das enge Bergland zwischen den beiden Armen des Apennin, das sie später inne haben, bezeichnet schon ihre geographische Lage eben so deutlich, wie heutzutage die der Bewohner Graubündtens und die der Basken ihre ähnlichen Schicksale andeutet; auch die Sage weifs zu berichten, dafs die Tusker den Umbrern dreihundert Städte entrissen haben, und was mehr ist, in den Nationalgebeten der umbrischen Iguviner, die wir noch besitzen, werden nebst anderen Stämmen vor allem die Tusker als Landesfeinde verwünscht. — Vermuthlich in Folge dieses von Norden her auf sie geübten Druckes dringen die Umbrer vor gegen Süden, im Allgemeinen sich haltend auf dem Gebirgszug, da sie die Ebenen schon von den latinischen Stämmen besetzt fanden, jedoch ohne Zweifel das Gebiet ihrer Stammverwandten oft betretend und beschränkend und mit ihnen sich um so leichter vermischend, als der Gegensatz in Sprache und Weise damals noch bei weitem nicht so scharf ausgeprägt sein konnte wie wir später ihn finden. In diesen Kreis gehört was die Sage zu erzählen weifs von dem Eindringen der Reatiner und Sabiner in Latium und ihren Kämpfen

---

*) In dem Alphabet ist besonders bemerkenswerth das *r* von der lateinischen (*R*), nicht von der etruskischen Form (D) und das *z* (⧖); es kann nur aus dem primitiven lateinischen abgeleitet sein und wird dies sehr getreu darstellen. Die Sprache steht ebenfalls dem ältesten Latein nah; *Marci Acarcelini he cupa*, das ist *Marcius Acarcelinius heic cubat; Menerva A. Cotena La. f.... zenatuo sentem.... dedet cuando ... cuncaptum*, das ist *Minervae A*(*ulus?*) *Cotena La*(*rtis*) *f*(*ilius*) .. *de senatus sententia dedit quando* (wohl = *olim*) *conceptum*. Zugleich mit diesen und ähnlichen haben sich einige andere Inschriften gefunden von abweichender und unzweifelhaft etruskischer Sprache und Schrift.

mit den Römern; ähnliche Erscheinungen mögen sich längs der ganzen Westküste wiederholt haben. Im Ganzen behaupteten die Sabiner sich in den Bergen, so in der von ihnen seitdem benannten Landschaft neben Latium und ebenso in dem Volskerland, vermuthlich weil die latinische Bevölkerung hier fehlte oder doch minder dicht war; während andrerseits die wohlbevölkerten Ebenen besser Widerstand zu leisten vermochten, ohne indefs das Eindringen einzelner Genossenschaften, wie der Titier und später der Claudier in Rom (S. 45), ganz abwehren zu können oder zu wollen. So mischten sich hier die Stämme hüben und drüben, woraus sich auch erklärt, wefshalb die Volsker mit den Latinern in zahlreichen Beziehungen stehen und nachher dieser Strich sowie die Sabina so früh und so schnell sich latinisiren konnten. — Der Hauptstock des umbrischen Stammes aber samniten. warf sich aus der Sabina östlich in die Gebirge der Abruzzen und das südlich an diese sich anschliefsende Hügelland; sie besetzten auch hier wie an der Westküste die bergigen Striche, deren dünne Bevölkerung den Einwanderern wich oder sich unterwarf, während dagegen in dem ebenen apulischen Küstenland die alte einheimische Bevölkerung der Iapyger, zwar unter steten Fehden namentlich an der Nordgrenze um Luceria und Arpi, aber doch im Ganzen sich behauptete. Wann diese Wanderungen stattfanden, läfst sich natürlich nicht bestimmen; vermuthlich aber doch um die Zeit, wo in Rom die Könige herrschten. Die Sage erzählt, dafs die Sabiner, gedrängt von den Umbrern, einen Lenz gelobten, das heifst schwuren die in dem Kriegsjahre geborenen Söhne und Töchter, nachdem sie erwachsen wären, preiszugeben und über die Landesgrenze zu schaffen, damit die Götter sie nach ihrem Gefallen verderben oder auswärts ihnen neue Sitze bescheeren möchten. Den einen Schwarm führte der Stier des Mars: das wurden die Safiner oder Samniten, die zuerst sich festsetzten auf den Bergen am Sagrusflufs und in späterer Zeit von da aus die schöne Ebene östlich vom Matesegebirg an den Quellen des Tifernus besetzten, und im alten wie im neuen Gebiet ihre Dingstätte, dort bei Agnone, hier bei Bojano gelegen, von dem Stier, der sie leitete, Bovianum nannten. Einen zweiten Haufen führte der Specht des Mars: das wurden die Picenter, das Spechtvolk, das die heutige anconitanische Mark gewann; einen dritten der Wolf (*hirpus*) in die Gegend von Benevent: das wurden die Hirpiner. In ähnlicher Weise zweigten von dem gemeinschaftlichen Stamm sich die übrigen kleinen Völkerschaften ab: die Praetuttier, bei Teramo; die Vestiner, am Gran Sasso;

die Marruciner, bei Chieti; die Frentraner an der apulischen Grenze; die Paeligner, am Majellagebirg; die Marser endlich am Fucinersee, die mit den Volskern und den Latinern sich berührten. In ihnen allen blieb das Gefühl der Verwandtschaft und der Herkunft aus dem Sabinerlande lebendig, wie es denn in jenen Sagen deutlich sich ausspricht. Während die Umbrer im ungleichen Kampf erlagen und die westlichen Ausläufer des gleichen Stammes mit der latinischen oder hellenischen Bevölkerung verschmolzen, gediehen die sabellischen Stämme in der Abgeschlossenheit des fernen Gebirgslandes, gleich entrückt dem Anstofs der Etrusker, der Latiner und der Griechen. Städtisches Leben entwickelte bei ihnen sich nicht oder nur in geringem Grad; von dem Handelsverkehr schlofs ihre geographische Lage sie beinahe völlig aus und dem Bedürfnifs der Vertheidigung genügten die Bergspitzen und die Schutzburgen, während die Bauern wohnen blieben in den offenen Weilern oder auch wo Quell und Wald oder Wiese einem Jeden gefiel. So blieb denn auch die Verfassung wie sie war; ähnlich wie bei den ähnlich gelegenen Arkadern in Hellas kam es hier nicht zur Incorporation der Gemeinden und es bildeten höchstens mehr oder minder lockere Eidgenossenschaften sich aus. Vor allem in den Abruzzen scheint die scharfe Sonderung der Bergthäler eine strenge Abgeschlossenheit der einzelnen Cantone hervorgerufen zu haben, sowohl unter sich wie gegen das Ausland; woher es kommt, dafs diese Bergcantone in geringem Zusammenhang unter sich und in völliger Isolirung gegen das übrige Italien verharrt und trotz der Tapferkeit ihrer Bewohner weniger als irgend ein anderer Theil der italischen Nation in die Entwickelung der Geschichte der Halbinsel eingegriffen haben. Dagegen ist das Volk der Samniten in dem östlichen Stamm der Italiker ebenso entschieden der Höhepunkt der politischen Entwickelung wie in dem westlichen das latinische. Seit früher Zeit, vielleicht von der ersten Einwanderung an umschlofs ein vergleichungsweise festes politisches Band die samnitische Nation und gab ihr die Kraft später mit Rom um den ersten Platz in Italien in ebenbürtigem Kampf zu ringen. Wann und wie das Band geknüpft ward, wissen wir ebenso wenig als wir die Bundesverfassung kennen; das aber ist klar, dafs in Samnium keine einzelne Gemeinde überwog und noch weniger ein städtischer Mittelpunkt den samnitischen Stamm zusammenhielt wie Rom den latinischen, sondern dafs die Kraft des Landes in den einzelnen Bauerschaften, die Gewalt in der aus ihren Vertretern gebildeten Versammlung lag; sie war es, die erforderlichen Falls den Bundesfeldherrn ernannte. Damit hängt es zusammen, dafs die Politik dieser Eidgenossenschaft nicht wie die römische aggressiv ist, sondern sich beschränkt auf die Vertheidigung der Grenzen; nur im Einheitsstaat ist die Kraft so concentrirt, die Leidenschaft so mächtig, dafs die Erweiterung des Gebiets planmäfsig verfolgt wird. Darum ist denn auch die ganze Geschichte der beiden Völker vorgezeichnet in ihrem diametral auseinander gehenden Colonisationssystem. Was die Römer gewannen, erwarb der Staat; was die Samniten besetzten, das eroberten freiwillige Schaaren, die auf Landraub ausgingen und von der Heimath im Glück wie im Unglück preisgegeben waren. Doch gehören die Eroberungen, welche die Samniten an den Küsten des tyrrhenischen und des ionischen Meeres machten, erst einer späteren Periode an; während die Könige in Rom herrschten, scheinen sie selbst erst die Sitze sich gewonnen zu haben, in denen wir später sie finden. Als ein einzelnes Ereignifs aus dem Kreise der durch diese samnitische Ansiedlung veranlafsten Völkerbewegungen ist der Ueberfall von Kyme durch Tyrrhener vom obern Meer, Umbrer und Daunier im Jahre der Stadt 230 zu erwähnen; es mögen sich, wenn man den allerdings sehr romantisch gefärbten Nachrichten trauen darf, hier, wie das bei solchen Zügen zu geschehen pflegt, die Drängenden und die Gedrängten zu einem Heer vereinigt haben, die Etrusker mit ihren umbrischen Feinden, mit diesen die von den umbrischen Ansiedlern südwärts gedrängten Iapyger. Indefs das Unternehmen scheiterte; für diesmal gelang es noch der überlegenen hellenischen Kriegskunst und der Tapferkeit des Tyrannen Aristodemos den Sturm der Barbaren von der schönen Seestadt abzuschlagen.

KAPITEL IX.

Die Etrusker.

Etruskische Nationalität. Im schärfsten Gegensatz zu den latinischen und den sabellischen Italikern wie zu den Griechen steht das Volk der Etrusker oder, wie sie selber sich nannten, der Rasen *). Schon der Körperbau unterschied die beiden Nationen; statt des schlanken Ebenmaſses der Griechen und Italiker zeigen die Bildwerke der Etrusker nur kurze stämmige Figuren mit groſsem Kopf und dicken Armen. Was wir wissen von den Sitten und Gebräuchen dieser Nation, läſst gleichfalls auf eine tiefe und ursprüngliche Verschiedenheit von den griechisch-italischen Stämmen schlieſsen; so namentlich die Religion, die bei den Tuskern einen trüben phantastischen Charakter trägt und im geheimniſsvollen Zahlenspiel und wüsten und grausamen Anschauungen und Gebräuchen sich gefällt, gleich weit entfernt von dem klaren Rationalismus der Römer und dem menschlich heiteren hellenischen Bilderdienst. Was hierdurch angedeutet wird, das bestätigt das wichtigste Document der Nationalität, die Sprache, deren auf uns gekommene Reste, so zahlreich sie sind und so manchen Anhalt sie für die Entzifferung darbieten, dennoch so vollkommen isolirt stehen, daſs es bis jetzt nicht einmal gelungen ist den Platz des Etruskischen in der Classificirung der Sprachen mit Sicherheit zu bestimmen, geschweige denn die Ueberreste zu deuten. Deutlich unterscheiden wir zwei Sprachperioden. In der älteren ist die Vokalisirung vollständig durchgeführt und das Zusammen-

---

*) *Ras-ennae* mit der S. 122 erwähnten gentilicischen Endung.

stofsen zweier Konsonanten fast ohne Ausnahme vermieden*).
Durch Abwerfen der vocalischen und consonantischen Endungen
und durch Abschwächen oder Ausstofsen der Vocale ward dies
weiche und klangvolle Idiom allmählich in eine unerträglich harte
und rauhe Sprache verwandelt**); so machte man zum Beispiel
ramϑa aus *ramuϑaf*, Tarchnaf aus Tarquinius, Menrva aus Minerva, Menle, Pultuke, Elchsentre aus Menelaos, Polydeukes,
Alexandros. Wie dumpf und rauh die Aussprache war, zeigt am
deutlichsten, dafs *o* und *u*, *b* und *p*, *c* und *g*, *d* und *t* den Etruskern schon in sehr früher Zeit zusammenfielen. Zugleich wurde
wie im Lateinischen und in den rauheren griechischen Dialekten
der Accent durchaus auf die Anfangssylbe zurückgezogen. Aehnlich wurden die aspirirten Consonanten behandelt; während die
Italiker sie wegwarfen mit Ausnahme des aspirirten *b* oder des
f und die Griechen umgekehrt mit Ausnahme dieses Lautes die
übrigen ϑ φ χ beibehielten, liefsen die Etrusker den weichsten
und lieblichsten, das φ gänzlich aufser in Lehnwörtern fallen
und bedienten sich dagegen der übrigen drei in ungemeiner Ausdehnung, selbst wo sie nicht hingehörten, wie zum Beispiel Thetis ihnen Thethis, Telephus Thelaphe, Odysseus Utuze oder
Uthuze heifst. Von den wenigen Endungen und Wörtern, deren
Bedeutung ermittelt ist, entfernen die meisten sich weit von allen
griechisch-italischen Analogien; so die Endung *al* zur Bezeichnung der Abstammung, häufig als Metronymikon, wie zum Beispiel *Canial* auf einer zwiesprachigen Inschrift von Chiusi übersetzt wird durch *Cainia natus*; die Endung *sa* bei Frauennamen
zur Bezeichnung des Geschlechts, in das sie eingeheirathet haben,
so dafs zum Beispiel die Gattin eines Licinius *Lecnesa* heifst.
So ist *cela* oder *clan* mit dem Casus *clensi* Sohn; *sex* Tochter;
ril Jahr; der Gott Hermes wird Turms, Aphrodite Turan,
Hephaestos Sethlans, Bakchos Fufluns. Neben diesen fremdartigen Formen und Lauten finden sich allerdings einzelne Analogien zwischen dem Etruskischen und den italischen Sprachen.
Die Eigennamen sind im Wesentlichen nach dem allgemeinen italischen Schema gebildet; die häufige gentilicische Endung *enas*

---

*) Dahin gehören z. B. Inschriften caeritischer Thongefäfse wie: *miniceϑumamimaϑumaramlisiaiϑipurenaieϑeeraisieepanaminsϑunastavhelefu* oder *mi ramuϑaf kaiufinaia*.

**) Wie die Sprache jetzt klingen mochte, davon kann einen Begriff geben zum Beispiel der Anfang der grofsen perusiner Inschrift: *eulat tanna laresul amevaχr lautn velϑinase stlaafunas sleleϑcaru*.

oder *ena**) kehrt wieder in der auch in italischen, besonders sabellischen Geschlechtsnamen häufigen Endung *enus*, wie denn die etruskischen Namen *Vivenna* und *Spurinna* den römischen *Vibius* oder *Vibienus* und *Spurius* genau entsprechen. Eine Reihe von Götternamen, die auf etruskischen Denkmälern oder bei Schriftstellern als etruskische vorkommen, sind dem Stamme und zum Theil auch der Endung nach so durchaus lateinisch gebildet, dafs, wenn diese Namen wirklich von Haus aus etruskische sind, die beiden Sprachen eng verwandt gewesen sein müssen: so *Usil* (Sonne und Morgenröthe, verwandt mit *ausum*, *aurum*, *aurora*, *sol*), *Minerva* (*menervare*), *Lasa* (*lascivus*), *Neptunus*, *Voltumna*. Indefs da diese Analogien erst aus den späteren politischen und religiösen Beziehungen zwischen Etruskern und Latinern und den dadurch veranlafsten Ausgleichungen und Entlehnungen herrühren können, so stofsen sie noch nicht das Ergebnifs um, zu dem die übrigen Wahrnehmungen hinführen, dafs die tuskische Sprache von den sämmtlichen griechisch-italischen Idiomen eben so weit abstand wie die Sprache der Kelten und der Slaven. So wenigstens klang sie den Römern: ‚tuskisch und gallisch' sind Barbarensprachen, ‚oskisch und volskisch' Bauernmundarten. Wenn aber die Etrusker dem griechisch-italischen Sprachstamm fern standen, so ist es bis jetzt eben so wenig gelungen sie einem andern bekannten Stamme anzuschliefsen. Auf die Stammverwandtschaft mit dem etruskischen sind die verschiedenartigsten Idiome, bald mit der einfachen, bald mit der peinlichen Frage, aber alle ohne Ausnahme vergeblich befragt worden; selbst mit dem baskischen, an das den geographischen Verhältnissen nach noch am ersten gedacht werden könnte, haben entscheidende Analogien sich nicht herausgestellt. Eben so wenig deuten die geringen Reste, die von der ligurischen Sprache in Orts- und Personennamen auf uns gekommen sind, auf Zusammenhang mit den Tuskern. Nicht einmal die verschollene Nation, die auf den Inseln des tuskischen Meeres, namentlich auf Sardinien, jene räthselhaften Grabthürme, Nurhagen genannt, zu tausenden aufgeführt hat, kann füglich mit der etruskischen in Verbindung gebracht werden, da im etruskischen Gebiet kein einziges gleichartiges Gebäude vorkommt. Höchstens deuten

---

*) So Maecenas, Porsena, Vivenna, Caecina, Spurinna. Der Vocal in der vorletzten Silbe ist ursprünglich lang, wird aber in Folge der Zurückziehung des Accents auf die Anfangssilbe häufig verkürzt und sogar ausgestofsen. So finden wir neben Porsēna auch Porsĕna, neben Caecina Ccicne.

einzelne wie es scheint ziemlich zuverlässige Spuren darauf hin, dafs die Etrusker im Allgemeinen den Indogermanen beizuzählen sind. So ist namentlich *mi* im Anfang vieler älterer Inschriften sicher ἐμί, εἰμί und findet die Genitivform consonantischer Stämme *veneruſ*, *rafuvuſ* im Altlateinischen genau sich wieder, entsprechend der alten sanskritischen Endung *as*. Ebenso hängt der Name des etruskischen Zeus Tina oder Tinia wohl mit dem sanskritischen *dina* = Tag zusammen wie Ζάν mit dem gleichbedeutenden *diwan*. Aber selbst dies zugegeben erscheint das etruskische Volk darum kaum weniger isolirt. ‚Die Etrusker, sagt schon Dionysios, stehen keinem Volke gleich an Sprache und Sitte'; und weiter haben auch wir nichts zu sagen.

Ebenso wenig läfst sich bestimmen, von wo die Etrusker nach Italien eingewandert sind; und hiermit ist nicht viel verloren, da diese Wanderung auf jeden Fall der Kinderzeit des Volkes angehört und dessen geschichtliche Entwickelung in Italien beginnt und endet. Indefs ist kaum eine Frage eifriger verhandelt worden als diese, nach jenem Grundsatz der Archäologen vorzugsweise nach dem zu forschen, was weder wifsbar noch wissenswerth ist, ‚nach der Mutter der Hekabe', wie Kaiser Tiberius meinte. Da die ältesten und bedeutendsten etruskischen Städte tief im Binnenlande liegen, ja unmittelbar am Meer keine einzige namhafte etruskische Stadt begegnet aufser Populonia, von dem wir aber eben sicher wissen, dafs es zu den alten Zwölfstädten nicht gehörte; da ferner in geschichtlicher Zeit die Etrusker von Norden nach Süden sich bewegen, so sind sie wahrscheinlich zu Lande nach der Halbinsel gekommen; wie denn auch die niedere Culturstufe, auf der wir sie zuerst finden, mit einer Einwanderung über das Meer sich schlecht vertragen würde. Eine Meerenge überschritten schon in frühester Zeit die Völker gleich einem Strom; aber eine Landung an der italischen Westküste setzt ganz andere Bedingungen voraus. Danach mufs die ältere Heimath der Etrusker west- oder nordwärts von Italien gesucht werden. Es ist nicht ganz unwahrscheinlich, dafs die Etrusker über die rätischen Alpen nach Italien gekommen sind, da die ältesten in Graubündten und Tirol nachweisbaren Ansiedler, die Raeter, bis in die historische Zeit etruskisch redeten und auch ihr Name auf den der Rasen anklingt; sie können freilich Trümmer der etruskischen Ansiedlungen am Po, aber wenigstens eben so gut auch ein in den älteren Sitzen zurückgebliebener Theil des Volkes sein. — Mit dieser einfachen und naturgemäfsen Auffassung aber tritt in grellen Widerspruch die Erzählung dafs die

<small>Heimath der Etrusker.</small>

Etrusker aus Asien ausgewanderte Lyder seien. Sie ist sehr alt: schon bei Herodot findet sie sich und kehrt sodann in zahllosen Wandelungen und Steigerungen bei den Späteren wieder, wenn gleich einzelne verständige Forscher, wie zum Beispiel Dionysios, sich nachdrücklich dagegen erklärten und darauf hinwiesen, dafs in Religion, Gesetz, Sitte und Sprache zwischen Lydern und Etruskern auch nicht die mindeste Aehnlichkeit sich zeige. Es ist möglich, dafs ein vereinzelter kleinasiatischer Piratenschwarm nach Etrurien gelangt ist und an dessen Abenteuer diese Mährchen anknüpfen; wahrscheinlicher aber beruht die ganze Erzählung auf einem blofsen Quiproquo. Die italischen Etrusker oder die *Turs-ennae* — denn diese Form scheint die ursprüngliche und der griechischen $Τυρσ$-$ηνοί$, $Τυρρηνοί$, der umbrischen *Turs-ci*, den beiden römischen *Tusci Etrusci* zu Grunde zu liegen — begegneten sich in dem Namen ungefähr mit dem lydischen Volke der $Τορρηβοί$ oder auch wohl $Τυρρ$-$ηνοί$, so genannt von der Stadt $Τύρρα$; und diese offenbar zufällige Namensvetterschaft scheint in der That die einzige Grundlage jener durch ihr hohes Alter nicht besser gewordenen Hypothese und des ganzen babylonischen Thurmes darauf aufgeführter Geschichtsklitterungen zu sein. Indem man mit dem lydischen Piratenwesen den alten etruskischen Seeverkehr verknüpfte und endlich noch — zuerst nachweislich thut es Thukydides — die torrhebischen Seeräuber mit Recht oder Unrecht zusammenwarf mit dem auf allen Meeren plündernden und hausenden Flibustiervolk der Pelasger, entstand eine der heillosesten Verwirrungen geschichtlicher Ueberlieferung. Die Tyrrhener bezeichnen bald die lydischen Torrheber — so in den ältesten Quellen, wie in den homerischen Hymnen; bald als Tyrrhener-Pelasger oder auch blofs Tyrrhener die pelasgische Nation; bald endlich die italischen Etrusker, ohne dafs die letzteren mit den Pelasgern oder den Torrhebern je sich nachhaltig berührt oder gar die Abstammung mit ihnen gemein hätten.

Sitze der Etrusker in Italien.
Von geschichtlichem Interesse ist es dagegen zu bestimmen, was die nachweislich ältesten Sitze der Etrusker waren und wie sie von dort aus sich weiter bewegten. Dafs sie vor der grofsen keltischen Invasion in der Landschaft nördlich vom Padus safsen, östlich an der Etsch grenzend mit den Venetern illyrischen (albanesischen?) Stammes, westlich mit den Ligurern, ist vielfach beglaubigt; vornämlich zeugt dafür der schon erwähnte rauhe etruskische Dialekt, den noch in Livius Zeit die Bewohner der rätischen Alpen redeten, so wie das bis in späte Zeit tuskisch

gebliebene Mantua. Südlich vom Padus und an den Mündungen dieses Flusses mischten sich Etrusker und Umbrer, jener als der herrschende Stamm, dieser als der ältere, der die alten Kaufstädte Hatria und Spina gegründet hatte, während Felsina (Bologna) und Ravenna tuskische Anlagen scheinen. Es hat lange gewährt, ehe die Kelten den Padus überschritten; womit es zusammenhängt, dafs auf dem rechten Ufer desselben das etruskische und umbrische Wesen weit tiefere Wurzeln geschlagen hat als auf dem früh aufgegebenen linken. Doch sind überhaupt die Landschaften nördlich vom Apennin zu rasch von einer Nation an die andere gelangt, als dafs eine dauerhafte Volksentwickelung hier sich hätte gestalten können. — Weit wichtiger für die Geschichte wurde die grofse Ansiedlung der Tusker in dem Lande, das heute noch ihren Namen trägt. Mögen auch Ligurer oder Umbrer (S. 115) hier einstmals gewohnt haben, so sind doch ihre Spuren durch die etruskische Occupation und Civilisation so gut wie vollständig ausgetilgt worden. In diesem Gebiet, das am Meer von Pisae bis Tarquinii reicht und östlich vom Apennin abgeschlossen wird, hat die etruskische Nationalität ihre bleibende Stätte gefunden und mit grofser Zähigkeit bis in die Kaiserzeit hinein sich behauptet. Die Nordgrenze des eigentlich tuskischen Gebietes machte der Arnus; das Gebiet von da nordwärts bis zur Mündung der Macra und dem Apennin war streitiges Grenzland, bald ligurisch, bald etruskisch und gröfsere Ansiedlungen gediehen defshalb daselbst nicht. Die Südgrenze bildete anfangs wahrscheinlich der ciminische Wald, eine Hügelkette südlich von Viterbo, späterhin der Tiberstrom; es ward schon oben (S. 116) angedeutet, dafs das Gebiet zwischen dem ciminischen Gebirg und der Tiber mit den Städten Sutrium, Nepete, Falerii, Veii, Caere erst geraume Zeit später als die nördlicheren Districte, möglicherweise erst im zweiten Jahrhundert Roms von den Etruskern eingenommen zu sein scheint und dafs die ursprüngliche italische Bevölkerung sich hier, namentlich in Falerii, wenn auch in abhängigem Verhältnifs behauptet haben mufs. — Seitdem der Tiberstrom die Markscheide Etruriens gegen Umbrien und Latium bildete, mag hier im Ganzen ein friedliches Verhältnifs eingetreten sein und eine wesentliche Grenzverschiebung nicht stattgefunden haben, am wenigsten gegen die Latiner. So lebendig in den Römern das Gefühl lebte, dafs der Etrusker ihnen fremd, der Latiner ihr Landsmann war, so scheinen sie doch vom rechten Ufer her weit weniger Ueberfall und Gefahr befürchtet zu haben als zum Beispiel von den

Stammesverwandten in Gabii und Alba; natürlich, denn dort schützte nicht blofs die Naturgrenze des breiten Stromes, sondern auch der für Roms mercantile und politische Entwickelung folgenreiche Umstand, dafs keine der mächtigeren etruskischen Städte unmittelbar am Flufs lag wie am latinischen Ufer Rom. Der Tiber am nächsten waren die Veienter und sie waren es auch, mit denen Rom und Latium am häufigsten in ernste Conflicte geriethen, namentlich um den Besitz von Fidenae, welches den Veientern auf dem linken Tiberufer, ähnlich wie auf dem rechten den Römern das Janiculum, als eine Art Brückenkopf diente und bald in den Händen der Latiner, bald in denen der Etrusker sich befand. Dagegen mit dem etwas entfernteren Caere war das Verhältnifs im Ganzen weit friedlicher und freundlicher als es sonst unter Nachbarn in solchen Zeiten vorzukommen pflegt. Es giebt wohl schwankende und in die grauesté Fernzeit gerückte Sagen von Kämpfen zwischen Latium und Caere, wie denn der caeritische König Mezentius über die Latiner grofse Siege erfochten und denselben einen Weinzins auferlegt haben soll; aber viel bestimmter als der einstmalige Fehdestand erhellt aus der Tradition ein vorzugsweise enges Verhältnifs zwischen den beiden uralten Mittelpunkten des Handels- und Seeverkehrs in Latium und in Etrurien. Sichere Spuren von einem Vordringen der Etrusker über die Tiber hinaus auf dem Landweg mangeln überhaupt. Zwar werden in dem grofsen Barbarenheer, das Aristodemos im Jahre 230 der Stadt unter den Mauern von Kyme vernichtete (S. 119), die Etrusker in erster Reihe genannt; indefs selbst wenn man diese Nachricht als bis ins Einzelne glaubwürdig betrachtet, folgt daraus nur, dafs die Etrusker an einem grofsen Plünderzuge Theil nahmen. Weit wichtiger ist es, dafs südwärts von der Tiber keine auf dem Landweg gegründete etruskische Ansiedlung nachweisbar ist und dafs namentlich von einer ernstlichen Bedrängung der latinischen Nation durch die Etrusker gar nichts wahrgenommen wird. Der Besitz des Janiculum und der beiden Ufer der Tibermündung blieb den Römern, so viel wir sehen, unangefochten. Was die Uebersiedlungen etruskischer Gemeinschaften nach Rom anlangt, so findet sich ein vereinzelter aus tuskischen Annalen gezogener Bericht, dafs eine tuskische Schaar, welche Caelius Vivenna von Volsinii und nach dessen Untergang der treue Genosse desselben Mastarna angeführt habe, von dem letzteren nach Rom geführt und dort auf dem caelischen Berge angesiedelt worden sei. Wir dürfen die Nachricht für zuverlässig halten, wenn gleich der Zusatz, dafs dieser Mastarna in Rom König geworden sei unter dem Namen Servius Tullius, gewifs nichts ist als eine unwahrscheinliche Vermuthung solcher Archäologen, die mit dem Sagenparallelismus sich abgaben. Auf eine ähnliche Ansiedlung deutet das ‚Tuskerquartier' unter dem Palatin (S. 51). — Auch das kann schwerlich bezweifelt werden, dafs das letzte Königsgeschlecht, das über die Römer geherrscht hat, das der Tarquinier aus Etrurien entsprossen ist, sei es nun aus Tarquinii, wie die Sage will, sei es aus Caere, wo des Familiengrab der Tarchnas vor kurzem aufgefunden worden ist; auch der in die Sage verflochtene Frauenname Tanaquil oder Tanchvil ist unlatinisch, dagegen in Etrurien gemein. Allein die überlieferte Erzählung, wonach Tarquinius der Sohn eines aus Korinth nach Tarquinii übergesiedelten Griechen war und in Rom als Metoeke einwanderte, ist weder Geschichte noch Sage und die geschichtliche Kette der Ereignisse offenbar hier nicht blofs verwirrt sondern völlig zerrissen. Wenn aus dieser Ueberlieferung überhaupt etwas mehr entnommen werden kann als die nackte und im Grunde gleichgültige Thatsache, dafs zuletzt ein Geschlecht tuskischer Abkunft das königliche Scepter in Rom geführt hat, so kann darin nur liegen, dafs diese Herrschaft eines Mannes tuskischer Herkunft über Rom weder als eine Herrschaft der Tusker oder einer tuskischen Gemeinde über Rom, noch umgekehrt als die Herrschaft Roms über Südetrurien gefafst werden darf. In der That ist weder für die eine noch für die andere Annahme irgend ein ausreichender Grund vorhanden; die Geschichte der Tarquinier spielt in Latium, nicht in Etrurien und so weit wir sehen, hat während der ganzen Königszeit Etrurien auf Rom weder in der Sprache noch in Gebräuchen einen wesentlichen Einflufs geübt oder gar die ebenmäfsige Entwickelung des römischen Staats oder des latinischen Bundes unterbrochen. — Die Ursache dieser relativen Passivität Etruriens gegen das latinische Nachbarland ist wahrscheinlich theils zu suchen in den Kämpfen der Etrusker mit den Kelten am Padus, den diese vermuthlich erst nach der Vertreibung der Könige in Rom überschritten, theils in der Richtung der etruskischen Nation auf Seefahrt und Meer- und Küstenherrschaft, womit zum Beispiel die campanischen Ansiedlungen entschieden zusammenhängen und wovon im folgenden Kapitel weiter die Rede sein wird.

Die tuskische Verfassung beruht gleich der griechischen und latinischen auf der zur Stadt sich entwickelnden Gemeinde. Die frühe Richtung der Nation aber auf Schifffahrt, Handel und Industrie scheint rascher als es sonst in Italien der Fall gewesen

Etruskische Verfassung.

ist, hier eigentlich städtische Gemeinwesen ins Leben gerufen zu haben; zuerst von allen italischen Städten wird in den griechischen Berichten Caere genannt. Dagegen finden wir die Etrusker im Ganzen minder kriegstüchtig und kriegslustig als die Römer und Sabeller; die unitalische Sitte mit Söldnern zu fechten begegnet hier sehr früh. Die älteste Verfassung der Gemeinden muſs in den allgemeinen Grundzügen Aehnlichkeit mit der römischen gehabt haben; Könige oder Lucumonen herrschten, die ähnliche Insignien, also wohl auch ähnliche Machtfülle besaſsen wie die römischen; Vornehme und Geringe standen sich schroff gegenüber; für die Aehnlichkeit der Geschlechterordnung bürgt die Analogie des Namensystems, nur daſs bei den Etruskern die Abstammung von mütterlicher Seite weit mehr Beachtung findet als im römischen Recht. Die Bundesverfassung scheint sehr lose gewesen zu sein. Sie umschloſs nicht die gesammte Nation, sondern es waren die nördlichen und die campanischen Etrusker zu eigenen Eidgenossenschaften vereinigt ebenso wie die Gemeinden des eigentlichen Etrurien; jeder dieser Bünde bestand aus zwölf Gemeinden, die zwar eine Metropole, namentlich für den Götterdienst, und ein Bundeshaupt oder vielmehr einen Oberpriester anerkannten, aber doch im Wesentlichen gleichberechtigt gewesen zu sein scheinen und zum Theil wenigstens so mächtig, daſs weder eine Hegemonie sich bilden noch die Centralgewalt zur Consolidirung gelangen konnte. Im eigentlichen Etrurien war die Metropole Volsinii; von den übrigen Zwölfstädten desselben kennen wir durch sichere Ueberlieferung nur Perusia, Vetulonium, Volci und Tarquinii. Es ist indeſs eben so selten, daſs die Etrusker wirklich gemeinschaftlich handeln als das Umgekehrte selten ist bei der latinischen Eidgenossenschaft; die Kriege führt regelmäſsig eine einzelne Gemeinde, die von ihren Nachbarn wen sie kann ins Interesse zieht, und wenn ausnahmsweise der Bundeskrieg beschlossen wird, so schlieſsen sich dennoch sehr häufig einzelne Städte aus — es scheint den etruskischen Conföderationen mehr noch als den ähnlichen italischen Stammbünden von Haus aus an einer festen und gebietenden Oberleitung gefehlt zu haben.

KAPITEL X.

Die Hellenen in Italien. Seeherrschaft der Tusker und
Karthager.

Nicht auf einmal wird es hell in der Völkergeschichte des Alterthums; und auch hier beginnt der Tag im Osten. Während die italische Halbinsel noch in tiefes Werdegrauen eingehüllt liegt, ist in den Landschaften am östlichen Becken des Mittelmeers bereits eine nach allen Seiten hin reich entwickelte Cultur ans Licht getreten; und das Geschick der meisten Völker, in den ersten Stadien der Entwickelung an einem ebenbürtigen Bruder zunächst den Meister und Herrn zu finden, ist in hervorragendem Mafse auch den Völkern Italiens zu Theil geworden. Indefs lag es in den geographischen Verhältnissen der Halbinsel, dafs eine solche Einwirkung nicht zu Lande stattfinden konnte. Von der Benutzung des schwierigen Landwegs zwischen Italien und Griechenland in ältester Zeit findet sich nirgends eine Spur. In das transalpinische Land freilich mochten von Italien aus schon in unvordenklich ferner Zeit Handelsstrafsen führen: die älteste Bernsteinstrafse erreichte von der Ostsee aus das Mittelmeer an der Pomündung — wefshalb in der griechischen Sage das Delta des Po als Heimath des Bernsteins erscheint — und an diese Strafse schlofs sich eine andere quer durch die Halbinsel über den Apennin nach Pisa führende an; aber Elemente der Civilisation konnten von dort her den Italikern nicht zukommen. Es sind die seefahrenden Nationen des Ostens, die nach Italien gebracht haben, was überhaupt in früher Zeit von ausländischer Cultur dorthin gelangt ist. — Das älteste Culturvolk am Mittelmeergestade, die Aegypter fuhren noch nicht über Meer und haben daher auch auf Italien nicht eingewirkt. Ebenso wenig

Phoenikier in Italien. aber kann dies von den Phoenikiern behauptet werden. Allerdings waren sie es, die von ihrer engen Heimath am äufsersten Ostrand des Mittelmeers aus zuerst unter allen bekannten Stämmen auf schwimmenden Häusern in dasselbe, anfangs des Fisch- und Muschelfangs, bald auch des Handels wegen, sich hinauswagten, die zuerst den Seeverkehr eröffneten und in unglaublich früher Zeit das Mittelmeer bis zu seinem äufsersten westlichen Ende befuhren. Fast an allen Gestaden desselben erscheinen vor den hellenischen phoenikische Seestationen: wie in Hellas selbst, auf Kreta und Kypros, in Aegypten, Libyen und Spanien, so auch im italischen Westmeer. Um ganz Sicilien herum, erzählt Thukydides, hatten, ehe die Griechen dorthin kamen oder wenigstens ehe sie dort in gröfserer Anzahl sich festsetzten, die Phoenikier auf den Landspitzen und Inselchen ihre Factoreien gegründet, des Handels wegen mit den Eingebornen, nicht um Land zu gewinnen. Allein anders verhält es sich mit dem italischen Festland. Von phoenikischen Niederlassungen daselbst ist bis jetzt nur eine einzige mit einiger Sicherheit nachgewiesen worden, eine punische Factorei bei Caere, deren Andenken sich bewahrt hat theils in der Benennung der kleinen Ortschaft an der caeritischen Küste Punicum, theils in dem zweiten Namen der Stadt Caere selbst Agylla, welcher nicht, wie man fabelt, von den Pelasgern herrührt, sondern phoenikisch ist und die ‚Rundstadt' bezeichnet, wie eben vom Ufer aus gesehen Caere sich darstellt. Dafs diese Station und was von ähnlichen Gründungen es an den Küsten Italiens noch sonst gegeben haben mag, auf jeden Fall weder bedeutend noch von langem Bestande gewesen ist, beweist ihr fast spurloses Verschwinden; aber es liegt auch nicht der mindeste Grund vor sie für älter zu halten als die gleichartigen hellenischen Ansiedlungen an denselben Gestaden. Ein unverächtliches Anzeichen davon, dafs wenigstens Latium die chanaanitischen Männer erst durch Vermittelung der Hellenen kennen gelernt hat, ist ihre lateinische der griechischen entlehnte Benennung der Poener. Vielmehr führen alle ältesten Beziehungen der Italiker zu der Civilisation des Ostens entschieden nach Griechenland; und es läfst sich das Entstehen der phoenikischen Factorei bei Caere, ohne auf die vorhellenische Periode zurückzugehen, sehr wohl aus den späteren wohlbekannten Beziehungen des caeritischen Handelsstaats zu Karthago erklären. In der That lag, wenn man sich erinnert, dafs die älteste Schifffahrt wesentlich Küstenfahrt war und blieb, den Phoenikiern kaum eine Landschaft am Mittelmeer so fern, wie der italische Continent. Sie konnten ihn nur entweder von der griechischen Westküste oder von Sicilien aus erreichen; und es ist sehr glaublich, dafs die hellenische Seefahrt früh genug aufblühte, um den Phoenikiern in der Befahrung der adriatischen wie der tyrrhenischen See zuvorzukommen. Ursprünglichen unmittelbaren Einflufs der Phoenikier auf die Italiker anzunehmen ist defshalb kein Grund vorhanden; auf die späteren Beziehungen der phoenikischen Seeherrschaft im westlichen Mittelmeer zu den italischen Anwohnern der tyrrhenischen See wird die Darstellung zurückkommen.

Allem Anschein nach sind es also die hellenischen Schiffer gewesen, die zuerst unter den Anwohnern des östlichen Beckens des Mittelmeers die italischen Küsten befuhren. Von den wichtigen Fragen indefs, aus welcher Gegend und zu welcher Zeit die griechischen Seefahrer dorthin gelangt sind, läfst nur die erstere sich mit einiger Sicherheit und Vollständigkeit beantworten. Es war das aeolische und ionische Gestade Kleinasiens, wo zuerst der hellenische Seeverkehr sich grofsartig entfaltete und von wo aus den Griechen wie das Innere des schwarzen Meeres so auch die italischen Küsten sich erschlossen. Der Name des ionischen Meeres, welcher den Gewässern zwischen Epirus und Sicilien geblieben ist, und der der ionischen Bucht, mit welchem Namen die Griechen früher das adriatische Meer bezeichneten, haben das Andenken an die einstmalige Entdeckung der Süd- und Ostküste Italiens durch ionische Seefahrer bewahrt. Die älteste griechische Ansiedlung in Italien, Kyme, ist dem Namen wie der Sage nach eine Gründung der gleichnamigen Stadt an der anatolischen Küste. Nach glaubwürdiger hellenischer Ueberlieferung waren es die kleinasiatischen Phokaeer, die zuerst von den Hellenen die entferntere Westsee befuhren. Bald folgten auf den von den Kleinasiaten gefundenen Wegen andere Griechen nach: Ionier von Naxos und von Chalkis auf Euboea, Achaeer, Lokrer, Rhodier, Korinthier, Megarer, Messenier, Spartaner. Wie nach der Entdeckung Amerikas die civilisirten Nationen Europas wetteiferten dorthin zu fahren und dort sich niederzulassen; wie die Solidarität der europäischen Civilisation den neuen Ansiedlern inmitten der Barbaren deutlicher zum Bewufstsein kam als in ihrer alten Heimath, so war auch die Schifffahrt nach dem Westen und die Ansiedlung im Westland kein Sondergut einer einzelnen Landschaft oder eines einzelnen Stammes der Griechen, sondern Gemeingut der hellenischen Nation; und wie sich zu Nordamerikas Schöpfung englische und französische, holländische und deutsche Ansiedlungen gemischt und durchdrungen haben, so ist auch das griechische Sicilien und ‚Grofsgriechenland' aus den verschiedenartigsten hellenischen Stammschaften oft ununterscheidbar zusammengeschmolzen. Doch lassen sich, aufser einigen mehr vereinzelt stehenden Ansiedlungen, wie die der Lokrer mit ihren Pflanzstädten Hipponion und Medama und die erst gegen Ende dieser Periode gegründete Niederlassung der Phokaeer Hyele (Velia, Elea) sind, im Ganzen drei Hauptgruppen unterscheiden: die unter dem Namen der chalkidischen Städte zusammengefafste ursprünglich ionische, zu der in Italien Kyme mit den übrigen griechischen Niederlassungen am Vesuv und Rhegion, in Sicilien Zankle (später Messana), Naxos, Katane, Leontini, Himera zählen; die achaeische, wozu Sybaris und die Mehrzahl der grofsgriechischen Städte sich rechneten, und die dorische, welcher Syrakus, Gela, Akragas, überhaupt die Mehrzahl der sicilischen Colonien, dagegen in Italien nur Taras (Tarentum) und dessen Pflanzstadt Herakleia angehören. Im Ganzen überwiegt in der Einwanderung die ältere hellenische Schichte der Ionier und der vor der dorischen Einwanderung im Peloponnes ansässigen Stämme; von den Dorern haben sich vorzugsweise nur die Gemeinden gemischter Bevölkerung, wie Korinth und Megara, die rein dorischen Landschaften aber nur in untergeordnetem Grade betheiligt; natürlich, denn die Ionier waren ein altes Handels- und Schiffervolk, die dorischen Stämme aber sind erst verhältnifsmäfsig spät von ihren binnenländischen Bergen in die Küstenlandschaften hinabgestiegen und zu allen Zeiten dem Seeverkehr ferner geblieben. Sehr bestimmt treten die verschiedenen Einwanderergruppen auseinander, besonders in ihrem Münzfufs. Die phokaeischen Ansiedler prägen nach dem in Asien herrschenden babylonischen Fufs. Die chalkidischen Städte folgen in ältester Zeit dem äginäischen, das heifst dem ursprünglich im ganzen europäischen Griechenland vorherrschenden und zwar zunächst derjenigen Modification desselben, die wir dort auf Euboea wiederfinden. Die achäischen Gemeinden münzen auf korinthische, die dorischen endlich auf diejenige Währung, die Solon im J. 160 Roms in Attika eingeführt hatte, nur dafs Taras und Herakleia sich in wesentlichen Stücken vielmehr nach der Währung ihrer achäischen Nachbaren richten als nach der der sicilischen Dorer. — Die Zeitbestimmung der früheren Fahrten und Ansiedlungen wird wohl für immer in tiefes Dunkel eingehüllt bleiben. Zwar eine gewisse Folge darin tritt auch für uns noch unverkennbar hervor. In der ältesten Urkunde der Griechen, welche, wie der älteste Verkehr mit dem

Westen, den kleinasiatischen Ioniern eignet, in den homerischen
Gesängen reicht der Horizont noch kaum über das östliche
Becken des Mittelmeers hinaus. Vom Sturm in die westliche See
verschlagene Schiffer mochten von der Existenz eines Westlandes und etwa noch von dessen Meeresstrudeln und feuerspeienden Inselbergen die Kunde nach Kleinasien heimgebracht haben;
allein zu der Zeit der homerischen Dichtung mangelte selbst in
derjenigen griechischen Landschaft, welche am frühesten mit
dem Westland in Verkehr trat, noch jede zuverlässige Kunde von
Sicilien und Italien; und die Mährchenerzähler und Dichter des
Ostens konnten, wie seiner Zeit die occidentalischen den fabelhaften Orient, ungestört die leeren Räume des Westens mit ihren
luftigen Gestalten erfüllen. Bestimmter treten schon in den hesiodischen Gedichten die Umrisse Italiens und Siciliens hervor;
sie kennen aus beiden einheimische Namen von Völkerschaften,
Bergen und Städten; doch ist ihnen Italien noch eine Inselgruppe.
Dagegen in der gesammten nachhesiodischen Litteratur erscheint
Sicilien und selbst das gesammte Gestade Italiens als den Hellenen wenigstens im Allgemeinen bekannt. Ebenso läfst die Reihenfolge der griechischen Ansiedlungen mit einiger Sicherheit
sich bestimmen. Als die älteste namhafte Ansiedlung im Westland galt offenbar schon dem Thukydides Kyme; und gewifs hat
er nicht geirrt. Allerdings lag dem griechischen Schiffer mancher Landungsplatz näher; allein vor den Stürmen wie vor den
Barbaren war keiner so geschützt wie die Insel Ischia, auf der
die Stadt ursprünglich lag; und dafs solche Rücksichten vor
allem bei dieser Ansiedlung leiteten, zeigt selbst die Stelle noch,
die man später auf dem Festland dazu ausersah, die steile, aber
geschützte Felsklippe, die noch heute den ehrwürdigen Namen
der anatolischen Mutterstadt trägt. Nirgends in Italien sind denn
auch die Oertlichkeiten der kleinasiatischen Mährchen mit solcher Festigkeit und Lebendigkeit localisirt wie in der kymaeischen Landschaft, wo die frühesten Westfahrer, jener Sagen von
den Wundern des Westens voll, zuerst das Fabelland betraten
und die Spuren der Mährchenwelt, in der sie zu wandeln meinten, in den Sirenenfelsen und dem zur Unterwelt führenden Aornossee zurückliefsen. Wenn ferner in Kyme zuerst die Griechen
Nachbaren der Italiker wurden, so erklärt es sich sehr einfach,
wefshalb der Name desjenigen italischen Stammes, der zunächst
um Kyme angesessen war, der Name der Opiker von ihnen noch
lange Jahrhunderte nachher für sämmtliche Italiker gebraucht
ward. Es ist ferner glaublich überliefert, dafs die massenhafte

hellenische Einwanderung in Unteritalien und Sicilien von der
Niederlassung auf Kyme durch einen beträchtlichen Zwischenraum getrennt war und dafs bei jener Einwanderung wieder die
Ionier von Chalkis und von Naxos vorangingen und Naxos auf
Sicilien die älteste aller durch eigentliche Colonisirung in Italien
und Sicilien gegründeten Griechenstädte ist, worauf dann die
achaeischen und dorischen Colonisationen erst später gefolgt
sind. — Allein es scheint völlig unmöglich für diese Reihe von
Thatsachen auch nur annähernd sichere Jahreszahlen festzustellen. Als Ausgangspunkt können die Gründung der achaeischen
Stadt Sybaris, im J. 33, der dorischen Stadt Taras im J. 46 Roms
gelten, die ältesten Daten der italischen Geschichte, deren wenigstens ungefähre Richtigkeit als ausgemacht angesehen werden
kann. Um wie viel aber die Ausführung der älteren ionischen
Colonien jenseit dieser Epoche zurückliege, ist ebenso ungewifs
wie das Zeitalter der Entstehung der hesiodischen und gar der
homerischen Gedichte. Wenn Herodot das Zeitalter Homers
richtig bestimmt hat, so war Italien den Griechen ein Jahrhundert vor der Gründung Roms noch unbekannt; indefs jene Ansetzung ist wie alle anderen der Lebenszeit Homers kein Zeugnifs, sondern ein Schlufs, und wer die Geschichte der italischen
Alphabete so wie die merkwürdige Thatsache erwägt, dafs den
Italikern das Griechenvolk bekannt ward, ehe der neuere hellenische Stammname den älteren der Graeker verdrängte*), wird
geneigt sein, den frühesten Verkehr der Italiker mit den Griechen um ein Bedeutendes höher hinaufzurücken.

---

*) Der Name der Graeker haftet wie der der Hellenen an dem Ursitz
der griechischen Civilisation, an dem epirotischen Binnenland und der
Gegend von Dodone. Noch in den hesiodischen Eoeen erscheint er als Ge-
sammtname der Nation, jedoch mit offenbarer Absichtlichkeit bei Seite ge-
schoben und dem hellenischen untergeordnet, welcher letztere bei Homer
noch nicht, wohl aber, aufser bei Hesiod, schon bei Archilochos um das
J. 50 Roms erscheint und recht wohl noch bedeutend früher aufgekommen
sein kann (Duncker, Gesch. d. Alt. 3, 18. 556.). Also bereits vor dieser
Zeit waren die Italiker mit den Griechen so weit bekannt geworden, dafs
sie nicht blofs den einzelnen Stamm zu nennen, sondern die Nation mit
einem Gesammtnamen zu bezeichnen wufsten. Wie man es damit vereinigen will, dafs noch ein Jahrhundert vor der Gründung Roms Italien den
kleinasiatischen Griechen völlig unbekannt war, ist schwer abzusehen.
Von dem Alphabet wird unten die Rede sein; es ergiebt dessen Geschichte
vollkommen die gleichen Resultate. Man wird es vielleicht verwegen
nennen, auf solche Beobachtungen hin die herodotische Angabe über das
Zeitalter Homers zu verwerfen; aber ist es etwa keine Kühnheit in Fragen
dieser Art der Ueberlieferung zu folgen?

Die Geschichte der italischen und sicilischen Griechen ist zwar kein Theil der italischen; die hellenischen Colonisten des Westens blieben stets im engsten Zusammenhang mit der Heimath und hatten Theil an den Nationalfesten und Rechten der Hellenen. Doch ist es auch für Italien wichtig den verschiedenen Charakter der griechischen Ansiedlungen daselbst zu bezeichnen und wenigstens gewisse Grundzüge hervorzuheben, durch die der verschiedenartige Einfluß der griechischen Colonisirung auf Italien wesentlich bedingt worden ist. — Unter allen griechischen Ansiedlungen die intensivste und in sich am meisten geschlossene war diejenige, aus der der achaeische Städtebund hervorging, welchen die Städte Siris, Pandosia, Metabus oder Metapontion, Sybaris mit seinen Pflanzstädten Poseidonia und Laos, Kroton, Kaulonia, Temesa, Terina und Pyxus bildeten. Diese Colonisten gehörten, im Grofsen und Ganzen genommen, einem griechischen Stamm an, der an seinem eigenthümlichen von dem dorischen, dem er sonst am nächsten verwandt ist, zum Beispiel durch den Mangel des *h* sich unterscheidenden Dialekt so wie nicht minder, anstatt des sonst allgemein in Gebrauch gekommenen jüngeren Alphabets, lange Zeit an der altnationalen hellenischen Schreibweise festhielt und der seine besondere Nationalität den Barbaren wie den andern Griechen gegenüber in einer festen bündischen Verfassung bewahrte. Auch auf diese italischen Achaeer läfst sich anwenden, was Polybios von der achaeischen Symmachie im Peloponnes sagt: „nicht allein in eidgenössischer und freundschaftlicher Gemeinschaft leben sie, sondern sie bedienen sich auch gleicher Gesetze, gleicher Gewichte, Mafse und Münzen so wie derselben Vorsteher, Rathmänner und Richter". — Dieser achaeische Städtebund war eine eigentliche Colonisation. Die Städte waren ohne Häfen — nur Kroton hatte eine leidliche Rhede — und ohne Eigenhandel; der Sybarite rühmte sich zu ergrauen zwischen den Brücken seiner Lagunenstadt und Kauf und Verkauf besorgten ihm Milesier und Etrusker. Dagegen besafsen die Griechen hier nicht blofs die Küstensäume, sondern herrschten von Meer zu Meer in dem „Wein-" und „Rinderland" ($Oἰνωτρία$, $Ἰταλία$) oder der „grofsen Hellas"; die eingeborne ackerbauende Bevölkerung mufste in Clientel oder gar in Leibeigenschaft ihnen wirthschaften und zinsen. Sybaris — seiner Zeit die gröfste Stadt Italiens — gebot über vier barbarische Stämme und fünf und zwanzig Ortschaften und konnte am andern Meer Laos und Poseidonia gründen; die überschwänglich fruchtbaren Niederungen des Krathis und Bradanos warfen den

Sybariten und Metapontinern überreichen Ertrag ab — vielleicht ist hier zuerst Getreide zur Ausfuhr gebaut worden. Von der hohen Blüthe, zu welcher diese Staaten in unglaublich kurzer Zeit gediehen, zeugen am lebendigsten die einzigen auf uns gekommenen Kunstwerke dieser italischen Achaeer: ihre Münzen von strenger alterthümlich schöner Arbeit — überhaupt die frühesten Denkmäler von Kunst und Schrift in Italien, deren Prägung erweislich bereits im J. 174 d. St. begonnen hatte. Diese Münzen zeigen, dafs die Achaeer des Westens nicht blofs theilnahmen an der eben um diese Zeit im Mutterlande herrlich sich entwickelnden Bildnerkunst, sondern in der Technik demselben wohl gar überlegen waren; denn statt der dicken, oft nur einseitig geprägten und regelmäfsig schriftlosen Silberstücke, welche um diese Zeit in dem eigentlichen Griechenland wie bei den italischen Dorern üblich waren, schlugen die italischen Achaeer mit grofser und selbstständiger Geschicklichkeit aus zwei gleichartigen theils erhaben theils vertieft geschnittenen Stempeln grofse dünne stets mit Aufschrift versehene Silbermünzen, deren sorgfältig vor der Falschmünzerei jener Zeit — Plattirung geringen Metalls mit dünnen Silberblättern — sich schützende Prägweise den wohlgeordneten Culturstaat verräth. — Dennoch trug diese schnelle Blüthe keine Frucht. In der mühelosen weder durch kräftige Gegenwehr der Eingebornen noch durch eigene schwere Arbeit auf die Probe gestellten Existenz versagte sogar den Griechen früh die Spannkraft des Körpers und des Geistes. Keiner der glänzenden Namen der griechischen Kunst und Litteratur verherrlicht die italischen Achaeer, während Sicilien deren unzählige, auch in Italien das chalkidische Rhegion den Ibykos, das dorische Tarent den Archytas nennen kann; bei diesem Volk, wo stets sich am Heerde der Spiefs drehte, gedieh nichts von Haus aus als der Faustkampf. Tyrannen liefs die strenge Aristokratie nicht aufkommen, die in den einzelnen Gemeinden früh ans Ruder gekommen war und im Nothfall an der Bundesgewalt einen sicheren Rückhalt fand; zu fürchten war nur die Verwandlung der Herrschaft der Besten in eine Herrschaft der Wenigen, vor allem, wenn die bevorrechteten Geschlechter in den verschiedenen Gemeinden sich unter einander verbündeten und gegenseitig sich aushalfen. Solche Tendenzen beherrschten die durch den Namen des Pythagoras bezeichnete solidarische Verbindung der ‚Freunde‘; sie gebot die herrschende Klasse ‚gleich den Göttern zu verehren‘, die dienende ‚gleich den Thieren zu unterwerfen‘ und rief durch solche Theorie und Praxis eine furchtbare Reaction hervor, welche mit der Vernichtung der pythagoreischen ‚Freunde' und mit der Erneuerung der alten Bundesverfassung endigte. Allein rasende Parteifehden, Massenerhebungen der Sklaven, sociale Mifsstände aller Art, praktische Anwendung unpraktischer Staatsphilosophie, kurz alle Uebel der entsittlichten Civilisation hörten nicht auf in den achaeischen Gemeinden zu wüthen, bis ihre politische Macht darüber zusammenbrach. — Es ist danach nicht zu verwundern, dafs für die Civilisation Italiens die daselbst angesiedelten Achaeer minder einflufsreich gewesen sind als die übrigen griechischen Niederlassungen. Ueber die politischen Grenzen hinaus ihren Einflufs zu erstrecken lag diesen Ackerbauern ferner als den Handelsstaaten; innerhalb ihres Gebiets verknechteten sie die Eingebornen und zertraten die Keime einer nationalen Entwickelung, ohne doch den Italikern durch vollständige Hellenisirung eine neue Bahn zu eröffnen. So ist in Sybaris und Metapont, in Kroton und Poseidonia das griechische Wesen, das sonst allen politischen Mifsgeschicken zum Trotz sich lebenskräftig zu behaupten wufste, schneller, spur- und ruhmloser verschwunden als in irgend einem andern Gebiet, und die zwiesprachigen Mischvölker, die späterhin aus den Trümmern der eingebornen Italiker und der Achaeer und den jüngeren Einwanderern sabellischer Herkunft hervorgingen, sind zu rechtem Gedeihen ebensowenig gelangt. Indefs diese Katastrophe gehört der Zeit nach in die folgende Periode.

Anderer Art und von anderer Wirkung auf Italien waren die Niederlassungen der übrigen Griechen. Auch sie verschmähten den Ackerbau und Landgewinn keineswegs; es war nicht die Weise der Hellenen, wenigstens seit sie zu ihrer Kraft gekommen waren, sich im Barbarenland nach phoenikischer Art an einer befestigten Factorei genügen zu lassen. Aber wohl waren alle diese Städte zunächst und vor allem des Handels wegen gegründet und darum denn auch, ganz abweichend von den achaeischen, durchgängig an den besten Häfen und Ladungsplätzen angelegt. Die Herkunft, die Veranlassung und die Epoche dieser Gründungen waren mannichfach verschieden; dennoch bestand zwischen ihnen, wenigstens im Gegensatz zu dem achaeischen Städtebund, eine gewisse Gemeinschaft — so in dem allen jenen Städten gemeinsamen Gebrauch gewisser moderner Formen des Alphabets*)

Ionisch-dorische Städte.

---

*) So sind die drei altorientalischen Formen des *i* (𐤉), *l* (𐤋) und *r* (P), für die als leicht zu verwechseln mit den Formen des *s, g* und *p* schon früh die Zeichen I Ⴑ R vorgeschlagen worden sind, in den achäischen Colonien entweder ausschliefslich oder doch sehr vorwiegend in Ge-

und selbst in dem Dorismus der Sprache, der auch in diejenigen Städte früh eindrang, die wie zum Beispiel Kyme*) von Haus aus den weichen ionischen Dialekt sprachen. Für die Entwickelung Italiens sind diese Niederlassungen in sehr verschiedenem Grade wichtig geworden; es genügt hier derjenigen zu gedenken, welche entscheidend in die Schicksale der Stämme Italiens eingegriffen haben, des dorischen Tarent und des ionischen Kyme.

Tarent. — Den Tarentinern ist unter allen hellenischen Ansiedlungen in Italien die glänzendste Rolle zugefallen. Der vortreffliche Hafen, der einzige gute an der ganzen Südküste, machte ihre Stadt zum natürlichen Entrepôt für den süditalischen Handel, ja sogar für einen Theil des Verkehrs auf dem adriatischen Meer. Der reiche Fischfang in dem Meerbusen, die Erzeugung und Verarbeitung der vortrefflichen Schafwolle so wie deren Färbung mit dem Saft der tarentinischen Purpurschnecke, die mit der tyrischen wetteifern konnte — beide Industrien hieher eingebürgert aus dem kleinasiatischen Miletos — beschäftigten Tausende von Händen und fügten zu dem Zwischen- noch den Ausfuhrhandel hinzu. Die in gröfserer Menge als irgendwo sonst im griechischen Italien und ziemlich zahlreich selbst in Gold geschlagenen Münzen sind noch heute redende Beweise des ausgebreiteten und lebhaften tarentinischen Verkehrs. Schon in dieser Epoche, wo Tarent noch mit Sybaris um den ersten Rang unter den unteritalischen Griechenstädten rang, müssen seine ausgedehnten Handelsverbindungen sich angeknüpft haben; indefs auf eine wesentliche Erweiterung ihres Gebietes nach Art der achaeischen Städte scheinen die Tarentiner nie mit dauerndem Erfolg ausgegangen zu sein.

Griechenstädte am Vesuv. — Wenn also die östlichste der griechischen Ansiedlungen in Italien rasch und glänzend sich emporhob, so gediehen die nördlichsten derselben am Vesuv zu bescheidnerer Blüthe. Hier waren von der fruchtbaren Insel Aenaria (Ischia) aus die Kymaeer auf das Festland hinübergegangen und hatten auf einem Hügel hart am Meere eine zweite Heimath erbaut, von wo aus der Hafenplatz Dikaearchia (später Puteoli), die Städte Parthenope und Neapolis gegründet wurden. Sie lebten, wie überhaupt die chalkidischen Städte in Italien und Sicilien, nach den Gesetzen, welche 550 Charondas von Katane (um 100) festgestellt hatte, in einer demo-

---

brauch geblieben, während die übrigen Griechen Italiens und Siciliens ohne Unterschied des Stammes sich ausschliefslich oder doch sehr vorwiegend der jüngeren Formen bedient haben.
*) So zum Beispiel heifst es auf einem kymaeischen Thongefäfs Τα-
ραίες ἐμὶ λέφυϑος· Fὸς δ' ἄν με κλέφσει ϑυφλὸς ἔσται.

kratischen, jedoch durch hohen Census gemäfsigten Verfassung, welche die Macht in die Hände eines aus den Reichsten erlesenen Rathes von Mitgliedern legte — eine Verfassung, die sich bewährte und im Ganzen von diesen Städten Usurpatoren- wie Pöbeltyrannei fern hielt. Wir wissen wenig von den äufseren Verhältnissen dieser campanischen Griechen. Sie blieben, sei es aus Zwang oder aus freier Wahl, mehr noch als die Tarentiner beschränkt auf einen engen Bezirk; indem sie von diesem aus nicht erobernd und unterdrückend gegen die Eingebornen auftraten, sondern friedlich mit ihnen handelten und verkehrten, erschufen sie sich selbst eine gedeihliche Existenz und nahmen zugleich den ersten Platz unter den Missionären der griechischen Civilisation in Italien ein.

Wenn zu beiden Seiten der rheginischen Meerenge theils auf dem Festlande die ganze südliche und die Westküste bis zum Vesuv, theils die gröfsere östliche Hälfte der sicilischen Insel griechisches Land war, so gestalteten dagegen auf der italischen Westküste nordwärts vom Vesuv und auf der ganzen Ostküste die Verhältnisse sich wesentlich anders. An dem dem adriatischen Meer zugewandten italischen Gestade entstanden griechische Ansiedlungen nirgends; womit die verhältnifsmäfsig geringere Anzahl und untergeordnete Bedeutung der griechischen Pflanzstädte auf dem gegenüberliegenden illyrischen Ufer und den zahlreichen demselben vorliegenden Inseln augenscheinlich zusammenhängt. Zwar wurden auf dem Griechenland nächsten Theil dieser Küste zwei ansehnliche Kaufstädte, Epidamnos oder Dyrrhachion (jetzt Durazzo; 127) und Apollonia (bei Avlona; um 167) noch während der römischen Königsherrschaft gegründet; aber weiter nördlich ist, mit Ausnahme etwa der nicht bedeutenden Niederlassung auf Schwarzkerkyra (Curzola; um 174?), keine alte griechische Ansiedlung nachzuweisen. Es ist noch nicht hinreichend aufgeklärt, warum die griechische Colonisirung so dürftig gerade nach dieser Seite hin auftrat, wohin doch die Natur selbst die Hellenen zu weisen schien und wohin in der That seit ältester Zeit von Korinth und mehr noch von der nicht lange nach Rom (um 44) gegründeten Ansiedlung auf Kerkyra (Corfu) aus ein Handelszug bestand, dessen Entrepots auf der italischen Küste die Städte an der Pomündung, Spina und Hatria waren. Die Stürme der adriatischen See, die Unwirthlichkeit wenigstens der illyrischen Küsten, die Wildheit der Eingebornen reichen offenbar allein nicht aus um diese Thatsache zu erklären. Aber für Italien ist es von den wichtigsten Folgen gewesen, dafs die von Osten kommenden Elemente der Civilisation nicht zunächst auf seine östlichen Landschaften einwirkten, sondern erst aus den westlichen in diese gelangten. Selbst in den Handelsverkehr theilte sich mit Korinth und Kerkyra die östlichste Kaufstadt Grofsgriechenlands, das dorische Tarent, das durch den Besitz von Hydrus (Otranto) den Eingang in das adriatische Meer auf der italischen Seite beherrschte. Da aufser den Häfen an der Pomündung an der ganzen Ostküste nennenswerthe Emporien in jener Zeit nicht bestanden — Ankons Aufblühen fällt in weit spätere Zeit und noch später das Emporkommen von Brundisium —, ist es wohl begreiflich, dafs die Schiffer von Epidamnos und Apollonia häufig in Tarent löschten. Auch auf dem Landwege verkehrten die Tarentiner vielfach mit Apulien; auf sie geht zurück, was sich von griechischer Civilisation im Südosten Italiens vorfindet. Indefs fallen in diese Zeit davon nur die ersten Anfänge; der Hellenismus Apuliens entwickelte sich erst in einer späteren Epoche.

Beziehungen der westlichen Italiker zu den Griechen.

Dafs dagegen die Westküste Italiens auch nördlich vom Vesuv in ältester Zeit von den Hellenen befahren worden ist und auf den Inseln und Landspitzen hellenische Factoreien bestanden, läfst sich nicht bezweifeln. Wohl das älteste Zeugnifs dieser Fahrten ist die Localisirung der Odysseussage an den Küsten des tyrrhenischen Meeres*). Wenn man in den liparischen Inseln die des Aeolos wiederfand, wenn man am lakinischen Vorgebirge die Insel der Kalypso, am misenischen die der Sirenen, am circeischen die der Kirke wies, wenn man das ragende Grab des Elpenor in dem steilen Vorgebirge von Tarracina erkannte, wenn bei Caieta und Formiae die Laestrygonen hausen, wenn die beiden Söhne des Odysseus und der Kirke, Agrios, das heifst der Wilde, und Latinos ‚im innersten Winkel der heiligen Inseln' die Tyrrhener beherrschen oder in einer jüngeren Fassung Latinus der Sohn des Odysseus und der Kirke, Auson der Sohn des Odysseus und der Kalypso heifst, so sind das alte Schiffermährchen der ionischen Seefahrer, welche der lieben Heimath auf der tyrrhenischen See gedachten, und dieselbe herrliche Lebendigkeit der

---

*) Die ältesten griechischen Schriften, in denen uns diese tyrrhenische Odysseussage erscheint, sind die hesiodische Theogonie in einem ihrer jüngeren Abschnitte und sodann die Schriftsteller aus der Zeit kurz vor Alexander, Ephoros, aus dem der sogenannte Skymnos geflossen ist, und der sogenannte Skylax. Die erste dieser Quellen gehört einer Zeit an, wo Italien den Griechen noch als Inselgruppe galt und ist also sicher sehr alt; und es kann danach die Entstehung dieser Sagen im Ganzen mit Sicherheit in die römische Königszeit gesetzt werden.

Empfindung, wie sie in dem ionischen Gedicht von den Fahrten des Odysseus waltet, spricht auch noch aus dieser frischen Localisirung derselben Sage bei Kyme selbst und in dem ganzen Fahrbezirk der kymaeischen Schiffer. — Andere Spuren dieser ältesten Fahrten sind die griechischen Namen der Insel Aethalia (Ilva, Elba), die nächst Aenaria zu den am frühsten von Griechen besetzten Plätzen zu gehören scheint, und vielleicht auch des Hafenplatzes Telamon in Etrurien; ferner die beiden Ortschaften an der caeritischen Küste Pyrgi (bei S. Severa) und Alsion (bei Palo), wo nicht blofs die Namen unverkennbar auf griechischen Ursprung deuten, sondern auch die eigenthümliche von den caeritischen und überhaupt den etruskischen Stadtmauern sich wesentlich unterscheidende Architektur der Mauern von Pyrgi. Aethalia, ‚die Feuerinsel‘, mit ihren reichen Kupfer- und besonders Eisengruben mag in diesem Verkehr die erste Rolle gespielt und hier die Ansiedelung der Fremden wie ihr Verkehr mit den Eingebornen seinen Mittelpunkt gehabt haben; um so mehr als das Schmelzen der Erze auf der kleinen und nicht waldreichen Insel ohne Verkehr mit dem Festland nicht geschehen konnte. Auch die Silbergruben von Populonia auf der Elba gegenüberliegenden Landspitze waren vielleicht schon den Griechen bekannt und von ihnen in Betrieb genommen. — Wenn die Fremden, wie in jenen Zeiten immer neben dem Handel auch dem See- und Landraub obliegend, ohne Zweifel es nicht versäumten, wo die Gelegenheit sich bot, die Eingebornen zu brandschatzen und sie als Sklaven fortzuführen, so übten auch die Eingebornen ihrerseits das Vergeltungsrecht aus; und dafs die Latiner und Tyrrhener dies mit gröfserer Energie und besserem Glück gethan haben als ihre süditalischen Nachbarn, zeigen nicht blofs jene Sagen an, sondern vor allem der Erfolg. In diesen Gegenden gelang es den Italikern sich der Fremdlinge zu erwehren und nicht blofs Herren ihrer eigenen Kaufstädte und Kaufhäfen zu bleiben oder doch bald wieder zu werden, sondern auch Herren ihrer eigenen See. Dieselbe hellenische Invasion, welche die süditalischen Stämme erdrückte und denationalisirte, hat die Völker Mittelitaliens, freilich sehr wider den Willen der Lehrmeister, zur Seefahrt und zur Städtegründung angeleitet. Hier zuerst mufs der Italiker das Flofs und den Nachen mit der phoenikischen und griechischen Rudergaleere vertauscht haben. Hier zuerst begegnen grofse Kaufstädte, vor allem Caere im südlichen Etrurien und Rom an der Tiber, die, nach den italischen Namen wie nach der Lage in einiger Entfernung vom Meere zu schliefsen, eben wie die ganz gleichartigen Handelsstädte an der Pomündung Spina und Hatria und weiter südlich Ariminum, sicher keine griechischen, sondern italische Gründungen sind. Den geschichtlichen Verlauf dieser ältesten Reaction der italischen Nationalität gegen fremden Eingriff darzulegen sind wir begreiflicher Weise nicht im Stande; wohl aber läfst es noch sich erkennen, was für die weitere Entwickelung Italiens von der gröfsten Bedeutung ist, dafs diese Reaction in Latium und im südlichen Etrurien einen andern Gang genommen hat als in der eigentlichen tuskischen und den sich daran anschliefsenden Landschaften.

Hellenen und Latiner.

Schon die Sage setzt in bezeichnender Weise dem ,wilden Tyrrhener' den Latiner entgegen und dem unwirthlichen Strande der Volsker das friedliche Gestade an der Tibermündung. Aber nicht das kann hiermit gemeint sein, dafs man die griechische Colonisirung in einigen Landschaften Mittelitaliens geduldet, in andern nicht zugelassen hätte. Nordwärts vom Vesuv hat überhaupt in geschichtlicher Zeit nirgends eine unabhängige griechische Gemeinde bestanden, und wenn Pyrgi dies einmal gewesen ist, so mufs es doch schon vor dem Beginn unserer Ueberlieferung in die Hände der Italiker, das heifst der Caeriten zurückgekehrt sein. Aber wohl ward in Südetrurien, in Latium und ebenso an der Ostküste der friedliche Verkehr mit den fremden Kaufleuten geschützt und gefördert, was anderswo nicht geschah. Vor allem merkwürdig ist die Stellung von Caere. ,Die Caeriten', sagt Strabon, ,galten viel bei den Hellenen wegen ihrer Tapferkeit und Gerechtigkeit, und weil sie, so mächtig sie waren, des Raubes sich enthielten'. Nicht der Seeraub ist gemeint, den der caeritische Kaufmann wie jeder andere sich gestattet haben wird; sondern Caere war eine Art von Freihafen für die Phoenikier wie für die Griechen. Wir haben der phoenikischen Station — später Punicum genannt — und der beiden hellenischen von Pyrgi und Alsion bereits gedacht (S. 130); diese Häfen waren es, die zu berauben die Caeriten sich enthielten, und ohne Zweifel war es eben dies, wodurch Caere, das nur eine schlechte Rhede besitzt und keine Gruben in der Nähe hat, so früh zu hoher Blüthe gelangt ist und für den ältesten griechischen Handel noch gröfsere Bedeutung gewonnen hat als die von der Natur zu Emporien bestimmten Städte der Italiker an den Mündungen der Tiber und des Po. Die hier genannten Städte sind es, welche in uraltem religiösen Verkehr mit Griechenland erscheinen. Der erste unter allen Barbaren, der den olympischen Zeus beschenkte, war der tuskische König Arimnos, vielleicht ein Herr von Ariminum. Spina und Caere hatten in dem Tempel des delphischen Apollon wie andere mit dem Heiligthum in regelmäfsigem Verkehr stehende Gemeinden ihre eigenen Schatzhäuser; und mit der ältesten caeritischen und römischen Ueberlieferung ist das delphische Heiligthum sowohl wie das kymaeische Orakel verflochten. Diese Städte, wo die Italiker friedlich schalteten und mit dem fremden Kaufmann freundlich verkehrten, wurden vor allen reich und mächtig und wie für die hellenischen Waaren so auch für die Keime der hellenischen Civilisation die rechten Stapelplätze.

Anders gestalteten sich die Verhältnisse bei den ‚wilden Tyrrhenern'. Dieselben Ursachen, die in der latinischen und in den vielleicht mehr unter etruskischer Suprematie stehenden als eigentlich etruskischen Landschaften am rechten Tiberufer und am unteren Po zur Emancipirung der Eingebornen von der fremden Seegewalt geführt hatten, entwickelten in dem eigentlichen Etrurien, sei es aus anderen Ursachen, sei es in Folge des verschiedenartigen zu Gewaltthat und Plünderung hinneigenden Nationalcharakters, den Seeraub und die eigene Seemacht. Man begnügte hier sich nicht die Griechen aus Aethalia und Populonia zu verdrängen; auch der einzelne Kaufmann ward, wie es scheint, hier nicht geduldet und bald durchstreiften sogar etruskische Kaper weithin die See und machten den Namen der Tyrrhener zum Schrecken der Griechen — nicht ohne Ursache galt diesen der Enterhaken als eine etruskische Erfindung und nannten die Griechen das italische Westmeer das Meer der Tusker. Wie rasch und ungestüm diese wilden Corsaren, namentlich im tyrrhenischen Meere um sich griffen, zeigt am deutlichsten ihre Festsetzung an der latinischen und campanischen Küste. Zwar behaupteten im eigentlichen Latium sich die Latiner und am Vesuv sich die Griechen; aber zwischen und neben ihnen geboten die Etrusker in Antium wie in Surrentum. Die Volsker traten in die Clientel der Etrusker ein; aus ihren Waldungen bezogen diese die Kiele ihrer Galeeren und wenn dem Seeraub der Antiaten erst die römische Occupation ein Ende gemacht hat, so begreift man es wohl, warum den griechischen Schiffern das Gestade der südlichen Volsker das laestrygonische hiefs. Die hohe Landspitze von Sorrent, mit dem noch steileren, aber hafenlosen Felsen von Capri eine rechte inmitten der Buchten von Neapel und Salern in die tyrrhenische See hinausschauende Corsarenwarte, wurde früh von den Etruskern in Besitz genommen. Sie sollen sogar in Campanien einen eigenen Zwölfstädtebund gegründet haben und etruskisch redende Gemeinden haben hier noch in vollkommen

<small>Hellenen und Etrusker. Etruskische Seemacht.</small>

historischer Zeit im Binnenlande bestanden; wahrscheinlich sind
diese Ansiedlungen mittelbar ebenfalls aus der Seeherrschaft der
Etrusker im campanischen Meer und aus ihrer Rivalität mit den
Kymaeern am Vesuv hervorgegangen. — Indefs beschränkten die
Etrusker sich keineswegs auf Raub und Plünderung. Von ihrem
friedlichen Verkehr mit griechischen Städten zeugen namentlich
die Gold- und Silbermünzen, die wenigstens vom Jahre 200 der
Stadt an die etruskischen Städte, besonders Populonia nach griechischem Muster und auf griechischen Fufs geschlagen haben;
dafs dieselben nicht den grofsgriechischen, sondern vielmehr attischen, ja kleinasiatischen Stempeln nachgeprägt wurden, ist
übrigens wohl auch ein Fingerzeig für die feindliche Stellung der
Etrusker zu den italischen Griechen. In der That befanden sie
sich für den Handel in der günstigsten Stellung und in einer weit
vortheilhafteren als die Bewohner von Latium. Von Meer zu Meer
wohnend geboten sie am westlichen über den grofsen italischen
Freihafen am östlichen über die Pomündung und das Venedig
jener Zeit, ferner über die Landstrafse, die seit alter Zeit von Pisa
am tyrrhenischen nach Spina am adriatischen Meere führte, dazu
in Süditalien über die reichen Ebenen von Capua und Nola. Sie
besafsen die wichtigsten italischen Ausfuhrartikel, das Eisen von
Aethalia, das volaterranische und campanische Kupfer, das Silber
von Populonia, ja den von der Ostsee ihnen zugeführten Bernstein (S. 129). Unter dem Schutze ihrer Piraterie, gleichsam
einer rohen Navigationsakte, mufste ihr eigener Handel emporkommen; und es kann ebenso wenig befremden, dafs in Sybaris
der etruskische und der milesische Kaufmann concurrirten, als
dafs aus jener Verbindung von Kaperei und Grofshandel der
mafs- und sinnlose Luxus entsprang, in welchem Etruriens Kraft
früh sich selber verzehrt hat.

Rivalität der Phoenikier und Hellenen. Wenn also in Italien die Etrusker und, obgleich in minderem Grade, die Latiner den Hellenen abwehrend und zum Theil
feindlich gegenüberstanden, so griff dieser Gegensatz gewissermafsen mit Nothwendigkeit in diejenige Rivalität ein, die damals
Handel und Schifffahrt auf dem mittelländischen Meere vor allem
beherrschte: in die Rivalität der Phoenikier und der Hellenen.
Es ist nicht dieses Orts im Einzelnen darzulegen, wie während
der römischen Königszeit diese beiden grofsen Nationen an allen
Gestaden des Mittelmeeres, in Griechenland und Kleinasien selbst,
auf Kreta und Kypros, an der africanischen, spanischen und
keltischen Küste mit einander um die Oberherrschaft rangen;
unmittelbar auf italischem Boden wurden diese Kämpfe nicht ge-

kämpft, aber die Folgen derselben doch auch in Italien tief und nachhaltig empfunden. Die frische Energie und die universellere Begabung des jüngeren Nebenbuhlers war anfangs überall im Vortheil; die Hellenen entledigten sich nicht blofs der phoenikischen Factoreien in ihrer europäischen und asiatischen Heimath, sondern verdrängten die Phoenikier auch von Kreta und Kypros, fafsten Fufs in Aegypten und Kyrene und bemächtigten sich Unteritaliens und der gröfseren östlichen Hälfte der sicilischen Insel. Ueberall erlagen die kleinen phoenikischen Handelsplätze der energischeren griechischen Colonisation. Schon ward auch im westlichen Sicilien Selinus (126) und Akragas (174) gegründet, schon von den kühnen kleinasiatischen Phokaeern die entferntere Westsee befahren, an dem keltischen Gestade Massalia erbaut (um 150) und die spanische Küste erkundet. Aber plötzlich um die Mitte des zweiten Jahrhunderts stockt der Fortschritt der hellenischen Colonisation; und es ist kein Zweifel, dafs die Ursache dieses Stockens der Aufschwung war, den gleichzeitig, offenbar in Folge der von den Hellenen dem gesammten phoenikischen Stamme drohenden Gefahr, die mächtigste ihrer Städte in Libyen, Karthago nahm. War die Nation, die den Seeverkehr auf dem mittelländischen Meere eröffnet hatte, durch den jüngeren Rivalen auch bereits verdrängt aus der Alleinherrschaft über die Westsee, dem Besitz beider Verbindungsstrafsen zwischen dem östlichen und dem westlichen Becken des Mittelmeeres und dem Monopol der Handelsvermittelung zwischen Orient und Occident, so konnte doch wenigstens die Herrschaft der Meere westlich von Sardinien und Sicilien noch für die Orientalen gerettet werden; und an deren Behauptung setzte Karthago die ganze dem aramäischen Stamme eigenthümliche zähe und umsichtige Energie. Die phoenikische Colonisirung wie der Widerstand der Phoenikier nahmen einen völlig anderen Charakter an. Die älteren phoenikischen Ansiedlungen, wie die sicilischen, welche Thukydides schildert, waren kaufmännische Factoreien; Karthago unterwarf sich ausgedehnte Landschaften mit zahlreichen Unterthanen und mächtigen Festungen. Hatten bisher die phoenikischen Niederlassungen vereinzelt den Griechen gegenübergestanden, so centralisirte jetzt die mächtige libysche Stadt in ihrem Bereiche die ganze Wehrkraft ihrer Stammverwandten mit einer Straffheit, der die griechische Geschichte nichts Aehnliches an die Seite zu stellen vermag. Vielleicht das wichtigste Moment aber dieser Reaction für die Folgezeit ist die enge Beziehung, in welche die schwächeren Phoenikier, um der Hellenen sich zu erwehren, zu den Eingebornen Siciliens und Italiens traten. Als Knidier und Rhodier um das J. 175 im Mittelpunkt der phoenikischen Ansiedlungen auf Sicilien bei Lilybaeon sich festzusetzen versuchten, wurden sie durch die Eingebornen — Elymer von Segeste — und Phoenikier wieder von dort vertrieben. Als die Phokaeer um 217 sich in Alalia (Aleria) auf Corsica Caere gegenüber niederliefsen, erschien, um sie von dort zu vertreiben, die vereinigte Flotte der Etrusker und der Karthager, hundert und zwanzig Segel stark; und obwohl in dieser Seeschlacht — einer der ältesten, die die Geschichte kennt — die nur halb so starke Flotte der Phokaeer sich den Sieg zuschrieb, so erreichten doch die Karthager und Etrusker, was sie durch den Angriff bezweckt hatten: die Phokaeer gaben Corsica auf und liefsen lieber an der weniger ausgesetzten lucanischen Küste in Hyele (Velia) sich nieder. Ein Tractat zwischen Etrurien und Karthago stellte nicht blofs die Regeln über Waareneinfuhr und Rechtsfolge fest, sondern schlofs auch ein Waffenbündnifs ($\sigma\nu\mu\mu\alpha\chi\acute{\iota}\alpha$) ein, von dessen ernstlicher Bedeutung eben jene Schlacht von Alalia zeugt. Charakteristisch ist es für die Stellung der Caeriten, dafs sie die phokaeischen Gefangenen auf dem Markt von Caere steinigten und alsdann, um den Frevel zu sühnen, den delphischen Apoll beschickten. — Latium hat dieser Fehde gegen die Hellenen sich nicht angeschlossen; vielmehr finden sich in sehr alter Zeit freundliche Beziehungen der Römer zu den Phokaeern in Hyele wie in Massalia und die Ardeaten sollen sogar gemeinschaftlich mit den Zakynthiern in Spanien eine Pflanzstadt, das spätere Saguntum gegründet haben. Doch haben die Latiner noch viel weniger sich auf die Seite der Hellenen gestellt; dafür bürgen sowohl die engen Beziehungen zwischen Rom und Caere als auch die Spuren alten Verkehrs zwischen den Latinern und den Karthagern. Der Stamm der Chanaaniten ist den Römern durch Vermittelung der Hellenen bekannt geworden, da sie, wie wir sahen (S. 130), ihn stets mit dem griechischen Namen genannt haben; aber dafs sie weder den Namen der Stadt Karthago*) noch den Volksnamen der Afrer**) von den Griechen entlehnt haben, dafs tyrische Waaren bei den älteren Römern mit dem ebenfalls die griechische Vermittelung ausschliefsenden Namen der sarranischen bezeichnet werden***),

---

*) Phoenikisch Karthada, griechisch Karchedon, römisch Cartago.
**) Der Name *Afri*, schon Ennius und Cato geläufig — vgl. *Scipio Africanus* — ist gewifs ungriechisch, höchst wahrscheinlich stammverwandt mit dem der Hebräer.
***) Sarranisch heifsen den Römern seit alter Zeit der tyrische Pur-

beweist ebenso wie die späteren Verträge den alten und unmittelbaren Handelsverkehr zwischen Latium und Karthago. — Der vereinigten Macht der Italiker und Phoenikier gelang es in der That die westliche Hälfte des Mittelmeers im Wesentlichen zu behaupten. Der nordwestliche Theil von Sicilien mit den wichtigen Häfen Soloeis und Panormos an der Nordküste, Motye an der Africa zugewandten Spitze blieb im unmittelbaren oder mittelbaren Besitz der Karthager. Um die Zeit des Kyros und Kroesos, eben als der weise Bias die Ionier zu bestimmen suchte insgesammt aus Kleinasien auswandernd in Sardinien sich niederzulassen (um 200), kam ihnen dort der karthagische Feldherr Malchus zuvor und bezwang einen bedeutenden Theil der wichtigen Insel mit Waffengewalt; ein halbes Jahrhundert später erscheint das ganze Gestade Sardiniens in unbestrittenem Besitz der karthagischen Gemeinde. Corsica dagegen mit den Städten Alalia und Nikaea fiel den Etruskern zu und die Eingeborenen zinsten an diese von den Producten ihrer armen Insel, dem Pech, Wachs und Honig. Im adriatischen Meer ferner sowie in den Gewässern westlich von Sicilien und Sardinien herrschten die verbündeten Etrusker und Karthager. Zwar gaben die Griechen den Kampf nicht auf. Jene von Lilybaeon vertriebenen Rhodier und Knidier setzten auf den Inseln zwischen Sicilien und Italien sich fest und gründeten hier die Stadt Lipara (175). Massalia gedieh trotz seiner Isolirung und monopolisirte bald den Handel von Nizza bis nach den Pyrenäen. An den Pyrenäen selbst ward von Lipara aus die Pflanzstadt Rhoda (jetzt Rosas) angelegt und auch in Saguntum sollen Zakynthier sich angesiedelt, ja selbst in Tingis (Tanger) in Mauretanien griechische Dynasten geherrscht haben. Aber mit dem Vorrücken war es denn doch für die Hellenen vorbei; nach Akragas Gründung sind ihnen bedeutende Gebietserweiterungen am adriatischen wie am westlichen Meer nicht mehr gelungen und die spanischen Gewässer wie der atlantische Ocean blieben ihnen verschlossen. Jahr aus Jahr ein fochten die Liparaeer mit den tuskischen ‚Seeräubern', die Karthager mit den Massalioten, den Kyrenaeern, vor allem den griechischen Sikelioten; aber nach keiner Seite hin ward ein dauerndes Re-

---

pur und die tyrische Flöte und auch als Beiname ist *Sarranus* wenigstens seit dem hannibalischen Kriege in Gebrauch. Der bei Ennius und Plautus vorkommende Stadtname *Sarra* ist wohl aus *Sarranus*, nicht unmittelbar aus dem einheimischen Namen *Sor* gebildet. Die griechische Form *Tyrus*, *Tyrius* möchte bei den Römern nicht vor Afranius (bei Festus p. 355 M.) vorkommen. Vgl. Movers Phön. 2, 1, 174.

sultat erreicht und das Ergebnifs der Jahrhunderte langen Kämpfe war im Ganzen die Aufrechthaltung des Statusquo. — So hatte Italien mittelbar wenigstens den Phoenikiern es zu danken, dafs wenigstens die mittleren und nördlichen Landschaften nicht colonisirt wurden, sondern hier, namentlich in Etrurien, eine nationale Seemacht ins Leben trat. Es fehlt aber auch nicht an Spuren, dafs die Phoenikier es schon der Mühe werth fanden wenn nicht gegen die latinischen, doch wenigstens gegen die seemächtigeren etruskischen Bundesgenossen diejenige Eifersucht zu entwickeln, die aller Seeherrschaft anzuhaften pflegt: der Bericht über die von den Karthagern verhinderte Aussendung einer etruskischen Colonie nach den kanarischen Inseln, wahr oder falsch, offenbart die hier obwaltenden rivalisirenden Interessen.

KAPITEL XI.

Recht und Gericht.

Das Volksleben in seiner unendlichen Mannichfaltigkeit anschaulich zu machen vermag die Geschichte nicht allein; es muſs ihr genügen die Entwickelung der Gesammtheit darzustellen. Das Schaffen und Handeln, das Denken und Dichten des Einzelnen, wie sehr sie auch von dem Zuge des Volksgeistes beherrscht werden, sind kein Theil der Geschichte. Dennoch scheint der Versuch diese Zustände wenn auch nur in den allgemeinsten Umrissen anzudeuten eben für diese älteste geschichtlich so gut wie verschollene Zeit deſswegen nothwendig, weil die tiefe Kluft, die unser Denken und Empfinden von dem der alten Culturvölker trennt, sich auf diesem Gebiet allein einigermaſsen zum Bewuſstsein bringen läſst. Unsere Ueberlieferung mit ihren verwirrten Völkernamen und getrübten Sagen ist wie die dürren Blätter, von denen wir mühsam begreifen, daſs sie einst grün gewesen sind; statt die unerquickliche Rede durch diese säuseln zu lassen und die Schnitzel der Menschheit, die Choner und Oenotrer, die Siculer und Pelasger zu classificiren, wird es sich besser schicken zu fragen, wie denn das reale Volksleben des alten Italien im Rechtsverkehr, das ideale in der Religion sich ausgeprägt, wie man gewirthschaftet und gehandelt hat, woher die Schrift den Völkern kam und die weiteren Elemente der Bildung. So dürftig auch hier unser Wissen ist, schon für das römische Volk, mehr noch für das der Sabeller und das etruskische, so wird doch selbst die geringe und lückenvolle Kunde dem Leser statt des Namens eine Anschauung oder doch eine Ahnung gewähren. Das Hauptergebniſs einer solchen

Moderner Charakter der italischen Cultur.

Betrachtung, um dies gleich hier vorwegzunehmen, läfst in dem Satze sich zusammenfassen, dafs bei den Italikern und insbesondere bei den Römern von den urzeitlichen Zuständen verhältnifsmäfsig weniger bewahrt worden ist als bei irgend einem andern indogermanischen Stamm. Pfeil und Bogen, Streitwagen, Eigenthumsunfähigkeit der Weiber, Kauf der Ehefrau, primitive Bestattungsform, Blutrache, mit der Gemeindegewalt ringende Geschlechterverfassung, lebendiger Natursymbolismus — alle diese und unzählige verwandte Erscheinungen müssen wohl auch als Grundlage der italischen Civilisation vorausgesetzt werden; aber wo diese uns zuerst anschaulich entgegen tritt, sind sie bereits spurlos verschwunden und nur die Vergleichung der verwandten Stämme belehrt uns über ihr einstmaliges Vorhandensein. Insofern beginnt die italische Geschichte bei einem weit späteren Civilisationsabschnitt als zum Beispiel die griechische und deutsche und trägt von Haus aus einen relativ modernen Charakter.

Die Rechtssatzungen der meisten italischen Stämme sind verschollen; nur von dem latinischen Landrecht ist in der römischen Ueberlieferung einige Kunde auf uns gekommen. —

Gerichtsbarkeit. Alle Gerichtsbarkeit ist zusammengefafst in der Gemeinde, das heifst in dem König, welcher Gericht oder ‚Gebot' (*ius*) hält an den Sprechtagen (*dies fasti*) auf der Richterbühne (*tribunal*) der Dingstätte, sitzend auf dem Wagenstuhl (*sella currulis**); ihm zur Seite stehen seine Boten (*lictores*), vor ihm der Angeklagte oder die Parteien (*rei*). Zwar entscheidet zunächst über die Knechte der Herr, über die Frauen der Vater, Ehemann oder nächste männliche Verwandte (S. 59); aber Knechte und Frauen galten auch zunächst nicht als Glieder der Gemeinde. Auch über hausunterthänige Söhne und Enkel concurrirte die hausväterliche Gewalt mit der königlichen Gerichtsbarkeit; aber eine eigentliche Gerichtsbarkeit war jene nicht, sondern lediglich ein Ausflufs des dem Vater an den Kindern zustehenden Eigenthumsrechts. Von einer eigenen Gerichtsbarkeit der Geschlechter oder überhaupt von irgend einer nicht aus der königlichen

---

*) Dieser ‚Wagenstuhl' — eine andere Erklärung ist sprachlich nicht wohl möglich (vgl. auch Servius zur Aeneis 1, 16) — wird wohl am einfachsten in der Weise erklärt, dafs der König in der Stadt allein zu fahren befugt war (S. 66), woher das Recht später dem höchsten Beamten für feierliche Gelegenheiten blieb, und dafs er ursprünglich, so lange es noch kein erhöhtes Tribunal gab, zu Wagen auf das Comitium fuhr und vom Wagenstuhl herab Recht sprach.

abgeleiteten Gerichtsherrlichkeit treffen wir nirgends eine Spur. Was die Selbsthülfe und namentlich die Blutrache anlangt, so findet sich vielleicht noch ein sagenhafter Nachklang der ursprünglichen Satzung, dafs die Tödtung des Mörders oder dessen, der ihn widerrechtlich beschützt, durch die Nächsten des Ermordeten gerechtfertigt sei; aber eben dieselben Sagen schon bezeichnen diese Satzung als verwerflich*) und es scheint demnach die Blutrache in Rom sehr früh durch das energische Auftreten der Gemeindegewalt unterdrückt worden zu sein. Eben so ist weder von dem Einflufs, der den Genossen und dem Umstand auf die Urtheilsfällung nach ältestem deutschem Recht zukommt, in dem ältesten römischen etwas wahrzunehmen, noch findet sich in diesem, was in jenem so häufig ist, dafs der Wille selbst und die Macht einen Anspruch mit den Waffen in der Hand zu vertreten als gerichtlich nothwendig oder doch zuzulässig behandelt wird. Das Gerichtsverfahren ist Staats- oder Privatprozefs, je nachdem der König von sich aus oder erst auf Anrufen des Verletzten einschreitet. Zu jenem kommt es nur, Verbrechen. wenn der gemeine Friede gebrochen ist, also vor allen Dingen im Falle des Landesverraths oder der Gemeinschaft mit dem Landesfeind (*proditio*) und der gewaltsamen Auflehnung gegen die Obrigkeit (*perduellio*). Aber auch der arge Mörder (*parricida*), der Knabenschänder, der Verletzer der jungfräulichen oder Frauenehre, der Brandstifter, der falsche Zeuge, ferner wer die Ernte durch bösen Zauber bespricht oder wer zur Nachtzeit auf dem der Hut der Götter und des Volkes überlassenen Acker unbefugt das Korn schneidet, auch sie brechen den gemeinen Frieden und werden defshalb dem Hochverräther gleich geachtet. Den Prozefs eröffnet und leitet der König und fällt das Urtheil, nachdem er mit den zugezogenen Rathmännern sich besprochen hat. Doch

---

*) Die Erzählung von dem Tode des Königs Tatius, wie Plutarch (*Rom.* 23. 24) sie giebt: dafs Verwandte des Tatius laurentische Gesandte ermordet hätten; dafs Tatius den klagenden Verwandten des Erschlagenen das Recht geweigert habe; dafs dann Tatius von diesen erschlagen worden sei; dafs Romulus die Mörder des Tatius freigesprochen, weil Mord mit Mord gesühnt sei; dafs aber in Folge göttlicher über beide Städte zugleich ergangener Strafgerichte sowohl die ersten als die zweiten Mörder in Rom und in Laurentum nachträglich zur gerechten Strafe gezogen seien — diese Erzählung sieht ganz aus wie eine Historisirung der Abschaffung der Blutrache, ähnlich wie die Einführung der Provocation dem Horatiermythus zu Grunde liegt. Die anderswo vorkommenden Fassungen dieser Erzählung weichen freilich bedeutend ab, scheinen aber auch verwirrt oder zurechtgemacht.

steht es ihm frei, nachdem er den Prozeſs eingeleitet hat, die
weitere Verhandlung und die Urtheilsfällung an Stellvertreter zu
übertragen, die regelmäſsig aus dem Rath genommen werden.
Auſserordentliche Stellvertreter der Art sind die Commissarien
zur Aburtheilung der Empörung (*duoviri perduellionis*). Ständige Stellvertreter scheinen die ‚Mordspürer' (*quaestores parri-
cidii*) gewesen zu sein, denen zunächst wohl die Aufspürung und
Verhaftung der Mörder, also eine gewisse polizeiliche Thätigkeit
oblag. Untersuchungshaft ist Regel, doch kann auch der Angeklagte gegen Bürgschaft entlassen werden. Folterung zur Er-
zwingung des Geständnisses kommt nur vor für Sklaven. Wer
überwiesen ist, den gemeinen Frieden gebrochen zu haben, büſst
immer mit dem Leben; die Todesstrafen sind mannichfaltig: so
wird der falsche Zeuge vom Burgfelsen gestürzt, der Erntedieb
aufgeknüpft, der Brandstifter verbrannt. Begnadigen kann der
König nicht, sondern nur die Gemeinde; der König aber kann
dem Verurtheilten die Betretung des Gnadenweges (*provocatio*)
gestatten oder verweigern. Auſserdem kennt das Recht auch
eine Begnadigung des verurtheilten Verbrechers durch die Götter: wer vor dem Priester des Jupiter einen Kniefall thut, darf
an demselben Tage nicht mit Ruthen gestrichen, wer gefesselt
sein Haus betritt, muſs der Bande entledigt werden; und das
Leben ist dem Verbrecher geschenkt, welcher auf seinem Gang
zum Tode einer der heiligen Jungfrauen der Vesta zufällig be-

Ordnungs- gegnet. — Buſsen an den Staat wegen Ordnungswidrigkeit und
strafen. Polizeivergehen verhängt der König nach Ermessen; sie bestehen
in einer bestimmten Zahl (daher der Name *multa*) von Rindern
oder Schafen. Auch Ruthenhiebe zu erkennen, steht in seiner

Privatrecht. Hand. — In allen übrigen Fällen, wo nur der Einzelne, nicht der
gemeine Friede verletzt war, schreitet der Staat nur ein auf Anrufen des Verletzten, welcher den Gegner veranlaſst, nöthigenfalls mit handhafter Gewalt zwingt sich mit ihm persönlich dem
König zu stellen. Sind beide Parteien erschienen und hat der
Kläger die Forderung mündlich vorgetragen, der Beklagte deren
Erfüllung in gleicher Weise verweigert, so kann der König entweder selbst die Sache untersuchen oder sie in seinem Namen
durch einen Stellvertreter abmachen lassen. Als die regelmäſsige
Form der Sühnung eines solchen Unrechts galt der Vergleich
zwischen dem Verletzer und dem Verletzten; der Staat trat nur
ergänzend ein, wenn der Dieb den Bestohlenen, der Schädiger
den Geschädigten nicht durch eine ausreichende Sühne (*poena*)
zufriedenstellte, wenn Jemand sein Eigenthum vorenthalten

oder seine gerechte Forderung nicht erfüllt ward. — Ob und wann in dieser Epoche der Diebstahl als sühnbar galt und was in diesem Falle der Bestohlene von dem Dieb zu fordern berechtigt war, läfst sich nicht bestimmen. Billig aber forderte der Verletzte von dem auf frischer That ergriffenen Diebe Schwereres als von dem später entdeckten, da die Erbitterung, welche eben zu sühnen ist, gegen jenen stärker ist als gegen diesen. Erschien der Diebstahl der Sühne unfähig oder war der Dieb nicht im Stande die von dem Beschädigten geforderte und von dem Richter gebilligte Schätzung zu erlegen, so ward er vom Richter dem Bestohlenen als eigener Mann zugesprochen. — Bei Schädigung (*iniuria*) des Körpers wie der Sachen mufste in den leichteren Fällen der Verletzte wohl unbedingt Sühne nehmen; ging dagegen durch dieselbe ein Glied verloren, so konnte der Verstümmelte Auge um Auge fordern und Zahn um Zahn. — Das Eigenthum hat, da das Ackerland bei den Römern lange in Feldgemeinschaft benutzt und erst in verhältnifsmäfsig später Zeit aufgetheilt worden ist, sich nicht an den Liegenschaften, sondern zunächst an dem ‚Sklaven- und Viehstand' (*familia pecuniaque*) entwickelt. Als Rechtsgrund desselben gilt nicht etwa das Recht des Stärkeren, sondern man betrachtet vielmehr alles Eigenthum als dem einzelnen Bürger von der Gemeinde zu ausschliefslichem Haben und Nutzen zugetheilt, wefshalb auch nur der Bürger und wen die Gemeinde in dieser Beziehung dem Bürger gleich achtet fähig ist Eigenthum zu haben. Alles Eigenthum geht frei von Hand zu Hand; das römische Recht macht zwischen beweglichem und unbeweglichem Gut keinen wesentlichen Unterschied, seit überhaupt der Begriff des Privateigenthums auf das letztere erstreckt war, und kennt kein unbedingtes Anrecht der Kinder oder der sonstigen Verwandten auf das väterliche oder Familienvermögen. Indefs ist es dem Vater nicht möglich die Kinder ihres Erbrechts willkürlich zu berauben, da er weder die väterliche Gewalt aufheben noch anders als mit Einwilligung der ganzen Gemeinde, die auch versagt werden konnte und in solchem Falle gewifs oft versagt ward, ein Testament errichten kann. Bei seinen Lebzeiten zwar konnte der Vater auch den Kindern nachtheilige Verfügungen treffen; denn mit persönlichen Beschränkungen des Eigenthümers war das Recht sparsam und gestattete im Ganzen jedem erwachsenen Mann die freie Verfügung über sein Gut. Doch mag die Einrichtung, wonach derjenige, welcher sein Erbgut veräufserte und seine Kinder desselben beraubte, obrigkeitlich gleich dem Wahnsinnigen unter Vormundschaft gesetzt ward, wohl schon bis in die Zeit zurückreichen, wo das Ackerland zuerst aufgetheilt ward und damit das Privatvermögen überhaupt eine gröfsere Bedeutung für das Gemeinwesen erhielt. Auf diesem Wege wurden die beiden Gegensätze, unbeschränktes Verfügungsrecht des Eigenthümers und Zusammenhaltung des Familienguts, so weit möglich im römischen Recht mit einander vereinigt. Dingliche Beschränkungen des Eigenthums wurden, mit Ausnahme der namentlich für die Landwirthschaft unentbehrlichen Gerechtigkeiten, durchaus nicht zugelassen. Erbpacht und dingliche Grundrente sind rechtlich unmöglich; anstatt der Verpfändung, die das Recht ebenso wenig kennt, dient die sofortige Uebertragung des Eigenthums an dem Unterpfand auf den Gläubiger gleichsam als den Käufer desselben, wobei dieser sein Treuwort (*fiducia*) giebt bis zum Verfall die Sache nicht zu veräufsern und sie nach Rückzahlung der vorgestreckten Summe dem Schuldner zurückzustellen. — Verträge, die der Staat mit einem Bürger abschliefst, namentlich die Verpflichtung der für eine Leistung an den Staat eintretenden Garanten (*praevides, praedes*), sind ohne weitere Förmlichkeit gültig. Dagegen die Verträge der Privaten unter einander geben in der Regel keinen Anspruch auf Rechtshülfe von Seiten des Staats; den Gläubiger schützt nur das nach kaufmännischer Art hochgehaltene Treuwort und etwa noch bei dem häufig hinzutretenden Eide die Scheu vor den den Meineid rächenden Göttern. Rechtlich klagbar sind nur das Verlöbnifs, in Folge dessen der Vater, wenn er die versprochene Braut nicht giebt, dafür Sühne und Ersatz zu leisten hat, ferner der Kauf (*mancipatio*) und das Darlehn (*nexum*). Der Kauf gilt als rechtlich abgeschlossen dann, wenn der Verkäufer dem Käufer die gekaufte Sache in die Hand giebt (*mancipare*) und gleichzeitig der Käufer dem Verkäufer den bedungenen Preis in Gegenwart von Zeugen entrichtet; was, seit das Kupfer anstatt der Schafe und Rinder der regelmäfsige Werthmesser geworden war, geschah durch Zuwägen der bedungenen Quantität Kupfer auf der von einem Unparteiischen richtig gehaltenen Wage*). Unter

---

*) Die Mancipation in ihrer entwickelten Gestalt ist nothwendig jünger als die servianische Reform, wie die nach der Zahl der Classen abgemessene Zahl der Zeugen und die auf die Feststellung des Bauerneigenthums gerichtete Auswahl der mancipablen Objecte beweisen, und wie selbst die Tradition angenommen haben mufs, da sie Servius zum Erfinder der Wage macht. Ihrem Ursprung nach mufs aber die Mancipation weit älter sein, denn sie pafst zunächst nur auf Gegenstände, die durch Er-

diesen Voraussetzungen mufs der Verkäufer dafür einstehen, dafs er Eigenthümer sei, und überdiefs der Verkäufer wie der Käufer jede besonders eingegangene Beredung erfüllen; widrigenfalls büfst er dem anderen Theil ähnlich wie wenn er die Sache ihm entwendet hätte. Immer aber bewirkt der Kauf eine Klage nur dann, wenn er Zug um Zug beiderseits erfüllt war; Kauf auf Credit giebt und nimmt kein Eigenthum und begründet keine Klage. In ähnlicher Art wird das Darlehen eingegangen, indem der Gläubiger dem Schuldner vor Zeugen die bedungene Quantität Kupfer unter Verpflichtung (*nexum*) zur Rückgabe zuwägt. Der Schuldner hat aufser dem Capital noch den Zins zu entrichten, welcher unter gewöhnlichen Verhältnissen wohl für das Jahr zehn Procent betrug*). In der gleichen Form erfolgte seiner Zeit auch die Rückzahlung des Darlehns. Erfüllte ein Schuldner dem Staat gegenüber seine Verbindlichkeit nicht, so wurde derselbe ohne weiteres mit allem was er hatte verkauft; dafs der Staat forderte, genügte zur Constatirung der Schuld. Ward dagegen von einem Privaten die Vergewaltigung seines Eigenthums dem König angezeigt (*vindiciae*) oder erfolgte die Rückzahlung des empfangenen Darlehns nicht, so kam es darauf an, ob das Sachverhältnifs erst festzustellen war oder schon klar vorlag, welches letztere bei Eigenthumsklagen nicht wohl denkbar war, dagegen bei Darlehnsklagen nach den geltenden Rechtsnormen mittelst der Zeugen leicht bewerkstelligt werden konnte. Die Feststellung des Sachverhältnisses geschah in Form einer Wette, wobei jede Partei für den Fall des Unterliegens einen Einsatz (*sacramentum*) machte: bei wichtigen Sachen von mehr als zehn Rindern Werth einen von fünf Rindern, bei geringeren einen von fünf Schafen. Der Richter entschied sodann, wer recht gewettet habe,

Privatprozefs.

---

greifen mit der Hand erworben werden und mufs also in ihrer ältesten Gestalt der Epoche angehören, wo das Vermögen wesentlich in Sklaven und Vieh (*familia pecuniaque*) bestand. Die Zahl der Zeugen und die Aufzählung derjenigen Gegenstände, die mancipirt werden mufsten, werden demnach servianische Neuerungen sein; die Mancipation selbst und also auch der Gebrauch der Wage und des Kupfers sind älter. Ohne Zweifel ist die Mancipation ursprünglich allgemeine Kaufform und noch nach der servianischen Reform bei allen Sachen vorgekommen; erst späteres Mifsverständnifs deutete die Vorschrift, dafs gewisse Sachen mancipirt werden müfsten, dahin um, dafs nur diese Sachen und keine anderen mancipirt werden könnten.

*) Nämlich für das zehnmonatliche Jahr den zwölften Theil des Capitals (*uncia*), also für das zehnmonatliche Jahr 8⅓, für das zwölfmonatliche 10 vom Hundert.

worauf der Einsatz der unterliegenden Partei den Priestern zum Behuf der öffentlichen Opfer zufiel. Wer also unrecht gewettet hatte und ohne den Gegner zu befriedigen dreifsig Tage hatte verstreichen lassen; ferner wessen Leistungspflicht von Anfang an feststand, also regelmäfsig der Darlehnsschuldner, wofern er nicht Zeugen für die Rückzahlung hatte, unterlag dem Executionsverfahren ‚durch Handanlegung' (*manus iniectio*), indem ihn der Kläger packte, wo er ihn fand und ihn vor Gericht stellte, lediglich um die anerkannte Schuld zu erfüllen. Vertheidigen durfte der Ergriffene sich selber nicht; ein Dritter konnte zwar für ihn auftreten und diese Gewaltthat als unbefugte bezeichnen (*vindex*), worauf dann das Verfahren eingestellt ward; allein diese Vertretung machte den Vertreter persönlich verantwortlich, wefshalb auch für ansässige Leute nur andere Ansässige Vertreter sein konnten. Trat weder Erfüllung noch Vertretung ein, so sprach der König den Ergriffenen dem Gläubiger so zu, dafs er ihn abführen und halten konnte gleich einem Sklaven. Waren alsdann sechzig Tage verstrichen und war während derselben der Schuldner dreimal auf dem Markt ausgestellt und dabei ausgerufen worden, ob Jemand seiner sich erbarme, und dies alles ohne Erfolg geblieben, so hatten die Gläubiger das Recht ihn zu tödten und sich in seine Leiche zu theilen, oder auch ihn mit seinen Kindern und seiner Habe als Sklaven in die Fremde zu verkaufen, oder auch ihn bei sich an Sklaven Statt zu halten; denn freilich konnte er, so lange er im Kreis der römischen Gemeinde blieb, nach römischem Recht nicht vollständig Sklave werden (S. 106). So ward Habe und Gut eines Jeden von der römischen Gemeinde gegen den Dieb und Schädiger sowohl wie gegen den unbefugten Besitzer und den zahlungsunfähigen Schuldner mit unnachsichtlicher Strenge geschirmt. — Ebenso schirmte man das Gut der nicht wehrhaften, also auch nicht zur Schirmung des eigenen Vermögens fähigen Personen, der Unmündigen und der Wahnsinnigen und vor allem das der Weiber, indem man die nächsten Erben zu der Hut desselben berief. — Nach dem Tode fällt das Gut den nächsten Erben zu, wobei alle Gleichberechtigten, auch die Weiber gleiche Theile erhalten und die Wittwe mit den Kindern auf einen Kopftheil zugelassen wird. Dispensiren von der gesetzlichen Erbfolge kann nur die Volksversammlung, wobei noch vorher der an dem Vermögen haftenden Sacralpflichten wegen das Gutachten der Priester einzuholen ist; indefs scheinen solche Dispensationen früh sehr häufig geworden zu sein und wo sie fehlte, konnte bei der vollkommen freien Dispo-

Vormundschaft. Erbrecht.

sition, die einem Jeden über sein Vermögen bei seinen Lebzeiten zustand, diesem Mangel dadurch einigermafsen abgeholfen werden, dafs man sein Gesammtvermögen einem Freund übertrug, der dasselbe nach dem Tode dem Willen des Verstorbenen gemäfs vertheilte. — Die Freilassung war dem ältesten Recht unbekannt. Der Eigenthümer konnte freilich der Ausübung seines Eigenthumsrechts sich enthalten; aber die zwischen dem Herrn und dem Sklaven bestehende Unmöglichkeit gegenseitiger Verbindlichmachung wurde hiedurch nicht aufgehoben, noch weniger dem letzteren der Gemeinde gegenüber das Gast- oder gar das Bürgerrecht erworben. Die Freilassung kann daher anfangs nur Thatsache, nicht Recht gewesen sein und dem Herrn nie die Möglichkeit abgeschnitten haben den Freigelassenen wieder nach Gefallen als Sklaven zu behandeln. Indefs ging man hiervon ab in den Fällen, wo sich der Herr nicht blofs dem Sklaven, sondern der Gemeinde gegenüber anheischig gemacht hatte denselben im Besitze der Freiheit zu lassen. Eine eigene Rechtsform für eine solche Bindung des Herrn gab es jedoch nicht — der beste Beweis, dafs es anfänglich eine Freilassung nicht gegeben haben kann — sondern es wurden dafür diejenigen Wege benutzt, welche das Recht sonst darbot: das Testament, der Prozefs, die Schatzung. Wenn der Herr entweder bei Errichtung seines letzten Willens in der Volksversammlung den Sklaven freigesprochen hatte oder wenn er dem Sklaven verstattet hatte ihm gegenüber vor Gericht die Freiheit anzusprechen oder auch sich in die Schatzungsliste einzeichnen zu lassen, so galt der Freigelassene zwar nicht als Bürger, aber wohl als frei selbst dem früheren Herrn und dessen Erben gegenüber und demnach anfangs als Schutzverwandter, späterhin als Plebejer (S. 88). — Auf gröfsere Schwierigkeiten als die Freilassung des Knechts stiefs diejenige des Sohnes; denn wenn das Verhältnifs des Herrn zum Knecht zufällig und darum willkürlich lösbar ist, so kann der Vater nie aufhören Vater zu sein. Darum mufste späterhin der Sohn, um von dem Vater sich zu lösen, erst in die Knechtschaft eintreten um dann aus dieser entlassen zu werden; in der gegenwärtigen Periode aber kann es eine Emancipation überhaupt noch nicht gegeben haben.

Nach diesem Rechte lebten in Rom die Bürger und die Schutzverwandten, zwischen denen, so weit wir sehen von Anfang an, die vollständigste privatrechtliche Gleichheit bestand. Der Fremde dagegen, sofern er sich nicht einem römischen Schutzherrn ergeben hat und also als Schutzverwandter lebt, ist rechtlos, er wie seine Habe. Was der römische Bürger ihm abnimmt, das ist ebenso recht erworben wie die am Meeresufer aufgelesene herrenlose Muschel; nur das Grundstück, das aufserhalb der römischen Grenze liegt, kann der römische Bürger wohl factisch gewinnen, aber nicht im Rechtssinn als dessen Eigenthümer gelten; denn die Grenze der Gemeinde vorzurücken ist der einzelne Bürger nicht befugt. Anders ist es im Kriege; was der Soldat gewinnt, der unter dem Heerbann ficht, bewegliches wie unbewegliches Gut, fällt nicht ihm zu, sondern dem Staat, und hier hängt es denn auch von diesem ab die Grenze vorzuschieben oder zurückzunehmen. — Ausnahmen von diesen allgemeinen Regeln entstehen durch besondere Staatsverträge, die den Mitgliedern fremder Gemeinden innerhalb der römischen gewisse Rechte sichern. Vor allem erklärte das ewige Bündnifs zwischen Rom und Latium alle Verträge zwischen Römern und Latinern für rechtsgültig und verordnete zugleich für diese einen beschleunigten Civilprozefs vor geschwornen ‚Wiederschaffern‘ (*reciperatores*), welche, da sie, gegen den sonstigen römischen Gebrauch, einem Einzelrichter die Entscheidung zu übertragen, immer in der Mehrheit und in ungerader Zahl sitzen, wohl als ein aus Richtern beider Nationen und einem Obmann zusammengesetztes Handels- und Mefsgericht zu denken sind. Sie urtheilen am Ort des abgeschlossenen Vertrages und müssen spätestens in zehn Tagen den Prozefs beendigt haben. Die Formen, in denen der Verkehr zwischen Römern und Latinern sich bewegte, waren natürlich die allgemeinen, in denen auch Patricier und Plebejer mit einander verkehrten; denn die Mancipation und das Nexum sind ursprünglich gar keine Formalacte, sondern der prägnante Ausdruck der Rechtsbegriffe, deren Herrschaft reichte wenigstens so weit man lateinisch sprach. — In anderer Weise und anderen Formen ward der Verkehr mit dem eigentlichen Ausland vermittelt. Schon in frühester Zeit müssen mit den Caeriten und andern befreundeten Völkern Verträge über Verkehr und Rechtsfolge abgeschlossen, und die Grundlage des internationalen Privatrechts (*ius gentium*) geworden sein, das sich in Rom allmählich neben dem Landrecht entwickelt hat. Eine Spur dieser Rechtsbildung ist das merkwürdige *mutuum*, der ‚Wandel‘ (von *mutare*, wie *dividuus*); eine Form des Darlehns, die nicht wie das Nexum auf einer ausdrücklich vor Zeugen abgegebenen bindenden Erklärung des Schuldners, sondern auf dem blofsen Uebergang des Geldes aus einer Hand in die andere beruht und die so offenbar dem Verkehr mit Fremden entsprungen ist wie das Nexum dem einheimischen Geschäftsverkehr. Es ist darum charakteristisch, dafs das Wort als μοῖτον im sicilischen Griechisch wiederkehrt; womit zu verbinden ist das Wiedererscheinen des lateinischen *carcer* in dem sicilischen κάρκαρον. Da es sprachlich feststeht, dafs beide Wörter ursprünglich latinisch sind, so wird ihr Vorkommen in dem sicilischen Localdialect ein wichtiges Zeugnifs von dem häufigen Verkehr der latinischen Schiffer auf der Insel, welcher sie veranlafste dort Geld zu borgen und der Schuldhaft, die ja überall in den älteren Rechten die Folge des nicht bezahlten Darlehns ist, sich zu unterwerfen. Umgekehrt ward der Name des syrakusanischen Gefängnisses, ‚Steinbrüche‘ oder λατομίαι, in alter Zeit auf das erweiterte römische Staatsgefängnifs, die *lautumiae* übertragen.

Werfen wir noch einen Blick zurück auf die Gesammtheit dieser Institutionen, die im Wesentlichen entnommen sind der ältesten etwa ein halbes Jahrhundert nach der Abschaffung des Königthums veranstalteten Aufzeichnung des römischen Gewohnheitsrechts und deren Bestehen schon in der Königszeit sich wohl für einzelne Punkte, aber nicht im Ganzen bezweifeln läfst, so erkennen wir darin das Recht einer weit vorgeschrittenen ebenso liberalen als consequenten Acker- und Kaufstadt. Hier ist die conventionelle Bildersprache, wie zum Beispiel die deutschen Rechtssatzungen sie aufzeigen, bereits völlig verschollen. Es unterliegt keinem Zweifel, dafs eine solche auch bei den Italikern einmal vorgekommen sein mufs; merkwürdige Belege dafür sind zum Beispiel die Form der Haussuchung, wobei der Suchende nach römischer wie nach deutscher Sitte ohne Obergewand im blofsen Hemd erscheinen mufste, und vor allem die uralte latinische Formel der Kriegserklärung, worin zwei wenigstens auch bei den Kelten und den Deutschen vorkommende Symbole begegnen: das ‚reine Kraut‘ (*herba pura*, fränkisch *chrene chruda*) als Symbol des heimischen Bodens und der angesengte blutige Stab als Zeichen der Kriegseröffnung. Mit wenigen Ausnahmen aber, in denen religiöse Rücksichten die alterthümlichen Gebräuche schützten — dahin gehört aufser der Kriegserklärung durch das Fetialencollegium namentlich noch die Confarreation — verwirft das römische Recht, das wir kennen, durchaus und principiell das Symbol und fordert in allen Fällen nicht mehr und nicht weniger als den vollen und reinen Ausdruck des Willens. Die Uebergabe der Sache, die Aufforderung zum Zeugnifs, die Eingehung der Ehe sind vollzogen, so wie die Parteien die Absicht in verständlicher Weise erklärt haben; es ist zwar üblich dem

Charakter des römischen Rechts.

neuen Eigenthümer die Sache in die Hand zu geben, den zum Zeugnifs Geladenen am Ohre zu zupfen, der Braut das Haupt zu verhüllen und sie in feierlichem Zuge in das Haus des Mannes einzuführen; aber alle diese uralten Uebungen sind schon nach ältesten römischen Landrecht rechtlich werthlose Gebräuche. Vollkommen analog wie aus der Religion alle Allegorie und damit alle Personification beseitigt ward, wurde auch aus dem Rechte jede Symbolik grundsätzlich ausgetrieben. Hier ist ebenso jener älteste Zustand, den die hellenischen wie die germanischen Institutionen uns darstellen, wo die Gemeindegewalt noch ringt mit der Autorität der kleineren in der Gemeinde aufgegangenen Geschlechts- oder Gaugenossenschaften, gänzlich beseitigt; es giebt keine Rechtsallianz innerhalb des Staates zur Ergänzung der unvollkommenen Staatshülfe durch gegenseitigen Schutz und Trutz; keine ernstliche Spur der Blutrache oder des die Verfügung des Einzelnen beschränkenden Familieneigenthums. Auch dergleichen mufs wohl einmal bei den Italikern bestanden haben; es mag in einzelnen Institutionen des Sacralrechts, zum Beispiel in dem Sühnbock, den der unfreiwillige Todtschläger den nächsten Verwandten des Getödteten zu geben verpflichtet war, davon eine Spur sich finden; allein schon für die älteste Periode Roms, die wir in Gedanken erfassen können, ist dies ein längst überwundener Standpunkt. Zwar ist das Geschlecht, die Familie in der römischen Gemeinde nicht vernichtet; aber die ideelle wie die reale Allmacht des Staates auf dem staatlichen Gebiet ist durch sie ebenso wenig beschränkt als durch die Freiheit, die der Staat dem Bürger gewährt und gewährleistet. Der letzte Rechtsgrund ist überall der Staat: die Freiheit ist nur ein andrer Ausdruck für das Bürgerrecht im weitesten Sinn; alles Eigenthum beruht auf ausdrücklicher oder stillschweigender Uebertragung von der Gemeinde auf den Einzelnen; der Vertrag gilt nur, insofern die Gemeinde in ihren Vertretern ihn bezeugt, das Testament nur insofern die Gemeinde es bestätigt. Scharf und klar sind die Gebiete des öffentlichen und des Privatrechts von einander geschieden: die Vergehen gegen den Staat, welche unmittelbar das Gericht des Staates herbeirufen und immer Lebensstrafe nach sich ziehen; die Vergehen gegen den Mitbürger oder den Gast, welche zunächst auf dem Wege des Vergleichs durch Sühne oder Befriedigung des Verletzten erledigt und niemals mit dem Leben gebüfst werden, sondern höchstens mit dem Verlust der Freiheit. Hand in Hand gehen die gröfste Liberalität in Gestattung des Verkehrs und das strengste Executionsverfahren;

ganz wie heutzutage in Handelsstaaten die allgemeine Wechselfähigkeit und der strenge Wechselprozeſs zusammen auftreten. Der Bürger und der Schutzgenosse stehen sich im Verkehr vollkommen gleich; Staatsverträge gestatten umfassende Rechtsgleichheit auch dem Gast; die Frauen sind in der Rechtsfähigkeit mit den Männern völlig auf eine Linie gestellt, obwohl sie im Handeln beschränkt sind; ja der kaum erwachsene Knabe bekommt sogleich das umfassendste Dispositionsrecht über sein Vermögen, und wer überhaupt verfügen kann, ist in seinem Kreise so souverän, wie im öffentlichen Gebiet der Staat. Höchst charakteristisch ist das Creditsystem: ein Bodencredit existirt nicht, sondern anstatt der Hypothekarschuld tritt sofort ein, womit heutzutage das Hypothekarverfahren schliefst, der Uebergang des Eigenthums vom Schuldner auf den Gläubiger; dagegen ist der persönliche Credit in der umfassendsten, um nicht zu sagen ausschweifendsten Weise garantirt, indem der Gesetzgeber den Gläubiger befugt den zahlungsunfähigen Schuldner dem Diebe gleich zu behandeln und ihm dasjenige, was Shylock sich von seinem Todfeind halb zum Spott ausbedingt, hier in vollkommenem legislatorischen Ernste einräumt, ja den Punkt wegen des Zuvielabschneidens sorgfältiger verclausulirt als es der Jude that. Deutlicher konnte das Gesetz es nicht aussprechen, daſs es zugleich unabhängige nicht verschuldete Bauernwesen und kaufmännischen Credit herzustellen, alles Scheineigenthum aber wie alle Wortlosigkeit mit unerbittlicher Energie zu unterdrücken beabsichtigte. Nimmt man dazu das früh anerkannte Niederlassungsrecht sämmtlicher Latiner (S. 106) und die gleichfalls früh ausgesprochene Gültigkeit der Civilehe (S. 90), so wird man erkennen, daſs dieser Staat, der das Höchste von seinen Bürgern verlangte und den Begriff der Unterthänigkeit des Einzelnen unter die Gesammtheit steigerte wie keiner vor oder nach ihm, dies nur that und nur thun konnte, weil er die Schranken des Verkehrs selber niederwarf und die Freiheit ebenso sehr entfesselte, wie er sie beschränkte. Gestattend oder hemmend tritt das Recht stets unbedingt auf: wie der unvertretene Fremde dem gehetzten Wild, so steht der Gast dem Bürger gleich; der Vertrag giebt regelmäſsig keine Klage, aber wo das Recht des Gläubigers anerkannt wird, da ist es so allmächtig, daſs dem Armen nirgends eine Rettung, nirgends eine menschliche und billige Berücksichtigung sich zeigt; es ist als fände das Recht eine Freude daran überall die schärfsten Spitzen hervorzukehren, die äuſsersten Consequenzen zu ziehen, das Tyrannische des Rechtsbegriffs gewaltsam dem blödesten Verstande aufzudrängen. Die poetische Form, die gemüthliche Anschaulichkeit, die in den germanischen Rechtsordnungen anmuthig walten, sind dem Römer fremd; in seinem Recht ist alles klar und knapp, kein Symbol angewandt, keine Institution zu viel. Es ist nicht grausam; alles Nöthige wird vollzogen ohne Umstände, auch die Todesstrafe; dafs der Freie nicht gefoltert werden kann, ist ein Ursatz des römischen Rechts, den zu gewinnen andre Völker Jahrtausende haben ringen müssen. Aber es ist schrecklich, dies Recht mit seiner unerbittlichen Strenge, die man sich nicht allzusehr gemildert denken darf durch eine humane Praxis, denn es ist ja Volksrecht — schrecklicher als die Bleidächer und die Marterkammern jene Reihe lebendiger Begräbnisse, die der Arme in den Schuldthürmen der Vermögenden klaffen sah. Aber darin eben ist die Gröfse Roms beschlossen und begründet, dafs das Volk sich selber ein Recht gesetzt und ein Recht ertragen hat, in dem die ewigen Grundsätze der Freiheit und der Botmäfsigkeit, des Eigenthums und der Rechtsfolge unverfälscht und ungemildert walteten und heute noch walten.

KAPITEL XII.

Religion.

Die römische Götterwelt ist, wie schon früher (S. 27) an-gedeutet ward, hervorgegangen aus der Wiederspiegelung des irdischen Rom in einem höheren und idealen Anschauungsgebiet, in dem sich mit peinlicher Genauigkeit das Kleine wie das Grofse wiederholte. Der Staat und das Geschlecht, das einzelne Naturereignifs wie die einzelne geistige Thätigkeit, jeder Mensch, jeder Ort und Gegenstand, ja jede Handlung innerhalb des römischen Rechtskreises kehrten in der römischen Götterwelt wieder; und wie der Bestand der irdischen Dinge fluthet im ewigen Kommen und Gehen, so schwankt auch mit ihm der Götterkreis. Der Schutzgeist, der über der einzelnen Handlung waltet, dauert nicht länger als diese Handlung selbst, der Schutzgeist des einzelnen Menschen lebt und stirbt mit dem Menschen; und nur insofern kommt auch diesen Götterwesen ewige Dauer zu, als ähnliche Handlungen und gleichartige Menschen und damit auch gleichartige Geister immer aufs Neue sich erzeugen. Wie die römischen über der römischen, walten über jeder auswärtigen Gemeinde deren eigene Gottheiten; wie schroff auch der Bürger dem Nichtbürger, der römische dem fremden Gott entgegentreten mag, so können fremde Menschen wie fremde Gottheiten dennoch durch Gemeindebeschlufs in Rom eingebürgert werden, und wenn aus der eroberten Stadt die Bürger nach Rom übersiedelten, wurden auch wohl die Stadtgötter eingeladen in Rom eine neue Stätte sich zu bereiten. — Den ursprünglichen Götterkreis, wie er in Rom vor jeder Berührung mit den Griechen sich gestaltet hat,

[margin: Römische Religion. Aelteste römische Festtafel.]

lernen wir kennen aus dem Verzeichnifs der öffentlichen und benannten Festtage (*feriae publicae*) der römischen Gemeinde, das in dem Kalender derselben erhalten und ohne Frage die älteste aller aus dem römischen Alterthum auf uns gekommenen Urkunden ist. Den Vorrang in demselben nehmen die Götter Jupiter und Mars nebst dem Doppelgänger des letzteren, dem Quirinus ein. Dem Jupiter sind alle Vollmondstage (*idus*) heilig, aufserdem die sämmtlichen Weinfeste und verschiedene andere später noch zu erwähnende Tage; seinem Widerspiel, dem ‚bösen Jovis' (*Vediovis*) ist der 21. Mai (*agonalia*) gewidmet. Dem Mars dagegen gehört das Neujahr des 1. März und überhaupt das grofse Kriegerfest in diesem von dem Gotte selbst benannten Monat, das, eingeleitet durch das Pferderennen (*equirria*) am 27. Febr., im März selbst an den Tagen des Schildschmiedes (*equirria* oder *Mamuralia*, März 14), des Waffentanzes auf der Dingstätte (*quinquatrus*, März 19) und der Drommetenweihe (*tubilustrium*, März 23) seine Hochtage hatte. Wie, wenn ein Krieg zu führen war, derselbe mit diesem Feste begann, so folgte nach Beendigung des Feldzuges im Herbst wiederum eine Marsfeier, das Fest der Waffenweihe (*armilustrium*, Oct. 19). Dem zweiten Mars endlich, dem Quirinus war der 17. Febr. (*Quirinalia*) eigen. Unter den übrigen Festtagen nehmen die auf den Acker- und Weinbau bezüglichen die erste Stelle ein, woneben die Hirtenfeste eine untergeordnete Rolle spielen. Hieher gehört vor allem die grofse Reihe der Frühlingsfeste im April, wo am 15. der Tellus, das ist der nährenden Erde (*fordicidia*, Opfer der trächtigen Kuh) und am 19. der Ceres, das ist der Göttin des sprossenden Wachsthums (*Cerialia*), dann am 21. der befruchtenden Heerdengöttin Pales (*Parilia*), am 23. dem Jupiter als dem Schützer der Reben und der an diesem Tage zuerst sich öffnenden Fässer von der vorjährigen Lese (*Vinalia*), am 25. dem bösen Feinde der Saaten, dem Roste (*Robigus: Robigalia*) Opfer dargebracht werden. Ebenso wird nach vollendeter Arbeit und glücklich eingebrachtem Segen der Felder dem Gott und der Göttin des Einbringens und der Ernte, dem Consus (von *condere*) und der Ops ein Doppelfest gefeiert: zunächst unmittelbar nach vollbrachtem Schnitt (Aug. 21 *Consualia*; Aug. 25 *Opiconsiva*), sodann im Mittwinter, wo der Segen der Speicher vor allem offenbar wird (Dec. 15 *Consualia*; Dec. 19 *Opalia*), zwischen welche letzteren beiden Feiertage die sinnige Anschauung der alten Festordner das Fest der Aussaat (*Saturnalia* von *Saëturnus* oder *Saturnus*, Dec. 17) einschaltete. Gleichermafsen wird das

Most- oder Heilefest (*meditrinalia*, Oct. 11), so benannt, weil man dem jungen Most heilende Kraft beilegte, dem Jovis als dem Weingott nach vollendeter Lese dargebracht, während die ursprüngliche Beziehung des dritten Weinfests (*Vinalia*, Aug. 19) nicht klar ist. Zu diesen Festen kommen weiter am Jahresschlufs das Wolfsfest (*Lupercalia*, Febr. 17) der Hirten zu Ehren des guten Gottes, des Faunus, und das Grenzsteinfest (*Terminalia*, Febr. 23) der Ackerbauer, ferner das zweitägige sommerliche Hainfest (*Lucaria*, Juli 19. 21), das den Waldgöttern (*Silvani*) gegolten haben mag, die Quellfeier (*Fontinalia*, Oct. 13) und das Fest des kürzesten Tages, der die neue Sonne heraufführt (*An-geronalia*, *Divalia* Dec. 21). — Von nicht geringer Bedeutung sind ferner, wie das für die Hafenstadt Latiums sich nicht anders erwarten läfst, die Schifferfeste der Gottheiten der See (*Neptunalia*, Juli 23), des Hafens (*Portunalia*, Aug. 17) und des Tiberstromes (*Volturnalia*, Aug. 27). — Handwerk und Kunst dagegen sind in diesem Götterkreis nur vertreten durch den Gott des Feuers und der Schmiedekunst, den Volcanus, welchem aufser dem nach seinem Namen benannten Tag (*Volcanalia*, Aug. 23) auch das zweite Fest der Drommetenweihe (*tubilustrium*, Mai 23) gewidmet ist, und allenfalls noch durch das Fest der Carmentis (*Carmentalia*, Jan. 11. 15), welche wohl ursprünglich als die Göttin der Zauberformel und des Liedes und nur folgeweise als Schützerin der Geburten verehrt ward. — Dem häuslichen und Familienleben überhaupt galten das Fest der Göttin des Hauses und der Geister der Vorrathskammer, der Vesta und der Penaten (*Vestalia*, Juni 9); das Fest der Geburtsgöttin*) (*Matralia*, Juni 11); das Fest des Kindersegens, dem Liber und der Libera gewidmet (*Liberalia*, März 17), das Fest der abgeschiedenen Geister (*Feralia*, Febr. 21) und die dreitägige Gespensterfeier (*Lemuria*, Mai 9. 11. 13), während auf die bürgerlichen Verhältnisse sich die beiden übrigens für uns nicht klaren Festtage der Königsflucht (*Regifugium*, Febr. 24) und der Volksflucht (*Poplifugia*, Juli 5), von denen wenigstens der letzte Tag dem Jupiter zugeeignet war, und das Fest der sieben Berge (*Agonia* oder *Septi-*

---

*) Das ist allem Anschein nach das ursprüngliche Wesen der ‚Morgenmutter' oder *Mater matuta*; wobei man sich wohl daran zu erinnern hat, dafs, wie die Vornamen Lucius und besonders Manius beweisen, die Morgenstunde für die Geburt als glückbringend galt. Zur See- und Hafengöttin ist die *Mater matuta* wohl erst später unter dem Einflufs des Leukotheamythus geworden; schon dafs die Göttin vorzugsweise von den Frauen verehrt ward, spricht dagegen sie ursprünglich als Hafengöttin zu fassen.

montium, Dec. 11) bezogen. Auch dem Gott des Anfangs, dem Janus war ein eigener Tag (*agonia*, Jan. 9) gewidmet. Einige andere Tage, der der Furrina (Jul. 25) und der dem Jupiter und der Acca Larentia gewidmete der Larentalien, vielleicht ein Larenfest (Dec. 23), sind ihrem Wesen nach verschollen. — Diese Tafel ist vollständig für die unbeweglichen öffentlichen Feste; und wenn auch neben diesen stehenden Festtagen sicher seit ältester Zeit Wandel- und Gelegenheitsfeste vorgekommen sind, so öffnet doch diese Urkunde, in dem was sie sagt wie in dem was sie ausläfst, uns den Einblick in eine sonst für uns beinahe gänzlich verschollene Urzeit. Zwar die Vereinigung der altrömischen Gemeinde und der Hügelrömer war bereits erfolgt, als diese Festtafel entstand, da wir in ihr neben dem Mars den Quirinus finden; aber noch stand der capitolinische Tempel nicht, als sie aufgesetzt ward, denn es fehlen Juno und Minerva; noch war das Dianaheiligthum auf dem Aventin nicht errichtet; noch war den Griechen kein Cultbegriff entlehnt.

Mars und Jupiter. Der Mittelpunkt nicht blofs des römischen, sondern überhaupt des italischen Gottesdienstes in derjenigen Epoche, wo der Stamm noch sich selber überlassen auf der Halbinsel hauste, war allen Spuren zufolge der Gott Maurs oder Mars, der tödtende Gott*), vorwiegend gedacht als der speerschwingende, die Heerde schirmende, den Feind niederwerfende göttliche Vorfechter der Bürgerschaft — natürlich in der Art, dafs eine jede Gemeinde ihren eigenen Mars besafs und ihn für den stärksten und heiligsten unter allen achtete, demnach auch jeder zu neuer Gemeindegründung auswandernde heilige Lenz unter dem Schutz seines eigenen Mars zog. Dem Mars ist sowohl in der sonst götterlosen römischen Monatstafel wie auch wahrscheinlich in den sämmtlichen übrigen latinischen und sabellischen der erste Monat geheiligt; unter den römischen Eigennamen, die sonst ebenfalls keiner Götter gedenken, erscheinen Marcus, Mamercus, Mamurius seit uralter Zeit in vorwiegendem Gebrauch; an den Mars und seinen heiligen Specht knüpft sich die älteste italische Weissagung; der Wolf, das heilige Thier des Mars, ist auch das Wahrzeichen der römischen Bürgerschaft und was von heiligen Stammsagen die römische Phantasie aufzubringen vermocht hat, geht ausschliefslich zurück auf den

---

*) Aus *Maurs*, was die älteste überlieferte Form ist, entwickeln sich durch verschiedene Behandlung des u *Mars*, *Mavors*, *mors*; der Uebergang in ō (ähnlich wie *Paula*, *Pola* u. dgl. m.) erscheint auch in der Doppelform *Mar-Mor* (vgl. *Ma-mŭrius*) neben *Mar-Mar* und *Ma-Mers*.

Gott Mars und seinen Doppelgänger, den Quirinus. In dem Festverzeichnifs nimmt allerdings der Vater Diovis, eine reinere und mehr bürgerliche als kriegerische Wiederspiegelung des Wesens der römischen Gemeinde, einen gröfseren Raum ein als der Mars, ebenso wie der Priester des Jupiter an Rang den beiden Priestern des Kriegsgottes vorgeht; aber eine sehr hervorragende Rolle spielt doch auch der letztere in demselben und es ist sogar ganz glaublich, dafs, als diese Festordnung festgestellt wurde, Jovis neben Mars stand wie Ahuramazda neben Mithra und dafs der wahrhafte Mittelpunkt der Gottesverehrung in der streitbaren römischen Gemeinde auch damals noch der kriegerische Todesgott und dessen Märzfest war, wogegen gleichzeitig nicht der durch die Griechen später eingeführte ‚Sorgenbrecher', sondern der Vater Jovis selbst als der Gott galt des herzerfreuenden Weines.

Es ist nicht die Aufgabe dieser Darstellung die römischen Gottheiten im Einzelnen zu betrachten; aber wohl ist es auch geschichtlich wichtig ihren eigenthümlichen zugleich niedrigen und innigen Charakter hervorzuheben. Abstraction und Personification sind das Wesen der römischen wie der hellenischen Götterlehre; auch der hellenische Gott ruht auf einer Naturerscheinung oder einem Begriff und dafs dem Römer eben wie dem Griechen jede Gottheit als Person erscheint, dafür zeugt die Auffassung der einzelnen als männlicher oder weiblicher und die Anrufung an die unbekannte Gottheit: ‚Bist du Gott oder Göttin, Mann oder auch Weib'; dafür der tiefhaftende Glaube, dafs der Name des eigentlichen Schutzgeistes der Gemeinde unausgesprochen bleiben müsse, damit nicht ein Feind ihn erfahre und den Gott bei seinem Namen rufend ihn über die Grenzen hinüberlocke. Ein Ueberrest dieser mächtig sinnlichen Auffassung haftet namentlich der ältesten und nationalsten italischen Göttergestalt, dem Mars an. Aber wenn die Abstraction, die jeder Religion zu Grunde liegt, anderswo zu weiten und immer weiteren Conceptionen sich zu erheben, tief und immer tiefer in das Wesen der Dinge einzudringen versucht, so verharren oder sinken die römischen Glaubensbilder auf eine unglaublich niedrige Stufe des Anschauens und des Begreifens. Wenn dem Griechen jedes bedeutsame Motiv sich rasch zur Gestaltengruppe, zum Sagen- und Ideenkreis erweitert, so bleibt dem Römer der Grundgedanke in seiner ursprünglichen nackten Starrheit stehen. Der apollinischen Religion irdisch sittlicher Verklärung, dem göttlichen dionysischen Rausche, den tiefsinnigen und geheimnifsvollen chthonischen

und Mysterienculten hat die römische Religion nichts auch nur entfernt Aehnliches entgegenzustellen, das ihr eigenthümlich wäre. Sie weifs wohl auch von einem ‚schlimmen Gott' (*Ve-diovis*), von Erscheinungen und Gespenstern (*lemures*), späterhin auch von Gottheiten der bösen Luft, des Fiebers, der Krankheiten, vielleicht sogar des Diebstahls (*laverna*); aber den geheimnifsvollen Schauer, nach dem das Menschenherz doch auch sich sehnt, vermag sie nicht zu erregen, nicht sich zu durchdringen mit dem Unbegreiflichen und selbst dem Bösartigen in der Natur und dem Menschen, welches der Religion nicht fehlen darf, wenn der ganze Mensch in ihr aufgehen soll. Es gab in der römischen Religion kaum etwas Geheimes als etwa die Namen der Stadtgötter, der Penaten; das Wesen übrigens auch dieser Götter war jedem offenbar.
— Die nationalrömische Theologie suchte nach allen Seiten hin die wichtigen Erscheinungen und Eigenschaften begrifflich zu fassen, sie terminologisch auszuprägen und schematisch — zunächst nach der auch dem Privatrecht zu Grunde liegenden Eintheilung von Personen und Sachen — zu classificiren, um darnach die Götter und Götterreihen selber richtig anzurufen und ihre richtige Anrufung der Menge zu weisen (*indigitare*). In solchen äufserlich abgezogenen Begriffen von der einfältigsten, halb ehrwürdigen halb lächerlichen Schlichtheit ging die römische Theologie wesentlich auf; Vorstellungen wie Saat (*saeturnus*) und Feldarbeit (*ops*), Erdboden (*tellus*) und Grenzstein (*terminus*) gehören zu den ältesten und heiligsten römischen Gottheiten. Vielleicht die eigenthümlichste unter allen römischen Göttergestalten und wohl die einzige, für die ein eigenthümlich italisches Cultbild erfunden ward, ist der doppelköpfige Ianus; und doch liegt in ihm eben nichts als die für die ängstliche römische Religiosität bezeichnende Idee, dafs zur Eröffnung eines jeden Thuns zunächst der ‚Geist der Eröffnung' anzurufen sei, und vor allem das tiefe Gefühl davon, dafs es ebenso unerläfslich war die römischen Götterbegriffe in Reihen zusammenzufügen wie die persönlicheren Götter der Hellenen nothwendig jeder für sich standen*). Vielleicht der innigste unter allen römischen ist der Cult

---

*) Dafs Thor und Thüre und der Morgen (*ianus matutinus*) dem Ianus heilig ist und er stets vor jedem andern Gott angerufen, ja selbst in der Münzreihe noch vor dem Jupiter und den andern Göttern aufgeführt wird, bezeichnet ihn unverkennbar als die Abstraction der Oeffnung und Eröffnung. Auch der nach zwei Seiten schauende Doppelkopf hängt mit dem nach zwei Seiten hin sich öffnenden Thore zusammen. Einen Sonnen- und Jahresgott darf man um so weniger aus ihm machen, als der von ihm be-

der in und über dem Hause und der Kammer waltenden Schutzgeister, im öffentlichen Gottesdienst der der Vesta und der Penaten, im Familiencult der der Wald- und Flurgötter, der Silvane und vor allem der eigentlichen Hausgötter, der Lasen oder Laren, denen regelmäfsig von der Familienmahlzeit ihr Theil gegeben ward und vor denen seine Andacht zu verrichten noch zu des älteren Cato Zeit des heimkehrenden Hausvaters erstes Geschäft war. Aber in der Rangordnung der Götter nahmen diese Haus- und Feldgeister eher den letzten als den ersten Platz ein; es war, wie es bei einer auf Idealisirung verzichtenden Religion nicht anders sein konnte, nicht die weiteste und allgemeinste, sondern die einfachste und individuellste Abstraction, in der das fromme Herz die meiste Nahrung fand. — Hand in Hand mit dieser Geringhaltigkeit der idealen Elemente ging die praktische und utilitarische Tendenz der römischen Religion wie sie in der oben erörterten Festtafel deutlich genug sich darlegt. Vermögensmehrung und Gütersegen durch Feldbau und Heerdengewinn, durch Schifffahrt und Handel — das ist es, was der Römer von seinen Göttern begehrt; es stimmt dazu recht wohl, dafs der Gott des Worthaltens (*deus fidius*), die Zufalls- und Glücksgöttin (*fors fortuna*) und der Handelsgott (*mercurius*), aus dem täglichen Verkehr hervorgegangen, zwar noch nicht in jener uralten Festtafel, aber doch schon sehr früh als weit und breit von den Römern verehrt auftreten. Strenge Wirthschaftlichkeit und kaufmännische Speculation waren zu tief im römischen Wesen begründet, um nicht auch dessen göttliches Abbild bis in den innersten Kern zu durchdringen.

Von der Geisterwelt ist wenig zu sagen. Die abgeschiedenen Seelen der sterblichen Menschen, die ‚Guten‘ (*manes*) lebten schattenhaft weiter, gebannt an den Ort, wo der Körper ruhte (*dii inferi*), und nahmen von den Ueberlebenden Speise und Trank. Allein sie hausten in den Räumen der Tiefe und keine Brücke führte aus der unteren Welt weder zu den auf der Erde waltenden Menschen noch empor zu den oberen Göttern. Der griechische Heroencult ist den Römern völlig fremd und wie jung und schlecht die Gründungssage von Rom erfunden ist, zeigt schon die ganz

---

nannte Monat ursprünglich der elfte, nicht der erste ist; vielmehr scheint dieser Monat seinen Namen davon zu führen, dafs in dieser Zeit nach der Rast des Mittwinters der Kreislauf der Feldarbeiten wieder von vorn beginnt. Dafs übrigens, namentlich seit der Ianuarius an der Spitze des Jahres stand, auch die Eröffnung des Jahres in den Bereich des Ianus hineingezogen ward, versteht sich von selbst.

unrömische Verwandlung des Königs Romulus in den Gott Quirinus. Numa, der älteste und ehrwürdigste Name in der römischen Sage, ist in Rom nie als Gott verehrt worden wie Theseus in Athen.

Priester. Die ältesten Gemeindepriesterthümer beziehen sich auf den Mars: vor allem der auf Lebenszeit ernannte Priester des Gemeindegottes, der ‚Zünder des Mars' (*flamen Martialis*), wie er vom Darbringen der Brandopfer benannt ward, und die zwölf ‚Springer' (*salii*), eine Schaar junger Leute, die im März den Waffentanz zu Ehren des Mars aufführten und dazu sangen. Dafs die Verschmelzung der Hügelgemeinde mit der palatinischen die Verdoppelung des römischen Mars und damit die Einführung eines zweiten Marspriesters — des *flamen Quirinalis* — und einer zweiten Tänzergilde — der *salii collini* — herbeiführte, ist bereits früher (S. 87) auseinandergesetzt worden. — Hiezu kamen andere öffentliche zum Theil wohl ihrem Ursprung nach weit über Roms Entstehung hinaufreichende Verehrungen, für welche entweder Einzelpriester angestellt waren — solche gab es zum Beispiel der Carmentis, des Volcanus, des Hafen- und des Flufsgottes — oder deren Begehung einzelnen Genossenschaften oder Geschlechtern im Namen des Volkes übertragen war. Eine derartige Genossenschaft war vermuthlich die der zwölf ‚Ackerbrüder' (*fratres arvales*), welche die ‚schaffende Göttin' (*dea dia*) im Mai anriefen für das Gedeihen der Saaten; obwohl es sehr zweifelhaft ist, ob dieselbe bereits in dieser Epoche dasjenige besondere Ansehen genofs, welches wir ihr in der Kaiserzeit beigelegt finden. Ihnen schlofs die titische Brüderschaft sich an, die den Sondercult der römischen Tatier zu bewahren und zu besorgen hatte (S. 45), so wie die für die Heerde der dreifsig Curien eingesetzten dreifsig Curienzünder (*flamines curiales*). Das schon erwähnte ‚Wolfsfest' (*lupercalia*) wurde für die Beschirmung der Heerden dem ‚günstigen Gotte' (*faunus*) von dem Quinctiergeschlecht und den nach dem Zutritt der Hügelrömer ihnen zugegebenen Fabiern im Monat Februar gefeiert — ein rechtes Hirtencarneval, bei dem die ‚Wölfe' (*luperci*) nackt mit dem Bocksfell umgürtet herumsprangen und die Leute mit Riemen klatschten. Ebenso mag noch bei andern gentilicischen Culten zugleich die Gemeinde gedacht sein als mitvertreten. — Zu diesem ältesten Gottesdienst der römischen Gemeinde traten allmählich neue Verehrungen hinzu. Die wichtigste darunter ist diejenige, welche auf die neu geeinigte und durch den grofsen Mauer- und Burgbau gleichsam zum zweiten Mal gegründete Stadt sich bezieht: in ihr tritt der höchste beste Iovis vom Burghügel, das ist der Genius des römischen Volkes, an die Spitze der gesammten römischen Götterschaft und sein fortan bestellter Zünder, der Flamen Dialis bildet mit den beiden Marspriestern die heilige oberpriesterliche Dreiheit. Gleichzeitig beginnt der Cultus des neuen einigen Stadtheerdes — der Vesta — und der dazu gehörige der Gemeindepenaten (S. 113). Sechs keusche Jungfrauen versahen, gleichsam als die Haustöchter des römischen Volkes, jenen frommen Dienst und hatten das heilsame Feuer des Gemeindeheerdes den Bürgern zum Beispiel (S. 35) und zum Wahrzeichen stets lodernd zu unterhalten. Es war dieser häuslich-öffentliche Gottesdienst der heiligste aller römischen, wie er denn auch von allem Heidenthum am spätesten in Rom der christlichen Verfehmung gewichen ist. Ferner wurde der Aventin der Diana angewiesen als der Repräsentantin der latinischen Eidgenossenschaft (S. 107), aber eben darum eine besondere römische Priesterschaft für sie nicht bestellt; und zahlreichen anderen Götterbegriffen gewöhnte allmählich die Gemeinde sich in bestimmter Weise durch allgemeine Feier oder durch besonders zu ihrem Dienst bestimmte stellvertretende Priesterschaften zu huldigen, wobei sie einzelnen — zum Beispiel der Blumen- (*Flora*) und der Obstgöttin (*Pomona*) — auch wohl einen eigenen Zünder bestellte, so dafs deren zuletzt funfzehn gezählt wurden. Aber sorgfältig unterschied man unter ihnen jene drei „grofsen Zünder" (*flamines maiores*), die bis in die späteste Zeit nur aus den Altbürgern genommen werden konnten, ebenso wie die alten Genossenschaften der palatinischen und quirinalischen Salier stets den Vorrang vor allen übrigen Priestercollegien behaupteten. Also wurden die nothwendigen und stehenden Leistungen an die Götter der Gemeinde vom Staat bestimmten Genossenschaften oder ständigen Dienern ein für allemal übertragen und zur Deckung der vermuthlich nicht unbeträchtlichen Opferkosten theils den einzelnen Tempeln gewisse Ländereien, theils die Bufsen (S. 74. 156) angewiesen. — Dafs der öffentliche Cult der übrigen latinischen und vermuthlich auch der sabellischen Gemeinden im Wesentlichen gleichartig war, ist nicht zu bezweifeln; wenigstens die Flamines, Salier, Luperker und Vestalinnen sind nachweislich nicht specifisch römische, sondern allgemein latinische Institutionen gewesen und wenigstens die drei ersten Collegien scheinen in den stammverwandten Gemeinden nicht erst nach römischem Muster gebildet zu sein. — Endlich kann, wie der Staat für den Götterkreis des Staats, so auch der einzelne Bürger innerhalb seines individuellen Kreises ähnliche Anordnungen treffen und seinen Göttern nicht blofs Opfer darbringen, sondern auch Stätten und Diener ihnen weihen.

Sachverständige. Also gab es Priesterthum und Priester in Rom genug; indefs wer ein Anliegen an den Gott hat, wendet sich nicht an den Priester, sondern an den Gott. Jeder Flehende und Fragende redet selber zu der Gottheit, die Gemeinde natürlich durch den Mund des Königs wie die Curie durch den Curio und die Ritterschaft durch ihre Obristen; und keine priesterliche Vermittelung durfte das ursprüngliche und einfache Verhältnifs verdecken oder verdunkeln. Allein es ist freilich nicht leicht mit dem Gotte zu verkehren. Der Gott hat seine eigene Weise zu sprechen, die nur dem kundigen Manne verständlich ist; wer es aber recht versteht, der weifs den Willen des Gottes nicht blofs zu ermitteln, sondern auch zu lenken, sogar im Nothfall ihn zu überlisten oder zu zwingen. Darum ist es natürlich, dafs der Verehrer des Gottes regelmäfsig kundige Leute zuzieht und deren Rath vernimmt; und hieraus sind die religiösen Sachverständigenvereine hervorgegangen, eine durchaus national-italische Institution, die auf die politische Entwickelung weit bedeutender eingewirkt hat als die Einzelpriester und die Priesterschaften. Mit diesen sind sie oft verwechselt worden, allein mit Unrecht. Den Priesterschaften liegt die Verehrung einer bestimmten Gottheit ob, diesen Genossenschaften aber die Bewahrung der Tradition für diejenigen allgemeineren gottesdienstlichen Verrichtungen, deren richtige Vollziehung eine gewisse Kunde voraussetzte und für deren treue Ueberlieferung zu sorgen im Interesse des Staates lag. Diese geschlossenen und sich selbst, natürlich aus den Bürgern, ergänzenden Genossenschaften sind dadurch die Depositare der Kunstfertigkeiten und Wissenschaften geworden. In der römischen und überhaupt der latinischen Gemeindeverfassung giebt es solcher Collegien ursprünglich nur zwei: das der Auguren und das der **Auguren.** Pontifices*). Die sechs Augurn verstanden die Sprache der Göt-

---

*) Am deutlichsten zeigt sich dies darin, dafs in den nach dem latinischen Schema geordneten Gemeinden Auguren und Pontifices überall vorkommen (z. B. Cic. *de lege agr.* 2, 35, 96 und zahlreiche Inschriften), die übrigen Collegien aber nicht. Jene also stehen auf einer Linie mit der Zehncurienverfassung, den Flamines, Saliern, Luperkern als ältestes latinisches Stammgut; wogegen die Duovirn *sacris faciundis*, die Fetialen und andere Collegien, wie die dreifsig Curien und die servianischen Tribus und Centurien, in Rom entstanden und darum auch auf Rom beschränkt geblieben sind. Nur der Name des zweiten Collegiums, der Pontifices ist wohl entweder durch römischen Einflufs in das allgemein latinische Schema anstatt älterer vielleicht wandelbarer Namen eingedrungen oder es be-

ter aus dem Flug der Vögel zu deuten, welche Auslegungskunst sehr ernstlich betrieben und in ein gleichsam wissenschaftliches System gebracht ward. Die fünf ‚Brückenbauer' (*pontifices*) Pontifices. führten ihren Namen von dem ebenso heiligen wie politisch wichtigen Geschäft den Bau und das Abbrechen der Tiberbrücke zu leiten. Es waren die römischen Ingenieure, die das Geheimnifs der Mafse und Zahlen verstanden; woher ihnen auch die Pflicht zukam den Kalender des Staats zu führen, dem Volke Neu- und Vollmond und die Festtage abzurufen und dafür zu sorgen, dafs jede gottesdienstliche wie jede Gerichtshandlung am rechten Tage vor sich gehe. Da sie also vor allen andern den Ueberblick über den ganzen Gottesdienst hatten, ging auch wo es nöthig war, bei Ehe, Testament und Arrogation an sie die Vorfrage, ob das beabsichtigte Geschäft nicht gegen das göttliche Recht irgendwie verstofse, und ging von ihnen die Feststellung und Bekanntmachung der allgemeinen exoterischen Sacralvorschriften aus, die unter dem Namen der Königsgesetze bekannt sind. So gewannen sie, wenn auch in voller Ausdehnung vermuthlich erst nach Abschaffung des Königthums, die allgemeine Oberaufsicht über den römischen Gottesdienst und was damit zusammenhing — und was hing nicht damit zusammen? Sie selbst bezeichneten als den Inbegriff ihres Wissens, die Kunde göttlicher und menschlicher Dinge'. In der That sind die Anfänge der geistlichen und weltlichen Rechtswissenschaft wie die der Geschichtsaufzeichnung aus dem Schofs dieser Genossenschaft hervorgegangen. Denn wie alle Geschichtschreibung an den Kalender und das Jahrzeitbuch anknüpft, mufste auch die Kunde des Prozesses und der Rechtssätze, da nach der Einrichtung der römischen Gerichte in diesen selbst eine Ueberlieferung nicht entstehen konnte, in dem Collegium der Pontifices traditionell werden, das über Gerichtstage und religiöse Rechtsfragen ein Gutachten zu geben allein competent war. 'Gewissermafsen läfst diesen beiden ältesten und Fetiales. ansehnlichsten Genossenschaften geistlicher Sachverständigen das

---

deutete ursprünglich, was sprachlich manches für sich hat, *pons* nicht Brücke, sondern Weg überhaupt, *pontifex* also den Wegebauer. — Die Angaben über die ursprüngliche Zahl namentlich der Auguren schwanken. Dafs die Zahl derselben ungerade sein mufste, widerlegt Cic. *de lege agr.* 2, 35, 96; und auch Livius 10, 6 sagt wohl nicht dies, sondern nur, dafs die Zahl der römischen Auguren durch drei theilbar sein und insofern auf eine ungerade Grundzahl zurückgehen müsse. Nach Livius a. a. O. war die Zahl bis zum ogulnischen Gesetz sechs und eben das sagt wohl auch Cicero *de rep.* 2, 9. 14, indem er Romulus vier, Numa zwei Augurenstellen einrichten läfst.

Collegium der zwanzig Staatsboten (*fētiāles*, ungewisser Ableitung) sich anreihen, bestimmt als lebendiges Archiv das Andenken an die Verträge mit den benachbarten Gemeinden durch Ueberlieferung zu bewahren, über angebliche Verletzungen des vertragenen Rechts gutachtlich zu entscheiden und nöthigenfalls den Sühneversuch und die Kriegserklärung zu bewirken. Sie waren durchaus für das Völkerrecht, was die Pontifices für das Götterrecht, und hatten daher auch wie diese die Befugnifs Recht zwar nicht zu sprechen, aber doch zu weisen. — Aber wie hochansehnlich immer diese Genossenschaften waren und wie wichtige und umfassende Befugnisse sie zugetheilt erhielten, nie vergafs man, und am wenigsten bei den am höchsten gestellten, dafs sie nicht zu befehlen, sondern sachverständigen Rath zu ertheilen, die Antwort der Götter nicht unmittelbar zu erbitten, sondern die ertheilte dem Frager auszulegen hatten. So steht auch der vornehmste Priester nicht blofs im Rang dem König nach, sondern er darf ungefragt nicht einmal ihn berathen. Dem König steht es zu zu bestimmen, ob und wann er die Vögel beobachten will; der Vogelschauer steht nur dabei und verdolmetscht ihm, wenn es nöthig ist, die Sprache der Himmelsboten. Ebenso kann der Fetialis und der Pontifex in das Staats- und das Landrecht nicht anders eingreifen als wenn die Beikommenden es von ihm begehren, und mit unerbittlicher Strenge hat man trotz aller Frömmigkeit festgehalten an dem Grundsatz, dafs in dem Staat der Priester in vollkommener Machtlosigkeit zu verbleiben und, von allem Befehlen ausgeschlossen, gleich jedem andern Bürger dem geringsten Beamten Gehorsam zu leisten hat.

<small>Charakter des Cultus.</small> Die latinische Gottesverehrung beruht wesentlich auf dem Behagen des Menschen am Irdischen und nur in untergeordneter Weise auf der Furcht vor den wilden Naturkräften; sie bewegt sich darum auch vorwiegend in Aeufserungen der Freude, in Liedern und Gesängen, in Spielen und Tänzen, vor allem aber in Schmäusen. Wie überall bei den ackerbauenden regelmäfsig von Vegetabilien sich nährenden Völkerschaften war auch in Italien das Viehschlachten zugleich Hausfest und Gottesdienst; das Schwein ist den Göttern das wohlgefälligste Opfer nur darum, weil es der gewöhnliche Festbraten ist. Aber alle Verschwendung wie alle Ueberschwänglichkeit des Jubels ist dem gehaltenen römischen Wesen zuwider. Die Sparsamkeit gegen die Götter ist einer der hervortretendsten Züge des ältesten latinischen Cultes; und auch das freie Walten der Phantasie wird durch die sittliche Zucht, in der die Nation sich selber hält, mit

eiserner Strenge niedergedrückt. In Folge dessen sind die Auswüchse, die von solcher Mafslosigkeit unzertrennlich sind, den Latinern fern geblieben. Wohl liegt der tief sittliche Zug des Menschen irdische Schuld und irdische Strafe auf die Götterwelt zu beziehen und jene als ein Verbrechen gegen die Gottheit, diese als deren Sühnung aufzufassen im innersten Wesen auch der latinischen Religion. Die Hinrichtung des zum Tode verurtheilten Verbrechers ist ebenso ein der Gottheit dargebrachtes Sühnopfer wie die im gerechten Krieg vollzogene Tödtung des Feindes; der nächtliche Dieb der Feldfrüchte büfst der Ceres am Galgen wie der böse Feind der Mutter Erde und den guten Geistern auf dem Schlachtfeld. Auch der tiefe und furchtbare Gedanke der Stellvertretung begegnet hiebei: wenn die Götter der Gemeinde zürnen, ohne dafs auf einen bestimmten Schuldigen gegriffen werden kann, so mag sie versöhnen, wer sich freiwillig hingiebt (*devovere se*), wie denn giftige Erdspalten sich schliefsen, halbverlorne Schlachten sich in Siege wandeln, wenn ein braver Bürger sich als Sühnopfer in den Schlund oder in die Feinde stürzt. Auf ähnlicher Anschauung beruht der heilige Lenz, indem den Göttern dargebracht wird, was der bestimmte Zeitraum an Vieh und Menschen geboren werden läfst. Will man dies Menschenopfer nennen, so gehört solches freilich zum Kern des latinischen Glaubens; aber man mufs hinzufügen, dafs so weit unser Blick in die Ferne irgend zurückträgt, diese Opferung, insofern sie das Leben fordert, sich beschränkt auf den Schuldigen, der vor dem bürgerlichen Gericht überwiesen ist, und den Unschuldigen, der freiwillig den Tod wählt. Menschenopfer anderer Art, welche dem Grundgedanken der Opferhandlung zuwiderlaufen und wenigstens bei den indogermanischen Stämmen überall wo sie vorkommen auf späterer Ausartung und Verwilderung beruhen, haben bei den Römern nie Eingang gefunden; kaum dafs einmal in Zeiten höchster Noth auch hier Aberglaube und Verzweiflung aufserordentlicher Weise im Gräuel Rettung suchten. Von Gespensterglauben, Zauberfurcht und Mysterienwesen finden sich bei den Römern verhältnifsmäfsig sehr geringe Spuren. Das Orakel- und Prophetenthum hat in Italien niemals die Bedeutung erlangt wie in Griechenland und nie es vermocht das private und öffentliche Leben ernstlich zu beherrschen. Aber auf der andern Seite ist dafür auch die latinische Religion in eine unglaubliche Nüchternheit und Trockenheit verfallen und früh eingegangen auf einen peinlichen und geistlosen Ceremonialdienst. Der Gott des Italikers ist, wie schon gesagt ward, vor allen Dingen ein Hülfsinstrument zur Erreichung sehr concreter irdischer Zwecke; wie denn den religiösen Anschauungen des Italikers diese Wendung überhaupt durch seine Richtung auf das Fafsliche und Reelle gegeben wird und nicht minder scharf noch in dem heutigen Heiligencult der Italiener hervortritt. Die Götter stehen dem Menschen völlig gegenüber wie der Gläubiger dem Schuldner; jeder von ihnen hat ein wohlerworbenes Recht auf gewisse Verrichtungen und Leistungen und da die Zahl der Götter so grofs war wie die Zahl der Momente des irdischen Lebens und die Vernachlässigung oder verkehrte Verehrung eines jeden Gottes in dem entsprechenden Moment sich rächte, so war es eine mühsame und bedenkliche Aufgabe seiner religiösen Verpflichtungen auch nur sich bewufst zu werden, und so mufsten wohl die des göttlichen Rechtes kundigen und dasselbe weisenden Priester, die Pontifices, zu ungemeinem Einflufs gelangen. Denn der rechtliche Mann erfüllt die Vorschriften des heiligen Rituals mit derselben kaufmännischen Pünktlichkeit, womit er seinen irdischen Verpflichtungen nachkommt und thut auch wohl ein Uebriges, wenn der Gott es seinerseits gethan hat. Auch auf Speculation läfst man mit dem Gotte sich ein: das Gelübde ist der Sache wie dem Namen nach ein förmlicher Contract zwischen dem Gotte und dem Menschen, wodurch dieser jenem für eine gewisse Leistung eine gewisse Gegenleistung zusichert, und der römische Rechtssatz, dafs kein Contract durch Stellvertretung abgeschlossen werden kann, ist nicht der letzte Grund, wefshalb in Latium bei den religiösen Anliegen der Menschen alle Priestervermittelung ausgeschlossen blieb. Ja wie der römische Kaufmann, seiner conventionellen Rechtlichkeit unbeschadet, den Vertrag blofs dem Buchstaben nach zu erfüllen befugt ist, so ward auch, wie die römischen Theologen lehren, im Verkehr mit den Göttern das Abbild statt der Sache gegeben und genommen. Dem Herrn des Himmelsgewölbes brachte man Zwiebel- und Mohnköpfe dar, um auf deren statt auf der Menschen Häupter seine Blitze zu lenken; dem Vater Tiberis wurden zur Lösung der jährlich von ihm erheischten Opfer jährlich dreifsig von Binsen geflochtene Puppen in die Wellen geworfen*). Die Ideen göttlicher Gnade und Versöhnbarkeit sind hier ununterscheidbar gemischt mit der frommen Schlauigkeit, welche es versucht den gefährlichen Herrn durch scheinbafte Befriedigung zu berücken

---

*) Hierin konnte nur unüberlegte Auffassung Ueberreste alter Menschenopfer finden.

und abzufinden. So ist die römische Gottesfurcht wohl von gewaltiger Macht über die Gemüther der Menge, aber keineswegs jenes Bangen vor der allwaltenden Natur oder der allmächtigen Gottheit, das den pantheistischen und monotheistischen Anschauungen zu Grunde liegt, sondern sehr irdischer Art und kaum wesentlich verschieden von demjenigen Zagen, mit dem der römische Schuldner seinem gerechten, aber sehr genauen und sehr mächtigen Gläubiger sich naht. Es ist einleuchtend, dafs eine solche Religion die künstlerische und die speculative Auffassung vielmehr zu erdrücken als zu zeitigen geeignet war. Indem der Grieche die naiven Gedanken der Urzeit mit menschlichem Fleisch und Blut umhüllte, wurden diese Götterideen nicht blofs die Elemente der bildenden und der dichtenden Kunst, sondern sie erlangten auch die Universalität und die Elasticität, welche die tiefste Eigenthümlichkeit der Menschennatur und eben darum der Kern aller Weltreligionen ist. Durch sie konnte die einfache Naturanschauung zu kosmogonischen, der schlichte Moralbegriff zu allgemein humanistischen Anschauungen sich vertiefen; und lange Zeit hindurch vermochte die griechische Religion die physischen und metaphysischen Vorstellungen, die ganze ideale Entwickelung der Nation in sich zu fassen und mit dem wachsenden Inhalt in Tiefe und Weite sich auszudehnen, bevor die Phantasie und die Speculation das Gefäfs, das sie gehegt hatte, zersprengten. Aber in Latium blieb die Verkörperung der Gottheitsbegriffe so vollkommen durchsichtig, dafs weder der Künstler noch der Dichter daran sich heranzubilden vermochte und die latinische Religion der Kunst stets fremd, ja feindlich gegenüber stand. Da der Gott nichts war und nichts sein durfte als die Vergeistigung einer irdischen Erscheinung, so fand er eben in diesem irdischen Gegenbild seine Stätte (*templum*) und sein Abbild; Wände und Idole von Menschenhand gemacht schienen die geistigen Vorstellungen nur zu trüben und zu befangen. Darum war der ursprüngliche römische Gottesdienst ohne Gottesbilder und Gotteshäuser; und wenngleich auch in Latium, vermuthlich nach griechischem Vorbild, schon in früher Zeit der Gott im Bilde verehrt und ihm ein Häuschen (*aedicula*) gebaut ward, so galt doch diese bildliche Darstellung als den Gesetzen Numas zuwiderlaufend und überhaupt als unrein und fremdländisch. Mit Ausnahme etwa des doppelköpfigen Ianus hat die römische Religion kein ihr eigenthümliches Götterbild aufzuweisen und noch Varro spottete über die nach Puppen und Bilderchen verlangende Menge. Der Mangel aller zeugenden Kraft in der römischen

Religion ist gleichfalls die letzte Ursache, warum die römische Poesie und noch mehr die römische Speculation so vollständig nichtig waren und blieben. — Aber auch auf dem praktischen Gebiet offenbart sich derselbe Unterschied. Der praktische Gewinn, welcher der römischen Gemeinde aus ihrer Religion erwuchs, war ein neben der Rechtsordnung von den Priestern, namentlich den Pontifices entwickeltes formulirtes Moralgesetz, welches theils in dieser der polizeilichen Bevormundung des Bürgers durch den Staat noch fern stehenden Zeit die Stelle der Polizeiordnungen vertrat, theils die dem Staatsgesetz nicht oder nur unvollkommen erreichbaren sittlichen Verpflichtungen vor das Gericht der Götter zog und sie mit göttlicher Strafe belegte. Zu den Bestimmungen der ersteren Art gehört aufser der religiösen Einschärfung der Heiligung des Feiertags und eines kunstmäfsigen Acker- und Rebenbaus, die wir unten kennen lernen werden, zum Beispiel der auch mit gesundheitspolizeilichen Rücksichten zusammenhängende Heerd- oder Larencult (S. 169) und vor allem die bei den Römern ungemein früh, weit früher als bei den Griechen durchgeführte Leichenverbrennung, welche eine rationelle Auffassung des Lebens und Sterbens voraussetzt, wie sie der Urzeit und selbst unserer Gegenwart noch fremd ist. Man wird es nicht gering anschlagen dürfen, dafs die latinische Landesreligion diese und ähnliche Neuerungen durchzusetzen vermocht hat. Wichtiger aber noch war ihre sittlichende Wirkung. Man kann schon das hieher ziehen, dafs jedes Urtheil, wenigstens wenn es auf Tod lautete, zunächst als Bannfluch der dadurch verletzten Gottheit gefafst ward. Aber dieser Bann begleitete nicht blofs das Gericht der Gemeinde, sondern ergänzte es auch. Wenn der Mann die Ehefrau, der Vater den verheiratheten Sohn verkaufte; wenn das Kind oder die Schnur den Vater oder den Schwiegervater schlug; wenn der Schutzvater gegen den Gast oder den zugewandten Mann die Treupflicht verletzte, so hatte das bürgerliche Recht für solchen Frevel keine Strafe, aber der göttliche Fluch lastete fortan auf dem Haupt des Frevlers. Nicht als wäre der also Verwünschte (*sacer*) vogelfrei gewesen; eine solche aller bürgerlichen Ordnung zuwiderlaufende Acht ist nur ausnahmsweise als Schärfung des religiösen Bannfluchs in Rom während des ständischen Haders vorgekommen. Nicht der bürgerlichen Gerichtsbarkeit, geschweige denn dem einzelnen Bürger oder gar dem völlig machtlosen Priester kommt die Vollstreckung solchen göttlichen Fluches zu; nicht den Menschen ist dieser Gebannte anheimgefallen, sondern den Göttern. Aber der fromme Volksglaube, auf den dieser Bannfluch fufst, wird in älterer Zeit selbst über leichtsinnige und böse Naturen Macht gehabt haben; und nur um so tiefer und reiner mufs die sittliche Macht der Religion hier gewirkt haben, weil sie nicht durch Anrufung des weltlichen Armes sich befleckte. — Höhere Leistungen aber als dergleichen Förderungen bürgerlicher Ordnung und Sittlichkeit hat sie in Latium auch nicht verrichtet. Unsäglich viel hat hier Hellas vor Latium voraus gehabt — dankt es doch seiner Religion nicht blofs seine ganze geistige Entwickelung, sondern auch seine nationale Einigung, so weit sie überhaupt erreicht ward; um Götterorakel und Götterfeste, um Delphi und Olympia, um die Töchter des Glaubens, die Musen bewegt sich alles, was im hellenischen Leben grofs und alles was darin nationales Gemeingut ist. Und dennoch knüpfen eben hier auch Latiums Vorzüge vor Hellas an. Die latinische Religion, herabgedrückt wie sie ist auf das Mafs der gewöhnlichen Anschauung, ist jedem vollkommen verständlich und allen insgemein zugänglich; und darum bewahrte die römische Gemeinde ihre bürgerliche Gleichheit, während Hellas, wo die Religion auf der Höhe des Denkens der Besten stand, von frühester Zeit an unter allem Segen und Unsegen der Geistesaristokratie gestanden hat. Auch die latinische Religion ist wie jede andere ursprünglich hervorgegangen aus der unendlichen Glaubensvertiefung; nur der oberflächlichen Betrachtung, die über die Tiefe des Stromes sich täuscht, weil er klar ist, kann ihre durchsichtige Geisterwelt flach erscheinen. Dieser innige Glaube verschwindet freilich im Laufe der Zeiten so nothwendig wie der Morgenthau vor der höher steigenden Sonne und auch die latinische Religion ist also späterhin verdorrt; aber länger als die meisten Völker haben die Latiner die naive Gläubigkeit sich bewahrt, und vor allem länger als die Griechen. Wie die Farben die Wirkungen, aber auch die Trübungen des Lichtes sind, so sind Kunst und Wissenschaft nicht blofs die Geschöpfe, sondern auch die Zerstörer des Glaubens; und so sehr in dieser zugleich Entwickelung und Vernichtung die Nothwendigkeit waltet, so sind doch durch das gleiche Naturgesetz auch der naiven Epoche gewisse Erfolge vorbehalten, die man später vergeblich sich bemüht zu erringen. Eben die gewaltige geistige Entwickelung der Hellenen, welche jene immer unvollkommene religiöse und litterarische Einheit erschuf, machte es ihnen unmöglich zu der ächten politischen Einigung zu gelangen; sie büfsten damit die Einfalt, die Lenksamkeit, die Hingebung, die Verschmelzbarkeit ein, welche die Bedingung aller staatlichen Einigung ist. Es wäre darum wohl an der Zeit einmal abzulassen von jener kinderhaften Geschichtsbetrachtung, welche die Griechen nur auf Kosten der Römer oder die Römer nur auf Kosten der Griechen preisen zu können meint und wie man die Eiche neben der Rose gelten läfst, so auch die beiden grofsartigsten Organismen, die das Alterthum hervorgebracht hat, nicht zu loben oder zu tadeln, sondern es zu begreifen, dafs ihre Vorzüge gegenseitig durch ihre Mangelhaftigkeit bedingt sind. Der tiefste und letzte Grund der Verschiedenheit beider Nationen liegt ohne Zweifel darin, dafs Latium nicht, wohl aber Hellas in seiner Werdezeit mit dem Orient sich berührt hat. Kein Volksstamm der Erde für sich allein war grofs genug weder das Wunder der hellenischen noch späterhin das Wunder der christlichen Cultur zu erschaffen; diese Silberblicke hat die Geschichte da erzeugt, wo aramäische Religionsideen in indogermanischen Boden sich eingesenkt haben. Aber wenn eben darum Hellas das Prototyp der rein humanen, so ist Latium nicht minder für alle Zeiten das Prototyp der nationalen Entwickelung; und wir Nachfahren haben beides zu verehren und von beiden zu lernen.

Fremde Culte. Also war und wirkte die römische Religion in ihrer reinen und ungehemmten durchaus volksthümlichen Entwickelung. Es thut ihrem nationalen Charakter keinen Eintrag, dafs seit ältester Zeit Weise und Wesen der Gottesverehrung aus dem Auslande herübergenommen wurden; so wenig als die Schenkung des Bürgerrechts an einzelne Fremde den römischen Staat denationalisirt hat. Dafs man von Alters her mit den Latinern die Götter tauschte wie die Waaren, versteht sich; bemerkenswerther ist die Uebersiedelung von nicht stammverwandten Göttern und Gottesverehrungen. Von dem sabinischen Sondercult der Titier ist bereits gesprochen worden (S. 170). Ob auch aus Etrurien Götterbegriffe entlehnt worden sind, ist zweifelhafter; denn die Lasen, die ältere Bezeichnung der Genien (von *lascivus*), und die Minerva, die Göttin des Gedächtnisses (*mens, menervare*), welche man wohl als ursprünglich etruskisch zu bezeichnen pflegt, sind nach sprachlichen Gründen vielmehr in Latium heimisch. Sicher ist es auf jeden Fall, und pafst auch wohl zu allem was wir sonst vom römischen Verkehr wissen, dafs früher und ausgedehnter als irgend ein anderer ausländischer der griechische Cult in Rom Berücksichtigung fand. Den ältesten Anlafs gaben die griechischen Orakel. Die Sprache der römischen Götter beschränkte sich im Ganzen auf Ja und Nein und höchstens auf die Verkündigung ihres Willens durch das, wie es scheint, ursprünglich italische Werfen der Loose*); während seit uralter Zeit, wenn gleich erst wie es scheint in Folge der aus dem Osten empfangenen Anregung, die redseligeren Griechengötter wirkliche Wahrsprüche ertheilten. Solche Rathschläge in Vorrath zu haben waren die Römer gar früh bemüht, und Abschriften der Blätter der weissagenden Priesterin Apollons, der kymaeischen Sibylle defshalb eine hochgehaltene Gabe der griechischen Gastfreunde aus Campanien. Zur Lesung und Ausdeutung des Zauberbuches wurde in frühester Zeit ein eigenes nur den Augurn und Pontifices im Range nachstehendes Collegium von zwei Sachverständigen (*duoviri sacris faciundis*) bestellt, auch für dasselbe zwei der griechischen Sprache kundige Sklaven von Gemeindewegen angeschafft; diese Orakelbewahrer ging man in zweifelhaften Fällen an, wenn es um ein drohendes Unheil abzuwenden eines gottesdienstlichen Actes bedurfte und man doch nicht wufste, welchem Gott und wie er zu beschaffen sei. Aber auch an den delphischen Apollon selbst wandten schon früh sich rathsuchende Römer; aufser den schon erwähnten Sagen über diesen Verkehr (S. 143) zeugt davon noch theils die Aufnahme des mit dem delphischen Orakel eng zusammenhängenden Wortes *thesaurus* in alle uns bekannte italische Sprachen, theils die älteste römische Form des Namens Apollon *Aperta*, der Eröffner, eine etymologisirende Entstellung des dorischen Apellon, deren Alter eben ihre Barbarei verräth. Auch der griechische Herakles ist früh als Herclus, Hercoles, Hercules in Italien einheimisch und dort in eigenthümlicher Weise aufgefafst worden, wie es scheint zunächst als Gott des gewagten Gewinns und der aufserordentlichen Vermögensmehrung; wefshalb sowohl von dem Feldherrn der Zehnte der gemachten Beute wie auch von dem Kaufmann der Zehnte des errungenen Guts ihm an dem Hauptaltar (*ara maxima*) auf dem Rindermarkt dargebracht zu werden pflegte. Er wurde darum überhaupt der Gott der kaufmännischen Verträge, die in älterer Zeit häufig an diesem Altar geschlossen und mit Eidschwur bekräftigt wurden, und fiel insofern mit dem alten latinischen Gott des Worthaltens (*deus fidius*) zusammen. Die Verehrung des Hercules ist früh eine der allerverbreitetsten geworden; er wurde, mit einem alten Schriftsteller zu reden, an

---

*) *Sors*, von *serere*, reihen. Es waren wahrscheinlich an einer Schnur gereihte Holztäfelchen, die geworfen verschiedenartige Figuren bildeten; was an die Runen erinnert.

jedem Fleck Italiens verehrt und in den Gassen der Städte wie an den Landstrafsen überall ihm Altäre gesetzt. Die Schiffergötter ferner, Kastor und Polydeukes oder römisch Pollux, ferner der Gott des Handels Hermes, der römische Mercurius und der Heilgott Asklapios oder Aesculapius, wurden den Römern früh bekannt, wenn gleich deren öffentliche Verehrung erst später begann. Der Name des Festes der ‚guten Göttin' (*bona dea*) *damium*, entsprechend dem griechischen δάμιον oder δήμιον, mag gleichfalls schon bis in diese Epoche zurückreichen. Auf alter Entlehnung muſs es auch beruhen, daſs der alte *Liber pater* der Römer später als ‚Vater Befreier' gefaſst ward und mit dem Weingott der Griechen, dem ‚Löser' (*Lyaeos*) zusammenfloſs, und daſs der römische Gott der Tiefe der ‚Reichthumspender' (Pluton — *Dis pater*) hieſs, dessen Gemahlin Persephone aber zugleich durch Anlaut und durch Begriffsübertragung überging in die römische Proserpina, das heiſst Aufkeimerin. Selbst die Göttin des römisch-latinischen Bundes, die aventinische Diana scheint der Bundesgöttin der kleinasiatischen Ionier, der ephesischen Artemis nachgebildet zu sein; wenigstens war das Schnitzbild in dem römischen Tempel nach dem ephesischen Typus gefertigt (S. 113). Nur auf diesem Wege, durch die früh mit orientalischen Vorstellungen durchdrungenen apollinischen, dionysischen, plutonischen, herakleischen und Artemismythen, hat in dieser Epoche die aramäische Religion eine entfernte und mittelbare Einwirkung auf Italien geübt. Deutlich erkennt man dabei, wie das Eindringen der griechischen Religion vor allen Dingen auf den Handelsbeziehungen beruht und wie zunächst Kaufleute und Schiffer die griechischen Götter nach Italien gebracht haben. — Indessen sind diese einzelnen Entlehnungen aus dem Ausland nur von secundärer Bedeutung, die Trümmer des Natursymbolismus der Urzeit aber, wie etwa die Sage von den Rindern des Cacus eines sein mag (S. 18), so gut wie ganz verschollen; im Groſsen und Ganzen ist die römische Religion eine organische Schöpfung des Volkes, bei dem wir sie finden.

Sabellische Religion. Die sabellische und umbrische Gottesverehrung beruht, nach dem Wenigen zu schlieſsen was wir davon wissen, auf ganz gleichen Grundanschauungen wie die latinische mit local verschiedener Färbung und Gestaltung. Daſs sie abwich von der latinischen, zeigt am bestimmtesten die Gründung einer eigenen Genossenschaft in Rom zur Bewahrung der sabinischen Gebräuche (S. 45); aber eben sie giebt ein belehrendes Beispiel, worin der Unterschied bestand. Die Vogelschau war beiden Stämmen die regelmäfsige Weise der Götterbefragung; aber die Titier schauten nach andern Vögeln als die ramnischen Auguren. Ueberall wo wir vergleichen können, zeigen sich ähnliche Verhältnisse; die Fassung der Götter als Abstractionen des Irdischen und ihre unpersönliche Natur sind beiden Stämmen gemein, Ausdruck und Ritual verschieden. Dafs dem damaligen Cultus diese Abweichungen gewichtig erschienen, ist begreiflich; wir vermögen den charakteristischen Unterschied, wenn einer bestand, nicht mehr zu erfassen.

Aber aus den Trümmern, die vom etruskischen Sacralwesen auf uns gekommen sind, redet ein anderer Geist. Es herrscht in ihnen eine düstere und dennoch langweilige Mystik, Zahlenspiel und Zeichendeuterei und jene feierliche Inthronisirung des reinen Aberwitzes, die zu allen Zeiten ihr Publikum findet. Wir kennen zwar den etruskischen Cult bei weitem nicht in solcher Vollständigkeit und Reinheit wie den latinischen, aber mag die spätere Grübelei auch manches erst hineingetragen haben und mögen auch gerade die düstern und phantastischen, von dem latinischen Cult am meisten sich entfernenden Sätze uns vorzugsweise überliefert sein, was beides in der That nicht wohl zu bezweifeln ist, so bleibt immer noch genug übrig um die Mystik und Barbarei dieses Cultes als im innersten Wesen des etruskischen Volkes begründet zu bezeichnen. — Ein innerlicher Gegensatz des sehr ungenügend bekannten etruskischen Gottheitsbegriffs zu dem italischen läfst sich nicht erfassen; aber bestimmt treten unter den etruskischen Göttern die bösen und schadenfrohen in den Vordergrund, wie denn auch der Cult grausam ist und namentlich das Opfern der Gefangenen einschliefst — so schlachtete man in Caere die gefangenen Phokaeer, in Tarquinii die gefangenen Römer. Statt der stillen in den Räumen der Tiefe friedlich schaltenden Welt der abgeschiedenen ‚guten Geister', wie die Latiner sie sich dachten, erscheint hier eine wahre Hölle, in die die armen Seelen zur Peinigung durch Schlägel und Schlangen abgeholt werden von dem Todtenführer, einer wilden halb thierischen Greisengestalt mit Flügeln und einem grofsen Hammer; einer Gestalt, die man später in Rom bei den Kampfspielen verwandte um den Mann zu costumiren, der die Leichen der Erschlagenen vom Kampfplatz wegschaffte. So fest ist mit diesem Zustand der Schatten die Pein verbunden, dafs es sogar eine Erlösung daraus giebt, die nach gewissen geheimnifsvollen Opfern die arme Seele versetzt unter die oberen Götter. Es ist merkwürdig, dafs um ihre Unterwelt zu bevölkern, die Etrusker früh von den Griechen deren finsterste Vorstellungen entlehnten, wie denn die acheruntische Lehre und der Charun eine grofse Rolle in der etruskischen Weisheit spielen. — Aber vor allen Dingen beschäftigt den Etrusker die Deutung der Zeichen und Wunder. Die Römer vernahmen wohl auch in der Natur die Stimme der Götter; allein ihr Vogelschauer verstand nur die einfachen Zeichen und erkannte nur im Allgemeinen, ob die Handlung Glück oder Unglück bringen werde. Störungen im Laufe der Natur galten ihm als unglückbringend und hemmten die Handlung, wie zum Beispiel bei Blitz und Donner die Volksversammlung auseinanderging, und man suchte auch wohl sie zu beseitigen, wie zum Beispiel die Mifsgeburt schleunigst getödtet ward. Aber jenseit der Tiber begnügte man sich damit nicht. Der tiefsinnige Etrusker las aus den Blitzen und aus den Eingeweiden der Opferthiere dem gläubigen Mann seine Zukunft bis ins Einzelne heraus und je seltsamer die Göttersprache, je auffallender das Zeichen und Wunder, desto sicherer gab er an, was es verkünde und wie man das Unheil etwa abwenden könne. So entstanden die Blitzlehre, die Haruspicin, die Wunderdeutung, alle ausgesponnen mit der ganzen Haarspalterei des im Absurden lustwandelnden Verstandes, vor allem die Blitzwissenschaft. Ein Zwerg von Kindergestalt mit grauen Haaren, der von einem Ackersmann bei Tarquinii war ausgepflügt worden, Tages genannt — man sollte meinen, dafs das zugleich kindische und altersschwache Treiben in ihm sich selber habe verspotten wollen — also Tages hatte sie zuerst den Etruskern verrathen und war dann sogleich gestorben. Seine Schüler und Nachfolger lehrten, welche Götter Blitze zu schleudern pflegten; wie man am Quartier des Himmels und an der Farbe den Blitz eines jeden Gottes erkenne; ob der Blitz einen dauernden Zustand andeute oder ein einzelnes Ereignifs und wenn dieses, ob dasselbe ein unabänderlich datirtes sei oder durch Kunst sich vorschieben lasse bis zu einer gewissen Grenze; wie man den eingeschlagenen Blitz bestatte oder den drohenden einzuschlagen zwinge, und dergleichen wundersame Künste mehr, denen man gelegentlich die Sportulirungsgelüste anmerkt. Wie tief dies Gaukelspiel dem römischen Wesen widerstand, zeigt, dafs, selbst als man später in Rom es benutzte, doch nie ein Versuch gemacht ward es einzubürgern; in dieser Epoche genügten den Römern wohl noch die einheimischen und die griechischen Orakel. — Höher als die römische Religion steht die etruskische insofern, als sie von dem, was den Römern völlig mangelt, einer in religiöse Formen gehüllten Speculation wenigstens einen Anfang entwickelt hat. Ueber der Welt mit ihren Göttern walten die verhüllten Götter, die der etruskische Jupiter selber befragt; jene Welt aber ist endlich und wird, wie sie entstanden ist, so auch wieder vergehen nach Ablauf eines bestimmten Zeitraums, dessen Abschnitte die Saecula sind. Ueber den geistigen Gehalt, den diese etruskische Kosmogonie und Philosophie einmal gehabt haben mag, ist schwer zu urtheilen; doch scheint auch ihnen ein geistloser Fatalismus und ein plattes Zahlenspiel von Haus aus eigen gewesen zu sein.

KAPITEL XIII.

Ackerbau, Gewerbe und Verkehr.

Ackerbau und Verkehr sind so innig verwachsen mit der Verfassung und der äufseren Geschichte der Staaten, dafs schon bei deren Schilderung vielfach auf dieselben Rücksicht genommen werden mufste. Hier soll es versucht werden, anknüpfend an jene einzelnen Betrachtungen die italische, namentlich die römische Oeconomie zusammenfassend und ergänzend zu schildern.

Ackerbau. Dafs der Uebergang von der Weide- zur Ackerwirthschaft jenseit der Einwanderung der Italiker in die Halbinsel fällt, ward schon bemerkt (S. 19). Der Feldbau blieb der Grundpfeiler aller italischen Gemeinden, der sabellischen und der etruskischen nicht minder als der latinischen; eigentliche Hirtenstämme hat es in Italien in geschichtlicher Zeit nicht gegeben, obwohl natürlich die Stämme überall, je nach der Art der Oertlichkeit in geringerem oder stärkerem Mafse, neben dem Ackerbau die Weidewirthschaft betrieben. Wie innig man es empfand, dafs jedes Gemeinwesen auf dem Ackerbau beruhe, zeigt die schöne Sitte, die Anlage neuer Städte damit zu beginnen, dafs man dort, wo der künftige Mauerring sich erheben sollte, mit dem Pflug eine Furche vorzeichnete. Dafs namentlich in Rom, über dessen agrarische Verhältnisse sich allein mit einiger Bestimmtheit sprechen läfst, nicht blofs der Schwerpunkt des Staates ursprünglich in der Bauerschaft lag, sondern auch dahin gearbeitet ward die Gesammtheit der Ansässigen immer festzuhalten als den Kern der Gemeinde, zeigt am klarsten die servianische Reform. Nachdem im Laufe der Zeit ein grofser Theil des römischen Grundbesitzes in die Hände von Nichtbürgern gelangt war und also die

Rechte und Pflichten der Bürgerschaft nicht mehr auf der Ansässigkeit ruhten, beseitigte die reformirte Verfassung dies Mifsverhältnifs und die daraus drohenden Gefahren nicht blofs für einmal, sondern für alle Folgezeit, indem sie die Gemeindeglieder ohne Rücksicht auf ihre politische Stellung ein für allemal schied in ‚Ansässige' und ‚Kindererzieler' und auf jene die gemeinen Lasten legte, denen die gemeinen Rechte im natürlichen Lauf der Entwickelung nachfolgen mufsten. Auch die ganze Kriegs- und Eroberungspolitik der Römer war ebenso wie die Verfassung basirt auf die Ansässigkeit; wie im Staat der ansässige Mann allein galt, so hatte der Krieg den Zweck die Zahl der ansässigen Gemeindeglieder zu vermehren. Die überwundene Gemeinde ward entweder genöthigt ganz in der römischen Bauerschaft aufzugehen, oder, wenn es zu diesem Aeufsersten nicht kam, wurde ihr doch nicht Kriegscontribution oder fester Zins auferlegt, sondern die Abtretung eines Theils, gewöhnlich eines Drittels ihrer Feldmark, wo dann regelmäfsig römische Bauerhöfe entstanden. Viele Völker haben gesiegt und erobert wie die Römer; aber keines hat gleich dem römischen den gewonnenen Boden also im Schweifse seines Angesichts sich zu eigen gemacht und was die Lanze gewonnen hatte, mit der Pflugschaar zum zweitenmal erworben. Was der Krieg gewinnt, kann der Krieg wieder entreifsen, aber nicht also die Eroberung, die der Pflüger macht; wenn die Römer viele Schlachten verloren, aber kaum je bei dem Frieden römischen Boden abgetreten haben, so verdanken sie dies dem zähen Festhalten der Bauern an ihrem Acker und Eigen. In der Beherrschung der Erde liegt die Kraft des Mannes und des Staates; die Gröfse Roms ist gebaut auf die ausgedehnteste und unmittelbarste Herrschaft der Bürger über den Boden und auf die geschlossene Einheit dieser also festgegründeten Bauerschaft.

Dafs in ältester Zeit das Ackerland gemeinschaftlich, wahrscheinlich nach den einzelnen Geschlechtsgenossenschaften bestellt und erst der Ertrag unter die einzelnen dem Geschlecht angehörigen Häuser vertheilt ward, ist bereits angedeutet worden (S. 37. 67); wie denn Feldgemeinschaft und Geschlechtergemeinde innerlich zusammenhängen und auch späterhin in Rom noch das Zusammenwohnen und Wirthschaften der Mitbesitzer sehr häufig vorkam*). Selbst die römische Rechtsüberlieferung

Feldgemeinschaft.

---

*) Die bei der deutschen Feldgemeinschaft vorkommende Verbindung getheilten Eigenthums der Genossen und gemeinschaftlicher Bestellung

weifs noch zu berichten, dafs das Vermögen anfänglich in Vieh und Bodenbenutzung bestand und erst später das Land unter die Bürger zu Sondereigenthum aufgetheilt ward*). Besseres Zeugnifs dafür gewährt die älteste Bezeichnung des Vermögens als ‚Viehstand' oder ‚Sklaven- und Viehstand' (*pecunia, familia pecuniaque*) und des Sonderguts der Hauskinder und Sklaven als ‚Schäfchen' (*peculium*); ferner die älteste Form des Eigenthumserwerbs durch Handangreifen (*mancipatio*), was nur für bewegliche Sachen angemessen ist (S. 154) und vor allem das älteste Mafs des ‚Eigenlandes' (*heredium* von *herus*, Herr) von 2 Jugeren oder preufsischen Morgen, das nur Gartenland, nicht Hufe, gewesen sein kann**). Wann und wie die Aufteilung

---

durch die Genossenschaft hat in Italien schwerlich je bestanden. Wäre hier, wie bei den Deutschen, jeder Genosse als Eigenthümer eines Einzelfleckes in jedem wirthschaftlich abgegrenzten Theile der Gesammtmark betrachtet worden, so würde doch wohl die spätere Sonderwirthschaft von zerstückelten Hufen ausgehen. Allein es ist vielmehr das Gegentheil der Fall; die Individualnamen der römischen Hufen (*fundus Cornelianus*) zeigen deutlich, dafs der römische Grundbesitz von Haus aus factisch geschlossen war.
  *) Cicero (*de rep.* 2, 9. 14; vgl. Plutarch q. Rom. 15) berichtet: *Tum* (zur Zeit des Romulus) *erat res in pecore et locorum possessionibus, ex quo pecuniosi et locupletes vocabantur*. — (*Numa*) *primum agros, quos bello Romulus ceperat, divisit viritim civibus*. Ebenso läfst Dionys den Romulus das Land in 30 Curiendistricte theilen, den Numa die Grenzsteine setzen und das Terminalienfest einführen (1, 7. 2, 74; daraus Plutarch *Numa* 16).
  **) Da dieser Behauptung fortwährend noch widersprochen wird, so mögen die Zahlen reden. Die römischen Landwirthe der späteren Republik und der Kaiserzeit rechnen durchschnittlich für das Iugerum als Aussaat 5 römische Scheffel Weizen, als Ertrag das fünffache Korn; der Ertrag eines Heredium ist demnach, selbst wenn man, von dem Haus- und Hofraum abschend, es lediglich als Ackerland betrachtet und auf Brachjahre keine Rücksicht nimmt, 50 oder nach Abzug des Saatkorns 40 Scheffel. Auf den erwachsenen schwer arbeitenden Sklaven rechnet Cato (c. 56) für das Jahr 51 Scheffel Weizen. Die Frage, ob eine römische Familie von dem Heredium leben konnte oder nicht, mag danach sich jeder selber beantworten. Indefs läfst dies Ergebnifs sich auch weder dadurch erschüttern, dafs man auf die Nebennutzungen hinweist, welche das Ackerland selbst und die Gemeinweide an Feigen, Gemüse, Milch, Fleisch (besonders durch die alte und intensive Schweinezucht) u. dgl. abwirft, denn die römische Weidewirthschaft war in der älteren Zeit zwar keineswegs unbedeutend, aber doch von untergeordneter Bedeutung und die Hauptnahrung des Volkes notorisch das Getreide; noch dadurch, dafs man auf die Intensität der älteren Cultur pocht. Man mag annehmen, dafs durchschnittlich nicht das fünfte, sondern das zehnte Korn gewonnen ward, auch die Nachernte des Ackers und die Feigenernte in Anschlag bringen: immer wird man auf diesem Wege wohl zu einer sehr ansehnlichen Steige-

des Ackerlandes stattgefunden hat, läfst sich nicht mehr bestimmen. Geschichtlich steht nur so viel fest, dafs die älteste Verfassung die Ansässigkeit nicht, sondern als Surrogat dafür die Geschlechtsgenossenschaft, dagegen schon die servianische den aufgetheilten Acker voraussetzt. Aus derselben Verfassung geht hervor, dafs die grofse Masse des Grundbesitzes aus mittleren Bauerstellen bestand, welche einer Familie zu thun und zu leben gaben und das Halten von Ackervieh so wie die Anwendung des Pfluges gestatteten; das gewöhnliche Flächenmafs dieser römischen Vollhufe ist nicht mit Sicherheit ermittelt, kann aber, wie schon gesagt ward (S. 97), schwerlich geringer als zu 20 Morgen angenommen werden. — Die Landwirthschaft ging wesentlich Getreidebau.

rung besonders des Bruttoertrags gelangen — und es ist nie verkannt worden, dafs die Bauern dieser Zeit ihren Aeckern einen gröfseren Ertrag abgewonnen haben als die Plantagenbesitzer der späteren Republik und der Kaiserzeit ihn erzielten (S. 36) —; aber Mafs wird auch hier zu halten sein, da es ja um Durchschnittssätze sich handelt und um eine weder rationell noch mit grofsem Capital betriebene Bauernbewirthschaftung, und auf keinen Fall liefs das enorme Deficit, welches nach jenen Ansätzen zwischen dem Ertrag des Heredium und dem Bedarf des Hauswesens bleibt, durch blofse Cultursteigerung sich decken. Der versuchte Gegenbeweis geht in die Irre, wenn er sich darauf stützt, dafs der Sklave der späteren Zeit ausschliefslicher als der freie Bauer der älteren von Getreide gelebt hat und dafs für die ältere Zeit die Annahme des fünffachen Kornes eine zu niedrige ist; beide Voraussetzungen liegen ja eben auch der hier gegebenen Darstellung zu Grunde. Er wird erst dann als geführt zu betrachten sein, wenn eine rationelle landwirthschaftliche Berechnung aufgestellt sein wird, wonach bei einer überwiegend von Vegetabilien sich nährenden Bevölkerung der Ertrag eines Grundstückes von 2 Morgen sich als durchschnittlich für die Ernährung einer Familie ausreichend herausstellt. — Man behauptet nun zwar, dafs selbst in geschichtlicher Zeit Coloniegründungen mit Ackerloosen von zwei Morgen vorkommen; aber das einzige Beispiel der Art (Liv. 4, 47), die Colonie Labici vom Jahr 336 wird von denjenigen Gelehrten, gegen welche es überhaupt der Mühe sich verlohnt Argumente zu gebrauchen, sicherlich nicht zu der im geschichtlichen Detail zuverlässigen Ueberlieferung gezählt werden und unterliegt auch noch anderen sehr ernsten Bedenken (Buch 2, Kap. 5, Anm.). Das allerdings ist richtig, dafs bei der nicht colonialen Ackeranweisung an die gesammte Bürgerschaft (*adsignatio viritana*) zuweilen nur wenige Morgen gegeben worden sind (so z. B. Liv. 8, 11. 21); aber hier sollten auch keineswegs in den Loosen neue Bauerwesen geschaffen, sondern vielmehr in der Regel zu den bestehenden vom eroberten Lande neue Parcelen hinzugefügt werden (vgl. C. I. L. I p. 88). Auf alle Fälle wird jede andere Annahme besser sein als eine Hypothese, welche mit den fünf Broten und zwei Fischen des Evangeliums ziemlich auf einer Linie steht. Die römischen Bauern waren bei weitem weniger bescheiden als ihre Historiographen; sie meinten, wie schon gesagt ward (S. 97), selbst auf Grundstücken von 7 Morgen oder 140 römischen Scheffeln Ertrag nicht auskommen zu können.

auf den Getreidebau, das gewöhnliche Korn war der Spelt (*far*)*);
doch wurden auch Hülsenfrüchte, Rüben und Gemüse fleifsig
gezogen. — Dafs die Pflege des Weinstocks nicht erst durch
die griechischen Ansiedler nach Italien kam (S. 20), beweist
das in die vorgriechische Zeit hinaufreichende Festverzeichnifs
der römischen Gemeinde, das drei Weinfeste kennt und diese
dem Vater Iovis, nicht dem jüngeren erst von den Griechen
entlehnten Weingott, dem Vater Befreier, feiern heifst. Wenn
nach einer recht alten Sage der König Mezentius von Caere von

Weinbau.

---

*) Vielleicht der jüngste, obwohl schwerlich der letzte Versuch den
Nachweis zu führen, dafs die latinische Bauernfamilie von 2 Morgen Landes hat leben können, ist hauptsächlich darauf gestützt worden, dafs Varro
(*de r. r.* 1, 44, 1) als Aussaat auf den Morgen 5 Scheffel Weizen, dagegen
10 Scheffel Spelt rechnet und diesem entsprechend den Ertrag ansetzt,
woraus denn gefolgert wird, dafs der Speltbau wo nicht den doppelten,
doch einen beträchtlich höheren Ertrag liefere als der Weizenbau. Es
ist aber vielmehr das Umgekehrte richtig und jene nominell höhere Aussaat und Ernte einfach zu erklären aus dem Umstand, dafs die Römer den
Weizen ausgehülst säeten und lagerten, den Spelt aber in den Hülsen (Plinius *h. n.* 18, 7, 61), die sich hier durch das Dreschen nicht von der Frucht
trennen. Aus demselben Grunde wird der Spelt auch heut zu Tage noch
doppelt so stark gesäet als der Weizen und liefert nach Scheffelmafs doppelt höheren Ertrag, nach Abzug der Hülsen aber geringeren. Nach würtembergischen Angaben, die mir G. Hanssen mittheilt, rechnet man dort
als Durchschnittsertrag für die würtembergischen Morgen an Weizen (bei
einer Aussaat von ⅓—½ Scheffel) 3 Scheffel zum mittleren Gewicht von
275 Pfd. (= 825 Pfd.), an Spelt (bei einer Aussaat von ⅔—1¼ Scheffel)
mindestens 7 Scheffel zum mittleren Gewicht von 150 Pfd. (= 1050 Pfd.),
welche durch die Schälung sich auf etwa 4 Scheffel reduciren. Also liefert
der Spelt verglichen mit dem Weizen im Bruttoertrag mehr als doppelte,
bei gleich gutem Boden vielleicht dreifache Ernte, dem specifischen Gewicht nach aber vor der Enthülsung nicht viel über, nach der Enthülsung
(als „Kern') weniger als die Hälfte. Nicht aus Versehen, wie behauptet
worden ist, sondern weil es zweckmäfsig ist bei Ueberschlägen dieser
Art von überlieferten und gleichartigen Ansetzungen auszugehen, ist
die oben aufgestellte Berechnung auf Weizen gestellt worden; sie durfte
es, weil sie, auf Spelt übertragen, nicht wesentlich abweicht und der Ertrag eher fällt als steigt. Der Spelt ist genügsamer in Bezug auf Boden
und Klima, und weniger Gefahren ausgesetzt als der Weizen; aber
der letztere liefert im Ganzen, namentlich wenn man die nicht unbeträchtlichen Enthülsungskosten in Anschlag bringt, einen höheren Reinertrag
(nach fünfzigjährigem Durchschnitt stellt in der Gegend von Frankenthal
in Rheinbaiern sich der Malter Weizen auf 11 Gulden 3 Krz., der Malter
Spelt auf 4 Gulden 30 Krz.), und wie in Süddeutschland, wo der Boden
ihn zuläfst, der Weizenbau vorgezogen wird und überhaupt bei vorschreitender Cultur dieser den Speltbau zu verdrängen pflegt, so ist auch der
gleichartige Uebergang der italischen Landwirthschaft vom Spelt- zum
Weizenbau unleugbar ein Fortschritt gewesen.

den Latinern oder den Rutulern einen Weinzins fordert, wenn als die Ursache, welche die Kelten veranlaſste die Alpen zu überschreiten, in einer weit verbreiteten und sehr verschiedenartig gewendeten italischen Erzählung die Bekanntschaft mit den edlen Früchten Italiens und vor allem mit der Traube und dem Wein genannt wird, so spricht daraus der Stolz der Latiner auf ihre herrliche von den Nachbaren vielbeneidete Rebe. Früh und allgemein wurde von den latinischen Priestern auf eine sorgfältige Rebenzucht hingewirkt. In Rom begann die Lese erst, wenn der höchste Priester der Gemeinde, die Flamen des Jupiter sie gestattet und selbst damit begonnen hatte; in gleicher Weise verbot eine tusculanische Ordnung das Feilbieten des neuen Weines, bevor der Priester das Fest der Faſsöffnung abgerufen hatte. Ebenso gehört hieher nicht bloſs die allgemeine Aufnahme der Weinspendung in das Opferritual, sondern auch die als Gesetz des Königs Numa bekannt gemachte Vorschrift der römischen Priester den Göttern keinen von unbeschnittenen Reben gewonnenen Wein zum Trankopfer auszugieſsen; eben wie sie, um das nützliche Dörren des Getreides einzuführen, die Opferung ungedörrten Getreides untersagten. — Jünger ist der Oelbau und Oelbau. sicher erst durch die Griechen nach Italien gekommen*). Die Olive soll zuerst gegen das Ende des zweiten Jahrhunderts der Stadt am westlichen Mittelmeer gepflanzt worden sein; es stimmt dazu, daſs der Oelzweig und die Olive im römischen Ritual eine weit untergeordnetere Rolle spielen als der Saft der Rebe. Wie werth übrigens der Römer beide edle Bäume hielt, beweisen der Rebstock und Oelbaum, die mitten auf dem Markte der Stadt unweit des curtischen Teiches gepflegt wurden. — Von den Fruchtbäumen ward vor allem die nahrhafte und wahrscheinlich in Italien einheimische Feige gepflanzt; um die alten Feigenbäume, deren am Palatin und auf dem römischen Markte mehrere standen**), hat die römische Ursprungssage ihre dichtesten Fäden gesponnen. — Es waren der Bauer und dessen Söhne, welche den Pflug führten und überhaupt die landwirthschaftlichen Arbeiten verrichteten; daſs auf den gewöhnlichen Bauerwirth- Ackerwirthschaften Sklaven oder freie Tagelöhner regelmäſsig mit verwandt schaft.

---

*) *Oleum, oliva* sind aus ἔλαιον, ἔλαια, *amurca* (Oelhefe) aus ἀμόργη entstanden.

**) Aber daſs der vor dem Saturnustempel stehende im Jahr 260 umgehauen ward (Plin. 15, 18, 77) ist nicht überliefert; die Ziffer CCLX fehlt in allen guten Handschriften und ist, wohl mit Anlehnung an Liv. 2, 21, interpolirt.

worden sind, ist nicht wahrscheinlich. Den Pflug zog der Stier, auch die Kuh; zum Tragen der Lasten dienten Pferde, Esel und Maulthiere. Eine selbstständige Viehwirthschaft zur Gewinnung des Fleisches oder der Milch bestand wenigstens auf dem in Geschlechtseigenthum stehenden Land nicht oder nur in sehr beschränktem Umfang; wohl aber wurden aufser dem Kleinvieh, das man auf die gemeine Weide mit auftrieb, auf dem Bauerhof Schweine und Geflügel, besonders Gänse gehalten. Im Allgemeinen ward man nicht müde zu pflügen und wieder zu pflügen — der Acker galt als mangelhaft bestellt, bei dem die Furchen nicht so dicht gezogen waren, dafs das Eggen entbehrt werden konnte; aber der Betrieb war mehr intensiv als intelligent und der mangelhafte Pflug, das unvollkommene Ernte- und Dreschverfahren blieben unverändert. Mehr als das hartnäckige Festhalten der Bauern an dem Hergebrachten wirkte hiezu wahrscheinlich die geringe Entwickelung der rationellen Mechanik; denn dem praktischen Italiener war die gemüthliche Anhänglichkeit an die mit der ererbten Scholle überkommene Bestellungsweise fremd, und einleuchtende Verbesserungen der Landwirthschaft, wie zum Beispiel der Anbau von Futterkräutern und das Berieselungssystem der Wiesen, mögen schon früh von den Nachbarvölkern übernommen oder selbstständig entwickelt worden sein; begann doch die römische Litteratur selbst mit der theoretischen Behandlung des Ackerbaus. Der fleifsigen und verständigen Arbeit folgte die erfreuliche Rast; und auch hier machte die Religion ihr Recht geltend die Mühsal des Lebens auch dem Niedrigen durch Pausen der Erholung und der freieren menschlichen Bewegung zu mildern. Viermal im Monat, also durchschnittlich jeden achten Tag (*nonae*) geht der Bauer in die Stadt, um zu verkaufen und zu kaufen und seine übrigen Geschäfte zu besorgen. Eigentliche Arbeitsruhe bringen aber nur die einzelnen Festtage und vor allem der Feiermonat nach vollbrachter Wintersaat (*feriae sementivae*); während dieser Fristen rastete nach dem Gebote der Götter der Pflug und es ruhten in Feiertagsmufse nicht blofs der Bauer, sondern auch der Knecht und der Stier. — In solcher Weise etwa ward die gewöhnliche römische Bauerstelle in ältester Zeit bewirthschaftet. Gegen schlechte Verwaltung gab es für die Anerben keinen anderen Schutz, als das Recht den leichtsinnigen Verschleuderer ererbten Vermögens gleichsam als einen Wahnsinnigen unter Vormundschaft stellen zu lassen (S. 154). Den Frauen war überdies das eigene Verfügungsrecht wesentlich entzogen, und wenn sie sich verheiratheten, gab man ihnen regelmäfsig einen Geschlechtsgenossen zum Mann, um das Gut in dem Geschlecht zusammenzuhalten. Der Ueberschuldung des Grundbesitzes suchte das Recht zu steuern theils dadurch, dafs es bei der Hypothekenschuld den sofortigen Uebergang des Eigenthums an der verpfändeten Liegenschaft vom Schuldner auf den Gläubiger verordnete, theils durch das strenge und rasch zum factischen Concurs führende Executivverfahren bei dem einfachen Darlehen; doch erreichte, wie die Folge zeigt, das letztere Mittel seinen Zweck nur sehr unvollkommen. Die freie Theilbarkeit des Eigenthums blieb gesetzlich unbeschränkt. So wünschenswerth es auch sein mochte, wenn die Miterben im ungetheilten Besitz des Erbguts blieben, so sorgte doch schon das älteste Recht dafür die Auflösung einer solchen Gemeinschaft zu jeder Zeit jedem Theilnehmer offen zu halten; es ist gut, wenn Brüder friedlich zusammenwohnen, aber sie dazu zu nöthigen, ist dem liberalen Geiste des römischen Rechts fremd. Die servianische Verfassung zeigt denn auch, dafs es schon in der Königszeit in Rom an Insten und Gartenbesitzern nicht gefehlt hat, bei denen an die Stelle des Pfluges der Karst trat. Die Verhinderung der übermäfsigen Zerstückelung des Bodens blieb der Gewohnheit und dem gesunden Sinn der Bevölkerung überlassen; und dafs man sich hierin nicht getäuscht hat und die Landgüter in der Regel zusammengeblieben sind, beweist schon die allgemeine römische Sitte sie mit feststehenden Individualnamen zu bezeichnen. Die Gemeinde griff nur indirect hier ein durch die Ausführung von Colonien, welche regelmäfsig die Gründung einer Anzahl neuer Vollhufen und häufig wohl auch, indem man kleine Grundbesitzer als Colonisten ausführte, die Einziehung einer Anzahl Instenstellen herbeiführte.

Bei weitem schwieriger ist es die Verhältnisse des gröfseren Grundbesitzes zu erkennen. Dafs es einen solchen in nicht unbedeutender Ausdehnung gab, ist nach der Stellung der Ritter in der servianischen Verfassung nicht zu bezweifeln und erklärt sich auch leicht theils aus der Auftheilung der Geschlechtsmarken, welche bei der nothwendig ungleichen Kopfzahl der in den einzelnen Geschlechtern daran Theilnehmenden von selbst einen Stand von gröfseren Grundbesitzern ins Leben rufen mufste, theils aus der Menge der in Rom zusammenströmenden kaufmännischen Capitalien. Aber eine eigentliche Grofswirthschaft, gestützt auf einen ansehnlichen Sklavenstand, wie wir sie später in Rom finden, kann für diese Zeit nicht angenommen werden; vielmehr ist die alte Definition, wonach die Senatoren Väter genannt worden sind von den Aeckern, die sie an geringe Leute

Gutsbesitzer.

austheilten wie der Vater an die Kinder, hieher zu ziehen und
wird ursprünglich der Gutsbesitzer den Theil seines Grundstückes,
den er nicht selber zu bewirthschaften vermochte, oder auch das
ganze Gut in kleinen Parzelen unter abhängige Leute zur Bestellung vertheilt haben, wie dies noch jetzt in Italien allgemein geschieht. Der Empfänger konnte Hauskind oder Sklave des Verleihers sein; wenn er ein freier Mann war, so war sein Verhältnifs
dasjenige, welches später unter dem Namen des 'Bittbesitzes'
(*precarium*) erscheint. Der Empfänger behielt diesen, so lange
es dem Verleiher beliebte und hatte kein gesetzliches Mittel um
sich gegen denselben im Besitz zu schützen; vielmehr konnte
dieser ihn jederzeit nach Gefallen ausweisen. Eine Gegenleistung
des Bodennutzers an den Bodeneigenthümer lag in dem Verhältnifs nicht nothwendig; ohne Zweifel aber fand sie häufig statt
und mag wohl in der Regel in der Abgabe eines Theils vom
Fruchtertrag bestanden haben, wo dann das Verhältnifs der späteren Pacht sich nähert, immer aber von ihr unterschieden bleibt
theils durch den Mangel eines festen Endtermins, theils durch
den Mangel der Klagbarkeit auf beiden Seiten und den lediglich
durch das Ausweisungsrecht des Verpächters vermittelten Rechtsschutz der Pachtforderung. Offenbar war dies wesentlich ein
Treuverhältnifs und konnte ohne das Hinzutreten eines mächtigen religiös geheiligten Herkommens nicht bestehen; aber dieses
fehlte auch nicht. Das durchaus sittlich-religiöse Institut der
Clientel ruhte ohne Zweifel im letzten Grunde auf dieser Zuweisung der Bodennutzungen. Dieselbe wurde auch keineswegs erst
durch die Aufhebung der Feldgemeinschaft möglich; denn wie
nach dieser der Einzelne, konnte vorher das Geschlecht die Mitnutzung seiner Mark abhängigen Leuten gestatten, und eben damit
hängt ohne Zweifel zusammen, dafs die römische Clientel nicht
persönlich war, sondern von Haus aus der Client mit seinem
Geschlecht sich dem Patron und seinem Geschlecht zu Schutz
und Treue anbefahl. Aus dieser ältesten Gestalt der römischen
Gutswirthschaft erklärt es sich, wefshalb aus den grofsen Grundbesitzern in Rom ein Land-, kein Stadtadel hervorging. Da die
verderbliche Institution der Mittelmänner den Römern fremd
blieb, fand sich der römische Gutsherr nicht viel weniger an den
Grundbesitz gefesselt als der Pächter und der Bauer; er sah überall selbst zu und griff selber ein und auch dem reichen Römer galt
es als das höchste Lob ein guter Landwirth zu heifsen. Sein
Haus war auf dem Lande; in der Stadt hatte er nur ein Quartier
um seine Geschäfte dort zu besorgen und etwa während der

heifsen Zeit dort die reinere Luft zu athmen. Vor allem aber wurde durch diese Ordnungen eine sittliche Grundlage für das Verhältnifs der Vornehmen zu den Geringen hergestellt und dadurch dessen Gefährlichkeit wesentlich gemindert. Die freien Bittpächter, hervorgegangen aus heruntergekommenen Bauerfamilien, zugewandten Leuten und Freigelassenen, machten die grofse Masse des Proletariats aus (S. 90) und waren von dem Grundherrn nicht viel abhängiger als es der kleine Zeitpächter dem grofsen Gutsbesitzer gegenüber unvermeidlich ist. Die für den Herrn den Acker bauenden Knechte waren ohne Zweifel bei weitem weniger zahlreich als die freien Pächter. Ueberall wo die einwandernde Nation nicht sogleich eine Bevölkerung in Masse geknechtet hat, scheinen Sklaven anfänglich nur in sehr beschränktem Umfang vorhanden gewesen zu sein und in Folge dessen die freien Arbeiter eine ganz andere Rolle im Staate gehabt zu haben als in der wir später sie finden. Auch in Griechenland erscheinen in der älteren Epoche die ‚Tagelöhner' ($\vartheta\tilde{\eta}\tau\varepsilon\varsigma$) vielfach an der Stelle der späteren Sklaven und hat in einzelnen Gemeinden, zum Beispiel bei den Lokrern, es bis in die historische Zeit keine Sklaverei gegeben. Selbst der Knecht aber war doch regelmäfsig italischer Abkunft; der volskische, sabinische, etruskische Kriegsgefangene mufste seinem Herrn anders gegenüberstehen als in späterer Zeit der Syrer und der Kelte. Dazu hatte er als Parzeleninhaber zwar nicht rechtlich, aber doch thatsächlich Land und Vieh, Weib und Kind wie der Gutsherr und seit es eine Freilassung gab (S. 157), lag die Möglichkeit sich frei zu arbeiten ihm nicht fern. Wenn es mit dem grofsen Grundbesitz der ältesten Zeit sich also verhielt, so war er keineswegs eine offene Wunde des Gemeinwesens, sondern für dasselbe vom wesentlichsten Nutzen. Nicht blofs verschaffte er nach Verhältnifs eben so vielen Familien eine wenn auch im Ganzen geringere Existenz wie der mittlere und kleine; sondern es erwuchsen auch in den verhältnifsmäfsig hoch und frei gestellten Grundherren die natürlichen Leiter und Regierer der Gemeinde, in den ackerbauenden und eigenthumlosen Bittpächtern aber das rechte Material für die römische Colonisationspolitik, welche ohne ein solches nimmermehr gelingen konnte; denn der Staat kann wohl dem Vermögenlosen Land, aber nicht demjenigen, der kein Ackerbauer ist, den Muth und die Kraft geben um die Pflugschaar zu führen.

Das Weideland ward von der Landauftheilung nicht betroffen. Es ist der Staat, nicht die Geschlechtsgenossenschaft, der als Eigenthümer der Gemeinweide betrachtet wird, und theils

Weidewirthschaft.

dieselbe für seine eignen, für die Opfer und zu andern Zwecken bestimmten und durch die Viehbufsen stets in ansehnlichem Stande gehaltenen Heerden benutzt, theils den Viehbesitzern das Auftreiben auf dieselbe gegen eine mäfsige Abgabe (*scriptura*) gestattet. Das Triftrecht am Gemeindeanger mag ursprünglich thatsächlich in einem gewissen Verhältnifs zum Grundbesitz gestanden haben, allein eine rechtliche Verknüpfung der einzelnen Ackerhufe mit einer bestimmten Theilnutzung der Gemeinweide kann in Rom schon defshalb nie stattgefunden haben, weil das Eigenthum auch von dem Insassen erworben werden konnte, das Nutzungsrecht aber stets Vorrecht des Bürgers blieb und dem Insassen nur ausnahmsweise durch königliche Gnade gewährt ward. In dieser Epoche indefs scheint das Gemeindeland in der Volkswirthschaft überhaupt nur eine untergeordnete Rolle gespielt zu haben, da die ursprüngliche Gemeinweide wohl nicht sehr ausgedehnt war, das eroberte Land aber wohl gröfstentheils sogleich unter die Geschlechter oder später unter die Einzelnen als Ackerland vertheilt ward.

Gewerbe. Dafs der Ackerbau in Rom wohl das erste und ausgedehnteste Gewerbe war, daneben aber andere Zweige der Industrie nicht gefehlt haben, folgt schon aus der frühen Entwickelung des städtischen Lebens in diesem Emporium der Latiner, und in der That werden unter den Institutionen des Königs Numa, das heifst unter den seit unvordenklicher Zeit in Rom bestehenden Einrichtungen, acht Handwerkerzünfte aufgezählt: der Flötenbläser, der Goldschmiede, der Kupferschmiede, der Zimmerleute, der Walker, der Färber, der Töpfer, der Schuster — womit für die älteste Zeit, wo man das Brotbacken und die gewerbmäfsige Arzneikunst noch nicht kannte und die Frauen des Hauses die Wolle zu den Kleidern selber spannen, der Kreis der auf Bestellung für fremde Rechnung arbeitenden Gewerke wohl im Wesentlichen erschöpft sein wird. Merkwürdig ist es, dafs keine eigene Zunft der Eisenarbeiter erscheint. Es bestätigt dies aufs Neue, dafs man in Latium erst verhältnifsmäfsig spät mit der Bearbeitung des Eisens begonnen hat; wefshalb denn auch im Ritual zum Beispiel für den heiligen Pflug und das priesterliche Scheermesser bis in die späteste Zeit durchgängig nur Kupfer verwandt werden durfte. Für das städtische Leben Roms und seine Stellung zu der latinischen Landschaft müssen diese Gewerkschaften in der ältesten Periode von grofser Bedeutung gewesen sein, die nicht abgemessen werden darf nach den späteren durch die Masse der für den Herrn oder auf seine Rechnung arbeitenden Handwerkersklaven und die steigende Einfuhr von Luxuswaaren gedrückten Verhältnissen des römischen Handwerks. Die ältesten Lieder Roms feierten nicht blofs den gewaltigen Streitgott Mamers, sondern auch den kundigen Waffenschmied Mamurius, der nach dem göttlichen vom Himmel gefallenen Musterschild seinen Mitbürgern gleiche Schilde zu schmieden verstanden hatte; der Gott des Feuers und der Esse Volcanus erscheint bereits in dem uralten römischen Festverzeichnifs (S. 165). Auch in dem ältesten Rom sind also wie aller Orten die Kunst die Pflugschaar und das Schwert zu schmieden und sie zu führen Hand in Hand gegangen und fand sich nichts von jener hoffärtigen Verachtung der Gewerke, die später daselbst begegnet. Seit indefs die servianische Ordnung den Heerdienst ausschliefslich auf die Ansässigen legte, waren die Industriellen zwar nicht gesetzlich, aber doch wohl in Folge ihrer durchgängigen Nichtansässigkeit thatsächlich vom Waffenrecht ausgeschlossen, aufser insofern aus den Zimmerleuten, den Kupferschmieden und gewissen Klassen der Spielleute eigene militärisch organisirte Abtheilungen dem Heer beigegeben wurden; und es mag dies wohl der Anfang sein zu der späteren sittlichen Geringschätzung und politischen Zurücksetzung der Gewerke. Die Einrichtung der Zünfte hatte ohne Zweifel denselben Zweck wie die der auch im Namen ihnen gleichenden Priestergemeinschaften: die Sachverständigen thaten sich zusammen, um die Tradition fester und sicherer zu bewahren. Dafs unkundige Leute in irgend einer Weise ferngehalten wurden, ist wahrscheinlich; doch finden sich keine Spuren weder von monopolistischen Tendenzen noch von Schutzmitteln gegen schlechte Fabrication — freilich sind auch über keine Seite des römischen Volkslebens die Nachrichten so völlig versiegt wie über die Gewerke.

Dafs der italische Handel sich in der ältesten Epoche auf den Verkehr der Italiker unter einander beschränkt hat, versteht sich von selbst. Die Messen (*mercatus*), die wohl zu unterscheiden sind von den gewöhnlichen Wochenmärkten (*nundinae*), sind in Latium sehr alt. Sie mögen sich zunächst an die internationalen Zusammenkünfte und Feste angereiht, vielleicht also in Rom mit der Festfeier in dem Bundestempel auf dem Aventin in Verbindung gestanden haben; die Latiner, die hiezu jedes Jahr am 13. August nach Rom kamen, mochten diese Gelegenheit zugleich benutzen, um ihre Angelegenheiten in Rom zu erledigen und ihren Bedarf daselbst einzukaufen. Aehnliche und vielleicht noch gröfsere Bedeutung hatte für Etrurien die jährliche Landesver-

Italischer Binnenhandel.

sammlung am Tempel der Voltumna (vielleicht bei Montefiascone) im Gebiet von Volsinii, welche zugleich als Messe diente und auch von römischen Kaufleuten regelmäfsig besucht ward. Aber die bedeutendste unter allen italischen Messen war die, welche am Soracte im Hain der Feronia abgehalten ward, in einer Lage, wie sie nicht günstiger zu finden war für den Waarentausch unter den drei grofsen Nationen. Der hohe einzeln stehende Berg, der wie von der Natur selbst mitten in die Tiberebene den Wanderern zum Ziel hingestellt erscheint, liegt an der Grenzscheide der etruskischen und sabinischen Landschaft, zu welcher letzteren er meistens gehört zu haben scheint, und ist auch von Latium und Umbrien aus mit Leichtigkeit zu erreichen; regelmäfsig erschienen hier die römischen Kaufleute und Verletzungen derselben führten manchen Hader mit den Sabinern herbei. — Ohne Zweifel handelte und tauschte man auf diesen Messen lange bevor das erste griechische oder phoenikische Schiff in die Westsee eingefahren war. Hier halfen bei vorkommenden Mifsernten die Landschaften einander mit Getreide aus; hier tauschte man ferner Vieh, Sklaven, Metalle und was sonst in jenen ältesten Zeiten nothwendig oder wünschenswerth erschien. Das älteste Tauschmittel waren Rinder und Schafe, so dafs auf ein Rind zehn Schafe gingen; sowohl die Feststellung dieser Gegenstände als gesetzlich allgemein stellvertretender oder als Geld, als auch der Verhältnifssatz zwischen Grofs- und Kleinvieh reichen, wie die Wiederkehr von beiden besonders bei den Deutschen zeigt, nicht blofs in die graecoitalische, sondern noch darüber hinaus in die Zeit der reinen Heerdenwirthschaft zurück*). Daneben kam in Italien, wo man besonders für die Ackerbestellung und die Rüstung allgemein des Metalls in ansehnlicher Menge bedurfte, nur wenige Landschaften aber selbst die nöthigen Metalle erzeugten, sehr früh als zweites Tauschmittel das Kupfer (*aes*) auf, wie denn den kupferarmen Latinern die Schätzung selbst die ‚Kupferung' (*aestimatio*) hiefs. In dieser Feststellung des Kupfers als allgemeinen auf der ganzen

---

*) Der gesetzliche Verhältnifswerth der Schafe und Rinder geht bekanntlich daraus hervor, dafs, als man die Vieh- in Geldbufsen umsetzte, das Schaf zu zehn, das Rind zu hundert Assen angesetzt wurde (Festus v. *peculatus* p. 237, vgl. p. 24. 144. Gell. 11, 1. Plutarch *Poplicola* 11). Es ist dieselbe Bestimmung, wenn nach isländischem Recht der Kuh zwölf Widder gleich gelten; nur dafs hier wie auch sonst das deutsche Recht dem älteren decimalen das Duodecimalsystem substituirt hat. — Dafs die Bezeichnung des Viehes bei den Latinern (*pecunia*) wie bei den Deutschen (englisch *fee*) in die des Geldes übergeht, ist bekannt.

Halbinsel gültigen Aequivalents, so wie in den später (S. 208) noch genauer zu erwägenden einfachsten Zahlzeichen italischer Erfindung und dem italischen Duodecimalsystem dürften Spuren dieses ältesten sich noch selbst überlassenen Internationalverkehrs der italischen Völker vorliegen.

In welcher Art der überseeische Verkehr auf die unabhängig gebliebenen Italiker einwirkte, wurde im Allgemeinen schon früher bezeichnet. Fast ganz unberührt von ihm blieben die sabellischen Stämme, die nur einen geringen und unwirthlichen Küstensaum inne hatten und was ihnen von den fremden Nationen zukam, wie zum Beispiel das Alphabet, nur durch tuskische oder latinische Vermittlung empfingen; woher denn auch der Mangel städtischer Entwickelung rührt. Auch Tarents Verkehr mit den Apulern und Messapiern scheint in dieser Epoche noch gering gewesen zu sein. Anders an der Westküste, wo in Campanien Griechen und Italiker friedlich neben einander wohnten, in Latium und mehr noch in Etrurien ein ausgedehnter und regelmäfsiger Waarentausch stattfand. Was die ältesten Einfuhrartikel waren, läfst sich theils aus den Fundstücken schliefsen, die uralte, namentlich caeritische Gräber ergeben haben, theils aus Spuren, die in der Sprache und den Institutionen der Römer bewahrt sind, theils und vorzugsweise aus den Anregungen, die das italische Gewerbe empfing; denn natürlich kaufte man längere Zeit die fremden Manufacte, ehe man sie nachzuahmen begann. Wir können zwar nicht bestimmen, wie weit die Entwickelung der Handwerke vor der Scheidung der Stämme und dann wieder in derjenigen Periode gediehen ist, wo Italien sich selbst überlassen blieb; es mag dahin gestellt werden, in wie weit die italischen Walker, Färber, Gerber und Töpfer von Griechenland oder Phoenikien aus den Anstofs empfangen oder selbstständig sich entwickelt haben. Aber sicher kann das Gewerk der Goldschmiede, das seit unvordenklicher Zeit in Rom bestand, erst aufgekommen sein, nachdem der überseeische Handel begonnen und in einiger Ausdehnung unter den Bewohnern der Halbinsel Goldschmuck vertrieben hatte. So finden wir denn auch in den ältesten Grabkammern von Caere und Vulci in Etrurien und Praeneste in Latium Goldplatten mit eingestempelten geflügelten Löwen und ähnlichen Ornamenten babylonischer Fabrik. Es mag über das einzelne Fundstück gestritten werden, ob es vom Ausland eingeführt oder einheimische Nachahmung ist; im Ganzen leidet es keinen Zweifel, dafs die ganze italische Westküste in ältester Zeit Metallwaaren aus dem Osten bezogen hat. Es wird sich später, wo von der

Kunstübung die Rede ist, noch deutlicher zeigen, dafs die Architektur wie die Plastik in Thon und Metall daselbst in sehr früher Zeit durch griechischen Einflufs eine mächtige Anregung empfangen haben, das heifst, dafs die ältesten Werkzeuge und die ältesten Muster aus Griechenland gekommen sind. In die eben erwähnten Grabkammern waren aufser dem Goldschmuck noch mit eingelegt Gefäfse von bläulichem Schmelzglas oder grünlichem Thon, nach Material und Stil wie nach den eingedrückten Hieroglyphen zu schliefsen, aegyptischen Ursprungs; Salbgefäfse von orientalischem Alabaster, darunter mehrere als Isis geformt; Straufseneier mit gemalten oder eingeschnitzten Sphinxen und Greifen; Glas- und Bernsteinperlen. Die letzten können aus dem Norden auf dem Landweg gekommen sein; die übrigen Gegenstände aber beweisen die Einfuhr von Salben und Schmucksachen aller Art aus dem Orient. Eben daher kamen Linnen und Purpur, Elfenbein und Weihrauch, was ebenso der frühe Gebrauch der linnenen Binden, des purpurnen Königsgewandes, des elfenbeinernen Königsscepters und des Weihrauchs beim Opfer beweist wie die uralten Lehnnamen ($\lambda\acute{\iota}\nu o\nu$ *linum*; $\pi o\varrho\varphi\acute{\upsilon}\varrho a$ *purpura*; $\sigma\varkappa\tilde{\eta}\pi\tau\varrho o\nu$ $\sigma\varkappa\acute{\iota}\pi\omega\nu$ *scipio*, auch wohl $\grave{\epsilon}\lambda\acute{\epsilon}\varphi a\varsigma$ *ebur*; $\vartheta\acute{\upsilon}o\varsigma$ *thus*). Eben dahin gehört die Entlehnung einer Anzahl auf Efs- und Trinkwaaren bezüglicher Wörter, namentlich die Benennung des Oels (vgl. S. 191), der Krüge ($\grave{a}\mu\varphi o\varrho\epsilon\acute{\upsilon}\varsigma$ *amp[h]ora ampulla*; $\varkappa\varrho a\tau\acute{\eta}\varrho$ *cratera*), des Schmausens ($\varkappa\omega\mu\acute{a}\zeta\omega$ *comissari*), des Leckergerichts ($\grave{o}\psi\acute{\omega}\nu\iota o\nu$ *opsonium*), des Teiges ($\mu\tilde{a}\zeta a$ *massa*) und verschiedener Kuchennamen ($\gamma\lambda\upsilon\varkappa o\tilde{\upsilon}\varsigma$ *lucuns*; $\pi\lambda a\varkappa o\tilde{\upsilon}\varsigma$ *placenta*; $\tau\upsilon\varrho o\tilde{\upsilon}\varsigma$ *turunda*), wogegen umgekehrt die lateinischen Namen der Schüssel (*patina* $\pi a\tau\acute{a}\nu\eta$) und des Specks (*arvina* $\grave{a}\varrho\beta\acute{\iota}\nu\eta$) in das sicilische Griechisch Eingang gefunden haben. Die spätere Sitte, den Todten attisches, kerkyraeisches und campanisches Luxusgeschirr ins Grab zu stellen, beweist eben wie diese sprachlichen Zeugnisse den frühen Vertrieb der griechischen Töpferwaaren nach Italien. Dafs die griechische Lederarbeit in Latium wenigstens bei der Armatur Eingang fand, zeigt die Verwendung des griechischen Wortes für Leder ($\sigma\varkappa\tilde{\upsilon}\tau o\varsigma$) bei den Latinern für den Schild (*scutum*; wie *lorica* von *lorum*). Endlich gehören hieher die zahlreichen aus dem Griechischen entlehnten Schifferausdrücke, obwohl die Hauptschlagwörter für die Segelschifffahrt: Segel, Mast und Raa doch merkwürdiger Weise rein lateinisch gebildet sind[*]); ferner die griechische Benennung des

---

[*]) *Velum* ist sicher latinischen Ursprungs; ebenso *malus*, zumal da

Briefes ἐπιστολή, epistula), der Marke (tessera, von τέσσαρα), der Wage (στατήρ, statera) und des Aufgeldes (ἀρραβών, arrabo, arra) im Lateinischen und umgekehrt die Aufnahme italischer Rechtsausdrücke in das sicilische Griechisch (S. 159), so wie der nachher zu erwähnende Austausch der Münz-, Mafs- und Gewichtsverhältnisse und Namen. Namentlich der barbarische Charakter, den alle diese Entlehnungen an der Stirne tragen, vor allem die charakteristische Bildung des Nominativs aus dem Accusativ (*placenta* = πλακοῦντα; *ampora* = ἀμφορέα; *statera* = στατῆρα), ist der klarste Beweis ihres hohen Alters. Auch die Verehrung des Handelsgottes (*Mercurius*) erscheint von Haus aus durch griechische Vorstellungen bedingt und selbst sein Jahrfest darum auf die Iden des Mai gelegt zu sein, weil die hellenischen Dichter ihn feierten als den Sohn der schönen Maia. — Sonach bezog das älteste Italien so gut wie das kaiserliche Rom seine Luxuswaaren aus dem Osten, bevor es nach den von dort empfangenen Mustern selbst zu fabriciren versuchte; zum Austausch aber hatte es nichts zu bieten als seine Rohproducte, also vor allen Dingen sein Kupfer, Silber und Eisen, dann Sklaven und Schiffsbauholz, den Bernstein von der Ostsee und, wenn etwa im Ausland Mifsernte eingetreten war, sein Getreide.

Aus diesem Stande des Waarenbedarfs und der dagegen anzubietenden Aequivalente ist schon früher erklärt worden, warum sich der italische Handel in Latium und in Etrurien so verschiedenartig gestaltete. Die Latiner, denen alle hauptsächlichen Ausfuhrartikel mangelten, konnten nur einen Passivhandel führen und mufsten schon in ältester Zeit das Kupfer, dessen sie nothwendig bedurften, von den Etruskern gegen Vieh oder Sklaven eintauschen, wie denn der uralte Vertrieb der letzteren auf das rechte Tiberufer schon erwähnt ward (S. 106); dagegen mufste

<small>Handel in Latium passiv, in Etrurien activ.</small>

<small>dies nicht blofs den Mast-, sondern überhaupt den Baum bezeichnet; auch *antenna* kann von ἀνά (*anhelare*, *antestari*) und *tendere* = *supertensa* herkommen. Dagegen sind griechisch *gubernare* steuern κυβερνᾶν, *ancora* Anker ἄγκυρα, *prora* Vordertheil πρῷρα, *aplustre* Schiffshintertheil ἄφλαστον, *anquina* der die Raaen festhaltende Strick ἄγκοινα, *nausea* Seekrankheit ναυσία. Die alten vier Hauptwinde — *aquilo* der Adlerwind, die nordöstliche Tramontana; *volturnus* (unsicherer Ableitung, vielleicht der Geierwind), der Südost; *auster*, der ausdörrende Südwestwind, der Scirocco; *favonius*, der günstige vom tyrrhenischen Meer herwehende Nordwestwind — haben einheimische nicht auf Schifffahrt bezügliche Namen; alle übrigen lateinischen Windnamen aber sind griechisch (wie *eurus*, *notus*) oder aus griechischen übersetzt (z. B. *solanus* = ἀπηλιώτης, *Africus* = λίψ).</small>

die tuskische Handelsbilanz in Caere wie in Populonia, in Capua
wie in Spina sich nothwendig günstig stellen. Daher der schnell
entwickelte Wohlstand dieser Gegenden und ihre mächtige Handelsstellung; während Latium vorwiegend eine ackerbauende
Landschaft bleibt. Es wiederholt sich dies in allen einzelnen Beziehungen: die ältesten nach griechischer Art, nur mit ungrie-
chischer Verschwendung gebauten und ausgestatteten Gräber
finden sich in Caere, während mit Ausnahme von Praeneste, das
eine Sonderstellung gehabt zu haben und mit Falerii und dem
südlichen Etrurien in besonders enger Verbindung gewesen zu
sein scheint, die latinische Landschaft kein einziges Luxusgrab
aus älterer Zeit aufweist und hier wie bei den Sabellern ein einfacher Rasen genug schien um die Leiche eines jeden zu be-
decken. Die ältesten Münzen, den grofsgriechischen der Zeit
nach wenig nachstehend, gehören Etrurien, namentlich Populonia
an; Latium hat in der ganzen Königszeit mit Kupfer nach dem
Gewicht sich beholfen und selbst die fremden Münzen nicht eingeführt, denn nur äufserst selten haben dergleichen, wie zum
Beispiel eine von Poseidonia, dort sich gefunden. In Architektur,
Plastik und Toreutik wirkten dieselben Anregungen auf Etrurien
und auf Latium, aber nur dort kommt ihnen überall das Kapital
entgegen und erzeugt ausgedehnten Betrieb und gesteigerte
Technik. Es waren wohl im Ganzen dieselben Waaren, die man
in Latium und Etrurien kaufte, verkaufte und fabricirte; aber in
der Intensität des Verkehrs stand die südliche Landschaft weit
zurück hinter den nördlichen Nachbaren. Eben damit hängt es
zusammen, dafs die nach griechischem Muster in Etrurien ange-
fertigten Luxuswaaren auch in Latium, namentlich in Praeneste,
ja in Griechenland selbst Absatz fanden, während Latium dergleichen schwerlich jemals ausgeführt hat.

Etruskisch-attischer, la-tinisch-sici-lischer Ver-kehr.

Ein nicht minder bemerkenswerther Unterschied des Verkehrs der Latiner und Etrusker liegt in dem verschiedenen Handelszug. Ueber den ältesten Handel der Etrusker im adriatischen
Meer können wir kaum etwas aussprechen als die Vermuthung,
dafs er von Spina und Hatria vorzugsweise nach Kerkyra gegangen ist. Dafs die westlichen Etrusker sich dreist in die östlichen Meere wagten und nicht blofs mit Sicilien, sondern auch
mit dem eigentlichen Griechenland verkehrten, ward schon gesagt (S. 144). Auf alten Verkehr mit Attika deuten nicht blofs
die attischen Thongefäfse, die in den jüngeren etruskischen Gräbern so zahlreich vorkommen und zu anderen Zwecken als zum
Gräberschmuck, wie bemerkt, wohl schon in dieser Epoche ein-

geführt worden sind, während umgekehrt die tyrrhenischen Erzleuchter und Goldschalen früh in Attika ein gesuchter Artikel wurden, sondern bestimmter noch die Münzen. Die Silberstücke von Populonia sind nachgeprägt einem uralten einerseits mit dem Gorgoneion gestempelten, andererseits blofs mit einem eingeschlagenen Quadrat versehenen Silberstück, das sich in Athen und an der alten Bernsteinstrafse in der Gegend von Posen gefunden hat und das höchst wahrscheinlich eben die in Athen auf Solons Geheifs geschlagene Münze ist. Dafs aufserdem und seit der Entwickelung der karthagisch-etruskischen Seeallianz vielleicht vorzugsweise die Etrusker mit den Karthagern verkehrten, ward gleichfalls schon erwähnt; es ist beachtenswerth, dafs in den ältesten Gräbern von Caere aufser einheimischem Bronze- und Silbergeräth vorwiegend orientalische Waaren sich gefunden haben, welche allerdings auch von griechischen Kaufleuten herrühren können, wahrscheinlicher aber doch von phoenikischen Handelsmännern eingeführt wurden. Indefs darf diesem phoenikischen Verkehr nicht zu viel Bedeutung beigelegt und namentlich nicht übersehen werden, dafs das Alphabet wie alle sonstigen Anregungen und Befruchtungen der einheimischen Cultur von den Griechen, nicht von den Phoenikiern nach Etrurien gebracht sind. — Nach einer andern Richtung weist der latinische Verkehr. So selten wir auch Gelegenheit haben Vergleichungen der römischen und der etruskischen Aufnahme hellenischer Elemente anzustellen, so zeigen sie doch, wo sie möglich sind, eine vollständige Unabhängigkeit beider Völkerschaften von einander. Am deutlichsten tritt dies hervor im Alphabet: das von den chalkidisch-dorischen Colonien in Sicilien oder Campanien den Etruskern zugebrachte griechische weicht nicht unwesentlich ab von dem den Latinern ebendaher mitgetheilten und beide Völker haben also hier zwar aus derselben Quelle, aber doch jedes zu anderer Zeit und an einem anderen Ort geschöpft. Auch in einzelnen Wörtern wiederholt sich dieselbe Erscheinung: der römische Pollux, der tuskische Pultuke sind jedes eine selbstständige Corruption des griechischen Polydeukes; der tuskische Utuze oder Uthuze ist aus Odysseus gebildet, der römische Ulixes giebt genau die in Sicilien übliche Namensform wieder; ebenso entspricht der tuskische Aivas der altgriechischen Form dieses Namens, der römische Aiax einer wohl auch sikelischen Nebenform; der römische Aperta oder Apello, der samnitische Appellun sind entstanden aus dem dorischen Apellon, der tuskische Apulu aus Apollon. So deuten Sprache und Schrift Latiums ausschliefslich auf den Zug des latinischen Handels zu den Kymaeern und den Sikelioten; und eben dahin führt jede andere Spur, die aus so ferner Zeit uns geblieben ist: die in Latium gefundene Münze von Poseidonia; der Getreidekauf bei Mifsernten in Rom bei den Volskern, Kymaeern und Sikelioten, daneben freilich auch wie begreiflich bei den Etruskern; vor allen Dingen aber das Verhältnifs des latinischen Geldwesens zu dem sicilischen. Wie die locale dorisch-chalkidische Bezeichnung der Silbermünze νόμος, das sicilische Mafs ἡμίνα als *nummus* und *hemina* in gleicher Bedeutung nach Latium übergingen, so waren umgekehrt die italischen Gewichtbezeichnungen *libra, triens, quadrans, sextans, uncia*, die zur Abmessung des nach dem Gewichte an Geldesstatt dienenden Kupfers in Latium aufgekommen sind, in den corrupten und hybriden Formen λίτρα, τετρᾶς, τριᾶς, ἑξᾶς, οὐγκία schon im dritten Jahrhundert der Stadt in Sicilien in den gemeinen Sprachgebrauch eingedrungen. Ja es ist sogar das sicilische Gewicht- und Geldsystem allein unter allen griechischen zu dem italischen Kupfersystem in ein festes Verhältnifs gesetzt worden, indem nicht blofs dem Silber der zweihundertfunfzigfache Werth des Kupfers conventionell und vielleicht gesetzlich beigelegt, sondern auch das hienach bemessene Aequivalent eines sicilischen Pfundes Kupfer ($\frac{1}{120}$ des attischen Talents, $\frac{2}{3}$ des römischen Pfundes) als Silbermünze (λίτρα ἀργυρίου, das ist ‚Kupferpfund in Silber') schon in frühester Zeit namentlich in Syrakus geschlagen ward. Es kann danach nicht bezweifelt werden, dafs die italischen Kupferbarren auch in Sicilien an Geldesstatt umliefen; und es stimmt dies auf das Genaueste damit zusammen, dafs der Handel der Latiner nach Sicilien ein Passivhandel war und also das latinische Geld nach Sicilien abflofs. Noch andere Beweise des alten Verkehrs zwischen Sicilien und Italien, namentlich die Aufnahme der italischen Benennungen des Handelsdarlehns, des Gefängnisses, der Schüssel in den sicilischen Dialekt und umgekehrt, sind bereits früher erwähnt worden (S. 159. 201). Auch von dem alten Verkehr der Latiner mit den chalkidischen Städten in Unteritalien Kyme und Neapolis und mit den Phokaeern in Elea und Massalia begegnen einzelne, wenn auch minder bestimmte Spuren. Dafs er indefs bei weitem weniger intensiv war als der mit den Sikelioten, beweist schon die bekannte Thatsache, dafs alle in älterer Zeit nach Latium gelangte griechische Wörter — es genügt an *Aesculapius, Latona, Aperta, machina* zu erinnern — dorische Formen zeigen. Wenn der Verkehr mit den ursprünglich ionischen Städten, wie Kyme (S. 138) und die phokaeischen Ansiedlungen waren, dem mit den sikelischen Dorern auch nur gleichgestanden hätte, so würden ionische Formen wenigstens daneben erscheinen; obwohl allerdings auch in diese ionischen Colonien selbst der Dorismus früh eingedrungen ist und der Dialekt hier sehr geschwankt hat. Während also alles sich vereinigt um den regen Handel der Latiner mit den Griechen der Westsee überhaupt und vor allem mit den sicilischen zu belegen, finden sich für den Verkehr mit anderen Völkern so gut wie gar keine Beweise; namentlich ist es sehr beachtenswerth, dafs — von einigen Localnamen abgesehen — es für den alten Verkehr der Latiner mit den Völkerschaften aramäischer Zunge an jedem sprachlichen Zeugnifs gebricht*). — Fragen wir weiter, wie dieser Handel geführt ward, ob von italischen Kaufleuten in der Fremde oder von fremden Kaufleuten in Italien, so hat, wenigstens was Latium anlangt, die erstere Annahme alle Wahrscheinlichkeit für sich: es ist kaum denkbar, dafs jene lateinischen Bezeichnungen des Geldsurrogats und des Handelsdarlehns in den gemeinen Sprachgebrauch der Bewohner der sicilischen Insel dadurch hätten eindringen können, dafs sicilische Kaufleute nach Ostia gingen und Kupfer gegen Schmuck einhandelten. — Was endlich die Personen und Stände anlangt, durch die dieser Handel in Italien geführt ward, so hat sich in Rom kein eigener dem Gutsbesitzerstand selbstständig gegenüberstehender höherer Kaufmannsstand entwickelt. Der Grund dieser auffallenden Erscheinung ist, dafs der Grofshandel von Latium von Anfang an sich in den Händen der grofsen Grundbesitzer befunden hat — eine Annahme, die nicht so seltsam ist, wie sie scheint. Dafs in einer von mehreren schiffbaren Flüssen durchschnittenen Landschaft der grofse Grundbesitzer, der von seinen Pächtern in Fruchtquoten bezahlt wird, früh zu dem Besitz von Barken ge-

---

*) Das Latein scheint, abgesehen von *Sarranus*, *Afer* und anderen örtlichen Benennungen (S. 146. 147), nicht ein einziges in älterer Zeit unmittelbar aus dem Phoenikischen entlehntes Wort zu besitzen. Die sehr wenigen in demselben vorkommenden wurzelhaft phoenikischen Wörter, wie namentlich *arrabo* oder *arra* und etwa noch *murra*, *nardus* u. dgl. m., sind offenbar zunächst Lehnwörter aus dem Griechischen, das in solchen orientalischen Lehnwörtern eine ziemliche Anzahl von Zeugnissen seines ältesten Verkehrs mit den Aramäern aufzuweisen hat. Dasselbe gilt von dem räthselhaften Worte *thesaurus*; mag dasselbe nun ursprünglich griechisch oder von den Griechen aus dem Phoenikischen oder Persischen entlehnt sein, im Lateinischen ist es, wie schon die Festhaltung der Aspiration beweist, auf jeden Fall griechisches Lehnwort (S. 181).

langte, ist natürlich und beglaubigt; der übersecische Eigenhandel mufste also um so mehr dem Gutsbesitzer zufallen, als er allein die Schiffe und in den Früchten die Ausfuhrartikel besafs. In der That ist der Gegensatz zwischen Land- und Geldaristokratie den Römern der älteren Zeit nicht bekannt; die grofsen Grundbesitzer sind immer zugleich die Speculanten und die Capitalisten. Bei einem sehr intensiven Handel wäre allerdings diese Vereinigung nicht durchzuführen gewesen; allein wie die bisherige Darstellung zeigt, fand ein solcher in Rom wohl relativ statt, insofern der Handel der latinischen Landschaft sich hier concentrirte, allein im Wesentlichen ward Rom keineswegs eine Handelsstadt wie Caere oder Tarent, sondern war und blieb der Mittelpunkt einer ackerbauenden Gemeinde.

KAPITEL XIV.

Maſs und Schrift.

Die Kunst des Messens unterwirft dem Menschen die Welt; durch die Kunst des Schreibens hört seine Erkenntniſs auf so vergänglich zu sein wie er selbst ist; sie beide geben dem Menschen, was die Natur ihm versagte, Allmacht und Ewigkeit. Es ist der Geschichte Recht und Pflicht den Völkern auch auf diesen Bahnen zu folgen.

Um messen zu können, müssen vor allen Dingen die Begriffe der zeitlichen, räumlichen und Gewichtseinheit und des aus gleichen Theilen bestehenden Ganzen, das heiſst die Zahl und das Zahlensystem entwickelt werden. Dazu bietet die Natur als nächste Anhaltspunkte für die Zeit die Wiederkehr der Sonne und des Mondes oder Tag und Monat, für den Raum die Länge des Mannesfuſses, der leichter miſst als der Arm, für die Schwere diejenige Last, welche der Mann mit ausgestrecktem Arm schwebend auf der Hand zu wiegen (*librare*) vermag oder das ‚Gewicht‘ (*libra*). Als Anhalt für die Vorstellung eines aus gleichen Theilen bestehenden Ganzen liegt nichts so nahe als die Hand mit ihren fünf oder die Hände mit ihren zehn Fingern, und hierauf beruht das Decimalsystem. Es ist schon bemerkt worden, daſs diese Elemente alles Zählens und Messens nicht bloſs über die Trennung des griechischen und lateinischen Stammes, sondern bis in die fernste Urzeit zurückreichen. Wie alt namentlich die Messung der Zeit nach dem Monde ist, beweist die Sprache (S. 18); selbst die Weise, die zwischen den einzelnen Mondphasen verflieſsenden Tage nicht von der zuletzt eingetretenen vorwärts, sondern von

<small>Italische Maſse.</small>

der zunächst zu erwartenden rückwärts zu zählen, ist wenigstens älter als die Trennung der Griechen und Lateiner. Das bestimmteste Zeugnifs für das Alter und die ursprüngliche Ausschliefslichkeit des Decimalsystems bei den Indogermanen gewährt die bekannte Uebereinstimmung aller indogermanischen Sprachen in den Zahlwörtern bis hundert einschliefslich (S. 18). Was Italien anlangt, so sind hier alle ältesten Verhältnisse vom Decimalsystem durchdrungen: es genügt an die so gewöhnliche Zehnzahl der Zeugen, Bürgen, Gesandten, Magistrate, an die gesetzliche Gleichsetzung von einem Rind und zehn Schafen, an die Theilung des Gaues in zehn Curien und überhaupt die durchstehende Decuriirung, an die Limitation, den Opfer- und Ackerzehnten, das Decimiren, den Vornamen *Decimus* zu erinnern. Dem Gebiet von Mafs und Schrift angehörige Anwendungen dieses ältesten Decimalsystem sind zunächst die merkwürdigen italischen Ziffern. Conventionelle Zahlzeichen hat es noch bei der Scheidung der Griechen und Italiker offenbar nicht gegeben. Dagegen finden wir für die drei ältesten und unentbehrlichsten Ziffern, für ein, fünf, zehn, drei Zeichen I, V oder Λ, X, offenbar Nachbildungen des ausgestreckten Fingers, der offenen und der Doppelhand, welche weder den Hellenen noch den Phoenikiern entlehnt, dagegen den Römern, Sabellern und Etruskern gemeinschaftlich sind. Es sind die Ansätze zur Bildung einer national italischen Schrift und zugleich Zeugnisse von der Regsamkeit des ältesten dem überseeischen voraufgehenden binnenländischen Verkehrs der Italiker (S. 199); welcher aber der italischen Stämme diese Zeichen erfunden und wer von wem sie entlehnt hat, ist natürlich nicht auszumachen. Andere Spuren des rein decimalen Systems sind auf diesem Gebiet sparsam; es gehören dahin der Vorsus, das Flächenmafs der Sabeller von 100 Fufs ins Gevierte (S. 22) und das römische zehnmonatliche Jahr. Sonst ist im Allgemeinen in denjenigen italischen Mafsen, die nicht an griechische Festsetzungen anknüpfen und wahrscheinlich von den Italikern vor Berührung mit den Griechen entwickelt worden sind, die Theilung des ‚Ganzen‘ (*as*) in zwölf ‚Einheiten‘ (*unciae*) vorherrschend. Nach der Zwölfzahl sind eben die ältesten latinischen Priesterschaften, die Collegien der Salier und Arvalen (S. 170) so wie auch die etruskischen Städtebünde geordnet. Die Zwölfzahl herrscht im römischen Gewichtsystem, wo das Pfund (*libra*), und im Längenmafs, wo der Fufs (*pes*) in zwölf Theile zerlegt zu werden pflegen; die Einheit des römischen Flächenmafses ist der aus dem Decimal- und Duodecimalsystem zusammengesetzte

‚Trieb' (*actus*) von 120 Fuſs ins Gevierte*). Im Körpermaſs mögen ähnliche Bestimmungen verschollen sein. — Wenn man erwägt, worauf das Duodecimalsystem beruhen, wie es gekommen sein mag, daſs aus der gleichen Reihe der Zahlen so früh und allgemein neben der Zehn die Zwölf hervorgetreten ist, so wird die Veranlassung wohl nur gefunden werden können in der Vergleichung des Sonnen- und Mondlaufs. An der Doppelhand von zehn Fingern und an dem Sonnenkreislauf von ungefähr zwölf Mondkreisläufen ist zuerst dem Menschen die tiefsinnige Vorstellung einer aus gleichen Einheiten zusammengesetzten Einheit aufgegangen und damit der Begriff eines Zahlensystems, der erste Ansatz mathematischen Denkens. Die feste duodecimale Entwickelung dieses Gedankens scheint national italisch zu sein und vor die erste Berührung mit den Hellenen zu fallen.

Als nun aber der hellenische Handelsmann sich den Weg an die italische Westküste eröffnet hatte, empfanden zwar nicht das Flächen-, aber wohl das Längenmaſs, das Gewicht und vor allem das Körpermaſs, das heiſst diejenigen Bestimmungen, ohne welche Handel und Wandel unmöglich ist, die Folgen des neuen internationalen Verkehrs. Der römische Fuſs, der später freilich um ein geringes kleiner war als der griechische**), aber damals ihm entweder wirklich noch gleich war oder doch gleich geachtet ward, wurde neben seiner römischen Eintheilung in zwölf Zwölftel auch nach griechischer Art in vier Hand- (*palmus*) und sechzehn Fingerbreiten (*digitus*) getheilt. Ferner wurde das römische Gewicht in ein festes Verhältniſs zu dem attischen gesetzt, welches in ganz Sicilien herrschte, nicht aber in Kyme — wieder ein bedeutsamer Beweis, daſs der latinische Verkehr vorzugsweise nach der Insel sich zog; vier römische Pfund wurden gleich drei attischen Minen oder vielmehr das römische Pfund gleich anderthalb sicilischen Litren oder Halbminen gesetzt (S. 204). Das seltsamste und buntscheckigste Bild aber bieten die römischen Körpermaſse theils in den Namen, die aus den griechischen entweder durch Verderbniſs (*amphora*, *modius* nach μέδιμνος, *congius* aus χοεύς, *hemina*, *cyathus*) oder durch Uebersetzung (*acetabulum* von ὀξύβαφον) entstanden sind, während umgekehrt

Hellenische Maſse in Italien.

---

*) Ursprünglich sind sowohl ‚*actus*', Trieb wie auch das noch häufiger vorkommende Doppelte davon, ‚*iugerum*', Joch, wie unser ‚Morgen', nicht Flächen- sondern Arbeitsmaſse und bezeichnen dieser das Tage-, jener das halbe Tagewerk, mit Rücksicht auf die namentlich in Italien scharf einschneidende Mittagsruhe des Pflügers.
**) $\frac{24}{25}$ eines griechischen Fuſses sind gleich einem römischen.

ξέστης Corruption von *sextarius* ist; theils in den Verhältnissen. Nicht alle, aber die gewöhnlichsten Mafse sind identisch: für Flüssigkeiten der Congius oder Chus, der Sextarius, der Cyathus, die beiden letzteren auch für trockene Waaren; die römische Amphora ist im Wassergewicht dem attischen Talent gleichgesetzt und steht zugleich im festen Verhältnisse zu dem griechischen Metretes von 3:2, zu dem griechischen Medimnos von 2:1. Für den, der solche Schrift zu lesen versteht, steht in diesen Namen und Zahlen die ganze Regsamkeit und Bedeutung jenes sicilisch-latinischen Verkehrs geschrieben. — Die griechischen Zahlzeichen nahm man nicht auf; wohl aber benutzte der Römer das griechische Alphabet, als ihm dies zukam, um aus den ihm unnützen Zeichen der drei Hauchbuchstaben die Ziffern 50 und 1000, vielleicht auch die Ziffer 100 zu gestalten. In Etrurien scheint man auf ähnlichem Wege wenigstens das Zeichen für 100 gewonnen zu haben. Später setzte sich wie gewöhnlich das Ziffersystem der beiden benachbarten Völker ins Gleiche, indem das römische im Wesentlichen in Etrurien angenommen ward.

<small>Der italische Kalender der vorgriechischen Zeit.</small> In gleicher Weise ist der römische und wahrscheinlich überhaupt der italische Kalender, nachdem er sich selbstständig zu entwickeln begonnen hatte, später unter griechischen Einflufs gekommen. In der Zeiteintheilung drängt sich die Wiederkehr des Sonnenauf- und Unterganges und des Neu- und Vollmondes am unmittelbarsten dem Menschen auf; demnach haben Tag und Monat, nicht nach cyclischer Vorberechnung, sondern nach unmittelbarer Beobachtung bestimmt, lange Zeit ausschliefslich die Zeit gemessen. Sonnenauf- und Untergang wurden auf dem römischen Markte durch den öffentlichen Ausrufer bis in späte Zeit hinab verkündigt, ähnlich vermuthlich einstmals an jedem der vier Mondphasentage die von da bis zum nächstfolgenden verfliefsende Tagzahl durch die Priester abgerufen. Man rechnete also in Latium und vermuthlich ähnlich nicht blofs bei den Sabellern, sondern auch bei den Etruskern nach Tagen, welche, wie schon gesagt, nicht von dem letztverflossenen Phasentag vorwärts, sondern von dem nächsterwarteten rückwärts gezählt wurden; nach Mondwochen, die bei der mittleren Dauer von $7\frac{3}{8}$ Tagen zwischen sieben- und achttägiger Dauer wechselten; und nach Mondmonaten, die gleichfalls bei der mittleren Dauer des synodischen Monats von 29 Tagen 12 Stunden 44 Minuten bald neunundzwanzig-, bald dreifsigtägig waren. Eine gewisse Zeit hindurch ist den Italikern der Tag die kleinste, der Mond die gröfste Zeiteintheilung geblieben. Erst späterhin begann man Tag und

Nacht in je vier Theile zu zerlegen, noch viel später der Stundentheilung sich zu bedienen; damit hängt auch zusammen, dafs in der Bestimmung des Tagesanfangs selbst die sonst nächstverwandten Stämme auseinandergehen, die Römer denselben auf die Mitternacht, die Sabeller und die Etrusker auf den Mittag setzen. Auch das Jahr ist wenigstens, als die Griechen von den Italikern sich schieden, noch nicht kalendarisch geordnet gewesen, da die Benennungen des Jahres und der Jahrestheile bei den Griechen und den Italikern völlig selbstständig gebildet sind. Doch scheinen die Italiker schon in der vorhellenischen Zeit wenn nicht zu einer festen kalendarischen Ordnung, doch zur Aufstellung sogar einer doppelten gröfseren Zeiteinheit fortgeschritten zu sein. Die bei den Römern übliche Vereinfachung der Rechnung nach Mondmonaten durch Anwendung des Decimalsystems, die Bezeichnung einer Frist von zehn Monaten als eines „Ringes" (*annus*) oder eines Jahrganzen trägt alle Spuren des höchsten Alterthums an sich. Später, aber ebenfalls in einer sehr frühen und unzweifelhaft ebenfalls noch jenseit der griechischen Einwirkung liegenden Zeit ist, wie schon gesagt wurde, das Duodecimalsystem in Italien entwickelt und, da es eben aus der Beobachtung des Sonnenlaufs als des Zwölffachen des Mondlaufs hervorgegangen ist, sicher zuerst und zunächst auf die Zeitrechnung bezogen worden; damit wird es zusammenhängen, dafs in den Individualnamen der Monate — welche erst entstanden sein können, seit der Monat als Theil eines Sonnenjahres aufgefafst wurde — namentlich in den Namen des März und des Mai, nicht Italiker und Griechen, aber wohl die Italiker unter sich übereinstimmen. Es mag also das Problem einen zugleich dem Mond und der Sonne entsprechenden praktischen Kalender herzustellen — diese in gewissem Sinne der Quadratur des Zirkels vergleichbare Aufgabe, die als unlösbar zu erkennen und zu beseitigen es vieler Jahrhunderte bedurft hat — in Italien bereits vor der Epoche, wo die Berührungen mit den Griechen begannen, die Gemüther beschäftigt haben; indefs diese rein nationalen Lösungsversuche sind verschollen. Was wir von dem ältesten Kalender Roms und einiger anderen latinischen Städte wissen — über die sabellische und etruskische Zeitmessung ist überall nichts überliefert — beruht entschieden auf der ältesten griechischen Jahresordnung, die der Absicht nach zugleich den Phasen des Mondes und den Sonnenjahrzeiten folgte und auf der Annahme eines Mondumlaufs von 29½ Tagen, eines Sonnenumlaufs von 12½ Mondmonaten oder 368¾ Tagen und dem stetigen Wechsel der vollen oder dreifsigtägigen und der

Der älteste italisch-griechische Kalender.

hohlen oder neunundzwanzigtägigen Monate so wie der zwölf- und der dreizehnmonatlichen Jahre aufgebaut war, daneben aber durch willkürliche Aus- und Einschaltungen in einiger Harmonie mit den wirklichen Himmelserscheinungen gehalten ward. Es ist möglich, daſs diese griechische Jahrordnung zunächst unverändert bei den Latinern in Gebrauch gekommen ist; die älteste römische Jahrform aber, die sich geschichtlich erkennen läſst, weicht zwar nicht im cyclischen Ergebniſs und ebenso wenig in dem Wechsel der zwölf- und der dreizehnmonatlichen Jahre, wohl aber wesentlich in der Benennung wie in der Abmessung der einzelnen Monate von ihrem Muster ab. Dies römische Jahr beginnt mit Frühlingsanfang; der erste Monat desselben und der einzige, der von einem Gott den Namen trägt, heiſst nach dem Mars (*Martius*), die drei folgenden vom Sprossen (*aprilis*), Wachsen (*maius*) und Gedeihen (*iunius*), der fünfte bis zehnte von ihren Ordnungszahlen (*quinctilis*, *sextilis*, *september*, *october*, *november*, *december*), der elfte vom Anfangen (*ianuarius*, S. 168), wobei vermuthlich an den nach dem Mittwinter und der Arbeitsruhe folgenden Wiederbeginn der Ackerbestellung gedacht ist, der zwölfte und im gewöhnlichen Jahr der letzte vom Reinigen (*februarius*). Zu dieser im stetigen Kreislauf wiederkehrenden Reihe tritt im Schaltjahr noch ein namenloser ‚Arbeitsmonat‘ (*mercedonius*) am Jahresschluſs, also hinter dem Februar hinzu. Ebenso wie in den wahrscheinlich aus dem altnationalen herübergenommenen Namen der Monate ist der römische Kalender in der Dauer derselben selbstständig: für die vier aus je sechs dreiſsig- und sechs neunundzwanzigtägigen Monaten und einem jedes zweite Jahr eintretenden abwechselnd dreiſsig- und neunundzwanzigtägigen Schaltmonat zusammengesetzten Jahre des griechischen Cyclus (354+384+354+383=1475 Tage) sind in ihm gesetzt worden vier Jahre von je vier — dem ersten, dritten, fünften und achten — einunddreiſsig- und je sieben neunundzwanzigtägigen Monaten, ferner einem in drei Jahren acht-, in dem vierten neunundzwanzigtägigen Februar und einem jedes andere Jahr eingelegten siebenundzwanzigtägigen Schaltmonat (355+383+355+382=1475 Tage). Ebenso ging dieser Kalender ab von der ursprünglichen Eintheilung des Monats in vier bald sieben-, bald achttägige Wochen; er setzte dafür ein für allemal das erste Viertel in den einunddreiſsigtägigen Monaten auf den siebenten, in den neunundzwanzigtägigen auf den fünften, Vollmond in jenen auf den funfzehnten, in diesen auf den dreizehnten Tag; so daſs die zweite und die vierte Woche des

Monats achttägig wurden, die dritte in der Regel neun-, nur im achtundzwanzigtägigen Februar acht-, im siebenundzwanzigtägigen Schaltmonat siebentägig, die erste im einunddreifsigtägigen Monat sechs-, sonst viertägig war. Bei dem also wesentlich gleichartigen Verlauf der drei letzten Monatswochen brauchte von jetzt ab allein die jedesmalige Länge der ersten Woche abgekündigt zu werden; davon empfing der Anfangstag der ersten Woche den Namen des Rufetages (*kalendae*). Die Anfangstage der zweiten und vierten durchaus achttägigen Wochen wurden — der römischen Sitte gemäfs den Zieltag der Frist mit in dieselbe einzuzählen — bezeichnet als Neuntage (*nonae, noundinae*), während der Anfangstag der dritten Woche den alten Namen *idus* (vielleicht Scheidetag) behielt. Das dieser seltsamen Neugestaltung des Kalenders zu Grunde liegende Motiv scheint hauptsächlich der Glaube an die heilbringende Kraft der ungeraden Zahl gewesen zu sein*); und wenn er im Allgemeinen an die älteste griechische Jahrform sich anlehnt, so tritt in seinen Abweichungen von dieser bestimmt der Einflufs der damals in Unteritalien übermächtigen namentlich in Zahlenmystik sich bewegenden Lehren des Pythagoras hervor. Die Folge aber war, dafs dieser römische Kalender, so deutlich er auch die Spur an sich trägt sowohl mit dem Mond- wie mit dem Sonnenlauf harmoniren zu wollen, doch in der That mit dem Mondlauf keineswegs so übereinkam, wie wenigstens im Ganzen sein griechisches Vorbild, den Sonnenjahrzeiten aber, eben wie der älteste griechische, nicht anders als mittelst häufiger willkürlicher Ausschaltungen folgen konnte und, da man den Kalender schwerlich mit gröfserem Verstande gehandhabt als eingerichtet hat, höchst wahrscheinlich nur sehr unvollkommen folgte. Auch liegt in der Festhaltung der Rechnung nach Monaten oder, was dasselbe ist, nach zehnmonatlichen Jahren ein stummes, aber nicht mifszuverstehendes Eingeständnifs der Unregelmäfsigkeit und Unzuverlässigkeit des ältesten römischen Sonnenjahres. Seinem wesentlichen Schema nach wird dieser römische Kalender mindestens als allgemein latinisch angesehen werden können. Bei der allgemeinen Wandel-

---

*) Aus derselben Ursache sind sämmtliche Festtage ungerade, sowohl die in jedem Monat wiederkehrenden (*kalendae* am 1., *nonae* am 5. oder 7., *idus* am 13. oder 15.) als auch, mit nur zwei Ausnahmen, die Tage der oben (S. 164) erwähnten 45 Jahresfeste. Dies geht so weit, dafs bei mehrtägigen Festen dazwischen die geraden Tage ausfallen, also z. B. das der Carmentis Jan. 11. 15, das Hainfest Juli 19. 21, die Gespensterfeier Mai 9. 11. 13 begangen wird.

barkeit des Jahresanfangs und der Monatsnamen sind kleinere Abweichungen in den Ordnungsnummern und den Benennungen mit der Annahme einer gemeinschaftlichen Grundlage wohl vereinbar; ebenso konnten bei jenem Kalenderschema, das thatsächlich von dem Mondumlaufe ganz absieht, die Latiner leicht zu ihren ganz willkürlichen, etwa nach Jahrfesten abgegrenzten Monatlängen kommen, wie denn beispielsweise in dem albanischen die Monate zwischen 16 und 36 Tagen schwanken. Wahrscheinlich also ist die griechische Trieteris von Unteritalien aus frühzeitig wenigstens nach Latium, vielleicht auch zu andern italischen Stämmen gelangt und hat dann in den einzelnen Stadtkalendern weitere untergeordnete Umgestaltungen erfahren. — Zur Messung mehrjähriger Zeiträume konnte man sich der Regierungsjahre der Könige bedienen; doch ist es zweifelhaft, ob diese dem Orient geläufige Datirung in Griechenland und Italien in ältester Zeit vorgekommen ist. Dagegen scheint an die vierjährige Schaltperiode und die damit verbundene Schatzung und Sühnung der Gemeinde eine der griechischen Olympiadenzählung der Anlage nach gleiche Zählung der Lustren angeknüpft zu haben, die indefs in Folge der bald in der Abhaltung der Schatzungen einreifsenden Unregelmäfsigkeit ihre chronologische Bedeutung früh wieder eingebüfst hat.

Hellenische Alphabete nach Italien. Jünger als die Mefskunst ist die Kunst der Lautschrift. Die Italiker haben so wenig wie die Hellenen von sich aus eine solche entwickelt, obwohl in den italischen Zahlzeichen (S. 208), etwa auch in dem uralt italischen und nicht aus hellenischem Einflufs hervorgegangenen Gebrauch des Loosziehens mit Holztäfelchen, die Ansätze zu einer solchen Entwickelung gefunden werden können. Wie schwierig die erste Individualisirung der in so mannichfaltigen Verbindungen auftretenden Laute gewesen sein mufs, beweist am besten die Thatsache, dafs für die gesammte aramaeische, indische, griechisch-römische und heutige Civilisation ein einziges von Volk zu Volk und von Geschlecht zu Geschlecht fortgepflanztes Alphabet ausgereicht hat und heute noch ausreicht; und auch dieses bedeutsame Erzeugnifs des Menschengeistes ist gemeinsame Schöpfung der Aramaeer und der Indogermanen. Der semitische Sprachstamm, in dem der Vocal untergeordneter Natur ist und nie ein Wort beginnen kann, erleichtert eben defshalb die Individualisirung der Consonanten; wefshalb denn auch hier das erste der Vocale aber noch entbehrende Alphabet erfunden worden ist. Erst die Inder und die Griechen haben, jedes Volk selbstständig und in höchst abweichender Weise, aus der durch den Handel ihnen zugeführten aramaeischen Cosonantenschrift das vollständige Alphabet erschaffen durch Hinzufügung der Vocale, welche erfolgte durch die Verwendung vier für die Griechen als Consonantenzeichen unbrauchbarer Buchstaben für die vier Vocale *a e i o* und durch Neubildung des Zeichens für *u*, also durch Einführung der Silbe in die Schrift statt des bloſsen Consonanten, oder wie Palamedes bei Euripides sagt:

> Heilmittel also ordnend der Vergessenheit
> Fügt' ich lautlos' und lautende in Silben ein
> Und fand des Schreibens Wissenschaft den Sterblichen.

Dies aramaeisch-hellenische Alphabet ist denn auch den Italikern zugebracht worden und zwar durch die sicilischen oder italischen Hellenen, nicht aber durch die Ackercolonien Groſsgriechenlands, sondern durch die Kaufleute von Kyme oder Naxos, von denen es zunächst nach den uralten Vermittlungsstätten des internationalen Verkehrs in Latium und Etrurien, nach Rom und Caere gelangt sein wird. Das Alphabet, das die Italiker empfingen, ist keineswegs das älteste hellenische: es hatte schon mehrfache Modificationen erfahren, namentlich den Zusatz der drei Buchstaben $\xi \varphi \chi$ und die Abänderung der Zeichen für $\iota \gamma \lambda$ *). Auch

---

*) Die Geschichte des Alphabets bei den Hellenen besteht im Wesentlichen darin, daſs gegenüber dem Uralphabet von 23 Buchstaben, das heiſst dem vocalisirten und mit dem *u* vermehrten phoenikischen, die verschiedenartigsten Vorschläge zur Ergänzung und Verbesserung desselben gemacht worden sind und daſs jeder dieser Vorschläge seine eigene Geschichte gehabt hat. Die wichtigsten dieser Vorschläge, die auch für die Geschichte der italischen Schrift im Auge zu behalten von Interesse ist, sind die folgenden. — I. Einführung eigener Zeichen für die Laute $\xi \varphi \chi$. Dieser Vorschlag ist so alt, daſs mit einziger Ausnahme desjenigen der Inseln Thera und Melos alle griechischen und schlechterdings alle aus dem griechischen abgeleiteten Alphabete unter dem Einfluſs desselben stehen. Ursprünglich ging er wohl dahin die Zeichen $X = \xi i$, $\Phi = \varphi i$ und $\Psi = \chi i$ dem Alphabet am Schluſs anzufügen und in dieser Gestalt hat er auf dem Festland von Hellas mit Ausnahme von Athen und Korinth und ebenso bei den sicilischen und italischen Griechen Annahme gefunden. Die kleinasiatischen Griechen dagegen und die Kretas und der Inseln des Archipels, ferner auf dem Festland die Korinther scheinen, als dieser Vorschlag zu ihnen gelangte, für den Laut ξi bereits das fünfzehnte Zeichen des phoenikischen Alphabets (Samech) Ξ im Gebrauch gehabt zu haben; sie verwendeten deſshalb von den drei neuen Zeichen zwar das Φ auch für φi, aber das X nicht für ξi, sondern für χi. Das dritte ursprünglich für χi erfundene Zeichen lieſs man wohl meistentheils fallen; nur die kleinasiatischen Ioner hielten es fest, gaben ihm aber den Werth ψi. Der kleinasiatischen Schreibweise folgte auch Athen, nur daſs hier nicht bloſs das ψi, sondern auch das ξi nicht ange-

das ist schon bemerkt worden (S. 203), dafs das etruskische und das latinische Alphabet nicht eines aus dem anderen, sondern

---

nommen, sondern dafür wie früher der Doppelconsonant geschrieben ward. — II. Ebenso früh, wenn nicht noch früher hat man sich bemüht, die nahe liegende Verwechselung der Formen für *i* $ und *s* ⋜ zu verhüten; denn sämmtliche uns bekannte griechische Alphabete tragen die Spuren des Bestrebens beide Zeichen anders und schärfer zu unterscheiden. Aber schon in ältester Zeit müssen zwei Aenderungsvorschläge gemacht sein, deren jeder seinen eigenen Verbreitungskreis gefunden hat: entweder man verwendete für den Sibilanten, wofür das phoenikische Alphabet zwei Zeichen, das vierzehnte (M) für *sch* und das achtzehnte (⋜) für *s*, darbot, statt des letzteren lautlich angemesseneren vielmehr jenes — und so schrieb man in älterer Zeit auf den östlichen Inseln, in Korinth und Kerkyra und bei den italischen Achäern — oder man ersetzte das Zeichen des *i* durch den einfachen Strich |, was bei weitem das Gewöhnlichere war und in nicht allzu später Zeit wenigstens insofern allgemein ward, als das gebrochene *i* $ überall verschwand, wenn gleich einzelne Gemeinden das *s* in der Form M auch neben dem | festhielten. — III. Jünger ist die Ersetzung des leicht mit Γ *γ* zu verwechselnden λ ⋀ durch V, der wir in Athen und Böotien begegnen, während Korinth und die von Korinth abhängigen Gemeinden denselben Zweck dadurch erreichten, dafs sie dem *γ* statt der haken- die halbkreisförmige Gestalt C gaben. — IV. Die ebenfalls der Verwechselung sehr ausgesetzten Formen für *p* Ρ und *r* Ρ wurden unterschieden durch Umgestaltung des letzteren in R; welche jüngere Form nur den kleinasiatischen Griechen, den Kretern, den italischen Achäern und wenigen andern Landschaften fremd geblieben ist, dagegen sowohl in dem eigentlichen wie in Grofsgriechenland und Sicilien weit überwiegt. Doch ist die ältere Form des *r* Ρ hier nicht so früh und so völlig verschwunden wie die ältere Form des *l*; diese Neuerung fällt daher ohne Zweifel später. — V. Die Differenzirung des langen und kurzen *e* und des langen und kurzen *o* ist in älterer Zeit durchaus beschränkt geblieben auf die Griechen Kleinasiens und der Inseln des ägäischen Meeres. — Alle diese technischen Verbesserungen sind insofern gleicher Art und geschichtlich von gleichem Werth, als jede jede derselben zu einer bestimmten Zeit und an einem bestimmten Orte aufgekommen ist und sodann ihren eigenen Verbreitungsweg genommen und ihre besondere Entwickelung gefunden hat. Die vortreffliche Untersuchung Kirchhoffs (Studien zur Geschichte des griechischen Alphabets. 1863), welche auf die bisher so dunkle Geschichte des hellenischen Alphabets ein helles Licht geworfen und auch für die ältesten Beziehungen zwischen Hellenen und Italikern wesentliche Daten ergeben, namentlich die bisher ungewisse Heimath des etruskischen Alphabets unwiderleglich festgestellt hat, leidet insofern an einer gewissen Einseitigkeit, als sie auf einen einzelnen dieser Vorschläge verhältnifsmäfsig zu grofses Gewicht legt. Wenn überhaupt hier Systeme geschieden werden sollen, darf man die Alphabete nicht nach der Geltung des X als ξ oder als χ in zwei Klassen theilen, sondern wird man das Alphabet von 23 und das von 25 oder 26 Buchstaben und etwa in dem letzteren noch das kleinasiatisch-ionische, aus dem das spätere Gemeinalphabet hervorgegangen ist, und das gemein-

beide unmittelbar aus dem griechischen abgeleitet sind; ja es ist
sogar dies Alphabet nach Etrurien und nach Latium in wesentlich abweichender Form gelangt. Das etruskische Alphabet kennt
ein doppeltes *s* (Sigma *s* und San *sch*) und nur ein einfaches
k*) und vom *r* nur die ältere Form P; das latinische kennt, so viel

griechische der älteren Zeit zu unterscheiden haben. Es haben aber
vielmehr im Alphabet die einzelnen Landschaften sich den verschiedenen
Modificationsvorschlägen gegenüber wesentlich eklektisch verhalten und
ist der eine hier, der andere dort recipirt worden; und eben insofern ist
die Geschichte des griechischen Alphabets so lehrreich, als sie zeigt, wie
in Handwerk und Kunst einzelne Gruppen der griechischen Landschaften
die Neuerungen austauschten, andere in keinem solchen Wechselverhältnifs standen. Was insbesondere Italien betrifft, so ist schon auf den
merkwürdigen Gegensatz der achäischen Ackerstädte zu den chalkidischen
und dorischen mehr kaufmännischen Colonien aufmerksam gemacht worden (S. 137): in jenem sind durchgängig die primitiven Formen festgehalten, in diesem die verbesserten Formen angenommen, selbst solche, die
von verschiedenen Seiten kommend sich gewissermafsen widersprechen,
wie das C γ neben dem Ͷ *l*. Die italischen Alphabete stammen, wie Kirchhoff gezeigt hat, durchaus von dem Alphabet der italischen Griechen und
zwar von dem chalkidisch-dorischen her; dafs aber die Etrusker und die
Latiner nicht die einen von den andern, sondern beide unmittelbar von den
Griechen das Alphabet empfingen, setzt besonders die verschiedene Form
des *r* aufser Zweifel. Denn während von den vier oben bezeichneten Modificationen des Alphabets, die die italischen Griechen überhaupt angehen
(die fünfte blieb auf Kleinasien beschränkt), die drei ersten bereits durchgeführt waren, bevor dasselbe auf die Etrusker und Latiner überging, war
die Differenzirung von *p* und *r* noch nicht geschehen, als dasselbe nach
Etrurien kam, dagegen vollendet, als die Latiner es empfingen; wefshalb
für *r* die Etrusker ebenso wenig die Form R kennen wie die Latiner oder
die Falisker die Form P.

*) Dafs das Koppa den Etruskern von jeher gefehlt hat, scheint nicht
zweifelhaft: denn nicht blofs begegnet sonst nirgends eine sichere Spur
desselben, sondern es fehlt auch in dem Musteralphabet des galassischen Gefäfses. Der Versuch es in dem Syllabarium desselben nachzuweisen ist auf
jeden Fall verfehlt, da dieses nur auf die auch späterhin gemein gebräuchlichen etruskischen Buchstaben Rücksicht nimmt und nehmen kann, zu
diesen aber das Koppa notorisch nicht gehört; überdiefs kann das am
Schlufs stehende Zeichen seiner Stellung nach nicht wohl einen anderen
Werth haben als den des *f*, das im etruskischen Alphabet eben das letzte
ist und das in dem die Abweichungen des etruskischen Alphabets von
seinem Muster darlegenden Syllabarium nicht fehlen durfte. Auffallend
bleibt es freilich, dafs in dem nach Etrurien gelangten griechischen Alphabet das Koppa mangelte, da es sonst in dem chalkidisch-dorischen sich
lange behauptet hat; aber es kann dies füglich eine locale Eigenthümlichkeit derjenigen Stadt gewesen sein, deren Alphabet zunächst nach Etrurien
gekommen ist. Darin, ob ein als überflüssig werdendes Zeichen im Alphabet stehen bleibt oder ausfällt, hat zu allen Zeiten Willkür und Zufall
gewaltet; so hat das attische Alphabet das achtzehnte phoenikische Zei-

wir wissen, nur ein einfaches s, dagegen ein doppeltes *k* (Kappa *k* und Koppa *q*) und vom *r* nur die jüngere Form R. Die älteste etruskische Schrift kennt noch die Zeile nicht und windet sich wie die Schlange sich ringelt, die jüngere schreibt in abgesetzten Parallelzeilen von rechts nach links; die latinische Schrift kennt, so weit unsere Denkmäler zurückreichen, nur die letztere Schreibung in gleich gerichteten Zeilen, die ursprünglich wohl beliebig von links nach rechts oder von rechts nach links laufen konnten, späterhin bei den Römern in jener, bei den Faliskern in dieser Richtung liefen. Das nach Etrurien gebrachte Musteralphabet muſs trotz seines relativ geneuerten Charakters dennoch in eine sehr alte, wenn auch nicht positiv zu bestimmende Zeit hinaufreichen: denn da die beiden Sibilanten Sigma und San von den Etruskern stets als verschiedene Laute neben einander gebraucht worden sind, so muſs das griechische Alphabet, das nach Etrurien kam, sie wohl auch noch in dieser Weise beide als lebendige Lautzeichen besessen haben; unter allen uns bekannten Denkmälern der griechischen Sprache aber zeigt auch nicht eines Sigma und San neben einander im Gebrauch. Das lateinische Alphabet trägt allerdings, wie wir es kennen, im Ganzen einen jüngeren Charakter; doch ist es nicht unwahrscheinlich, daſs in Latium nicht bloſs wie in Etrurien eine einmalige Reception stattgefunden hat, sondern die Latiner in Folge ihres lebhaften Verkehrs mit Sicilien längere Zeit sich mit dem dort üblichen Alphabet im Gleichgewicht hielten und den Schwankungen desselben folgten. So finden wir zum Beispiel, daſs die älteren Formen ⊰ und /W/ den Römern nicht unbekannt waren, aber die jüngeren S und M dieselben im gemeinen Gebrauch ersetzten; was sich nur erklären läſst, wenn die Latiner längere Zeit für ihre griechischen Aufzeichnungen wie für die in der Muttersprache sich des griechischen Alphabets als solchen bedienten. Deſshalb ist es auch bedenklich aus dem verhältnisſmäſsig jüngeren Charakter desjenigen griechischen Alphabets, das wir in Rom finden, in Vergleichung mit dem des nach Etrurien gebrachten den Schluſs zu ziehen, daſs in Etrurien früher geschrieben worden ist als in Rom. — Welchen gewaltigen Eindruck die Erwerbung des Buchstabenschatzes auf die Empfänger machte und wie lebhaft sie die in diesen unscheinbaren Zeichen schlummernde Macht ahnten, beweist ein merkwürdiges Gefäſs aus

---

chen eingebüſst, die übrigen aus der Lautschrift verschwundenen im Alphabet festgehalten.

einem der ältesten vor Erfindung des Bogens gebauten Gräber
von Caere, worauf das altgriechische Musteralphabet, wie es nach
Etrurien kam, und daneben ein daraus gebildetes etruskisches
Syllabarium, jenem des Palamedes vergleichbar, verzeichnet ist —
offenbar eine heilige Reliquie der Einführung und Acclimatisirung
der Buchstabenschrift in Etrurien.

Nicht minder wichtig als die Entlehnung des Alphabets ist *Entwickelung* *der Alphabete* *in Italien.*
für die Geschichte dessen weitere Entwickelung auf italischem
Boden, ja vielleicht noch wichtiger; denn hierdurch fällt ein Lichtstrahl auf den italischen Binnenverkehr, der noch weit mehr im
Dunkeln liegt als der Verkehr an den Küsten mit den Fremden.
In der ältesten Epoche des etruskischen Alphabets, in der man
sich im Wesentlichen des eingeführten Alphabets unverändert
bediente, scheint der Gebrauch desselben sich auf die Etrusker
am Po und in dem heutigen Toscana beschränkt zu haben; dieses
Alphabet ist alsdann, offenbar von Hatria und Spina aus, südlich
an der Ostküste hinab bis in die Abruzzen, nördlich zu den Venetern und später sogar zu den Kelten an und in, ja jenseit der
Alpen gelangt, so dafs die letzten Ausläufer desselben bis nach
Tirol und Steiermark reichen. Die jüngere Epoche geht aus
von einer Reform des Alphabets, welche sich hauptsächlich erstreckt auf die Einführung abgesetzter Zeilenschrift, auf die Unterdrückung des *o*, das man im Sprechen vom *u* nicht mehr zu
unterscheiden wufste, und auf die Einführung eines neuen Buchstabens *f*, wofür dem überlieferten Alphabet das entsprechende
Zeichen mangelte. Diese Reform ist offenbar bei den westlichen
Etruskern entstanden und hat, während sie jenseit des Apennin
keinen Eingang fand, dagegen bei sämmtlichen sabellischen
Stämmen, zunächst bei den Umbrern sich eingebürgert; im weitern Verlaufe sodann hat das Alphabet bei jedem einzelnen
Stamm, den Etruskern am Arno und um Capua, den Umbrern
und Samniten seine besonderen Schicksale erfahren, häufig die
Mediae ganz oder zum Theil verloren, anderswo wieder neue
Vocale und Consonanten entwickelt. Jene westetruskische Reform des Alphabets aber ist nicht blofs so alt wie die ältesten in
Etrurien gefundenen Gräber, sondern beträchtlich älter, da das
erwähnte wahrscheinlich in einem derselben gefundene Syllabarium das reformirte Alphabet bereits in einer wesentlich modificirten und modernisirten Gestalt giebt; und da das reformirte
selbst wieder gegen das primitive gehalten relativ jung ist, so versagt sich fast der Gedanke dem Zurückgehen in jene Zeit, wo
dies Alphabet nach Italien gelangte. — Erscheinen sonach die

Etrusker als die Verbreiter des Alphabets im Norden, Osten und Süden der Halbinsel, so hat sich dagegen das latinische Alphabet auf Latium beschränkt und hier im Ganzen mit geringen Veränderungen sich behauptet; nur fielen γ κ und ζ σ allmählich lautlich zusammen, wovon die Folge war, dafs je eins der homophonen Zeichen (κ ζ) aus der Schrift verschwand. In Rom waren diese nachweislich schon beseitigt, als man die zwölf Tafeln niederschrieb. Wer nun erwägt, dafs in den ältesten Abkürzungen der Unterschied von γ c und κ k noch regelmäfsig durchgeführt wird*), dafs also der Zeitraum, wo die Laute in der Aussprache zusammenfielen, und vor diesem wieder der Zeitraum, in dem die Abkürzungen sich fixirten, weit jenseit der Entstehung der zwölf Tafeln liegt; dafs endlich zwischen der Einführung der Schrift und der Feststellung eines conventionellen Abkürzungssystems nothwendig eine bedeutende Frist verstrichen sein mufs, der wird wie für Etrurien so für Latium den Anfang der Schreibkunst in eine Epoche hinaufrücken, die dem ersten Eintritt der ägyptischen Siriusperiode in historischer Zeit, dem Jahre 1322 vor Christi Geburt näher liegt als dem Jahre 776, mit dem in Griechenland die Olympiadenchronologie beginnt**). Für das hohe Alter der Schreibkunst in Rom sprechen auch sonst zahlreiche und deutliche Spuren. Die Existenz von Urkunden aus der Königszeit ist hinreichend beglaubigt: so des Sondervertrags zwischen Gabii und Rom, den ein König Tarquinius und schwerlich der letzte dieses Namens abschlofs und der, geschrieben auf das Fell des dabei geopferten Stiers, in dem an Alterthümern reichen wahrscheinlich dem gallischen Brande entgangenen Tempel des Sancus auf dem Quirinal aufbewahrt ward; des Bündnisses, das König Servius Tullius mit Latium abschlofs und das noch Dionysios auf einer kupfernen Tafel im Dianatempel auf dem Aventin

---

*) So ist C *Gaius*, CN *Gnaeus*, aber K *Kaeso*. Für die jüngeren Abkürzungen gilt dieses natürlich nicht; hier wird γ nicht durch C, sondern durch G (GAL *Galeria*), κ in der Regel durch C (C *centum*, COS *consul*, COL *Collina*) oder vor a durch K (KAR *karmentalia*, MERK *merkatus*) bezeichnet. Denn eine Zeitlang hat man den Laut c vor a durch K, vor den andern Vocalen durch C ausgedrückt, ähnlich wie unser q nur vor u geschrieben wird.

**) Wenn dies richtig ist, so mufs die Entstehung der homerischen Gedichte, wenn auch natürlich nicht gerade die der uns vorliegenden Redaction, weit vor die Zeit fallen, in welche Herodot die Blüthe des Homeros setzt (100 vor Rom); denn die Einführung des hellenischen Alphabets in Italien gehört wie der Beginn des Verkehrs zwischen Hellas und Italien selbst erst der nachhomerischen Zeit an.

sah, — freilich wohl in einer nach dem Brand mit Hülfe eines
lateinischen Exemplars hergestellten Copie, denn dafs man in der
Königszeit schon in Metall grub, ist nicht wahrscheinlich. Aber
schon damals ritzte man (*exarare*, *scribere* verwandt mit *scrobes**) oder malte (*linere*, daher *littera*) auf Blätter (*folium*), Bast
(*liber*) oder Holztafeln (*tabula*, *album*), später auch auf Leder und
Leinen. Auf leinene Rollen waren die heiligen Urkunden der Samniten wie der anagninischen Priesterschaft geschrieben, ebenso
die ältesten im Tempel der Göttin der Erinnerung (*Iuno moneta*) auf dem Capitol bewahrten Verzeichnisse der römischen
Magistrate. Es wird kaum noch nöthig sein zu erinnern an das
uralte Marken des Hutviehs (*scriptura*), an die Anrede im Senat
‚Väter und Zugeschriebene' (*patres conscripti*), an das hohe Alter
der Orakelbücher, der Geschlechtsregister, des albanischen und
des römischen Kalenders. Wenn die römische Sage schon um die
Zeit der Vertreibung der Könige von Hallen am Markte spricht,
in denen die Knaben und Mädchen der Vornehmen lesen und
schreiben lernten, so kann das, aber mufs nicht nothwendig erfunden sein. Nicht die Unkunde der Schrift, vielleicht nicht einmal der Mangel an Documenten hat uns die Kunde der ältesten
römischen Geschichte entzogen, sondern die Unfähigkeit der
Historiker derjenigen Zeit, die zur Geschichtsforschung berufen
war, die archivalischen Nachrichten zu verarbeiten und ihre Verkehrtheit in der Tradition nach Schilderung von Motiven und
Charakteren, nach Schlachtberichten und Revolutionserzählungen
zu suchen, und darüber das zu verkennen, was sie dem ernsten
und entsagenden Forscher nicht verweigert haben würde.

Die Geschichte der italischen Schrift bestätigt also zunächst Resultate.
die schwache und mittelbare Einwirkung des hellenischen Wesens
auf die Sabeller im Gegensatz zu den westlicheren Völkern. Dafs
jene das Alphabet von den Etruskern, nicht von den Römern
empfingen, erklärt sich wahrscheinlich daraus, dafs sie das Alphabet schon besafsen, als sie den Zug auf dem Rücken des
Apennin antraten, die Sabiner wie die Samniten also schon vor
ihrer Entlassung aus dem Mutterlande das Alphabet empfingen.
Andererseits enthält diese Geschichte der Schrift eine heilsame
Warnung gegen die Annahme, welche die spätere der etruskischen
Mystik und Alterthumströdelei ergebene römische Bildung aufgebracht hat und welche die neuere und neueste Forschung geduldig wiederholt, dafs die römische Civilisation ihren Keim und

---

*) Ebenso altsächsisch *wrītan* eigentlich reifsen, dann schreiben.

ihren Kern aus Etrurien entlehnt habe. Wäre dies wahr, so müfste hier vor allem eine Spur sich davon zeigen; aber gerade umgekehrt ist der Keim der latinischen Schreibkunst griechisch, ihre Entwickelung so national, dafs sie nicht einmal das so wünschenswerthe etruskische Zeichen für *f* sich angeeignet hat. Ja wo Entlehnung sich zeigt, in den Zahlzeichen, sind es vielmehr die Etrusker, die von den Römern wenigstens das Zeichen für 50 entlehnt haben. — Endlich ist es charakteristisch, dafs in allen italischen Stämmen die Entwickelung des griechischen Alphabets zunächst in einer Verderbung desselben besteht. So sind die Mediae in den sämmtlichen etruskischen Dialekten untergegangen, während die Umbrer *γ d*, die Samniten *d*, die Römer *γ* einbüfsten und diesen auch *d* mit *r* zu verschmelzen drohte. Ebenso fielen den Etruskern schon früh *o* und *u* zusammen und auch bei den Lateinern finden sich Ansätze derselben Verderbnifs. Fast das Umgekehrte zeigt sich bei den Sibilanten; denn während der Etrusker die drei Zeichen *z s sch* festhält, der Umbrer zwar das letzte wegwirft, aber dafür zwei neue Sibilanten entwickelt, beschränkt sich der Samnite und der Falisker auf *s* und *z* gleich dem Griechen, der spätere Römer sogar auf *s* allein. Man sieht, die feineren Lautverschiedenheiten wurden von den Einführern des Alphabets, gebildeten und zweier Sprachen mächtigen Leuten, wohl empfunden; aber nach der völligen Lösung der nationalen Schrift von dem hellenischen Mutteralphabet fielen allmählich die Mediae und ihre Tenues zusammen und wurden die Sibilanten und Vocale zerrüttet, von welchen Lautverschiebungen oder vielmehr Lautzerstörungen namentlich die erste ganz ungriechisch ist. Die Zerstörung der Flexions- und Derivationsformen geht mit dieser Lautzerrüttung Hand in Hand. Die Ursache dieser Barbarisirung ist also im Allgemeinen keine andere als die nothwendige Verderbnifs, welche an jeder Sprache fortwährend zehrt, wo ihr nicht litterarisch und rationell ein Damm entgegengesetzt wird; nur dafs von dem, was sonst spurlos vorübergeht, hier in der Lautschrift sich Spuren bewahrten. Dafs diese Barbarisirung die Etrusker in stärkerem Mafse erfaste als irgend einen der italischen Stämme, stellt sich zu den zahlreichen Beweisen ihrer minderen Culturfähigkeit; wenn dagegen, wie es scheint, unter den Italikern am stärksten die Umbrer, weniger die Römer, am wenigsten die südlichen Sabeller von der gleichen Sprachverderbnifs ergriffen wurden, so wird der regere Verkehr dort mit den Etruskern, hier mit den Griechen wenigstens mit zu dieser Erscheinung beigetragen haben.

KAPITEL XV.

Die Kunst.

Dichtung ist leidenschaftliche Rede, deren bewegter Klang die Weise; insofern ist kein Volk ohne Poesie und Musik. Allein zu den poetisch vorzugsweise begabten Nationen gehörte und gehört die italienische nicht; es fehlt dem Italiener die Leidenschaft des Herzens, die Sehnsucht das Menschliche zu idealisiren und das Leblose zu vermenschlichen und damit das Allerheiligste der Dichtkunst. Seinem scharfen Blick, seiner anmuthigen Gewandtheit gelingen vortrefflich die Ironie und der Novellenton, wie wir sie bei Horaz und bei Boccaccio finden, der launige Liebes- und Liederscherz, wie Catullus und die guten neapolitanischen Volkslieder ihn zeigen, vor allem die niedere Komödie und die Posse. Auf italischem Boden entstand in alter Zeit die parodische Tragödie, in neuer das parodische Heldengedicht. In der Rhetorik und Schauspielkunst vor allem that und thut es den Italienern keine andere Nation gleich. Aber in den vollkommenen Kunstgattungen haben sie es nicht leicht über Fertigkeiten gebracht und keine ihrer Litteraturepochen hat ein wahres Epos und ein echtes Drama erzeugt. Auch die höchsten in Italien gelungenen litterarischen Leistungen, göttliche Gedichte wie Dantes Commedia und Geschichtbücher wie Sallustius und Macchiavelli, Tacitus und Colletta sind doch von einer mehr rhetorischen als naiven Leidenschaft getragen. Selbst in der Musik ist in alter wie in neuer Zeit das eigentlich schöpferische Talent weit weniger hervorgetreten als die Fertigkeit, die rasch zur Virtuosität sich steigert und an der Stelle der echten und innigen Kunst ein hohles und herzvertrocknendes Idol auf den Thron hebt.

Künstlerische Begabung der Italiker.

Es ist nicht das innerliche Gebiet, insoweit in der Kunst überhaupt ein Innerliches und ein Aeufserliches unterschieden werden kann, das dem Italiener als eigene Provinz anheimgefallen ist; die Macht der Schönheit mufs, um voll auf ihn zu wirken, nicht im Ideal vor seine Seele, sondern sinnlich ihm vor die Augen gerückt werden. Darum ist er denn auch in den bauenden und bildenden Künsten recht eigentlich zu Hause und darin in der alten Culturepoche der beste Schüler des Hellenen, in der neuen der Meister aller Nationen geworden.

Es ist bei der Lückenhaftigkeit unserer Ueberlieferung nicht möglich die Entwickelung der künstlerischen Ideen bei den einzelnen Völkergruppen Italiens zu verfolgen; und namentlich läfst sich nicht mehr von der italischen Poesie reden, sondern nur von der Poesie Latiums. Die latinische Dichtkunst ist wie jede andere ausgegangen von der Lyrik oder vielmehr von dem ursprünglichen Festjubel, in welchem Tanz, Spiel und Lied noch in ungetrennter Einheit sich durchdringen. Es ist dabei bemerkenswerth, dafs in den ältesten Religionsgebräuchen der Tanz und demnächst das Spiel weit entschiedener hervortreten als das Lied. In dem grofsen Feierzug, mit dem das römische Siegesfest eröffnet ward, spielten nächst den Götterbildern und den Kämpfern die vornehmste Rolle die ernsten und die lustigen Tänzer: jene geordnet in drei Gruppen, der Männer, der Jünglinge und der Knaben, alle in rothen Röcken mit kupfernem Leibgurt, mit Schwertern und kurzen Lanzen, die Männer überdies behelmt, überhaupt in vollem Waffenschmuck; diese in zwei Schaaren getheilt, der Schafe in Schafpelzen mit buntem Ueberwurf, der Böcke nackt bis auf den Schurz mit einem Ziegenfell als Umwurf. Ebenso waren vielleicht die älteste und heiligste von allen Priesterschaften die ‚Springer' (S. 170) und durften die Tänzer (*ludii, ludiones*) überhaupt bei keinem öffentlichen Aufzug und namentlich bei keiner Leichenfeier fehlen, wefshalb denn der Tanz schon in alter Zeit ein gewöhnliches Gewerbe ward. Wo aber die Tänzer erscheinen, da stellen auch die Spielleute oder, was in ältester Zeit dasselbe ist, die Flötenbläser sich ein. Auch sie fehlen bei keinem Opfer, bei keiner Hochzeit und bei keinem Begräbnifs; und neben der uralten öffentlichen Priesterschaft der Springer steht gleich alt, obwohl im Range bei weitem niedriger, die Pfeifergilde (*collegium tibicinum*, S. 196), deren echte Musikantenart bezeugt wird durch das alte und selbst der strengen römischen Polizei zum Trotz behauptete Vorrecht an ihrem Jahresfest maskirt und süfsen

Weines voll auf den Strafsen sich herumzutreiben. Wenn also der Tanz als ehrenvolle Verrichtung, das Spiel als untergeordnete, aber nothwendige Thätigkeit auftritt und darum öffentliche Genossenschaften für beide bestellt sind, so erscheint die Dichtung mehr als ein Zufälliges und gewissermafsen Gleichgültiges, mochte sie nun für sich entstehen oder dem Tänzer zur Begleitung seiner Sprünge dienen. — Den Römern galt als das ältesta dasjenige Lied, das in der grünen Waldeseinsamkeit die Blätter sich selber singen. Was der „günstige Geist" (*faunus*, von *favere*) im Haine flüstert und flötet, das verkünden die, denen es gegeben ist ihm zu lauschen, den Menschen wieder in rhythmisch gemessener Rede (*casmen*, später *carmen*, von *canere*). Diesen weissagenden Gesängen der von Gott ergriffenen Männer und Frauen (*vates*) verwandt sind die eigentlichen Zaubersprüche, die Besprechungsformeln gegen Krankheiten und anderes Ungemach und die bösen Lieder, durch welche man dem Regen wehrt und den Blitz herabruft oder auch die Saat von einem Feld auf das andere lockt; nur dafs in diesen wohl von Haus aus neben den Wort- auch reine Klangformeln erscheinen*). Fester überliefert und gleich uralt sind die religiösen Litaneien, wie die Springer und andere Priesterschaften sie sangen und tanzten und von denen die einzige bis auf uns gekommene, ein wahrscheinlich als Wechselgesang gedichtetes Tanzlied der Ackerbrüder zum Preise des Mars, wohl auch hier eine Stelle verdient.

Religiöse Lieder.

> *Enos, Lares, iuvate!*
> *Neve lue rue, Marmar, sins incurrere in pleores!*
> *Satur fu, fere Mars! limen sali! sta! berber!*
> *Semunis alternis advocapit conctos!*
> *Enos, Marmar, iuvato!*
> *Triumpe!* **)

---

*) So giebt der ältere Cato (*de r. r.* 160) als kräftig gegen Verrenkungen den Spruch: *hauat hauat hauat ista pista sista damia bodannaustra*, der vermuthlich seinem Erfinder eben so dunkel war, wie er es uns ist. Natürlich finden sich daneben auch Wortformeln; so z. B. hilft es gegen Gicht, wenn man nüchtern eines andern gedenkt und dreimal neunmal, die Erde berührend und ausspuckend, die Worte spricht: ‚Ich denke dein, hilf meinen Füfsen. Die Erde empfange das Unheil, Gesundheit sei mein Theil' (*terra pestem teneto, salus hic maneto*. Varro *de r. r.* 1, 2, 27).

**) *Nos, Lares, iuvate! Ne luem ruem* (= *ruinam*), *Mamers, sinas incurrere in plures! Satur esto, fere Mars! In limen insili! sta! verbera* (*limen?*)*! Semones alterni advocate cunctos! Nos, Mamers, iuvato! Tripudia!* Die ersten fünf Zeilen werden je dreimal, der Schlufsruf fünfmal wiederholt. — Die Uebersetzung ist vielfach unsicher, besonders die dritte und die fünfte Zeile.

an die Götter { Uns, Laren, helfet!
Nicht Sterben und Verderben, Mars, Mars, lafs einstürmen
auf mehrere!
Satt sei, grauser Mars!

*an die einzel-
nen Brüder* { Auf die Schwelle springe! stehe! tritt sie!

an alle Brüder { Den Semonen, erst ihr, dann ihr, rufet zu, allen!

an den Gott { Uns, Mars, Mars, hilf!

*an die einzel-
nen Brüder* { Springe!

Das Latein dieses Liedes und der verwandten Bruchstücke der saliarischen Gesänge, welche schon den Philologen der augusteischen Zeit als die ältesten Urkunden ihrer Muttersprache galten, verhält sich zu dem Latein der zwölf Tafeln etwa wie die Sprache der Nibelungen zu der Sprache Luthers; und wohl mögen wir der Sprache wie dem Inhalt nach diese ehrwürdigen Litaneien den indischen Veden vergleichen. — Schon einer jüngeren Epoche gehören die Lob- und Schimpflieder an. Dafs es in Latium der Spottlieder schon in alten Zeiten im Ueberflufs gab, würde sich aus dem Volkscharakter der Italiener abnehmen lassen, auch wenn nicht die sehr alten polizeilichen Mafsnahmen dagegen es ausdrücklich bezeugten. Wichtiger aber wurden die Lobgesänge. Wenn ein Bürger zur Bestattung weggetragen ward, so folgte der Bahre eine ihm anverwandte oder befreundete Frau und sang ihm unter Begleitung eines Flötenspielers das Leichenlied (*nenia*). Defsgleichen wurden bei dem Gastmahl von den Knaben, die nach der damaligen Sitte die Väter auch zum Schmaus aufser dem eigenen Hause begleiteten, Lieder zum Lobe der Ahnen abwechselnd bald ebenfalls zur Flöte gesungen, bald auch ohne Begleitung blofs gesagt (*assa voce canere*). Dafs auch die Männer bei dem Gastmahl der Reihe nach sangen, ist wohl erst spätere vermuthlich den Griechen entlehnte Sitte. Genaueres wissen wir von diesen Ahnenliedern nicht; aber es versteht sich, dafs sie schilderten und erzählten und insofern neben und aus dem lyrischen Moment der Poesie das epische entwickelten. — Andere Elemente der Poesie waren thätig in dem uralten ohne Zweifel über die Scheidung der Stämme zurückreichenden Volkscarneval, dem lustigen Tanz oder der Satura (S. 29). Der Gesang wird dabei nie gefehlt haben; es lag aber in den Verhältnissen, dafs bei diesen vorzugsweise an Gemeindefesten und an Hochzeiten aufgeführten und gewifs vorwiegend praktischen Späfsen leicht mehrere Tänzer oder auch mehrere Tänzerschaaren in einander griffen und der Gesang eine gewisse Handlung in sich aufnahm, welche natürlich überwiegend einen scherzhaften und oft einen ausgelassenen Charakter trug. So entstanden hier nicht blofs die Wechsellieder, wie sie später unter dem Namen der fescenninischen Gesänge auftreten, sondern auch die Elemente einer volksthümlichen Komödie, die bei dem scharfen Sinn der Italiener für das Aeufserliche und das Komische und bei ihrem Behagen an Gestenspiel und Verkleidung hier auf einen vortrefflich geeigneten Boden gepflanzt war. — Erhalten ist nichts von diesen Incunabeln des römischen Epos und Drama. Dafs die Ahnenlieder traditionell waren, versteht sich von selbst und wird zum Ueberflufs dadurch bewiesen, dafs sie regelmäfsig von Kindern vorgetragen wurden; aber schon zu des älteren Cato Zeit waren dieselben vollständig verschollen. Die Komödien aber, wenn man den Namen gestatten will, sind in dieser Epoche und noch lange nachher durchaus improvisirt worden. Somit konnte von dieser Volkspoesie und Volksmelodie nichts fortgepflanzt werden als das Mafs, die musikalische und chorische Begleitung und vielleicht die Masken. — Ob es in ältester Zeit das gab, was wir Versmafs nennen, ist zweifelhaft; die Litanei der Arvalbrüder fügt sich schwerlich einem äufserlich fixirten metrischen Schema und erscheint uns mehr als eine bewegte Recitation. Dagegen begegnet in späterer Zeit eine uralte Weise, das sogenannte saturnische*) oder faunische Mafs, welches den Griechen fremd ist und vermuthlich gleichzeitig mit der ältesten latinischen Volkspoesie entstand. Das folgende freilich einer weit späteren Zeit angehörende Gedicht mag von demselben eine Vorstellung geben.

Versmafs.

Quod ré suá difeidens — ásperé afleicta
Paréns timéns heic vóvit — vóto hóc solúto
Decumá factá polouóta — leibereis lubéntes
Donú danúnt ᴗ Hércolei — máxsumé ᴗ méreto
Semól te oránt se vóti — crébro cún ᴗ démnes

---

*) Der Name bezeichnet wohl nichts als das „Liedermafs", insofern die *satura* ursprünglich das beim Carneval gesungene Lied ist. Von demselben Stamm ist auch der Säegott *Saeturnus* oder *Saiturnus*, später *Sāturnus* benannt; sein Fest, die Saturnalien ist allerdings eine Art Carneval und es möglich, dafs die Possen ursprünglich vorzugsweise an diesem aufgeführt wurden. Aber Beweise einer Beziehung der Satura zu den Saturnalien fehlen und vermuthlich gehört die unmittelbare Verknüpfung des *versus sāturnius* mit dem Gott Saturnus und die damit zusammenhängende Dehnung der ersten Silbe erst der späteren Zeit an.

⏑ ́⏑ | ⏑ ́⏑ ‖ ́⏑ | ⏑ ́⏑ ‖

Was, Mifsgeschick befürchtend — schwer betroffnem Wohlstand,
Besorgt der Ahn gelobte, — defs Gelöbnifs eintraf,
Zu Weih' und Schmaus den Zehnten — bringen gern die Kinder
Dem Hercoles zur Gabe — dar, dem hochverdienten;
Sie flehn zugleich dich an, dafs — oft du sie erhörest.

In saturnischer Weise scheinen die Lob- wie die Scherzlieder gleichmäfsig gesungen worden zu sein, zur Flöte natürlich und vermuthlich so, dafs namentlich der Einschnitt in jeder Zeile scharf angegeben ward, bei Wechselliedern hier auch wohl der zweite Sänger den Vers aufnahm. Es ist die saturnische Messung, wie jede andere im römischen und griechischen Alterthum vorkommende, quantitativer Art, aber wohl unter allen antiken Versmafsen sowohl das am mindesten durchgebildete, da es aufser andern mannichfaltigen Licenzen sich die Weglassung der Senkungen im weitesten Umfang gestattet, als auch das der Anlage nach unvollkommenste, indem diese einander entgegengesetzten iambischen und trochaischen Halbzeilen wenig geeignet sind einen für höhere poetische Leistungen genügenden rhythmischen Bau

Melodien. zu entwickeln. — Die Grundelemente der volksthümlichen Musik und Choreutik Latiums, die ebenfalls in dieser Zeit sich festgestellt haben müssen, sind für uns verschollen; aufser dafs uns von der latinischen Flöte berichtet wird als einem kurzen und dünnen nur mit vier Löchern versehenen, ursprünglich, wie der Name zeigt, aus einem leichten Thierschenkelknochen verfertigten musi-

Masken. kalischen Instrument. — Dafs endlich die späteren stehenden Charaktermasken der latinischen Volkskomödie oder der sogenannten Atellane: Maccus der Harlekin, Bucco der Vielfrafs, Pappus der gute Papa, der weise Dossennus — Masken, die man so artig wie schlagend mit den beiden Bedienten, dem Pantalon und dem Dottore der italienischen Pulcinellkomödie verglichen hat, — dafs diese Masken bereits der ältesten latinischen Volkskunst angehören, läfst sich natürlich nicht eigentlich beweisen; da aber der Gebrauch der Gesichtsmasken in Latium für die Volksbühne von unvordenklichem Alter ist, während die griechische Bühne in Rom erst ein Jahrhundert nach ihrer Begründung dergleichen Masken annahm, da jene Atellanenmasken ferner entschieden italischen Ursprungs sind und da endlich die Entstehung wie die Durchführung improvisirter Kunstspiele ohne feste dem Spieler seine Stellung im Stück ein für allemal zuweisende Masken nicht wohl denkbar ist, so wird man die festen

Masken an die Anfänge des römischen Schauspiels anknüpfen oder vielmehr sie als diese Anfänge selbst betrachten dürfen.

Wenn unsere Kunde über die älteste einheimische Bildung und Kunst von Latium spärlich fliefst, so ist es begreiflich, dafs wir noch weniger wissen über die frühesten Anregungen, die hier den Römern von aufsen her zu Theil wurden. Im gewissem Sinn kann schon die Kunde der ausländischen, namentlich der griechischen Sprache hieher gezählt werden, welche letztere den Latinern natürlich im Allgemeinen fremd war, wie dies schon die Anordnung hinsichtlich der sibyllinischen Orakel beweist (S. 181), aber doch unter den Kaufleuten nicht gerade selten gewesen sein kann; und dasselbe wird zu sagen sein von der eng mit der Kunde des Griechischen zusammenhängenden Kenntnifs des Lesens und Schreibens (S. 214). Indefs die Bildung der antiken Welt ruhte weder auf der Kunde fremder Sprachen noch auf elementaren technischen Fertigkeiten; wichtiger als jene Mittheilungen wurden für die Entwickelung Latiums die musischen Elemente, die sie bereits in frühester Zeit von den Hellenen empfingen. Denn lediglich die Hellenen und weder Phoenikier noch Etrusker sind es gewesen, welche in dieser Beziehung eine Einwirkung auf die Italiker übten; nirgends begegnet bei den letzteren eine musische Anregung, die auf Karthago oder Caere zurückwiese und es darf wohl überhaupt die phoenikische wie die etruskische den unfruchtbaren und darum auch nicht weiter zeugenden Civilisationsgestaltungen zugezählt werden*). Griechische Befruchtung aber blieb nicht aus. Die griechische siebensaitige Lyra, die ‚Saiten' (*fides*, von σφίδη Darm; auch *barbitus* βάρβιτος) ist nicht, wie die Flöte, in Latium einheimisch und hat dort stets als fremdländisches Instrument gegolten; aber wie

Aelteste hellenische Einwirkung.

---

*) Die Erzählung, dafs ‚ehemals die römischen Knaben etruskische wie späterhin griechische Bildung empfangen hätten' (Liv. 9, 36), ist mit dem ursprünglichen Wesen der römischen Jugendbildung ebenso unvereinbar wie es nicht abzusehen ist, was denn die römischen Knaben in Etrurien lernten. Dafs das Studium der etruskischen Sprache damals in Rom die Rolle gespielt habe wie etwa jetzt bei uns das Französischlernen, werden doch selbst die eifrigsten heutigen Bekenner des Tages-Cultus nicht behaupten; und von der etruskischen Haruspicin etwas zu verstehen galt selbst bei denen, die sich ihrer bedienten, einem Nichtetrusker für schimpflich oder vielmehr für unmöglich (Müller Etr. 2, 4). Wahrscheinlich ist die ganze Angabe von den etruskisirenden Archäologen der letzten Zeit der Republik herausgesponnen aus pragmatisirenden Erzählungen der älteren Annalen, welche zum Beispiel den Mucius Scaevola seiner Unterhaltung mit Porsena zu Liebe als Kind etruskisch lernen lassen (Dionys 5, 28. Plutarch *Poplicola* 17; vgl. Dionys 3, 70).

früh sie daselbst Aufnahme gefunden hat, beweist theils die barbarische Verstümmelung des griechischen Namens, theils ihre Anwendung selbst im Ritual*). Dafs von dem Sagenschatz der Griechen schon in dieser Zeit nach Latium flofs, zeigt schon die bereitwillige Aufnahme der griechischen Bildwerke mit ihren durchaus auf dem poetischen Schatze der Nation ruhenden Darstellungen; und auch die altlatinischen Barbarisirungen der Persephone in Prosepna, des Bellerophontes in Melerpanta, des Kyklops in Cocles, des Laomedon in Alumentus, des Ganymedes in Catamitus, des Neilos in Melus, der Semele in Stimula lassen erkennen, in wie ferner Zeit schon solche Erzählungen von Latinern vernommen und wiederholt worden sind. Endlich aber und vor allem kann das römische Haupt- und Stadtfest (*ludi maximi, Romani*) wo nicht seine Entstehung, doch seine spätere Einrichtung nicht wohl anders als unter griechischem Einflufs erhalten haben. Es ward als aufserordentliche Dankfeier, regelmäfsig auf Grund eines von dem Feldherrn vor der Schlacht gethanen Gelübdes und darum gewöhnlich bei der Heimkehr der Bürgerwehr im Herbst, dem capitolinischen Jupiter und den mit ihm zusammen hausenden Göttern ausgerichtet. Im Festzuge begab man sich nach dem zwischen Palatin und Aventin abgesteckten und mit einer Arena und Zuschauerplätzen versehenen Rennplatz: voran die ganze Knabenschaft Roms, geordnet nach den Abtheilungen der Bürgerwehr zu Pferde und zu Fufs; sodann die Kämpfer und die früher beschriebenen Tänzergruppen jede mit der ihr eigenen Musik; hierauf die Diener der Götter mit den Weihrauchfässern und dem anderen heiligen Geräth; endlich die Bahren mit den Götterbildern selbst. Das Schaufest selbst war das Abbild des Krieges, wie er in ältester Zeit gewesen, der Kampf zu Wagen, zu Rofs und zu Fufs. Zuerst liefen die Streitwagen, deren jeder nach homerischer Art einen Wagenlenker und einen Kämpfer trug, darauf die abgesprungenen Kämpfer; alsdann die

---

*) Den Gebrauch der Leier im Ritual bezeugen Cicero *de orat.* 3, 51, 197; *Tusc.* 4, 2, 4; Dionys 7, 72; Appian *Pun.* 66 und die Inschrift Orelli 2448 vgl. 1803. Ebenso ward sie bei den Nenien angewandt (Varro bei Nonius unter *nenia* und *praeficae*). Aber das Leierspiel blieb darum nicht weniger unschicklich (Scipio bei Macrob. *sat.* 2, 10 und sonst); von dem Verbot der Musik im J. 639 wurden nur der ‚latinische Flötenspieler sammt dem Sänger‘, nicht der Saitenspieler ausgenommen und die Gäste bei dem Mahle sangen nur zur Flöte (Cato bei Cic. *Tusc.* 1, 2, 3. 4, 2, 3; Varro bei Nonius unter *assa voce*; Horaz *carm.* 4, 15, 30). Quintilian, der das Gegentheil sagt (*inst.* 1, 10, 20), hat, was Cicero *de or.* 3, 51 von den Götterschmäusen erzählt, ungenau auf Privatgastmähler übertragen.

Reiter, deren jeder nach römischer Fechtart mit einem Reit- und einem Handpferd erschien (*desultor*); endlich maſsen die Kämpfer zu Fuſs, nackt bis auf einen Gürtel um die Hüften, sich mit einander im Wettlauf, im Ringen und im Faustkampf. In jeder Gattung der Wettkämpfe ward nur einmal und zwischen nicht mehr als zwei Kämpfern gestritten. Den Sieger lohnte der Kranz, und wie man den schlichten Zweig in Ehren hielt, beweist die gesetzliche Gestattung ihm denselben, wenn er starb, auf die Bahre zu legen. Das Fest dauerte also nur einen Tag und wahrscheinlich lieſsen die Wettkämpfe an diesem selbst noch Zeit genug für den eigentlichen Carneval, wobei denn die Tänzergruppen ihre Kunst und vor allem ihre Possen entfaltet haben mögen und wohl auch andere Darstellungen, zum Beispiel Kampfspiele der Knabenreiterei, ihren Platz fanden *). Auch die im ernsten Kriege gewonnenen Ehren spielten bei diesem Feste eine Rolle; der tapfere Streiter stellte an diesem Tage die Rüstungen der erschlagenen Gegner aus und ward von der dankbaren Gemeinde ebenso wie der Sieger im Wettspiel mit dem Kranz geschmückt. — Solcher Art war das römische Sieges- oder Stadtfest und auch die übrigen öffentlichen Festlichkeiten Roms werden wir uns ähnlich, wenn auch in den Mitteln beschränkter vorzustellen haben. Bei der öffentlichen Leichenfeier traten regelmäſsig Tänzer und daneben, wenn mehr geschehen sollte, noch Wettreiter auf, wo dann die Bürgerschaft durch den öffentlichen Ausrufer vorher besonders zu dem Begräbniſs eingeladen ward. — Aber dieses mit den Sitten und den Uebungen Roms so eng verwachsene Stadtfest trifft mit den hellenischen Volksfesten wesentlich zusammen: so vor allem in dem Grundgedanken der Vereinigung einer religiösen Feier und eines kriegerischen Wettkampfs; in

---

*) Das Stadtfest kann ursprünglich nur einen Tag gewährt haben, da es noch im sechsten Jahrhundert aus vier Tagen scenischer und einem Tag circensischer Spiele bestand (Ritschl *parerga* 1, 313) und notorisch die scenischen Spiele erst später hinzugekommen sind. Daſs in jeder Kampfgattung ursprünglich nur einmal gestritten ward, folgt aus Livius 44, 9; wenn später an einem Spieltag fünfundzwanzig Wagenpaare nach einander liefen (Varro bei Servius *Georg.* 3, 18), so ist das Neuerung. Daſs nur zwei Wagen und ebenso ohne Zweifel nur zwei Reiter und zwei Ringer um den Preis stritten, folgt daraus, daſs zu allen Zeiten in den römischen Wagenrennen nur so viel Wagen zugleich liefen, als es sogenannte Factionen gab und dieser ursprünglich nur zwei waren, die weiſse und die rothe. Das zu den circensischen gehörende Reiterspiel der patricischen Epheben, die sogenannte Troia, ward bekanntlich von Caesar wieder ins Leben gerufen; ohne Zweifel knüpfte es an an den Aufzug der Knabenbürgerwehr zu Pferde, dessen Dionys 7, 72 gedenkt.

der Auswahl der einzelnen Uebungen, die bei dem Fest von
Olympia nach Pindaros Zeugnifs von Haus aus im Laufen, Ringen,
Faustkampf, Wagenrennen, Speer- und Steinwerfen bestanden;
in der Beschaffenheit des Siegespreises, der in Rom so gut wie
bei den griechischen Nationalfesten ein Kranz ist und dort wie
hier nicht dem Lenker, sondern dem Besitzer des Gespannes zu
Theil wird; endlich in dem Hineinziehen allgemein patriotischer
Thaten und Belohnungen in das allgemeine Volksfest. Zufällig
kann diese Uebereinstimmung nicht sein, sondern nur entweder
ein Rest uralter Volksgemeinschaft oder eine Folge des ältesten
internationalen Verkehrs; und für die letztere Annahme spricht
die überwiegende Wahrscheinlichkeit. Das Stadtfest in der Gestalt,
wie wir es kennen, ist keine der ältesten Einrichtungen
Roms, da der Spielplatz selbst erst zu den Anlagen der späteren
Königszeit gehört (S. 113); und so gut wie die Verfassungsreform
damals unter griechischem Einfluss erfolgt ist (S. 98), kann
gleichzeitig im Stadtfest eine ältere Belustigungsweise — der
‚Sprung' (*triumpus*, S. 29) und etwa das in Italien uralte und
bei dem Fest auf dem Albanerberg noch lange in Uebung gebliebene
Schaukeln — mit den griechischen Rennen verbunden und
bis zu einem gewissen Grade durch dieselben verdrängt worden
sein. Es ist ferner von dem ernstlichen Gebrauch der Streitwagen
wohl in Hellas, aber nicht in Latium eine Spur vorhanden. Endlich
ist das griechische Stadion (dorisch σπάδιον) als *spatium*
mit der gleichen Bedeutung in sehr früher Zeit in die lateinische
Sprache übergegangen und liegt sogar ein ausdrückliches Zeugnifs
dafür vor, dafs die Römer die Pferde- und Wagenrennen
von den Thurinern entlehnten, wogegen freilich eine andre Angabe
sie aus Etrurien herleitet. Demnach scheinen die Römer
aufser den musikalischen und poetischen Anregungen auch den
fruchtbaren Gedanken des gymnastischen Wettstreits den Hellenen
zu verdanken.

<small>Charakter der Poesie und der Jugendbildung in Latium.</small>
    Es waren also in Latium nicht blofs dieselben Grundlagen
vorhanden, aus denen die hellenische Bildung und Kunst erwuchs,
sondern es hat auch diese selbst in frühester Zeit mächtig
auf Latium gewirkt. Die Elemente der Gymnastik besafsen
die Latiner nicht blofs insofern, als der römische Knabe wie
jeder Bauernsohn Pferde und Wagen regieren und den Jagdspiefs
führen lernte und als in Rom jeder Gemeindebürger zugleich
Soldat war; sondern es genofs die Tanzkunst von jeher öffentlicher
Pflege und früh trat mit den hellenischen Wettkämpfen
eine gewaltige Anregung hinzu. In der Poesie war die helleni-

sche Lyrik und Tragödie aus ähnlichen Gesängen erwachsen, wie das römische Festlied sie darbot, enthielt das Ahnenlied die Keime des Epos, die Maskenposse die Keime der Komödie; und auch hier mangelte griechische Einwirkung nicht. — Um so merkwürdiger ist es, dafs alle diese Samenkörner nicht aufgingen oder verkümmerten. Die körperliche Erziehung der latinischen Jugend blieb derb und tüchtig, aber fern von dem Gedanken einer künstlerischen Ausbildung des Körpers, wie die hellenische Gymnastik sie verfolgte. Die öffentlichen Wettkämpfe der Hellenen veränderten in Italien nicht gerade ihre Satzungen, aber ihr Wesen. Während sie Wettkämpfe der Bürger sein sollten und ohne Zweifel anfangs auch in Rom waren, wurden sie Wettkämpfe von Kunstreitern und Kunstfechtern; und wenn der Beweis freier und hellenischer Abstammung die erste Bedingung der Theilnahme an den griechischen Festspielen war, so kamen die römischen bald in die Hände von freigelassenen und fremden, ja selbst von unfreien Leuten. Folgeweise verwandelte sich der Umstand der Mitstreiter in ein Zuschauerpublicum und von dem Kranz des Wettsiegers, den man mit Recht das Wahrzeichen von Hellas genannt hat, ist in Latium späterhin kaum die Rede. — Aehnlich erging es der Poesie und ihren Schwestern. Nur die Griechen und die Deutschen besitzen den freiwillig hervorsprudelnden Liederquell; aus der goldenen Schale der Musen sind auf Italiens grünen Boden eben nur wenige Tropfen gefallen. Zur eigentlichen Sagenbildung kam es nicht. Die italischen Götter sind Abstractionen gewesen und geblieben und haben nie zu rechter persönlicher Gestaltung sich gesteigert oder, wenn man will, verdunkelt. Ebenso sind die Menschen, auch die gröfsten und herrlichsten, dem Italiker ohne Ausnahme Sterbliche geblieben und wurden nicht wie in Griechenland in sehnsüchtiger Erinnerung und liebevoll gepflegter Ueberlieferung in der Vorstellung der Menge zu göttergleichen Heroen erhoben. Vor allem aber kam es in Latium nicht zur Entwickelung einer Nationalpoesie. Es ist die tiefste und herrlichste Wirkung der musischen Künste und vor allem der Poesie, dafs sie die Schranken der bürgerlichen Gemeinden aufheben und aus den Stämmen ein Volk, aus den Völkern eine Welt erschaffen. Wie heutzutage in unserer und durch unsere Weltlitteratur die Gegensätze der civilisirten Nationen aufgehoben sind, so hat die griechische Dichtkunst das dürftige und egoistische Stammgefühl zum hellenischen Volksbewufstsein und dieses zum Humanismus umgewandelt. Aber in Latium trat nichts Aehnliches ein; es mochte

Dichter in Alba und in Rom geben, aber es entstand kein latinisches Epos, nicht einmal, was eher noch denkbar wäre, ein latinischer Bauernkatechismus von der Art wie die hesiodischen Werke und Tage. Es konnte wohl das latinische Bundesfest ein musisches Nationalfest werden wie die Olympien und Isthmien der Griechen. Es konnte wohl an Albas Fall ein Sagenkreis sich anschliefsen, wie er um Ilions Eroberung sich spann, und jede Gemeinde und jedes edle Geschlecht Latiums seine eigenen Anfänge darin wiederfinden oder hineinlegen. Aber weder das Eine noch das Andere geschah und Italien blieb ohne nationale Poesie und Kunst. — Was hieraus mit Nothwendigkeit folgt, dafs die Entwickelung der musischen Künste in Latium mehr ein Eintrocknen als ein Aufblühen war, das bestätigt, auch für uns noch unverkennbar, die Ueberlieferung. Die Anfänge der Poesie eignen wohl überall mehr den Frauen als den Männern; Zauberlied und Todtenlied gehören vorzugsweise jenen und nicht ohne Grund sind die Liedesgeister, die Casmenen oder Camenen und die Carmentis Latiums wie die Musen von Hellas, weiblich gefafst worden. Aber in Hellas kam die Zeit, wo der Dichter die Sangfrau ablöste und Apollon an die Spitze der Musen trat; Latium hat keinen nationalen Gott des Gesanges und die ältere lateinische Sprache keine Bezeichnung für den Dichter*). Die Liedesmacht ist hier unverhältnifsmäfsig schwächer aufgetreten und rasch verkümmert. Die Uebung musischer Künste hat sich hier früh theils auf Frauen und Kinder, theils auf zünftige und unzünftige Handwerker beschränkt. Dafs die Klagelieder von den Frauen, die Tischlieder von den Knaben gesungen wurden, ist schon erwähnt worden; auch die religiösen Litaneien wurden vorzugsweise von Kindern ausgeführt. Die Spielleute bildeten ein zünftiges, die Tänzer und die Klagefrauen (*praeficae*) unzünftige Gewerbe. Wenn Tanz, Spiel und Gesang in Hellas stets blieben, was sie auch in Latium ursprünglich gewesen waren, ehrenvolle und dem Bürger wie seiner Gemeinde zur Zier gereichende Beschäftigungen, so zog sich in Latium der bessere Theil der Bürgerschaft mehr und mehr von diesen eitlen Künsten zurück, und um so entschiede-

---

*) *Vates* ist wohl zunächst der Vorsänger (denn so wird der *Vates* der Salier zu fassen sein) und nähert sich dann im älteren Sprachgebrauch dem griechischen προφήτης; es ist ein dem religiösen Ritual angehörendes Wort und hat, auch als es später vom Dichter gebraucht ward, immer den Nebenbegriff des gotterfüllten Sängers, des Musenpriesters behalten.

ner, je mehr die Kunst sich öffentlich darstellte und je mehr sie von den belebenden Anregungen des Auslandes durchdrungen war. Die einheimische Flöte liefs man sich gefallen, aber die Lyra blieb geächtet; und wenn das nationale Maskenspiel zugelassen ward, so schien das ausländische Ringspiel nicht blofs gleichgültig, sondern schändlich. Während die musischen Künste in Griechenland immer mehr Gemeingut eines jeden einzelnen und aller Hellenen zusammen werden und damit aus ihnen eine allgemeine Bildung sich entwickelt, schwinden sie in Latium allgemach aus dem allgemeinen Volksbewufstsein und indem sie zu in jeder Beziehung geringen Handwerken herabsinken, kommt hier nicht einmal die Idee einer der Jugend mitzutheilenden allgemein nationalen Bildung auf. Die Jugenderziehung blieb durchaus befangen in den Schranken der engsten Häuslichkeit. Der Knabe wich dem Vater nicht von der Seite und begleitete ihn nicht blofs mit dem Pflug und der Sichel auf das Feld, sondern auch in das Haus des Freundes und in den Sitzungssaal, wenn der Vater zu Gaste oder in den Rath geladen war. Diese häusliche Erziehung war wohl geeignet den Menschen ganz dem Hause und ganz dem Staate zu bewahren; auf der dauernden Lebensgemeinschaft zwischen Vater und Sohn und auf der gegenseitigen Scheu des werdenden Menschen vor dem fertigen und des reifen Mannes vor der Unschuld der Jugend beruhte die Festigkeit der häuslichen und staatlichen Tradition, die Innigkeit des Familienbandes, überhaupt das ernste Gewicht (*gravitas*) und der sittliche und würdige Charakter des römischen Lebens. Wohl war auch diese Jugenderziehung eine jener Institutionen schlichter und ihrer selbst kaum bewufster Weisheit, die ebenso einfach sind wie tief; aber über der Bewunderung, die sie erweckt, darf es nicht übersehen werden, dafs sie nur durchgeführt werden konnte und nur durchgeführt ward durch die Aufopferung der eigentlichen individuellen Bildung und durch völligen Verzicht auf die ebenso reizenden wie gefährlichen Gaben der Musen.

Ueber die Entwickelung der musischen Künste bei den Etruskern und Sabellern mangelt uns so gut wie jede Kunde*). Es kann höchstens erwähnt werden, dafs auch in Etrurien die Tänzer (*histri, histriones*) und die Flötenspieler (*subulones*) früh und wahrscheinlich noch früher als in Rom aus ihrer Kunst ein

Tanz, Spiel und Gesang bei Etruskern u. Sabellern.

---

*) Dafs die Atellanen und Fescenninen nicht der campanischen und etruskischen, sondern der latinischen Kunst angehören, wird seiner Zeit gezeigt werden.

Gewerbe machten und nicht blofs in der Heimath, sondern auch in Rom um geringen Lohn und keine Ehre sich öffentlich producirten. Bemerkenswerther ist es, dafs an dem etruskischen Nationalfest, welches die sämmtlichen Zwölfstädte durch einen Bundespriester ausrichteten, Spiele wie die des römischen Stadtfestes gegeben wurden; indefs die dadurch nahe gelegte Frage, in wie weit die Etrusker mehr als die Latiner zu einer nationalen über den einzelnen Gemeinden stehenden musischen Kunst gelangt sind, sind wir zu beantworten nicht mehr im Stande. Andrerseits mag wohl in Etrurien schon in früher Zeit der Grund gelegt sein zu der geistlosen Ansammlung gelehrten, namentlich theologischen und astrologischen Plunders, durch den die Tusker späterhin, als in dem allgemeinen Verfall die Zopfgelehrsamkeit zur Blüthe kam, mit den Juden, Chaldäern und Aegyptern die Ehre theilten als Urquell göttlicher Weisheit angestaunt zu werden. — Wo möglich noch weniger wissen wir von sabellischer Kunst; woraus natürlich noch keineswegs folgt, dafs sie der der Nachbarstämme nachgestanden hat. Vielmehr läfst sich nach dem sonst bekannten Charakter der drei italischen Hauptstämme vermuthen, dafs an künstlerischer Begabung die Samniten den Hellenen am nächsten, die Etrusker ihnen am fernsten gestanden haben mögen; und eine gewisse Bestätigung dieser Annahme gewährt die Thatsache, dafs die bedeutendsten und eigenartigsten unter den römischen Poeten, wie Naevius, Ennius, Lucilius, Horatius den samnitischen Landschaften angehören, wogegen Etrurien in der römischen Litteratur fast keine anderen Vertreter hat als den Arretiner Maecenas, den unleidlichsten aller herzvertrockneten und worteverkräuselnden Hofpoeten, und den Volaterraner Persius, das rechte Ideal eines hoffärtigen und mattherzigen der Poesie beflissenen Jungen.

Aelteste italische Baukunst. Die Elemente der Baukunst sind, wie dies schon angedeutet ward, uraltes Gemeingut der Stämme. Den Anfang aller Tektonik macht das Wohnhaus; es ist dasselbe bei Griechen und Italikern. Von Holz gebaut und mit einem spitzen Stroh- oder Schindeldach bedeckt, bildet es einen viereckigen Wohnraum, welcher durch die mit dem Regenloch im Boden correspondirende Deckenöffnung (*cavum aedium*) den Rauch entläfst und das Licht einführt. Unter dieser 'schwarzen Decke' (*atrium*) werden die Speisen bereitet und verzehrt; hier werden die Hausgötter verehrt und das Ehebett wie die Bahre aufgestellt; hier empfängt der Mann die Gäste und sitzt die Frau spinnend im Kreise ihrer Mägde. Das Haus hatte keine Flur, insofern man nicht den unbedeckten Raum zwischen der Hausthür und der Strafse dafür nehmen will, welcher seinen Namen *vestibulum*, das ist der Ankleideplatz, davon erhielt, dafs man im Hause im Untergewand zu gehen pflegte und nur, wenn man hinaustrat, die Toga umwarf. Auch eine Zimmereintheilung mangelte, aufser dafs um den Wohnraum herum Schlaf- und Vorrathskammern angebracht werden konnten; und an Treppen und aufgesetzte Stockwerke ist noch weniger zu denken. — Ob und wie weit aus diesen Anfängen eine national-italische Tektonik hervorging, ist kaum zu entscheiden, da die griechische Einwirkung schon in der frühesten Zeit hier übermächtig eingegriffen und die etwa vorhandenen volksthümlichen Anfänge fast ganz überwuchert hat. Schon die älteste italische Baukunst, welche uns bekannt ist, steht nicht viel weniger unter dem Einflufs der griechischen als die Tektonik der augusteischen Zeit. Die uralten Gräber von Caere und Alsion so wie wahrscheinlich auch das älteste unter den kürzlich aufgedeckten praenestinischen sind ganz wie die Thesauren von Orchomenos und Mykenae durch übereinander geschobene allmählich einspringende und mit einem grofsen Deckstein geschlossene Steinlagen überdacht gewesen. In derselben Weise ist ein sehr alterthümliches Gebäude an der Stadtmauer von Tusculum gedeckt und ebenso gedeckt war ursprünglich das Quellhaus (*tullianum*) am Fufse des Capitols, bis des darauf gesetzten Gebäudes wegen die Spitze abgetragen ward. Die nach demselben System angelegten Thore gleichen sich völlig in Arpinum und in Mykenae. Der Emissar des Albanersees (S. 39) hat die gröfste Aehnlichkeit mit dem des kopaischen. Die sogenannten kyklopischen Ringmauern kommen in Italien, vorzugsweise in Etrurien, Umbrien, Latium und der Sabina häufig vor und gehören der Anlage nach entschieden zu den ältesten Bauwerken Italiens, obwohl der gröfste Theil der jetzt vorhandenen wahrscheinlich erst viel später, einzelne sicher erst im siebenten Jahrhundert der Stadt aufgeführt worden sind. Sie sind eben wie die griechischen bald ganz roh aus grofsen unbearbeiteten Felsblöcken mit dazwischen eingeschobenen kleineren Steinen, bald quadratisch in horizontalen Lagen*), bald aus vieleckig zu-

*) Dieser Art sind die servianischen Mauern gewesen, deren kürzlich am Aventin, sowohl an der Seite nach S. Paolo zu in der Vigna Maccarana wie an der Tiberseite unterhalb S. Sabina, aufgedeckte Ueberreste in den Annalen des römischen Instituts 1855 Taf. XXI—XXV. S. 87 fg. abgebildet oder beschrieben sind. Die Tuffblöcke sind im länglichen Rechteck behauen und an einigen Stellen, gröfserer Festigkeit wegen, abwechselnd

gehauenen in einander greifenden Blöcken geschichtet; über die Wahl des einen oder des andern dieser Systeme entschied in der Regel wohl das Material, wie denn in Rom, wo man in ältester Zeit nur aus Tuff baute, defswegen der Polygonalbau nicht vorkommt. Die Analogie der beiden ersten einfacheren Arten mag man auf die des Baustoffs und des Bauzwecks zurückführen; aber es kann schwerlich für zufällig gehalten werden, dafs auch der künstliche polygone Mauerbau und das Thor mit dem durchgängig links einbiegenden und die unbeschildete rechte Seite des Angreifers den Vertheidigern blofslegenden Thorweg den italischen Festungen ebenso wohl wie den griechischen eignet. Bedeutsame Winke liegen auch darin, dafs nur in demjenigen Theil Italiens, der weder von den Hellenen unterjocht noch vom Verkehr mit ihnen abgeschnitten war, dieser Mauerbau landüblich ward und dafs der eigentliche polygone Mauerbau in Etrurien nur in Pyrgi und in den nicht sehr weit davon entfernten Städten Cosa und Saturnia begegnet; da die Anlage der Mauern von Pyrgi zumal bei dem bedeutsamen Namen ('Thürme'), wohl ebenso sicher den Griechen zugeschrieben werden kann wie die der Mauern

---

mit den Lang- und mit den Schmalseiten nach aufsen aufgesetzt. An einer Stelle ist in den oberen Theil der Mauer ein grofser regelmäfsiger Bogen eingefügt, der zwar im gleichen Stil, aber doch erst später hinzugekommen zu sein scheint. Die erhaltenen Mauerstücke bestehen aus etwa 14 Lagen; der obere Theil fehlt und auch der untere ist gröfstentheils von späteren Bauten eingehüllt, oft mit *opus reticulatum* überdeckt. Die Mauer zog sich offenbar ganz an dem Rande des Hügels hin. Die Fortsetzung dieser Ausgrabungen nach innen zu zeigte, dafs Schachte und Stollen den aventinischen Hügel eben wie den capitolinischen nach allen Richtungen durchziehen. Diese letzteren gehören zu dem Chiavichensystem, über dessen Ausdehnung und Bedeutung in dem alten Rom Braun (*annali dell' Inst.* 1852 p. 331) belehrend gesprochen hat. — Der im Jahre 1862 in der Villa Negroni aufgedeckte Theil des servianischen Walls am viminalischen Thor besteht aus regelmäfsigen Lagen gewaltiger bis zu 3 Meter langer und durchschnittlich 1 Meter breiter und 0.75 Meter hoher Peperinblöcke, die in dreifacher Reihe neben einander aufgeschichtet sind, so dafs die Gesammtdicke der Mauer über 3 Meter oder reichlich 10 röm. Fufs beträgt. Dazu kommt der dahinter aufgeschüttete Erdwall, der auf der oberen Fläche eine Breite von etwa 13 Meter oder reichlich 40 röm. Fufs gehabt zu haben scheint. In der Entfernung von 5 zu 5 Meter zeigen sich die Grundmauern nach aufsen hin vorspringender Thürme. — Von einem andern früher schon unweit Porta Capena aufgefundenen Stück der servianischen Mauern findet sich eine Abbildung bei Gell (*topography of Rome* p. 494). — Den servianischen wesentlich gleichartig sind die in der Vigna Nussiner am Abhang des Palatins nach der Capitolseite aufgefundenen Mauern (Braun a. a. O.), die wahrscheinlich mit Recht für Ueberreste der uralten Ummauerung der *Roma quadrata* (S. 50) erklärt worden sind.

von Tiryuth, so steht höchst wahrscheinlich in ihnen noch uns eines der Muster vor Augen, an dem die Italiker den Mauerbau lernten. Der Tempel endlich, der in der Kaiserzeit der tuscanische hiefs und als eine den verschiedenen griechischen Tempelbauten coordinirte Stilgattung betrachtet ward, ist sowohl im Ganzen eben wie der griechische ein gewöhnlich viereckiger ummauerter Raum (*cella*), über welchem Wände und Säulen das schräge Dach schwebend emportragen, als auch im Einzelnen, vor allem in der Säule selbst und ihrem architektonischen Detail, durchaus abhängig von dem griechischen Schema. Es ist nach allem diesem wahrscheinlich wie auch an sich glaublich, dafs die italische Baukunst vor der Berührung mit den Hellenen sich auf Holzhütten, Verhacke und Erd- und Steinaufschüttungen beschränkte und dafs die Steinconstruction erst in Aufnahme kam durch das Beispiel und die besseren Werkzeuge der Griechen. Kaum zu bezweifeln ist es, dafs die Italiker erst von diesen den Gebrauch des Eisens kennen lernten und von ihnen die Mörtelbereitung (*cal[e]x*, *calecare*, von χάλιξ), die Maschine (*machina* μηχανή), das Richtmafs (*groma*, verdorben aus γνώμων γνῶμα) und den künstlichen Verschlufs (*clathri* κλῆθρον) überkamen. Demnach kann von einer eigenthümlich italischen Architektur kaum gesprochen werden, aufser insofern in dem Holzbau des italischen Wohnhauses neben den durch griechischen Einflufs auch hier hervorgerufenen Abänderungen doch manches Eigenthümliche festgehalten oder auch erst entwickelt ward und dies dann wieder auf den Bau der italischen Götterhäuser zurückwirkte. Die architektonische Entwickelung des Hauses aber ging in Italien aus von den Etruskern. Der Latiner und selbst der Sabeller hielten noch fest an der ererbten Holzhütte und der guten alten Sitte dem Gotte wie dem Geist nicht eine geweihte Wohnung, sondern nur einen geweihten Raum anzuweisen, als der Etrusker schon begonnen hatte das Wohnhaus künstlerisch umzubilden und nach dem Muster des menschlichen Wohnhauses auch dem Gotte einen Tempel und dem Geist ein Grabgemach zu errichten. Dafs man in Latium zu solchen Luxusbauten erst unter etruskischem Einflufs vorschritt, beweist die Bezeichnung des ältesten Tempelbau- und des ältesten Hausbaustils als tuscanischer[*]). Was den Charakter dieser Uebertragung anlangt, so ahmt der griechische Tempel wohl auch die allgemeinen Umrisse des Zeltes oder des Wohnhauses nach; aber er ist wesent-

---

[*]) *Ratio Tuscanica; carum aedium Tuscanicum.*

lich von Quadern gebaut und mit Ziegeln gedeckt und in den durch den Stein und den gebrannten Thon bestimmten Verhältnissen haben sich für ihn die Gesetze der Nothwendigkeit und der Schönheit entwickelt. Dem Etrusker dagegen blieb der scharfe griechische Gegensatz zwischen der nothwendig von Holz hergerichteten Menschen- und der nothwendig steinernen Götterwohnung fremd; die Eigenthümlichkeiten des tuscanischen Tempels: der mehr dem Quadrat sich nähernde Grundrifs, der höhere Giebel, die gröfsere Weite der Zwischenräume zwischen den Säulen, vor allem die gesteigerte Schrägung und das auffallende Vortreten der Dachbalkenköpfe über die tragenden Säulen gehen sämmtlich aus der gröfseren Annäherung des Tempels an das Wohnhaus und aus den Eigenthümlichkeiten des Holzbaues hervor.

Plastik in Italien. Die bildenden und zeichnenden Künste sind jünger als die Architektur; das Haus mufs erst gebaut sein ehe man daran geht Giebel und Wände zu schmücken. Es ist nicht wahrscheinlich, dafs diese Künste in Italien schon während der römischen Königszeit recht in Aufnahme gekommen sind; nur in Etrurien, wo Handel und Seeraub früh grofse Reichthümer concentrirten, wird die Kunst oder wenn man lieber will, das Handwerk in frühester Zeit Fufs gefafst haben. Die griechische Kunst, wie sie auf Etrurien gewirkt hat, stand, wie ihr Abbild beweist, noch auf einer sehr primitiven Stufe und es mögen wohl die Etrusker in nicht viel späterer Zeit von den Griechen gelernt haben in Thon und Metall zu arbeiten, als diejenige war, in der sie das Alphabet von ihnen entlehnten. Von etruskischer Kunstfertigkeit dieser Epoche geben die Silbermünzen von Populonia, fast die einzigen mit einiger Sicherheit dieser Epoche zuzuweisenden Arbeiten, eben keinen hohen Begriff; doch mögen von den etruskischen Bronzewerken, welche die späteren Kunstkritiker so hoch stellten, die besten eben dieser Urzeit angehört haben und auch die etruskischen Terracotten können nicht ganz gering gewesen sein, da die ältesten in den römischen Tempeln aufgestellten Werke aus gebrannter Erde, die Bildsäule des capitolinischen Jupiter und das Viergespann auf seinem Dache, in Veii bestellt worden waren und die grofsen derartigen Aufsätze auf den Tempeldächern überhaupt bei den späteren Römern als ‚tuscanische Werke' gingen. — Dagegen war bei den Italikern, nicht blofs bei den sabellischen Stämmen, sondern selbst bei den Latinern das eigene Bilden und Zeichnen in dieser Zeit noch erst im Entstehen. Die bedeutendsten Kunstwerke scheinen im Auslande gearbeitet worden zu sein. Der angeblich in Veii verfertigten Thonbilder wurde schon gedacht; dafs in Etrurien verfertigte und mit etruskischen Inschriften versehene Bronzearbeiten wenn nicht in Latium überhaupt, doch mindestens in Praeneste gangbar waren, haben die neuesten Ausgrabungen bewiesen. Das Bild der Diana in dem römisch-latinischen Bundestempel auf dem Aventin, welches als das älteste Götterbild in Rom galt*), glich genau dem massaliotischen der ephesischen Artemis und war vielleicht in Elea oder Massalia gearbeitet. Es sind fast allein die seit alter Zeit in Rom vorhandenen Zünfte der Töpfer, Kupfer- und Goldschmiede (S. 196), welche das Vorhandensein eigenen Bildens und Zeichnens daselbst beweisen; von ihrem Kunststandpunkt aber ist es nicht mehr möglich eine concrete Vorstellung zu gewinnen.

Versuchen wir aus diesen Archiven uralter Kunstüberlieferung und Kunstübung geschichtliche Resultate zu gewinnen, so ist zunächst offenbar, dafs die italische Kunst ebenso wie italisches Mafs und italische Schrift nicht unter phoenikischem, sondern ausschliefslich unter hellenischem Einflufs sich entwickelt hat. Es ist nicht eine einzige unter den italischen Kunstrichtungen, die nicht in der altgriechischen Kunst ihr bestimmtes Musterbild fände, und insofern hat die Sage ganz Recht, wenn sie die Verfertigung der bemalten Thonbilder, ohne Zweifel der ältesten Kunstart, in Italien zurückführt auf die drei griechischen Künstler: den ‚Bildner‘, ‚Ordner‘ und ‚Zeichner‘, Eucheir, Diopos und Eugrammos, obwohl es mehr als zweifelhaft ist, dafs diese Kunst zunächst von Korinth und zunächst nach Tarquinii kam. Von unmittelbarer Nachahmung orientalischer Muster findet sich ebenso wenig eine Spur als von einer selbstständig entwickelten Kunstform; wenn die etruskischen Steinschneider an der ursprünglich aegyptischen Käfer- oder Skarabaeenform festhielten, so sind doch auch die Skarabaeen in Griechenland in sehr früher Zeit nachgeschnitten worden, wie zum Beispiel ein solcher Käferstein mit sehr alter griechischer Inschrift sich in Aegina gefunden hat, und können also den Etruskern recht wohl durch die Griechen zugekommen sein. Von dem Phoenikier mochte man kaufen; man lernte nur von dem Griechen. — Auf die weitere Frage, von welchem griechischen Stamm den Etruskern die Kunstmuster zu-

Künstlerische Beziehungen und Begabung der Etrusker und der Italiker.

---

*) Wenn Varro (bei Augustin *de civ. dei* 4, 31, vgl. Plutarch *Num.* 8) sagt, dafs die Römer mehr als 170 Jahre die Götter ohne Bilder verehrt hätten, so denkt er offenbar an dies uralte Schnitzbild, welches nach der conventionellen Chronologie zwischen 176 und 219 der Stadt dedicirt und ohne Zweifel das erste Götterbild war, dessen Weihung die dem Varro vorliegenden Quellen erwähnten.

nächst zugekommen sind, läfst sich eine kategorische Antwort nicht
geben; doch bestehen bemerkenswerthe Beziehungen zwischen
der etruskischen und der ältesten attischen Kunst. Die drei
Kunstformen, die in Etrurien wenigstens späterhin in grofser, in
Griechenland nur in sehr beschränkter Ausdehnung geübt worden
sind, die Grabmalerei, die Spiegelzeichnung und die Steinschneidekunst, sind bis jetzt auf griechischem Boden einzig in Athen und
Aegina beobachtet worden. Der tuskische Tempel entspricht genau weder dem dorischen noch dem ionischen; aber in den wichtigsten Unterscheidungsmomenten, in dem um die Cella herum-
geführten Säulengang so wie in der Unterlegung eines besondern
Postaments unter jede einzelne Säule folgt der etruskische Stil
dem jüngeren ionischen; und eben der noch vom dorischen Element durchdrungene ionisch-attische Baustil steht in der allgemeinen Anlage unter allen griechischen dem tuskischen am
nächsten. Für Latium mangelt es so gut wie ganz an sicheren
kunstgeschichtlichen Verkehrsspuren; wenn aber, wie sich dies
ja genau genommen von selbst versteht, die allgemeinen Handels-
und Verkehrsbeziehungen auch für die Kunstmuster entscheidend
gewesen sind, so kann mit Sicherheit angenommen werden, dafs
die campanischen und sicilischen Hellenen wie im Alphabet so
auch in der Kunst die Lehrmeister Latiums gewesen sind; und
die Analogie der aventinischen Diana mit der ephesischen Artemis widerspricht dem wenigstens nicht. Daneben war denn
natürlich die ältere etruskische Kunst auch für Latium Muster.
Den sabellischen Stämmen ist wie das griechische Alphabet so
auch die griechische Bau- und Bildkunst wenn überhaupt doch
nur durch Vermittelung der westlicheren italischen Stämme nahe
getreten. — Wenn aber endlich über die Kunstbegabung der
verschiedenen italischen Nationen ein Urtheil gefällt werden soll,
so ist es schon hier ersichtlich, was freilich in den späteren Stadien der Kunstgeschichte noch bei weitem deutlicher hervortritt,
dafs die Etrusker wohl früher zur Kunstübung gelangt sind und
massenhafter und reicher gearbeitet haben, dagegen ihre Werke
hinter den latinischen und sabellischen an Zweckrichtigkeit und
Nützlichkeit nicht minder wie an Geist und Schönheit zurück-
stehen. Es zeigt sich dies allerdings für jetzt nur noch in der
Architektur. Der ebenso zweckmäfsige wie schöne polygone
Mauerbau ist in Latium und dem dahinterliegenden Binnenland
häufig, in Etrurien selten und nicht einmal Caeres Mauern sind
aus vieleckigen Blöcken geschichtet. Selbst in der auch kunst-
geschichtlich merkwürdigen religiösen Hervorhebung des Bogens

(S. 168) und der Brücke (S. 173) in Latium ist es wohl erlaubt die Anfänge der späteren römischen Aquäducte und römischen Consularstrafsen zu erkennen. Dagegen haben die Etrusker den hellenischen Prachtbau wiederholt, aber auch verdorben, indem sie die für den Steinbau festgestellten Gesetze nicht durchaus geschickt auf den Holzbau übertrugen und durch das tief hinabgehende Dach und die weiten Säulenzwischenräume ihrem Gotteshaus, mit einem alten Baumeister zu reden, ‚ein breites, niedriges, gespreiztes und schwerfälliges Ansehen‘ gegeben haben. Die Latiner haben aus der reichen Fülle der griechischen Kunst nur sehr weniges ihrem energisch realistischen Sinne congenial gefunden, aber was sie annahmen, der Idee nach und innerlich sich angeeignet und in der Entwickelung des polygonen Mauerbaus vielleicht ihre Lehrmeister übertroffen; die etruskische Kunst ist ein merkwürdiges Zeugnifs handwerksmäfsig angeeigneter und handwerksmäfsig festgehaltener Fertigkeiten, aber so wenig wie die chinesische ein Zeugnifs auch nur genialer Receptivität. Wie man sich auch sträuben mag, so gut wie man längst aufgehört hat die griechische Kunst aus der etruskischen abzuleiten, wird man sich auch noch entschliefsen müssen in der Geschichte der italischen Kunst die Etrusker aus der ersten in die letzte Stelle zu versetzen.

ZWEITES BUCH.

Von der Abschaffung des römischen Königthums bis zur Einigung Italiens.

> — δεῖ οὐκ ἐκπλήττειν τὸν συγγραφέα τερατευόμενον διὰ τῆς ἱστορίας τοὺς ἐντυγχάνοντας.
> Polyb.

KAPITEL I.

Aenderung der Verfassung. Beschränkung der Magistratsgewalt.

Der strenge Begriff der Einheit und Allgewalt der Gemeinde in allen Gemeindeangelegenheiten, dieser Schwerpunkt der italischen Verfassungen, legte in die Hände des einzigen auf Lebenszeit ernannten Vorstehers eine furchtbare Gewalt, die wohl der Landesfeind empfand, aber nicht minder schwer der Bürger. Mifsbrauch und Druck konnte nicht ausbleiben, und hiervon die nothwendige Folge waren Bestrebungen jene Gewalt zu mindern; aber das ist das Grofsartige in diesen römischen Reformversuchen und Revolutionen, dafs man nie unternimmt weder die Gemeinde als solche zu beschränken noch auch nur sie entsprechender Organe zu berauben, dafs man nie die sogenannten natürlichen Rechte des Einzelnen gegen die Gemeinde geltend zu machen versucht, sondern dafs der ganze Sturm sich richtet gegen die Form der Gemeindevertretung. Nicht Begrenzung der Staats-, sondern Begrenzung der Beamtenmacht ist der Ruf der römischen Fortschrittspartei von den Zeiten der Tarquinier bis auf die der Gracchen; und auch dabei vergifst man nie, dafs das Volk nicht regieren, sondern regiert werden soll.

Dieser Kampf bewegt sich innerhalb der Bürgerschaft. Ihm zur Seite entwickelt sich eine andere Bewegung: der Ruf der Nichtbürger um politische Gleichberechtigung. Dahin gehören die Agitationen der Plebejer, der Latiner, der Italiker, der Freigelassenen, welche alle, mochten sie Bürger genannt werden wie die Plebejer und die Freigelassenen, oder nicht, wie die Latiner und die Italiker, politische Gleichheit entbehrten und forderten.

Ein dritter Gegensatz ist noch allgemeinerer Art: der der Vermögenden und der Armen, insbesondere der aus dem Besitz gedrängten oder in demselben gefährdeten Besitzer. Die rechtlichen und politischen Verhältnisse Roms veranlafsten die Entstehung zahlreicher Bauerwirthschaften theils kleiner Eigenthümer, die von der Gnade des Capital-, theils kleiner Zeitpächter, die von der Gnade des Grundherrn abhingen, und beraubten vielfach Einzelne wie ganze Gemeinden des Grundbesitzes, ohne die persönliche Freiheit anzugreifen. Dadurch ward das ackerbauende Proletariat schon früh so mächtig, dafs es wesentlich in die Schicksale der Gemeinde eingreifen konnte. Das städtische Proletariat gewann erst in weit späterer Zeit politische Bedeutung.

Abschaffung der lebenslänglichen Gemeindevorstandschaft.

In diesen Gegensätzen bewegte sich die innere Geschichte Roms und vermuthlich nicht minder die uns gänzlich verlorene der übrigen italischen Gemeinden. Die politische Bewegung innerhalb der vollberechtigten Bürgerschaft, der Krieg der Ausgeschlossenen und der Ausschliefsenden, die socialen Conflicte der Besitzenden und der Besitzlosen, so mannichfaltig sie sich durchkreuzen und in einander schlingen und oft seltsame Allianzen herbeiführen, sind dennoch wesentlich und von Grund aus verschieden. — Da die servianische Reform, welche den Insassen in militärischer Hinsicht dem Bürger gleichstellte, mehr aus administrativen Rücksichten als aus einer politischen Parteitendenz hervorgegangen zu sein scheint, so darf als der erste dieser Gegensätze, der zu inneren Krisen und Verfassungsänderungen führte, derjenige betrachtet werden, der auf die Beschränkung der Magistratur hinarbeitet. Der früheste Erfolg dieser ältesten römischen Opposition besteht in der Abschaffung der Lebenslänglichkeit der Gemeindevorsteherschaft, das heifst in der Abschaffung des Königthums. Wie nothwendig diese durch die natürliche Entwickelung der Dinge gegeben war, dafür ist der schlagendste Beweis, dafs dieselbe Verfassungsänderung in dem ganzen Kreise der italisch-griechischen Welt in analoger Weise vor sich gegangen ist. Nicht blofs in Rom, sondern gerade ebenso bei den übrigen Latinern so wie bei den Sabellern, Etruskern und Apulern, überhaupt in sämmtlichen italischen Gemeinden finden wir, wie in den griechischen, in späterer Zeit die alten lebenslänglichen durch Jahresherrscher ersetzt. Für den lucanischen Gau ist es bezeugt, dafs er im Frieden sich demokratisch regierte und nur für den Krieg die Magistrate einen König, das heifst einen dem römischen Dictator ähnlichen Beamten bestellten; die sabellischen Stadtgemeinden, zum Beispiel die von Capua und Pompeii, gehorchten gleichfalls späterhin einem jährlich wechselnden ‚Gemeindebesorger' (*medix tuticus*) und ähnliche Institutionen mögen wir auch bei den übrigen Volks- und Stadtgemeinden Italiens voraussetzen. Es bedarf hiernach keiner Erklärung, aus welchen Gründen in Rom die Consuln an die Stelle der Könige getreten sind; der Organismus der alten griechischen und italischen Politie entwickelt vielmehr die Beschränkung der lebenslänglichen Gemeindevorstandschaft auf eine kürzere meistentheils jährige Frist mit einer gewissen Naturnothwendigkeit aus sich selber. So einfach indefs die Ursache dieser Veränderung ist, so mannichfaltig konnten die Anlässe sein: man mochte nach dem Tode des lebenslänglichen Herrn beschliefsen keinen solchen wieder zu erwählen, wie nach Romulus Tode der römische Senat versucht haben soll; oder der Herr mochte freiwillig abdanken, was angeblich König Servius Tullius beabsichtigt hat; oder das Volk mochte gegen einen tyrannischen Regenten aufstehen und ihn vertreiben, wie dies das Ende des römischen Königthums war. Denn mag die Geschichte der Vertreibung des letzten Tarquinius, ‚des Uebermüthigen', auch noch so sehr in Anekdoten ein- und zur Novelle ausgesponnen sein, so ist doch an den Grundzügen nicht zu zweifeln. Dafs der König es unterliefs den Senat zu befragen und zu ergänzen, dafs er Todesurtheile und Confiscationen ohne Zuziehung von Rathmännern aussprach, dafs er in seinen Speichern ungeheure Kornvorräthe aufhäufte und den Bürgern Kriegsarbeit und Handdienste über die Gebühr ansann, bezeichnet die Ueberlieferung in glaublicher Weise als die Ursachen der Empörung; von der Erbitterung des Volkes zeugt das förmliche Gelöbnifs, das dasselbe Mann für Mann für sich und seine Nachkommen ablegte, fortan keinen König mehr zu dulden und der blinde Hafs, der seitdem an den Namen des Königs sich anknüpfte, vor allem aber die Verfügung, dafs der ‚Opferkönig', den man creiren zu müssen glaubte, damit nicht die Götter den gewohnten Vermittler vermifsten, kein weiteres Amt solle bekleiden können und also dieser zwar der erste, aber auch der ohnmächtigste aller römischen Beamten ward. Mit dem letzten König wurde sein ganzes Geschlecht verbannt — ein Beweis, welche Geschlossenheit damals noch die gentilicischen Verbindungen hatten. Die Tarquinier siedelten darauf über nach Caere, vielleicht ihrer alten Heimath (S. 127), wo ihr Geschlechtsgrab kürzlich aufgedeckt worden ist. An die Stelle aber des einen lebenslänglichen traten zwei jährige Herrscher an die Spitze der römischen Gemeinde. — Dies ist alles, was historisch über dies wichtige Ereignifs als sicher

<small>Vertreibung der Tarquinier in Rom.</small>

angesehen werden kann*). Dafs in einer grofsen weitherrschenden Gemeinde, wie die römische war, die königliche Gewalt, namentlich wenn sie durch mehrere Generationen bei demselben Geschlechte gewesen, widerstandsfähiger und der Kampf also lebhafter war als in den kleineren Staaten, ist begreiflich; aber auf eine Einmischung auswärtiger Staaten in denselben deutet keine sichere Spur. Der grofse Krieg mit Etrurien, der übrigens wohl nur durch chronologische Verwirrung in den römischen Jahrbüchern so nahe an die Vertreibung der Tarquinier gerückt ist, kann nicht als eine Intervention Etruriens zu Gunsten eines in Rom beeinträchtigten Landsmannes angesehen werden aus dem sehr zureichenden Grunde, dafs die Etrusker trotz des vollständigsten Sieges doch weder das römische Königthum wieder hergestellt noch auch nur die Tarquinier zurückgeführt haben.

Consularische Gewalt. Sind wir über den historischen Zusammenhang dieses wichtigen Ereignisses im Dunkeln, so liegt dagegen zum Glücke klarer vor, worin die Verfassungsänderung bestand. Die Königsgewalt ward keineswegs abgeschafft, wie schon das beweist, dafs in der Vacanz nach wie vor der ‚Zwischenkönig' eintrat; es traten nur an die Stelle des einen lebenslänglichen zwei Jahreskönige, die sich Feldherren (*praetores*) oder Richter (*iudices*) oder auch blofs Collegen (*consules*)**) nannten. Das Princip der Collegialität, dem der letzte späterhin gangbarste Name der Jahreskönige entlehnt war, erscheint hier in einer ganz eigenthümlichen Gestalt. Nicht den beiden Beamten zusammen ward die höchste Macht übertragen, sondern es hatte und übte sie jeder Consul für sich so

---

*) Die bekannte Fabel richtet gröfstentheils sich selbst; zum guten Theil ist sie aus Beinamenerklärung (*Brutus, Poplicola, Scaevola*) herausgesponnen. Aber sogar die scheinbar geschichtlichen Bestandtheile derselben zeigen bei genauerer Erwägung sich als erfunden. Dahin gehört, dafs Brutus Reiterhauptmann (*tribunus celerum*) gewesen und als solcher den Volksschlufs über die Vertreibung der Tarquinier beantragt haben soll; denn es ist nach der ältesten römischen Verfassung ganz unmöglich, dafs ein blofser Tribun das Recht gehabt die Curien zu berufen, während dasselbe dem Alter Ego des Königs, dem Stadtvogt mangelte (S. 76). Offenbar ist diese ganze Angabe zum Zweck der Herstellung eines Rechtsbodens für die römische Republik ersonnen, und recht schlecht ersonnen, indem dabei der *tribunus celerum* mit dem ganz verschiedenen *magister equitum* verwechselt (S. 73) und dann das dem letzteren kraft seines prätorischen Ranges zustehende Recht die Centurien zu berufen auf die Curienversammlung bezogen ward.

**) *Consules* sind die zusammen Springenden oder Tanzenden, wie *praesul* der Vorspringer, *exul* der Ausspringer (ὁ ἐκπεσών), *insula* der Einsprung, zunächst der ins Meer gefallene Felsblock.

voll und ganz wie der König sie gehabt und geübt hatte; und wenn auch eine Competenztheilung wohl von Anfang an stattfand, beispielsweise der eine Consul den Heerbefehl, der andere die Rechtspflege übernahm, so hatte dieselbe doch in keiner Weise eine bindende Kraft und stand es jedem der Collegen rechtlich frei in den Amtskreis des anderen zu jeder Zeit überzugreifen. Wo also die höchste Gewalt der höchsten Gewalt entgegentrat und der eine College das verbot was der andere befahl, hoben die consularischen Machtworte einander auf. Diese eigenthümlich wenn nicht römische, so doch latinische Institution concurrirender höchster Gewalten, die im römischen Gemeinwesen sich im Ganzen genommen praktisch bewährt hat, zu der es aber schwer sein wird in einem andern gröfseren Staat eine Parallele zu finden, ist offenbar hervorgegangen aus dem Bestreben die königliche Macht in rechtlich ungeschmälerter Fülle festzuhalten und darum das Königsamt nicht etwa zu theilen oder von einem Individuum auf ein Collegium zu übertragen, sondern lediglich es zu verdoppeln und damit, wo es nöthig war, es durch sich selber zu vernichten. Aehnlich verfuhr man hinsichtlich der Befristung, für die übrigens das ältere fünftägige Zwischenkönigthum einen rechtlichen Anhalt gab. Die ordentlichen Gemeindevorsteher wurden verpflichtet nicht länger als ein Jahr, von dem Tage ihres Amtsantritts an gerechnet*), im Amte zu bleiben; allein sie hörten auf Beamte zu sein nicht etwa, wenn diese Frist abgelaufen war, sondern wenn sie ihr Amt öffentlich und feierlich niedergelegt hatten, so dafs, falls sie es wagten dies zu unterlassen und über das Jahr hinaus ihr Amt fortzuführen, ihre Amtshandlungen darum nicht weniger gültig waren und sie in ältester Zeit sogar kaum eine andere als eine sittliche Verantwortlichkeit traf. Der Widerspruch der vollen Gemeindeherrschaft und der gesetzlichen Befristung ward so lebhaft empfunden, dafs die Lebenslänglichkeit einzig durch die eigene in gewissem Sinne freie Willenserklärung des Beamten beseitigt und der Beamte nicht geradezu

---

*) Der Antrittstag fiel mit dem Jahresanfang (1. März) nicht zusammen und war überhaupt nicht fest. Nach diesem richtete sich der Rücktrittstag, ausgenommen wenn ein Consul ausdrücklich anstatt eines ausgefallenen gewählt war (*consul suffectus*), wo er in die Rechte und also auch in die Frist des Ausgefallenen eintrat. Doch sind diese Ersatzconsuln in älterer Zeit nur vorgekommen, wenn blofs der eine der Consuln weggefallen war; Collegien von Ersatzconsuln begegnen erst in der späteren Republik. Regelmäfsig bestand also das Amtsjahr eines Consuls aus den ungleichen Hälften zweier bürgerlicher Jahre.

durch das Gesetz beschränkt, sondern nur durch dasselbe veranlaſst ward sich selber zu beschränken. Nichtsdestoweniger war diese Befristung des höchsten Amtes, die dessen Inhaber kaum ein oder das andere Mal zu überschreiten gewagt haben, von der tiefsten Bedeutung. Zunächst ging in Folge derselben die thatsächliche Unverantwortlichkeit des Königs für den Consul verloren. Zwar hatte auch der König von jeher in dem römischen Gemeinwesen unter, nicht über dem Gesetz gestanden; allein da nach römischer Auffassung der höchste Richter nicht bei sich selbst belangt werden durfte, hatte der König wohl ein Verbrechen begehen können, aber ein Gericht und eine Strafe gab es für ihn nicht. Den Consul dagegen schützte, wenn er Mord oder Landesverrath beging, sein Amt auch, aber nur, so lange es währte; nach seinem Rücktritt unterlag er dem gewöhnlichen Strafgericht wie jeder andere Bürger.

Zu diesen hauptsächlichen und principiellen Aenderungen kamen andere untergeordnete und mehr äuſserliche, aber doch auch theilweise tief eingreifende Beschränkungen hinzu. Das Recht des Königs seine Aecker durch Bürgerfrohnden zu bestellen und das besondere Schutzverhältniſs, in welchem die Insassenschaft zu dem König gestanden haben muſs, fielen mit der Lebenslänglichkeit des Amtes von selber. — Hatte ferner im Criminalprozeſs so wie bei Buſsen und Leibesstrafen bisher dem König nicht bloſs Untersuchung und Entscheidung der Sache zugestanden, sondern auch die Entscheidung darüber, ob der Verurtheilte den Gnadenweg betreten dürfe oder nicht, so bestimmte jetzt das valerische Gesetz (J. 245 Roms), daſs der Consul der Provocation des Verurtheilten stattgeben müsse, wenn auf Todes- oder Leibesstrafe nicht nach Kriegsrecht erkannt war; was durch ein späteres Gesetz (unbestimmter Zeit, aber vor dem Jahre 303 erlassen) auf schwere Vermögensbuſsen ausgedehnt ward. Zum Zeichen dessen legten die consularischen Lictoren, wo der Consul als Richter, nicht als Feldherr auftrat, die Beile ab, die sie bisher kraft des ihrem Herrn zustehenden Blutbannes geführt hatten. Indeſs drohte dem Beamten, der der Provocation nicht ihren Lauf lieſs, das Gesetz nichts anderes als die Infamie, die nach damaligen Verhältnissen im Wesentlichen nichts war als eine sittliche Makel und höchstens zur Folge hatte, daſs das Zeugniſs des Ehrlosen nicht mehr galt. Auch hier liegt dieselbe Anschauung zu Grunde, daſs es rechtlich unmöglich ist die alte Königsgewalt zu schmälern und die in Folge der Revolution dem Inhaber der höchsten Gemeindegewalt gesetzten Schranken streng genommen nur einen thatsächlichen und sittlichen Werth haben. Wenn also der Consul innerhalb der alten königlichen Competenz handelt, so kann er damit wohl ein Unrecht, aber kein Verbrechen begehen und unterliegt also defswegen dem Strafrichter nicht. — Eine in der Tendenz ähnliche Beschränkung fand statt in der Civilgerichtsbarkeit; denn wahrscheinlich gehört die Verwandlung des Rechtes der Beamten, nach festgestellter Sache einem Privatmann die Untersuchung des Sachverhalts zu übertragen, in eine Pflicht dieser Epoche an. Vermuthlich ward dies erreicht durch eine allgemeine Anordnung hinsichtlich der Uebertragung der Amtsgewalt auf Stellvertreter oder Nachfolger. Hatte dem König die Ernennung von Stellvertretern unbeschränkt frei, aber nie für ihn ein Zwang dazu bestanden, so scheint dem Consul das Recht der Gewaltübertragung in zwiefacher Weise begrenzt und rechtlich beschränkt worden zu sein. Einmal hörten jene umfassenden und an dem Glanze, der den König umgab, selber theilnehmenden mandirten Gewalten, wie die des Stadtvogts für die Rechtspflege und wohl auch der stellvertretende Heerbefehl gewesen waren (S. 65), mit der Einführung des Jahrkönigthums im Wesentlichen auf: denn dafs, wenn beide Consuln die Stadt verliefsen um an dem latinischen Feste theilzunehmen, für die wenigen Stunden ihrer Abwesenheit auch jetzt noch ein Stadtvogt bestellt wurde, war eine leere Form und wurde in diesem Sinne gehandhabt. Vielmehr war es einer der Zwecke, die durch die Collegialität des höchsten Amtes erreicht wurden, dafs nur in seltenen Ausnahmefällen es für die Rechtspflege eines stellvertretenden Beamten bedurfte; und obwohl im Kriege dem Oberfeldherrn nicht gewehrt werden konnte das Commando selbst über die ganze Heeresmacht auf einen Andern zu übertragen, so trat doch ein solcher Stellvertreter jetzt auf als einfacher Adjutant (*legatus*) des Feldherrn. Die neue Republik litt so wenig den König wie den Stellvertreter mit königlicher Vollgewalt; dagegen war dem Consul freigestellt, namentlich wenn ein schwerer Krieg die Wiederherstellung der ursprünglichen Einheit der Magistratur zu erfordern schien, die collegialische Gleichberechtigung zu suspendiren und einen dritten Amtsgenossen mit dem Titel eines Dictators zu ernennen, dem sowohl der ernennende Consul wie sein gleichgestellter College als dem höheren Beamten zu gehorchen hatten und in dessen Person aufserordentlicher und vorübergehender Weise die alte königliche Gewalt wiederum in ihrem vollen Umfang zur Geltung kam. — Die zweite vielleicht noch folgenreichere Beschränkung des Mandirungsrechts der Gewalt bestand darin, dafs der Consul zwar als Oberfeldherr das freie Uebertragungsrecht aller oder einzelner ihm obliegenden Geschäfte ungeschmälert behielt, dagegen in seiner hauptstädtischen Wirksamkeit ihm das Mandiren für bestimmte Fälle vorgeschrieben, für alle Fälle dagegen, wo dies nicht geschehen war, untersagt ward. Zu jenen Fällen, wo der Gemeindevorstand zwar der Idee nach competent, aber zugleich verpflichtet war nicht anders zu handeln als durch — freilich von ihm bestellte — Vertreter, gehören aufser dem Civilprozefs auch diejenigen Criminalsachen welche der König bisher durch die beiden Mordspürer (*quaestores*, S. 65. 152) zu erledigen gewohnt gewesen war, ferner die wichtige Verwaltung des Staatsschatzes und des Staatsarchivs, welche die beiden Mordspürer zu ihren bisherigen Functionen übernahmen. Also wurden die Quaestoren, was sie längst wohl thatsächlich schon gewesen waren, jetzt gesetzlich ständige Beamte, die übrigens, da der Consul sie ernannte wie bisher der König, folgerecht auch mit ihm zugleich nach Ablauf eines Jahres abtraten. Wo dagegen solche Vorschriften nicht bestanden, mufste der Gemeindevorstand in der Hauptstadt entweder selbst handeln oder gar nicht; wie denn zum Beispiel bei der Einleitung des Prozesses er sich unter keinen Umständen vertreten lassen kann. Diese verschiedene Behandlung der bürgerlichen und der militärischen Gewaltübertragung ist die Ursache geworden, wefshalb innerhalb des eigentlichen römischen Gemeinderegiments durchaus keine stellvertretende Amtsgewalt (*pro magistratu*) möglich ist und rein städtische Beamte nie durch Nichtbeamte ersetzt, die militärischen Stellvertreter aber (*pro consule, pro praetore, pro quaestore*) von aller Thätigkeit innerhalb der eigentlichen Gemeinde ausgeschlossen werden. — Das Recht ferner den Nachfolger zu ernennen, das der König unbeschränkt geübt hatte, ward auch dem jetzigen Gemeindevorsteher keineswegs entzogen; aber er wurde verpflichtet denjenigen zu ernennen, den die Gemeinde ihm bezeichnet haben würde. Durch dieses bindende Vorschlagsrecht ging wohl in gewissem Sinne die Ernennung der ordentlichen höchsten Beamten materiell auf die Gemeinde über; doch bestand auch praktisch noch ein sehr bedeutender Unterschied zwischen jenem Vorschlags- und dem förmlichen Ernennungsrecht. Der wahlleitende Consul war durchaus nicht blofser Wahldirigent, sondern konnte, kraft seines wesentlich dem königlichen gleichen Rechts, zum Beispiel einzelne Candidaten zurückweisen und die auf sie fallenden Stimmen unbeachtet lassen, anfangs auch noch die Wahl auf eine von ihm entworfene Candidatenliste beschrän-

ken; und was noch wichtiger war, es erhielt die Gemeinde durch
ihr Vorschlagsrecht durchaus nicht das Recht den Beamten wieder
abzusetzen, wie sie es nothwendig hätte erhalten müssen, wenn
sie ihn wirklich eingesetzt hätte. Vielmehr blieb, da der Nachfolger auch in dieser Zeit lediglich von seinem Vorgänger ernannt
ward und also nie ein wirklicher Beamter sein Recht von einem
zur Zeit noch vorhandenen Beamten ableitete, der alte und wichtige Grundsatz des römischen Staatsrechts, dafs der höchste Ge-
meindebeamte schlechthin unabsetzbar sei, auch in der Consular-
periode unverbrüchlich in Kraft. — Endlich die Priesterernennung,
die den Königen zugestanden hatte (S. 64), ging nicht über auf
die Consuln, sondern es trat dafür bei den Männercollegien die
Selbstergänzung, bei den Vestalinnen und den Einzelpriestern
die Ernennung durch das Pontificalcollegium ein, an welches
auch die Ausübung der gleichsam hausherrlichen Gerichtsbarkeit
der Gemeinde über die Priesterinnen der Vesta kam. Um diese
füglich nicht anders als von einem Einzelnen vorzunehmenden
Handlungen vollziehen zu können, setzte das Collegium sich, vermuthlich erst um diese Zeit, einen Vorstand, den Pontifex maximus. Diese Abtrennung der sacralen Obergewalt von der bürgerlichen, während auf den schon erwähnten ‚Opferkönig‘ weder die
bürgerliche noch die sacrale Macht des Königthums, sondern
lediglich der Titel überging, so wie die aus dem sonstigen Charakter des römischen Priesterthums entschieden heraustretende
halb magistratische Stellung des neuen Oberpriesters ist eine der
bezeichnendsten und folgenreichsten Eigenthümlichkeiten dieser
auf Beschränkung der Beamtengewalt hauptsächlich im aristokratischen Interesse hinzielenden Staatsumwälzung. — Dafs auch
im äufseren Auftreten der Consul weit zurückstand hinter dem
mit Ehrfurcht und Schrecken umgebenen königlichen Amte, dafs
der Königsname und die priesterliche Weihe ihm entzogen, seinen
Dienern das Beil genommen wurde, ist schon gesagt worden;
es kommt hinzu, dafs der Consul statt des königlichen Purpur-
kleides nur durch den Purpursaum seines Obergewandes von
dem gewöhnlichen Bürger sich unterschied, und dafs, während
der König öffentlich vielleicht regelmäfsig im Wagen erschien,
der Consul der allgemeinen Ordnung sich zu fügen und gleich
jedem anderen Bürger innerhalb der Stadt zu Fufs zu gehen gehalten war. — Indefs diese Beschränkungen der Fülle wie der
Zeichen der Amtsgewalt kamen im Wesentlichen nur zur Anwendung gegen den ordentlichen Gemeindevorstand. Aufser- *Dictator.*
ordentlicher Weise trat, wie gesagt, anstatt der beiden von der

Gemeinde gewählten Vorsteher ein einziger ein, der Heermeister (*magister populi*) oder Gebieter (*dictator*). Auf die Wahl zum Dictator übte die Gemeinde keinerlei Einfluss, sondern sie ging lediglich aus von einem der zeitigen Consuln; gegen ihn galt die Provocation nur wie gegen den König, wenn er freiwillig ihr wich; so wie er ernannt war, waren alle übrigen Beamten von Rechtswegen ihm unterthan. Dagegen war der Zeit nach die Amtsdauer des Dictators zwiefach begrenzt: einmal insofern er als Amtsgenosse derjenigen Consuln, deren einer ihn ernannt hatte, nicht über deren gesetzliche Amtszeit hinaus im Amte bleiben durfte; sodann war als absolutes Maximum der Amtsdauer dem Dictator eine sechsmonatliche Frist gesetzt. Eine der Dictatur eigenthümliche Einrichtung war ferner, dass der ‚Heermeister' gehalten war sich sofort einen ‚Reitermeister' (*magister equitum*) zu ernennen, welcher als abhängiger Gehülfe neben ihm, etwa wie der Quästor neben dem Consul, fungirte und mit ihm vom Amte abtrat — eine Einrichtung, die ohne Zweifel damit zusammenhängt, dass es dem Heermeister, vermuthlich als dem Führer des Fussvolkes, verfassungsmässig untersagt war zu Pferde zu steigen. Diesen Bestimmungen zufolge ist die Dictatur wohl aufzufassen als eine mit dem Consulat zugleich entstandene Einrichtung, die den Zweck hatte insbesondere für den Kriegsfall die Nachtheile der getheilten Gewalt zeitweilig zu beseitigen und die königliche Gewalt vorübergehend wieder ins Leben zu rufen: denn im Kriege vor allem musste die Gleichberechtigung der Consuln bedenklich erscheinen und nicht blofs bestimmte Zeugnisse, sondern vor allem die älteste Benennung des Beamten selbst und seines Gehülfen wie auch die Begrenzung auf die Dauer eines Sommerfeldzugs und der Ausschlufs der Provocation sprechen für die überwiegend militärische Bestimmung der ursprünglichen Dictatur. — Im Ganzen also blieben auch die Consuln, was die Könige gewesen waren, oberste Verwalter, Richter und Feldherren und auch in religiöser Hinsicht war es nicht der Opferkönig, der nur, damit der Name vorhanden sei, ernannt ward, sondern der Consul, der für die Gemeinde betete und opferte und in ihrem Namen den Willen der Götter mit Hülfe der Sachverständigen erforschte. Für den Nothfall hielt man sich überdies die Möglichkeit offen die volle unumschränkte Königsgewalt ohne vorherige Befragung der Gemeinde jeden Augenblick wieder ins Leben zu rufen mit Beseitigung der durch die Collegialität und durch die besonderen Competenzminderungen gezogenen Schranken. So wurde die Aufgabe die königliche Autorität rechtlich festzuhalten und thatsächlich zu beschränken von den namenlosen Staatsmännern, deren Werk diese Revolution war, in ächt römischer Weise eben so scharf wie einfach gelöst.

Die Gemeinde gewann also durch die Aenderung der Verfassung die wichtigsten Rechte: das Recht die Gemeindevorsteher jährlich zu bezeichnen und über Tod und Leben des Bürgers in letzter Instanz zu entscheiden. Aber es konnte das unmöglich die bisherige Gemeinde sein, der thatsächlich zum Adelstande gewordene Patriciat. Die Kraft des Volkes war bei der „Menge‘, welche namhafte und vermögende Leute bereits in grofser Zahl in sich schlofs. Dafs diese Menge aus der Gemeindeversammlung ausgeschlossen war, obwohl sie die gemeinen Lasten mit trug, mochte ertragen werden, so lange die Gemeindeversammlung selbst im Wesentlichen nicht eingriff in den Gang der Staatsmaschine und so lange die Königsgewalt eben durch ihre hohe und freie Stellung den Bürgern nicht viel weniger fürchterlich blieb als den Insassen und damit in der Nation die Rechtsgleichheit erhielt. Allein als die Gemeinde selbst zu regelmäfsigen Wahlen und Entscheidungen berufen, der Vorsteher aber factisch aus ihrem Herrn zum befristeten Auftragnehmer herabgedrückt ward, konnte dies Verhältnifs nicht länger aufrecht erhalten werden; am wenigsten bei der Neugestaltung des Staates an dem Morgen einer Revolution, die nur durch Zusammenwirken der Patricier und der Insassen hatte durchgesetzt werden können. Eine Erweiterung dieser Gemeinde war unvermeidlich; und sie ist in der umfassendsten Weise erfolgt, indem das gesammte Plebejat, das heifst sämmtliche Nichtbürger, die weder Sklaven noch nach Gastrecht lebende Bürger auswärtiger Gemeinden waren, in die Curien aufgenommen wurden und damit die Altbürgerschaft, die bisher die Curien gebildet hatte, überhaupt das Recht verlor zusammenzutreten und gemeinschaftlich zu beschliefsen. Gleichzeitig indefs wurden der Curienversammlung, die bis dahin rechtlich und thatsächlich die erste Autorität im Staate gewesen war, ihre verfassungsmäfsigen Befugnisse fast gänzlich entzogen: nur in rein formellen oder in den die Geschlechtsverhältnisse betreffenden Acten, also hinsichtlich des dem Consul oder dem Dictator nach Antritt ihres Amtes eben wie früher dem König zu leistenden Treugelöbnisses (S. 64) und des für die Arrogation und das Testament erforderlichen gesetzlichen Dispenses, sollte die Curienversammlung die bisherige Competenz behalten, aber in Zukunft keinen eigentlich politischen Schlufs mehr vollziehen dürfen.

Centurien und Curien.

Die Curienordnung war auch durch die Verfassungsänderung insofern gleichsam entwurzelt, als sie ja auf der Geschlechterordnung beruhte, diese aber in ihrer vollen Reinheit ausschliefslich bei dem Altbürgerthum zu finden war. Indem die Plebejer in die Curien aufgenommen wurden, gestattete man allerdings auch ihnen rechtlich, was früher nur factisch bei ihnen vorgekommen sein konnte (S. 89), sich als Familien und Geschlechter zu constituiren; aber es ist bestimmt überliefert und auch an sich sehr begreiflich, dafs nur ein Theil der Plebejer zur gentilicischen Constituirung vorschritt und also die neue Curienversammlung im Widerspruch mit ihrem ursprünglichen Wesen zahlreiche Mitglieder zählte, die keinem Geschlecht angehörten. — Alle politischen Befugnisse der Gemeindeversammlung, sowohl die Entscheidung auf Provocation in dem Criminalverfahren, das ja überwiegend politischer Prozefs war, als die Ernennung der Magistrate und die Annahme oder Verwerfung der Gesetze, wurden auf das versammelte Aufgebot der Waffenpflichtigen übertragen oder ihm neu erworben, so dafs die Centurien zu den gemeinen Lasten jetzt auch die gemeinen Rechte empfingen. Damit gelangten die in der servianischen Verfassung gegebenen geringen Anfänge, wie namentlich das dem Heer überwiesene Zustimmungsrecht bei der Erklärung eines Angriffskrieges (S. 96), zu einer solchen Entwickelung, dafs die Curien durch die Centurienversammlung völlig und auf immer verdunkelt wurden und man sich gewöhnte das souveräne Volk in der letzteren zu erblicken. Debatte fand auch in dieser nicht statt, aufser wenn der vorsitzende Beamte freiwillig selbst sprach oder Andere sprechen hiefs, nur dafs bei der Provocation natürlich beide Theile gehört werden mufsten; die einfache Majorität der Centurien entschied. — Offenbar wurde dieser Weg gewählt, weil in der Curienversammlung die überhaupt Stimmberechtigten sich völlig gleichstanden, also nach Aufnahme der sämmtlichen Plebejer in die Curien man bei der ausgebildeten Demokratie angelangt sein würde, wenn die politischen Abstimmungen den Curien geblieben wären; die Centurienversammlung dagegen legte das Schwergewicht zwar nicht in die Hände der Adlichen, aber doch in die der Vermögenden, und das wichtige Vorstimmrecht, welches oft thatsächlich die Wahl entschied, in die der Ritter, das ist der Reichen.

Senat. Nicht in gleicher Weise wie die Gemeinde wurde der Senat durch die Reform der Verfassung betroffen. Das bisherige Collegium der Aeltesten blieb nicht blofs ausschliefslich patricisch, sondern behauptete auch seine wesentlichen Befugnisse, das Recht den Zwischenkönig zu stellen und die von der Gemeinde gefafsten Beschlüsse als verfassungsmäfsige oder verfassungswidrige zu bestätigen oder zu verwerfen. Ja diese Befugnisse wurden durch die Reform der Verfassung noch gesteigert, indem fortan auch die Bestellung der Gemeindebeamten wie der Wahl der Gemeinde, so der Bestätigung oder Verwerfung des patricischen Senats unterlag — nur bei der Provocation ist seine Bestätigung, so viel wir wissen, niemals eingeholt worden, da es sich hier um Begnadigung des Schuldigen handelte und wenn diese von der souveränen Volksversammlung ertheilt war, von einer etwanigen Vernichtung dieses Actes nicht füglich die Rede sein konnte. — Indefs wenn gleich durch die Abschaffung des Königthums die verfassungsmäfsigen Rechte des patricischen Senats eher gemehrt als gemindert wurden, so kam doch, und zwar der Ueberlieferung zufolge sogleich mit der Abschaffung des Königthums, für diejenigen Angelegenheiten, die im Senat sonst zur Sprache kamen und die eine freiere Behandlung zuliefsen, eine Erweiterung des Senats auf, die auch Plebejer in denselben brachte und die in ihren Folgen eine vollständige Umgestaltung der gesammten Körperschaft herbeigeführt hat. Seit ältester Zeit hatte der Senat nicht allein und nicht vorzugsweise, aber doch auch als Staatsrath fungirt; und wenn es wahrscheinlich schon in der Königszeit nicht als verfassungswidrig angesehen ward, dafs in diesem Fall auch Nichtsenatoren an der Versammlung theilnahmen (S. 82), so wurde jetzt die Einrichtung getroffen, dafs für dergleichen Verhandlungen dem patricischen Senat (*patres*) eine Anzahl nicht patricischer ‚Zugeschriebener' (*conscripti*) beigegeben wurden. Eine Gleichstellung war dies freilich in keiner Weise: die Plebejer im Senat wurden nicht Senatoren, sondern blieben Mitglieder des Ritterstandes, hiefsen nicht ‚Väter', sondern ‚Zugeschriebene' und hatten kein Recht auf die Abzeichen der senatorischen Würde, den Purpursaum und den rothen Schuh (S. 79). Sie blieben ferner nicht blofs unbedingt ausgeschlossen von der Ausübung der dem Senat zustehenden obrigkeitlichen Befugnisse (*auctoritas*), sondern sie mufsten auch da, wo es sich blofs um einen Rathschlag (*consilium*) handelte, es sich gefallen lassen der an die Patricier gerichteten Umfrage schweigend beizuwohnen und nur bei dem Auseinandertreten zur Abmehrung ihre Meinung zu erkennen zu geben, mit den Füfsen zu stimmen (*pedibus in sententiam ire, pedarii*), wie der stolze Adel sagte.

Aber dennoch fanden die Plebejer durch die neue Verfassung ihren Weg nicht blofs auf den Markt, sondern auch in das Rathhaus und der erste und schwerste Schritt zur Gleichberechtigung war auch hier gethan. — Im Uebrigen änderte sich in den den Senat betreffenden Ordnungen nichts Wesentliches. Unter den patricischen Mitgliedern machte sich bald, namentlich bei der Umfrage, ein Rangunterschied dahin geltend, dafs diejenigen, welche zu dem höchsten Gemeindeamt demnächst bezeichnet waren oder dasselbe bereits verwaltet hatten, vor den übrigen in der Liste verzeichnet und bei der Abstimmung gefragt wurden, und die Stellung des ersten von ihnen, des Vormanns des Rathes (*princeps senatus*), wurde bald ein vielbeneideter Ehrenplatz. Der fungirende Consul dagegen galt als Mitglied des Senats so wenig wie der König und seine eigene Stimme zählte darum nicht mit. Die Wahlen in den Rath, sowohl in den engeren patricischen wie unter die Zugeschriebenen, erfolgten durch die Consuln eben wie früher durch die Könige; nur liegt es in der Sache, dafs, wenn der König vielleicht auf die Vertretung der einzelnen Geschlechter im Rath noch einigermafsen Rücksicht genommen hatte, den Plebejern gegenüber, bei denen die Geschlechterordnung nur unvollkommen entwickelt war, diese Erwägung gänzlich wegfiel und somit überhaupt die Beziehung des Senats zu der Geschlechterordnung mehr und mehr in Abnahme kam. Von einer Beschränkung der wählenden Consuln in der Weise, dafs sie nicht über eine bestimmte Zahl von Plebejern in den Senat hätten aufnehmen dürfen, ist nichts bekannt; es bedurfte einer solchen Ordnung auch nicht, da die Consuln ja selbst dem Adel angehörten. Dagegen ist wahrscheinlich von Haus aus der Consul seiner ganzen Stellung gemäfs bei der Bestellung der Senatoren thatsächlich weit weniger frei und weit mehr durch Standesmeinung und Observanz gebunden gewesen als der König. Namentlich die Regel, dafs die Bekleidung des Consulats nothwendig den Eintritt in den Senat auf Lebenszeit herbeiführe, wenn, was in dieser Zeit wohl noch vorkam, der Consul zur Zeit seiner Erwählung noch nicht Mitglied desselben war, wird sich wohl sehr früh gewohnheitsrechtlich festgestellt haben. Ebenso scheint es früh üblich geworden zu sein die Senatorenstellen nicht sofort nach der Erledigung wieder zu besetzen, sondern bei Gelegenheit der Schatzung, also regelmäfsig jedes vierte Jahr, die Liste des Senats zu revidiren und zu ergänzen; worin doch auch eine nicht unwichtige Beschränkung der mit der Auswahl betrauten Behörde enthalten war. Die Gesammtzahl der Senatoren blieb wie sie war und zwar wurden auch die Zugeschriebenen in dieselbe eingerechnet; woraus man wohl auch auf das numerische Zusammenschwinden des Patriciats zu schliefsen berechtigt ist*). — Es blieb, wie man sieht, in dem römischen Gemeinwesen selbst bei Umwandlung der Monarchie in die Republik so weit immer möglich beim Alten; so weit eine Staatsumwälzung überhaupt conservativ sein kann, ist diese es gewesen und keines der constitutiven Elemente des Gemeinwesens durch sie eigentlich über den Haufen geworfen worden. Es war das bezeichnend für den Charakter der gesammten Bewegung. Die Vertreibung der Tarquinier war nicht, wie die kläglichen tief verfälschten Berichte sie darstellen, das Werk eines von Mitleid und Freiheitsenthusiasmus berauschten Volkes, sondern das Werk zweier grofser bereits im Ringen begriffener und der stetigen Fortdauer ihres Kampfes klar sich bewufster politischer Parteien, der Altbürger und der Insassen, welche, wie die englischen Tories und die Whigs im J. 1688, durch die gemeinsame Gefahr das Gemeinwesen in die Willkürregierung eines Herrn sich umwandeln zu sehen, auf einen Augenblick vereinigt wurden, um dann sofort wieder sich zu entzweien. Die Altbürgerschaft konnte ohne die Neubürger des Königthums sich nicht entledigen; aber die Neubürger waren bei weitem nicht mächtig genug, um jener mit einem Schlag das Heft aus den Händen zu winden. Solche Transactionen beschränken sich nothwendiger Weise auf das geringste Mafs gegenseitiger durch mühsames Abdingen gewonnener Concessionen und lassen die Zukunft entscheiden, wie das Schwergewicht der constitutiven Elemente weiter sich stellen, wie sie in einander greifen oder einander entgegenwirken werden. Darum verkennt man die Tragweite der ersten römischen Revolution durchaus, wenn man in ihr blofs die unmittelbaren Neuerungen, etwa blofs eine Veränderung in der Dauer der höchsten Magistratur sieht; die mittelbaren Folgen waren auch hier bei weitem die Hauptsache und wohl gewaltiger, als selbst ihre Urheber sie ahnten.

Dies war die Zeit, wo, um es mit einem Worte zu sagen, die römische Bürgerschaft im späteren Sinne des Wortes ent-

---

*) Dafs die ersten Consuln 164 Plebejer in den Senat nahmen, ist kaum als geschichtliche Thatsache zu betrachten, sondern eher ein Zeugnifs dafür, dafs die späteren römischen Archäologen nicht mehr als 136 römische Adelsgeschlechter nachzuweisen vermochten (Röm. Forsch. 1, 121).

stand. Die Plebejer waren bisher Insassen gewesen, welche man wohl zu den Steuern und Lasten mit heranzog, die aber dennoch in den Augen des Gesetzes wesentlich nichts waren als geduldete Fremdlinge und deren Kreis gegen die eigentlichen Ausländer scharf abzustecken kaum nöthig scheinen mochte. Jetzt wurden sie als Bürger eingeschrieben in die Curienverzeichnisse; und wenn sie auch der Rechtsgleichheit noch fern standen, immer noch die Altbürger zu den dem Rath der Alten verfassungsmäfsig zustehenden Autoritätshandlungen ausschliefslich befugt und zu den bürgerlichen Aemtern und Priesterthümern ausschliefslich wählbar, ja sogar der bürgerlichen Nutzungen, zum Beispiel des Antheils an der Gemeinweide, ausschliefslich theilhaft blieben, so war doch der erste und schwerste Schritt zur völligen Ausgleichung geschehen, seit die Plebejer nicht blofs im Gemeindeaufgebot dienten, sondern auch in der Gemeindeversammlung und im Gemeinderath bei dessen gutachtlicher Befragung stimmten und Haupt und Rücken auch des ärmsten Insassen so gut wie des vornehmsten Altbürgers geschützt ward durch das Provocationsrecht. — Eine Folge dieser Verschmelzung der Patricier und Plebejer zu der neuen gemeinen römischen Bürgerschaft war die Umwandlung der Altbürgerschaft in einen Geschlechtsadel, welcher, da die Adelschaft nicht mehr das Recht besafs in gemeiner Versammlung zu beschliefsen und die Aufnahme neuer Familien in den Adel durch Gemeindebeschlufs noch weniger zulässig erschien, jeder, sogar der Selbstergänzung unfähig war. Unter den Königen war dergleichen Abgeschlossenheit dem römischen Adel fremd und die Aufnahme neuer Geschlechter nicht allzu selten gewesen; jetzt stellte dieses rechte Kennzeichen des Junkerthums sich ein als der sichere Vorbote des nahe bevorstehenden Verlustes seiner politischen Vorrechte und seiner Bedeutung in der Gemeinde. Die Ausschliefsung der Plebejer von allen Gemeindeämtern und Gemeindepriesterthümern, während sie doch zu Offiziers- und Rathsherrnstellen zugelassen wurden, und die mit verkehrter Hartnäckigkeit festgehaltene rechtliche Unmöglichkeit einer Ehe zwischen Altbürgern und Plebejern drückten weiter dem Patriciat von vorn herein den Stempel des exclusiven und widersinnig privilegirten Adelthums auf. — Eine zweite Folge der neuen bürgerlichen Einigung mufs die festere Regulirung des Niederlassungsrechts sowohl den latinischen Eidgenossen als andern Staaten gegenüber gewesen sein. Weniger des Stimmrechts in den Centurien wegen, das ja doch nur dem Ansässigen zukam, als wegen des Provocationsrechts, das dem Plebejer, aber nicht dem Reisenden und dem Ausländer gewährt werden sollte, wurde es nothwendig, die Bedingungen der Erwerbung des plebejischen Rechts genauer zu formuliren und die erweiterte Bürgerschaft wiederum gegen die jetzigen Nichtbürger abzuschliefsen. Also geht auf diese Epoche im Sinne und Geiste des Volkes sowohl die Gehässigkeit des Gegensatzes zwischen Patriciern und Plebejern zurück wie die scharfe und stolze Abgrenzung der *cives Romani* gegen die Fremdlinge. Aber jener städtische Gegensatz war vorübergehender, dieser politische dauernder Art und das Gefühl der staatlichen Einheit und der beginnenden Grofsmacht, das hiemit in die Herzen der Nation gepflanzt ward, expansiv genug um jene kleinlichen Unterschiede erst zu untergraben und sodann im allmächtigen Strom mit sich fortzureifsen.

Dies war ferner die Zeit, wo Gesetz und Verordnung sich schieden. Begründet zwar liegt der Gegensatz in dem innersten Wesen des römischen Staates; denn auch die römische Königsgewalt stand unter, nicht über dem Landrecht. Allein die tiefe und praktische Ehrfurcht, welche die Römer wie jedes andere politisch fähige Volk vor dem Princip der Autorität hegten, erzeugte den merkwürdigen Satz des römischen Staats- und Privatrechts, dafs jeder nicht auf ein Gesetz gegründete Befehl des Beamten wenigstens während der Dauer seines Amtes gelte, obwohl er mit diesem wegfiel. Es ist einleuchtend, dafs hiebei, so lange die Vorsteher auf Lebenszeit ernannt wurden, der Unterschied zwischen Gesetz und Verordnung thatsächlich fast verschwinden mufste und die legislative Thätigkeit der Gemeindeversammlung keine Entwickelung gewinnen konnte. Umgekehrt erhielt sie einen weiten Spielraum, seit die Vorsteher jährlich wechselten, und es war jetzt keineswegs ohne praktische Bedeutung, dafs, wenn der Consul bei der Entscheidung eines Prozesses eine rechtliche Nullität beging, sein Nachfolger eine neue Instruction der Sache anordnen konnte. *Gesetz und Verordnung.*

Dies war endlich die Zeit, wo die bürgerliche und die militärische Gewalt sich von einander sonderten. Dort herrscht das Gesetz, hier das Beil; dort waren die constitutionellen Beschränkungen der Provocation und der regulirten Mandirung mafsgebend, hier schaltete der Feldherr unumschränkt wie der König[*]). *Bürgerliche und Militärgewalt.*

---

[*]) Es mag nicht überflüssig sein zu bemerken, dafs auch das *iudicium legitimum* wie das *quod imperio continetur* auf dem Imperium des instruirenden Beamten beruht und der Unterschied nur darin besteht, dafs das Imperium dort von der Lex beschränkt, hier aber frei ist.

Es stellte sich fest, dafs der Feldherr und das Heer als solche die eigentliche Stadt regelmäfsig nicht betreten durften. Dafs organische und auf die Dauer wirksame Bestimmungen nur unter der Herrschaft der bürgerlichen Gewalt getroffen werden könnten, lag nicht im Buchstaben, aber im Geiste der Verfassung; es kam freilich vor, dafs gelegentlich diesem zuwider der Feldherr seine Mannschaft im Lager zur Bürgerversammlung berief und rechtlich nichtig war ein solcher Beschlufs nicht, allein die Sitte mifsbilligte dieses Verfahren und es unterblieb bald als wäre es verboten. Der Gegensatz der Quiriten und Soldaten wurzelte allmählich fest und fester in den Gemüthern der Bürger.

Regiment des Patriciats. Indefs um diese Folgesätze des neuen Republikanismus zu entwickeln bedurfte es der Zeit; wie lebendig die Nachwelt sie empfand, der Mitwelt mochte die Revolution zunächst in einem andern Lichte erscheinen. Wohl gewannen die Nichtbürger dadurch das Bürgerrecht und gewann die neue Bürgerschaft in der Gemeindeversammlung weitgreifende Befugnisse; aber das Verwerfungsrecht des patricischen Senats, der gleichsam wie ein Oberhaus jenen Comitien in fester Geschlossenheit gegenüberstand, hob rechtlich die freie Bewegung derselben gerade in den entscheidendsten Dingen auf und war thatsächlich zwar nicht im Stande den ernstlichen Willen der Gesammtheit zu brechen, aber doch ihn zu verzögern und zu verkümmern. Schien die Adelschaft, indem sie es aufgab allein die Gemeinde zu sein, nicht allzuviel verloren zu haben, so hatte sie in andern Beziehungen entschieden gewonnen. Der König war freilich Patricier wie der Consul und die Ernennung zu Mitgliedern des Senats steht diesem wie jenem zu; aber wenn jenen seine Ausnahmsstellung über Patricier nicht minder wie über Plebejer hinausrückte und wenn er leicht in den Fall kommen konnte eben gegen den Adel sich auf die Menge stützen zu müssen, so stand der Consul, Herrscher auf kurze Frist, vorher und nachher aber nichts als einer aus dem Adel und dem adlichen Mitbürger, welchem er heute befahl, morgen gehorchend, keineswegs aufserhalb seines Standes und mufste der Adliche in ihm weit mächtiger sein als der Beamte. Wenn ja dennoch einmal ausnahmsweise ein der Adelsherrschaft abgeneigter Patricier ans Regiment gerufen ward, so ward seine Amtsgewalt theils durch die vom schroffen Adelsgeiste durchdrungenen Priesterschaften, theils durch den Collegen gelähmt und leicht durch die Dictatur suspendirt; und was noch wichtiger war, es fehlte ihm das erste Element der politischen Macht, die Zeit. Der Vorsteher eines Gemeinwesens, welche

Machtfülle immer ihm eingeräumt werden möge, wird die politische Gewalt nie in die Hände bekommen, wenn er nicht auf längere Zeit an der Spitze der Geschäfte bleibt; denn die nothwendige Bedingung jeder Herrschaft ist ihre Dauer. Folgeweise gewann der lebenslängliche Gemeinderath, und zwar hauptsächlich durch seine Befugnifs den Beamten in allen Stücken zu berathen, also nicht der engere patricische, sondern der weitere patricisch-plebejische, den Jahresherrschern gegenüber unvermeidlich einen solchen Einflufs, dafs die rechtlichen Verhältnisse sich geradezu umkehrten, der Gemeinderath wesentlich die Regierungsgewalt an sich nahm und der bisherige Regent herabsank zu dessen vorsitzendem und ausführendem Präsidenten. Für den der Gemeinde zur Annahme oder Verwerfung vorzulegenden Antrag erschien die Vorberathung im Gesammtsenat und dessen Billigung zwar nicht als constitutionell nothwendig, aber als gewohnheitsmäfsig geheiligt und nicht leicht und nicht gern ging man darüber hinweg. Für wichtige Staatsverträge, für die Verwaltung und Austheilung des Gemeindelandes, überhaupt für jeden Act, dessen Folgen sich über das Amtsjahr erstreckten, galt dasselbe und dem Consul blieb nichts als die Erledigung der laufenden Geschäfte, die Einleitung der Civilprozesse und das Commando im Kriege. Vor allem folgenreich war die Neuerung, dafs es weder dem Consul noch selbst dem sonst unbeschränkten Dictator gestattet war den gemeinen Schatz anders als mit und durch den Willen des Rathes anzugreifen. Indem der Senat es den Consuln zur Pflicht machte die Verwaltung der Gemeindekasse, die der König selbst geführt hatte oder doch hatte führen können, an zwei ständige Unterbeamte abzugeben, welche zwar von den Consuln ernannt wurden und ihnen zu gehorchen hatten, aber begreiflicher Weise noch weit mehr als die Consuln selbst vom Senat abhingen (S. 254), zog er die Leitung des Kassenwesens an sich, und es kann dieses Geldbewilligungsrecht des römischen Senats wohl in seinen Wirkungen mit dem Steuerbewilligungsrecht in den heutigen constitutionellen Monarchien zusammengestellt werden. — Die Folgen ergeben sich von selbst. Die erste und wesentlichste Bedingung jeder Adelsherrschaft ist, dafs die Machtfülle im Staat nicht einem Individuum, sondern einer Corporation zusteht; jetzt hatte eine überwiegend adliche Corporation, der Gemeinderath das Regiment an sich gebracht und war dabei die executive Gewalt nicht blofs dem Adel geblieben, sondern auch der regierenden Corporation völlig unterworfen. Zwar safsen im Rath eine beträchtliche Anzahl nichtadlicher Männer; aber da sie der Bekleidung von Aemtern, ja sogar der Theilnahme an der Debatte unfähig, also von jedem praktischen Antheil am Regiment ausgeschlossen waren, spielten sie nothwendiger Weise auch im Senat eine untergeordnete Rolle und wurden überdies durch das ökonomisch wichtige Nutzungsrecht der Gemeinweide in pecuniärer Abhängigkeit von der Corporation gehalten. Das allmählich sich bildende Recht der patricischen Consuln wenigstens jedes vierte Jahr die Rathsherrnliste zu revidiren und zu modificiren, so nichtig es vermuthlich der Adelschaft gegenüber war, konnte doch sehr wohl in ihrem Interesse gebraucht und der misliebige Plebejer mittelst desselben aus dem Senat fern gehalten und sogar wieder ausgeschieden werden. — Es ist darum durchaus wahr, dafs die unmittelbare Folge der Revolution die Feststellung der Adelsherrschaft gewesen ist; nur ist es nicht die ganze Wahrheit. Wenn die Mehrzahl der Mitlebenden meinen mochte, dafs die Revolution den Plebejern nur eine starrere Despotie gebracht habe, so sehen wir Späteren in dieser selbst schon die Knospen der jungen Freiheit. Was die Patricier gewannen, ging nicht der Gemeinde verloren, sondern der Beamtengewalt; die Gemeinde gewann zwar nur wenige engbeschränkte Rechte, welche weit minder praktisch und handgreiflich waren als die Errungenschaften des Adels und welche nicht einer von tausend zu schätzen wissen mochte, aber in ihnen lag die Bürgschaft der Zukunft. Bisher war politisch die Insassenschaft nichts, die Altbürgerschaft alles gewesen; indem jetzt jene zur Gemeinde ward, war die Altbürgerschaft überwunden; denn wie viel auch noch zu der vollen bürgerlichen Gleichheit mangeln mochte, es ist die erste Bresche, nicht die Besetzung des letzten Postens, die den Fall der Festung entscheidet. Darum datirte die römische Gemeinde mit Recht ihre politische Existenz von dem Beginn des Consulats. — Indefs wenn die republikanische Revolution trotz der durch sie zunächst begründeten Junkerherrschaft mit Recht ein Sieg der bisherigen Insassenschaft oder der Plebs genannt werden kann, so trug doch auch in der letzteren Beziehung die Revolution keineswegs den Charakter, den wir heutzutage als den demokratischen zu bezeichnen gewohnt sind. Das rein persönliche Verdienst ohne Unterstützung der Geburt und des Reichthums mochte wohl unter der Königsherrschaft leichter als unter derjenigen des Patriciats zu Einflufs und Ansehen gelangen. Damals war der Eintritt in den Patriciat rechtlich keinem verschlossen; jetzt war das höchste Ziel des plebejischen Ehrgeizes die Aufnahme in den mundtodten Anhang des Senats. Es lag dabei in der Natur der Sache, daſs der regierende Herrenstand, so weit er überhaupt die Plebejer zulieſs, nicht unbedingt den tüchtigsten Männern, sondern vorzugsweise den Häuptern der reichen und angesehenen Plebejerfamilien im Senat neben sich zu sitzen gestattete und die also zugelassenen Familien eifersüchtig über den Besitz der Rathsherrnstellen wachten. Während also innerhalb der alten Bürgerschaft vollständige Rechtsgleichheit bestanden hatte, begann die Neubürger- oder die ehemalige Insassenschaft von Haus aus damit sich in eine Anzahl bevorrechteter Familien und eine zurückgesetzte Menge zu scheiden. Die Gemeindemacht aber kam in Gemäſsheit der Centurienordnung jetzt an diejenige Klasse, welche seit der servianischen Reform des Heer- und Steuerwesens vorzugsweise die bürgerlichen Lasten trug, an die Ansässigen, und zwar vorzugsweise weder an die groſsen Gutsbesitzer noch an die Instenleute, sondern an den mittleren Bauernstand, wobei die Aelteren noch insofern bevorzugt waren, als sie, obgleich minder zahlreich, doch ebensoviel Stimmabtheilungen inne hatten wie die Jugend. Indem also der Altbürgerschaft und ihrem Geschlechteradel die Axt an die Wurzel und zu einer neuen Bürgerschaft der Grund gelegt ward, fiel in dieser das Gewicht auf Grundbesitz und Alter und zeigten sich schon die ersten Ansätze zu einem neuen zunächst auf dem factischen Ansehen der Familien beruhenden Adel, der künftigen Nobilität. Der conservative Grundcharakter des römischen Gemeinwesens konnte sich nicht deutlicher bezeichnen als dadurch, daſs die republikanische Staatsumwälzung zugleich zu der neuen ebenfalls conservativen und ebenfalls aristokratischen Staatsordnung die ersten Linien zog.

KAPITEL II.

Das Volkstribunat und die Decemvirn.

<small>Materielle Interessen.</small> Die Altbürgerschaft war durch die neue Gemeindeordnung auf gesetzlichem Wege in den vollen Besitz der politischen Macht gelangt. Herrschend durch die zu ihrer Dienerin herabgedrückte Magistratur, vorwiegend im Gemeinderathe, im Alleinbesitze aller Aemter und Priesterthümer, ausgerüstet mit der ausschliefslichen Kunde der göttlichen und menschlichen Dinge und mit der ganzen Routine politischer Praxis, einflufsreich in der Gemeindeversammlung durch den starken Anhang fügsamer und den einzelnen Familien anhänglicher Leute, endlich befugt jeden Gemeindebeschlufs zu prüfen und zu verwerfen, konnten die Patricier die factische Herrschaft noch auf lange Zeit sich bewahren, eben weil sie rechtzeitig auf die gesetzliche Alleingewalt verzichtet hatten. Zwar mufsten die Plebejer ihre politische Zurücksetzung schwer empfinden; allein von der rein politischen Opposition hatte der Adel unzweifelhaft zunächst nicht viel zu besorgen, wenn er es verstand die Menge, die nichts verlangt als gerechte Verwaltung und Schutz der materiellen Interessen, dem politischen Kampfe fern zu halten. In der That finden wir in der ersten Zeit nach der Vertreibung der Könige verschiedene Mafsregeln, welche bestimmt waren oder doch bestimmt schienen den gemeinen Mann für das Adelsregiment besonders von der ökonomischen Seite zu gewinnen: es wurden die Hafenzölle herabgesetzt, bei hohem Stand der Kornpreise grofse Quantitäten Getreide für Rechnung des Staats aufgekauft und der Salzhandel zum Staatsmonopol gemacht, um den Bürgern Korn und Salz zu billigen Preisen abgeben zu können, endlich das Volksfest um einen Tag verlängert. In denselben

Kreis gehört die schon erwähnte Vorschrift hinsichtlich der Vermögensbufsen (S. 252), die nicht blofs im Allgemeinen dem gefährlichen Brüchrecht der Beamten Schranken zu setzen bestimmt, sondern auch in bezeichnender Weise vorzugsweise auf den Schutz des kleinen Mannes berechnet war. Denn wenn dem Beamten untersagt ward an demselben Tag denselben Mann um mehr als zwei Schafe und um mehr als dreifsig Rinder aufser mit Gestattung der Provocation zu büfsen, so kann die Ursache dieser seltsamen Ansätze wohl nur darin gefunden werden, dafs für den kleinen nur einige Schafe besitzenden Mann ein anderes Maximum nöthig schien als für den reichen Rinderheerdenbesitzer — eine Rücksichtnahme auf Reichthum oder Armuth der Gebüfsten, von der neuere Gesetzgebungen lernen könnten. Allein diese Ordnungen halten sich auf der Oberfläche; die Grundströmung geht vielmehr nach der entgegengesetzten Richtung. Mit der Verfassungsänderung leitet in den finanziellen und ökonomischen Verhältnissen Roms eine umfassende Revolution sich ein. Das Königsregiment hatte wahrscheinlich der Capitalmacht principiell keinen Vorschub gethan und die Vermehrung der Bauernstellen nach Kräften gefördert: die neue Adelsregierung dagegen scheint von vorn herein auf die Zerstörung der Mittelklassen, namentlich des mittleren und kleinen Grundbesitzes, und auf die Entwickelung einerseits einer Herrschaft der Grund- und Geldherren, andererseits eines ackerbauenden Proletariats ausgegangen zu sein.

Schon die Minderung der Hafenzölle, obwohl im Allgemeinen eine populäre Mafsregel, kam vorzugsweise dem Grofshandel zu Gute. Aber ein noch viel gröfserer Vorschub geschah der Capitalmacht durch das System der indirecten Finanzverwaltung. Es ist schwer zu sagen, worauf dasselbe in seinen letzten Gründen beruht; mag es aber auch an sich bis in die Königszeit zurückreichen, so mufste doch seit der Einführung des Consulats theils der schnelle Wechsel der römischen Beamten, theils die Erstreckung der finanziellen Thätigkeit des Aerars auf Geschäfte, wie der Ein- und Verkauf von Korn und Salz, die Wichtigkeit der vermittelnden Privatthätigkeit steigern und damit den Grund zu jenem Staatspächtersystem legen, das in seiner Entwickelung für das römische Gemeinwesen so folgenreich wie verderblich geworden ist. Der Staat gab nach und nach alle seine indirecten Hebungen und alle complicirteren Zahlungen und Verrichtungen in die Hände von Mittelsmännern, die eine Pauschsumme gaben oder empfingen und dann für ihre Rechnung wirthschafteten. Natürlich konnten nur bedeutende Capitalisten und, da der Staat

Steigende Macht der Capitalisten.

streng auf dingliche Sicherheit sah, hauptsächlich nur grofse Grundbesitzer sich hierbei betheiligen und so erwuchs eine Klasse von Steuerpächtern und Lieferanten, die in dem reifsend schnellen Wachsthum ihrer Opulenz, in der Gewalt über den Staat, dem sie zu dienen schienen und in dem widersinnigen und sterilen Fundament ihrer Geldherrschaft den heutigen Börsenspeculanten vollkommen vergleichbar sind. — Aber zunächst und am empfindlichsten offenbarte sich die veränderte Richtung der finanziellen Verwaltung in der Behandlung der Gemeindeländereien, die so gut wie geradezu hinarbeitete auf die materielle und moralische Vernichtung der Mittelklassen. Die Nutzung der gemeinen Weide und der Staatsdomänen überhaupt war ihrer Natur nach ein bürgerliches Vorrecht; das formelle Recht schlofs den Plebejer von der Mitbenutzung des gemeinen Angers aus. Da indefs, abgesehen von dem Uebergang in das Privateigenthum oder der Assignation, das römische Recht feste und gleich dem Eigenthum zu respectirende Nutzungsrechte einzelner Bürger am Gemeinlande nicht kannte, so hing es, so lange das Gemeinland Gemeinland blieb, lediglich von der Willkür des Königs ab den Mitgenufs zu gestatten und zu begrenzen, und es ist nicht zu bezweifeln, dafs er von diesem seinem Recht oder wenigstens seiner Macht häufig zu Gunsten von Plebejern Gebrauch gemacht hat. Aber mit der Einführung der Republik wird der Satz wieder scharf betont, dafs die Nutzung der Gemeinweide von Rechtswegen blofs dem Bürger besten Rechts, das heifst dem Patricier zusteht; und wenn auch der Senat zu Gunsten der reichen in ihm mit vertretenen plebejischen Häuser nach wie vor Ausnahmen zuliefs, so wurden doch die kleinen plebejischen Ackerbesitzer und die Tagelöhner, die eben die Weide am nöthigsten brauchten, in dem Mitgenufs beeinträchtigt. Es war ferner bisher für das auf die gemeine Weide aufgetriebene Vieh ein Hutgeld erlegt worden, das zwar mäfsig genug war um das Recht auf diese Weide zu treiben immer noch als Vorrecht erscheinen zu lassen, aber doch dem gemeinen Seckel eine nicht unansehnliche Einnahme abwarf. Die patricischen Quaestoren erhoben dasselbe jetzt säumig und nachsichtig und liefsen allmählich es ganz schwinden. Bisher hatte man, namentlich wenn durch Eroberung neue Domänen gewonnen waren, regelmäfsig Landauslegungen angeordnet, bei denen alle ärmeren Bürger und Insassen berücksichtigt wurden; nur dasjenige Land, das zum Ackerbau sich nicht eignete, ward zu der gemeinen Weide geschlagen. Diese Assignationen wagte man zwar nicht ganz zu unterlassen und noch weniger sie blofs

Gemeinde-land.

zu Gunsten der Reichen vorzunehmen; allein sie wurden seltener und karger und an ihre Stelle trat das verderbliche Occupationssystem, das heifst die Ueberlassung der Domänengüter nicht zum Eigenthum oder zur förmlichen Pacht auf bestimmte Zeitfrist, sondern zur Sondernutzung bis weiter an den ersten Occupanten und dessen Rechtsnachfolger, so dafs dem Staate die Rücknahme jederzeit freistand und der Inhaber die zehnte Garbe oder von Oel und Wein den fünften Theil des Ertrages an die Staatskasse abzuliefern hatte. Es war dies nichts anderes als das früher beschriebene Precarium (S. 194) angewandt auf Staatsdomänen und mag, namentlich als transitorische Einrichtung bis zur Durchführung der Assignation, auch früher schon bei dem Gemeinlande vorgekommen sein. Jetzt indefs wurde dieser Occupationsbesitz nicht blofs dauernd, sondern es griffen auch, wie natürlich, nur die privilegirten Personen oder deren Günstlinge zu und der Zehnte und Fünfte ward mit derselben Lässigkeit eingetrieben wie das Hutgeld. So traf den mittleren und kleinen Grundbesitz ein dreifacher Schlag: die gemeinen Bürgernutzungen gingen ihm verloren; die Steuerlast stieg dadurch, dafs die Domanialgefälle nicht mehr ordentlich in die gemeine Kasse flossen; und die Landauslegungen stockten, die für das agricole Proletariat, etwa wie heutzutage ein grofsartiges und fest regulirtes Emigrationssystem es thun würde, einen dauernden Abzugskanal gebildet hatten. Dazu kam die wahrscheinlich schon jetzt beginnende Grofswirthschaft, welche die kleinen Ackerclienten vertrieb und statt deren durch Feldsklaven das Gut nutzte; ein Schlag, der schwerer abzuwenden und wohl verderblicher war als alle jene politischen Usurpationen zusammengenommen. Die schweren zum Theil unglücklichen Kriege, die dadurch herbeigeführten unerschwinglichen Kriegssteuern und Frohnden thaten das Uebrige, um den Besitzer entweder geradezu vom Hof zu bringen und ihn zum Knecht, wenn auch nicht zum Sklaven seines Schuldherrn zu machen, oder ihn durch Ueberschuldung thatsächlich zum Zeitpächter seiner Gläubiger herabzudrücken. Die Capitalisten, denen hier ein neues Gebiet einträglicher und mühe- und gefahrloser Speculation sich eröffnete, vermehrten theils auf diesem Wege ihr Grundeigenthum, theils liefsen sie dem Bauer, dessen Person und Gut das Schuldrecht ihnen in die Hände gab, den Namen des Eigenthümers und den factischen Besitz. Das letztere war wohl das Gewöhnlichste wie das Verderblichste; denn mochte damit für den Einzelnen der äufserste Ruin abgewandt sein, so drohte dagegen diese precäre von der Gnade des Gläubigers jederzeit abhängige Stellung des Bauern, bei der derselbe vom Eigenthum nichts als die Lasten trug, den ganzen Bauernstand zu demoralisiren und politisch zu vernichten. Die Absicht des Gesetzgebers, als er statt der hypothekarischen Schuld den sofortigen Uebergang des Eigenthums auf den Gläubiger anordnete, der Ueberschuldung zuvorzukommen und die Lasten des Staats den wirklichen Inhabern des Grundes und Bodens aufzuwälzen (S. 161), ward umgangen durch das strenge persönliche Creditsystem, das für Kaufleute sehr zweckmäfsig sein mochte, die Bauern aber ruinirte. Hatte die freie Theilbarkeit des Bodens schon immer die Gefahr eines überschuldeten Ackerbauproletariats nahe gelegt, so mufste unter solchen Verhältnissen, wo alle Lasten stiegen, alle Abhülfen sich versperrten, die Noth und die Hoffnungslosigkeit unter der bäuerlichen Mittelklasse mit entsetzlicher Raschheit um sich greifen.

Beziehungen der socialen zu der ständischen Frage. Der Gegensatz der Reichen und Armen, der aus diesen Verhältnissen hervorging, fällt keineswegs zusammen mit dem der Geschlechter und Plebejer. War auch der bei weitem gröfste Theil der Patricier reich begütert, so fehlte es doch natürlich auch unter den Plebejern nicht an reichen und ansehnlichen Familien, und da der Senat, der schon damals vielleicht zur gröfseren Hälfte aus Plebejern bestand, selbst mit Ausschliefsung der patricischen Magistrate die finanzielle Oberleitung an sich genommen hatte, so ist es begreiflich, dafs alle jene ökonomischen Vortheile, zu denen die politischen Vorrechte des Adels misbraucht wurden, den Reichen insgesammt zu Gute kamen und der Druck auf dem gemeinen Mann um so schwerer lastete, als durch den Eintritt in den Senat die tüchtigsten und widerstandsfähigsten Personen aus der Klasse der Unterdrückten übertraten in die der Unterdrücker. — Hiedurch aber ward die politische Stellung des Adels auf die Dauer unhaltbar. Hätte er es über sich vermocht gerecht zu regieren und den Mittelstand geschützt, wie es einzelne Consuln aus seiner Mitte versuchten, ohne bei der gedrückten Stellung der Magistratur damit durchdringen zu können, so konnte er sich noch lange im Alleinbesitz der Aemter behaupten. Hätte er es vermocht die reichen und ansehnlichen Plebejer zu voller Rechtsgleichheit zuzulassen, etwa an den Eintritt in den Senat die Gewinnung des Patriciats zu knüpfen, so mochten beide noch lange ungestraft regieren und speculiren. Allein es geschah keines von beidem: die Engherzigkeit und Kurzsichtigkeit, die eigentlichen und unverlierbaren Privilegien alles ächten Junkerthums, verleugneten sich auch in Rom nicht und zerrissen die mächtige Gemeinde in nutz-, ziel- und ruhmlosem Hader.

Indefs die nächste Krise ging nicht von den ständisch Zurückgesetzten aus, sondern von der nothleidenden Bauerschaft. Die zurecht gemachten Annalen setzen die politische Revolution in das Jahr 244, die sociale in die Jahre 259 und 260; sie scheinen allerdings sich rasch gefolgt zu sein, doch ist der Zwischenraum wahrscheinlich länger gewesen. Die strenge Uebung des Schuldrechts — so lautet die Erzählung — erregte die Erbitterung der ganzen Bauerschaft. Als im Jahre 259 für einen gefahrvollen Krieg die Aushebung veranstaltet ward, weigerte sich die pflichtige Mannschaft dem Gebot zu folgen, so dafs der Consul Publius Servilius die Anwendung der Schuldgesetze vorläufig suspendirte und sowohl die schon in Schuldhaft sitzenden Leute zu entlassen befahl als auch den weiteren Lauf der Verhaftungen hemmte. Die Bauern stellten sich und halfen den Sieg erfechten. Heimgekehrt vom Schlachtfeld brachte der Friede, den sie erstritten hatten, ihnen ihren Kerker und ihre Ketten wieder; mit erbarmungsloser Strenge wandte der zweite Consul Appius Claudius die Creditgesetze an und der College, den seine früheren Soldaten um Hülfe anriefen, wagte nicht sich zu widersetzen. Es schien, als sei die Collegialität nicht zum Schutz des Volkes eingeführt, sondern zur Erleichterung des Treubruchs und der Despotie; indefs man litt was nicht zu ändern war. Als aber im folgenden Jahr sich der Krieg erneuerte, galt das Wort des Consuls nicht mehr. Erst dem ernannten Dictator Manius Valerius fügten sich die Bauern, theils aus Scheu vor der höheren Amtsgewalt, theils im Vertrauen auf seinen populären Sinn — die Valerier waren eines jener alten Adelsgeschlechter, denen das Regiment ein Recht und eine Ehre, nicht eine Pfründe dünkte. Der Sieg war wieder bei den römischen Feldzeichen; aber als die Sieger heimkamen und der Dictator seine Reformvorschläge dem Senat vorlegte, scheiterten sie an dem hartnäckigen Widerstand des Senats. Noch stand das Heer beisammen, wie üblich vor den Thoren der Stadt; als die Nachricht hinauskam, entlud sich das lange drohende Gewitter — der Corpsgeist und die geschlossene militärische Organisation rissen auch die Verzagten und Gleichgültigen mit fort. Das Heer verliefs den Feldherrn und seine Lagerstatt und zog, geführt von den Legionscommandanten, den wenigstens grofsentheils plebejischen Kriegstribunen, in militärischer Ordnung in die Gegend von Crustumeria zwischen Tiber und Anio, wo es einen Hügel besetzte und Miene machte in diesem fruchtbarsten Theil des römischen Stadtgebiets eine neue Plebejerstadt zu gründen. Dieser Abmarsch that selbst den hartnäckigsten Pressern auf eine handgreifliche Art dar, dafs ein solcher Bürgerkrieg auch mit ihrem ökonomischen Ruin enden müsse; der Senat gab nach. Der Dictator vermittelte das Verträgnifs; die Bürger kehrten zurück in die Stadtmauern; die äufserliche Einheit ward wiederhergestellt. Das Volk nannte den Manius Valerius seitdem ‚den Grofsen' (*maximus*) und den Berg jenseit des Anio ‚den heiligen'. Wohl lag etwas Gewaltiges und Erhebendes in dieser ohne feste Leitung unter den zufällig gegebenen Feldherren von der Menge selbst begonnenen und ohne Blutvergiefsen durchgeführten Revolution und gern und stolz erinnerten sich ihrer die Bürger. Empfunden wurden ihre Folgen durch viele Jahrhunderte; ihr entsprang das Volkstribunat.

Volkstribune und Volks- aedilen. Aufser den transitorischen Bestimmungen, namentlich zur Abstellung der drückendsten Schuldnoth und zur Versorgung einer Anzahl Landleute durch Gründung verschiedener Colonien, brachte der Dictator verfassungsmäfsig ein Gesetz durch, welches er überdies noch, ohne Zweifel um den Bürgern wegen ihres gebrochenen Fahneneides Amnestie zu sichern, von jedem einzelnen Gemeindeglied beschwören und sodann in einem Gotteshause niederlegen liefs unter Aufsicht und Verwahrung zweier besonders dazu aus der Plebs bestellter Beamten, der beiden ‚Hausherren' (*aediles*). Dies Gesetz stellte den zwei patricischen Consuln zwei plebejische Tribune zur Seite, die die nach Curien versammelten Plebejer zu wählen hatten. Gegen das militärische Imperium, das heifst gegen das der Dictatoren durchaus und gegen das der Consuln aufserhalb der Stadt, vermochte die tribunicische Gewalt nichts; der bürgerlichen ordentlichen Amtsgewalt aber, wie die Consuln sie übten, trat die tribunicische unabhängig gegenüber, ohne dafs doch eine Theilung der Gewalten stattgefunden hätte. Die Tribune erhielten theils das Recht jeden von einem Beamten erlassenen Befehl, durch den der betroffene Bürger sich verletzt hielt, durch ihren rechtzeitig und persönlich eingelegten Protest zu vernichten, theils erhielten sie oder nahmen sie sich die Befugnifs Criminalurtheile unbeschränkt auszusprechen und dieselben, wenn Provocation erfolgte, vor den versammelten Plebejern zu vertheidigen; woran sich dann sehr bald die weitere Befugnifs der Tribunen anschlofs überhaupt zum Volk zu reden und Beschlufsfassung zu bewirken.

Es lag also in der tribunicischen Gewalt zunächst das Recht *Intercession.* die Verwaltung und die Rechtsvollstreckung willkürlich zu hemmen, dem Militärpflichtigen es möglich zu machen sich straflos der Aushebung zu entziehen, die Haft des verurtheilten Schuldners und die Untersuchungshaft zu verhindern oder aufzuheben und was dessen mehr war. Damit diese Rechtshülfe nicht durch die Abwesenheit der Helfer vereitelt werde, war ferner verordnet, dafs der Tribun keine Nacht aufserhalb der Stadt zubringen dürfe und Tag und Nacht seine Thüre offen stehen müsse. Aber dafs der Richter seinen Spruch that, der Senat seinen Beschlufs fafste, die Centurien abstimmten, konnten die Tribune nicht wehren. — Kraft ihres Richteramts konnten sie jeden Bürger, selbst den Consul im Amte, durch ihre Boten vor sich laden, ihn, wenn er sich weigerte, greifen lassen, ihn in Untersuchungshaft setzen oder Bürgschaftstellung ihm gestatten und alsdann auf Tod oder Geldbufse erkennen. Zu diesem Zweck standen die beiden zugleich bestellten Aedilen des Volkes den Tribunen als Diener und Gehülfen zur Seite, ebenso die Zehnmänner für Prozefssachen (*iudices decemviri*, später *decemviri litibus iudicandis*); die Competenz der letzteren ist nicht bekannt, die Aedilen hatten gleich den Tribunen, aber vorzugsweise für die geringeren mit Bufsen sühnbaren Sachen richterliche Befugnifs. Ward gegen ihren Spruch Berufung eingelegt, so ging diese nicht an die Gesammtbürgerschaft, mit der zu verhandeln die Tribune überall nicht befugt waren, sondern an die Gesammtheit der Plebejer, die auch in diesem Fall nach Curien zusammen getreten sein und abgestimmt haben wird. Dies Verfahren war allerdings mehr ein Gewalt- als ein Rechtsact, zumal wenn es gegen einen Nichtplebejer angewandt ward, wie dies doch eben in der Regel der Fall sein mufste. Es war weder mit dem Buchstaben noch mit dem Geist der Verfassung irgend zu vereinigen, dafs der Patricier von Behörden zur Rechenschaft gezogen ward, die nicht der Bürgerschaft, sondern einer innerhalb der Bürgerschaft gebildeten Association vorstanden und dafs er gezwungen ward, statt an die Bürgerschaft, an eben diese Association zu appelliren. Dies war Lynchjustiz; aber sie wurde durchgesetzt und man war wenigstens bemüht sie in Rechtsformen zu kleiden. — Der Absicht nach war diese neue Gerichtsbarkeit der Tribunen und Aedilen und die daraus hervorgehende Provocationsentscheidung der Plebejerversammlung ohne Zweifel ebenso an die Gesetze gebunden wie die Gerichtsbarkeit der Consuln und Quaestoren und der Spruch der Centurien auf Provocation. Indefs die Rechtsbegriffe des Verbrechens gegen die Gemeinde (S. 151) und der Ordnungswidrigkeit (S. 152) waren selbst so wenig fest und deren gesetzliche Begrenzung so schwierig, ja unmöglich, dafs die auf diese Kategorien hin geübte Justizpflege schon an sich den Stempel der Willkür fast unvermeidlich an sich trug. Seit nun aber gar in den ständischen Kämpfen die Idee des Rechts sich selber getrübt hatte und seit die gesetzlichen Parteiführer beiderseits mit einer concurrirenden Gerichtsbarkeit ausgestattet wurden, mufste diese mehr und immer mehr der reinen Willkürpolizei sich nähern. Namentlich traf dieselbe den Beamten. An sich unterlag derselbe nach römischem Staatsrecht, so lange er Beamter war, überhaupt keiner Gerichtsbarkeit und war auch nachher nicht verantwortlich, so weit er als Beamter, also innerhalb seiner Competenz gehandelt hatte; noch bei Einführung der Provocation hatte man nicht gewagt von diesen Grundsätzen abzuweichen (S. 252). Jetzt aber ward die tribunicische Gerichtsbarkeit thatsächlich zu einer theils sofort, theils späterhin eintretenden Controle über jeden Beamten, die um so drückender war, als weder das Verbrechen noch die Strafe gesetzlich formulirt wurden. Der Sache nach ward durch die concurrirende Gerichtsbarkeit der Tribune und der Consuln Gut, Leib und Leben der Bürger dem willkürlichen Belieben der Parteiversammlungen preisgegeben. — An die concurrirende Jurisdiction schlofs sich weiter die Concurrenz in der

Gesetz- gesetzgeberischen Initiative. Da die Tribune im peinlichen Pro-
gebung. zefs als Vertheidiger ihres Urtheils vor dem Volke zu sprechen hatten, lag es ihnen nahe auch zu andern Zwecken Versammlungen des Volkes anzusetzen und zu ihm zu sprechen oder sprechen zu lassen; welches Recht durch das icilische Gesetz (262) dann noch besonders gewährleistet und jedem, der dabei dem Tribun ins Wort falle oder das Volk auseinander gehen heifse, eine schwere Strafe gedroht ward. Dafs demnach dem Tribun nicht wohl gewehrt werden konnte auch andere Anträge als die Bestätigung seiner Urtheilssprüche zur Abstimmung zu bringen, leuchtet ein. Gültige Volksschlüsse waren derartige ‚Beliebungen der Menge' (*plebi scita*) zwar eigentlich nicht, sondern anfänglich nicht viel mehr als die Beschlüsse unserer heutigen Volksversammlungen; allein da der Unterschied zwischen den Comitien des Volkes und den Concilien der Menge denn doch mehr formaler Natur war, ward wenigstens von plebejischer Seite die Gültigkeit derselben als autonomischer Festsetzungen der Gemeinde sofort in Anspruch genommen und zum Beispiel gleich das icilische Gesetz auf diesem Wege durchgesetzt. — So waren die Tribune des Volkes bestellt dem Einzelnen zu Schirm und Schutz, allen zur Leitung und Führung, versehen mit unbeschränkter richterlicher Gewalt im peinlichen Verfahren, um

also ihrem Befehl Nachdruck geben zu können, endlich selbst persönlich für unverletzlich (*sacrosancti*) erklärt, indem das Volk Mann für Mann für sich und seine Kinder geschworen hatte den Tribun zu vertheidigen und wer sich an ihm vergriff, nicht blofs den Göttern verfallen galt, sondern auch bei den Menschen als vogelfrei und geächtet.

Die Tribune der Menge (*tribuni plebis*) sind hervorgegangen aus den Kriegstribunen und führen von diesen ihren Namen; rechtlich aber haben sie weiter zu ihnen keinerlei Beziehung. Vielmehr stehen der Gewalt nach die Volkstribune und die Consuln sich gleich. Die Appellation vom Consul an den Tribun und das Intercessionsrecht des Tribuns gegen den Consul ist durchaus gleichartig der Appellation vom Consul an den Consul und der Intercession des einen Consuls gegen den andern und beide sind nichts als eine Anwendung des allgemeinen Rechtssatzes, dafs zwischen zwei Gleichberechtigten der Verbietende dem Gebietenden vorgeht. Auch die ursprüngliche allerdings bald vermehrte Zahl, die Jahresdauer des Amtes, welches für die Tribunen jedesmal am 10. December wechselte, und die Unabsetzbarkeit sind den Tribunen mit den Consuln gemein, ebenso die eigenthümliche Collegialität, die in jedes einzelnen Consuls und in jedes einzelnen Tribunen Hand die volle Machtfülle des Amtes legt und bei Collisionen innerhalb des Collegiums nicht die Stimmen zählt, sondern das Nein dem Ja vorgehen läfst — wefshalb, wo der Tribun verbietet, das Verbot des Einzelnen trotz des Widerspruchs der Collegen genügt, wo er dagegen anklagt, er durch jeden seiner Collegen gehemmt werden kann. Consuln und Tribune haben beide volle und concurrirende Criminaljurisdiction; wie jenen die beiden Quaestoren, stehen diesen die beiden Aedilen hierin zur Seite*). Die Consuln sind noth-

---

*) Dafs die plebejischen Aedilen in derselben Weise den patricischen Quaestoren nachgebildet sind wie die plebejischen Tribune den patricischen Consuln, ist deutlich sowohl für die Criminalpflege, wo nur die Tendenz der beiden Magistraturen, nicht die Competenz verschieden gewesen zu sein scheint, wie für das Archivgeschäft. Für die Aedilen ist der Cerestempel was der Tempel des Saturnus für die Quaestoren und von jenem haben sie auch den Namen. Bezeichnend ist die Vorschrift des Gesetzes von 305 (Liv. 3, 55), dafs die Senatsbeschlüsse dorthin an die Aedilen abgeliefert werden sollen (S. 289), während dieselben bekanntlich nach altem und später wieder nach Beilegung des Ständekampfes ausschliefslich festgehaltenem Gebrauche den Quaestoren zur Aufbewahrung in dem Saturnustempel zugestellt wurden. Dafs die Plebs eine Zeitlang auch eine eigene Kasse gehabt und die Aedilen diese verwaltet haben, ist möglich und nach

wendig Patricier, die Tribune nothwendig Plebejer. Jene haben die vollere Macht, diese die unumschränktere, denn ihrem Verbot und ihrem Gericht fügt sich der Consul, nicht aber dem Consul sich der Tribun. So ist die tribunicische Gewalt das Abbild der consularischen; sie ist aber nicht minder ihr Gegenbild. Die Macht der Consuln ist wesentlich positiv, die der Tribune wesentlich negativ. Darum sind nur die Consuln Magistrate des römischen Volkes, nicht die Tribune; denn jene erwählt die gesammte Bürgerschaft, diese nur die plebejische Association. Zum Zeichen dessen erscheint der Consul öffentlich mit dem den Gemeindebeamten zukommenden Schmuck und Gefolge, der Tribun aber sitzt auf dem Schemel anstatt des Wagenstuhls und ermangelt der Amtsdiener, des Purpursaumes und überhaupt jedes Abzeichens der Magistratur; sogar im Gemeinderath hat der Tribun weder den Vorsitz noch auch nur den Beisitz. So ist in dieser merkwürdigen Institution dem absoluten Befehlen das absolute Verbieten in der schärfsten und schroffsten Weise gegenübergestellt; das war die Schlichtung des Haders, dafs die Zwietracht der Reichen und der Armen gesetzlich festgestellt und geordnet ward.

Politischer Werth des Tribunats. Aber was war erreicht damit, dafs man die Einheit der Gemeinde brach, dafs die Beamten einer unsteten und von allen Leidenschaften des Augenblicks abhängigen Controlebehörde unterworfen wurden, dafs auf den Wink eines einzelnen der auf den Gegenthron gehobenen Oppositionschefs die Verwaltung im gefährlichsten Augenblick zum Stocken gebracht werden konnte, dafs man die Criminalrechtspflege, indem man alle Beamte dazu concurrirend bevollmächtigte, gleichsam gesetzlich aus dem Recht in die Politik verwies und sie für alle Zeiten verdarb? Es ist wohl wahr, dafs das Tribunat wenn nicht unmittelbar zur politischen Ausgleichung der Stände beigetragen, so doch als eine mächtige Waffe in der Hand der Plebejer gedient hat, als diese bald darauf die Zulassung zu den Gemeindeämtern begehrten. Aber die eigentliche Bestimmung des Tribunats war dieses nicht. Nicht dem politisch privilegirten Stande ward es abgerungen, sondern den reichen Grund - und Capitalherren; es sollte dem gemeinen Mann billige Rechtspflege sichern und eine zweckmäfsigere Finanzverwaltung herbeiführen. Diesen Zweck hat es nicht erfüllt

---

der Art, wie die letzteren über die an sie erlegten Multen verfügen, selbst wahrscheinlich, jedoch nicht mit Sicherheit zu erweisen.

und konnte es nicht erfüllen. Der Tribun mochte einzelnen Unbilden, einzelnen schreienden Härten steuern; aber der Fehler lag nicht im Unrecht, das man Recht hiefs, sondern im Rechte, welches ungerecht war: und wie konnte der Tribun die ordentliche Rechtspflege regelmäfsig hemmen? hätte er es gekonnt, so war auch damit noch wenig geholfen, wenn nicht die Quellen der Verarmung verstopft wurden, die verkehrte Besteuerung, das schlechte Creditsystem, die heillose Occupation der Domänen. Aber hieran wagte man sich nicht, offenbar weil die reichen Plebejer selbst an diesen Mifsbräuchen kein minderes Interesse hatten als die Patricier. So gründete man diese seltsame Magistratur, deren handgreiflicher Beistand dem gemeinen Mann einleuchtete und die doch die nothwendige ökonomische Reform unmöglich durchsetzen konnte. Sie ist kein Beweis politischer Weisheit, sondern ein schlechtes Compromifs zwischen dem reichen Adel und der führerlosen Menge. Man hat gesagt, das Volkstribunat habe Rom vor der Tyrannis bewahrt. Wäre dies wahr, so würde es wenig bedeuten; die Aenderung der Staatsform ist an sich für ein Volk kein Unheil, und für das römische war es vielmehr ein Unglück, dafs die Monarchie zu spät eingeführt ward nach Erschöpfung der physischen und geistigen Kräfte der Nation. Es ist aber nicht einmal richtig; wie schon das beweist, dafs die italischen Staaten ebenso regelmäfsig ohne Tyrannen geblieben sind wie sie in den hellenischen regelmäfsig aufstanden. Der Grund liegt einfach darin, dafs die Tyrannis überall die Folge des allgemeinen Stimmrechts ist und dafs die Italiker länger als die Griechen die nicht grundsäfsigen Bürger von den Gemeindeversammlungen ausschlossen; als Rom hiervon abging, blieb auch die Monarchie nicht aus, ja knüpfte eben an an das tribunicische Amt. Dafs das Volkstribunat auch genützt hat, indem es der Opposition gesetzliche Bahnen wies und manche Verkehrtheit abwehrte, wird Niemand verkennen; aber ebenso wenig, dafs, wo es sich nützlich erwies, es für ganz andere Dinge gebraucht ward als wofür man es begründet hatte. Das verwegene Experiment den Führern der Opposition ein verfassungsmäfsiges Veto einzuräumen und sie mit der Macht es rücksichtslos geltend zu machen auszustatten, bleibt ein Nothbehelf, durch den der Staat politisch aus den Angeln gehoben und die socialen Mifsstände durch nutzlose Palliative hingeschleppt wurden.

Indefs man hatte den Bürgerkrieg organisirt; er ging seinen Gang. Wie zur Schlacht standen die Parteien sich gegenüber, jede unter ihren Führern; Beschränkung der consularischen, *Weiterer Hader.*

Erweiterung der tribunicischen Gewalt ward auf der einen, die Vernichtung des Tribunats auf der andern Seite angestrebt; die gesetzlich straflos gemachte Insubordination, die Weigerung sich zur Landesvertheidigung zu stellen, die Bufs- und Strafklagen namentlich gegen Beamte, die die Rechte der Gemeinde verletzt oder auch nur ihr Mifsfallen erregt hatten, waren die Waffen der Plebejer, denen die Junker Gewalt und Einverständnisse mit den Landesfeinden, gelegentlich auch den Dolch des Meuchelmörders entgegensetzten; auf den Strafsen kam es zum Handgemenge und hüben und drüben vergriff man sich an der Heiligkeit der Magistratspersonen. Viele Bürgerfamilien sollen ausgewandert sein und in den benachbarten Gemeinden einen friedlicheren Wohnsitz gesucht haben; und man mag es wohl glauben. Es zeigt von dem starken Bürgersinn im Volk, nicht dafs es diese Verfassung sich gab, sondern dafs es sie ertrug und die Gemeinde trotz der heftigsten Krämpfe dennoch zusammenhielt.

Coriolanus. Das bekannteste Ereignifs aus diesen Ständekämpfen ist die Geschichte des Gaius Marcius, eines tapferen Adlichen, der von Coriolis Erstürmung den Beinamen trug. Er soll im Jahr 263, erbittert über die Weigerung der Centurien ihm das Consulat zu übertragen, beantragt haben, wie Einige sagen, die Einstellung der Getreideverkäufe aus den Staatsmagazinen, bis das hungernde Volk auf das Tribunat verzichte; wie Andere berichten, geradezu die Abschaffung des Tribunats. Von den Tribunen auf Leib und Leben angeklagt, habe er die Stadt verlassen, indefs nur um zurückzukehren an der Spitze eines volskischen Heeres; jedoch im Begriff seine Vaterstadt für den Landesfeind zu erobern habe das ernste Wort der Mutter sein Gewissen gerührt und also sei von ihm der erste Verrath durch einen zweiten gesühnt worden und beide durch den Tod. Wie viel darin wahr ist, läfst sich nicht entscheiden; aber alt ist die Erzählung, aus der die naive Impertinenz der römischen Annalisten eine vaterländische Glorie gemacht hat, und sie öffnet den Einblick in die tiefe sittliche und politische Schändlichkeit dieser ständischen Kämpfe. Aehnlichen Schlages ist der Ueberfall des Capitols durch eine Schaar politischer Flüchtlinge, geführt von dem Sabiner Appius Herdonius im Jahr 294; sie riefen die Sklaven zu den Waffen und erst nach heifsem Kampf und mit Hülfe der herbeigeeilten Tusculaner ward die römische Bürgerwehr der catilinarischen Bande Meister. Denselben Charakter fanatischer Erbitterung tragen andere Ereignisse dieser Zeit, deren geschichtliche Bedeutung in den lügenseligen Familienberichten sich nicht mehr erfassen läfst; so das Uebergewicht des fabischen Geschlechtes, das von 269 bis 275 den einen Consul stellte, und die Reaction dagegen, die Auswanderung der Fabier aus Rom und ihre Vernichtung durch die Etrusker an der Cremera (277). Vielleicht hängt es mit diesem Hader zusammen, dafs das bis dahin dem Magistrat zuständige Recht seine Nachfolger vorzuschlagen wenigstens für den einen Consul wegfiel (um 273). Noch gehässiger war die Ermordung des Volkstribuns Gnaeus Genucius, der es gewagt hatte zwei Consulare zur Rechenschaft zu ziehen und der am Morgen des für die Anklage anberaumten Tages todt im Bette gefunden ward (281). Die unmittelbare Folge dieser Unthat war das publilische Gesetz (283), eines der folgenreichsten, das die römische Geschichte kennt. Zwei der wichtigsten Ordnungen, die Einführung der plebejischen Tribusversammlung und die wenn gleich bedingte Gleichstellung des Plebiscits mit dem förmlichen von der ganzen Gemeinde beschlossenen Gesetz, gehen, jene gewifs, diese wahrscheinlich zurück auf den Antrag des Volkstribunen Volero Publilius vom J. 283. Die Plebs hatte bis dahin ihre Beschlüsse nach Curien gefafst; demnach war in diesen ihren Sonderversammlungen theils ohne Unterschied des Vermögens und der Ansässigkeit blofs nach Köpfen abgestimmt worden, theils hatten, in Folge des im Wesen der Curienversammlung liegenden Zusammenstehens der Geschlechtsgenossen, die Clienten der grofsen Adelsfamilien in der Plebejerversammlung mit einander gestimmt. Der eine wie der andere Umstand gab dem Adel vielfache Gelegenheit Einflufs auf diese Versammlung zu üben und besonders die Wahl der Tribunen in seinem Sinne zu lenken; beides fiel fortan weg durch die neue Abstimmungweise nach Quartieren. Deren waren in der servianischen Verfassung zum Zweck der Aushebung vier gebildet worden, die Stadt und Land gleichmäfsig umfafsten (S. 94); späterhin — vielleicht im Jahre 259 — hatte man das römische Gebiet in zwanzig Districte eingetheilt, von denen die ersten vier die jetzt auf die Stadt und deren nächste Umgebung beschränkten alten waren, die übrigen sechzehn mit Zugrundelegung der Geschlechtergaue des ältesten römischen Ackers aus dem Landgebiet gebildet wurden (S. 36). Zu diesen wurde, wahrscheinlich erst in Folge des publilischen Gesetzes und um die für die Abstimmung wünschenswerthe Ungleichheit der Gesammtzahl der Stimmabtheilungen herbeizuführen, als einundzwanzigste Tribus die crustuminische hinzugefügt, die ihren Namen von dem Ort trug, wo die Plebs als solche sich constituirt und das Tribunat gestiftet hatte (S. 273) und fortan fanden die Sonderversammlungen der Plebs nicht mehr nach Curien statt, sondern nach Tribus. In diesen Abtheilungen, die durchaus auf dem Grundbesitz beruhten, stimmten ausschliefslich die ansässigen Leute, diese jedoch ohne Unterschied der Gröfse des Grundbesitzes und so wie sie in Dörfern und Weilern zusammen wohnten; es war also diese Tribusversammlung, die im Uebrigen äufserlich der nach Curien geordneten nachgebildet ward, recht eigentlich eine Versammlung des unabhängigen Mittelstandes, von der einerseits die Freigelassenen und Clienten der grofsen Mehrzahl nach als nicht ansässige Leute ausgeschlossen waren, und in der andrerseits der gröfsere Grundbesitz nicht so wie in den Centurien überwog. Eine allgemeine Bürgerschaftsversammlung war diese ‚Zusammenkunft der Menge' (*concilium plebis*) noch weniger als die plebejische Curienversammlung, da sie nicht blofs wie diese die sämmtlichen Patricier, sondern auch die nicht grundsässigen Plebejer ausschlofs; aber die Menge war mächtig genug um es durchzusetzen, dafs ihr Beschlufs dem von den Centurien gefafsten rechtlich gleichgelte, falls er vorher vom Gesammtsenat gebilligt worden war. Dafs diese letzte Bestimmung schon vor Erlafs der zwölf Tafeln gesetzlich feststand, ist gewifs; ob man sie gerade bei Gelegenheit des publilischen Plebiscits eingeführt hat, oder ob sie bereits vorher durch irgend eine andere verschollene Satzung ins Leben gerufen und auf das publilische Plebiscit nur angewendet worden ist, läfst sich nicht mehr ausmachen. Ebenso bleibt es ungewifs, ob durch dies Gesetz die Zahl der Tribunen von zwei auf fünf vermehrt ward oder dies bereits vorher geschehen war. — Einsichtiger angelegt als alle diese Parteischritte war der Versuch des Spurius Cassius die finanzielle Allmacht der Reichen zu brechen und damit den eigentlichen Quell des Uebels zu verstopfen. Er war Patricier und keiner that es in seinem Stande an Rang und Ruhm ihm zuvor; nach zwei Triumphen, im dritten Consulat (268) brachte er an die Bürgergemeinde den Antrag das Gemeindeland vermessen zu lassen und es theils zum Besten des öffentlichen Schatzes zu verpachten, theils unter die Bedürftigen zu vertheilen; das heifst er versuchte die Entscheidung über die Domänen dem Senat zu entreifsen und gestützt auf die Bürgerschaft dem egoistischen Occupationssystem ein Ende zu machen. Er mochte meinen, dafs die Auszeichnung seiner Persönlichkeit, die Gerechtigkeit und Weisheit der Mafsregel durchschlagen werde selbst in diesen Wogen der Leidenschaftlichkeit und der Schwäche; allein er irrte. Der Adel erhob sich wie ein Mann; die reichen

Plebejer traten auf seine Seite; der gemeine Mann war mifsvergnügt, weil Spurius Cassius, wie Bundesrecht und Billigkeit geboten, auch den latinischen Eidgenossen bei der Assignation ihr Theil geben wollte. Cassius mufste sterben; es ist etwas Wahres in der Anklage, dafs er königliche Gewalt sich angemafst habe, denn freilich versuchte er gleich den Königen gegen seinen Stand die Gemeinfreien zu schirmen. Sein Gesetz ging mit ihm ins Grab, aber das Gespenst desselben stand seitdem den Reichen unaufhörlich vor Augen und wieder und wieder stand es auf gegen sie, bis unter den Kämpfen darüber das Gemeinwesen zu Grunde ging.

Da ward noch ein Versuch gemacht die tribunicische Gewalt Decemvirn. dadurch zu beseitigen, dafs man dem gemeinen Mann die Rechtsgleichheit auf einem geregelteren und wirksameren Wege sicherte. Der Volkstribun Gaius Terentilius Arsa beantragte im J. 292 die Ernennung einer Commission von fünf Männern zur Entwerfung eines gemeinen Landrechts, an das die Consuln künftighin in ihrer richterlichen Gewalt gebunden sein sollten. Aber der Senat weigerte sich diesem Vorschlag seine Sanction zu geben und es vergingen zehn Jahre, ehe derselbe zur Ausführung kam — Jahre des heifsesten Ständekampfes, welche überdiefs vielfach bewegt waren durch Kriege und innere Unruhen; mit gleicher Hartnäckigkeit hinderte die Adelspartei die Zulassung des Gesetzes im Senat und ernannte die Gemeinde wieder und wieder dieselben Männer zu Tribunen. Man versuchte durch andere Concessionen den Angriff zu beseitigen: im Jahre 297 ward die Vermehrung der Tribunen von fünf auf zehn bewilligt — freilich ein zweifelhafter Gewinn —; im folgenden Jahre durch ein icilisches Plebiscit, das aufgenommen ward unter die beschworenen Privilegien der Gemeinde, der Aventin, bisher Tempelhain und unbewohnt, unter die ärmeren Bürger zu Bauplätzen erblichen Besitzes aufgetheilt. Die Gemeinde nahm was ihr geboten ward, allein sie hörte nicht auf das Landrecht zu fordern. Endlich im Jahre 300 kam ein Vergleich zu Stande; der Senat gab in der Hauptsache nach. Die Abfassung des Landrechts wurde beschlossen; es sollten dazu aufserordentlicher Weise zehn Männer von den Centurien gewählt werden, welche zugleich als höchste Beamte anstatt der Consuln zu fungiren hatten (*decemviri consulari imperio legibus scribundis*) und zu diesem Posten sollten nicht blofs Patricier, sondern auch Plebejer wahlfähig sein. Diese wurden hier zum ersten Mal, freilich nur für ein aufserordentliches Amt, als wählbar bezeichnet. Es war dies ein großer Schritt vorwärts zu der vollen politischen Gleichberechtigung und er war nicht zu theuer damit erkauft, daß das Volkstribunat so wie das Provocationsrecht für die Dauer des Decemvirats suspendirt und die Zehnmänner nur verpflichtet wurden die beschworenen Freiheiten der Gemeinde nicht anzutasten. Vorher indeß wurde noch eine Gesandtschaft nach Griechenland geschickt um die solonischen und andere griechische Gesetze heimzubringen und erst nach deren Rückkehr wurden für das Jahr 303 die Zehnmänner gewählt. Obwohl es freistand auch Plebejer zu ernennen, so traf doch die Wahl auf lauter Patricier — so mächtig war damals noch der Adel — und erst als die erste Commission ihr Geschäft nicht zu Ende brachte und deßhalb eine abermalige Wahl für 304 nöthig ward, wurden auch einige Plebejer gewählt — die ersten nicht adlichen Beamten, die die römische Gemeinde gehabt hat. — Erwägt man diese Maßregeln in ihrem Zusammenhang, so kann kaum ein anderer Zweck ihnen untergelegt werden als die Beschränkung der consularischen Gewalt durch das geschriebene Gesetz an die Stelle der tribunicischen Hülfe zu setzen. Von beiden Seiten mußte man sich überzeugt haben, daß es so nicht bleiben konnte wie es war, und die Permanenzerklärung der Anarchie wohl die Gemeinde zu Grunde richtete, aber in der That und Wahrheit dabei für Niemand etwas herauskam. Ernsthafte Leute mußten einsehen, daß das Eingreifen der Tribune in die Administration so wie ihre Anklägerthätigkeit schlechterdings schädlich wirkten und der einzelne wirkliche Gewinn, den das Tribunat dem gemeinen Mann gebracht hatte, der Schutz gegen parteiische Rechtspflege war, indem es als eine Art Cassationsgericht die Willkür des Magistrats beschränkte. Ohne Zweifel ward, als die Plebejer ein geschriebenes Landrecht begehrten, von den Patriciern erwiedert, daß dann der tribunicische Rechtsschutz überflüssig werde; und hierauf scheint von beiden Seiten nachgegeben zu sein. Es ist nicht klar und vielleicht überhaupt nie bestimmt ausgesprochen worden, wie es werden sollte nach Abfassung des Landrechts; die der Plebs gegebene Zusage, daß ihre beschworenen Freiheiten nicht angetastet werden sollten, kann allerdings wohl nur den Sinn haben, daß das Volkstribunat und die übrigen plebejischen Grundeinrichtungen durch die bevorstehende Codification nicht sollten abgeschafft werden dürfen, wie dies auch nicht geschah; damit aber ist die Absicht wohl vereinbar, daß die Zehnmänner bei ihrem Rücktritt dem Volke vorschlagen sollten auf die tribunicische Gewalt zu verzichten und die jetzt nicht mehr nach Willkür, sondern nach geschriebenem Recht urtheilenden Consuln gewähren zu lassen.

Der Plan, wenn er bestand, war weise; es kam darauf an, ob die leidenschaftlich erbitterten Gemüther hüben und drüben diesen friedlichen Austrag annehmen würden. Die Decemvirn des Jahres 303 brachten ihr Gesetz vor das Volk und von diesem bestätigt wurde dasselbe, in zehn Kupfertafeln eingegraben, auf dem Markt an der Rednerbühne vor dem Rathhaus angeschlagen. Da indefs noch ein Nachtrag erforderlich schien, so ernannte man auf das Jahr 304 wieder Zehnmänner, die noch zwei Tafeln hinzufügten; so entstand das erste und einzige römische Landrecht, das Gesetz der zwölf Tafeln. Es ging aus einem Compromifs der Parteien hervor und kann schon darum tiefgreifende über polizeiliche und blofse Zweckmäfsigkeitsbestimmungen hinausgehende Aenderungen des bestehenden Rechts nicht wohl enthalten haben. Sogar im Creditwesen trat keine weitere Milderung ein, als dafs ein — wahrscheinlich niedriges — Zinsmaximum (10 Procent) festgestellt und der Wucherer mit schwerer Strafe — charakteristisch genug mit einer weit schwereren als der Dieb — bedroht ward; der strenge Schuldprozefs blieb wenigstens in seinen Hauptzügen ungeändert. Aenderungen der ständischen Rechte waren begreiflicher Weise noch weniger beabsichtigt; der Rechtsunterschied zwischen Ansässigen und Nichtansässigen, die Ungültigkeit der Ehe zwischen Adlichen und Bürgerlichen wurden vielmehr aufs Neue im Stadtrecht bestätigt, ebenso zur Beschränkung der Beamtenwillkür und zum Schutz des Bürgers ausdrücklich vorgeschrieben, dafs das spätere Gesetz durchaus dem früheren vorgehen und dafs kein Volksschlufs gegen einen einzelnen Bürger erlassen werden solle. Am bemerkenswerthesten ist die Ausschliefsung der Provocation an die Tributcomitien in Capitalsachen, während die an die Centurien gewährleistet ward; was sich wohl daraus erklärt, dafs die Strafgerichtsbarkeit von der Plebs und ihren Vorstehern in der That usurpirt war (S. 275) und die Decemvirn, auch ohne die beschworenen Freiheiten derselben anzutasten, wenigstens den ärgsten Fall dieser Art, den tribunicischen Capitalprozefs abstellen zu können meinten. Die wesentliche politische Bedeutung lag weit weniger in dem Inhalt des Weisthums als in der jetzt förmlich festgestellten Verpflichtung der Consuln, nach diesen Prozefsformen und diesen Rechtsregeln Recht zu sprechen, und in der öffentlichen Aufstellung des Gesetzbuchs, wodurch die Rechtsverwaltung der Controle der Publicität unterworfen und der Consul genöthigt ward allen gleiches und wahrhaft gemeines Recht zu sprechen.

Sturz der Decemvirn. Der Ausgang des Decemvirats liegt in tiefem Dunkel. Es blieb — so wird berichtet — den Zehnmännern nur noch übrig die beiden letzten Tafeln zu publiciren und alsdann der ordentlichen Magistratur Platz zu machen. Sie zögerten indefs; unter dem Vorwande, dafs das Gesetz noch immer nicht fertig sei, führten sie selbst nach Verlauf des Amtsjahres ihr Amt weiter, was nach römischem Staatsrecht möglich war, da auch der auf Zeit bestellte Beamte erst durch förmliche Niederlegung des Amtes Beamter zu sein aufhörte. Die gemäfsigte Fraction den Aristokratie, die Valerier und Horatier an ihrer Spitze, soll versucht haben, im Senat die Abdankung der Decemvirn zu erzwingen; allein das Haupt der Zehnmänner Appius Claudius, von Haus aus ein starrer Aristokrat, aber jetzt umschlagend zum Demagogen und zum Tyrannen, gewann das Uebergewicht im Senat und auch das Volk fügte sich. Die Aushebung eines doppelten Heeres ward ohne Widerspruch vollzogen und der Krieg gegen die Volsker wie gegen die Sabiner begonnen. Da wurde der gewesene Volkstribun Lucius Siccius Dentatus, der tapferste Mann in Rom, der in hundert und zwanzig Schlachten gefochten und fünf und vierzig ehrenvolle Narben aufzuzeigen hatte, todt vor dem Lager gefunden, meuchlerisch ermordet wie es hiefs auf Anstiften der Zehnmänner. Die Revolution gährte in den Gemüthern; zum Ausbruch brachte sie der ungerechte Wahrspruch des Appius in dem Prozefs um die Freiheit der Tochter des Centurionen Lucius Verginius, der Braut des gewesenen Volkstribuns Lucius Icilius, welcher Spruch das Mädchen den Ihrigen entrifs, um sie unfrei und rechtlos zu machen und den Vater bewog seiner Tochter auf offenem Markt das Messer selber in die Brust zu stofsen, um sie der gewissen Schande zu entreifsen. Während das Volk erstarrt ob der unerhörten That die Leiche des schönen Mädchens umstand, befahl der Decemvir seinen Büttel den Vater und alsdann den Bräutigam vor seinen Stuhl zu führen, um ihm, von dessen Spruch keine Berufung galt, sofort Rede zu stehen wegen ihrer Auflehnung gegen seine Gewalt. Nun war das Mafs voll. Geschützt von den brausenden Volksmassen entziehen der Vater und der Bräutigam des Mädchens sich den Häschern des Gewaltherrn, und während in Rom der Senat zittert und schwankt, erscheinen die beiden mit zahlreichen Zeugen der furchtbaren That in den beiden Lagern. Das Unerhörte wird berichtet; vor allen Augen öffnet sich die Kluft, die der mangelnde tribunicische

Schutz in der Rechtssicherheit gelassen hat und was die Väter gethan, wiederholen die Söhne. Abermals verlassen die Heere ihre Führer; sie ziehen in kriegerischer Ordnung durch die Stadt und abermals auf den heiligen Berg, wo sie abermals ihre Tribune sich ernennen. Immer noch weigern die Decemvirn die Niederlegung ihrer Gewalt; da erscheint das Heer mit seinen Tribunen in der Stadt und lagert sich auf dem Aventin. Jetzt endlich, wo der Bürgerkrieg schon da war und der Strafsenkampf stündlich beginnen konnte, jetzt entsagen die Zehnmänner ihrer angemafsten und entehrten Gewalt und Lucius Valerius und Marcus Horatius vermitteln einen zweiten Vergleich, durch den das Volkstribunat wieder hergestellt wurde. Die Anklagen gegen die Decemvirn endigten damit, dafs die beiden schuldigsten, Appius Claudius und Spurius Oppius im Gefängnifs sich das Leben nahmen, die acht andern ins Exil gingen und der Staat ihr Vermögen einzog. Weitere gerichtliche Verfolgungen hemmte der kluge und gemäfsigte Volkstribun Marcus Duilius durch rechtzeitigen Gebrauch seines Veto.

So lautet die Erzählung, wie der Griffel der römischen Aristokraten sie aufgezeichnet hat; unmöglich aber kann, auch von den Nebenumständen abgesehen, die grofse Krise, der die zwölf Tafeln entsprangen, in solche romantische Abenteuerlichkeiten und politische Unbegreiflichkeiten ausgelaufen sein. Das Decemvirat war nach der Abschaffung des Königthums und der Einsetzung des Volkstribunats der dritte grofse Sieg der Plebs und die Erbitterung der Gegenpartei gegen die Institution wie gegen ihr Haupt Appius Claudius ist erklärlich genug. Die Plebejer hatten damit das passive Wahlrecht zu dem höchsten Gemeindeamt und das gemeine Landrecht errungen; und nicht sie waren es, die Ursache hatten sich gegen die neue Magistratur aufzulehnen und mit Waffengewalt das rein patricische Consularregiment zu restauriren. Dies Ziel kann nur von der Adelspartei verfolgt worden sein, und wenn die patricisch-plebejischen Decemvirn den Versuch gemacht haben sich über die Zeit hinaus im Amte zu behaupten, so ist sicherlich dagegen in erster Reihe der Adel in die Schranken getreten; wobei er freilich nicht versäumt haben wird geltend zu machen, dafs ja auch der Plebs also ihre verbrieften Rechte, insbesondere das Tribunat vorenthalten würden. Gelang es dann dem Adel die Decemvirn zu beseitigen, so ist es allerdings begreiflich, dafs nach deren Sturz die Plebs jetzt abermals in Waffen zusammentrat, um die Ergebnisse sowohl der früheren Revolution von 260 wie auch der jüngsten

Die valerisch-horatischen Gesetze.

Bewegung sich zu sichern; und nur als Compromifs in diesem Conflict lassen die valerisch-horatischen Gesetze von 305 sich verstehen. Der Vergleich fiel wie natürlich durchaus zu Gunsten der Plebejer aus und beschränkte abermals in empfindlicher Weise die Gewalt des Adels. Dafs das Volkstribunat wieder hergestellt, das dem Adel abgedrungene Stadtrecht definitiv festgehalten und die Consuln danach zu richten verpflichtet wurden, versteht sich von selbst. Durch das Stadtrecht verloren allerdings die Tribus die angemafste Gerichtsbarkeit in Capitalsachen; allein zum reichlichen Ersatz dafür ward auf Antrag der Consuln von den Centurien beschlossen, dafs künftig jeder Magistrat, also auch der Dictator bei seiner Ernennung verpflichtet werden müsse der Provocation stattzugeben; wer dem zuwider einen Beamten ernannte, büfste mit dem Kopfe. Im Uebrigen blieb dem Dictator die bisherige Gewalt und konnte namentlich der Tribun seine Amtshandlungen nicht wie die der Consuln cassiren. Den Tribunen blieb in dem Recht auf Geldbufsen unbeschränkt zu erkennen und diesen Spruch an die Tributcomitien zu bringen ein ausreichendes Mittel die bürgerliche Existenz eines Gegners zu vernichten. — Eine weitere Beschränkung der consularischen Machtfülle war es, dafs die Verwaltung der Kriegskasse zwei von der Gemeinde gewählten Zahlmeistern (*quaestores*) übertragen ward, die zuerst für 307, jedoch aus dem Adel ernannt wurden, während die Ernennung der beiden die Stadtkasse verwaltenden Zahlmeister für jetzt noch den Consuln blieb. Die Versammlung, in denen unter Leitung eines der Consuln die Kriegszahlmeister erwählt wurden, war die der sämmtlichen patricisch-plebejischen ansässigen Leute und stimmte nach Quartieren ab; worin ebenfalls eine Concession an die diese Versammlungen weit mehr als die Centuriatcomitien beherrschende plebejische Bauerschaft liegt. — Folgenreicher noch war es, dafs den Tribunen Antheil an den Verhandlungen im Senat eingeräumt ward. Zwar in den Sitzungssaal die Tribune zuzulassen schien dem Senat unter seiner Würde; es wurde ihnen eine Bank an die Thüre gesetzt um von da aus den Verhandlungen zu folgen. Allein man konnte es nicht wehren, dafs die Tribune jetzt einschritten gegen einen ihnen mifsfälligen Senatsbeschlufs und dafs sich, wenn auch erst allmählich, der neue Grundsatz feststellte, dafs jede Beschlufsfassung des Senats oder der Volksversammlung durch Einschreiten eines Tribuns gehemmt werde. Um endlich gegen Unterschiebung und Verfälschung von Senatsbeschlüssen gesichert zu sein, an deren Gültigkeit ja die der wichtigsten Plebiscite geknüpft war (S. 282), wurde verordnet, dafs in Zukunft dieselben nicht blofs bei den patricischen Stadtquaestoren im Saturnus-, sondern ebenfalls bei den plebejischen Aedilen im Cerestempel hinterlegt werden sollten. So endigte dieser Kampf, der begonnen war um die Gewalt der Volkstribune zu beseitigen, mit der definitiven Vollendung ihres Rechts sowohl einzelne Verwaltungsacte auf Anrufen des Beschwerten als auch jede Beschlufsnahme der constitutiven Staatsgewalten nach Ermessen zu cassiren. Mit den heiligsten Eiden und allem was die Religion Ehrfürchtiges darbot wurde sowohl die Person der Tribune als die ununterbrochene Dauer und die Vollzähligkeit des Collegiums gesichert. Es ist seitdem nie wieder in Rom ein Versuch gemacht worden diese Magistratur aufzuheben.

KAPITEL III.

Die Ausgleichung der Stände und die neue Aristokratie.

Einigung der Plebejer. Die tribunicischen Bewegungen scheinen vorzugsweise aus den socialen, nicht aus den politischen Mifsverhältnissen hervorgegangen zu sein und es ist guter Grund vorhanden zu der Annahme, dafs ein Theil der vermögenden in den Senat aufgenommenen Plebejer denselben nicht minder entgegen war als die Patricier; denn die Privilegien, gegen welche die Bewegung vorzugsweise sich richtete, kamen auch ihnen zu Gute und wenn sie auch wieder in anderer Beziehung sich zurückgesetzt fanden, so mochte es ihnen doch keineswegs an der Zeit scheinen ihre Ansprüche auf Theilnahme an den Aemtern geltend zu machen, während der ganze Senat in seiner finanziellen Sondermacht bedroht war. So erklärt es sich, dafs während der ersten funfzig Jahre der Republik kein Schritt geschah, der geradezu auf politische Ausgleichung der Stände hinzielte. — Allein eine Bürgschaft der Dauer trug dieses Bündnifs der Patricier und der reichen Plebejer doch keineswegs in sich. Ohne Zweifel hatte ein Theil der vornehmen plebejischen Familien von Haus aus der Bewegungspartei sich angeschlossen, theils aus Billigkeitsgefühl gegen ihre Standesgenossen, theils in Folge des natürlichen Bundes aller Zurückgesetzten, theils endlich, weil sie begriffen, dafs Concessionen an die Menge auf die Länge unvermeidlich waren und dafs sie, richtig benutzt, die Beseitigung der Sonderrechte des Patriciats zur Folge haben und damit der plebejischen Aristokratie das entscheidende Gewicht im Staate geben würden. Wenn diese Ueberzeugung, wie das nicht fehlen konnte, in weitere Kreise eindrang und die plebejische Aristokratie an der Spitze ihres Standes den Kampf gegen den Geschlechtsadel aufnahm, so hielt sie in dem Tribunat den Bürgerkrieg gesetzlich in der Hand und konnte mit dem socialen Nothstand die Schlachten schlagen, um dem Adel die Friedensbedingungen zu dictiren und als Vermittler zwischen beiden Parteien für sich den Zutritt zu den Aemtern zu erzwingen. — Ein solcher Wendepunkt in der Stellung der Parteien trat ein nach dem Sturz des Decemvirats. Es war jetzt vollkommen klar geworden, dafs das Volkstribunat sich nicht beseitigen liefs; die plebejische Aristokratie konnte nichts Besseres thun als sich dieses gewaltigen Hebels zu bemächtigen und sich desselben zur Beseitigung der politischen Zurücksetzung ihres Standes zu bedienen.

Wie wehrlos der Geschlechtsadel der vereinigten Plebs gegenüberstand, zeigt nichts so augenscheinlich, als dafs der Fundamentalsatz der exclusiven Partei, die Ungültigkeit der Ehe zwischen Adlichen und Bürgerlichen, kaum vier Jahre nach der Decemviralrevolution auf den ersten Streich fiel. Im Jahre 309 wurde durch das canuleische Plebiscit verordnet, dafs die Ehe zwischen Adlichen und Bürgerlichen als eine rechte römische gelten und die daraus erzeugten Kinder dem Stande des Vaters folgen sollten. Gleichzeitig wurde ferner durchgesetzt, dafs statt der Consuln Kriegstribune — regelmäfsig wie es scheint sechs, soviel als Tribune auf die Legion kamen — mit consularischer Gewalt*) und consularischer

Ehe- u. Aemtergemeinschaft.

Kriegstribunat mit consularischer Gewalt.

---

*) Die Annahme, dafs rechtlich den patricischen Consulartribunen das volle, den plebejischen nur das militärische Imperium zugestanden habe, ruft nicht blofs manche Fragen hervor, auf die es keine Antwort giebt, zum Beispiel was denn geschah, wenn, wie dies gesetzlich möglich war, die Wahl auf lauter Plebejer fiel, sondern verstöfst vor allem gegen den Fundamentalsatz des römischen Staatsrechts, dafs das Imperium, das heifst das Recht dem Bürger im Namen der Gemeinde zu befehlen, qualitativ untheilbar und überhaupt keiner andern als einer räumlichen Abgrenzung fähig ist. Es giebt einen Landrechtsbezirk und einen Kriegsrechtsbezirk, in welchem letzteren die Provocation und andere landrechtliche Bestimmungen nicht mafsgebend sind; es giebt Beamte, wie zum Beispiel die Proconsuln, welche lediglich in dem letzteren zu functioniren vermögen; aber es giebt im strengen Rechtssinn keine Beamten mit blofs jurisdictionellem wie keine mit blofs militärischem Imperium. Der Proconsul ist in seinem Bezirk eben wie der Consul zugleich Oberfeldherr und Oberrichter und befugt nicht blofs unter Nichtbürgern und Soldaten, sondern auch unter Bürgern den Prozefs zu instruiren. Selbst als mit der Einsetzung der Praetur der Begriff der Competenz für die *magistratus maiores* aufkommt, hat er mehr thatsächliche als eigentlich rechtliche Geltung: der städtische Praetor ist zwar zunächst Oberrichter, aber er kann auch wenigstens für gewisse Fälle die Centurien berufen und kann ein Heer befehligen; dem Consul

Amtsdauer von den Centurien gewählt werden sollten. Zu Offizierstellen konnte nach altem Recht jeder dienstpflichtige Bürger oder Insasse gelangen (S. 96) und es ward also damit das höchste Amt, nachdem es vorübergehend schon im Decemvirat den Plebejern geöffnet worden war, jetzt in umfassenderer Weise sämmtlichen freigeborenen Bürgern gleichmäfsig zugänglich gemacht. Die Frage liegt nahe, welches Interesse der Adel dabei haben konnte, da er einmal auf den Alleinbesitz des höchsten Amtes verzichten und in der Sache nachgeben mufste, den Plebejern den Titel zu versagen und das Consulat ihnen in dieser wunderlichen Form zuzugestehen*). Einmal aber knüpften sich an die Bekleidung des höchsten Gemeindeamts mancherlei theils persönliche, theils erbliche Ehrenrechte: so galt die Ehre des Triumphs als rechtlich bedingt durch die Bekleidung des höchsten Gemeindeamts und wurde nie einem Offizier gegeben, der nicht dieses selbst verwaltet hatte; so stand es den Nachkommen eines curulischen Beamten frei das Bild eines solchen Ahnen

---

kommt in der Stadt zunächst die Oberverwaltung und der Oberbefehl zu, aber er fungirt doch auch bei Emancipation und Adoption als Gerichtsherr — die qualitative Untheilbarkeit des höchsten Amtes ist also selbst hier noch beiderseits mit grofser Schärfe festgehalten. Es mufs also die militärische wie die jurisdictionelle Amtsgewalt oder, um diese dem römischen Recht dieser Zeit fremden Abstractionen bei Seite zu lassen, die Amtsgewalt schlechthin den plebejischen Consulartribunen virtuell so gut wie den patricischen zugestanden haben. Aber wohl ist die Annahme Beckers (Handb. 2, 2, 137) in hohem Grade wahrscheinlich, dafs aus denselben Gründen, wefshalb späterhin neben das gemeinschaftliche Consulat die exclusiv patricische Praetur gestellt ward, factisch schon während des Consulartribunats die plebejischen Glieder des Collegiums von der Jurisdiction ferngehalten wurden und insofern allerdings die spätere thatsächliche Competenztheilung zwischen Consuln und Praetoren mittelst des Consulartribunats sich vorbereitete.

*) Die Vertheidigung, dafs der Adel an der Ausschliefsung der Plebejer aus religiöser Befangenheit festgehalten habe, verkennt den Grundcharakter der römischen Religion und trägt den modernen Gegensatz zwischen Kirche und Staat in das Alterthum hinein. Die Zulassung des Nichtbürgers zu einer bürgerlich religiösen Verrichtung mufste freilich dem rechtgläubigen Römer als sündhaft erscheinen; aber nie hat auch der strengste Orthodoxe bezweifelt, dafs durch die lediglich und allein vom Staat abhängige Zulassung in die bürgerliche Gemeinschaft auch die volle religiöse Gleichheit herbeigeführt werde. All jene Gewissensscrupel, deren Ehrlichkeit an sich nicht beanstandet werden soll, waren abgeschnitten, so wie man den Plebejern in Masse rechtzeitig den Patriciat zugestand. Nur das etwa kann man zur Entschuldigung des Adels geltend machen, dafs er, nachdem er bei Abschaffung des Königthums den rechten Augenblick hiezu versäumt hatte, später selber nicht mehr im Stande war das Versäumte nachzuholen (S. 262).

im Familiensaal auf- und bei geeigneten Veranlassungen öffentlich zur Schau zu stellen, während dies für andere Vorfahren nicht statthaft war*). Es ist ebenso leicht zu erklären wie schwer zu rechtfertigen, dafs der regierende Herrenstand weit eher das Regiment selbst als die daran geknüpften Ehrenrechte, namentlich die erblichen sich entwinden liefs und darum, als er jenes mit den Plebejern theilen mufste, den thatsächlich höchsten Gemeindebeamten rechtlich nicht als Inhaber des curulischen Sessels, sondern als einfachen Stabsoffizier hinstellte, dessen Auszeichnung eine rein persönliche war. Von gröfserer politischer Bedeutung aber als die Versagung des Ahnenrechts und der Ehre des Triumphs war es, dafs die Ausschliefsung der im Senat sitzenden Plebejer von der Debatte nothwendig für diejenigen von ihnen fiel, die als designirte oder gewesene Consuln in die Reihe der vor den übrigen um ihr Gutachten zu fragenden Senatoren eintraten; insofern war es allerdings für den Adel von grofser Wichtigkeit den Plebejer nur zu einem consularischen Amt, nicht aber zum Consulat selbst zuzulassen. — Indefs trotz dieser kränkenden Zurücksetzungen waren doch die Geschlechterprivilegien, so weit sie politischen Werth hatten, durch die neue Institution gesetzlich beseitigt, und wenn der römische Adel seines Namens werth gewesen wäre, hätte er jetzt den Kampf aufgeben müssen. Allein er hat es nicht gethan. Wenn auch ein vernünftiger und gesetzlicher Widerstand fortan unmöglich war, so bot sich doch noch ein weites Feld für die tückische Opposition der kleinen Mittel, der Schikanen und der Kniffe; und so wenig ehrenhaft und staatsklug dieser Widerstand war, so war er doch in einem gewissen Sinne erfolgreich. Er hat allerdings schliefslich dem gemeinen Mann Concessionen verschafft, zu welchen die vereinigte römische Aristokratie nicht leicht gezwungen worden wäre; aber er hat es auch vermocht den Bürgerkrieg noch um ein Jahrhundert zu verlängern und jenen Gesetzen zum Trotz das Regiment noch mehrere Menschenalter hindurch thatsächlich im Sonderbesitz des Adels zu erhalten. — Die Mittel, deren der Adel sich bediente, waren so mannichfach wie die politische Kümmerlichkeit überhaupt. Statt die Frage über die Zulassung oder Ausschliefsung der Bürgerlichen bei den Wahlen ein für allemal zu entscheiden, räumte man, was man einräumen mufste,

Opposition des Patriciats.

---

*) Ob innerhalb des Patriciats die Unterscheidung dieser ‚curulischen Häuser' von den übrigen Familien jemals von ernstlicher politischer Bedeutung gewesen ist, läfst sich weder mit Sicherheit verneinen noch mit Sicherheit bejahen, und ebenso wenig wissen wir, ob es in dieser Epoche wirklich noch nicht curulische Patricierfamilien in einiger Anzahl gab.

nur für die jedesmal nächsten Wahlen ein; jährlich erneuerte sich also der eitle Kampf, ob patricische Consuln oder aus beiden Ständen Kriegstribune mit consularischer Gewalt ernannt werden sollten und unter den Waffen des Adels erwies sich diese, den Gegner durch Ermüdung und Langeweile zu überwinden, keineswegs als die unwirksamste. — Man zersplitterte ferner die bis dahin ungetheilte höchste Gewalt, um die unvermeidliche Niederlage durch Vermehrung der Angriffspunkte in die Länge zu ziehen. So wurde die der Regel nach jedes vierte Jahr stattfindende Feststellung des Budgets und der Bürger- und Steuerlisten, welche bisher durch die Consuln bewirkt worden war, schon im Jahre 319 zweien von den Centurien aus dem Adel auf höchstens achtzehn Monate ernannten Schätzern (*censores*) übertragen. Das neue Amt ward allmählich zum Palladium der Adelspartei, weniger noch wegen seines finanziellen Einflusses als wegen des daran sich knüpfenden Rechts die erledigten Plätze im Senat und in der Ritterschaft zu besetzen und bei der Feststellung der Listen von Senat, Ritter- und Bürgerschaft einzelne Personen von denselben zu entfernen; die hohe Bedeutung indefs und die moralische Suprematie, welche späterhin der Censur beiwohnt, hat sie in dieser Epoche noch keineswegs besessen. — Dagegen die im Jahre 333 hinsichtlich der Quaestur getroffene wichtige Aenderung glich diesen Erfolg der Adelspartei reichlich wieder aus. Es gab damals vier Quaestoren, von denen die zwei mit der Verwaltung der Stadtkasse beauftragten von den Consuln, die beiden Kriegszahlmeister von den Quartieren, alle jedoch aus dem Adel ernannt wurden. Jetzt kam die Ernennung auch jener an die patricisch-plebejische Quartierversammlung und der Consul behielt statt der Wahl nur die Wahlleitung. Was aber noch weit folgenreicher war, die Gemeinde, vielleicht darauf sich stützend, dafs wenigstens die beiden Kriegszahlmeister factisch mehr Offiziere waren als Civilbeamte und insofern der Plebejer so gut wie zum Militärtribunat auch zur Quaestur befähigt erschien, erwarb hier zum ersten Male zu dem activen auch das passive Wahlrecht für eines der ordentlichen Aemter. Mit Recht ward es auf der einen Seite als ein grofser Sieg, auf der andern als eine schwere Niederlage empfunden, dafs fortan zu dem Kriegs- wie zu dem Stadtzahlmeisteramt der Patricier und der Plebejer activ und passiv gleich wahlfähig waren. — Trotz der hartnäckigsten Gegenwehr schritt der Adel doch nur von Verlust zu Verlust; die Erbitterung stieg, wie die Macht sank. Er hat es wohl noch versucht die der Gemeinde vertragsmäfsig zugesicherten Rechte geradezu anzutasten; aber es waren diese Versuche weniger berechnete Parteimanöver als Acte einer impotenten Rachsucht. So namentlich der Prozeſs gegen Maelius. Spurius Maelius, ein reicher Plebejer, verkaufte während schwerer Theurung (315) Getreide zu solchen Preisen, daſs er den patricischen Magazinvorsteher (*praefectus annonae*) Gaius Minucius beschämte und kränkte. Dieser beschuldigte ihn des Strebens nach der königlichen Gewalt; mit welchem Recht, können wir freilich nicht entscheiden, allein es ist kaum glaublich, daſs ein Mann, der nicht einmal das Tribunat bekleidet hatte, ernstlich an die Tyrannis gedacht haben sollte. Indeſs die Behörden nahmen die Sache ernsthaft und auf die Menge Roms hat der Zeterruf des Königthums stets ähnliche Wirkung geübt wie der Papstzeter auf die englischen Massen. Titus Quinctius Capitolinus, der zum sechsten Mal Consul war, ernannte den achtzigjährigen Lucius Quinctius Cincinnatus zum Dictator ohne Provocation, in offener Auflehnung gegen die beschwornen Gesetze (S. 288). Maelius, vorgeladen, machte Miene sich dem Befehl zu entziehen; da erschlug ihn der Reiterführer des Dictators, Gaius Servilius Ahala mit eigener Hand. Das Haus des Ermordeten ward niedergerissen, das Getreide aus seinen Speichern dem Volke umsonst vertheilt, und die seinen Tod zu rächen drohten heimlich über die Seite gebracht. Dieser schändliche Justizmord, eine Schande mehr noch für das leichtgläubige und blinde Volk als für die tückische Junkerpartei, ging ungestraft hin; aber wenn diese gehofft hatte damit das Provocationsrecht zu untergraben, so hatte sie umsonst die Gesetze verletzt und umsonst unschuldiges Blut vergossen. — Wirksamer als alle übrigen Mittel erwiesen sich dem Adel Wahlintriguen und Pfaffentrug. Wie arg jene gewesen sein müssen, zeigt am besten, daſs es schon 322 nöthig schien ein eigenes Gesetz gegen Wahlumtriebe zu erlassen, das natürlich nichts half. Konnte man nicht durch Corruption oder Drohung auf die Stimmberechtigten wirken, so thaten die Wahldirectoren das Uebrige und lieſsen zum Beispiel so viele plebejische Candidaten zu, daſs die Stimmen der Opposition sich zersplitterten, oder lieſsen diejenigen von der Candidatenliste weg, die die Majorität zu wählen beabsichtigte. Ward trotz alle dem eine unbequeme Wahl durchgesetzt, so wurden die Priester befragt, ob bei derselben nicht eine Nichtigkeit in der Vögelschau oder den sonstigen religiösen Ceremonien vorgekommen sei; welche diese alsdann zu entdecken nicht ermangelten. Unbekümmert um die Folgen und uneingedenk des weisen Beispiels der Ahnen lieſs man den Satz sich

feststellen, dafs das Gutachten der priesterlichen Sachverständigen-
collegien über Vögelzeichen, Wunder und ähnliche Fälle den Beamten von Rechts wegen binde, und es in ihre Macht kommen
jeden Staatsact, sei es die Weihung eines Gotteshauses oder
sonst eine Verwaltungshandlung, sei es Gesetz oder Wahl, wegen
religiöser Nullitäten zu cassiren. Auf diesem Wege wurde es
möglich, dafs, obwohl die Wählbarkeit der Plebejer schon im Jahre
333 für die Quaestur gesetzlich festgestellt worden war und seitdem rechtlich anerkannt blieb, dennoch erst im Jahre 345 der
erste Plebejer zur Quaestur gelangte; ähnlich haben das consularische Kriegstribunat bis zum Jahre 354 fast ausschliefslich
Patricier bekleidet. Es zeigte sich, dafs die gesetzliche Abschaffung der Adelsprivilegien noch keineswegs die plebejische
Aristokratie wirklich und thatsächlich mit dem Geschlechtsadel gleichgestellt hatte. Mancherlei Ursachen wirkten dabei
zusammen: die zähe Opposition des Adels liefs sich weit leichter in einem aufgeregten Moment der Theorie nach über den
Haufen werfen, als in den jährlich wiederkehrenden Wahlen
dauernd niederhalten; die Hauptursache aber war die innere
Uneinigkeit der Häupter der plebejischen Aristokratie und der
Masse der Bauerschaft. Der Mittelstand, dessen Stimmen in den
Comitien entschieden, fand sich nicht berufen, die vornehmen
Nichtadlichen vorzugsweise auf den Schild zu heben, so lange
seine eigenen Forderungen von der plebejischen nicht minder
wie von der patricischen Aristokratie zurückgewiesen wurden.

Die leidende Bauerschaft. Die socialen Fragen hatten während dieser politischen
Kämpfe im Ganzen geruht oder waren doch mit geringer Ener-
gie verhandelt worden. Seitdem die plebejische Aristokratie sich
des Tribunats zu ihren Zwecken bemächtigt hatte, war weder
von der Domänenangelegenheit noch von der Reform des Cre-
ditwesens ernstlich die Rede gewesen; obwohl es weder fehlte
an neu gewonnenen Ländereien noch an verarmenden oder verarmten Bauern. Einzelne Assignationen, namentlich in neu eroberten Grenzgebieten, erfolgten wohl, so des ardeatischen Gebietes 312, des labicanischen 336, des veientischen 361, jedoch
mehr aus militärischen Gründen als um dem Bauer zu helfen
und keineswegs in ausreichendem Umfang. Wohl machten einzelne Tribune den Versuch das Gesetz des Cassius wieder aufzunehmen; so stellten Spurius Maecilius und Spurius Metilius
im Jahre 337 den Antrag auf Auftheilung sämmtlicher Staatsländereien — allein sie scheiterten, was charakteristisch für die
damalige Situation ist, an dem Widerstand ihrer eigenen Colle-

gen, das heifst der plebejischen Aristokratie. Auch unter den
Patriciern versuchten einige der gemeinen Noth zu helfen; allein
mit nicht besserem Erfolg als einst Spurius Cassius. Patricier
wie dieser und wie dieser ausgezeichnet durch Kriegsruhm und
persönliche Tapferkeit trat Marcus Manlius, der Retter der Burg
während der gallischen Belagerung, als Vorkämpfer auf für die
unterdrückten Leute, mit denen die Kriegskameradschaft sowohl
wie der bittere Hafs gegen seinen Rivalen, den gefeierten Feldherrn und optimatischen Parteiführer Marcus Furius Camillus
ihn verbanden. Als ein tapferer Offizier ins Schuldgefängnifs
abgeführt werden sollte, trat Manlius für ihn ein und löste mit
seinem Gelde ihn aus; zugleich bot er seine Grundstücke zum
Verkauf aus, laut erklärend, dafs so lange er noch einen Fufs
breit Landes besitze, solche Unbill nicht vorkommen solle. Das
war mehr als genug um die ganze Regimentspartei, Patricier wie
Plebejer, gegen den gefährlichen Neuerer zu vereinigen. Der
Hochverrathsprozefs, die Anschuldigung der beabsichtigten Erneuerung des Königthums wirkte mit jenem tückischen Zauber
stereotyp gewordener Parteiphrasen auf die blinde Menge; sie
selbst verurtheilte ihn zum Tode und nichts trug sein Ruhm ihm
ein, als dafs man das Volk zum Blutgericht an einem Ort versammelte, von wo die Stimmenden den Burgfelsen nicht erblickten, den stummen Mahner an die Rettung des Vaterlandes aus
der höchsten Gefahr durch die Hand desselben Mannes, welchen
man jetzt dem Henker überlieferte (370). — Während also die
Reformversuche im Keim erstickt wurden, wurde das Mifsverhältnifs immer schreiender, indem einerseits in Folge der glücklichen Kriege die Domanialbesitzungen mehr und mehr sich aus-
dehnten, andrerseits in der Bauerschaft die Ueberschuldung und
Verarmung immer weiter um sich griff, namentlich in Folge des
schweren veientischen Krieges (348—358) und der Einäsche-
rung der Hauptstadt bei dem gallischen Ueberfall (364). Zwar
als es in dem veientischen Kriege nothwendig wurde die Dienst-
zeit der Soldaten zu verlängern und sie, statt wie bisher höchstens nur den Sommer, auch den Winter hindurch unter den
Waffen zu halten, und als die Bauerschaft, die vollständige Zerrüttung ihrer ökonomischen Lage voraussehend, im Begriff war
ihre Einwilligung zu der Kriegserklärung zu verweigern, ent-
schlofs sich der Senat zu einer wichtigen Concession: er übernahm den Sold, den bisher die Districte durch Umlage aufgebracht hatten, auf die Staatskasse, das heifst auf den Ertrag
der indirecten Abgaben und der Domänen (348). Nur für den

Fall, daſs die Staatskasse augenblicklich leer sei, wurde des Soldes wegen eine allgemeine Umlage (*tributum*) ausgeschrieben, die indeſs als gezwungene Anleihe betrachtet und von der Gemeinde späterhin zurückgezahlt ward. Die Einrichtung war billig und weise; allein da das wesentliche Fundament, eine reelle Verwerthung der Domänen zum Besten der Staatskasse, ihr nicht gegeben ward, so kamen zu der vermehrten Last des Dienstes noch häufige Umlagen hinzu, die den kleinen Mann darum nicht weniger ruinirten, daſs sie officiell nicht als Steuern, sondern als Vorschüsse betrachtet wurden.

Verbindung der plebejischen Aristokratie und der Bauerschaft gegen den Adel.

Unter solchen Umständen, wo die plebejische Aristokratie sich durch den Widerstand des Adels und die Gleichgültigkeit der Gemeinde thatsächlich von der politischen Gleichberechtigung ausgeschlossen sah und die leidende Bauerschaft der geschlossenen Aristokratie ohnmächtig gegenüberstand, lag es nahe beiden zu helfen durch ein Compromiſs. Zu diesem Ende brachten die

Licinisch-sextische Gesetze.

Volkstribunen Gaius Licinius und Lucius Sextius bei der Gemeinde Anträge dahin ein: einerseits mit Beseitigung des Consulartribunats festzustellen, daſs wenigstens der eine Consul Plebejer sein müsse, und ferner den Plebejern den Zutritt zu dem einen der drei groſsen Priestercollegien, dem auf zehn Mitglieder zu vermehrenden der Orakelbewahrer (*duoviri*, später *decemviri sacris faciundis*, S. 181) zu eröffnen; andrerseits hinsichtlich der Domänen keinen Bürger auf die Gemeinweide mehr als hundert Rinder und fünfhundert Schafe auftreiben und keinen von dem zur Occupation freigegebenen Domanialland mehr als fünfhundert Iugera (= 494 preuſsische Morgen) in Besitz nehmen zu lassen, ferner die Gutsbesitzer zu verpflichten unter ihren Feldarbeitern eine zu der Zahl der Ackersklaven im Verhältniſs stehende Anzahl freier Arbeiter zu verwenden, endlich den Schuldnern durch Abzug der gezahlten Zinsen vom Capital und Anordnung von Rückzahlungsfristen Erleichterung zu verschaffen. — Die Tendenz dieser Verfügungen liegt auf der Hand. Sie sollten dem Adel den ausschlieſslichen Besitz der curulischen Aemter und der daran geknüpften erblichen Auszeichnungen der Nobilität entreiſsen, was man in bezeichnender Weise nur dadurch erreichen zu können meinte, daſs man die Adlichen von der zweiten Consulstelle gesetzlich ausschloſs. Sie sollten folgeweise die plebejischen Mitglieder des Senats aus der untergeordneten Stellung, in der sie als stumme Beisitzer sich befanden (S. 259), insofern befreien, als wenigstens diejenigen von ihnen, die das Consulat bekleidet hatten, damit ein Anrecht erwarben mit den patricischen Consularen vor den übrigen patricischen Senatoren ihr Gutachten abzugeben (S. 260. 293). Sie sollten ferner dem Adel den ausschliefslichen Besitz der geistlichen Würden entziehen; wobei man aus naheliegenden Ursachen die altlatinischen Priesterthümer der Auguren und Pontifices den Altbürgern liefs, aber sie nöthigte, das dritte jüngere und einem ursprünglich ausländischen Cult angehörige grofse Collegium mit den Neubürgern zu theilen. Sie sollten endlich den geringen Leuten den Mitgenufs der gemeinen Bürgernutzungen, den leidenden Schuldnern Erleichterung, den arbeitlosen Tagelöhnern Beschäftigung verschaffen. Beseitigung der Privilegien, sociale Reform, bürgerliche Gleichheit — das waren die drei grofsen Ideen, welche dadurch zur Anerkennung kommen sollten. Vergeblich boten die Patricier gegen diese Gesetzvorschläge ihre letzten Mittel auf; selbst die Dictatur und der alte Kriegsheld Camillus vermochten nur ihre Durchbringung zu verzögern, nicht sie abzuwenden. Gern hätte auch das Volk die Vorschläge getheilt; was lag ihm am Consulat und an dem Orakelbewahreramt, wenn nur die Schuldenlast erleichtert und das Gemeinland frei ward! Aber umsonst war die plebejische Nobilität nicht popular; sie fafste die Anträge in einen einzigen Gesetzvorschlag zusammen und nach lang-, angeblich elfjährigen Kampfe gab endlich der Senat seine Einwilligung und gingen sie im Jahre 387 durch.

Mit der Wahl des ersten nicht patricischen Consuls — sie fiel auf den einen der Urheber dieser Reform, den gewesenen Volkstribunen Lucius Sextius Lateranus — hörte der Geschlechtsadel thatsächlich und rechtlich auf zu den politischen Institutionen Roms zu zählen. Wenn nach dem endlichen Durchgang dieser Gesetze der bisherige Vorkämpfer der Geschlechter Marcus Furius Camillus am Fufse des Capitols auf einer über der alten Malstatt der Bürgerschaft, dem Comitium, erhöheten Fläche, wo der Senat häufig zusammenzutreten pflegte, ein Heiligthum der Eintracht stiftete, so giebt man gern dem Glauben sich hin, dafs er in dieser vollendeten Thatsache den Abschlufs des nur zu lange fortgesponnenen Haders erkannte. Die religiöse Weihe der neuen Eintracht der Gemeinde war die letzte öffentliche Handlung des alten Kriegs- und Staatsmannes und der würdige Beschlufs seiner langen und ruhmvollen Laufbahn. Er hatte sich auch nicht ganz geirrt; der einsichtigere Theil der Geschlechter gab offenbar seitdem die politischen Sonderrechte verloren und war es zufrieden das Regiment mit der plebejischen Aristokratie zu theilen. Indefs in der Majorität der Patricier verleugnete das unverbesserliche Junkerthum sich nicht. Kraft des Privilegiums, welches die Vorfechter der Legitimität zu allen Zeiten in Anspruch genommen haben, den Gesetzen nur da zu gehorchen, wo sie mit ihren Parteiinteressen zusammenstimmen, erlaubten sich die römischen Adlichen noch verschiedene Male, in offener Verletzung der vertragenen Ordnung, zwei patricische Consuln ernennen zu lassen; wie indefs als Antwort auf eine derartige Wahl für das Jahr 411 das Jahr darauf die Gemeinde förmlich beschlofs, die Besetzung beider Consulstellen mit Nichtpatriciern zu gestatten, verstand man die darin liegende Drohung und hat es wohl noch gewünscht, aber nicht wieder gewagt an die zweite Consulstelle zu rühren. — Ebenso schnitt sich der Adel nur in das eigene Fleisch durch den Versuch, den er bei der Durchbringung der licinisch-sextischen Gesetze machte, mittelst eines politischen Kipp- und Wippsystems wenigstens einige Trümmer der alten Vorrechte für sich zu bergen. Unter dem Vorwande, dafs das Recht ausschliefslich dem Adel bekannt sei, ward von dem Consulat, als dies den Plebejern eröffnet werden mufste, die Rechtspflege getrennt und dafür ein eigener dritter Consul, oder, wie er gewöhnlich heifst, ein Praetor bestellt. Ebenso kamen die Marktaufsicht und die damit verbundenen Polizeigerichte so wie die Ausrichtung des Stadtfestes an zwei neu ernannte Aedilen, die von ihrer ständigen Gerichtsbarkeit zum Unterschied von den plebejischen die Gerichtsstuhl-Aedilen (*aediles curules*) genannt wurden. Allein die curulische Aedilität ward sofort den Plebejern in der Art zugänglich, dafs adliche und bürgerliche Curulaedilen Jahr um Jahr abwechselten. Im Jahre 398 wurde ferner die Dictatur, wie schon das Jahr vor den licinisch-sextischen Gesetzen (386) das Reiterführeramt, im Jahre 403 beide Censorstellen, im Jahre 417 die Praetur den Plebejern geöffnet und um dieselbe Zeit (415) der Adel, wie es früher in Hinsicht des Consulats geschehen war, auch von der einen Censorstelle gesetzlich ausgeschlossen. Es änderte nichts, dafs wohl noch einmal ein patricischer Augur in der Wahl eines plebejischen Dictators (427) geheime ungeweihten Augen verborgene Mängel fand und dafs der patricische Censor seinem Collegen bis zum Schlusse dieser Periode (474) nicht gestattete das feierliche Opfer darzubringen, womit die Schatzung schlofs; dergleichen Schikanen dienten lediglich dazu die üble Laune des Junkerthums zu constatiren. Ebenso wenig änderten etwas die Quängeleien, welche die patricischen Vorsitzer des Senats nicht verfehlt haben werden wegen der Theilnahme der Plebejer an der Debatte in

demselben zu erheben; vielmehr stellte die Regel sich fest, dafs
nicht mehr die patricischen Mitglieder, sondern die zu einem
der drei höchsten ordentlichen Aemter, Consulat, Prätur und
curulischer Aedilität, gelangten in dieser Folge und ohne Unterschied des Standes zur Abgabe ihres Gutachtens aufzufordern seien, während diejenigen Senatoren, die keines dieser
Aemter bekleidet hatten, auch jetzt noch blofs an der Abmehrung theilnahmen. Das Recht endlich des Patriciersenats
einen Beschlufs der Gemeinde als verfassungswidrig zu verwerfen,
das derselbe auszuüben freilich wohl ohnehin selten gewagt haben
mochte, ward ihm durch das publilische Gesetz von 415 und
durch das nicht vor der Mitte des fünften Jahrhunderts erlassene
maenische in der Art entzogen, dafs er veranlafst ward, seine
etwaigen constitutionellen Bedenken bereits bei Aufstellung der
Candidatenliste oder Einbringung des Gesetzvorschlags geltend zu machen; was denn praktisch darauf hinauslief, dafs er
stets im Voraus seine Zustimmung aussprach. In dieser Art als rein
formales Recht ist die Bestätigung der Volksschlüsse dem Adel
bis in die letzte Zeit der Republik geblieben. — Länger behaupteten begreiflicher Weise die Geschlechter ihre religiösen
Vorrechte; ja an manche derselben, die ohne politische Bedeutung waren, wie namentlich an ihre ausschliefsliche Wählbarkeit
zu den drei höchsten Flaminaten und dem sacerdotalen Königthum so wie in die Genossenschaften der Springer, hat man
niemals gerührt. Dagegen waren die beiden Collegien der Pontifices und der Augurn, an welche ein bedeutender Einflufs auf
die Gerichte und die Comitien sich knüpfte, zu wichtig, als
dafs diese Sonderbesitz der Patricier hätten bleiben können;
das ogulnische Gesetz vom Jahre 454 eröffnete denn auch in
diese den Plebejern den Eintritt, indem es die Zahl der Pontifices von fünf auf acht, die der Augurn von sechs auf neun vermehrte und in beiden Collegien die Stellen zwischen Patriciern
und Plebejern gleichmäfsig theilte. — Den letzten Abschlufs des
zweihundertjährigen Haders brachte das durch einen gefährlichen Volksaufstand hervorgerufene Gesetz des Dictators Q. Hortensius (465/468), das anstatt der früheren bedingten die unbedingte Gleichstellung der Beschlüsse der Gesammtgemeinde
und derjenigen der Plebs aussprach. So hatten sich die Verhältnisse umgewandelt, dafs derjenige Theil der Bürgerschaft,
der einst allein das Stimmrecht besessen hatte, seitdem bei der
wichtigsten und häufigsten Form der für die gesammte Bür-

gerschaft verbindlichen Abstimmungen nicht einmal mehr mitstimmte.

Das spätere Junkerthum. Der Kampf zwischen den römischen Geschlechtern und Gemeinen war damit im Wesentlichen zu Ende. Wenn der Adel von seinen umfassenden Vorrechten noch den thatsächlichen Besitz der einen Consul- und der einen Censorstelle bewahrte, so war er dagegen vom Tribunat, der plebejischen Aedilität, von der zweiten Consul- und Censorstelle und von der Theilnahme an den rechtlich den Bürgerschaftsabstimmungen gleichstehenden Abstimmungen der Plebs gesetzlich ausgeschlossen; in gerechter Strafe seines verkehrten und eigensinnigen Widerstrebens hatten die ehemaligen patricischen Vorrechte sich für ihn in ebenso viele Zurücksetzungen verwandelt. Indefs der römische Geschlechtsadel ging natürlich darum keineswegs unter, weil er zum leeren Namen geworden war. Je weniger der Adel bedeutete und vermochte, desto reiner und ausschliefslicher entwickelte sich der junkerhafte Geist. Die Hoffahrt der „Ramner" hat das letzte ihrer Standesprivilegien um Jahrhunderte überlebt; nachdem man standhaft gerungen hatte ‚das Consulat aus dem plebejischen Kothe zu ziehen' und sich endlich widerwillig von der Unmöglichkeit dieser Leistung hatte überzeugen müssen, trug man wenigstens schroff und verbissen sein Adelthum zur Schau. Man darf, um die Geschichte Roms im fünften und sechsten Jahrhundert richtig zu verstehen, dies schmollende Junkerthum nicht vergessen; es vermochte zwar nichts weiter als sich und Andere zu ärgern, aber dies hat es denn auch nach Vermögen gethan. Einige Jahre nach dem ogulnischen Gesetz (458) kam ein bezeichnender Auftritt dieser Art vor: eine patricische Frau, welche an einen vornehmen und zu den höchsten Würden der Gemeinde gelangten Plebejer vermählt war, wurde dieser Mifsheirath wegen von dem adlichen Damenkreise ausgestofsen und zu der gemeinsamen Keuschheitsfeier nicht zugelassen; was denn zur Folge hatte, dafs seitdem in Rom eine besondere adliche und eine besondere bürgerliche Keuschheitsgöttin verehrt ward. Ohne Zweifel kam auf Velleitäten dieser Art sehr wenig an und hat auch der bessere Theil der Geschlechter sich dieser trübseligen Verdriefslichkeitspolitik durchaus enthalten; aber ein Gefühl des Mifsbehagens liefs sie doch auf beiden Seiten zurück, und wenn der Kampf der Gemeinde gegen die Geschlechter an sich eine politische und selbst eine sittliche Nothwendigkeit war, so haben dagegen diese lange nachzitternden Schwingungen desselben, sowohl die zwecklosen Nachhutgefechte nach der entschiedenen

Schlacht als auch die leeren Rang- und Standeszänkereien das öffentliche und private Leben der römischen Gemeinde ohne Noth durchkreuzt und zerrüttet.

Indefs nichts desto weniger ward der eine Zweck des von den beiden Theilen der Plebs im Jahre 387 geschlossenen Compromisses, die Beseitigung des Patriciats im Wesentlichen vollständig erreicht. Es fragt sich weiter, inwiefern dies auch von den beiden positiven Tendenzen desselben gesagt werden kann und ob die neue Ordnung der Dinge in der That der socialen Noth gesteuert und die politische Gleichheit hergestellt hat. Beides hing eng mit einander zusammen; denn wenn die ökonomische Bedrängnifs den Mittelstand aufzehrte und die Bürgerschaft in eine Minderzahl von Reichen und ein nothleidendes Proletariat auflöste, so war die bürgerliche Gleichheit damit zugleich vernichtet und das republikanische Gemeinwesen der Sache nach zerstört. Die Erhaltung und Mehrung des Mittelstandes, namentlich der Bauerschaft war darum für jeden patriotischen Staatsmann Roms nicht blofs eine wichtige, sondern von allen die wichtigste Aufgabe. Die neu zum Regiment berufenen Plebejer aber waren überdies noch, da sie zum guten Theil ihre neuen politischen Rechte dem nothleidenden und von ihnen Hülfe erhoffenden Proletariat verdankten, politisch und sittlich besonders verpflichtet demselben, so weit es überhaupt auf diesem Wege möglich war, durch Regierungsmafsregeln zu helfen. — Betrachten wir zunächst, inwiefern in dem hieher gehörenden Theil der Gesetzgebung von 387 eine ernstliche Abhülfe enthalten war. Dafs die Bestimmung zu Gunsten der freien Tagelöhner ihren Zweck: der Grofs- und Sklavenwirthschaft zu steuern und den freien Proletariern wenigstens einen Theil der Arbeit zu sichern, unmöglich erreichen konnte, leuchtet ein; aber hier konnte auch die Gesetzgebung nicht helfen, ohne an den Fundamenten der bürgerlichen Ordnung jener Zeit in einer Weise zu rütteln, die über den Horizont derselben weit hinausging. In der Domanialfrage dagegen wäre es den Gesetzgebern möglich gewesen Wandel zu schaffen; aber was geschah, reichte dazu offenbar nicht aus. Indem die neue Domänenordnung die Betreibung der gemeinen Weide mit schon sehr ansehnlichen Heerden und die Occupation des nicht zur Weide ausgelegten Domanialbesitzes bis zu einem hoch gegriffenen Maximalsatz gestattete, räumte sie den Vermögenden einen sehr bedeutenden und vielleicht schon unverhältnifsmäfsigen Vortheil an dem Domänenertrag ein und verlieh durch die letztere Anordnung dem Domanialbesitz, obgleich er rechtlich zehntpflichtig und beliebig widerruflich blieb, so wie dem Occupationssystem selbst gewissermafsen eine gesetzliche Sanction. Bedenklicher noch war es, dafs die neue Gesetzgebung weder die bestehenden offenbar ungenügenden Anstalten zur Eintreibung des Hutgeldes und des Zehnten durch wirksamere Zwangsmafsregeln ersetzte, noch eine durchgreifende Revision des Domanialbesitzes vorschrieb, noch eine mit der Ausführung der neuen Gesetze beauftragte Behörde einsetzte. Die Auftheilung des vorhandenen occupirten Domaniallandes theils unter die Inhaber bis zu einem billigen Maximalsatz, theils unter die eigenthumlosen Plebejer, beiden aber zu vollem Eigenthum, die Abschaffung des Occupationssystems für die Zukunft und die Niedersetzung einer zu sofortiger Auftheilung künftiger neuer Gebietserwerbungen befugten Behörde waren durch die Verhältnisse so deutlich geboten, dafs es gewifs nicht Mangel an Einsicht war, wenn diese durchgreifenden Mafsregeln unterblieben. Man kann nicht umhin, sich daran zu erinnern, dafs die plebejische Aristokratie, also eben ein Theil der hinsichtlich der Domanialnutzungen thatsächlich privilegirten Klasse es war, welche die neue Ordnung vorgeschlagen hatte, und dafs einer ihrer Urheber selbst, Gaius Licinius Stolo unter den ersten wegen Ueberschreitung des Ackermaximum Verurtheilten sich befand; und nicht umhin sich die Frage vorzulegen, ob die Gesetzgeber ganz ehrlich verfahren und nicht vielmehr der wahrhaft gemeinnützigen Lösung der leidigen Domanialfrage absichtlich aus dem Wege gegangen sind. Damit soll indefs nicht in Abrede gestellt werden, dafs die Bestimmungen der licinisch-sextischen Gesetze, wie sie nun waren, dem kleinen Bauer und dem Tagelöhner wesentlich nützen konnten und genützt haben. Es mufs ferner anerkannt werden, dafs in der nächsten Zeit nach Erlassung des Gesetzes die Behörden über die Maximalsätze desselben wenigstens vergleichungsweise mit Strenge gewacht und die grofsen Heerdenbesitzer und die Domanialoccupanten oftmals zu schweren Bufsen verurtheilt haben.

Steuer- — Auch im Steuer- und Creditwesen wurde in dieser Epoche *gesetze.* mit gröfserer Energie als zu irgend einer Zeit vor- oder nachher darauf hingearbeitet, so weit gesetzliche Mafsregeln reichten, die Schäden der Volkswirthschaft zu heilen. Die im Jahre 397 verordnete Abgabe von fünf vom Hundert des Werthes der freizulassenden Sklaven war, abgesehen davon dafs sie der nicht wünschenswerthen Vermehrung der Freigelassenen einen Hemmschuh anlegte, die erste in der That auf die Reichen gelegte römische Steuer. Ebenso suchte man dem Creditwesen aufzuhelfen. Die Wuchergesetze, die schon die zwölf Tafeln aufgestellt hatten (S. 285), wurden erneuert und allmählich geschärft, so dafs das Zinsmaximum successiv von 10 (eingeschärft im Jahre 397) auf fünf vom Hundert (407) für das zwölfmonatliche Jahr ermäfsigt und endlich (412) das Zinsnehmen ganz verboten ward. Das letztere thörichte Gesetz blieb formell in Kraft; vollzogen aber ward es natürlich nicht, sondern der später übliche Zinsfufs von 1 vom Hundert für den Monat oder 12 vom Hundert für das bürgerliche Gemeinjahr, der nach den Geldverhältnissen des Alterthums ungefähr damals sein mochte, was nach den heutigen der Zinsfufs von 5 oder 6 vom Hundert ist, wird wohl schon in dieser Zeit sich als das Maximum der zulässigen Zinsen festgestellt haben. Für höhere Beträge wird die Einklagung versagt und vielleicht auch die gerichtliche Rückforderung gestattet worden sein; überdies wurden notorische Wucherer nicht selten vor das Volksgericht gezogen und von den Quartieren bereitwillig zu schweren Bufsen verurtheilt. Wichtiger noch war die Aenderung des Schuldprozesses durch das poetelische Gesetz (428 oder 441); es ward dadurch theils jedem Schuldner, der seine Zahlungsfähigkeit eidlich erhärtete, gestattet durch Abtretung seines Vermögens seine persönliche Freiheit sich zu retten, theils das bisherige kurze Executivverfahren bei der Darlehnsschuld abgeschafft und festgestellt, dafs kein römischer Bürger anders als auf den Spruch von Geschworenen hin in die Knechtschaft abgeführt werden könne. — Dafs alle diese Mittel die bestehenden ökonomischen Mifsverhältnisse wohl hie und da lindern, aber nicht beseitigen konnten, leuchtet ein; den fortdauernden Nothstand zeigt die Niedersetzung einer Bankcommission zur Regulirung der Creditverhältnisse und zur Leistung von Vorschüssen aus der Staatskasse im Jahre 402, die Anordnung gesetzlicher Terminzahlungen im Jahre 407 und vor allen Dingen der gefährliche Volksaufstand um das Jahr 467, wo das Volk, nachdem es neue Erleichterungen in der Schuldzahlung nicht hatte erreichen können, hinaus auf das Janiculum zog und erst ein rechtzeitiger Angriff der äufseren Feinde und die in dem hortensischen Gesetz enthaltenen Zugeständnisse (S. 301) der Gemeinde den Frieden wiedergaben. Indefs ist es sehr ungerecht, wenn man jenen ernstlichen Versuchen der Verarmung des Mittelstandes zu steuern ihre Unzulänglichkeit entgegenhält; die Anwendung partialer und palliativer Mittel gegen radicale Leiden für nutzlos zu erklären, weil sie nur zum Theil helfen, ist zwar eines der Evangelien, das der Einfalt von der Niederträchtigkeit nie ohne Erfolg gepredigt wird, aber darum nicht minder unverständig. Eher liefse sich umgekehrt fragen, ob nicht die schlechte Demagogie sich damals schon dieser Angelegenheit bemächtigt gehabt und ob es wirklich so gewaltsamer und gefährlicher Mittel bedurft habe, wie zum Beispiel die Kürzung der gezahlten Zinsen am Capital ist. Unsere Acten reichen nicht aus, um hier über Recht und Unrecht zu entscheiden; allein klar genug erkennen wir, dafs der ansässige Mittelstand immer noch in einer bedrohten und bedenklichen ökonomischen Lage sich befand, dafs man von oben herab vielfach, aber natürlich vergeblich sich bemühte, ihm durch Prohibitivgesetze und Moratorien zu helfen, dafs aber das aristokratische Regiment fortdauernd gegen seine eigenen Glieder zu schwach und zu sehr in egoistischen Standesinteressen befangen war, um durch das einzige wirksame Mittel, das der Regierung zu Gebote stand, durch die völlige und rückhaltlose Beseitigung des Occupationssystems der Staatsländereien, dem Mittelstande aufzuhelfen und vor allen Dingen die Regierung von dem Vorwurf zu befreien, dafs sie die gedrückte Lage der Regierten zu ihrem eigenen Vortheil ausbeute. — Eine wirksamere Abhülfe, als die Regierung sie gewähren wollte oder konnte, brachten den Mittelklassen die politischen Erfolge der römischen Gemeinde und die allmählich sich befestigende Herrschaft der Römer über Italien. Die vielen und grofsen Colonien, die zu deren Sicherung gegründet werden mufsten und von denen die Hauptmasse im fünften Jahrhundert ausgeführt wurde, verschafften dem ackerbauenden Proletariat theils eigene Bauerstellen, theils durch den Abflufs auch den Zurückbleibenden Erleichterung daheim. Die Zunahme der indirecten und aufserordentlichen Einnahmen, überhaupt die glänzende Lage der römischen Finanzen führte nur selten noch die Nothwendigkeit herbei von der Bauerschaft in Form der gezwungenen Anleihe Contribution zu erheben. War auch der ehemalige Kleinbesitz wahrscheinlich unrettbar verloren, so mufste der steigende Durchschnittssatz des römischen Wohlstandes die bisherigen gröfseren Grundbesitzer in Bauern verwandeln und auch insofern dem Mittelstand neue Glieder zuführen. Die Occupationen der Vornehmen warfen sich vorwiegend auf die grofsen neugewonnenen Landstriche; die Reichthümer, die durch den Krieg und den Verkehr massenhaft nach Rom strömten, müssen den Zinsfufs herabgedrückt haben; die steigende Bevölkerung der Hauptstadt kam dem Ackerbauer in ganz Latium zu Gute; ein weises Incorporationssystem vereinigte eine Anzahl angrenzender früher unterthäniger Gemeinden mit der römischen und verstärkte dadurch namentlich den Mittelstand; endlich brachten die herrlichen Siege und die gewaltigen Erfolge die Factionen zum Schweigen, und wenn der Nothstand der Bauerschaft auch keineswegs beseitigt, noch weniger seine Quellen verstopft wurden, so leidet es doch keinen Zweifel, dafs am Schlusse dieser Periode der römische Mittelstand im Ganzen in einer weit minder gedrückten Lage sich befand als in dem ersten Jahrhundert nach Vertreibung der Könige.

Endlich die bürgerliche Gleichheit ward durch die Reform vom Jahre 387 und deren weitere folgerichtige Entwickelung in gewissem Sinne allerdings erreicht oder vielmehr wiederhergestellt. Wie einst, als die Patricier noch in der That die Bürgerschaft ausmachten, sie unter einander an Rechten und Pflichten unbedingt gleichgestanden hatten, so gab es jetzt wieder in der erweiterten Bürgerschaft dem Gesetze gegenüber keinen willkürlichen Unterschied. Diejenigen Abstufungen freilich, welche die Verschiedenheiten in Alter, Einsicht, Bildung und Vermögen in der bürgerlichen Gesellschaft mit Nothwendigkeit hervorrufen, beherrschen natürlicher Weise auch das Gemeindeleben; allein der Geist der Bürgerschaft und die Politik der Regierung wirkten gleichmäfsig dahin diese Scheidungen möglichst wenig hervortreten zu lassen. Das ganze römische Wesen lief darauf hinaus die Bürger durchschnittlich zu tüchtigen Männern heranzubilden, geniale Naturen aber nicht emporkommen zu lassen. Der Bildungsstand der Römer hielt mit der Machtentwickelung ihrer Gemeinde durchaus nicht Schritt und ward instinctmäfsig von oben herab mehr zurückgehalten als gefördert. Dafs es Reiche und Arme gab, liefs sich nicht verhindern; aber wie in einer rechten Bauerngemeinde führte der Bauer wie der Tagelöhner selber den Pflug und galt auch für den Reichen die gut wirthschaftliche Regel gleichmäfsig sparsam zu leben und vor allem kein todtes Capital bei sich hinzulegen — aufser dem Salzfafs und dem Opferschälchen sah man Silbergeräth in dieser Zeit in keinem römischen Hause. Es war das nichts Kleines. Man spürt es an den gewaltigen Erfolgen, welche die römische Gemeinde in dem Jahrhundert vom letzten veientischen bis auf den pyrrhischen Krieg nach aufsen hin errang, dafs hier das Junkerthum der Bauerschaft Platz gemacht hatte, dafs der Fall des hochadlichen Fabiers nicht mehr und nicht weniger von der ganzen Gemeinde betrauert worden wäre als der Fall des plebejischen Deciers von Plebejern und Patriciern betrauert ward, dafs auch dem reichsten Junker das Consulat nicht von selber zufiel und ein armer Bauersmann aus der Sabina, Manius Curius den König Pyrrhus in der Feldschlacht überwinden und aus Italien verjagen konnte, ohne darum aufzuhören einfacher sabinischer Stellbesitzer zu sein und sein Brotkorn selber zu bauen. —

Neue Aristokratie. Indefs darf es über dieser imponirenden republikanischen Gleichheit nicht übersehen werden, dafs dieselbe zum guten Theil nur formaler Art war und aus derselben eine sehr entschieden ausgeprägte Aristokratie nicht so sehr hervorging als vielmehr darin von vorn herein enthalten war. Schon längst hatten die reichen und angesehenen nichtpatricischen Familien von der Menge sich abgeschieden und im Mitgenufs der senatorischen Rechte, in der Verfolgung einer von der Menge unterschiedenen und sehr oft ihr entgegenwirkenden Politik sich mit dem Patriciat verbündet. Die licinisch-sextischen Gesetze hoben die gesetzlichen Unterschiede innerhalb der Aristokratie auf und verwandelten die den gemeinen Mann vom Regiment ausschliefsende Schranke aus einem unabänderlichen Rechts- in ein nicht unübersteigliches, aber doch schwer zu übersteigendes thatsächliches Hindernifs. Auf dem einen wie dem andern Wege kam frisches Blut in den römischen Herrenstand; aber an sich blieb nach wie vor das Regiment aristokratisch und auch in dieser Hinsicht die römische eine rechte Bauerngemeinde, in welcher der reiche Vollhufener zwar äufserlich von dem armen Insten sich wenig unterscheidet und auf gleich und gleich mit ihm verkehrt, aber nichtsdestoweniger die Aristokratie so allmächtig regiert, dafs der Unbemittelte weit eher in der Stadt Bürgermeister als in seinem Dorfe Schulze wird. Es war sehr viel und segensreich, dafs nach der neuen Gesetzgebung auch der ärmste Bürger das höchste Gemeindeamt bekleiden durfte; aber darum war es nichtsdestoweniger nicht blofs eine seltene Ausnahme, dafs ein Mann aus den unteren Schichten der Bevölkerung dazu gelangte*), sondern es war wenigstens gegen den Schlufs dieser

---

*) Die Armuth der Consulare dieser Epoche, welche in den moralischen Anekdotenbüchern der späteren Zeit eine grofse Rolle spielt, beruht grofsentheils auf Mifsverständnifs theils des alten sparsamen Wirthschaftens, welches sich recht gut mit ansehnlichem Wohlstand verträgt, theils der alten schönen Sitte verdiente Männer aus dem Ertrag von Pfennigcollecten zu bestatten, was durchaus keine Armenbeerdigung ist. Auch die autoschediastische Beinamenerklärung, die so viel Plattheiten in die römische Geschichte gebracht hat, hat hiezu ihren Beitrag geliefert (*Serranus*).

Periode wahrscheinlich schon nur möglich mittelst einer Oppositionswahl. Jedem aristokratischen Regiment tritt von selber eine entsprechende Oppositionspartei gegenüber; und da auch die formelle Gleichstellung der Stände die Aristokratie nur modificirte und der neue Herrenstand den alten Patriciat nicht blofs beerbte, sondern sich auf denselben pfropfte und aufs innigste mit ihm zusammenwuchs, so blieb auch die Opposition bestehen und that in allen und jeden Stücken das Gleiche. Da die Zurücksetzung jetzt nicht mehr die Bürgerlichen, sondern den gemeinen Mann traf, so trat die neue Opposition von vorn herein auf als Vertreterin der geringen Leute und namentlich der kleinen Bauern; und wie die neue Aristokratie sich an das Patriciat anschlofs, so schlangen sich die ersten Regungen dieser neuen Opposition mit den letzten Kämpfen gegen die Patricierprivilegien zusammen. Die ersten Namen in der Reihe dieser neuen römischen Volksführer sind Manius Curius (Consul 464. 479. 480; Censor 482) und Gaius Fabricius (Consul 472. 476. 481; Censor 479), beide ahnenlose und nicht wohlhabende Männer, beide — gegen das aristokratische Princip die Wiederwahl zu dem höchsten Gemeindeamt zu beschränken — jeder dreimal durch die Stimmen der Bürgerschaft an die Spitze der Gemeinde gerufen, beide als Tribune, Consuln und Censoren Gegner der patricischen Privilegien und Vertreter des kleinen Bauernstandes gegen die aufkeimende Hoffart der vornehmen Häuser. Die künftigen Parteien zeichnen schon sich vor; aber noch schweigt auf beiden Seiten vor dem Interesse des Gemeinwohls das der Partei. Der adliche Appius Claudius und der Bauer Manius Curius, dazu noch heftige persönliche Gegner, haben durch klugen Rath und kräftige That den König Pyrrhos gemeinsam überwunden; und wenn Gaius Fabricius den aristokratisch gesinnten und aristokratisch lebenden Publius Cornelius Rufinus als Censor defswegen bestrafte, so hielt ihn dies nicht ab demselben seiner anerkannten Feldherrntüchtigkeit wegen zum zweiten Consulat zu verhelfen. Der Rifs war wohl schon da; aber noch reichten die Gegner sich über ihm die Hände.

Die Beendigung der Kämpfe zwischen Alt- und Neubürgern, die verschiedenartigen und verhältnifsmäfsig erfolgreichen Versuche dem Mittelstande aufzuhelfen, die inmitten der neugewonnenen bürgerlichen Gleichheit bereits hervortretenden Anfänge der Bildung einer neuen aristokratischen und einer neuen demokratischen Partei sind also dargestellt worden. Es bleibt noch übrig zu schildern, wie unter diesen Veränderungen das neue

Regiment sich constituirte und wie nach der politischen Beseitigung der Adelschaft die drei Elemente des republikanischen Gemeinwesens, Bürgerschaft, Magistratur und Senat gegen einander sich stellten.

Bürgerschaft. Die Bürgerschaft in ihren ordentlichen Versammlungen blieb nach wie vor die höchste Autorität im Gemeinwesen und der legale Souverän; nur wurde gesetzlich festgestellt, dafs, abgesehen von den ein für allemal den Centurien überwiesenen Entscheidungen, namentlich den Wahlen der Consuln und Censoren, die Abstimmung nach Districten ebenso gültig sein solle wie die nach Centurien, was für die patricisch-plebejische Versammlung das valerisch-horatische Gesetz von 305 einführte (S. 288) und das publilische von 415 erweiterte, für die plebejische Sonderversammlung aber das hortensische um 467 verordnete (S. 301). Dafs im Ganzen dieselben Individuen in beiden Versammlungen stimmberechtigt waren, ist schon hervorgehoben worden, aber auch, dafs, abgesehen von dem Ausschlufs der Patricier in der plebejischen Sonderversammlung, auch in der allgemeinen Districtsversammlung alle Stimmberechtigten durchgängig sich gleichstanden, in den Centuriatcomitien aber die Wirksamkeit des Stimmrechts nach dem Vermögen des Stimmenden sich abstufte, also insofern hierin allerdings eine nivellirende und demokratische Neuerung enthalten war. Von weit gröfserer Bedeutung war es, dafs gegen das Ende dieser Periode die uralte Bedingung des Stimmrechts, die Ansässigkeit zum ersten Mal in Frage gestellt zu werden anfing. Appius Claudius, der kühnste Neuerer, den die römische Geschichte kennt, legte in seiner Censur 442, ohne den Senat oder das Volk zu fragen, die Bürgerliste so an, dafs der nicht grundsässige Mann in die ihm beliebige Tribus und alsdann nach seinem Vermögen in die entsprechende Centurie aufgenommen ward. Allein diese Aenderung griff zu sehr dem Geiste der Zeit vor um vollständig Bestand zu haben. Einer der nächsten Nachfolger des Appius, der berühmte Besieger der Samniten Quintus Fabius Rullianus übernahm es in seiner Censur 450 sie zwar nicht ganz zu beseitigen, aber doch in solche Grenzen einzuschliefsen, dafs den Grundsässigen und Vermögenden effectiv die Herrschaft in den Bürgerversammlungen blieb. Er wies die nicht grundsässigen Leute und ebenso diejenigen grundsässigen Freigelassenen, deren Grundbesitz unter 30000 Sesterzen (2175 Thlr.) geschätzt war, sämmtlich in die vier städtischen Tribus, die jetzt aus den ersten im Range die letzten wurden. Die Landquartiere dagegen, deren Zahl zwischen den Jahren 367 und 513 allmählich von siebzehn bis auf einunddreifsig stieg, also die von Haus aus bei weitem überwiegende und immer mehr das Uebergewicht erhaltende Majorität der Stimmabtheilungen wurden den sämmtlichen ansässigen freigeborenen Bürgern so wie solchen ansässigen Freigelassenen, deren Grundbesitz jenes Mafs überstieg, gesetzlich vorbehalten. In den Centurien blieb es bei der Gleichstellung der ansässigen und nichtansässigen Freigeborenen, wie Appius sie eingeführt hatte; dagegen wurden hier die Freigelassenen, welche nicht in die ländlichen Districte aufgenommen waren, des Stimmrechts beraubt. Auf diese Weise ward dafür gesorgt, dafs in den Tributcomitien die Ansässigen überwogen, in den Centuriatcomitien, für die bei der an sich schon feststehenden Bevorzugung der Vermögenden geringere Vorsichtsmafsregeln ausreichten, wenigstens die Freigelassenen nicht schaden konnten. Durch diese weise und gemäfsigte Festsetzung eines Mannes, der seiner Kriegs- wie mehr noch dieser seiner Friedensthat wegen mit Recht den Beinamen des Grofsen (*Maximus*) erhielt, ward einerseits die Wehrpflicht wie billig auch auf die nicht ansässigen Bürger erstreckt, andrerseits der steigenden Macht der gewesenen Sklaven ein Riegel vorgeschoben, welcher in einem Staat, der Sklaverei zuläfst, ein leider unerläfsliches Bedürfnifs ist. Ein eigenthümliches Sittengericht, das allmählich an die Schatzung und die Aufnahme der Bürgerliste sich anknüpfte, schlofs überdies aus der Bürgerschaft alle notorisch unwürdigen Individuen aus und wahrte dem Bürgerthum die volle sittliche und politische Reinheit. — Die Competenz der Comitien zeigt die Tendenz sich mehr und mehr, aber sehr allmählich zu erweitern. Schon die Vermehrung der vom Volk zu wählenden Magistrate gehört gewissermafsen hierher; bezeichnend ist es besonders, dafs seit 392 die Kriegstribune einer Legion, seit 443 je vier in jeder der vier ersten Legionen nicht mehr vom Feldherrn, sondern von der Bürgerschaft ernannt wurden. In die Administration griff während dieser Periode die Bürgerschaft im Ganzen nicht ein; nur das Recht der Kriegserklärung wurde von ihr, wie billig, mit Nachdruck festgehalten und namentlich auch für den Fall festgestellt, wo ein an Friedensstatt abgeschlossener längerer Waffenstillstand ablief und zwar nicht rechtlich, aber thatsächlich ein neuer Krieg begann (327). Sonst ward eine Verwaltungsfrage nur dann dem Volke vorgelegt, wenn entweder die regierenden Behörden unter sich in Collision geriethen und eine derselben die Sache an das Volk brachte — so als den Führern der gemäfsigten Partei unter dem Adel Lucius Valerius und Marcus Horatius im Jahre 305 und dem ersten plebejischen Dictator Gaius Marcius Rutilus im Jahre 398 vom Senat die verdienten Triumphe nicht zugestanden wurden; als die Consuln des J. 459 über ihre gegenseitige Competenz nicht unter einander sich einigen konnten; und als der Senat im Jahre 364 die Auslieferung eines pflichtvergessenen Gesandten an die Gallier beschlofs und ein Consulartribun defswegen an die Gemeinde sich wandte — es war dies der erste Fall, wo ein Senatsbeschlufs vom Volke cassirt ward und schwer hat ihn die Gemeinde gebüfst. Oder die Regierung gab in schwierigen oder gehässigen Fragen dem Volk die Entscheidung freiwillig anheim: so zuerst, als Caere, nachdem ihm das Volk den Krieg erklärt hatte, ehe dieser wirklich begann, um Frieden bat (401), wo der Senat Bedenken trug den Gemeindebeschlufs ohne förmliche Einwilligung der Gemeinde unausgeführt zu lassen; und später als der Senat den demüthig von den Samniten erbetenen Frieden abzuschlagen wünschte, aber die Gehässigkeit der Erklärung scheuend sie dem Volke zuschob (436). Erst gegen das Ende dieser Periode finden wir eine bedeutend erweiterte Competenz der Districtversammlung auch in Verwaltungsangelegenheiten, namentlich eine Befragung derselben bei Friedensschlüssen und Bündnissen; es ist wahrscheinlich, dafs diese zurückgeht auf das hortensische Gesetz von 467. — Indefs trotz dieser Erweiterungen der Competenz der Bürgerversammlungen begann der praktische Einflufs derselben auf die Staatsangelegenheiten vielmehr, namentlich gegen das Ende dieser Epoche, zu schwinden. Vor allem die Ausdehnung der römischen Grenzen entzog der Urversammlung ihren richtigen Boden. Als Versammlung der Gemeindesässigen konnte sie recht wohl in genügender Vollzähligkeit sich zusammenfinden und recht wohl wissen was sie wollte, auch ohne zu discutiren; aber die römische Bürgerschaft war schon weniger Gemeinde als Staat. Zwar insofern die incorporirten Ortschaften in den Landquartieren beisammen blieben, wie zum Beispiel in der papirischen Tribus wesentlich die Stimmen der Tusculaner entschieden, durchdrang der zu allen Zeiten in Italien so lebendige Municipalsinn auch die römischen Comitien und brachte in dieselben, wenigstens wenn nach Quartieren gestimmt ward, einen gewissen inneren Zusammenhang und einen eigenen Gemeingeist, der denn auch wohl zu Animositäten und Rivalitäten aller Art führte. In aufserordentlichen Fällen kam allerdings auf diese Weise in die Abstimmung Energie und Selbstständigkeit; in der Regel aber waren doch die Comitien in ihrer Zusammensetzung wie in ihrer

Entscheidung theils von der Persönlichkeit des Vorsitzenden und vom Zufall abhängig, theils den in der Hauptstadt domicilirten Bürgern in die Hände gegeben. Es ist daher vollkommen erklärlich, dafs die Bürgerversammlungen, die in den beiden ersten Jahrhunderten der Republik eine grofse und praktische Wichtigkeit haben, allmählich beginnen ein reines Werkzeug in der Hand des vorsitzenden Beamten zu werden; freilich ein sehr gefährliches, da der zum Vorsitz berufenen Beamten so viele waren und jeder Beschlufs der Gemeinde galt als der legale Ausdruck des Volkswillens in letzter Instanz. An der Erweiterung aber der verfassungsmäfsigen Rechte der Bürgerschaft war insofern nicht viel gelegen, als diese thatsächlich weniger als je eines eigenen Wollens und Handels fähig war und als es eine eigentliche Demagogie in Rom noch nicht gab — hätte eine solche damals bestanden, so würde sie versucht haben nicht die Competenz der Bürgerschaft zu erweitern, sondern die politische Debatte vor der Bürgerschaft zu entfesseln, während es doch bei den alten Satzungen, dafs nur der Magistrat die Bürger zur Versammlung zu berufen und dafs er jede Debatte und jede Amendementsstellung auszuschliefsen befugt sei, in dieser ganzen Periode unverändert sein Bewenden hatte. Zur Zeit machte sich diese beginnende Zerrüttung der Verfassung hauptsächlich nur insofern geltend, als die Urversammlungen sich wesentlich passiv verhielten und im Ganzen in das Regiment weder fördernd noch störend eingriffen.

Was die Beamtengewalt anlangt, so war deren Schmälerung nicht gerade das Ziel der zwischen Alt- und Neubürgern geführten Kämpfe, wohl aber eine ihrer wichtigsten Folgen. Bei dem Beginn der ständischen Kämpfe, das heifst des Streites um den Besitz der consularischen Gewalt, war das Consulat noch die einige und untheilbare wesentlich königliche Amtsgewalt gewesen und hatte der Consul wie ehemals der König noch alle Unterbeamten nach eigener freier Wahl bestellt; am Ende desselben waren die wichtigsten Befugnisse: Gerichtsbarkeit, Strafsenpolizei, Senatoren- und Ritterwahl, Schatzung und Kassenverwaltung von dem Consulat getrennt und an Beamte übergegangen, die gleich dem Consul von der Gemeinde ernannt wurden und weit mehr neben als unter ihm standen. Das Consulat, sonst das einzige ordentliche Gemeindeamt, war jetzt nicht mehr einmal unbedingt das erste: in der neu sich feststellenden Rang- und gewöhnlichen Reihenfolge der Gemeindeämter stand das Consulat zwar über Praetur, Aedilität und Quästur, aber unter dem Einschätzungsamt, an das aufser den wichtigsten finanziellen Geschäf-

ten die Feststellung der Bürger-, Ritter- und Senatorenliste und
damit eine durchaus willkürliche sittliche Controle über die gesammte Gemeinde und jeden einzelnen geringsten wie vornehmsten
Bürger gekommen war. Der dem älteren römischen Staatsrecht mit
dem Begriff des Obcramts unvereinbar erscheinende Begriff der
begrenzten Beamtengewalt oder der Competenz brach allmählich
sich Bahn und zerfetzte und zerstörte den älteren des einen und
untheilbaren Imperium. Einen Anfang dazu machte schon die
Einsetzung der ständigen Nebenämter, namentlich der Quästur
(S. 254); vollständig durchgeführt ward sie durch die licinisch-
sextischen Gesetze (387), welche von den drei höchsten Beamten
der Gemeinde die ersten beiden für Verwaltung und Kriegführung, den dritten für die Gerichtsleitung bestimmten. Aber man
blieb hierbei nicht stehen. Die Consuln, obwohl sie rechtlich
durchaus und überall concurrirten, theilten doch natürlich seit
ältester Zeit thatsächlich die verschiedenen Geschäftskreise (*pro-
vinciae*) unter sich. Ursprünglich war dies lediglich durch freie
Vereinbarung oder in deren Ermangelung durch Loosung geschehen; allmählich aber griffen die andern constitutiven Gewalten im Gemeinwesen in diese factischen Competenzbestimmungen
ein. Es ward üblich, dafs der Senat Jahr für Jahr die Geschäftskreise abgrenzte und sie zwar nicht geradezu unter die concurrirenden Beamten vertheilte, aber doch durch Rathschlag und Bitte
auch auf die Personenfragen entscheidend einwirkte. Aeusersten
Falls erlangte der Senat auch wohl einen Gemeindebeschlufs, der
die Competenzfrage definitiv entschied (S. 311); doch hat die Regierung diesen bedenklichen Ausweg nur sehr selten angewandt.
Ferner wurden die wichtigsten Angelegenheiten, wie zum Beispiel
die Friedensschlüsse, den Consuln entzogen und dieselben genöthigt hiebei an den Senat zu recurriren und nach dessen Instruction zu verfahren. Für den äufsersten Fall endlich konnte
der Senat jederzeit die Consuln vom Amt suspendiren, indem nach
einer nie rechtlich festgestellten und nie thatsächlich verletzten
Uebung der Eintritt der Dictatur lediglich von dem Beschlufs des
Senats abhing und die Bestimmung der zu ernennenden Person,
obwohl verfassungsmäfsig bei dem ernennenden Consul, doch der

Beschrän- Sache nach in der Regel bei dem Senat stand. — Länger als in
kung der dem Consulat blieb in der Dictatur die alte Einheit und Rechts-
Dictatur. fülle des Imperium erhalten; obwohl sie natürlich als aufserordentliche Magistratur der Sache nach von Haus aus eine Spe-
cialcompetenz hatte, gab es doch rechtlich eine solche für den
Dictator noch weit weniger als für den Consul. Indefs auch sie

ergriff allmählich der neu in das römische Rechtsleben eintretende Competenzbegriff. Zuerst 391 begegnet ein aus theologischem Scrupel ausdrücklich blofs zur Vollziehung einer religiösen Ceremonie ernannter Dictator; und wenn dieser selbst noch, ohne Zweifel formell verfassungsmäfsig, die ihm gesetzte Competenz als nichtig behandelte und ihr zum Trotz den Heerbefehl übernahm, so wiederholte bei den späteren gleichartig beschränkten Ernennungen, die zuerst 403 und seitdem sehr häufig begegnen, diese Opposition der Magistratur sich nicht, sondern auch die Dictatoren erachteten fortan durch ihre Specialcompetenzen sich gebunden. — Endlich lagen in dem 412 erlassenen Verbot der Cumulirung ordentlicher curulischer Aemter und in der gleichzeitigen Vorschrift, dafs derselbe Mann dasselbe Amt in der Regel nicht vor Ablauf einer zehnjährigen Zwischenzeit solle verwalten können, so wie in der späteren Bestimmung, dafs das thatsächlich höchste Amt, die Censur überhaupt nicht zum zweiten Mal bekleidet werden dürfe (489), weitere sehr empfindliche Beschränkungen der Magistratur. Doch war die Regierung noch stark genug um ihre Werkzeuge nicht zu fürchten und darum eben die brauchbarsten absichtlich ungenutzt zu lassen; tapfere Offiziere wurden sehr häufig von jenen Vorschriften entbunden*), und es kamen noch Fälle vor, wie der des Quintus Fabius Rullianus, der in achtundzwanzig Jahren fünfmal Consul war, und des Marcus Valerius Corvus (384 — 483), welcher, nachdem er sechs Consulate, das erste im dreiundzwanzigsten, das letzte im zweiundsiebzigsten Jahre verwaltet und drei Menschenalter hindurch der Hort der Landsleute und der Schrecken der Feinde gewesen war, hundertjährig zur Grube fuhr.

Während also der römische Beamte immer vollständiger und immer bestimmter aus dem unbeschränkten Herrn in den

---

*) Wer die Consularverzeichnisse vor und nach 412 vergleicht, wird an der Existenz des oben erwähnten Gesetzes über die Wiederwahl zum Consulat nicht zweifeln; denn so gewöhnlich vor diesem Jahr die Wiederbekleidung des Amtes besonders nach drei bis vier Jahren ist, so häufig sind nachher die Zwischenräume von zehn Jahren und darüber. Doch finden sich, namentlich während der schweren Kriegsjahre 434—443, Ausnahmen in sehr grofser Zahl. Streng hielt man dagegen an der Unzulässigkeit der Aemtercumulirung. Es findet sich kein sicheres Beispiel der Verbindung zweier der drei ordentlichen curulischen (Liv. 39, 39, 4) Aemter (Consulat, Praetur, curulische Aedilität), wohl aber von anderen Cumulirungen, zum Beispiel der curulischen Aedilität und des Reiterführeramts (Liv. 23, 24. 30); der Praetur und der Censur (*fast. Cap. a.* 501); der Praetur und der Dictatur (Liv. 8, 12); des Consulats und der Dictatur (Liv. 8, 12).

begrenzten Auftragnehmer und Geschäftsführer der Gemeinde
sich umwandelte, unterlag die alte Gegenmagistratur, das Volkstribunat gleichzeitig einer gleichartigen mehr innerlichen als
äußerlichen Umwandlung. Dasselbe diente im Gemeinwesen zu
einem doppelten Zweck. Es war von Haus aus bestimmt gewesen den Geringen und Schwachen durch eine gewissermaßen
revolutionäre Hülfsleistung (*auxilium*) gegen den gewaltthätigen
Uebermuth der Beamten zu schützen; es war späterhin gebraucht
worden um die rechtliche Zurücksetzung der Bürgerlichen und
die Privilegien des Geschlechtsadels zu beseitigen. Letzteres war
erreicht. Der ursprüngliche Zweck war nicht bloß an sich mehr
ein demokratisches Ideal als eine politische Möglichkeit, sondern
auch der plebejischen Aristokratie, in deren Händen das Tribunat
sich befinden mußte und befand, vollkommen eben so verhaßt
und mit der neuen aus der Ausgleichung der Stände hervorgegangen wo möglich noch entschiedener als die bisherige aristokratisch gefärbten Gemeindeordnung vollkommen ebenso unverträglich, wie er dem Geschlechtsadel verhaßt und mit der patricischen Consularverfassung unverträglich gewesen war. Aber
anstatt das Tribunat abzuschaffen, zog man vor es aus einem
Rüstzeug der Opposition in ein Regierungsorgan umzuschaffen
und zog die Volkstribune, die von Haus aus von aller Theilnahme
an der Verwaltung ausgeschlossen und weder Beamte noch Mitglieder des Senats waren, jetzt hinein in den Kreis der regierenden Behörden. Wenn sie in der Gerichtsbarkeit von Anfang an
den Consuln gleichstanden und schon in den ersten Stadien der
ständischen Kämpfe gleich diesen die legislatorische Initiative
erwarben, so empfingen sie jetzt auch, wir wissen nicht genau
wann, aber vermuthlich bei oder bald nach der schließlichen
Ausgleichung der Stände, gleiche Stellung mit den Consuln gegenüber der thatsächlich regierenden Behörde, dem Senate. Bisher hatten sie auf einer Bank an der Thür sitzend der Senatsverhandlung beigewohnt; jetzt erhielten sie gleich und neben den
übrigen Beamten ihren Platz im Senate selbst und das Recht bei
den Verhandlungen das Wort zu ergreifen; wenn ihnen das
Stimmrecht versagt blieb, so war dies nur eine Anwendung des
allgemeinen Grundsatzes des römischen Staatsrechts, daß den
Rath nur gab, wer zur That nicht berufen war und also sämmtlichen funktionirenden Beamten während ihres Amtsjahrs nur
Sitz, nicht Stimme im Staatsrathe zukam (S. 260). Aber es blieb
hierbei nicht. Die Tribune empfingen das unterscheidende Vorrecht der höchsten Magistratur, das sonst von den ordentlichen

Beamten nur den Consuln und Praetoren zustand: das Recht den
Senat zu versammeln, zu befragen und einen Beschluſs desselben
zu bewirken*). Es war das nur in der Ordnung: die Häupter der
plebejischen Aristokratie muſsten denen der patricischen im Senate gleichgestellt werden, seit das Regiment von dem Geschlechtsadel übergegangen war auf die vereinigte Aristokratie. Indem
dieses ursprünglich von aller Theilnahme an der Staatsverwaltung ausgeschlossene Oppositionscollegium jetzt, namentlich für
die eigentlich städtischen Angelegenheiten, eine zweite höchste
Executivstelle ward und eines der gewöhnlichsten und brauchbarsten Organe der Regierung, das heiſst des Senats, um die Bürgerschaft zu lenken und vor allem um Ausschreitungen der Beamten zu hemmen, wurde es allerdings seinem ursprünglichen
Wesen nach absorbirt und politisch vernichtet; indeſs war dieses
Verfahren in der That durch die Nothwendigkeit geboten. Wie
klar auch die Mängel der römischen Aristokratie zu Tage liegen
und wie entschieden das stetige Wachsen der aristokratischen
Uebermacht mit der thatsächlichen Beseitigung des Tribunats zusammenhängt, so kann doch nicht verkannt werden, daſs auf die
Länge sich nicht mit einer Behörde regieren lieſs, welche nicht
bloſs zwecklos war und fast auf die Hinhaltung des leidenden Proletariats durch trügliche Hülfsvorspiegelung berechnet, sondern
zugleich entschieden revolutionär und im Besitz einer in der That
anarchischen Hemmungsbefugniſs der Beamten-, ja der Staatsgewalt selbst. Aber der Glaube an das Ideale, in dem alle Macht
wie alle Ohnmacht der Demokratie begründet ist, hatte in den
Gemüthern der Römer aufs engste an das Gemeindetribunat sich
geheftet und man braucht nicht erst an Cola Rienzi zu erinnern,
um einzusehen, daſs dasselbe, wie wesenlos immer der daraus für
die Menge entspringende Vortheil war, ohne eine furchtbare
Staatsumwälzung nicht beseitigt werden konnte. Darum begnügte man sich mit echt bürgerlicher Staatsklugheit in den
möglichst wenig in die Augen fallenden Formen die Sache zu
vernichten. Der bloſse Name dieser ihrem innersten Kern nach
revolutionären Magistratur blieb immer noch innerhalb des aristokratisch regierten Gemeinwesens gegenwärtig ein Widerspruch
und für die Zukunft in den Händen einer dereinstigen Umsturz-
partei eine schneidende und gefährliche Waffe; indeſs für jetzt

---

*) Daher werden die für den Senat bestimmten Depeschen adressirt
an Consuln, Praetoren, Volkstribune und Senat (Cicero *ad fam.* 15, 2
und sonst).

und noch auf lange hinaus war die Aristokratie so unbedingt mächtig und so vollständig im Besitz des Tribunats, dafs von einer collegialischen Opposition der Tribune gegen den Senat schlechterdings keine Spur sich findet und die Regierung der etwa vorkommenden verlorenen oppositionellen Regungen einzelner solcher Beamten immer ohne Mühe und in der Regel durch das Tribunat selbst Herr ward.

Senat. In der That war es der Senat, der die Gemeinde regierte, und fast ohne Widerstand seit der Ausgleichung der Stände. *Zusammensetzung desselben.* Seine Zusammensetzung selbst war eine andere geworden. Das freie Schalten der Oberbeamten, wie es nach Beseitigung der alten Geschlechtervertretung in dieser Hinsicht stattgefunden hatte (S. 79), hatte schon mit der Abschaffung der lebenslänglichen Gemeindevorstandschaft sehr wesentliche Beschränkungen erfahren (S. 260). — Ein weiterer Schritt zur Emancipation des Senats von der Beamtengewalt erfolgte durch den Uebergang der Feststellung dieser Listen von den höchsten Gemeindebeamten auf eine Unterbehörde, von den Consuln auf die Censoren (S. 294). Allerdings wurde, sei es gleich damals oder bald nachher, auch das Recht des mit der Anfertigung der Liste beauftragten Beamten einzelne Senatoren wegen eines ihnen anhaftenden Makels aus derselben wegzulassen und somit aus dem Senat auszuschliefsen wo nicht eingeführt, doch wenigstens schärfer formulirt*) und somit jenes eigenthümliche Sittengericht begründet, auf dem das hohe Ansehen der Censoren vornämlich beruht (S. 313). Allein

---

*) Diese Befugnifs so wie die ähnlichen hinsichtlich der Ritter- und der Bürgerliste waren wohl nicht förmlich und gesetzlich den Censoren beigelegt, lagen aber thatsächlich von jeher in ihrer Competenz. Das Bürgerrecht vergiebt die Gemeinde, nicht der Censor; aber wen dieser aus der Bürger- in die Schutzverwandtenliste einschreibt, der verliert zwar das Bürgerrecht nicht, kann aber die bürgerlichen Befugnisse nicht ausüben bis zur Anfertigung einer neuen Liste. Ebenso verhält es sich mit dem Senat: wen der Censor in seiner Liste ausläfst, der scheidet aus demselben, so lange die betreffende Liste gültig bleibt — es kommt vor, dafs der vorsitzende Beamte sie verwirft und die ältere Liste wieder in Kraft setzt. Offenbar kam also in dieser Hinsicht es nicht so sehr darauf an, was den Censoren gesetzlich freistand, sondern was bei denjenigen Beamten, welche nach ihren Listen zu laden hatten, ihre Autorität vermochte. Daher begreift man, wie diese Befugnifs allmählich stieg und wie mit der steigenden Consolidirung der Nobilität dergleichen Streichungen gleichsam die Form richterlicher Entscheidungen annahmen und gleichsam als solche respectirt wurden. Hinsichtlich der Feststellung der Senatsliste hat freilich auch ohne Zweifel die Bestimmung des ovinischen Plebiscits wesentlich mitgewirkt, dafs die Censoren ‚aus allen Rangklassen die besten' in den Senat nehmen sollten.

derartige Rügen konnten der Natur der Sache nach, da zumal beide Censoren darüber einig sein mufsten, wohl dazu dienen einzelne die Versammlung nicht zur Ehre gereichende oder dem in ihr herrschenden Geist feindliche Persönlichkeiten zu entfernen, nicht aber sie selbst in Abhängigkeit von der Magistratur versetzen. — Entscheidend aber beschränkte das ovinische Gesetz, welches etwa um die Mitte dieser Periode, wahrscheinlich bald nach den licinisch-sextischen Gesetzen durchgegangen ist, das Recht der Beamten den Senat nach ihrem Ermessen zu constituiren, indem es demjenigen, der curulischer Aedil, Praetor oder Consul gewesen war, sofort vorläufig Sitz und Stimme im Senat verlieh und die nächst eintretenden Censoren verpflichtete diese Expectanten entweder förmlich in die Senatorenliste einzuzeichnen oder doch nur aus denjenigen Gründen, welche auch zur Ausstofsung des wirklichen Senators genügten, von der Liste auszuschliefsen. Freilich reichte die Zahl dieser gewesenen Magistrate bei weitem nicht aus um den Senat auf der normalen Zahl von Dreihundert zu halten; und unter dieselbe durfte man, besonders da die Senatoren- zugleich Geschwornenliste war, ihn nicht herabgehen lassen. So blieb dem censorischen Wahlrecht immer noch ein bedeutender Spielraum; indefs nahmen diese nicht durch die Bekleidung eines Amtes, sondern durch die censorische Wahl erkiesten Senatoren — häufig diejenigen Bürger, die ein nicht curulisches Gemeindeamt verwaltet oder durch persönliche Tapferkeit sich hervorgethan, einen Feind im Gefecht getödtet oder einem Bürger das Leben gerettet hatten — zwar an der Abstimmung, aber nicht an der Debatte Theil (S. 301). Der Kern des Senats und derjenige Theil desselben, in dem Regierung und Verwaltung sich concentrirte, ruhte also nach dem ovinischen Gesetz im Wesentlichen nicht mehr auf der Willkür eines Beamten, sondern mittelbar auf der Wahl durch das Volk; und die römische Gemeinde war auf diesem Wege zwar nicht zu der grofsen Institution der Neuzeit, dem repräsentativen Volksregimente, aber wohl dieser Institution nahe gekommen, während die Gesammtheit der nicht debattirenden Senatoren gewährte, was bei regierenden Collegien so nothwendig wie schwierig herzustellen ist, eine compacte Masse urtheilsfähiger und urtheilsberechtigter, aber schweigender Mitglieder. — Die Competenz des Senats wurde formell kaum verändert. Der Senat hütete sich wohl durch unpopuläre Verfassungsänderungen oder offenbare Verfassungsverletzungen der Opposition und der Ambition Handhaben darzubieten; er liefs es sogar geschehen, wenn er es auch nicht beförderte, dafs die Bürgerschaftscompetenz im demokratischen Sinne ausgedehnt ward. Aber wenn die Bürgerschaft den Schein, so erwarb der Senat das Wesen der Macht: einen bestimmenden Einflufs auf die Gesetzgebung und die Beamtenwahlen und das gesammte Gemeinderegiment. — Jeder neue Gesetzvorschlag ward zunächst im Senat vorberathen und kaum wagte es je ein Beamter ohne oder wider das Gutachten des Senats einen Antrag an die Gemeinde zu stellen; geschah es dennoch, so hatte der Senat durch die Beamtenintercession und die priesterliche Cassation eine lange Reihe von Mitteln in der Hand um jeden unbequemen Antrag im Keime zu ersticken oder nachträglich zu beseitigen; und im äufsersten Fall hatte er als oberste Verwaltungsbehörde mit der Ausführung auch die Nichtausführung der Gemeindebeschlüsse in der Hand. Es nahm der Senat ferner unter stillschweigender Zustimmung der Gemeinde das Recht in Anspruch in dringlichen Fällen unter Vorbehalt der Ratification durch Bürgerschaftsbeschlufs von den Gesetzen zu entbinden — ein Vorbehalt, der von Haus aus nicht viel bedeutete und allmählich so vollständig zur Formalität ward, dafs man in späterer Zeit sich nicht einmal mehr die Mühe gab den ratificirenden Gemeindebeschlufs zu beantragen. — Was die Wahlen anlangt, so gingen sie, soweit sie den Beamten zustanden und von politischer Wichtigkeit waren, thatsächlich über auf den Senat; auf diesem Wege erwarb derselbe, wie schon gesagt ward (S. 314), das Recht den Dictator zu bestellen. Gröfsere Rücksicht mufste allerdings auf die Gemeinde genommen werden: es konnte ihr das Recht nicht entzogen werden die Gemeindeämter zu vergeben; doch ward, wie gleichfalls schon bemerkt wurde, sorgfältig darüber gewacht, dafs diese Beamtenwahl nicht etwa in die Vergebung bestimmter Competenzen, namentlich nicht der Oberfeldherrnstellen in bevorstehenden Kriegen übergehe. Ueberdies brachte theils der neu eingeführte Competenzbegriff, theils das dem Senat thatsächlich zugestandene Recht von den Gesetzen zu entbinden einen wichtigen Theil der Aemterbesetzung in die Hände des Senats. Von dem Einflufs, den der Senat auf die Feststellung der Geschäftskreise namentlich der Consuln ausübte, ist schon die Rede gewesen (S. 314). Von dem Dispensationsrecht war eine der wichtigsten Anwendungen die Entbindung des Beamten von der gesetzlichen Befristung seines Amtes, welche zwar als den Grundgesetzen der Gemeinde zuwider nach römischem Staatsrecht in dem eigentlichen Stadtbezirk nicht vorkommen durfte, aber aufserhalb desselben wenigstens insoweit galt, als der Consul und Praetor, dem die Frist verlängert war, nach Ablauf derselben fortfuhr ‚an Consul- oder Praetorstatt' (*pro consule*, *pro praetore*) zu fungiren. Natürlich stand dies wichtige dem Ernennungsrecht wesentlich gleichstehende Recht der Fristerstreckung gesetzlich allein der Gemeinde zu und ward anfänglich auch factisch von ihr gehandhabt; aber doch wurde schon 447 und seitdem regelmäfsig den Oberfeldherrn das Commando durch blofsen Senatsbeschlufs verlängert. Dazu kam endlich der übermächtige und klug vereinigte Einflufs der Aristokratie auf die Wahlen, welcher dieselben nicht immer, aber in der Regel auf die der Regierung genehmen Candidaten lenkte. — Was schliefslich die Verwaltung anlangt, so hing Krieg, Frieden und Bündnifs, Colonialgründung, Ackerassignation, Bauwesen, überhaupt jede Angelegenheit von dauernder und durchgreifender Wichtigkeit und namentlich das gesammte Finanzwesen lediglich ab von dem Senat. Er war es, der Jahr für Jahr den Beamten in der Feststellung ihrer Geschäftskreise und in der Limitirung der einem jeden zur Verfügung zu stellenden Truppen und Gelder die allgemeine Instruction gab, und an ihn ward von allen Seiten in allen wichtigen Fällen recurrirt; keinem Beamten mit Ausnahme des Consuls und keinem Privaten durften die Vorsteher der Staatskasse Zahlung anders leisten als nach vorgängigem Senatsbeschlufs. Nur in die Besorgung der laufenden Angelegenheiten und in die richterliche und militärische Specialverwaltung mischte das höchste Regierungscollegium sich nicht ein; es war zu viel politischer Sinn und Tact in der römischen Aristokratie um die Leitung des Gemeinwesens in eine Bevormundung des einzelnen Beamten und das Werkzeug in eine Maschine verwandeln zu wollen. — Dafs dies neue Regiment des Senats bei aller Schonung der bestehenden Formen eine vollständige Umwälzung des alten Gemeinwesens in sich schlofs, leuchtet ein; dafs die freie Thätigkeit der Bürgerschaft stockte und erstarrte und die Beamten zu Sitzungspräsidenten und ausführenden Commissarien herabsanken, dafs ein durchaus nur berathendes Collegium die Erbschaft beider verfassungsmäfsigen Gewalten that und, wenn auch in den bescheidensten Formen, die Centralregierung der Gemeinde ward, war revolutionär und usurpatorisch. Indefs wenn jede Revolution und jede Usurpation durch die ausschliefsliche Fähigkeit zum Regimente vor dem Richterstuhl der Geschichte gerechtfertigt erscheint, so mufs auch ihr strenges Urtheil es anerkennen, dafs diese Körperschaft ihre grofse Aufgabe zeitig begriffen und würdig erfüllt hat. Berufen nicht durch den eitlen Zufall der Geburt, sondern wesentlich durch die freie Wahl der Nation; bestätigt von vier zu vier Jahren durch das strenge Sittengericht der würdigsten Männer; auf Lebenszeit im Amte und nicht abhängig von dem Ablauf des Mandats oder von der schwankenden Meinung des Volkes; in sich einig und geschlossen seit der Ausgleichung der Stände; alles in sich schliefsend was das Volk besafs von politischer Intelligenz und praktischer Staatskunde; unumschränkt verfügend in allen finanziellen Fragen und in der Leitung der auswärtigen Politik; die Executive vollkommen beherrschend durch deren kurze Dauer und durch die dem Senat nach der Beseitigung des ständischen Haders dienstbar gewordene tribunicische Intercession, war der römische Senat der edelste Ausdruck der Nation und in Consequenz und Staatsklugheit, in Einigkeit und Vaterlandsliebe, in Machtfülle und sicherem Muth die erste politische Körperschaft aller Zeiten — auch jetzt noch eine ‚Versammlung von Königen‘, die es verstand mit republikanischer Hingebung despotische Energie zu verbinden. Nie ist ein Staat nach aufsen fester und würdiger vertreten worden als Rom in seiner guten Zeit durch seinen Senat. In der inneren Verwaltung ist es allerdings nicht zu verkennen, dafs die im Senat vorzugsweise vertretene Geld- und Grundaristokratie in den ihre Sonderinteressen betreffenden Angelegenheiten parteiisch verfuhr und dafs die Klugheit und die Energie der Körperschaft hier häufig von ihr nicht zum Heil des Staates gebraucht worden sind. Indefs der grofse in schweren Kämpfen festgestellte Grundsatz, dafs jeder römische Bürger gleich vor dem Gesetz sei in Rechten und Pflichten, und die daraus sich ergebende Eröffnung der politischen Laufbahn, das heifst des Eintritts in den Senat für Jedermann erhielten neben dem Glanz der militärischen und politischen Erfolge die staatliche und nationale Eintracht und nahmen dem Unterschied der Stände jene Erbitterung und Gehässigkeit, die den Kampf der Patricier und Plebejer bezeichnen; und da die glückliche Wendung der äufsern Politik es mit sich brachte, dafs länger als ein Jahrhundert die Reichen Spielraum für sich fanden ohne den Mittelstand unterdrücken zu müssen, so hat das römische Volk in seinem Senat längere Zeit, als es einem Volke verstattet zu sein pflegt, das grofsartigste aller Menschenwerke durchzuführen vermocht, eine weise und glückliche Selbstregierung.

KAPITEL IV.

Sturz der etruskischen Macht. Die Kelten.

Nachdem die Entwickelung der römischen Verfassung während der zwei ersten Jahrhunderte der Republik dargestellt ist, ruft uns die äufsere Geschichte Roms und Italiens wieder zurück in den Anfang dieser Epoche. Um diese Zeit, als die Tarquinier aus Rom vertrieben wurden, stand die etruskische Macht auf ihrem Höhepunkt. Die Herrschaft auf der tyrrhenischen See besafsen unbestritten die Tusker und die mit ihnen eng verbündeten Karthager. Wenn auch Massalia unter steten und schweren Kämpfen sich behauptete, so waren dagegen die Häfen Campaniens und der volskischen Landschaft und seit der Schlacht von Alalia auch Corsica (S. 146) im Besitz der Etrusker. In Sardinien gründeten durch die vollständige Eroberung der Insel (um 260) die Söhne des karthagischen Feldherrn Mago die Gröfse zugleich ihres Hauses und ihrer Stadt, und in Sicilien behaupteten die Phoenikier während der inneren Fehden der hellenischen Colonien ohne wesentliche Anfechtung den Besitz der Westhälfte. Nicht minder beherrschten die Schiffe der Etrusker das adriatische Meer und selbst in den östlichen Gewässern waren ihre Kaper gefürchtet. — Auch zu Lande schien ihre Macht im Steigen. Den Besitz der latinischen Landschaft zu gewinnen war für Etrurien, das von den volskischen Städten in seiner Clientel und von seinen campanischen Besitzungen allein durch die Latiner geschieden war, von der entscheidendsten Wichtigkeit. Bisher hatte das feste Bollwerk der römischen Macht Latium ausreichend beschirmt und die Tibergrenze mit Erfolg gegen Etrurien behauptet. Allein als der gesammte tuskische Bund, die Verwirrung

Etruskisch-karthagische Seeherrschaft.

500

Latium von Etrurien unterworfen.

und die Schwäche des römischen Staats nach der Vertreibung der Tarquinier benutzend, jetzt unter dem König Larth Porsena von Clusium seinen Angriff mächtiger als zuvor erneuerte, fand er nicht ferner den gewohnten Widerstand; Rom capitulirte und trat im Frieden (angeblich 247) nicht blofs alle Besitzungen am rechten Tiberufer an die nächstliegenden tuskischen Gemeinden ab und gab also die ausschliefsliche Herrschaft über den Strom auf, sondern lieferte auch dem Sieger seine sämmtlichen Waffen aus und gelobte fortan des Eisens nur zur Pflugschaar sich zu bedienen. Es schien, als sei die Einigung Italiens unter tuskischer Suprematie nicht mehr fern.

Etrusker aus Latium zurückgedrängt. Allein die Unterjochung, womit die Coalition der etruskischen und karthagischen Nation die Griechen wie die Italiker bedrohte, ward glücklich abgewendet durch das Zusammenhalten der durch Stammverwandtschaft wie durch die gemeinsame Gefahr auf einander angewiesenen Völker. Zunächst fand das etruskische Heer, das nach Roms Fall in Latium eingedrungen war, vor den Mauern von Aricia die Grenze seiner Siegesbahn durch die rechtzeitige Hülfe der den Aricinern zur Hülfe herbeigeeilten Kymaeer (248). Wir wissen nicht wie der Krieg endigte und namentlich nicht, ob Rom schon damals den verderblichen und schimpflichen Frieden brach; gewifs ist nur, dafs die Tusker auch diesmal auf dem linken Tiberufer sich dauernd zu behaupten nicht vermochten.

Sturz der etruskisch-karthagischen Seeherrschaft. Bald ward die hellenische Nation zu einem noch umfassenderen und noch entscheidenderen Kampf gegen die Barbaren des Westens wie des Ostens genöthigt. Es war um die Zeit der Perserkriege. Die Stellung der Tyrier zu dem Grofskönig führte auch Karthago in die Bahnen der persischen Politik — wie denn selbst ein Bündnifs zwischen den Karthagern und Xerxes glaubwürdig überliefert ist — und mit den Karthagern die Etrusker. Es war eine der grofsartigsten politischen Combinationen, die gleichzeitig die asiatischen Schaaren auf Griechenland, die phoenikischen auf Sicilien warf, um mit einem Schlag die Freiheit und die Civilisation vom Angesicht der Erde zu vertilgen. Der *Siege von Salamis und Himera und deren Folgen.* Sieg blieb den Hellenen. Die Schlacht bei Salamis (274 der Stadt) rettete und rächte das eigentliche Hellas; und an demselben Tag — so wird erzählt — besiegten die Herren von Syrakus und Akragas, Gelon und Theron das ungeheure Heer des karthagischen Feldherrn Hamilkar Magos Sohn bei Himera so vollständig, dafs der Krieg damit zu Ende war, und die Phoeniker, die damals noch keineswegs den Plan verfolgten ganz Sicilien für eigene Rechnung sich zu unterwerfen, zurückkehrten zu ihrer bisherigen defensiven Politik. Noch sind von den grofsen Silberstücken erhalten, welche aus dem Schmuck der Gemahlin Gelons Damareta und andrer edler Syrakusanerinnen für diesen Feldzug geschlagen wurden, und die späteste Zeit gedachte dankbar des milden und tapferen Königs von Syrakus und des herrlichen von Simonides gefeierten Sieges. — Die nächste Folge der Demüthigung Karthagos war der Sturz der Seeherrschaft ihrer etruskischen Verbündeten. Schon Anaxilas, der Herr von Rhegion und Zankle, hatte ihren Kapern die sicilische Meerenge durch eine stehende Flotte gesperrt (um 272); einen entscheidenden Sieg erfochten bald darauf die Kymaeer und Hieron von Syrakus bei Kyme (280) über die tyrrhenische Flotte, der die Karthager vergeblich Hülfe zu bringen versuchten. Das ist der Sieg, welchen Pindaros in der ersten pythischen Ode feiert, und noch ist der Etruskerhelm vorhanden, den Hieron nach Olympia sandte mit der Aufschrift: „Hiaron des Deinomenes Sohn und die Syrakosier dem Zeus Tyrrhanisches von Kyma"*). — Während diese ungemeinen Erfolge gegen Karthager und Etrusker Syrakus an die Spitze der sicilischen Griechenstädte brachten, erhob unter den italischen Hellenen, nachdem um die Zeit der Vertreibung der Könige aus Rom (243) das achaeische Sybaris untergegangen war, das dorische Tarent sich unbestritten zu der ersten Stelle; die furchtbare Niederlage der Tarentiner durch die Iapyger (280), die schwerste, die bis dahin ein Griechenheer erlitten hatte, entfesselte nur, ähnlich wie der Persersturm in Hellas, die ganze Gewalt des Volksgeistes in energisch demokratischer Entwickelung. Von jetzt an spielen nicht mehr die Karthager und die Etrusker die erste Rolle in den italischen Gewässern, sondern im adriatischen und ionischen Meer die Tarentiner, im tyrrhenischen die Massalioten und die Syrakusaner, und namentlich die letzteren beschränkten mehr und mehr das etruskische Korsarenwesen. Schon Hieron hatte nach dem Siege bei Kyme die Insel Aenaria (Ischia) besetzt und damit die Verbindung zwischen den campanischen und den nördlichen Etruskern unterbrochen. Um das Jahr 302 wurde von Syrakus, um der tuskischen Piraterie gründlich zu steuern, eine eigene Expedition ausgesandt, die die Insel Corsica und die etruskische Küste verheerte und die Insel Aethalia (Elba) besetzte. Ward man auch nicht völlig Herr über

---

*) Ἱάρον ὁ Δεινομένεος καὶ τοὶ Συρακόσιοι τοῖ Δὶ Τύραν' ἀπὸ Κύμας.

die etruskisch-karthagischen Piraten — wie denn das Kaperwesen zum Beispiel in Antium bis in den Anfang des fünften Jahrhunderts der Stadt fortgedauert zu haben scheint —, so war doch das mächtige Syrakus ein starkes Bollwerk gegen die verbündeten Tusker und Phoenikier. Einen Augenblick freilich schien es, als müsse die syrakusische Macht gebrochen werden durch die Athener, deren Seezug gegen Syrakus im Lauf des peloponnesischen Krieges (339—341) die Etrusker, die alten Handelsfreunde Athens, mit drei Funfzigrudrern unterstützten. Allein der Sieg blieb, wie bekannt, im Westen wie im Osten den Dorern. Nach dem schmählichen Scheitern der attischen Expedition ward Syrakus so unbestritten die erste griechische Seemacht, dafs die Männer, die dort an der Spitze des Staates standen, die Herrschaft über Sicilien und Unteritalien und über beide Meere Italiens ins Auge fafsten; wogegen andererseits die Karthager, die ihre Herrschaft in Sicilien jetzt ernstlich bedroht sahen, auch auf ihrer Seite die Ueberwältigung der Syrakusaner und die Unterwerfung der ganzen Insel zum Ziel ihrer Politik nehmen mufsten und nahmen. Der Verfall der sicilischen Mittelstaaten, die Steigerung der karthagischen Macht auf der Insel, die zunächst aus diesen Kämpfen hervorgingen, können hier nicht erzählt werden; was Etrurien anlangt, so führte gegen dies der neue Herr von Syrakus Dionysios (reg. 348—387) die empfindlichsten Schläge. Der weitstrebende König gründete seine neue Colonialmacht vor allem in dem italischen Ostmeer, dessen nördlichere Gewässer jetzt zum erstenmal einer griechischen Seemacht unterthan wurden. Um das Jahr 367 besetzte und colonisirte Dionysios an der illyrischen Küste den Hafen Lissos und die Insel Issa, an der italischen die Landungsplätze Ankon, Numana und Hatria; das Andenken an die syrakusanische Herrschaft in dieser entlegenen Gegend bewahrten nicht blofs die ‚Gräben des Philistos', ein ohne Zweifel von dem bekannten Geschichtschreiber und Freunde des Dionysios, der die Jahre seiner Verbannung (368 fg.) in Hatria verlebte, angelegter Kanal an der Pomündung; auch die veränderte Benennung des italischen Ostmeers selbst, wofür seitdem anstatt der älteren Benennung des ionischen Busens (S. 131) die heute noch gangbare des ‚Meeres von Hatria' vorkommt, geht wahrscheinlich auf diese Ereignisse zurück*). Aber nicht zu-

---

*) Hekataeos († nach 257 Rom) und noch Herodot (270— nach 345) kennen den Hatrias nur als das Podelta und das dasselbe bespülende Meer. (O. Müller Etrusker 1, S. 140; *geogr. Graeci min. ed. C. Müller* 1, p. 23).

frieden mit diesen Angriffen auf die Besitzungen und Handelsverbindungen der Etrusker im Ostmeer griff Dionysios durch die Erstürmung und Plünderung der reichen caeritischen Hafenstadt Pyrgi (369) die etruskische Macht in ihrem innersten Kern an. Sie hat denn auch sich nicht wieder erholt. Als nach Dionysios Tode die inneren Unruhen in Syrakus den Karthagern freiere Bahn machten und deren Flotte wieder im tyrrhenischen Meer das Uebergewicht bekam, das sie seitdem mit kurzen Unterbrechungen behauptete, lastete dieses nicht minder schwer auf den Etruskern wie auf den Griechen; so dafs sogar, als im J. 444 Agathokles von Syrakus zum Krieg mit Karthago rüstete, achtzehn tuskische Kriegsschiffe zu ihm stiefsen. Die Etrusker mochten für Corsica fürchten, das sie wahrscheinlich damals noch behaupteten; die alte tuskisch-phoenikische Symmachie, die noch zu Aristoteles Zeit (370—432) bestand, ward damit gesprengt, aber die Schwäche der Etrusker zur See nicht wieder aufgehoben.

Dieser rasche Zusammensturz der etruskischen Seemacht würde unerklärlich sein, wenn nicht gegen die Etrusker zu eben der Zeit, wo die sicilischen Griechen sie zur See angriffen, auch zu Lande von allen Seiten her die schwersten Schläge gefallen wären. Um die Zeit der Schlachten von Salamis, Himera und Kyme ward, dem Berichte der römischen Annalen zufolge, zwischen Rom und Veii ein vieljähriger und heftiger Krieg geführt (271—280). Die Römer erlitten in demselben schwere Niederlagen; im Andenken geblieben ist die Katastrophe der Fabier (277), die in Folge der inneren Krisen sich freiwillig aus der Hauptstadt verbannt (S. 281) und die Vertheidigung der Grenze gegen Etrurien übernommen hatten und hier am Bache Cremera bis auf den letzten waffenfähigen Mann niedergehauen wurden. Allein der Waffenstillstand auf 400 Monate, der anstatt Friedens den Krieg beendigte, fiel für die Römer in sofern günstig aus, als er wenigstens den Statusquo der Königszeit wiederherstellte: die Etrusker verzichteten auf Fidenae und den am rechten Tiberufer gewonnenen District. Es ist nicht auszumachen, in wie weit dieser römisch-etruskische Krieg mit dem hellenisch-persischen und dem sicilisch-karthagischen in unmittelbarem Zusammenhange stand; aber mögen die Römer die Verbündeten der Sieger von Salamis und von Ilimera gewesen sein oder nicht, die Interessen wie die Folgen trafen jedenfalls zusammen. — Wie die Latiner warfen auch die

---

In weiterer Bedeutung findet sich die Benennung des hadriatischen Meeres zuerst bei dem sogenannten Skylax um 418 der Stadt.

Samniten gegen die campanischen Etrusker. Samniten sich auf die Etrusker; und kaum war deren campanische Niederlassung durch die Folgen des Treffens bei Kyme vom Mutterlande abgeschnitten worden, als sie auch schon nicht mehr im Stande war den Angriffen der sabellischen Bergvölker zu widerstehen. Die Hauptstadt Capua fiel 330 und die tuskische Bevölkerung ward hier bald nach der Eroberung von den Samniten ausgerottet oder verjagt. Freilich hatten auch die campanischen Griechen, vereinzelt und geschwächt, unter derselben Invasion schwer zu leiden; Kyme selbst ward 334 von den Sabellern erobert. Dennoch behaupteten die Griechen sich namentlich in Neapolis, vielleicht mit Hülfe der Syrakusaner, während der etruskische Name in Campanien aus der Geschichte verschwindet; kaum dafs einzelne etruskische Gemeinden eine kümmerliche und verlorene Existenz sich dort fristeten. — Aber noch folgenreichere Ereignisse traten um dieselbe Zeit im nördlichen Italien ein. Eine neue Nation pochte an die Pforten der Alpen: es waren die Kelten; und ihr erster Andrang traf die Etrusker.

Charakter der Kelten. Die keltische, auch galatische oder gallische Nation hat von der gemeinschaftlichen Mutter eine andere Ausstattung empfangen als die italischen, germanischen und hellenischen Schwestern. Es fehlt ihr bei manchen tüchtigen und noch mehr glänzenden Eigenschaften die tiefe sittliche und staatliche Anlage, auf welche alles Gute und Grofse in der menschlichen Entwickelung sich gründet. Es galt, sagt Cicero, als schimpflich für den freien Kelten das Feld mit eigenen Händen zu bestellen. Dem Ackerbau zogen sie das Hirtenleben vor und trieben selbst in den fruchtbaren Poebenen vorzugsweise die Schweinezucht, von dem Fleisch ihrer Heerden sich nährend und in den Eichenwäldern mit ihnen Tag und Nacht verweilend. Die Anhänglichkeit an die eigene Scholle, wie sie den Italikern und den Germanen eigen ist, fehlt bei den Kelten; wogegen sie es lieben in Städten und Flecken zusammen zu siedeln und diese bei ihnen früher, wie es scheint, als in Italien Ausdehnung und Bedeutung gewonnen haben. Ihre bürgerliche Verfassung ist unvollkommen; nicht blofs wird die nationale Einheit nur durch ein schwaches Band vertreten, was ja in gleicher Weise von allen Nationen anfänglich gilt, sondern es mangelt auch in den einzelnen Gemeinden an Eintracht und festem Regiment, an ernstem Bürgersinn und folgerechtem Streben. Die einzige Ordnung, der sie sich schicken, ist die militärische, in der die Bande der Disciplin dem Einzelnen die schwere Mühe abnehmen sich selber zu bezwingen. ‚Die hervorstehenden Eigenschaften der keltischen Race — sagt ihr

Geschichtsschreiber Thierry — sind die persönliche Tapferkeit, in der sie es allen Völkern zuvorthun; ein freier, stürmischer, jedem Eindruck zugänglicher Sinn; viel Intelligenz, aber daneben die äufserste Beweglichkeit, Mangel an Ausdauer, Widerstreben gegen Zucht und Ordnung, Prahlsucht und ewige Zwietracht, die Folge der grenzenlosen Eitelkeit'. Kürzer sagt ungefähr dasselbe der alte Cato: ,auf zwei Dinge geben die Kelten viel: auf das Fechten und auf den Esprit*)'. Solche Eigenschaften guter Soldaten und schlechter Bürger erklären die geschichtliche Thatsache, dafs die Kelten alle Staaten erschüttert und keinen gegründet haben. Ueberall finden wir sie bereit zu wandern, das heifst zu marschiren; dem Grundstück die bewegliche Habe vorziehend, allem andern aber das Gold; das Waffenwerk betreibend als geordnetes Raubwesen oder gar als Handwerk um Lohn und allerdings mit solchem Erfolge, dafs selbst der römische Geschichtsschreiber Sallustius im Waffenwerk den Kelten den Preis vor den Römern zugesteht. Es sind die rechten Lanzknechte des Alterthums, wie die Bilder und Beschreibungen sie uns darstellen: grofse, nicht sehnige Körper, mit zottigem Haupthaar und langem Schnauzbart — recht im Gegensatz zu Griechen und Römern, die das Haupt und die Oberlippe schoren —, in bunten gestickten Gewändern, die beim Kampf nicht selten abgeworfen wurden, mit dem breiten Goldring um den Hals, unbehelmt und ohne Wurfwaffen jeder Art, aber dafür mit ungeheurem Schild nebst dem langen schlechtgestählten Schwert, dem Dolch und der Lanze, alle diese Waffen mit Gold geziert, wie sie denn die Metalle nicht ungeschickt zu bearbeiten verstanden. Zum Renommiren dient alles, selbst die Wunde, die oft nachträglich erweitert wird, um mit der breiteren Narbe zu prunken. Gewöhnlich fechten sie zu Fufs, einzelne Schwärme aber auch zu Pferde, wo dann jedem Freien zwei gleichfalls berittene Knappen folgen; Streitwagen finden sich früh wie bei den Libyern und den Hellenen in ältester Zeit. Mancher Zug erinnert an das Ritterwesen des Mittelalters; am meisten die den Römern und Griechen fremde Sitte des Zweikampfes. Nicht blofs im Kriege pflegten sie den einzelnen Feind, nachdem sie ihn zuvor mit Worten und Geberden verhöhnt hatten, zum Kampfe zu fordern; auch im Frieden fochten sie gegen einander in glänzender Rüstung auf Leben und Tod. Dafs die Zechgelage

---

*) *Pleraque Gallia duas res industriosissime persequitur: rem militarem et argute loqui.* (Cato orig. l. II. fr. 2 Jordan.)

hernach nicht fehlten, versteht sich. So führten sie unter eigener oder fremder Fahne ein unstetes Soldatenleben, das sie von Irland und Spanien bis nach Kleinasien zerstreute unter steten Kämpfen und sogenannten Heldenthaten; aber was sie auch begannen, es zerrann wie der Schnee im Frühling und nirgends ist ein grofser Staat, nirgends eine eigene Cultur von ihnen geschaffen worden.

Keltische Wanderungen. So schildern uns die Alten diese Nation; über ihre Herkunft läfst sich nur muthmafsen. Demselben Schofs entsprungen, aus dem auch die hellenischen, italischen und germanischen Völkerschaften hervorgingen*), sind die Kelten ohne Zweifel gleich diesen aus dem östlichen Mutterland in Europa eingerückt, wo sie in frühester Zeit das Westmeer erreichten und in dem heutigen Frankreich ihre Hauptsitze begründeten, gegen Norden hin übersiedelnd auf die britannischen Inseln, gegen Süden die Pyrenäen überschreitend und mit den iberischen Völkerschaften um den Besitz der Halbinsel ringend. An den Alpen indefs strömte ihre erste grofse Wanderung vorbei und erst von den westlichen Ländern aus begannen sie in kleineren Massen und in entgegengesetzter Richtung jene Züge, die sie über die Alpen und den Haemus, ja über den Bosporus führten und durch die sie das Schrecken der sämmtlichen civilisirten Nationen des Alterthums geworden und durch manche Jahrhunderte geblieben sind, bis Caesars Siege und die von Augustus geordnete Grenzvertheidigung ihre Macht für immer brachen. — Die einheimische Wandersage, die hauptsächlich Livius uns erhalten hat, berichtet von diesen späteren rückläufigen Zügen folgendermafsen**). Die gal-

---

*) Neuerdings ist von kundigen Sprachforschern behauptet worden, dafs die Verwandtschaft der Kelten und der Italiker näher sei als selbst die der letzteren und der Hellenen, das heifst dafs derjenige Ast des grofsen Baumes, von dem die west- und südeuropäischen Völkerschaften indogermanischen Stammes entsprungen sind, zunächst sich in Griechen und Italokelten und beträchtlich später die letzteren sich wieder in Italiker und Kelten gespalten hätten. Geographisch ist diese Aufstellung sehr annehmbar und auch die geschichtlich vorliegenden Thatsachen lassen sich vielleicht damit ebenfalls in Einklang bringen, da, was bisher als gräcoitalische Civilisation angesehen worden ist, füglich gräcokeltitalisch gewesen sein kann — wissen wir doch über die älteste keltische Kulturstufe in der That nichts. Die sprachliche Untersuchung scheint indefs noch nicht so weit gediehen zu sein, dafs ihre Ergebnisse in die älteste Völkergeschichte eingereiht werden dürften.

**) Die Sage berichten Livius 5, 34 und Justin 24, 4 und auch Caesar *b. G.* 6, 24 hat sie im Sinn gehabt. Die Verknüpfung indefs der Wanderung des Bellovesus mit der Gründung von Massalia, wodurch jene chronologisch

lische Eidgenossenschaft, an deren Spitze damals wie noch zu Caesars Zeit der Gau der Biturigen (um Bourges) stand, habe unter dem König Ambiatus zwei grofse Heeresschwärme entsendet, geführt von den beiden Neffen des Königs und es sei der eine derselben Sigovesus über den Rhein in der Richtung auf den Schwarzwald zu vorgedrungen, der zweite Bellovesus über die graischen Alpen (den kleinen St. Bernhard) in das Pothal hinabgestiegen. Von jenem stamme die gallische Niederlassung an der mittleren Donau, von diesem die älteste keltische Ansiedlung in der heutigen Lombardei, der Gau der Insubrer mit dem Hauptort Mediolanum (Mailand). Bald sei ein zweiter Schwarm gefolgt, der den Gau der Cenomaner mit den Städten Brixia (Brescia) und Verona begründet habe. Unaufhörlich strömte es fortan über die Alpen in das schöne ebene Land; die keltischen Stämme sammt den von ihnen aufgetriebenen und fortgerissenen ligurischen entrissen den Etruskern einen Platz nach dem andern, bis das ganze linke Poufer in ihren Händen war. Nach dem Fall der reichen etruskischen Stadt Melpum (vermuthlich in der Gegend von Mailand), zu deren Bezwingung sich die schon im Pothal ansässigen Kelten mit neugekommenen Stämmen vereinigt hatten (358?), gingen diese letzteren hinüber auf das rechte Ufer des Flusses und begannen die Umbrer und Etrusker in ihren uralten Sitzen zu bedrängen. Es waren dies vornehmlich die angeblich auf einer andern Strafse, über den poeninischen Berg (grofsen St. Bernhard) in Italien eingedrungenen Boier; sie siedelten sich an in der heutigen Romagna, wo die alte Etruskerstadt Felsina, von den neuen Herren Bononia umgenannt, ihre Hauptstadt wurde. End-

Kelten gegen die Etrusker aus Norditalien.

396

---

auf die Mitte des zweiten Jahrhunderts der Stadt bestimmt wird, gehört unzweifelhaft nicht der einheimischen natürlich zeitlosen Sage an, sondern der späteren chronologisirenden Forschung und verdient keinen Glauben. Einzelne Einfälle und Einwanderungen mögen sehr früh stattgefunden haben; aber das gewaltige Umsichgreifen der Kelten in Norditalien kann nicht vor die Zeit des Sinkens der etruskischen Macht, das heifst nicht vor die zweite Hälfte des dritten Jahrhunderts der Stadt gesetzt werden. — Ebenso ist, nach der einsichtigen Ausführung von Wickham und Cramer, nicht daran zu zweifeln, dafs der Zug des Bellovesus wie der des Hannibal nicht über die cottischen Alpen (Mont Genèvre) und durch das Gebiet der Tauriner, sondern über die graischen (den kleinen St. Bernhard) und durch das der Salasser ging; den Namen des Berges giebt Livius wohl nicht nach der Sage, sondern nach seiner Vermuthung an. — Ob dabei die italischen Boier auf Grund einer echten Sagenreminiscenz oder nur auf Grund eines angenommenen Zusammenhangs mit den nördlich von der Donau wohnhaften Boiern durch den östlicheren Pafs der poeninischen Alpen geführt werden, mufs dahingestellt bleiben.

lich kamen die Senonen, der letzte gröfsere Keltenstamm, der
über die Alpen gelangt ist; er nahm seine Sitze an der Küste des
adriatischen Meeres von Rimini bis Ancona. Aber einzelne Haufen
keltischer Ansiedler müssen sogar bis tief nach Umbrien hinein,
ja bis an die Grenze des eigentlichen Etrurien vorgedrungen sein;
denn noch bei Todi an der oberen Tiber haben sich Steinschrif-
ten in keltischer Sprache gefunden. Enger und enger zogen sich
nach Norden und Osten hin die Grenzen Etruriens zusammen
und um die Mitte des vierten Jahrhunderts sah die tuskische
Nation sich schon wesentlich auf dasjenige Gebiet beschränkt,
das seitdem ihren Namen getragen hat und heute noch trägt.

Angriff der Römer auf Etrurien. Unter diesen wie auf Verabredung gemeinschaftlichen Angriffen der verschiedensten Völker, der Syrakusaner, Latiner,
Samniten und vor allem der Kelten brach die eben noch so gewaltig und so plötzlich in Latium und Campanien und auf beiden
italischen Meeren um sich greifende etruskische Nation noch gewaltsamer und noch plötzlicher zusammen. Der Verlust der Seeherrschaft, die Bewältigung der campanischen Etrusker gehört
derselben Epoche an, wo die Insubrer und Cenomaner am Po
sich niederliefsen; und eben um diese Zeit ging auch die durch
Porsena wenige Jahrzehente zuvor aufs tiefste gedemüthigte und
fast geknechtete römische Bürgerschaft zuerst angreifend gegen
Etrurien vor. Im Waffenstillstand mit Veii von 280 hatte sie
das Verlorene wieder gewonnen und im Wesentlichen den Zustand wiederhergestellt, wie er zu der Zeit der Könige zwischen
beiden Nationen bestanden hatte. Als er im Jahre 309 ablief,
begann zwar die Fehde aufs neue; aber es waren Grenzgefechte
und Beutezüge, die für beide Theile ohne wesentliches Resultat
verliefen. Etrurien stand noch zu mächtig da, als dafs Rom
einen ernstlichen Angriff hätte unternehmen können. Erst der
Abfall der Fidenaten, die die römische Besatzung vertrieben, die
Gesandten ermordeten und sich dem König der Veienter Larth
Tolumnius unterwarfen, veranlafste einen bedeutenderen Krieg,
welcher glücklich für die Römer ablief: der König Tolumnius fiel
im Gefecht von der Hand des römischen Consuls Aulus Cornelius Cossus (326?), Fidenae ward genommen und 329 ein neuer
Stillstandsvertrag auf 200 Monate abgeschlossen. Während desselben steigerte sich Etruriens Bedrängnifs mehr und mehr und
näherten sich die keltischen Waffen schon den bisher noch verschonten Ansiedlungen am rechten Ufer des Po. Als der Waffenstillstand Ende 346 abgelaufen war, entschlossen sich die Römer
Eroberung von Veii. auch ihrerseits zu einem Eroberungskrieg gegen Etrurien, der

jetzt nicht blofs gegen, sondern um Veii geführt ward. — Die Geschichte des Krieges gegen die Veienter, Capenaten und Falisker und der Belagerung Veiis, die gleich der trojanischen zehn Jahre gewährt haben soll, ist wenig beglaubigt. Sage und Dichtung haben sich dieser Ereignisse bemächtigt, und mit Recht; denn gekämpft ward hier mit bis dahin unerhörter Anstrengung um einen bis dahin unerhörten Kampfpreis. Es war das erste Mal, dafs ein römisches Heer Sommer und Winter, Jahr aus Jahr ein im Felde blieb, bis das vorgesteckte Ziel erreicht war; das erste Mal, dafs die Gemeinde aus Staatsmitteln dem Aufgebot Sold zahlte. Aber es war auch das erste Mal, dafs die Römer es versuchten sich eine stammfremde Nation zu unterwerfen und ihre Waffen über die alte Grenze der latinischen Landschaft hinübertrugen. Der Kampf war gewaltig, der Ausgang kaum zweifelhaft. Die Römer fanden Unterstützung bei den Latinern und Hernikern, denen der Sturz des gefürchteten Nachbars fast nicht minder Genugthuung und Förderung gewährte als den Römern selbst; während Veii von seiner Nation verlassen dastand und nur die nächsten Städte, Capena, Falerii, auch Tarquinii ihm Zuzug leisteten. Die gleichzeitigen Angriffe der Kelten würden diese Nichttheilnahme der nördlichen Gemeinden allein schon genügend erklären; es wird indefs erzählt und es ist kein Grund es zu bezweifeln, dafs zunächst innere Parteiungen in dem etruskischen Städtebund, namentlich die Opposition der aristokratischen Regierungen der übrigen Städte gegen das von den Veientern beibehaltene oder wiederhergestellte Königsregiment, jene Unthätigkeit der übrigen Etrusker herbeigeführt haben. Hätte die etruskische Nation sich an dem Kampf betheiligen können oder wollen, so würde die römische Gemeinde kaum im Stande gewesen sein die bei der damaligen höchst unentwickelten Belagerungskunst riesenhafte Aufgabe der Bezwingung einer grofsen und festen Stadt zu Ende zu führen; vereinzelt aber und verlassen wie sie war, unterlag die Stadt (358) nach tapferer Gegenwehr dem ausharrenden Heldengeist des Marcus Furius Camillus, welcher zuerst seinem Volke die glänzende und gefährliche Bahn der ausländischen Eroberungen aufthat. Von dem Jubel, den der grofse Erfolg in Rom erregte, ist ein Nachklang die bis in späte Zeit fortgepflanzte römische Sitte die Festspiele zu beschliefsen mit dem ‚Veienterverkauf', wobei unter den zur Versteigerung gebrachten parodischen Beutestücken der ärgste alte Krüppel, den man auftreiben konnte, im Purpurmantel und Goldschmuck den Beschlufs machte als ‚König der Veienter'. Die Stadt ward zerstört, der Boden verwünscht zu ewiger Oede. Falerii und Capena eilten Frieden zu machen; das mächtige Volsinii, das in bundesmäfsiger Halbheit während Veiis Agonie geruht hatte und nach der Einnahme zu den Waffen griff, bequemte nach wenigen Jahren (363) sich gleichfalls zum Frieden. Es mag eine wehmüthige Sage sein, dafs die beiden Vormauern der etruskischen Nation, Melpum und Veii an demselben Tage jenes den Kelten, dieses den Römern unterlagen; aber es liegt in ihr auf jeden Fall eine tiefe geschichtliche Wahrheit. Der doppelte Angriff von Norden und Süden und der Fall der beiden Grenzfesten war der Anfang des Endes der grofsen etruskischen Nation.

Kelten gegen Rom. Indefs einen Augenblick schien es, als sollten die beiden Völkerschaften, durch deren Zusammenwirken Etrurien sich in seiner Existenz bedroht sah, vielmehr unter einander sich aufreiben und auch Roms neu aufblühende Macht von den fremden Barbaren zertreten werden. Diese Wendung der Dinge, die dem natürlichen Lauf der Politik widersprach, beschworen über die Römer ihre eigene Uebermüthigkeit und Kurzsichtigkeit herauf. — Die keltischen Schaaren, die nach Melpums Fall über den Flufs gesetzt waren, überflutheten mit reifsender Geschwindigkeit das nördliche Italien, nicht blofs das offene Gebiet am rechten Ufer des Padus und längs des adriatischen Meeres, sondern auch das eigentliche Etrurien diesseits des Apennin. Wenige Jahre nachher (363) ward schon das im Herzen Etruriens gelegene Clusium (Chiusi an der Grenze von Toscana und dem Kirchenstaat) von den keltischen Senonen belagert; und so gedemüthigt waren die Etrusker, dafs die bedrängte tuskische Stadt die Zerstörer Veiis um Hülfe anrief. Es wäre vielleicht weise gewesen dieselbe zu gewähren und zugleich die Gallier durch die Waffen und die Etrusker durch den gewährten Schutz in Abhängigkeit von Rom zu bringen; allein eine solche weitblickende Intervention, die die Römer genöthigt haben würde einen ernsten Kampf an der tuskischen Nordgrenze zu beginnen, lag noch nicht im Horizont ihrer damaligen Politik. So blieb nichts übrig als sich jeder Einmischung zu enthalten. Allein thörichter Weise schlug man die Hülfstruppen ab und schickte Gesandte; und noch thörichter meinten diese den Kelten durch grofse Worte imponiren und, als dies fehlschlug, gegen Barbaren ungestraft das Völkerrecht verletzen zu können: sie nahmen in den Reihen der Clusiner Theil an einem Gefecht und der eine von ihnen stach darin einen gallischen Befehlshaber vom Pferde. Die Barbaren verfuhren in diesem Fall mit Mäfsigung und Einsicht. Sie sandten zunächst an die römische Gemeinde um die Auslieferung der Frevler am Völkerrecht zu fordern und der Senat war bereit dem billigen Begehren sich zu fügen. Allein in der Masse überwog das Mitleid gegen die Landsleute die Gerechtigkeit gegen die Fremden; die Genugthuung ward von der Bürgerschaft verweigert, ja nach einigen Berichten ernannte man die tapfern Vorkämpfer für das Vaterland sogar zu Consulartribunen für das Jahr 364*), das in den römischen Annalen so verhängnifsvoll werden sollte. Da brach der Brennus, das heifst der Heerkönig der Gallier die Belagerung von Clusium ab und der ganze Keltenschwarm — die Zahl wird auf 70,000 Köpfe angegeben — wandte sich gegen Rom. Solche Züge in unbekannte und ferne Gegenden waren den Galliern geläufig, die unbekümmert um Deckung und Rückzug als bewaffnete Auswandererschaaren marschirten; in Rom aber ahnte man offenbar nicht, welche Gefahr in diesem so plötzlichen und so gewaltigen Ueberfall lag. Erst als die Gallier die Tiber überschritten hatten und keine drei deutschen Meilen mehr von den Thoren entfernt am Bache Allia standen, am 18. Juli 364 vertrat ihnen eine römische Heeresmacht den Weg. Auch jetzt noch ging man, nicht wie gegen ein Heer, sondern wie gegen Räuber, übermüthig und tolldreist in den Kampf unter unerprobten Feldherrn — Camillus hatte in Folge des Ständehaders von den Geschäften sich zurückgezogen. Waren es doch Wilde, gegen die man fechten sollte; was bedurfte es des Lagers, der Sicherung des Rückzugs? Aber diese Wilden waren Männer von todverachtendem Muth und ihre Fechtweise den Italikern so neu wie schrecklich; die blofsen Schwerter in der Faust stürzten die Kelten im rasenden Anprall sich auf die römische Phalanx und rannten sie im ersten Stofse über den Haufen. Die Niederlage war nicht blofs vollständig, sondern die wilde Flucht der Römer, die zwischen sich und die nachsetzenden Barbaren den Flufs zu bringen eilten, führte den gröfseren Theil des geschlagenen Heeres auf das rechte Tiberufer und nach Veii. Man gab damit ohne alle Noth die Hauptstadt preis; die geringe dort zurückgebliebene oder dorthin geflüchtete Mannschaft reichte nicht aus um die Mauern zu besetzen und drei Tage nach der Schlacht zogen die Sieger durch die offenen Thore in Rom ein. Hätten sie es am ersten gethan, wie sie es konnten, so war nicht blofs die Stadt,

---

*) Dies ist nach der gangbaren Gleichung 390 v. Chr.; in der That aber fiel die Einnahme Roms Ol. 98, 1 = 388 v. Chr. und ist nur durch die zerrüttete römische Jahrzählung verschoben.

sondern auch der Staat verloren; die kurze Zwischenzeit machte es möglich die Heiligthümer zu flüchten oder zu vergraben und, was wichtiger war, die Burg zu besetzen und nothdürftig mit Lebensmitteln zu versehen. Was die Waffen nicht tragen konnte, ließ man nicht auf die Burg — man hatte kein Brot für alle. Die Menge der Wehrlosen verlief sich in die Nachbarstädte; aber manche, vor allem eine Anzahl angesehener Greise mochten den Untergang der Stadt nicht überleben und erwarteten in ihren Häusern den Tod durch das Schwert der Barbaren. Sie kamen, mordeten und plünderten, was an Menschen und Gut sich vorfand und zündeten schließlich vor den Augen der römischen Besatzung auf dem Capitol die Stadt an allen Ecken an. Aber die Belagerungskunst verstanden sie nicht und die Blokade des steilen Burgfelsens war langwierig und schwierig, da die Lebensmittel für den großen Heeresschwarm nur durch bewaffnete Streifpartien sich herbeischaffen ließen und diesen die benachbarten latinischen Bürgerschaften, namentlich die Ardeaten häufig mit Muth und Glück sich entgegen warfen. Dennoch harrten die Kelten mit einer unter ihren Verhältnissen beispiellosen Energie sieben Monate unter dem Felsen aus und schon begannen der Besatzung, die der Ueberrumpelung in einer dunklen Nacht nur durch das Schnattern der heiligen Gänse im capitolinischen Tempel und das zufällige Erwachen des tapfern Marcus Manlius entgangen war, die Lebensmittel auf die Neige zu gehen, als den Kelten ein Einfall der Veneter in das neu gewonnene senonische Gebiet am Padus gemeldet ward und sie bewog das ihnen für den Abzug gebotene Lösegeld anzunehmen. Das höhnische Hinwerfen des gallischen Schwertes, daß es aufgewogen werde vom römischen Golde, bezeichnete sehr richtig die Lage der Dinge. Das Eisen der Barbaren hatte gesiegt, aber sie verkauften ihren Sieg und gaben ihn damit verloren. — Die fürchterliche Katastrophe der Niederlage und des Brandes, der 18. Juli und der Bach der Allia, der Platz wo die Heiligthümer vergraben gewesen und wo die Ueberrumpelung der Burg war abgeschlagen worden — all die Einzelheiten dieses unerhörten Ereignisses gingen über von der Erinnerung der Zeitgenossen in die Phantasie der Nachwelt und noch wir begreifen es kaum, daß wirklich schon zwei Jahrtausende verflossen sind, seit jene welthistorischen Gänse sich wachsamer bewiesen als die aufgestellten Posten. Und doch — mochte in Rom verordnet werden, daß in Zukunft bei einem Einfall der Kelten keines der gesetzlichen Privilegien vom Kriegsdienst befreien solle; mochte man dort rechnen nach den Jahren

Erfolglosigkeit des keltischen Sieges.

von der Eroberung der Stadt; mochte diese Begebenheit wiederhallen in der ganzen damaligen civilisirten Welt und ihren Weg finden bis in die griechischen Annalen: die Schlacht an der Allia mit ihren Resultaten ist dennoch kaum den folgenreichen geschichtlichen Begebenheiten beizuzählen. Sie ändert eben nichts in dem politischen Verhältnissen. Wie die Gallier wieder abgezogen sind mit ihrem Golde, das nur eine spät und schlecht erfundene Sage den Helden Camillus wieder nach Rom zurückbringen läfst; wie die Flüchtigen sich wieder heimgefunden haben, der wahnsinnige Gedanke einiger mattherzigen Klugheitspolitiker die Bürgerschaft nach Veii überzusiedeln durch Camillus hochsinnige Gegenrede beseitigt ist, die Häuser eilig und unordentlich — die engen und krummen Strafsen Roms schrieben von dieser Zeit sich her — sich aus den Trümmern erheben, steht auch Rom wieder da in seiner alten gebietenden Stellung; ja es ist nicht unwahrscheinlich, dafs dieses Ereignifs wesentlich, wenn auch nicht im ersten Augenblick, dazu beigetragen hat, dem Gegensatz zwischen Etrurien und Rom seine Schärfe zu nehmen und vor allem zwischen Latium und Rom die Bande der Einigkeit fester zu knüpfen. Der Kampf der Gallier und Römer ist, ungleich dem zwischen Rom und Etrurien oder Rom und Samnium, nicht ein Zusammenstofs zweier politischer Mächte, die einander bedingen und bestimmen; er ist den Naturkatastrophen vergleichbar, nach denen der Organismus, wenn er nicht zerstört wird, sofort wieder sich ins Gleiche setzt. Die Gallier sind noch oft wiedergekehrt nach Latium; so im Jahre 387, wo Camillus sie bei Alba schlug — der letzte Sieg des greisen Helden, der sechsmal consularischer Kriegstribun, fünfmal Dictator gewesen und viermal triumphirend auf das Capitol gezogen war; im Jahre 393, wo der Dictator Titus Quinctius Pennus ihnen gegenüber keine volle Meile von der Stadt an der Aniobrücke lagerte, aber ehe es noch zum Kampf gekommen war, der gallische Schwarm nach Campanien weiterzog; im Jahre 394, wo der Dictator Quintus Servilius Ahala vor dem collinischen Thor mit den aus Campanien heimkehrenden Schaaren stritt; im Jahre 396, wo ihnen der Dictator Gaius Sulpicius Peticus eine nachdrückliche Niederlage beibrachte; im Jahre 404, wo sie sogar den Winter über auf dem Albanerberg campirten und sich mit den griechischen Piraten an der Küste um den Raub schlugen, bis Lucius Furius Camillus, der Sohn des berühmten Feldherrn, im folgenden Jahre sie vertrieb — ein Ereignifs, von dem der Zeitgenosse Aristoteles (370—432) in Athen vernahm. Allein diese Raub-

züge, wie schreckhaft und beschwerlich sie sein mochten, **waren
mehr Unglücksfälle als geschichtliche Ereignisse und das wesentlichste Resultat derselben, dafs die Römer sich selbst und dem
Auslande in immer weiteren Kreisen als das Bollwerk der civilisirten Nationen Italiens gegen den Anstofs der gefürchteten Barbaren erschienen** — eine Auffassung, die ihre spätere Weltstellung mehr als man meint gefördert hat.

Weitere Eroberungen Roms in Etrurien. Die Tusker, die den Angriff der Kelten auf Rom genutzt
hatten um Veii zu berennen, hatten nichts ausgerichtet, da sie
mit ungenügenden Kräften erschienen waren; kaum waren die
Barbaren abgezogen, als der schwere Arm Latiums sie mit un-
Südetrurien römisch. vermindertem Gewicht traf. Nach wiederholten Niederlagen
der Etrusker blieb das ganze südliche Etrurien bis zu den
ciminischen Hügeln in den Händen der Römer, welche in den
Gebieten von Veii, Capena und Falerii vier neue Bürgerbezirke
387 einrichteten (367) und die Nordgrenze sicherten durch die An-
383 373 lage der Festungen Sutrium (371) und Nepete (381). Mit raschen
Schritten ging dieser fruchtbare und mit römischen Colonisten
bedeckte Landstrich der vollständigen Romanisirung entgegen.
358 Um 396 versuchten zwar die nächstliegenden etruskischen Städte
Tarquinii, Caere, Falerii, sich gegen die römischen Uebergriffe
aufzulehnen, und wie tief die Erbitterung war, die dieselben in
Etrurien erweckt hatten, zeigt die Niedermetzelung der sämmtlichen im ersten Feldzug gemachten römischen Gefangenen, dreihundert und sieben an der Zahl, auf dem Marktplatz von Tarquinii; allein es war die Erbitterung der Ohnmacht. Im Frieden
351 (403) mufste Caere, das als den Römern zunächst gelegen am
schwersten büfste, die halbe Landmark an Rom abtreten und
mit dem geschmälerten Gebiet, das ihm blieb, aus dem etruskischen Bunde aus- und in ein abhängiges Verhältnifs zu Rom
eintreten. Es schien indefs nicht rathsam dieser entfernteren
und von der römischen stammverschiedenen Gemeinde das volle
römische Bürgerrecht aufzuzwingen, wie dies bei den näher gelegenen und näher verwandten latinischen und volskischen im
gleichen Falle geschehen war; man gab statt dessen der caeritischen
Gemeinde das römische Bürgerrecht ohne actives und passives
Wahlrecht (*civitas sine suffragio*), eine hier zuerst begegnende
staatsrechtliche Form der Unterthänigkeit, wodurch der bisher
selbstständige Staat in eine unfreie, aber sich selbst verwaltende
343 Gemeinde umgewandelt ward. Nicht lange nachher (411) trat
auch Falerii, das seine ursprüngliche latinische Nationalität auch
unter der Tuskerherrschaft sich bewahrt hatte, aus dem etrus-

kischen Bunde aus und in ewigen Bund mit Rom; damit war ganz Südetrurien in der einen oder anderen Form der römischen Suprematie unterworfen. Tarquinii und wohl das nördliche Etrurien überhaupt begnügte man sich durch einen Friedensvertrag auf 400 Monate für lange Zeit zu fesseln (403).

Auch im nördlichen Italien ordneten sich allmählich die durch und gegen einander stürmenden Völker wieder in dauernder Weise und in festere Grenzen. Die Züge über die Alpen hörten auf, zum Theil wohl in Folge der verzweifelten Vertheidigung der Etrusker in ihrer beschränkteren Heimath und der ernstlichen Gegenwehr der mächtigen Römer, zum Theil wohl auch in Folge uns unbekannter Veränderungen im Norden der Alpen. Zwischen Alpen und Apenninen bis hinab an die Abruzzen waren jetzt die Kelten im Allgemeinen die herrschende Nation und namentlich die Herren des ebenen Landes und der reichen Weiden; aber bei ihrer schlaffen und oberflächlichen Ansiedlungspolitik wurzelte ihre Herrschaft nicht tief in der neu gewonnenen Landschaft und gestaltete sich keineswegs zum ausschliefslichen Besitz. Wie es in den Alpen stand und wie hier keltische Ansiedler mit älteren etruskischen oder andersartigen Stämmen sich vermischten, gestattet unsere ungenügende Kunde über die Nationalität der späteren Alpenvölker nicht auszumachen. Sicher ist es dagegen, dafs die Etrusker oder, wie sie hier heifsen, die Raeter, in dem heutigen Graubündten und Tirol, ebenso in den Thälern des Apennin die Umbrer sitzen blieben. Den nordöstlichen Theil des Pothals behielten die anderssprachigen Veneter im Besitz; in den westlichen Bergen behaupteten sich ligurische Stämme, die bis Pisa und Arezzo hinab wohnten und das eigentliche Keltenland von Etrurien schieden. Nur in dem mittleren Flachland hausten die Kelten, nördlich vom Po die Insubrer und Cenomaner, südlich die Boier, an der adriatischen Küste von Ariminum bis Ankon, in der sogenannten ‚Gallierlandschaft' (*ager Gallicus*) die Senonen, kleinerer Völkerschaften zu geschweigen. Aber selbst hier müssen die etruskischen Ansiedlungen zum Theil wenigstens fortbestanden haben, etwa wie Ephesos und Milet griechisch blieben unter persischer Oberherrlichkeit. Mantua wenigstens, das durch seine Insellage geschützt war, war noch in der Kaiserzeit eine tuskische Stadt und auch in Hatria am Po, wo zahlreiche Vasenfunde gemacht sind, scheint das etruskische Wesen fortbestanden zu haben; noch die unter dem Namen des Skylax bekannte um 418 abgefafste Küstenbeschreibung nennt die Gegend von Hatria und Spina tuskisches Land. Nur so erklärt sich auch, wie etruskische Corsaren bis weit ins fünfte Jahrhundert hinein das adriatische Meer unsicher machen konnten, und wefshalb nicht blofs Dionysios von Syrakus die Küsten desselben mit Colonien bedeckte, sondern selbst Athen noch um 429, wie eine kürzlich entdeckte merkwürdige Urkunde lehrt, zum Schutz der Kauffahrer gegen die tyrrhenischen Kaper die Anlage einer Colonie im adriatischen Meere beschlofs. — Aber mochte hier mehr oder weniger von etruskischem Wesen sich behaupten, es waren das einzelne Trümmer und Splitter der früheren Machtentwickelung; der etruskischen Nation kam nicht mehr zu Gute, was hier im friedlichen Verkehr oder im Seekrieg von Einzelnen noch etwa erreicht ward. Dagegen gingen wahrscheinlich von diesen halbfreien Etruskern die Anfänge derjenigen Civilisation aus, die wir späterhin bei den Kelten und überhaupt den Alpenvölkern finden (S. 219). Schon dafs die Keltenschwärme in den lombardischen Ebenen, mit dem sogenannten Skylax zu reden, das Kriegerleben aufgaben und sich bleibend ansässig machten, gehört zum Theil hieher; aber auch die Anfänge der Handwerke und Künste und das Alphabet sind den lombardischen Kelten, ja den Alpenvölkern bis in die heutige Steiermark hinein durch die Etrusker zugekommen.

Das eigentliche Etrurien im Frieden und im Verfall. Also blieben nach dem Verlust der Besitzungen in Campanien und der ganzen Landschaft nördlich vom Apennin und südlich vom ciminischen Walde den Etruskern nur sehr beschränkte Grenzen; die Zeiten der Macht und des Aufstrebens waren für sie auf immer vorüber. In engster Wechselwirkung mit diesem äufseren Sinken steht der innere Verfall der Nation, zu dem die Keime freilich wohl schon weit früher gelegt worden waren. Die griechischen Schriftsteller dieser Zeit sind voll von Schilderungen der mafslosen Ueppigkeit des etruskischen Lebens: unteritalische Dichter des fünften Jahrhunderts der Stadt preisen den tyrrhenischen Wein und die gleichzeitigen Geschichtschreiber, Timaeos und Theopomp entwerfen Bilder von der etruskischen Weiberzucht und der etruskischen Tafel, welche der ärgsten byzantinischen und französischen Sittenlosigkeit nichts nachgeben. Wie wenig beglaubigt das Einzelne in diesen Berichten auch ist, so scheint doch mindestens die Angabe begründet zu sein, dafs die abscheuliche Lustbarkeit der Fechterspiele, der Krebsschaden des späteren Rom und überhaupt der letzten Epoche des Alterthums, zuerst bei den Etruskern aufgekommen ist; und jedenfalls lassen sie im Ganzen keinen Zweifel an der tiefen Entartung der Nation. Auch die politischen Zustände derselben sind davon durchdrungen. So weit unsere dürftige Kunde reicht, finden wir aristokratische Tendenzen vorwiegend, in ähnlicher Weise wie gleichzeitig in Rom, aber schroffer und verderblicher. Die Abschaffung des Königthums, die um die Zeit der Belagerung Veiis schon in allen Staaten Etruriens durchgeführt gewesen zu sein scheint, rief in den einzelnen Städten ein Patricierregiment hervor, das durch das lose eidgenossenschaftliche Band sich nur wenig beschränkt sah. Selten nur gelang es selbst zur Landesvertheidigung alle etruskischen Städte zu vereinigen und Volsiniis nominelle Hegemonie hält nicht den entferntesten Vergleich aus mit der gewaltigen Kraft, die durch Roms Führung die latinische Nation empfing. Der Kampf gegen die ausschliefsliche Berechtigung der Altbürger zu allen Gemeindestellen und allen Gemeindenutzungen, der auch den römischen Staat hätte verderben müssen, wenn nicht die äufseren Erfolge es möglich gemacht hätten, die Ansprüche der gedrückten Proletarier auf Kosten fremder Völker einigermafsen zu befriedigen und dem Ehrgeiz andere Bahnen zu öffnen — dieser Kampf gegen die Alleinherrschaft und, was in Etrurien besonders hervortritt, gegen das priesterliche Monopol der Adelsgeschlechter mufs Etrurien staatlich, ökonomisch und sittlich zu Grunde gerichtet haben. Ungeheure Vermögen, namentlich an Grundbesitz, concentrirten sich in den Händen von wenigen Adlichen, während die Massen verarmten; die socialen Umwälzungen, die hieraus entstanden, erhöhten die Noth, der sie abhelfen sollten, und bei der Ohnmacht der Centralgewalt blieb zuletzt den bedrängten Aristokraten, zum Beispiel in Arretium 453, in Volsinii 488 [301 266] nichts übrig als die Römer zur Hülfe zu rufen, die denn zwar der Unordnung, aber zugleich auch dem Rest von Unabhängigkeit ein Ende machten. Die Kraft des Volkes war gebrochen seit dem Tage von Veii und Melpum; es wurden wohl einige Male noch ernstliche Versuche gemacht sich der römischen Oberherrschaft zu entziehen, aber wenn es geschah, kam die Anregung dazu den Etruskern von aufsen, von einem andern italischen Stamm, den Samniten.

KAPITEL V.

Die Unterwerfung der Latiner und Campaner unter Rom.

<small>Roms Hegemonie über Latium erschüttert und neu begründet.</small>
Das grofse Werk der Königszeit war Roms Herrschaft über Latium in der Form der Hegemonie. Dafs die Umwandlung der römischen Verfassung sowohl auf dies Verhältnifs der römischen Gemeinde zu Latium wie auf die innere Ordnung der latinischen Gemeinden selbst nicht ohne mächtige Rückwirkung bleiben konnte, leuchtet an sich ein und geht auch aus der Ueberlieferung hervor; von den Schwankungen, in welche durch die Revolution in Rom die römisch-latinische Eidgenossenschaft gerieth, zeugt die in ungewöhnlich lebhaften Farben schillernde Sage von dem Siege am Regillersee, den der Dictator oder Consul Aulus Postumius (255? 258?) mit Hülfe der Dioskuren über die Latiner gewonnen haben soll, und bestimmter die Erneuerung des ewigen Bundes zwischen Rom und Latium durch Spurius Cassius in seinem zweiten Consulat (261). Indefs geben diese Erzählungen eben über die Hauptsache, das Rechtsverhältnifs der neuen römischen Republik zu der latinischen Eidgenossenschaft, am wenigsten Aufschlufs; und was wir sonst über dasselbe wissen, ist zeitlos überliefert und kann nur nach ungefährer Wahrscheinlichkeit hier eingereiht werden. — Es liegt im Wesen der Hegemonie, dafs sie durch das blofse innere Schwergewicht der Verhältnisse allmählich in die Herrschaft übergeht;
<small>Ursprüngliche Rechtsgleichheit von Latium und Rom.</small>
auch die römische über Latium hat davon keine Ausnahme gemacht. Sie war begründet auf vollständige Rechtsgleichheit des römischen Staates einer- und der latinischen Eidgenossenschaft andrerseits (S. 105); aber eben diese Rechtsgleichheit konnte überhaupt und vor allem im Kriegswesen und in der Be-

handlung der gemachten Eroberungen nicht durchgeführt werden, ohne die Hegemonie der Sache nach zu vernichten. Nach der ursprünglichen Bundesverfassung war nicht blofs wahrscheinlich das Recht zu Krieg und Vertrag mit auswärtigen Staaten, also die volle staatliche Selbstbestimmung sowohl Rom wie Latium gewahrt, sondern es schickte auch, wenn es zum Bundeskriege kam, sowohl Rom wie Latium das gleiche Contingent, in der Regel jedes ein ‚Heer' von zwei Legionen oder 8400 Mann*) und beide bestellten abwechselnd den Oberfeldherrn, welcher dann die Stabsoffiziere, je sechs Theilführer (*tribuni militum*) für jede der vier Heeresabtheilungen, nach eigener Wahl ernannte. Im Falle des Sieges wurden die bewegliche Beute wie das eroberte Land zu gleichen Theilen zwischen Rom und der Eidgenossenschaft getheilt und wenn man in dem eroberten Gebiet Festungen anzulegen beschlofs, so wurde nicht blofs deren Besatzung und Bevölkerung aus theils römischen, theils eidgenössischen Aussendlingen gebildet, sondern auch die neugegründete Gemeinde als souveräner Bundesstaat in die latinische Eidgenossenschaft aufgenommen und mit Sitz und Stimme auf der latinischen Tagsatzung ausgestattet. — Diese Bestimmungen, welche vollstän- *Beschränkun-* dig durchgeführt das Wesen der Hegemonie aufgehoben haben *gen derselben* würden, können selbst in der Königszeit nur beschränkte praktische Bedeutung gehabt haben; in der republikanischen Epoche *in Krieg und* müssen sie nothwendig auch formell abgeändert worden sein. *Vertrag* Am frühesten fielen ohne Zweifel weg theils das Kriegs- und Vertragsrecht der Eidgenossenschaft gegenüber dem Ausland**), theils das Recht derselben jedes andere Jahr den gemeinsamen Anführer zu ernennen; Krieg und Vertrag so wie die Oberfeldherrschaft kamen ein für allemal an Rom. Es folgte weiter daraus, *in den Offi-* dafs die Stabsoffiziere auch für die latinischen Truppen jetzt *zierstellen* durchaus von dem römischen Oberfeldherrn ernannt wurden; und bald schlofs hieran weiter sich die Neuerung, dafs zu den Stabsoffizieren der römischen Heerhälfte lediglich und zu denen der latinischen wo nicht allein, doch vorwiegend römische Bür-

---

*) Die ursprüngliche Gleichheit der beiden Armeen geht schon aus Liv. 1, 52. 8, 8, 14 und Dionys 8, 15, am deutlichsten aber aus Polyb. 6, 26 hervor.
**) Dafs in den späteren Bundesverträgen zwischen Rom und Latium es den latinischen Gemeinden ausdrücklich untersagt war ihre Contingente von sich aus zu mobilisiren und allein ins Feld zu senden, sagt ausdrücklich Dionysius 8, 15.

ger genommen wurden*). Dagegen durfte nach wie vor der latinischen Eidgenossenschaft insgesammt kein stärkeres Contingent zugemuthet werden als das von der römischen Gemeinde gestellte war; und ebenso war der römische Oberfeldherr gehalten die latinischen Contingente nicht zu zersplittern, sondern den von jeder Gemeinde gesandten Zuzug als besondere Heerabtheilung unter dem von der Gemeinde bestellten Anführer**) zusammenzulassen. Das Anrecht der latinischen Eidgenossenschaft auf gleichen Antheil an der beweglichen Beute wie an dem eroberten Lande blieb formell bestehen; nichtsdestoweniger ist der Sache nach der wesentliche Kriegsertrag ohne Zweifel schon in früher Zeit an den führenden Staat gekommen. Selbst bei der Anlegung der Bundesfestungen oder der sogenannten latinischen Colonien waren in der Regel vermuthlich die meisten und nicht selten alle Ansiedler Römer; und wenn auch dieselben durch die Uebersiedelung aus römischen Bürgern Glieder einer eidgenössischen Gemeinde wurden, so blieb doch wohl der neugepflanzten Ortschaft häufig eine überwiegende und für die Eidgenossenschaft gefährliche Anhänglichkeit an die wirkliche Mutterstadt. — Die Rechte dagegen, welche die Bundesverträge dem einzelnen Bürger einer der verbündeten Gemeinden in jeder Bundesstadt zusicherten, wurden nicht beschränkt. Es gehörten dahin namentlich die volle Rechtsgleichheit in Erwerb von Grundbesitz und beweglicher Habe, in Handel und Wandel, Ehe und Testament, und die unbeschränkte Freizügigkeit, so dafs der in irgend einer der Bundesstädte verbürgerte Mann nicht blofs in jeder

---

*) Diese latinischen Stabsoffiziere sind die zwölf *praefecti sociorum*, welche ebenso je sechs und sechs den beiden *alae* des Bundesgenossencontingents vorstehen, wie die zwölf Kriegstribunen des römischen Heeres je sechs und sechs den beiden Legionen. Dafs der Consul jene wie ursprünglich auch diese ernennt, sagt Polyb. 6, 26, 5. Da nun nach dem alten Rechtssatz, dafs jeder Heerespflichtige Offizier werden kann (S. 96), es gesetzlich dem Heerführer gestattet war einen Latiner zum Führer einer römischen wie umgekehrt einen Römer zum Führer einer latinischen Legion zu bestellen, so führte dies praktisch dazu, dafs die *tribuni militum* durchaus und die *praefecti sociorum* wenigstens in der Regel Römer waren.

**) Dies sind die *decuriones turmarum* und *praefecti cohortium* (Polyb. 6, 21, 5. Liv. 25, 14. Sallust. *Jug.* 69 und sonst). Natürlich wurden, wie die römischen Consuln in der Regel auch Oberfeldherrn waren, sehr häufig auch in den abhängigen Städten die Gemeindevorsteher an die Spitze der Gemeindecontingente gestellt (Liv. 23, 19. Orelli *inscr.* 7022); wie denn selbst der gewöhnliche Name der latinischen Obrigkeiten (*praetores*) sie als Offiziere bezeichnet.

andern sich niederzulassen rechtlich befugt war, sondern auch daselbst als Passivbürger (*municeps*) mit Ausnahme der passiven Wahlfähigkeit an allen privaten und politischen Rechten und Pflichten theilnahm, sogar wenigstens in der nach Districten berufenen Gemeindeversammlung in einer freilich beschränkten Weise zu stimmen befugt war*). — So etwa mag in der ersten republikanischen Zeit das Verhältnifs der römischen Gemeinde zu der latinischen Eidgenossenschaft beschaffen gewesen sein, ohne dafs sich ausmachen liefse, was darin auf ältere Satzungen und was auf die Bündnifsrevision von 261 zurückgeht.

Mit etwas gröfserer Sicherheit darf die Umgestaltung der Ordnungen der einzelnen zu der latinischen Eidgenossenschaft gehörigen Gemeinden nach dem Muster der römischen Consularverfassung als Neuerung bezeichnet und in diesen Zusammenhang gestellt werden. Denn obgleich die verschiedenen Gemeinden zu der Abschaffung des Königsthums an sich recht wohl von einander unabhängig gelangt sein können (S. 248), so verräth doch die gleichartige Benennung der neuen Jahreskönige in der römischen und den übrigen Gemeindeverfassungen von Latium, so wie die weitgreifende Anwendung des so eigenthümlichen Collegialitätsprincips**) augenscheinlich einen äufseren

Umgestaltung der latinischen Gemeindsordnungen nach dem Musterstaat.

---

*) Es wurde ein solcher Insasse nicht wie der wirkliche Mitbürger einem ein für allemal bestimmten Stimmbezirk zugetheilt, sondern vor jeder einzelnen Abstimmung der Stimmbezirk, in dem die Insassen diesmal zu stimmen hatten, durch das Loos festgestellt. Der Sache nach kam dies wohl darauf hinaus, dafs in der römischen Tribusversammlung den Latinern éine Stimme eingeräumt ward. In den Centurien können die Insassen nicht mitgestimmt haben, da ein fester Platz in irgend einer Tribus die Vorbedingung des Centuriatstimmrechts war. Dagegen werden sie gleich den Plebejern an den Curien Theil genommen haben.

**) Regelmäfsig stehen bekanntlich die latinischen Gemeinden unter zwei Praetoren. Daneben kommen in einer Reihe von Gemeinden auch Einzelbeamte vor, welche dann den Dictatortitel führen — so in Alba (Orelli-Henzen *inscr.* 2293), Lanuvium (Cicero *pro Mil.* 10, 27. 17, 45. Asconius in *Mil.* p. 32 *Orell.* Orelli *n.* 2786. 5157. 6086), Compitum (Orelli 3324), Nomentum (Orelli 208. 6138. 7032; vgl. Henzen Bullett. 1858 S. 169) und Aricia (Orelli *n.* 1455); welches letztere Amt wahrscheinlich mit der Consecration des aricinischen Tempels durch einen Dictator der latinischen Eidgenossenschaft (Cato *origin. l.* II *fr.* 21 Jordan) in Zusammenhang steht. Dazu kommt der ähnliche Dictator in der latinischen Colonie Sutrium (neugefundene Inschrift) und in dem etruskischen von Caere (Orelli *n.* 3787. 5772). Alle diese Aemter oder aus Aemtern hervorgegangene Priesterthümer (denn die Prätoren und Dictatoren völlig aufgelöster Gemeinwesen wie der albanische Dictator sind zu erklären nach Liv. 9, 43: *Anagninis — magistratibus praeter quam sacrorum curatione interdictum*) sind jährig

Zusammenhang; irgend einmal nach der Vertreibung der Tarquinier aus Rom müssen durchaus die latinischen Gemeindeordnungen nach dem Schema der Consularverfassung revidirt worden sein. Es kann nun freilich diese Ausgleichung der latinischen Verfassungen mit derjenigen der führenden Stadt erst einer späteren Epoche angehören; indefs spricht die innere Wahrscheinlichkeit vielmehr dafür, dafs der römische Adel, nachdem er bei sich die Abschaffung des lebenslänglichen Königthums bewirkt hatte, dieselbe Verfassungsänderung auch den Gemeinden der latinischen Eidgenossenschaft angesonnen und dasselbe trotz des ernsten und den Bestand des römisch-latinischen Bundes selbst in Frage stellenden Widerstandes, welchen theils die vertriebenen Tarquinier, theils die königlichen Geschlechter und königlich gesinnten Parteien der übrigen Gemeinden Latiums geleistet haben mögen, schliefslich in ganz Latium die Adelsherrschaft eingeführt hat. Die eben in diese Zeit fallende gewaltige Machtentwickelung Etruriens, die stetigen Angriffe der Veienter, der Heereszug des Porsena mögen wesentlich dazu beigetragen haben die latinische Nation bei der einmal festgestellten Form der Einigung, das heifst bei der fortwährenden Anerkennung der Oberherrlichkeit Roms festzuhalten und dem zu Liebe eine ohne Zweifel auch im Schoofse der latinischen Gemeinden vielfach vorbereitete Verfassungsänderung, ja vielleicht selbst eine Steigerung der hegemonischen Rechte sich gefallen zu lassen.

Ausdehnung Roms und Latiums nach Osten und Süden

Die dauernd geeinigte Nation vermochte es ihre Machtstel-

(Orell. 208). Auch der Bericht Macers und der aus ihm schöpfenden Annalisten, dafs Alba schon zur Zeit seines Falls nicht mehr unter Königen, sondern unter Jahresdictatoren gestanden habe (Dionys 5, 74. Plutarch *Romul.* 27. Liv. 1, 23), ist vermuthlich blofs eine Folgerung aus der ihm bekannten Institution der ohne Zweifel gleich der nomentanischen jährigen sacerdotalen albanischen Dictatur, bei welcher Darstellung überdies die demokratische Parteistellung ihres Urhebers mit im Spiele gewesen sein wird. Es steht dahin, ob der Schlufs gültig ist und nicht, auch wenn Alba zur Zeit seiner Auflösung unter lebenslänglichen Herrschern stand, die Abschaffung des Königthums in Rom nachträglich die Verwandlung der albanischen Dictatur in ein Jahramt herbeiführen konnte. — Eine Ausnahme sind die zwei *dictatores* von Fidenae (Orelli 112) — ein später und sprachwidriger Mifsbrauch des Dictatortitels, dem sonst überall, auch wo er auf nichtrömische Beamte übertragen wird, der Ausschlufs und der Gegensatz der Collegialität innewohnt. — All diese latinischen Magistraturen kommen in der Sache wie besonders auch in den Namen wesentlich mit der in Rom durch die Revolution festgestellten Ordnung in einer Weise überein, die durch die blofse Gleichartigkeit der politischen Grundverhältnisse nicht genügend erklärt wird

lung nach allen Seiten hin nicht blofs zu behaupten, sondern auch zu erweitern. Dafs die Etrusker nur kurze Zeit im Besitze der Suprematie über Latium blieben und die Verhältnisse hier bald wieder in die Lage zurückkamen, welche sie in der Königszeit gehabt hatten, wurde schon dargestellt (S. 327); zu einer eigentlichen Erweiterung der römischen Grenzen kam es aber nach dieser Seite hin erst mehr als ein Jahrhundert nach der Vertreibung der Könige aus Rom. Vielmehr wendete die Eroberung in der früheren republikanischen wie in der Königszeit sich lediglich gegen die östlichen und südlichen Nachbarn, gegen die Sabiner zwischen Tiber und Anio, die neben denselben am oberen Anio sitzenden Aequer und die Volsker am tyrrhenischen Meer. — Wie früh die sabinische Landschaft von Rom abhängig ward, *gegen die Sabiner* zeigt ihre spätere Stellung; schon in den Samniterkriegen marschiren die römischen Heere durch die Sabina stets wie durch friedliches Land und früh, viel früher als zum Beispiel die volskische Landschaft, hat die sabinische ihren ursprünglichen Dialect mit dem römischen vertauscht. Es scheint die römische Besitznahme hier nur auf geringe Schwierigkeiten gestofsen zu sein; eine verhältnifsmäfsig schwache Theilnahme der Sabiner an dem verzweifelten Widerstand der Aequer und Volsker geht selbst aus den Berichten der Jahrbücher noch deutlich hervor und was wichtiger ist, es begegnen hier keine Zwingburgen, wie sie namentlich in der volskischen Ebene so zahlreich angelegt worden sind. Vielleicht hängt dies damit zusammen, dafs die sabinischen Schaaren wahrscheinlich eben um diese Zeit sich über Unteritalien ergossen; gelockt von den anmuthigen Sitzen am Tifernus und Volturnus mögen sie die Heimath den Römern kaum streitig gemacht und diese der halb verlassenen sabinischen Landschaft ohne vielen Widerstand sich bemächtigt haben. — Bei weitem heftiger und dauernder war der Widerstand der Aequer *gegen Aequer und Volsker.* und Volsker. Die mit diesen beiden Völkern sich jährlich erneuernden Fehden, die in der römischen Chronik so berichtet werden, dafs der unbedeutendste Streifzug von dem folgenreichen Kriege kaum unterschieden und der historische Zusammenhang gänzlich bei Seite gelassen wird, sollen hier nicht erzählt werden; es genügt hinzuweisen auf die dauernden Erfolge. Deutlich erkennen wir, dafs es den Römern und Latinern vor allem darauf ankam die Aequer von den Volskern zu trennen und der Communicationen Herr zu werden; zu diesem Ende wurden die ältesten Bundesfestungen oder sogenannten latinischen Colonien angelegt, Cora, Norba (angeblich 262), Signia (angeblich verstärkt 492

259), welche alle auf den Verbindungspunkten zwischen der aequischen und volskischen Landschaft liegen. Vollständiger noch ward der Zweck erreicht durch den Beitritt der Herniker zu dem Bunde der Latiner und Römer (268), welcher die Volsker vollständig isolirte und dem Bunde eine Vormauer gewährte gegen die südlich und östlich wohnenden sabellischen Stämme; es ist begreiflich, wefshalb dem kleinen Volk volle Gleichheit mit den beiden andern in Rath und Beuteantheil zugestanden ward. Die schwächeren Aequer waren seitdem wenig gefährlich; es genügte von Zeit zu Zeit einen Plünderzug gegen sie zu unternehmen. Ernstlicher widerstanden die Volsker, denen der Bund erst durch allmählich vorgeschobene Festungen langsam den Boden abgewann. Velitrae war schon 260 als Vormauer für Latium gegründet worden; es folgten Suessa Pometia, Ardea (312) und merkwürdig genug Circeii (gegründet oder wenigstens verstärkt 361), das, so lange Antium und Tarracina noch frei waren, nur zu Wasser mit Latium in Verbindung gestanden haben kann. Antium zu besetzen ward oft versucht und gelang auch vorübergehend 287; aber 295 machte die Stadt sich wieder frei und erst nach dem gallischen Brande gewannen in Folge eines heftigen dreizehnjährigen Krieges (365—377) die Römer die entschiedene Oberhand im pomptinischen Gebiet, das durch die Anlage der Festungen Satricum (369) und Setia (372, verstärkt 375) gesichert und in den Jahren 371 fg. in Ackerloose und Bürgerbezirke vertheilt ward. Seitdem haben die Volsker wohl noch sich empört, aber keine Kriege mehr gegen Rom geführt.

Krisen innerhalb des römisch-latinischen Bundes.

Aber je entschiednere Erfolge der Bund der Römer, Latiner und Herniker gegen die Etrusker, Sabiner, Aequer und Volsker davontrug, desto mehr entwich aus ihm die Eintracht. Die Ursache lag zum Theil wohl in der früher dargestellten aus den bestehenden Verhältnissen mit innerer Nothwendigkeit sich entwickelnden, aber nichtsdestoweniger schwer auf Latium lastenden Steigerung der hegemonischen Gewalt Roms, zum Theil in einzelnen gehässigen Ungerechtigkeiten der führenden Gemeinde. Dahin gehören vornehmlich der schmähliche Schiedsspruch zwischen Aricinern und Ardeaten 308, wo die Römer, angerufen zu compromissarischer Entscheidung über ein zwischen den beiden Gemeinden streitiges Grenzgebiet, dasselbe für sich nahmen, und als über diesen Spruch in Ardea innere Streitigkeiten entstanden, das Volk zu den Volskern sich schlagen wollte, während der Adel an Rom festhielt, die noch schändlichere Ausnutzung dieses Haders zur Aussendung römischer Colonisten in die reiche Stadt, unter die die Ländereien der Anhänger der antirömischen Partei ausgetheilt wurden (312). Hauptsächlich indefs war die Ursache, wefshalb der Bund sich innerlich auflöste, eben die Niederwerfung der gemeinschaftlichen Feinde; die Schonung von der einen, die Hingebung von der andern Seite hatte ein Ende, seitdem man gegenseitig des andern nicht mehr meinte zu bedürfen. Zum offenen Bruche zwischen den Latinern und Hernikern einer- und den Römern andrerseits gab die nächste Veranlassung theils die Einnahme Roms durch die Kelten und dessen dadurch herbeigeführte augenblickliche Schwäche, theils die definitive Besetzung und Auftheilung des pomptinischen Gebiets; bald standen die bisherigen Verbündeten gegen einander im Felde. Schon hatten latinische Freiwillige in grofser Anzahl an dem letzten Verzweiflungskampf der Volsker Theil genommen; jetzt mufsten die namhaftesten latinischen Städte: Lanuvium (371), Praeneste (372—374. 400), Tusculum (373), Tibur (394. 400) und selbst einzelne der im Volskerland von dem römisch-latinischen Bunde angelegten Festungen wie Velitrae und Circeii mit den Waffen bezwungen werden; ja die Tiburtiner scheuten sich sogar nicht mit den eben einmal wieder einrückenden gallischen Schaaren gemeinschaftliche Sache gegen Rom zu machen. Zum gemeinschaftlichen Aufstand kam es indefs nicht und ohne viel Mühe bemeisterte Rom die einzelnen Städte; Tusculum ward sogar (373) genöthigt sein Gemeinwesen aufzugeben und in den römischen Bürgerverband einzutreten — der erste Fall, dafs eine ganze Bürgerschaft dem römischen Gemeinwesen einverleibt wurde, während doch ihre Mauern und eine gewisse factische Communalselbstständigkeit ihr blieben. Bald nachher geschah dasselbe mit Satricum. — Ernster war der Kampf gegen die Herniker (392—396), in dem der erste der Plebs angehörige consularische Oberfeldherr Lucius Genucius fiel; allein auch hier siegten die Römer. Die Krise endigte damit, dafs die Verträge zwischen Rom und der latinischen wie der hernikischen Eidgenossenschaft im Jahre 396 erneuert wurden. Der genauere Inhalt derselben ist nicht bekannt, aber offenbar fügten beide Eidgenossenschaften abermals und wahrscheinlich unter härteren Bedingungen sich der römischen Hegemonie. Die in demselben Jahr erfolgte Einrichtung zweier neuer Bürgerbezirke im pomptinischen Gebiet zeigt deutlich die gewaltig vordringende römische Macht.

In offenbarem Zusammenhang mit dieser Krise in dem Verhältnifs zwischen Rom und Latium steht die um das Jahr 370

erfolgte Schliefsung der latinischen Eidgenossenschaft*), obwohl
es nicht sicher zu bestimmen ist, ob sie Folge oder, wie wahr-

*) In dem von Dionysios 5, 61 mitgetheilten Verzeichnifs der dreifsig
latinischen Bundesstädte, dem einzigen, das wir besitzen, werden genannt
die Ardeaten, Ariciner, Bovillaner, Bubentaner (unbekannter Lage), Corner
(Coraner?), Carventaner (unbekannter Lage), Circeienser, Coriolaner, Cor-
binter, Cabaner (vielleicht die Cabenser am Albanerberg, *Bull. dell' inst.*
1861 p. 205), Fortineer (unbekannt), Gabiner, Laurenter, Lanuviner, Lavinaten, Labicaner, Nomentaner, Norbaner, Praenestiner, Pedaner, Quer-
quetulaner (unbekannter Lage), Satricaner, Scaptiner, Setiner, Tellenier
(unbekannter Lage), Tiburtiner, Tusculaner, Toleriner (unbekannter
Lage), Tricriner (unbekannt) und Veliterner. Die gelegentlichen Erwäh-
nungen theilnahmeberechtigter Gemeinden, wie von Ardea (Liv. 32, 1),
Laurentum (Liv. 37, 3), Lanuvium (Liv. 41, 16), Bovillae, Gabii, Labici
(Cic. *pro Planc.* 9, 23) stimmen mit diesem Verzeichnifs. Dionysios theilt
es bei Gelegenheit der Kriegserklärung Latiums gegen Rom im Jahre 256
mit und es lag darum nahe, wie dies Niebuhr gethan, dies Verzeichnifs als
der bekannten Bundeserneuerung vom Jahre 261 entlehnt zu betrachten.
Allein da in diesem nach dem lateinischen Alphabet geordneten Verzeichnifs der Buchstabe *g* an der Stelle erscheint, die er zur Zeit der zwölf
Tafeln sicher noch nicht hatte und schwerlich vor dem fünften Jahrhundert
bekommen hat (meine unterital. Dial. S. 33), so mufs dasselbe einer viel
jüngeren Quelle entnommen sein; und es ist bei weitem die einfachste Annahme darin das Verzeichnifs derjenigen Orte zu erkennen, die später hin
als die ordentlichen Glieder der latinischen Eidgenossenschaft betrachtet
wurden und die Dionysios seiner pragmatisirenden Gewohnheit gemäfs als
deren ursprünglichen Bestand aufführt. Dabei ergiebt sich zunächst, dafs
in dem Verzeichnifs keine einzige nichtlatinische Gemeinde, nicht einmal
Caere erscheint, sondern dasselbe lediglich ursprünglich latinische oder
mit latinischen Colonien belegte Orte aufzählt — Corbio und Corioli wird
Niemand als Ausnahme geltend machen. Vergleicht man nun mit diesem
Register das der latinischen Colonien, so finden sich von den neun bis zum
Jahre 369 gegründeten: Suessa Pometia, Cora, Signia, Velitrae,
Norba, Antium (wenn dies wirklich latinische Colonie war, s. S. 348),
Ardea, Circeii und Satricum die sechs im Druck ausgezeichneten, da-
gegen von den später gegründeten einzig das im Jahre 372 gegründete
Setia in dem Dionysischen Verzeichnisse wieder. Es sind also die vor 370
gegründeten latinischen Colonien Glieder der albanischen Festgenossenschaft geworden, nicht aber die nach diesem Jahre gegründeten. Dafs bei
Dionysios Suessa Pometia und Antium fehlen, ist hiemit nicht im Widerspruch, denn beide gingen bald nach ihrer Colonisirung wieder verloren
und Antium blieb noch lange Zeit nachher eine Hauptfestung der Volsker,
während Suessa bald den Untergang fand. Der einzige wirkliche Verstofs
gegen jene Regel ist das Fehlen von Signia und das Vorkommen von Setia,
so dafs es nahe liegt entweder $\Sigma HTINΩN$ in $\Sigma I\Gamma NIN\Omega N$ zu ändern
oder auch anzunehmen, dafs Setias Gründung schon vor 370 beschlossen
worden ist, Signia aber unter den nicht stimmenden Gemeinden sich befunden hat. Auf keinen Fall kann diese vereinzelte Ausnahme die sonst
durchaus zutreffende Regel erschüttern. Im vollkommenen Einklang mit
derselben mangeln in diesem Verzeichnifs alle Orte, die wie Ostia, An-

scheinlicher, Ursache der eben geschilderten Auflehnung Latiums gegen Rom war. Nach dem bisherigen Recht war jede von Rom und Latium gegründete souveräne Stadt unter die am Bundesfest und Bundestag theilberechtigten Communen eingetreten, wogegen umgekehrt jede einer anderen Stadt incorporirte und also staatlich vernichtete Gemeinde aus der Reihe der Bundesglieder gestrichen ward. Dabei ward indefs nach latinischer Art die einmal feststehende Zahl von dreifsig föderirten Gemeinden in der Art festgehalten, dafs von den theilnehmenden Städten nie mehr und nie weniger als dreifsig stimmberechtigt waren und eine Anzahl später eingetretener oder auch ihrer Geringfügigkeit oder begangener Vergehen wegen zurückgesetzter Gemeinden des Stimmrechts entbehrten. Hienach war der Bestand der Eidgenossenschaft um das Jahr 370 folgender Art. Von altlatinischen Ortschaften waren, aufser einigen verschollenen oder der Lage nach unbekannten, noch autonom und stimmberechtigt zwischen Tiber und Anio Nomentum, zwischen dem Anio und dem Albanergebirg Tibur, Gabii, Scaptia, Labici*), Pedum und Praeneste, am Albanergebirg Corbio, Tusculum, Bovillae, Aricia, Corioli und Lanuvium, endlich in der Küstenebene Laurentum und Lavinium.

---

temnae, Alba vor dem Jahr 370 der römischen Gemeinde incorporirt worden, wogegen die später einverleibten, wie Tusculum, Satricum, Velitrae, welche alle zwischen 370 und 536 ihre Souveränetät eingebüfst haben müssen, in demselben stehen geblieben sind. — Was das von Plinius mitgetheilte Verzeichnis von zweiunddreifsig zu Plinius Zeit untergegangenen ehemals am albanischen Fest betheiligten Ortschaften betrifft, so bleiben nach Abzug von acht, die auch bei Dionysios stehen (denn die Cusuetaner des Plinius scheinen die dionysischen Corventaner, die Tutienser des Plinius die dionysischen Triceriner zu sein) noch vierundzwanzig meistentheils ganz unbekannte Ortschaften, ohne Zweifel theils jene siebzehn nicht stimmenden Gemeinden, gröfstentheils wohl eben die ältesten später zurückgestellten Glieder der albanischen Festgenossenschaft, theils eine Anzahl anderer untergegangener oder ausgestofsener Bundesglieder, zu welchen letzteren vor allem der alte auch von Plinius genannte Vorort Alba gehört.

*) Allerdings berichtet Livius 4, 47, dafs Labici im Jahre 336 Colonie geworden sei. Allein abgesehen davon, dafs Diodor (13, 6) hierüber schweigt, kann Labici weder eine Bürgercolonie geworden sein, da die Stadt theils nicht an der Küste lag, theils auch später noch im Besitz der Autonomie erscheint; noch eine latinische, da es kein einziges zweites Beispiel einer im ursprünglichen Latium angelegten latinischen Colonie giebt noch nach dem Wesen dieser Gründungen geben kann. Höchst wahrscheinlich ist hier wie anderswo, da zumal als vertheiltes Ackermafs 2 Jugera genannt werden, die gemeine Bürger- mit der colonialen Assignation verwechselt worden (S. 189).

Dazu kamen die von Rom und dem latinischen Bunde angelegten Colonien: Ardea im ehemaligen Rutulergebiet und in dem der Volsker Velitrae, Satricum, Cora, Norba, Setia und Circeii. Aufserdem hatten siebzehn andere Ortschaften, deren Namen nicht sicher bekannt sind, das Recht der Theilnahme am Latinerfest ohne Stimmrecht. Auf diesem Bestande der sieben und vierzig theil- und dreifsig stimmberechtigten Orte blieb die latinische Eidgenossenschaft seitdem unabänderlich stehen; weder sind die später gegründeten latinischen Gemeinden, wie Sutrium, Nepete (S. 338), Cales, Tarracina, in die Eidgenossenschaft eingetreten, noch die später der Autonomie entkleideten latinischen Gemeinden, wie Tusculum und Satricum, aus der Liste gestrichen. —

Fixirung der Grenzen Latiums. Mit dieser Schliefsung der Eidgenossenschaft hängt auch die geographische Fixirung des Umfanges von Latium zusammen. So lange die latinische Eidgenossenschaft noch offen war, hatte auch die Grenze von Latium mit der Anlage neuer Bundesstädte sich vorgeschoben; aber wie die jüngeren latinischen Colonien keinen Antheil am Albanerfest erhielten, galten sie auch geographisch nicht als Theil von Latium — darum werden wohl Ardea und Circeii, nicht aber Sutrium und Tarracina zur Landschaft Latium gerechnet. — Aber nicht blofs wurden die nach 370 mit latinischem Recht ausgestatteten Orte von der eidgenössischen Gemeinschaft ferngehalten, sondern es wurden dieselben auch privatrechtlich insofern von einander isolirt, als die Verkehrs- und wahrscheinlich auch die Ehegemeinschaft (*commercium et conubium*) einer jeden von ihnen zwar mit der römischen, nicht aber mit den übrigen latinischen Gemeinden gestattet ward, so dafs also zum Beispiel der Bürger von Sutrium wohl in Rom, aber nicht in Praeneste einen Acker zu vollem Eigenthum besitzen und wohl von einer Römerin, nicht aber von einer Tiburtinerin rechte Kinder gewinnen konnte*). — Wenn ferner bisher innerhalb der Eidgenossenschaft eine ziemlich freie Bewegung gestattet worden war und zum Beispiel ein Sonderbund der fünf altlatinischen Gemeinden Aricia, Tusculum, Tibur, Lanuvium und Laurentum und der drei neulatinischen Ardea, Suessa Pometia und Cora sich um das Heiligthum der aricinischen Diana hatte

---

*) Diese Beschränkung der alten vollen latinischen Rechtsgemeinschaft begegnet zwar zuerst in der Vertragserneuerung von 416 (Liv. 8, 14); da indefs das Isolirungssystem, von dem dieselbe ein wesentlicher Theil ist, zuerst für die nach 370 ausgeführten latinischen Colonien begann und 416 nur generalisirt ward, so war diese Neuerung hier zu erwähnen.

gruppiren dürfen, so findet von ähnlichen der römischen Hegemonie Gefahr drohenden Specialconföderationen, ohne Zweifel nicht zufällig, in späterer Zeit sich kein weiteres Beispiel. — Ebenso wird man die weitere Umgestaltung der latinischen Gemeindeverfassungen und ihre völlige Ausgleichung mit der Verfassung Roms dieser Epoche zuschreiben dürfen; denn wenn als nothwendiger Bestandtheil der latinischen Magistratur neben den beiden Practoren späterhin die beiden mit der Markt- und Strafsenpolizei und der dazu gehörigen Rechtspflege betrauten Aedilen erscheinen, so hat diese offenbar gleichzeitig und auf Anregung der führenden Macht in allen Bundesgemeinden erfolgte Einsetzung städtischer Polizeibehörden sicher nicht vor der in das Jahr 387 fallenden Einrichtung der curulischen Aedilität in Rom, aber wahrscheinlich auch eben um diese Zeit stattgefunden. Ohne Zweifel war diese Anordnung nur das Glied einer Kette von bevormundenden und die bundesgenössischen Gemeindeordnungen im polizeilich-aristokratischen Sinne umgestaltenden Mafsregeln. — Offenbar fühlte Rom nach dem Fall von Veii und der Eroberung des pomptinischen Gebietes sich mächtig genug, um die Zügel der Hegemonie straffer anzuziehen und die sämmtlichen latinischen Städte in eine so abhängige Stellung zu bringen, dafs sie factisch vollständig zu Unterthanen wurden. In dieser Zeit (406) verpflichteten sich die Karthager in dem mit Rom abgeschlossenen Handelsvertrag den Latinern, die Rom botmäfsig seien, namentlich den Seestädten Ardea, Antium, Circeii, Tarracina, keinen Schaden zuzufügen; würde indefs eine der latinischen Städte vom römischen Bündnifs abgefallen sein, so sollten die Phönikier dieselbe angreifen dürfen, indefs, wenn sie sie etwa erobern würden, gehalten sein sie nicht zu schleifen, sondern sie den Römern zu überliefern. Hier liegt es vor, durch welche Ketten die römische Gemeinde ihre Schutzstädte an sich band und was eine Stadt, die der einheimischen Schutzherrschaft sich entzog, dadurch einbüfste und wagte. — Zwar blieb auch jetzt noch wenn nicht der hernikischen, doch wenigstens der latinischen Eidgenossenschaft ihr formelles Anrecht auf den dritten Theil vom Kriegsgewinn und wohl noch mancher andere Ueberrest der ehemaligen Rechtsgleichheit; aber was nachweislich verloren ging, war wichtig genug um die Erbitterung begreiflich zu machen, welche in dieser Zeit unter den Latinern gegen Rom herrschte. Nicht blofs fochten überall, wo Heere gegen Rom im Felde standen, latinische Reisläufer zahlreich unter der fremden Fahne gegen ihre führende Gemeinde; sondern im Jahre 405 beschloß sogar die latinische Bundesversammlung den Römern den Zuzug zu verweigern. Allen Anzeichen nach stand eine abermalige Schilderhebung der gesammten latinischen Bundesgenossenschaft in nicht ferner Zeit bevor; und eben jetzt drohte ein Zusammenstoß mit einer andern italischen Nation, die wohl im Stande war der vereinigten Macht des latinischen Stammes ebenbürtig zu begegnen. Nach der Niederwerfung der Volsker stand den Römern im Süden zunächst keine bedeutende Völkerschaft gegenüber; unaufhaltsam näherten ihre Legionen sich dem Liris. Schon 397 ward glücklich gekämpft mit den Privernaten, 409 mit den Aurunkern, denen Sora am Liris entrissen ward. Schon standen also die römischen Heere an der Grenze der Samniten und das Freundschaftsbündniß, das im Jahre 400 die beiden tapfersten und mächtigsten italischen Nationen mit einander schlossen, war das sichere Vorzeichen des herannahenden und mit der Krise innerhalb der latinischen Nation in drohender Weise sich verschlingenden Kampfes um die Oberherrschaft Italiens.

Die samnitische Nation, die, als man in Rom die Tarquinier austrieb, ohne Zweifel schon seit längerer Zeit im Besitz des zwischen der apulischen und der campanischen Ebene aufsteigenden und beide beherrschenden Hügellandes gewesen war, war bisher auf der einen Seite durch die Daunier — Arpis Macht und Blüthe fällt in diese Zeit —, auf der andern durch die Griechen und Etrusker an weiterem Vordringen gehindert worden. Aber der Sturz der etruskischen Macht um das Ende des dritten, das Sinken der griechischen Colonien im Laufe des vierten Jahrhunderts machten gegen Westen und Süden ihnen Luft und ein samnitischer Schwarm nach dem andern zog jetzt bis an, ja über die süditalischen Meere. Zuerst erschienen sie in der Ebene am Golf, wo der Name der Campaner seit dem Anfang des vierten Jahrhunderts vernommen wird; die Etrusker wurden hier erdrückt, die Griechen beschränkt, jenen Capua (330), diesen Kyme (334) entrissen. Um dieselbe Zeit, vielleicht schon früher, zeigen sich in Großgriechenland die Lucaner, die im Anfang des vierten Jahrhunderts mit Terinaeern und Thurinern im Kampf liegen und geraume Zeit vor 364 in dem griechischen Laos sich festsetzten. Um diese Zeit betrug ihr Aufgebot 30000 Mann zu Fuß und 4000 Reiter. Gegen das Ende des vierten Jahrhunderts ist zuerst die Rede von der gesonderten Eidgenossenschaft der Brettier*), die ungleich den andern sabellischen Stämmen nicht als Colonie, sondern im Kampf von den Lucanern sich losgemacht und mit vielen fremdartigen Elementen sich gemischt hatten. Wohl suchten die unteritalischen Griechen sich des Andrangs der Barbaren zu erwehren; der achaeische Städtebund ward 361 reconstituirt und festgesetzt, dafs wenn eine der verbündeten Städte von Lucanern angegriffen werde, alle Zuzug leisten und die Führer der ausbleibenden Heerhaufen Todesstrafe leiden sollten. Aber selbst die Einigung Grofsgriechenlands half nicht mehr, da der Herr von Syrakus, der ältere Dionysios mit den Italikern gegen seine Landsleute gemeinschaftliche Sache machte. Während Dionysios den grofsgriechischen Flotten die Herrschaft über die italischen Meere entrifs, ward von den Italikern eine Griechenstadt nach der andern besetzt oder vernichtet; in unglaublich kurzer Zeit war der blühende Städtering zerstört oder verödet. Nur wenigen griechischen Orten, wie zum Beispiel Neapel, gelang es mühsam und mehr durch Verträge als durch Waffengewalt wenigstens ihr Dasein und ihre Nationalität zu bewahren; durchaus unabhängig und mächtig blieb allein Tarent, das durch seine entferntere Lage und durch seine in steten Kämpfen mit den Messapiern unterhaltene Schlagfertigkeit sich aufrecht hielt, wenn gleich auch diese Stadt beständig mit den Lucanern um ihre Existenz zu fechten hatte und genöthigt war in der griechischen Heimath Bündnisse und Söldner zu suchen. — Um die Zeit, wo Veii und die pomptinische Ebene römisch wurden, hatten die samnitischen Schaaren bereits ganz Unteritalien inne mit Ausnahme weniger und unter sich nicht zusammenhängender griechischer Pflanzstädte, und der apulisch-messapischen Küste. Die um 418 abgefafste griechische Küstenbeschreibung setzt die eigentlichen Samniten mit ihren ‚fünf Zungen' von einem Meer zum andern an und am tyrrhenischen neben sie in nördlicher Richtung die Campaner, in südlicher die Lucaner, unter denen hier wie öfter die Brettier mitbegriffen sind und denen bereits die ganze Küste von Paestum am tyrrhenischen bis nach Thurii am ionischen Meer zugetheilt wird. In der That, wer mit einander vergleicht, was die beiden grofsen Nationen Italiens, die latinische und die samnitische, errungen hatten, bevor sie sich berührten, dem erscheint die Eroberungsbahn der

---

*) Der Name selbst ist uralt, ja der älteste einheimische Name der Bewohner des heutigen Calabrien (Antiochos *fr.* 5 Müll.). Die bekannte Ableitung ist ohne Zweifel erfunden.

letzteren bei weitem ausgedehnter und glänzender als die der
Römer. Aber der Charakter der Eroberungen war ein wesentlich
verschiedener. Von dem festen städtischen Mittelpunkt aus, den
Latium in Rom besafs, dehnt die Herrschaft dieses Stammes
langsam nach allen Seiten sich aus, zwar in verhältnifsmäfsig
engen Grenzen, aber festen Fufs fassend wo sie hintritt, theils
durch Gründung von befestigten Städten römischer Art mit abhängigem Bundesrecht, theils durch Romanisirung des eroberten
Gebiets. Anders in Samnium. Es giebt hier keine einzelne führende Gemeinde und darum auch keine Eroberungspolitik. Während die Eroberung des veientischen und pomptinischen Gebietes
für Rom eine wirkliche Machterweiterung war, wurde Samnium
durch die Entstehung der campanischen Städte, der lucanischen,
der brettischen Eidgenossenschaft eher geschwächt als gestärkt;
denn jeder Schwarm, der neue Sitze gesucht und gefunden hatte,
ging fortan für sich seine Wege. Die samnitischen Schaaren erfüllen einen unverhältnifsmäfsig weiten Raum, den sie ganz sich
eigen zu machen keineswegs bedacht sind; die gröfsern Griechenstädte, Tarent, Thurii, Kroton, Metapont, Herakleia, Rhegion,
Neapel, wenn gleich geschwächt und öfters abhängig, bestehen
fort, ja selbst auf dem platten Lande und in den kleineren Städten
werden die Hellenen geduldet und Kyme zum Beispiel, Poseidonia,
Laos, Hipponion blieben, wie die erwähnte Küstenbeschreibung
und die Münzen lehren, auch unter samnitischer Herrschaft noch
Griechenstädte. So entstanden gemischte Bevölkerungen, wie
denn namentlich die zwiesprachigen Brettier aufser samnitischen
auch hellenische Elemente und selbst wohl Ueberreste der alten
Autochthonen in sich aufnahmen; aber auch in Lucanien und
Campanien müssen in minderem Grade ähnliche Mischungen
stattgefunden haben. Dem gefährlichen Zauber der hellenischen
Cultur konnte auch die samnitische Nation sich nicht entziehen,
am wenigsten in Campanien, wo Neapel früh mit den Einwanderern sich auf freundlichen Verkehr stellte und wo der Himmel
selbst die Barbaren humanisirte. Capua, Nola, Nuceria, Teanum,
obwohl rein samnitischer Bevölkerung, nahmen griechische Weise
und griechische Stadtverfassung an; wie denn auch in der That
die heimische Gauverfassung unter den neuen Verhältnissen unmöglich fortbestehen konnte. Die campanischen Samnitenstädte
begannen Münzen zu schlagen, zum Theil mit griechischer Aufschrift; Capua ward durch Handel und Ackerbau der Gröfse nach
die zweite Stadt Italiens, die erste an Ueppigkeit und Reichthum.
Die tiefe Entsittlichung, in welcher den Berichten der Alten zu-

folge diese Stadt es allen übrigen italischen zuvorgethan hat, spiegelt sich namentlich in dem Werbewesen und in den Fechterspielen, die beide vor allem in Capua zur Blüthe gelangt sind. Nirgends fanden die Werber so zahlreichen Zulauf wie in dieser Metropole der entsittlichten Civilisation; während Capua selbst sich vor den Angriffen der Samniten nicht zu bergen wufste, strömte die streitbare campanische Jugend unter selbstgewählten Condottieren massenweise namentlich nach Sicilien. Wie tief diese Lanzknechtfahrten in die Geschicke Italiens eingriffen, wird später noch darzustellen sein; für die campanische Weise sind sie ebenso bezeichnend wie die Fechterspiele, die gleichfalls in Capua wo nicht ihre Entstehung, doch ihre Ausbildung empfingen. Hier traten sogar während des Gastmahls Fechterpaare auf und ward deren Zahl je nach dem Rang der geladenen Gäste abgemessen. Diese Entartung der bedeutendsten samnitischen Stadt, die wohl ohne Zweifel auch mit dem hier noch nachwirkenden etruskischen Wesen eng zusammenhängt, mufste für die ganze Nation verhängnifsvoll werden; wenn auch der campanische Adel es verstand mit dem tiefsten Sittenverfall ritterliche Tapferkeit und hohe Geistesbildung zu verbinden, so konnte er doch für seine Nation nimmermehr werden, was die römische Nobilität für die latinische war. Aehnlich wie auf die Campaner, wenn auch in minderer Stärke, wirkte der hellenische Einflufs auf die Lucaner und Brettier. Die Gräberfunde in all diesen Gegenden beweisen, wie die griechische Kunst daselbst mit barbarischem Luxus gepflegt ward; der reiche Gold- und Bernsteinschmuck, das prachtvolle gemalte Geschirr, wie wir sie jetzt den Häusern der Todten entheben, lassen ahnen, wie weit man hier schon sich entfernt hatte von der alten Sitte der Väter. Andere Spuren bewahrt die Schrift; die altnationale aus dem Norden mitgebrachte ward von den Lucanern und Brettiern aufgegeben und mit der griechischen vertauscht, während in Campanien das nationale Alphabet und wohl auch die Sprache unter dem bildenden Einflufs der griechischen sich selbstständig entwickelte zu gröfserer Klarheit und Feinheit. Es begegnen sogar einzelne Spuren des Einflusses griechischer Philosophie. — Nur das eigentliche Samnitenland blieb unberührt von diesen Neuerungen, die, so schön und natürlich sie theilweise sein mochten, doch mächtig dazu beitrugen immer mehr das Band der nationalen Einheit zu lockern, das von Haus aus schon ein loses war. Durch den Einflufs des hellenischen Wesens kam ein tiefer Rifs in den samnitischen Stamm. Die gesitteten ‚Philhellenen‘ Campaniens gewöhnten

Die samnitische Eidgenossenschaft.

sich gleich den Hellenen selbst vor den rauheren Stämmen der Berge zu zittern, die ihrerseits nicht aufhörten in Campanien einzudringen und die entarteten älteren Ansiedler zu beunruhigen. Rom war ein geschlossener Staat, der über die Kraft von ganz Latium verfügte; die Unterthanen mochten murren, aber sie gehorchten. Der samnitische Stamm war zerfahren und zersplittert und die Eidgenossenschaft im eigentlichen Samnium hatte sich zwar die Sitten und die Tapferkeit der Väter ungeschmälert bewahrt, war aber auch darüber mit den übrigen samnitischen Völker- und Bürgerschaften völlig zerfallen.

Unterwerfung Capuas unter Rom. In der That war es dieser Zwist zwischen den Samniten der Ebene und den Samniten der Gebirge, der die Römer über den Liris führte. Die Sidiciner in Teanum, die Campaner in Capua suchten gegen die eigenen Landsleute, die mit immer neuen Schwärmen ihr Gebiet brandschatzten und darin sich festzusetzen drohten, Hülfe bei den Römern (411). Als das begehrte Bündnifs verweigert ward, bot die campanische Gesandtschaft die Unterwerfung ihrer Landschaft unter die Oberherrlichkeit Roms an und solcher Lockung vermochten die Römer nicht zu widerstehen. Römische Gesandte gingen zu den Samniten ihnen den neuen Erwerb anzuzeigen und sie aufzufordern das Gebiet der befreundeten Macht zu respectiren. Wie die Ereignisse weiter verliefen, ist im Einzelnen nicht mehr zu ermitteln*); wir sehen

---

*) Vielleicht kein Abschnitt der römischen Annalen ist ärger entstellt als die Erzählung des ersten samnitisch-latinischen Krieges, wie sie bei Livius, Dionysios, Appian steht oder stand. Sie lautet etwa folgendermafsen. Nachdem 411 beide Consuln in Campanien eingerückt waren, erfocht zuerst der Consul Marcus Valerius Corvus am Berge Gaurus über die Samniten einen schweren und blutigen Sieg; alsdann auch der College Aulus Cornelius Cossus, nachdem er der Vernichtung in einem Engpafs durch die Hingebung einer von dem Kriegstribun Publius Decius geführten Abtheilung entgangen war. Die dritte und entscheidende Schlacht ward am Eingang der caudinischen Pässe bei Suessula von den beiden Consuln geschlagen; die Samniten wurden vollständig überwunden — man las vierzigtausend ihrer Schilde auf dem Schlachtfeld auf — und zum Frieden genöthigt, in welchem die Römer Capua, das sich ihnen zu eigen gegeben, behielten, Teanum dagegen den Samniten überliefsen (413). Glückwünsche kamen von allen Seiten, selbst von Karthago. Die Latiner, die den Zuzug verweigert hatten und gegen Rom zu rüsten schienen, wandten ihre Waffen statt gegen Rom vielmehr gegen die Paeligner, während die Römer zunächst durch eine Militärverschwörung der in Campanien zurückgelassenen Besatzung (412), dann durch die Einnahme von Privernum (413) und den Krieg gegen die Antiaten beschäftigt waren. Nun aber wechseln plötzlich und seltsam die Parteiverhältnisse. Die Latiner, die umsonst das römische Bürgerrecht und Antheil am Consulat gefordert hatten, erhoben

nur, dafs zwischen Rom und Samnium, sei es nach einem Feldzug, sei es ohne vorhergehenden Krieg, ein Abkommen zu Stande

sich gegen Rom in Gemeinschaft mit den Sidicinern, die vergeblich den Römern die Unterwerfung angetragen hatten und vor den Samniten sich nicht zu retten wufsten, und mit den Campanern, die der römischen Herrschaft bereits müde waren. Nur die Laurenter in Latium und die campanischen Ritter hielten zu den Römern, welche ihrerseits Unterstützung fanden bei den Paelignern und den Samniten. Das latinische Heer überfiel Samnium; das römisch-samnitische schlug, nachdem es an den Fucinersee und von da an Latium vorüber in Campanien einmarschirt war, die Entscheidungsschlacht gegen die vereinigten Latiner und Campaner am Vesuv, welche der Consul Titus Manlius Imperiosus, nachdem er selbst durch die Hinrichtung seines eigenen gegen den Lagerbefehl siegenden Sohnes die schwankende Heereszucht wiederhergestellt und sein College Publius Decius Mus die Götter versöhnt hatte durch seinen Opfertod, endlich mit Aufbietung der letzten Reserve gewann. Aber erst eine zweite Schlacht, die der Consul Manlius den Latinern und Campanern bei Trifanum lieferte, machte dem Krieg ein Ende; Latium und Capua unterwarfen sich und wurden um einen Theil ihres Gebietes gestraft. — Einsichtigen und ehrlichen Lesern wird es nicht entgehen, dafs dieser Bericht von Unmöglichkeiten aller Art wimmelt. Dahin gehört das Kriegführen der Antiaten nach der Dedition von 377 (Liv. 6, 33); der selbstständige Feldzug der Latiner gegen die Paeligner im schneidenden Widerspruch zu den Bestimmungen der Verträge zwischen Rom und Latium; der unerhörte Marsch des römischen Heeres durch das marsische und samnitische Gebiet nach Capua, während ganz Latium gegen Rom in Waffen stand; um nicht zu reden von dem eben so verwirrten wie sentimentalen Bericht über den Militäraufstand von 412 und den Geschichtchen von dem gezwungenen Anführer desselben, dem lahmen Titus Quinctius, dem römischen Götz von Berlichingen. Vielleicht noch bedenklicher sind die Wiederholungen: so ist die Erzählung von dem Kriegstribun Publius Decius nachgebildet der muthigen That des Marcus Calpurnius Flamma oder wie er sonst hiefs im ersten punischen Kriege; so kehrt die Eroberung Privernums durch Gaius Plautius wieder im Jahre 425 und nur diese zweite ist in den Triumphalfasten verzeichnet; so der Opfertod des Publius Decius bekanntlich bei dem Sohne desselben 459. Ueberhaupt verräth in diesem Abschnitt die ganze Darstellung eine andere Zeit und eine andere Hand als die sonstigen glaubwürdigeren annalistischen Berichte; die Erzählung ist voll von ausgeführten Schlachtgemälden; von eingewebten Anekdoten, wie zum Beispiel der von dem setinischen Praetor, der auf den Stufen des Rathhauses den Hals bricht weil er dreist genug gewesen war das Consulat zu begehren, und den mannichfaltigen aus dem Beinamen des Titus Manlius herausgesponnenen; von ausführlichen und zum Theil bedenklichen archäologischen Digressionen, wohin zum Beispiel die Geschichte der Legion, von der die höchst wahrscheinlich apokryphe Notiz über die aus Römern und Latinern gemischten Manipel des zweiten Tarquinius bei Liv. 1, 52 offenbar ein zweites Bruchstück ist, die verkehrte Auffassung des Vertrages zwischen Capua und Rom (mein röm. Münzwesen S. 334 A. 122), die Devotionsformulare, der campanische Denar, das laurentische Bündnifs, die *bina iugera* bei der Assignation (S. 351 A.)

kam, wozu die Römer freie Hand erhielten gegen Capua, die Samniten gegen Teanum und die Volsker am obern Liris. Dafs die Samniten sich dazu verstanden, erklärt sich aus den gewaltigen Anstrengungen, die eben um diese Zeit die Tarentiner machten sich der sabellischen Nachbaren zu entledigen; aber auch die Römer hatten guten Grund sich mit den Samniten so schnell wie möglich abzufinden, denn der bevorstehende Uebergang der südlich an Latium angrenzenden Landschaft in römischen Besitz verwandelte die längst unter den Latinern bestehende Gährung in offene Empörung. Alle ursprünglich latinischen Städte, selbst die in den römischen Bürgerverband aufgenommenen Tusculaner, erklärten sich gegen Rom, mit einziger Ausnahme der Laurenter, während dagegen die römischen Colonien in Latium mit Ausnahme von Velitrae sämmtlich festhielten an dem römischen Bündnifs. Dafs die Capuaner ungeachtet der eben erst freiwillig den Römern angetragenen Unterwerfung dennoch die erste Gelegenheit der römischen Herrschaft wieder ledig zu werden bereitwillig ergriffen und, trotz des Widerstandes der an dem Vertrag mit Rom festhaltenden Optimatenpartei, die Gemeinde gemeinschaftliche Sache mit der latinischen Eidgenossenschaft machte, dafs nicht minder die Volsker in diesem latinischen Aufstand die letzte Möglichkeit ihre Freiheit wieder zu gewinnen erkannten und gleichfalls zu den Waffen griffen, ist erklärlich; wogegen die Herniker, wir wissen nicht aus welchen Ursachen, sich gleich der campanischen Aristokratie an diesem Aufstande nicht betheiligten. Die Lage der Römer war bedenklich; die Legionen, die über den Liris gegangen waren und Campanien besetzt hatten, waren durch den Aufstand der Latiner und Volsker von der Heimath abgeschnitten und nur ein Sieg konnte sie retten. Bei Trifanum (zwischen Minturnae, Suessa und Sinuessa) ward die entscheidende Schlacht geliefert (414); der Consul Titus Manlius Imperiosus Torquatus erfocht über die vereinigten Latiner und Campaner einen vollständigen Sieg. In den beiden folgenden Jahren wurden die einzelnen Städte der Latiner und Volsker, so weit sie noch Widerstand leisteten, durch Capitula-

---

gehören. Unter solchen Umständen erscheint es von grofsem Gewicht, dafs Diodoros, der andern und oft älteren Berichten folgt, von all diesen Ereignissen schlechterdings nichts kennt als die letzte Schlacht bei Trifanum; welche auch in der That schlecht pafst zu der übrigen Erzählung, die nach poetischer Gerechtigkeit schliefsen sollte mit dem Tode des Decius.

tion oder Sturm bezwungen und die ganze Landschaft zur Unterwerfung gebracht.

Die Folge des Sieges war die Auflösung des latinischen Bundes. Derselbe wurde aus einer selbstständigen politischen Conföderation in eine blofs religiöse Festgenossenschaft umgewandelt; die altverbrieften Rechte der Eidgenossenschaft auf ein Maximum der Truppenaushebung und einen Antheil an dem Kriegsgewinn gingen damit als solche zu Grunde und nahmen, wo sie vorkamen, den Charakter der Gnadenbewilligung an. An die Stelle des einen Vertrages zwischen Rom einer- und der latinischen Eidgenossenschaft andererseits traten ewige Bündnisse zwischen Rom und den einzelnen eidgenössischen Orten. Die Isolirung der Gemeinden gegen einander, welche für die nach dem Jahre 370 gegründeten Orte bereits früher festgestellt worden war (S. 352), war damit auf die gesammte latinische Nation erstreckt. Im Uebrigen blieben den einzelnen Orten die bisherigen Gerechtsame und ihre Autonomie. Tibur und Praeneste indefs hatten Stücke ihres Gebiets an Rom abzutreten und weit härter noch wurde das Kriegsrecht gegen andere latinische oder volskische Gemeinden geltend gemacht. In die bedeutendste und zu Lande wie zur See wehrhafteste Volskerstadt Antium wurden römische Colonisten gesandt und die Altbürger nicht blofs denselben die nöthigen Aecker abzugeben, sondern auch selber in den römischen Bürgerverband einzutreten gezwungen (416). In die zweite wichtige volskische Küstenstadt Tarracina gingen gleichfalls wenige Jahre nachher (425) römische Ansiedler und die Altbürger wurden auch hier entweder ausgewiesen oder der neuen Bürgergemeinde einverleibt. Auch Lanuvium, Aricia, Nomentum, Pedum verloren die Selbstständigkeit und wurden römische Bürgergemeinden. Velitraes Mauern wurden niedergerissen, der Senat in Masse ausgewiesen und im römischen Etrurien internirt, die Stadt wahrscheinlich als unterthänige Gemeinde nach caeritischem Recht constituirt. Von dem gewonnenen Acker wurde ein Theil, zum Beispiel die Ländereien der veliternischen Rathsmitglieder, an römische Bürger vertheilt; mit diesen Einzelassignationen wie mit den zahlreichen neu in den Bürgerverband eintretenden Gemeinden hängt die Errichtung zweier neuer Bürgerbezirke im J. 422 zusammen. Wie tief man in Rom die ungeheure Bedeutung des gewonnenen Erfolges empfand, zeigt die Ehrensäule, die man dem siegreichen Bürgermeister des J. 416, Gaius Maenius, auf dem römischen Markte errichtete, und die Schmückung der Rednertribüne auf demselben mit den von den unbrauchbar befundenen antiatischen Galeeren abgenommenen Schnäbeln. — In gleicher Weise, wenn auch in anderen Formen ward in dem südlichen volskischen und dem campanischen Gebiet die römische Herrschaft durchgeführt und befestigt. Fundi, Formiae, Capua, Kyme und eine Anzahl kleinerer Städte wurden abhängige römische Gemeinden caeritischen Rechts; um das vor allem wichtige Capua zu sichern, erweiterte man künstlich die Spaltung zwischen Adel und Gemeinde und revidirte und controlirte die Gemeinverwaltung im römischen Interesse. Dieselbe Behandlung widerfuhr Privernum, dessen Bürger, unterstützt von dem kühnen fundanischen Parteigänger Vitruvius Vaccus, die Ehre hatten für die latinische Freiheit den letzten Kampf zu kämpfen — er endigte mit der Erstürmung der Stadt (425) und der Hinrichtung des Vaccus im römischen Kerker. Um eine eigene römische Bevölkerung in diesen Gegenden emporzubringen, theilte man von den im Krieg gewonnenen Ländereien, namentlich im privernatischen und im falernischen Gebiet, so zahlreiche Ackerloose an römische Bürger aus, dafs wenige Jahre nachher (436) auch dort zwei neue Bürgerbezirke errichtet werden konnten. Die Anlegung zweier Festungen als Colonien latinischen Rechts sicherte schliefslich das neu gewonnene Land. Es waren dies Cales (420) mitten in der campanischen Ebene, von wo aus Teanum und Capua beobachtet werden konnten, und Fregellae (426), das den Uebergang über den Liris beherrschte. Beide Colonien waren ungewöhnlich stark und gelangten schnell zur Blüthe, trotz der Hindernisse, welche die Sidiciner der Gründung von Cales, die Samniten der von Fregellae in den Weg legten. Auch nach Sora ward eine römische Besatzung verlegt, worüber die Samniten, denen dieser Bezirk vertragsmäfsig überlassen worden war, sich mit Grund, aber vergeblich beschwerten. Ungeirrt ging Rom seinem Ziel entgegen, seine energische und grofsartige Staatskunst mehr als auf dem Schlachtfelde offenbarend in der Sicherung der gewonnenen Landschaft, die es politisch und militärisch mit einem unzerreifsbaren Netze umflocht. — Dafs die Samniten das bedrohliche Vorschreiten der Römer nicht gern sahen, versteht sich; sie warfen ihnen auch wohl Hindernisse in den Weg, aber versäumten es doch jetzt, wo es vielleicht noch Zeit war, mit der von den Umständen geforderten Energie ihnen die neue Eroberungsbahn zu verlegen. Zwar Teanum scheinen sie nach dem Vertrag mit Rom eingenommen und stark besetzt zu haben; denn während die Stadt früher Hülfe gegen Samnium

in Capua und Rom nachsucht, erscheint sie in den späteren
Kämpfen als die Vormauer der samnitischen Macht gegen Westen.
Aber am oberen Liris breiteten sie wohl erobernd und zerstörend
sich aus, versäumten es aber hier auf die Dauer sich festzusetzen.
So zerstörten sie die Volskerstadt Fregellae, wodurch nur die
Anlage der eben erwähnten römischen Colonie daselbst erleichtert ward, und schreckten zwei andere Volskerstädte Fabrateria
(Falvaterra) und Luca (unbekannter Lage) so, dafs dieselben,
Capuas Beispiel folgend, sich (424) den Römern zu eigen gaben. ₃₃₀
Die samnitische Eidgenossenschaft gestattete, dafs die römische
Eroberung Campaniens eine vollendete Thatsache geworden war,
bevor sie sich ernstlich derselben widersetzte; wovon der Grund
allerdings zum Theil in den gleichzeitigen Fehden der samnitischen Nation mit den italischen Hellenen, aber zum Theil doch
auch in der schlaffen und zerfahrenen Politik der Eidgenossenschaft zu suchen ist.

KAPITEL VI.

Die Italiker gegen Rom.

Kriege zwischen Sabellern und Tarentinern. Während die Römer am Liris und Volturnus fochten, bewegten den Südosten der Halbinsel andere Kämpfe. Die reiche tarentinische Kaufmannsrepublik, immer ernstlicher bedroht von den lucanischen und messapischen Haufen und ihren eigenen Schwertern mit Recht mifstrauend, gewann für gute Worte und besseres Geld die Bandenführer der Heimath. Der Spartaner-
Archidamos. könig Archidamos, der mit einem starken Haufen den Stammgenossen zu Hülfe gekommen war, erlag an demselben Tage, wo
338 Philipp bei Chaeroneia siegte, den Lucanern (416); wie die frommen Griechen meinten, zur Strafe dafür, dafs er und seine Leute neunzehn Jahre früher theilgenommen hatten an der Plünderung des delphischen Heiligthums. Seinen Platz nahm ein
Alexander der Molosser. mächtigerer Feldhauptmann ein, Alexander der Molosser, Bruder der Olympias, der Mutter Alexanders des Grofsen. Mit den mitgebrachten Schaaren vereinigte er unter seinen Fahnen die Zuzüge der Griechenstädte, namentlich der Tarentiner und Metapontiner; ferner die Poediculer (um Rubi, jetzt Ruvo), die gleich den Griechen sich von der sabellischen Nation bedroht sahen; endlich sogar die lucanischen Verbannten selbst, deren beträchtliche Zahl auf heftige innere Unruhen in dieser Eidgenossenschaft schliefsen läfst. So sah er sich bald dem Feinde überlegen. Consentia (Cosenza), der Bundessitz, wie es scheint, der in Grofsgriechenland angesiedelten Sabeller fiel in seine Hände. Umsonst kommen die Samniten den Lucanern zu Hülfe; Alexander schlägt ihre vereinigte Streitmacht bei Paestum, er bezwingt die Daunier um Sipontum, die Messapier auf der südöstlichen

Halbinsel; schon gebietet er von Meer zu Meer und ist im Begriff
den Römern die Hand zu reichen und mit ihnen gemeinschaftlich die Samniten in ihren Stammsitzen anzugreifen. Aber so
unerwartete Erfolge waren den tarentiner Kaufleuten uner-
wünscht und erschreckend; es kam zum Krieg zwischen ihnen
und ihrem Feldhauptmann, der als gedungener Söldner erschienen war und nun sich anließ, als wolle er im Westen ein hellenisches Reich begründen gleich wie sein Neffe im Osten. Alexander war Anfangs im Vortheil: er entriß den Tarentinern Herakleia, stellte Thurii wieder her und scheint die übrigen italischen
Griechen aufgerufen zu haben sich unter seinem Schutz gegen
die Tarentiner zu vereinigen, indem er zugleich es versuchte,
zwischen ihnen und den sabellischen Völkerschaften den Frieden
zu vermitteln. Allein seine großartigen Entwürfe fanden nur
schwache Unterstützung bei den entarteten und entmuthigten
Griechen und der nothgedrungene Parteiwechsel entfremdete
ihm seinen bisherigen lucanischen Anhang; bei Pandosia fiel er
von der Hand eines lucanischen Emigrirten (422)*). Mit seinem
Tode kehrten im Wesentlichen die alten Zustände wieder zurück.
Die griechischen Städte sahen sich wiederum vereinzelt und
wiederum lediglich darauf angewiesen, sich jede so gut es gehen
mochte zu schützen durch Vertrag oder Tributzahlung oder
auch durch auswärtige Hülfe, wie zum Beispiel Kroton um 430
mit Hülfe von Syrakus die Brettier zurückschlug. Die samnitischen Stämme erhielten aufs Neue das Uebergewicht und konnten, unbekümmert um die Griechen, wieder ihre Blicke nach
Campanien und Latium wenden.

Hier aber war in der kurzen Zwischenzeit ein ungeheurer
Umschwung eingetreten. Die latinische Eidgenossenschaft war gesprengt und zertrümmert, der letzte Widerstand der Volsker gebrochen, die campanische Landschaft, die reichste und schönste
der Halbinsel, im unbestrittenen und wohlbefestigten Besitz der
Römer, die zweite Stadt Italiens in römischer Clientel. Während
die Griechen und Samniten mit einander rangen, hatte Rom fast
unbestritten sich zu einer Machtstellung emporgeschwungen, die
zu erschüttern kein einzelnes Volk der Halbinsel die Mittel mehr

---

*) Es wird nicht überflüssig sein daran zu erinnern, daß was über Ar-
chidamos und Alexander bekannt ist, aus griechischen Jahrbüchern herrührt und der Synchronismus dieser und der römischen für die gegenwärtige Epoche noch bloß approximativ festgestellt ist. Man hüte sich
daher den im Allgemeinen unverkennbaren Zusammenhang der west- und
der ostitalischen Ereignisse zu sehr ins Einzelne verfolgen zu wollen.

besaſs und die alle zugleich mit römischer Unterjochung bedrohte. Eine gemeinsame Anstrengung der jedes für sich Rom nicht gewachsenen Völker konnte vielleicht die Ketten noch sprengen, ehe sie völlig sich befestigten; aber die Klarheit, der Muth, die Hingebung, wie eine solche Coalition unzähliger bisher groſsentheils feindlich oder doch fremd sich gegenüberstehender Volks- und Stadtgemeinden sie erforderte, fanden sich nicht oder doch erst, als es bereits zu spät war.

Coalition der Italiker gegen Rom.
  Nach dem Sturz der etruskischen Macht, nach der Schwächung der griechischen Republiken war nächst Rom unzweifelhaft die bedeutendste Macht in Italien die samnitische Eidgenossenschaft und zugleich diejenige, die von den römischen Uebergriffen am nächsten und unmittelbarsten bedroht war. Ihr also kam es zu in dem Kampf um die Freiheit und Nationalität, den die Italiker gegen Rom zu führen hatten, die erste Stelle und die schwerste Last zu übernehmen. Sie durfte rechnen auf den Beistand der kleinen sabellischen Völkerschaften, der Vestiner, Frentaner, Marruciner und anderer kleinerer Gaue, die in bäuerlicher Abgeschiedenheit zwischen ihren Bergen wohnten, aber nicht taub waren, wenn der Aufruf eines verwandten Stammes sie mahnte zur Vertheidigung der gemeinsamen Güter die Waffen zu ergreifen. Wichtiger wäre der Beistand der campanischen und groſsgriechischen Hellenen, namentlich der Tarentiner, und der mächtigen Lucaner und Brettier gewesen; allein theils die Schlaffheit und Fahrigkeit der in Tarent herrschenden Demagogen und die Verwickelung der Stadt in die sicilischen Angelegenheiten, theils die innere Zerrissenheit der lucanischen Eidgenossenschaft, theils und vor allem die seit Jahrhunderten bestehende tiefe Verfehdung der unteritalischen Hellenen mit ihren lucanischen Bedrängern lieſsen kaum hoffen, daſs Tarent und Lucanien gemeinschaftlich sich den Samniten anschlieſsen würden. Von den Marsern als den nächsten und seit langem in friedlichem Verhältniſs mit Rom lebenden Nachbarn der Römer war wenig mehr zu erwarten als schlaffe Theilnahme oder Neutralität; die Apuler, die alten und erbitterten Gegner der Sabeller, waren die natürlichen Verbündeten der Römer. Daſs dagegen die fernen Etrusker, wenn ein erster Erfolg errungen war, dem Bunde sich anschlieſsen würden, ließ sich erwarten, und selbst ein Aufstand in Latium und dem Volsker- und Hernikerland lag nicht auſser der Berechnung. Vor allen Dingen aber muſsten die Samniten, die italischen Aetoler, in denen die nationale Kraft noch ungebrochen lebte, vertrauen auf die eigene Kraft, auf die Ausdauer

im ungleichen Kampf, welche den übrigen Völkern Zeit gab zu edler Scham, zu gefafster Ueberlegung, zum Sammeln der Kräfte; ein einziger glücklicher Erfolg konnte alsdann die Kriegs- und Aufruhrsflammen rings um Rom entzünden. Die Geschichte darf dem edlen Volke das Zeugnifs nicht versagen, dafs es seine Pflicht begriffen und gethan hat.

Mehrere Jahre schon währte der Hader zwischen Rom und Samnium in Folge der beständigen Uebergriffe, die die Römer sich am Liris erlaubten und unter denen die Gründung von Fregellae 426 der letzte und wichtigste war. Zum Ausbruch des Kampfes aber gaben die Veranlassung die campanischen Griechen. Die Zwillingsstädte Palaeo- und Neopolis, die eine politische Einheit gebildet und auch die griechischen Inseln im Golf beherrscht zu haben scheinen, waren innerhalb des römischen Gebiets die einzigen noch nicht unterworfenen Gemeinden. Die Tarentiner und Samniten, unterrichtet von dem Plane der Römer sich dieser Städte zu bemächtigen, beschlossen ihnen zuvorzukommen; und wenn die Tarentiner nicht sowohl zu fern als zu schlaff waren um diesen Plan auszuführen, so warfen die Samniten in der That eine starke Besatzung nach Palaeopolis hinein. Sofort erklärten die Römer dem Namen nach den Palaeopolitanern, in der That den Samniten den Krieg (427) und begannen die Belagerung von Palaeopolis. Nachdem dieselbe eine Weile gewährt hatte, wurden die campanischen Griechen des gestörten Handels und der fremden Besatzung müde; und die Römer, deren ganzes Bestreben darauf gerichtet war, von der Coalition, deren Bildung bevorstand, die Staaten zweiten und dritten Ranges durch Sonderverträge fernzuhalten, beeilten sich, so wie sich die Griechen auf Unterhandlungen einliefsen, ihnen die günstigsten Bedingungen zu bieten: volle Rechtsgleichheit und Befreiung vom Landdienst, gleiches Bündnifs und ewigen Frieden. Darauf hin ward, nachdem die Palaeopolitaner sich der Besatzung durch List entledigt hatten, der Vertrag abgeschlossen (428). — Die sabellischen Städte südlich vom Volturnus, Nola, Nuceria, Herculaneum, Pompeii, hielten zwar im Anfang des Krieges mit Samnium; allein theils ihre sehr ausgesetzte Lage, theils die Machinationen der Römer, welche die optimatische Partei in diesen Städten durch alle Hebel der List und des Eigennutzes auf ihre Seite zu ziehen versuchten und dabei an Capuas Vorgang einen mächtigen Fürsprecher fanden, bewirkten, dafs diese Städte nicht lange nach dem Fall von Palaeopolis sich entweder für Rom oder doch neutral erklärten. — Ein noch wichtigerer Erfolg gelang den Römern in Lucanien. Das Volk war auch hier mit richtigem Instinct für den Anschlufs an die Samniten; da aber das Bündnifs mit den Samniten auch Frieden mit Tarent nach sich zog und ein grofser Theil der regierenden Herren Lucaniens nicht gemeint war die einträglichen Plünderzüge einzustellen, so gelang es den Römern mit Lucanien ein Bündnifs abzuschliefsen, das unschätzbar war, weil dadurch den Tarentinern zu schaffen gemacht wurde und also die ganze Macht Roms gegen Samnium verwendbar blieb.

So stand Samnium nach allen Seiten hin allein; kaum dafs einige der östlichen Bergdistricte ihm Zuzug sandten. Mit dem Jahre 428 begann der Krieg im samnitischen Lande selbst; einige Städte an der campanischen Grenze, Rufrae (zwischen Venafrum und Teanum) und Allifae wurden von den Römern besetzt. In den folgenden Jahren durchzogen die römischen Heere fechtend und plündernd Samnium bis in das vestinische Gebiet hinein, ja bis nach Apulien, wo man sie mit offenen Armen empfing, überall im entschiedensten Vortheil. Der Muth der Samniten war gebrochen; sie sandten die römischen Gefangenen zurück und mit ihnen die Leiche des Führers der Kriegspartei Brutulus Papius, welcher den römischen Henkern zuvorgekommen war, nachdem die samnitische Volksgemeinde beschlossen hatte den Frieden von dem Feinde zu erbitten und durch die Auslieferung ihres tapfersten Feldherrn sich leidlichere Bedingungen zu erwirken. Aber als die demüthige fast flehentliche Bitte bei der römischen Volksgemeinde keine Erhörung fand (432), rüsteten sich die Samniten unter ihrem neuen Feldherrn Gavius Pontius zur äufsersten und verzweifelten Gegenwehr. Das römische Heer, das unter den beiden Consuln des folgenden Jahres (433) Spurius Postumius und Titus Veturius bei Calatia (zwischen Caserta und Maddaloni) gelagert war, erhielt die durch die Aussage zahlreicher Gefangenen bestätigte Nachricht, dafs die Samniten Luceria eng eingeschlossen hätten und die wichtige Stadt, an der der Besitz Apuliens hing, in grofser Gefahr schwebe. Eilig brach man auf. Wollte man zur rechten Zeit anlangen, so konnte kein anderer Weg eingeschlagen werden als mitten durch das feindliche Gebiet, da wo später als Fortsetzung der appischen Strafse die römische Chaussee von Capua über Benevent nach Apulien angelegt ward. Dieser Weg führte zwischen den heutigen Orten Arpaja und Montesarchio*) durch

---

*) Der Ort ist im Allgemeinen gewifs genug, da Caudium sicher bei

einen feuchten Wiesengrund, der rings von hohen und steilen Waldhügeln umschlossen und nur durch tiefe Einschnitte beim Ein- und Austritt zugänglich war. Hier hatten die Samniten verdeckt sich aufgestellt. Die Römer, ohne Hindernifs in das Thal eingetreten, fanden den Ausweg durch Verhaue gesperrt und stark besetzt; zurückmarschirend erblickten sie den Eingang in ähnlicher Weise geschlossen und gleichzeitig krönten die Bergränder rings im Kreise sich mit den samnitischen Cohorten. Zu spät begriffen sie, dafs sie sich durch eine Kriegslist hatten täuschen lassen und dafs die Samniten nicht bei Luceria sie erwarteten, sondern in dem verhängnifsvollen Pafs von Caudium. Man schlug sich, aber ohne Hoffnung auf Erfolg und ohne ernstliches Ziel; das römische Heer war gänzlich unfähig zu manövriren und ohne Kampf vollständig überwunden. Die römischen Generale boten die Capitulation an. Nur thörichte Rhetorik läfst dem samnitischen Feldherrn die Wahl blofs zwischen Entlassung und Niedermetzelung der römischen Armee; er konnte nichts besseres thun als die angebotene Capitulation annehmen und das feindliche Heer, die gesammte augenblicklich active Streitmacht der römischen Gemeinde mit beiden höchstcommandirenden Feldherrn, gefangen machen; worauf ihm dann der Weg nach Campanien und Latium offen stand und unter den damaligen Verhältnissen, wo die Volsker und Herniker und der gröfste Theil der Latiner ihn mit offenen Armen empfangen haben würden, Roms politische Existenz ernstlich gefährdet war. Allein statt diesen Weg einzuschlagen und eine Militärconvention zu schliefsen, dachte Gavius Pontius durch einen billigen Frieden gleich den ganzen Hader beendigen zu können; sei es, dafs er die unverständige Friedenssehnsucht der Eidgenossen theilte, der das Jahr zuvor Brutulus Papius zum Opfer gefallen war, sei es, dafs er nicht im Stande war der kriegsmüden Partei zu wehren, dafs sie den beispiellosen Sieg ihm verdarb. Die gestellten Bedingungen waren mäfsig genug; Rom solle die vertragswidrig angelegten Festungen — Cales und Fregellae — schleifen und den gleichen Bund mit Samnium erneuern. Nachdem die römischen Feldherren dieselben eingegangen waren und für die getreuliche Ausführung sechshundert aus der

---

Arpaja lag; ob aber das Thal zwischen Arpaja und Montesarchio gemeint ist oder das zwischen Arienzo und Arpaja, ist um so zweifelhafter, als das letztere seitdem durch Naturereignisse um mindestens 100 Palmen aufgehöht zu sein scheint. Ich folge der gangbaren Annahme ohne sie vertreten zu wollen.

Reiterei erlesene Geifseln gestellt, überdies ihr und ihrer sämmtlichen Stabsoffiziere Eideswort dafür verpfändet hatten, wurde das römische Heer entlassen, unverletzt, aber entehrt; denn das siegestrunkene samnitische Heer gewann es nicht über sich den gehafsten Feinden die schimpfliche Form der Waffenstreckung und des Abzuges unter dem Galgen durch zu erlassen. — Allein der römische Senat, unbekümmert um den Eid der Offiziere und um das Schicksal der Geifseln, cassirte den Vertrag und begnügte sich diejenigen, die ihn abgeschlossen hatten, als persönlich für dessen Erfüllung verantwortlich dem Feinde auszuliefern. Es kann der unparteiischen Geschichte wenig darauf ankommen, ob die römische Advocaten- und Pfaffencasuistik hiebei den Buchstaben des Rechts gewahrt oder der Beschlufs des römischen Senats denselben verletzt hat; menschlich und politisch betrachtet trifft die Römer hier kein Tadel. Es ist ziemlich gleichgültig, ob nach formellem römischem Staatsrecht der commandirende General befugt oder nicht befugt war ohne vorbehaltene Ratification der Bürgerschaft Frieden zu schliefsen; dem Geiste und der Uebung der Verfassung nach stand es vollkommen fest, dafs in Rom jeder nicht rein militärische Staatsvertrag zur Competenz der bürgerlichen Gewalten gehörte und ein Feldherr, der ohne Auftrag von Rath und Bürgerschaft Frieden schlofs, mehr that als er thun durfte. Es war ein gröfserer Fehler des samnitischen Feldherrn den römischen die Wahl zu stellen zwischen Rettung ihres Heeres und Ueberschreitung ihrer Vollmacht, als der römischen, dafs sie nicht die Seelengröfse hatten, die letztere Anmuthung unbedingt zurückzuweisen; und dafs der römische Senat einen solchen Vertrag verwarf, war recht und nothwendig. Kein grofses Volk giebt was es besitzt anders hin als unter dem Druck der äufsersten Nothwendigkeit; alle Abtretungsverträge sind Anerkenntnisse einer solchen, nicht sittliche Verpflichtungen. Wenn jede Nation mit Recht ihre Ehre darein setzt schimpfliche Verträge mit den Waffen zu zerreifsen, wie kann ihr dann die Ehre gebieten an einem Vertrage gleich dem caudinischen, zu dem ein unglücklicher Feldherr moralisch genöthigt worden ist, geduldig festzuhalten, wenn die frische Schande brennt und die Kraft ungebrochen dasteht?

Siege der Römer. So brachte der Friedensvertrag von Caudium nicht die Ruhe, die die Friedensenthusiasten in Samnium thörichter Weise davon erhofft hatten, sondern nur Krieg und wieder Krieg, mit gesteigerter Erbitterung auf beiden Seiten durch die verscherzte Gelegenheit, das gebrochene feierliche Wort, die geschändete

Waffenehre, die preisgegebenen Kameraden. Die ausgelieferten römischen Offiziere wurden von den Samniten nicht angenommen, theils weil sie zu grofs dachten um an diesen Unglücklichen ihre Rache zu üben, theils weil sie damit den Römern würden zugestanden haben, dafs das Bündnifs nur die Schwörenden verpflichtet habe, nicht den römischen Staat. Hochherzig verschonten sie sogar die Geiseln, deren Leben nach Kriegsrecht verwirkt war, und wandten sich vielmehr sogleich zum Waffenkampf. Luceria ward von ihnen besetzt, Fregellae überfallen und erstürmt (434), bevor die Römer die aufgelöste Armee wieder reorganisirt hatten; was man hätte erreichen können, wenn man den Vortheil nicht hätte aus den Händen fahren lassen, zeigt der Uebertritt der Satricaner zu den Samniten. Aber Rom war nur augenblicklich gelähmt, nicht geschwächt; voll Scham und Erbitterung bot man dort auf, was man an Mannschaft und Mitteln vermochte und stellte den erprobtesten als Soldat wie als Feldherrn gleich ausgezeichneten Führer Lucius Papirius Cursor an die Spitze des neugebildeten Heeres. Dasselbe theilte sich; die eine Hälfte zog durch die Sabina und das adriatische Littoral vor Luceria, die andere eben dahin durch Samnium selbst, indem die letztere das samnitische Heer unter glücklichen Gefechten vor sich her trieb. Man traf wieder zusammen unter den Mauern von Luceria, dessen Belagerung um so eifriger betrieben ward, als dort die römischen Reiter gefangen safsen; die Apuler, namentlich die Arpaner leisteten dabei den Römern wichtigen Beistand, vorzüglich durch Beischaffung der Zufuhr. Nachdem die Samniten zum Entsatz der Stadt eine Schlacht geliefert und verloren hatten, ergab sich Luceria den Römern (435): Papirius genofs die doppelte Freude die verloren gegebenen Kameraden zu befreien und der samnitischen Besatzung von Luceria die Galgen von Caudium zu vergelten. In den folgenden Jahren (435—437) ward der Krieg nicht so sehr in Samnium geführt*) als in den benachbarten Landschaften. Zuerst züchtigten die Römer die samnitischen Verbündeten in dem apulischen und frentanischen Gebiet und schlossen mit den apulischen Teanensern und den Canusinern neue Bundesverträge ab. Gleichzeitig ward Satricum zur Botmäfsigkeit zurückgebracht und schwer für seinen Abfall bestraft. Alsdann zog der Krieg sich nach Campanien, wo die Römer

---

*) Dafs zwischen den Römern und Samniten 436. 437 ein förmlicher zweijähriger Waffenstillstand bestanden habe, ist mehr als unwahrscheinlich.

die Grenzstadt gegen Samnium Saticula (vielleicht S. Agata de' Goti) eroberten (438). Jetzt aber schien hier das Kriegsglück sich wieder gegen sie wenden zu wollen. Die Samniten zogen die Nuceriner (438) und bald darauf die Nolaner auf ihre Seite; am obern Liris vertrieben die Soraner selbst die römische Besatzung (439); eine Erhebung der Ausonen bereitete sich vor und bedrohte das wichtige Cales; selbst in Capua regten sich lebhaft die antirömisch Gesinnten. Ein samnitisches Heer rückte in Campanien ein und lagerte vor der Stadt, in der Hoffnung durch seine Nähe der Nationalpartei das Uebergewicht zu geben (440). Allein Sora ward von den Römern sofort angegriffen und, nachdem die samnitische Entsatzarmee geschlagen war (440), wieder genommen. Die Bewegungen unter den Ausonen wurden mit grausamer Strenge unterdrückt, ehe der Aufstand recht zum Ausbruch kam und gleichzeitig ein eigener Dictator ernannt um die politischen Prozesse gegen die Führer der samnitischen Partei in Capua einzuleiten und abzuurtheilen, so dafs die namhaftesten derselben, um dem römischen Henker zu entgehen, freiwillig den Tod nahmen (440). Das samnitische Heer vor Capua ward geschlagen und zum Abzug aus Campanien gezwungen; die Römer, dem Feinde auf den Fersen folgend, überschritten den Matese und lagerten im Winter 440 vor der Hauptstadt Samniums Bovianum. Nola war von den Verbündeten preisgegeben; die Römer waren einsichtig genug durch den günstigsten dem neapolitanischen ähnlichen Bundesvertrag die Stadt für immer von der samnitischen Partei zu trennen (441). Fregellae, das seit der caudinischen Katastrophe in den Händen der antirömischen Partei und deren Hauptburg in der Landschaft am Liris gewesen war, fiel endlich auch im achten Jahre nach der Einnahme durch die Samniten (441); zweihundert der Bürger, die vornehmsten der nationalen Partei, wurden nach Rom geführt und dort zum warnenden Beispiel für die überall sich regenden Patrioten auf offenem Markte enthauptet. — Hiemit waren Apulien und Campanien in den Händen der Römer. Zur endlichen Sicherstellung und bleibenden Beherrschung des eroberten Gebietes wurden in den Jahren 440 bis 442 in demselben eine Anzahl neuer Festungen gegründet: Luceria in Apulien, wohin seiner isolirten und ausgesetzten Lage wegen eine halbe Legion als bleibende Besatzung gesandt ward, ferner Pontiae (die Ponzainseln) zur Sicherung der campanischen Gewässer, Saticula an der campanisch-samnitischen Grenze als Vormauer gegen Samnium, endlich Interamna (bei Monte Cassino) und Suessa Aurunca (Sessa) auf der

Strafse von Rom nach Capua. Besatzungen kamen aufserdem nach Calatia, Sora und anderen militärisch wichtigen Plätzen. Die grofse Militärstrafse von Rom nach Capua, die der Censor Appius Claudius 442 chaussiren und den dazu erforderlichen Damm durch die pomptinischen Sümpfe ziehen liefs, vollendete die Sicherung Campaniens. Immer vollständiger entwickelten sich die Absichten der Römer; es galt die Unterwerfung Italiens, das durch das römische Festungs- und Strafsennetz von Jahr zu Jahr enger umstrickt ward. Von beiden Seiten schon waren die Samniten von den Römern umsponnen; schon schnitt die Linie von Rom nach Luceria Nord- und Süditalien von einander ab, wie einst die Festungen Cora und Norba die Volsker und Aequer getrennt hatten; und wie damals auf die Herniker, stützte Rom sich jetzt auf die Arpaner. Die Italiker mufsten erkennen, dafs es um ihrer aller Freiheit geschehen war, wenn Samnium unterlag, und dafs es die allerhöchste Zeit war dem tapfern Bergvolk, das nun schon funfzehn Jahre allein den ungleichen Kampf gegen die Römer kämpfte, endlich mit gesammter Kraft zu Hülfe zu kommen.

Die nächsten Bundesgenossen der Samniten wären die Tarentiner gewesen; allein es gehört zu dem über Samnium und über Italien überhaupt waltenden Verhängnifs, dafs in diesem zukunftbestimmenden Augenblick die Entscheidung in den Händen dieser italischen Athener lag. Seit die ursprünglich nach alter dorischer Art streng aristokratische Verfassung Tarents in die vollständigste Demokratie übergegangen war, hatte in dieser hauptsächlich von Schiffern, Fischern und Fabrikanten bewohnten Stadt ein unglaublich reges Leben sich entwickelt; Sinn und Thun der mehr reichen als vornehmen Bevölkerung wehrte allen Ernst des Lebens in dem witzig und geistreich quirlenden Tagestreiben von sich ab und schwankte zwischen dem grofsartigsten Wagemuth und der genialsten Erhebung und zwischen schandbarem Leichtsinn und kindischer Schwindelei. Es wird auch in diesem Zusammenhang, wo über das Sein oder Nichtsein hochbegabter und altberühmter Nationen die ernsten Loose fallen, nicht unstatthaft sein daran zu erinnern, dafs Platon, der etwa sechzig Jahre vor dieser Zeit nach Tarent kam, seinem eigenen Zeugnifs zufolge am Dionysienfest die ganze Stadt berauscht sah, und dafs das parodische Possenspiel, die sogenannte ‚lustige Tragödie' eben um die Zeit des grofsen samnitischen Krieges in Tarent geschaffen ward. Zu dieser Lotterwirthschaft und Lotterpoesie der tarentiner Eleganten und Litteraten liefert die Ergänzung die unstete, übermüthige und kurzsichtige Politik der tarentiner Demagogen, welche regelmäfsig da sich betheiligten, wo sie nichts zu schaffen hatten, und da ausbliehen, wo ihr nächstes Interesse sie hinrief. Sie hatten, als nach der caudinischen Katastrophe Römer und Samniten sich in Apulien gegenüber standen, Gesandte dorthin geschickt, die beiden Parteien geboten die Waffen niederzulegen (434). Diese diplomatische Intervention in dem italischen Entscheidungskampf konnte verständiger Weise nichts sein als die Ankündigung, dafs Tarent aus seiner bisherigen Passivität jetzt endlich herauszutreten entschlossen sei. Grund genug hatte es wahrlich dazu, wie schwierig und gefährlich es auch für Tarent selbst war in diesen Krieg verwickelt zu werden: denn die demokratische Machtentwickelung des Staats hatte sich lediglich auf die Flotte geworfen und während diese, gestützt auf die starke Handelsmarine Tarents, unter den grofsgriechischen Seemächten den ersten Rang einnahm, bestand die Landmacht, auf die es jetzt ankam, wesentlich aus gemietheten Söldnern und war in tiefem Verfall. Unter diesen Umständen war es für die tarentinische Republik keine leichte Aufgabe an dem Kampf zwischen Rom und Samnium sich zu betheiligen, auch abgesehen von der wenigstens beschwerlichen Fehde, in welche die römische Politik die Tarentiner mit den Lucanern zu verwickeln gewufst hatte. Indefs bei kräftigem Willen waren diese Schwierigkeiten wohl zu überwinden; und beide streitende Theile fafsten die Aufforderung der tarentinischen Gesandten mit dem Kampfe einzuhalten in diesem Sinne auf. Die Samniten als die Schwächeren zeigten sich bereit derselben nachzukommen; die Römer antworteten durch die Aufsteckung des Zeichens zur Schlacht. Vernunft und Ehre geboten den Tarentinern dem herrischen Gebot ihrer Gesandten jetzt die Kriegserklärung gegen Rom auf dem Fufse folgen zu lassen; allein in Tarent war eben weder Vernunft noch Ehre am Regimente und man hatte dort blofs mit sehr ernsthaften Dingen sehr kindisch gespielt. Die Kriegserklärung gegen Rom erfolgte nicht; statt dessen unterstützte man lieber gegen Agathokles von Syrakus, der früher in tarentinischen Diensten gestanden hatte und in Ungnade entlassen worden war, die oligarchische Städtepartei in Sicilien und sandte, dem Beispiel Spartas folgend, eine Flotte nach der Insel, die in der campanischen See bessere Dienste gethan haben würde (440).

Beitritt der Etrusker zu der Coalition. — Energischer handelten die nord- und mittelitalischen Völker, die namentlich durch die Anlegung der Festung Luceria aufgerüttelt worden zu sein scheinen. Zuerst (443) schlugen die Etrus-

ker los, deren Waffenstillstandsvertrag von 403 schon einige
Jahre früher zu Ende gegangen war. Die römische Grenzfestung
Sutrium hatte eine zweijährige Belagerung auszuhalten und in
den heftigen Gefechten, die unter ihren Mauern geliefert wurden,
zogen die Römer in der Regel den Kürzeren, bis der Consul des
Jahres 444 Quintus Fabius Rullianus, ein in den Samnitenkriegen
erprobter Führer, nicht blofs im römischen Etrurien das Uebergewicht der römischen Waffen wieder herstellte, sondern auch
kühn eindrang in das eigentliche durch die Verschiedenheit der
Sprache und die geringen Communicationen den Römern bis dahin fast unbekannt gebliebene etruskische Land. Der Zug über
den noch von keinem römischen Heer überschrittenen ciminis-
schen Wald und die Plünderung des reichen lange von Kriegs-
noth verschont gebliebenen Gebiets brachte ganz Etrurien in
Waffen; die römische Regierung, welche die tollkühne Expedition
ernstlich mifsbilligte und die Ueberschreitung der Grenze dem
verwegenen Führer zu spät untersagt hatte, raffte, um dem erwarteten Ansturm der gesammten etruskischen Macht zu begegnen, in schleunigster Eile neue Legionen zusammen. Allein ein
rechtzeitiger und entscheidender Sieg des Rullianus, die lange im
Andenken des Volkes fortlebende Schlacht am vadimonischen
See, machte aus dem unvorsichtigen Beginnen eine gefeierte
Heldenthat und brach den Widerstand der Etrusker. Ungleich
den Samniten, die nun schon seit achtzehn Jahren den ungleichen
Kampf fochten, bequemten sich schon nach der ersten Niederlage drei der mächtigsten etruskischen Städte, Perusia, Cortona
und Arretium zu einem Sonderfrieden auf dreihundert (444) und,
nachdem im folgenden Jahre die Römer noch einmal bei Perusia
die übrigen Etrusker besiegt hatten, auch die Tarquinienser zu
einem Frieden auf vierhundert Monate (446); worauf auch die
übrigen Städte vom Kampfe abstanden und in Etrurien vorläufige
Waffenruhe eintrat. — Während dieser Ereignisse hatte auch
in Samnium der Krieg nicht geruht. Der Feldzug von 443 beschränkte sich gleich den bisherigen auf die Belagerung und Erstürmung einzelner samnitischer Plätze; aber im nächsten Jahre
nahm der Krieg eine lebhaftere Wendung. Rullianus gefährliche
Lage in Etrurien und die über die Vernichtung der römischen
Nordarmee verbreiteten Gerüchte ermuthigten die Samniten zu
neuen Anstrengungen; der römische Consul Gaius Marcius Rutilus wurde von ihnen besiegt und selber schwer verwundet. Aber
der Umschwung der Dinge in Etrurien zerstörte die neu aufleuch-
tenden Hoffnungen. Wieder trat Lucius Papirius Cursor an die

Spitze der gegen die Samniten gesandten römischen Truppen
und wieder blieb er Sieger in einer grofsen und entscheidenden
Schlacht (445), zu der die Eidgenossen ihre letzten Kräfte an-
gestrengt hatten; der Kern ihrer Armee, die Buntröcke mit den
Gold-, die Weifsröcke mit den Silberschilden wurden hier aufgerieben und die glänzenden Rüstungen derselben schmückten
seitdem bei festlichen Gelegenheiten die Budenreihen längs des
römischen Marktes. Immer höher stieg die Noth, immer hoff-
nungsloser ward der Kampf. Im folgenden Jahre (446) legten
die Etrusker die Waffen nieder; in eben demselben ergab die
letzte Stadt Campaniens, die noch zu den Samniten hielt, Nuceria,
zu Wasser und zu Lande gleichzeitig angegriffen, unter günstigen
Bedingungen sich den Römern. Zwar fanden die Samniten neue
Bundesgenossen an den Umbrern im nördlichen, an den Marsern
und Paelignern im mittleren Italien, ja selbst von den Hernikern
traten zahlreiche Freiwillige in ihre Reihen; allein was mit ent-
scheidendem Gewicht gegen Rom in die Wagschale hätte fallen
können, wenn die Etrusker noch unter Waffen gestanden hätten,
vermehrte jetzt blofs die Erfolge des römischen Sieges, ohne denselben ernstlich zu erschweren. Den Umbrern, die Miene machten einen Zug nach Rom zu unternehmen, verlegte Rullianus an
der obern Tiber mit der Armee von Samnium den Weg, ohne
dafs die geschwächten Samniten es hätten hindern können und
dies genügte um den umbrischen Landsturm zu zerstreuen. Der
Krieg zog sich alsdann wieder nach Mittelitalien. Die Paeligner
wurden besiegt, ebenso die Marser; wenn gleich die übrigen sabellischen Stämme noch dem Namen nach Feinde der Römer blieben, stand doch allmählich Samnium von dieser Seite thatsächlich allein. Aber unerwartet kam ihnen Beistand aus dem Tiber-
gebiet. Die Eidgenossenschaft der Herniker, wegen ihrer unter
den samnitischen Gefangenen vorgefundenen Landsleute von den
Römern zur Rede gestellt, erklärte diesen jetzt den Krieg
(448) — mehr wohl aus Verzweiflung als aus Berechnung. Es
schlossen auch einige der bedeutendsten hernikischen Gemeinden
von vorn herein sich von der Kriegführung aus; aber Anagnia,
weitaus die ansehnlichste Hernikerstadt, setzte die Kriegserklärung durch. Militärisch ward allerdings die augenblickliche Lage
der Römer durch diesen unerwarteten Aufstand im Rücken der
mit der Belagerung der Burgen von Samnium beschäftigten Armee
in hohem Grade bedenklich. Noch einmal war den Samniten das
Kriegsglück günstig; Sora und Calatia fielen ihnen in die Hände.
Allein die Anagniner unterlagen unerwartet schnell den von Rom

ausgesandten Truppen und rechtzeitig machten diese auch dem in Samnium stehenden Heere Luft; es war eben alles verloren. Die Samniten baten um Frieden, indefs vergeblich; noch konnte man sich nicht einigen. Erst der Feldzug von 449 brachte die letzte Entscheidung. Die beiden römischen Consularheere drangen, Tiberius Minucius und nach dessen Fall Marcus Fulvius von Campanien aus durch die Bergpässe, Lucius Postumius vom adriatischen Meere her am Biferno hinauf, in Samnium ein, um hier vor der Hauptstadt des Landes, Bovianum sich die Hand zu reichen; ein entscheidender Sieg ward erfochten, der samnitische Feldherr Statius Gellius gefangen genommen und Bovianum erstürmt. Der Fall des Hauptwaffenplatzes der Landschaft machte dem zweiundzwanzigjährigen Krieg ein Ende. Die Samniten zogen aus Sora und Arpinum ihre Besatzungen heraus und schickten Gesandte nach Rom den Frieden zu erbitten; ihrem Beispiel folgten die sabellischen Stämme, die Marser, Marruciner, Paeligner, Frentaner, Vestiner, Picenter. Die Bedingungen, die Rom gewährte, waren leidlich; Gebietsabtretungen wurden zwar einzeln gefordert, zum Beispiel von den Paelignern, allein sehr bedeutend scheinen sie nicht gewesen zu sein. Das gleiche Bündnifs zwischen den sabellischen Staaten und den Römern wurde erneuert (450). — Vermuthlich um dieselbe Zeit und wohl in Folge des samnitischen Friedens ward auch Friede gemacht zwischen Rom und Tarent. Unmittelbar zwar hatten beide Städte nicht gegen einander im Felde gestanden; die Tarentiner hatten dem langen Kampfe zwischen Rom und Samnium von Anfang bis zu Ende unthätig zugesehen und nur im Bunde mit den Sallentinern gegen die Bundesgenossen Roms, die Lucaner die Fehde fortgesetzt. Zwar hatten sie in den letzten Jahren des samnitischen Krieges noch einmal Miene gemacht nachdrücklicher aufzutreten. Theils die bedrängte Lage, in welche die unaufhörlichen lucanischen Angriffe sie selbst brachten, theils wohl auch das immer näher sich ihnen aufdrängende Gefühl, dafs Samniums völlige Unterdrückung auch ihre eigene Unabhängigkeit bedrohe, hatten sie bestimmt trotz der mit Alexander gemachten unerfreulichen Erfahrungen abermals einem Condottier sich anzuvertrauen. Es kam auf ihren Ruf der spartanische Prinz Kleonymos mit fünftausend Söldnern, womit er eine eben so starke in Italien angeworbene Schaar sowie die Zuzüge der Messapier, der kleineren Griechenstädte und vor allem das tarentinische Bürgerheer zweiundzwanzigtausend Mann stark vereinigte. An der Spitze dieser ansehnlichen Armee nöthigte er die Lucaner mit Tarent

Frieden zu machen und eine samnitisch gesinnte Regierung einzusetzen, wogegen freilich Metapont ihnen aufgeopfert ward. Noch standen die Samniten unter Waffen, als dies geschah; nichts hinderte den Spartaner ihnen zu Hülfe zu kommen und das Gewicht seines starken Heeres und seiner Kriegskunst für die Freiheit der italischen Städte und Völker in die Wagschale zu werfen. Allein Tarent handelte nicht, wie Rom im gleichen Falle gehandelt haben würde; und Prinz Kleonymos selbst war auch nichts weniger als ein Alexander oder ein Pyrrhos. Er beeilte sich nicht einen Krieg zu beginnen, bei dem mehr Schläge zu erwarten standen als Beute, sondern machte lieber mit den Lucanern gemeinschaftliche Sache gegen Metapont und liefs es in dieser Stadt sich wohl sein, während er redete von einem Zug gegen Agathokles von Syrakus und von der Befreiung der sicilischen Griechen. Darüber machten denn die Samniten Frieden; und als nach dessen Abschlufs Rom anfing sich um den Südosten der Halbinsel ernstlicher zu bekümmern und zum Beispiel im J. 447 ein römischer Heerhaufen das Gebiet der Sallentiner brandschatzte oder vielmehr wohl in höherem Auftrag recognoscirte, ging der spartanische Condottier mit seinen Söldnern zu Schiff und überrumpelte die Insel Kerkyra, die vortrefflich gelegen war um von dort aus gegen Griechenland und Italien Piratenzüge zu unternehmen. So von ihrem Feldherrn im Stich gelassen und zugleich ihrer Bundesgenossen im mittleren Italien beraubt, blieb den Tarentinern so wie den mit ihnen verbündeten Italikern, den Lucanern und Sallentinern jetzt freilich nichts übrig als mit Rom ein Abkommen nachzusuchen, das auf leidliche Bedingungen gewährt worden zu sein scheint. Bald nachher (451) ward sogar ein Einfall des Kleonymos, der im sallentinischen Gebiet gelandet war und Uria belagerte, von den Einwohnern mit römischer Hülfe abgeschlagen.

Befestigung der Herrschaft Roms in Mittelitalien. Roms Sieg war vollständig; und vollständig ward er benutzt. Dafs den Samniten, den Tarentinern und den ferner wohnenden Völkerschaften überhaupt so mäfsige Bedingungen gestellt wurden, war nicht Siegergrofsmuth, die die Römer nicht kannten, sondern kluge und klare Berechnung. Zunächst und vor allem kam es darauf an nicht so sehr das südliche Italien so rasch wie möglich zur formellen Anerkennung der römischen Suprematie zu zwingen als die Unterwerfung Mittelitaliens, zu welcher durch die in Campanien und Apulien schon während des letzten Krieges angelegten Militärstrafsen und Festungen der Grund gelegt war, zu ergänzen und zu vollenden und die nördlichen und südlichen

Italiker dadurch in zwei militärisch von jeder unmittelbaren Berührung mit einander abgeschnittene Massen auseinanderzusprengen. Darauf zielten denn auch die nächsten Unternehmungen der Römer mit energischer Consequenz. Vor allen Dingen ergriff man die erwünschte Gelegenheit den hernikischen Bund aufzulösen und damit den letzten Rest der alten mit der römischen Einzelmacht rivalisirenden Eidgenossenschaften in der Tiberlandschaft zu vernichten. Das Schicksal Anagnias und der übrigen kleinen hernikischen Gemeinden, welche an dem letzten Stadium des samnitischen Krieges sich betheiligt hatten, war natürlicher Weise bei weitem härter als dasjenige, welches ein Menschenalter zuvor den latinischen Gemeinden im gleichen Fall bereitet worden war. Sie verloren sämmtlich die Autonomie und mufsten das römische Passivbürgerrecht sich gefallen lassen; auf einem Theile ihres Gebiets am obern Trerus (Sacco) wurde überdies ein neuer Bürgerbezirk sowie gleichzeitig ein anderer am untern Anio eingerichtet (455). Man bedauerte nur, dafs die drei nächst Anagnia bedeutendsten hernikischen Gemeinden Aletrium, Verulae und Ferentinum nicht auch abgefallen waren; denn da sie die Zumuthung freiwillig in den römischen Bürgerverband einzutreten höflichst ablehnten und jeder Vorwand sie dazu zu nöthigen mangelte, mufste man ihnen wohl nicht blofs die Autonomie, sondern selbst das Recht der Tagsatzung und der Ehegemeinschaft auch ferner zugestehen und damit noch einen Schatten der alten hernikischen Eidgenossenschaft übrig lassen. In dem Theil der volskischen Landschaft, welchen bis dahin die Samniten im Besitz gehabt, banden ähnliche Rücksichten nicht. Hier ward Arpinum unterthänig, Frusino eines Drittels seiner Feldmark beraubt und am obern Liris neben Fregellae die schon früher mit Besatzung belegte Volskerstadt Sora jetzt auf die Dauer in eine latinische Festung verwandelt und eine Legion von 4000 Mann dahin gelegt. So war das alte Volskergebiet vollständig unterworfen und ging seiner Romanisirung mit raschen Schritten entgegen. In die Landschaft, welche Samnium und Etrurien scheidet, wurden zwei Militärstrafsen hineingeführt und beide durch neue Festungen gesichert. Die nördliche, aus der später die flaminische wurde, deckte die Tiberlinie; sie führte durch das mit Rom verbündete Ocriculum nach Narnia, wie die Römer die alte umbrische Feste Nequinum umnannten, als sie dort eine Militärcolonie anlegten (455). Die südliche, die spätere valerische, lief an den Fucinersee über Carsioli und Alba, welche beiden Plätze gleichfalls Colonien erhielten (451—453), namentlich das wichtige Alba, der Schlüssel zum Marserland, eine Besatzung von 6000 Mann. Die kleinen Völkerschaften, in deren Gebiet diese Anlagen stattfanden, die Umbrer, die Nequinum hartnäckig vertheidigten, die Aequer, die Alba, die Marser, die Carsioli überfielen, konnten Rom in seinem Gang nicht aufhalten; fast ungehindert schoben jene beiden mächtigen Riegel sich zwischen Samnium und Etrurien. Der grofsen Strafsen- und Festungsanlagen zur bleibenden Sicherung Apuliens und vor allem Campaniens wurde schon gedacht; durch sie ward Samnium weiter nach Osten und Westen von dem römischen Festungsnetz umstrickt. Bezeichnend für die verhältnifsmäfsige Schwäche Etruriens ist es, dafs man es nicht nothwendig fand die Pässe durch den ciminischen Wald in gleicher Weise durch eine Chaussee und angemessene Festungen zu sichern. Die bisherige Grenzfestung Sutrium blieb hier auch ferner der Endpunkt der römischen Militärlinie und man begnügte sich damit die Strafse von dort nach Arretium durch die beikommenden Gemeinden in militärisch brauchbarem Stande halten zu lassen *).

Wiederausbruch des samnitisch-etruskischen Krieges. Die hochherzige samnitische Nation begriff es, dafs ein solcher Friede verderblicher war als der verderblichste Krieg und was mehr ist, sie handelte danach. Eben fingen in Norditalien die Kelten nach langer Waffenruhe wieder an sich zu regen; noch standen ferner daselbst einzelne etruskische Gemeinden gegen die Römer unter den Waffen und es wechselten hier kurze Waffenstillstände mit heftigen aber erfolglosen Gefechten. Noch war ganz Mittelitalien in Gährung und zum Theil in offenem Aufstand; noch waren die Festungen in der Anlage begriffen, der Weg zwischen Etrurien und Samnium noch nicht völlig gesperrt. Vielleicht war es noch nicht zu spät die Freiheit zu retten; aber man durfte nicht säumen: die Schwierigkeit des Angriffs stieg, die Macht der Angreifer sank mit jedem Jahre des verlängerten Friedens. Kaum fünf Jahre hatten die Waffen geruht und noch mufsten all die Wunden bluten, welche der zweiundzwanzigjährige Krieg den Bauerschaften Samniums geschlagen

---

*) Die Operationen in dem Feldzug 537 und bestimmter noch die Anlage der Chaussee von Arretium nach Bononia 567 zeigen, dafs schon vor dieser Zeit die Strafse von Rom nach Arretium in Stand gesetzt worden ist. Allein eine römische Militärchaussee kann sie in dieser Zeit dennoch nicht gewesen sein, da sie, nach ihrer späteren Benennung der ‚cassischen Strafse' zu schliefsen, *via consularis*, als solche nicht früher angelegt sein kann als 583; denn zwischen Spurius Cassius Consul 252. 261. 268, an den natürlich nicht gedacht werden darf, und Gaius Cassius Longinus Consul 583 erscheint kein Cassier in den römischen Consularfasten.

hatte, als im Jahre 456 die samnitische Eidgenossenschaft den Kampf erneuerte. Den letzten Krieg hatte wesentlich Lucaniens Verbindung mit Rom und die dadurch mit veranlafste Fernhaltung Tarents zu Gunsten Roms entschieden; dadurch belehrt, warfen die Samniten jetzt sich zuvörderst mit aller Macht auf die Lucaner und brachten hier in der That ihre Partei ans Ruder und ein Bündnifs zwischen Samnium und Lucanien zum Abschlufs. Natürlich erklärten die Römer sofort den Krieg; in Samnium hatte man es nicht anders erwartet. Es bezeichnet die Stimmung, dafs die samnitische Regierung den römischen Gesandten die Anzeige machte, sie sei nicht im Stande für ihre Unverletzlichkeit zu bürgen, wenn sie samnitisches Gebiet beträten. — Der Krieg begann also von neuem (456) und während ein zweites Heer in Etrurien focht, durchzog die römische Hauptarmee Samnium und zwang die Lucaner Frieden zu machen und Geifseln nach Rom zu senden. Das folgende Jahr konnten beide Consuln nach Samnium sich wenden; Rullianus siegte bei Tifernum, sein treuer Waffengefährte Publius Decius Mus bei Maleventum und fünf Monate hindurch lagerten zwei römische Heere in Feindesland. Es war das möglich, weil die tuskischen Staaten auf eigene Hand mit Rom Friedensverhandlungen angeknüpft hatten. Die Samniten, welche von Haus aus in der Vereinigung ganz Italiens gegen Rom die einzige Möglichkeit des Sieges gesehen haben müssen, boten das Aeufserste auf um den drohenden Sonderfrieden zwischen Etrurien und Rom abzuwenden; und als endlich ihr Feldherr Gellius Egnatius den Etruskern in ihrem eigenen Lande Hülfe zu bringen anbot, verstand sich in der That der etruskische Bundesrath dazu auszuharren und noch einmal die Entscheidung der Waffen anzurufen. Samnium machte die gewaltigsten Anstrengungen um drei Heere zugleich ins Feld zu stellen, das eine bestimmt zur Vertheidigung des eigenen Gebiets, das zweite zum Einfall in Campanien, das dritte und stärkste nach Etrurien; und wirklich gelangte im Jahre 458 das letzte, geführt von Egnatius selbst, durch das marsische und das umbrische Gebiet, deren Bewohner im Einverständnifs waren, ungefährdet nach Etrurien. Die Römer nahmen während dessen einige feste Plätze in Samnium und brachen den Einflufs der samnitischen Partei in Lucanien; den Abmarsch der von Egnatius geführten Armee wufsten sie nicht zu verhindern. Als man in Rom die Kunde empfing, dafs es den Samniten gelungen sei all die ungeheuren zur Trennung der südlichen Italiker von den nördlichen gemachten Anstrengungen zu vereiteln, dafs das Eintreffen der samnitischen Schaaren in Etrurien das Signal zu einer fast allgemeinen Schilderhebung gegen Rom geworden sei, dafs die etruskischen Gemeinden aufs eifrigste arbeiteten ihre eigenen Mannschaften kriegsfertig zu machen und gallische Schaaren in Sold zu nehmen, da ward auch in Rom jeder Nerv angespannt, Freigelassene und Verheirathete in Cohorten formirt — man fühlte hüben und drüben, dafs die Entscheidung bevorstand. Das Jahr 458 jedoch verging, wie es scheint, mit Rüstungen und Märschen. Für das folgende (459) stellten die Römer ihre beiden besten Generale, Publius Decius Mus und den hochbejahrten Quintus Fabius Rullianus an die Spitze der Armee in Etrurien, welche mit allen in Campanien irgend entbehrlichen Truppen verstärkt ward und wenigstens 60000 Mann, darunter über ein Drittel römische Vollbürger zählte; aufserdem ward eine zwiefache Reserve gebildet, die erste bei Falerii, die zweite unter den Mauern der Hauptstadt. Der Sammelplatz der Italiker war Umbrien, wo die Strafsen aus dem gallischen, etruskischen und sabellischen Gebiet zusammenliefen; nach Umbrien liefsen auch die Consuln theils am linken, theils am rechten Ufer der Tiber hinauf ihre Hauptmacht abrücken, während zugleich die erste Reserve eine Bewegung gegen Etrurien machte, um wo möglich die etruskischen Truppen von dem Platz der Entscheidung zur Vertheidigung der Heimath abzurufen. Das erste Gefecht lief nicht glücklich für die Römer ab; ihre Vorhut ward von den vereinigten Galliern und Samniten in dem Gebiet von Chiusi geschlagen. Aber jene Diversion erreichte ihren Zweck; minder hochherzig als die Samniten, die durch die Trümmer ihrer Städte hindurch gezogen waren um auf der rechten Wahlstatt nicht zu fehlen, entfernte sich auf die Nachricht von dem Einfall der römischen Reserve in Etrurien ein grofser Theil der etruskischen Contingente von der Bundesarmee, und die Reihen derselben waren sehr gelichtet, als es am östlichen Abhang des Apennin bei Sentinum zur entscheidenden Schlacht kam. Dennoch war es ein heifser Tag. Auf dem rechten Flügel der Römer, wo Rullianus mit seinen beiden Legionen gegen das samnitische Heer stritt, stand die Schlacht lange ohne Entscheidung. Auf dem linken, den Publius Decius befehligte, wurde die römische Reiterei durch die gallischen Streitwagen in Verwirrung gebracht und schon begannen hier auch die Legionen zu weichen. Da rief der Consul den Priester Marcus Livius heran und hiefs ihn zugleich das Haupt des römischen Feldherrn und das feindliche Heer den unterirdischen Göttern weihen; alsdann in den dichtesten Haufen der Gallier sich stürzend suchte und fand er den Tod. Diese heldenmüthige Verzweiflung des hohen Mannes, des geliebten Feldherrn war nicht vergeblich. Die fliehenden Soldaten standen wieder, die Tapfersten warfen dem Führer nach sich in die feindlichen Reihen, um ihn zu rächen oder mit ihm zu sterben; und eben im rechten Augenblicke erschien, von Rullianus gesendet, der Consular Lucius Scipio mit der römischen Reserve auf dem gefährdeten linken Flügel. Die vortreffliche campanische Reiterei, die den Galliern in die Flanke und den Rücken fiel, gab hier den Ausschlag; die Gallier flohen und endlich wichen auch die Samniten, deren Feldherr Egnatius am Thore des Lagers fiel. Neuntausend Römer bedeckten die Wahlstatt; aber der theuer erkaufte Sieg war solchen Opfers werth. Das Coalitionsheer löste sich auf und damit die Coalition selbst; Umbrien blieb in römischer Gewalt, die Gallier verliefen sich, der Ueberrest der Samniten, noch immer in geschlossener Ordnung, zog durch die Abruzzen ab in die Heimath. Campanien, das die Samniten während *Friede mit* des etruskischen Krieges überschwemmt hatten, ward nach dessen *Etrurien.* Beendigung mit leichter Mühe wieder von den Römern besetzt. Etrurien bat im folgenden Jahre (460) um Frieden; Volsinii, Pe- 294 rusia, Arretium und wohl überhaupt alle dem Bunde gegen Rom beigetretenen Städte gelobten Waffenruhe auf vierhundert Monate. Aber die Samniten dachten anders; sie rüsteten sich zur hoff- *Letzte* nungslosen Gegenwehr mit jenem Muthe freier Männer, der das *Kämpfe in Samnium.* Glück zwar nicht zwingen, aber beschämen kann. Als im Jahre 460 die beiden Consularheere in Samnium einrückten, stiefsen 294 sie überall auf den erbittertsten Widerstand; ja Marcus Atilius erlitt eine Schlappe bei Luceria und die Samniten konnten in Campanien eindringen und das Gebiet der römischen Colonie Interamna am Liris verwüsten. Im Jahre darauf lieferten Lucius Papirius Cursor, der Sohn des Helden des ersten samnitischen Krieges, und Spurius Carvilius bei Aquilonia eine grofse Feldschlacht gegen das samnitische Heer, dessen Kern, die 16000 Weifsröcke, mit heiligem Eide geschworen hatte den Tod der Flucht vorzuziehen. Indefs das unerbittliche Schicksal fragt nicht nach Schwüren und verzweifeltem Flehen; der Römer siegte und stürmte die Festen, in die die Samniten sich und ihre Habe geflüchtet hatten. Selbst nach dieser grofsen Niederlage wehrten sich die Eidgenossen gegen den immer übermächtigeren Feind noch Jahre lang mit beispielloser Ausdauer in ihren Burgen und Bergen und erfochten noch manchen Vortheil im Einzelnen; des alten Rullianus erprobter Arm ward noch einmal

(462) gegen sie aufgeboten und Gavius Pontius, vielleicht der Sohn des Siegers von Caudium, erfocht sogar für sein Volk einen letzten Sieg, den die Römer niedrig genug an ihm rächten, indem sie ihn, als er später gefangen ward, im Kerker hinrichten liefsen (463). Aber nichts regte sich weiter in Italien; denn der Krieg, den Falerii 461 begann, verdient kaum diesen Namen. Wohl mochte man in Samnium sehnsüchtig die Blicke wenden nach Tarent, das allein noch im Stande war Hülfe zu gewähren; aber sie blieb aus. Es waren dieselben Ursachen wie früher, welche die Unthätigkeit Tarents herbeiführten: das innere Mifsregiment und der abermalige Uebertritt der Lucaner zur römischen Partei im Jahre 456; hinzu kam noch die nicht ungegründete Furcht vor Agathokles von Syrakus, der eben damals auf dem Gipfel seiner Macht stand und anfing sich gegen Italien zu wenden. Um das Jahr 455 setzte dieser auf Kerkyra sich fest, von wo Kleonymos durch Demetrios den Belagerer vertrieben war und bedrohte nun vom adriatischen wie vom ionischen Meere her die Tarentiner. Die Abtretung der Insel an König Pyrrhos von Epeiros im Jahre 459 beseitigte allerdings zum grofsen Theil die gehegten Besorgnisse; allein die kerkyraeischen Angelegenheiten fuhren fort die Tarentiner zu beschäftigen, wie sie denn im Jahre 464 den König Pyrrhos im Besitz der Insel gegen Demetrios schützen halfen, und ebenso hörte Agathokles nicht auf durch seine italische Politik die Tarentiner zu beunruhigen. Als er starb (465) und mit ihm die Macht der Syrakusaner in Italien zu Grunde ging, war es zu spät; Samnium, des siebenunddreifsigjährigen Kampfes müde, hatte das Jahr vorher (464) mit dem römischen Consul Manius Curius Dentatus Friede geschlossen und der Form nach den Bund mit Rom erneuert. Auch diesmal wurden wie im Frieden von 450 dem tapferen Volke von den Römern keine schimpflichen oder vernichtenden Bedingungen gestellt; nicht einmal Gebietsabtretungen scheinen stattgefunden zu haben. Die römische Staatsklugheit zog es vor auf dem bisher eingehaltenen Wege fortzuschreiten, und ehe man an die unmittelbare Eroberung des Binnenlandes ging, zunächst das campanische und adriatische Littoral fest und immer fester an Rom zu knüpfen. Campanien zwar war längst unterthänig; allein die weitblickende römische Politik fand es nöthig zur Sicherung der campanischen Küste dort zwei Strandfestungen anzulegen, Minturnae und Sinuessa (459), deren neue Bürgerschaften nach dem für Küstencolonien feststehenden Grundsatz in das volle römische Bürgerrecht eintraten. Energischer noch ward die Ausdeh-

nung der römischen Herrschaft in Mittelitalien gefördert. Hier wurde den sämmtlichen Sabinern nach kurzer und ohnmächtiger Gegenwehr das römische Unterthanenrecht aufgenöthigt (464) und in den Abruzzen nicht weit von der Küste die starke Festung Hatria angelegt (465). Aber die wichtigste Gründung von allen war die von Venusia (463), wohin die unerhörte Zahl von 20000 Colonisten geführt ward; die Stadt, an der Markscheide von Samnium, Apulien und Lucanien, auf der grofsen Strafse zwischen Tarent und Samnium in einer ungemein festen Stellung gegründet, war bestimmt die Zwingburg der umwohnenden Völkerschaften zu sein und vor allen Dingen zwischen den beiden mächtigsten Feinden Roms im südlichen Italien die Verbindung zu unterbrechen. Ohne Zweifel ward zu gleicher Zeit auch die Südstrafse, die Appius Claudius bis nach Capua geführt hatte, von dort weiter bis nach Venusia verlängert. So erstreckte sich, als die samnitischen Kriege zu Ende gingen, das geschlossene römische Gebiet nordwärts bis zum ciminischen Walde, östlich bis an die Abruzzen, südlich bis nach Capua, während die beiden vorgeschobenen Posten, Luceria und Venusia, gegen Osten und Süden auf den Verbindungslinien der Gegner angelegt dieselben nach allen Richtungen hin isolirten. Rom war nicht mehr blofs die erste, sondern bereits die herrschende Macht auf der Halbinsel, als gegen das Ende des fünften Jahrhunderts der Stadt diejenigen Nationen, welche die Gunst der Götter und die eigene Tüchtigkeit jede in ihrer Landschaft an die Spitze gerufen hatte, im Rath und auf dem Schlachtfeld sich einander zu nähern begannen und, wie in Olympia die vorläufigen Sieger zu dem zweiten und ernsteren Kampf, so auf der gröfseren Völkerringstatt jetzt Karthago, Makedonien und Rom sich anschickten zu dem letzten und entscheidenden Wettgang.

KAPITEL VII.

König Pyrrhos gegen Rom und die Einigung Italiens.

Beziehungen des Ostens zu dem Westen. In der Zeit der unbestrittenen Weltherrschaft Roms pflegten die Griechen ihre römischen Herren damit zu ärgern, dafs sie als die Ursache der römischen Gröfse das Fieber bezeichneten, an welchem Alexander von Makedonien den 11. Juni 431 in Babylon verschied. Da es nicht allzu tröstlich war das Geschehene zu überdenken, verweilte man nicht ungern mit den Gedanken bei dem, was hätte kommen mögen, wenn der grofse König, wie es seine Absicht gewesen sein soll als er starb, sich gegen Westen gewendet und mit seiner Flotte den Karthagern das Meer, mit seinen Phalangen den Römern die Erde streitig gemacht haben würde. Unmöglich ist es nicht, dafs Alexander mit solchen Gedanken sich trug; und man braucht auch nicht, um sie zu erklären, blofs darauf hinzuweisen, dafs ein Autokrat, der kriegslustig und mit Soldaten und Schiffen versehen ist, nur schwer die Grenze seiner Kriegführung findet. Es war eines griechischen Grofskönigs würdig die Sikelioten gegen Karthago, die Tarentiner gegen Rom zu schützen und dem Piratenwesen auf beiden Meeren ein Ende zu machen; die italischen Gesandtschaften, die in Babylon neben zahllosen andern erschienen, der Brettier, Lucaner, Etrusker*) boten Gelegenheit genug, die Ver-

---
*) Die Erzählung, dafs auch die Römer Gesandte an Alexander nach Babylon geschickt, geht auf das Zeugnifs des Kleitarchos zurück (Plin. *hist. nat.* 3, 5, 57), aus dem die übrigen diese Thatsache meldenden Zeugen (Aristos und Asklepiades bei Arrian 7, 15, 5; Memnon c. 25) ohne Zweifel schöpften. Kleitarchos war allerdings Zeitgenosse dieser Ereignisse, aber sein Leben Alexanders nichts desto weniger entschieden mehr

hältnisse der Halbinsel kennen zu lernen und Beziehungen dort anzuknüpfen. Karthago mit seinen vielfachen Verbindungen im Orient mufste den Blick des gewaltigen Mannes nothwendig auf sich ziehen, und wahrscheinlich lag es in seinen Absichten die nominelle Herrschaft des Perserkönigs über die tyrische Colonie in eine wirkliche umzuwandeln; was die Karthager besorgten, beweist der phoenikische Spion in der unmittelbaren Umgebung Alexanders. Indefs mochten dies Träume oder Pläne sein, der König starb ohne mit den Angelegenheiten des Westens sich beschäftigt zu haben und jene Gedanken gingen mit ihm zu Grabe. Nur wenige kurze Jahre hatte ein griechischer Mann die ganze intellectuelle Kraft des Hellenenthums, die ganze materielle Fülle des Ostens vereinigt in seiner Hand gehalten; mit seinem Tode ging zwar das Werk seines Lebens, die Gründung des Hellenismus im Orient keineswegs zu Grunde, wohl aber spaltete sich sofort das kaum geeinigte Reich und unter dem steten Hader der verschiedenen aus diesen Trümmern sich bildenden Staaten ward ihrer aller weltgeschichtliche Bestimmung, die Propaganda der griechischen Cultur im Osten zwar nicht aufgegeben, aber abgeschwächt und verkümmert. Bei solchen Verhältnissen konnten weder die griechischen noch die asiatisch-aegyptischen Staaten daran denken im Occident festen Fufs zu fassen und gegen die Römer oder die Karthager sich zu wenden. Das östliche und das westliche Staatensystem bestanden neben einander ohne zunächst politisch in einander zu greifen; und namentlich Rom blieb den Verwickelungen der Diadochenperiode wesentlich fremd. Nur Beziehungen ökonomischer Art stellten sich fest; wie denn zum Beispiel der rhodische Freistaat, der vornehmste Vertreter einer neutralen Handelspolitik in Griechenland und daher der allgemeine Vermittler des Verkehrs in einer Zeit ewiger Kriege, um das Jahr 448 einen Vertrag mit Rom abschlofs, natürlich einen Handelstractat, wie er begreiflich ist zwischen einem Kaufmannsvolk und den Herren der caeritischen und campanischen Küste. Auch bei der Söldnerlieferung, die von dem allgemeinen Werbeplatz der damaligen Zeit, von Hellas aus nach Italien und

---

historischer Roman als Geschichte; und bei dem Schweigen der zuverlässigen Biographen (Arrian a. a. O.; Livius 9, 18) und dem völlig romanhaften Detail des Berichts, wonach zum Beispiel die Römer dem Alexander einen goldenen Kranz überreicht und dieser die zukünftige Gröfse Roms vorhergesagt haben soll, wird man nicht umhin können diese Erzählung zu den vielen andern durch Kleitarchos in die Geschichte eingeführten Ausschmückungen zu stellen.

namentlich nach Tarent ging, wirkten die politischen Beziehungen, die zum Beispiel zwischen Tarent und dessen Mutterstadt Sparta bestanden, nur in sehr untergeordneter Weise mit; im Ganzen waren diese Werbungen nichts als kaufmännische Geschäfte, und Sparta, obwohl es regelmäfsig den Tarentinern zu den italischen Kriegen die Hauptleute lieferte, trat mit den Italikern darum so wenig in Fehde wie im nordamerikanischen Freiheitskrieg die deutschen Staaten mit der Union, deren Gegnern sie ihre Unterthanen verkauften.

Pyrrhos geschichtliche Stellung. Nichts anderes als ein abenteuernder Kriegshauptmann war auch König Pyrrhos von Epeiros; er war darum nicht minder ein Glücksritter, dafs er seinen Stammbaum zurückführte auf Aeakos und Achilleus und dafs er, wäre er friedlicher gesinnt gewesen, als ‚König' über ein kleines Bergvolk unter makedonischer Oberherrlichkeit oder auch allenfalls in isolirter Freiheit hätte leben und sterben können. Man hat ihn wohl verglichen mit Alexander von Makedonien; und allerdings, die Gründung eines westhellenischen Reiches, dessen Kern Epeiros, Grofsgriechenland, Sicilien gebildet hätten, das die beiden italischen Meere beherrscht und Rom wie Karthago in die Reihe der barbarischen Grenzvölker des hellenistischen Staatensystems, der Kelten und Inder gedrängt haben würde — dieser Gedanke ist wohl grofs und kühn wie derjenige, der den makedonischen König über den Hellespont führte. Aber nicht blofs der verschiedene Ausgang unterscheidet den östlichen und den westlichen Heerzug. Alexander konnte mit seiner makedonischen Armee, in der namentlich der Stab vorzüglich war, dem Grofskönig vollkommen die Spitze bieten; aber der König von Epeiros, das neben Makedonien stand etwa wie jetzt Hessen neben Preufsen, erhielt eine nennenswerthe Armee nur durch Söldner und durch Bündnisse, die auf zufälligen politischen Combinationen beruhten. Alexander trat im Perserreich auf als Eroberer, Pyrrhos in Italien als Feldherr einer Coalition von Secundärstaaten; Alexander hinterliefs sein Erbland vollkommen gesichert durch die unbedingte Unterthänigkeit Griechenlands und das starke unter Antipater zurückbleibende Heer, Pyrrhos bürgte für die Integrität seines eigenen Gebietes nichts als das Wort eines zweifelhaften Nachbarn. Für beide Eroberer hörte, wenn ihre Pläne gelangen, die Heimath nothwendig auf der Schwerpunkt des neuen Reiches zu sein; allein eher noch war es ausführbar den Sitz der makedonischen Militärmonarchie nach Babylon zu verlegen als in Tarent oder Syrakus eine Soldatendynastie zu gründen. Die Demokratie der

griechischen Republiken, so sehr sie eine ewige Agonie war, liefs
sich in die straffen Formen des Militärstaats nun einmal nicht
zurückzwingen; Philipp wufste wohl, warum er die griechischen
Republiken seinem Reich nicht einverleibte. Im Orient war ein
nationaler Widerstand nicht zu erwarten; herrschende und dienende Stämme lebten dort seit langem neben einander und der
Wechsel des Despoten war der Masse der Bevölkerung gleichgültig oder gar erwünscht. Im Occident konnten die Römer, die
Samniten, die Karthager auch überwunden werden; aber kein
Eroberer hätte es vermocht die Italiker in ägyptische Fellahs zu
verwandeln oder aus den römischen Bauern Zinspflichtige hellenischer Barone zu machen. Was man auch ins Auge fafst, die
eigene Macht, die Bundesgenossen, die Kräfte der Gegner —
überall erscheint der Plan des Makedoniers als eine ausführbare,
der des Epeiroten als eine unmögliche Unternehmung; jener als
die Vollziehung einer grofsen geschichtlichen Aufgabe, dieser als
ein merkwürdiger Fehlgriff; jener als die Grundlegung zu einem
neuen Staatensystem und einer neuen Phase der Civilisation,
dieser als eine geschichtliche Episode. Alexanders Werk über-
lebte ihn, obwohl der Schöpfer zur Unzeit starb; Pyrrhos sah
mit eigenen Augen das Scheitern aller seiner Pläne, ehe der Tod
ihn abrief. Sie beide waren kühne und grofse Naturen, aber
Pyrrhos nur der erste Feldherr, Alexander vor allem der genialste
Staatsmann seiner Zeit; und wenn es die Einsicht in das Mög-
liche und Unmögliche ist, die den Helden vom Abenteurer scheidet, so mufs Pyrrhos diesen zugezählt und darf seinem gröfseren Verwandten so wenig zur Seite gestellt werden wie etwa der
Connetable von Bourbon Ludwig dem Elften. — Und dennoch
knüpft sich ein wunderbarer Zauber an den Namen des Epeiroten, eine eigene Theilnahme, die allerdings zum Theil der ritterlichen und liebenswürdigen Persönlichkeit desselben, aber mehr
doch noch dem Umstande gilt, dafs er der erste Grieche ist, der
den Römern im Kampfe gegenübertritt. Mit ihm beginnen jene
unmittelbaren Beziehungen zwischen Rom und Hellas, auf denen
die ganze spätere Entfaltung der antiken Civilisation und ein
wesentlicher Theil der modernen beruht. Der Kampf zwischen
Phalangen und Cohorten, zwischen der Söldnerarmee und der
Landwehr, zwischen dem Heerkönigthum und dem Senatoren-
regiment, zwischen dem individuellen Talent und der nationalen
Kraft — dieser Kampf zwischen Rom und dem Hellenismus
ward zuerst durchgefochten in den Schlachten zwischen Pyrrhos
und den römischen Feldherren; und wenn auch die unterliegende

Partei noch oft nachher appellirt hat an neue Entscheidung der
Waffen, so hat doch jeder spätere Schlachttag das Urtheil lediglich bestätigt. Wenn aber auf der Wahlstatt wie in der Curie die
Griechen unterliegen, so ist ihr Uebergewicht nicht minder entschieden in jedem anderen nicht politischen Wettkampf und eben
schon diese Kämpfe lassen es ahnen, dafs der Sieg Roms über
die Hellenen ein anderer sein wird als der über Gallier und Phoenikier, und dafs Aphroditens Zauber erst zu wirken beginnt, wenn
die Lanze zersplittert und Helm und Schild bei Seite gelegt ist.

Pyrrhos Charakter und frühere Geschichte. König Pyrrhos war der Sohn des Aeakides, des Herrn der
Molosser (um Janina), welcher, von Alexander geschont als Verwandter und getreuer Lehnsmann, nach dessen Tode in den
Strudel der makedonischen Familienpolitik hineingerissen ward
und darin zuerst sein Reich und dann das Leben verlor (441).
Sein damals sechsjähriger Sohn ward von dem Herrn der illyrischen Taulantier Glaukias gerettet und im Laufe der Kämpfe um
Makedoniens Besitz, noch ein Knabe, von Demetrios dem Belagerer wieder zurückgeführt in sein angestammtes Fürstenthum
(447), um es nach wenigen Jahren durch den Einflufs der
Gegenpartei wieder einzubüfsen (um 452) und als landflüchtiger
Fürstensohn im Gefolge der makedonischen Generale seine militärische Laufbahn zu beginnen. Bald machte seine Persönlichkeit sich geltend. Unter Antigonos machte er dessen letzte Feldzüge mit; der alte Marschall Alexanders hatte seine Freude an
dem geborenen Soldaten, dem nach dem Urtheile des ergrauten
Feldherrn nur die Jahre fehlten um schon jetzt der erste Kriegsmann der Zeit zu sein. Die unglückliche Schlacht bei Ipsos
brachte ihn als Geifsel nach Alexandreia an den Hof des Gründers
der Lagidendynastie, wo er durch sein kühnes und derbes Wesen,
seinen alles nicht Militärische gründlich verachtenden Soldatensinn nicht minder des staatsklugen Königs Ptolemaeos Aufmerksamkeit auf sich zog als durch seine männliche Schönheit, der
das wilde Antlitz, der gewaltige Tritt keinen Eintrag that, die der
königlichen Damen. Eben damals gründete der kühne Demetrios
sich wieder einmal, diesmal in Makedonien ein neues Reich;
natürlich in der Absicht von dort aus die Alexandermonarchie
zu erneuern. Es galt ihn niederzuhalten, ihm daheim zu schaffen
zu machen; und der Lagide, der solche Feuerseelen, wie der
epeirotische Jüngling eine war, vortrefflich für seine feine Politik
zu nutzen verstand, that nicht blofs seiner Gemahlin, der Königin
Berenike einen Gefallen, sondern förderte auch seine eigenen
Zwecke, indem er dem jungen Fürsten seine Stieftochter, die

Prinzessin Antigone zur Gemahlin gab und dem geliebten ‚Sohn'
zur Rückkehr in die Heimath seinen Beistand und seinen mächtigen Einfluſs lieh (458). Zurückgekehrt in sein väterliches Reich
fiel ihm bald alles zu; die tapfern Epeiroten, die Albanesen des
Alterthums, hingen mit angestammter Treue und frischer Begeisterung an dem muthigen Jüngling, dem ‚Adler', wie sie ihn
hieſsen. In den um die makedonische Thronfolge nach Kassanders Tod (457) entstandenen Wirren erweiterte der Epeirote sein
Reich; nach und nach gewann er die Landschaften an dem ambrakischen Busen mit der wichtigen Stadt Ambrakia, die Insel Kerkyra (S. 384), ja selbst einen Theil des makedonischen Gebiets,
und widerstand mit weit geringeren Streitkräften dem König
Demetrios zur Bewunderung der Makedonier selbst. Ja als Demetrios durch seine eigene Thorheit in Makedonien vom Thron
gestürzt war, trug man dort dem ritterlichen Gegner, dem Verwandten der Alexandriden denselben freiwillig an (467). In der
That, keiner war würdiger als Pyrrhos das königliche Diadem
Philipps und Alexanders zu tragen. In einer tief versunkenen
Zeit, in der Fürstlichkeit und Niederträchtigkeit gleichbedeutend
zu werden begannen, leuchtete hell Pyrrhos persönlich unbefleckter und sittenreiner Charakter. Für die freien Bauern des
makedonischen Stammlandes, die, obwohl gemindert und verarmt, sich doch fern hielten von dem Verfall der Sitten und der
Tapferkeit, den das Diadochenregiment in Griechenland und Asien
herbeiführte, schien eben Pyrrhos recht eigentlich zum König
geschaffen, er der gleich Alexander in seinem Haus, im Freundeskreise allen menschlichen Beziehungen sein Herz offen erhielt
und das in Makedonien so verhaſste orientalische Sultanwesen
stets von sich abgewehrt hatte; er der gleich Alexander anerkannt
der erste Taktiker seiner Zeit war. Aber das seltsam überspannte
makedonische Nationalgefühl, das den elendesten makedonischen
Herrn dem tüchtigsten Fremden verzog, die unvernünftige Widerspenstigkeit der makedonischen Truppen gegen jeden nicht makedonischen Führer, welcher der gröſste Feldherr aus Alexanders
Schule, der Kardianer Eumenes erlegen war, bereitete auch der
Herrschaft des epeirotischen Fürsten ein schnelles Ende. Pyrrhos, der die Herrschaft über Makedonien mit dem Willen der
Makedonier nicht führen konnte und zu machtlos, vielleicht auch
zu hochherzig war um sich dem Volke gegen dessen Willen aufzudrängen, überlieſs schon nach siebenmonatlicher Herrschaft
das Land seiner einheimischen Miſsregierung und ging heim zu
seinen treuen Epeiroten (467). Aber der Mann, der Alexanders

Krone getragen hatte, der Schwager des Demetrios, der Schwiegersohn des Lagiden und des Agathokles von Syrakus, der hochgebildete Strategiker, der Memoiren und wissenschaftliche Abhandlungen über die Kriegskunst schrieb, konnte unmöglich sein Leben darüber beschließen, daß er zu gesetzter Zeit im Jahre die Rechnungen des königlichen Viehverwalters durchsah und von seinen braven Epeiroten die landüblichen Geschenke an Rindern und Schafen entgegennahm, um sich alsdann am Altar des Zeus von ihnen den Eid der Treue erneuern zu lassen und selbst den Eid auf die Gesetze zu wiederholen und diesem allen zu mehrerer Bekräftigung mit ihnen die Nacht hindurch zu zechen. War kein Platz für ihn auf dem makedonischen Thron, so war überhaupt in der Heimath seines Bleibens nicht; er konnte der erste sein und also nicht der zweite. So wandten sich seine Blicke in die Weite. Die Könige, die um Makedoniens Besitz haderten, obwohl sonst in nichts einig, waren gern bereit gemeinschaftlich zu helfen, daß der gefährliche Nebenbuhler freiwillig ausscheide; und daß die treuen Kriegsgenossen ihm folgen würden, wohin er sie führte, dessen war er gewiß. Eben damals stellten die italischen Verhältnisse sich so, daß jetzt wiederum als ausführbar erscheinen konnte, was vierzig Jahre früher Pyrrhos Verwandter, seines Vaters Vetter Alexander von Epeiros (S. 364) und eben erst sein Schwiegervater Agathokles (S. 384) beabsichtigt hatten; und so entschloß sich Pyrrhos auf seine makedonischen Pläne zu verzichten und im Westen eine neue Herrschaft für sich und für die hellenische Nation zu gründen.

Erhebung der Italiker gegen Rom. Lucaner. Die Waffenruhe, die der Friede mit Samnium 464 für Italien herbeigeführt hatte, war von kurzer Dauer; der Anstoß zur Bildung einer neuen Ligue gegen die römische Uebermacht kam diesmal von den Lucanern. Dieser Völkerschaft, die durch ihre Parteinahme für Rom die Tarentiner während der samnitischen Kriege gelähmt und zu deren Entscheidung wesentlich beigetragen hatte, waren dafür von den Römern die Griechenstädte in ihrem Gebiet preisgegeben worden; und demgemäß hatten sie nach abgeschlossenem Frieden in Gemeinschaft mit den Brettiern sich daran gemacht eine nach der andern zu bezwingen. Die Thuriner, wiederholt angegriffen von dem Feldherrn der Lucaner Stenius Statilius und aufs Aeußerste bedrängt, wandten sich, ganz wie einst die Campaner die Hülfe Roms gegen die Samniten in Anspruch genommen hatten und ohne Zweifel um den gleichen Preis ihrer Freiheit und Selbstständigkeit, mit der Bitte um Beistand gegen die Lucaner an den römischen Senat. Da das Bündniß mit diesen durch die Anlage der Festung Venusia für Rom entbehrlich geworden war, gewährten die Römer das Begehren der Thuriner und geboten ihren Bundesfreunden von der Stadt, die sich den Römern ergeben habe, abzulassen. Die Lucaner und Brettier, also von den mächtigeren Verbündeten betrogen um den Antheil an der gemeinschaftlichen Beute, knüpften Verhandlungen an mit der samnitisch-tarentinischen Oppositionspartei, um eine neue Coalition der Italiker zu Stande zu bringen; und als die Römer sie durch eine Gesandtschaft warnen liefsen, setzten sie den Gesandten gefangen und begannen den Krieg gegen Rom mit einem neuen Angriff auf Thurii (um 469), indem sie zugleich nicht blofs die Samniten und die Tarentiner, sondern auch die Norditaliker, die Etrusker, Umbrer, Gallier aufriefen mit ihnen zum Freiheitskampf sich zu vereinigen. In der That erhob sich *Etrusker und* der etruskische Bund und dang zahlreiche gallische Haufen; das *Kelten.* römische Heer, das der Praetor Lucius Caecilius den treugebliebenen Arretinern zu Hülfe führte, ward unter den Mauern dieser Stadt von den senonischen Söldnern der Etrusker vernichtet, der Feldherr selbst fiel mit 13000 seiner Leute (470). Die Senonen zählten zu Roms Bundesgenossen; die Römer schickten demnach Gesandte an sie, um über die Stellung von Reisläufern gegen Rom Klage zu führen und die unentgeltliche Rückgabe der Gefangenen zu begehren. Aber auf Befehl des Senonenhäuptlings Britomaris, der den Tod seines Vaters an den Römern zu rächen hatte, erschlugen die Senonen die römischen Boten und ergriffen offen die Partei der Etrusker. Ganz Norditalien, Etrusker, Umbrer, Gallier, stand somit gegen Rom in Waffen; es konnten grofse Erfolge gewonnen werden, wenn auch die südlichen Landschaften den Augenblick ergriffen und auch diejenigen, die es nicht bereits gethan, sich gegen Rom erklärten. In der That scheinen die *Samniten.* Samniten, immer für die Freiheit einzustehen willig, den Römern den Krieg erklärt zu haben; aber geschwächt und von allen Seiten eingeschlossen wie sie waren, konnten sie dem Bunde wenig nützen, und Tarent zauderte nach seiner Gewohnheit. Während unter den Gegnern Bündnisse verhandelt, Subsidientractate festgesetzt, Söldner zusammengebracht wurden, handelten die Römer. Zunächst hatten es die Senonen zu empfinden, wie gefährlich es *Senonen ver-* sei die Römer zu besiegen. Der Consul Publius Cornelius Dola- *nichtet.* bella rückte mit einem starken Heer in ihr Gebiet; was nicht über die Klinge sprang, ward aus dem Lande ausgetrieben und dieser Stamm ausgestrichen aus der Reihe der italischen Nationen (471). Bei einem vorzugsweise von seinen Heerden lebenden

Volke war eine derartige massenhafte Austreibung wohl ausführbar; und wahrscheinlich halfen diese aus Italien vertriebenen Senonen die gallischen Schwärme bilden, die bald nachher das Donaugebiet, Makedonien, Griechenland, Kleinasien überschwemmten. Die nächsten Nachbarn und Stammgenossen der Senonen, die Boier, erschreckt und erbittert durch die furchtbar schnell sich vollendende Katastrophe, vereinigten sich augenblicklich mit den Etruskern, die noch den Krieg fortführten und deren senonische Söldner jetzt gegen die Römer nicht mehr als Miethlinge fochten, sondern als verzweifelte Rächer der Heimath; ein gewaltiges etruskisch-gallisches Heer zog gegen Rom, um für die Vernichtung des Senonenstammes an der Hauptstadt der Feinde Rache zu nehmen und vollständiger, als einst der Heerkönig derselben Senonen es gethan, Rom von der Erde zu vertilgen. Allein beim Uebergang über die Tiber in der Nähe des vadimonischen Sees wurde das vereinigte Heer von den Römern nachdrücklich geschlagen (471). Nachdem sie das Jahr darauf noch einmal bei Populonia mit nicht besserem Erfolg eine Feldschlacht gewagt hatten, liefsen die Boier ihre Bundesgenossen im Stich und schlossen für sich mit den Römern Frieden (472). So war das gefährlichste Glied der Ligue, das Galliervolk, einzeln überwunden, ehe noch der Bund sich vollständig zusammenfand, und dadurch Rom freie Hand gegen Unteritalien gegeben, wo in den Jahren 469—471 der Kampf nicht ernstlich geführt worden war. Hatte bis dahin die schwache römische Armee Mühe gehabt sich in Thurii gegen die Lucaner und Brettier zu behaupten, so erschien jetzt (472) der Consul Gaius Fabricius Luscinus mit einem starken Heer vor der Stadt, befreite dieselbe, schlug die Lucaner in einem grofsen Treffen und nahm ihren Feldherrn Statilius gefangen. Die kleineren nicht dorischen Griechenstädte, die in den Römern ihre Retter erkannten, fielen ihnen überall freiwillig zu; römische Besatzungen blieben zurück in den wichtigsten Plätzen, in Lokri, Kroton, Thurii und namentlich in Rhegion, auf welche letztere Stadt auch die Karthager Absichten zu haben schienen. Ueberall war Rom im entschiedensten Vortheil. Die Vernichtung der Senonen hatte den Römern eine bedeutende Strecke des adriatischen Littorals in die Hände gegeben; ohne Zweifel im Hinblick auf die unter der Asche glimmende Fehde mit Tarent und die schon drohende Invasion der Epeiroten eilte man sich dieser Küste so wie der adriatischen See zu versichern. Es ward (um 471) eine Bürgercolonie geführt nach dem Hafenplatz Sena (Sinigaglia), der ehemaligen Hauptstadt des senonischen Bezirks und gleichzeitig segelte eine römische Flotte aus dem tyrrhenischen Meer in die östlichen Gewässer, offenbar um im adriatischen Meer zu stationiren und dort die römischen Besitzungen zu decken.

Die Tarentiner hatten seit dem Vertrag von 450 mit Rom in Frieden gelebt. Sie hatten der langen Agonie der Samniten, der raschen Vernichtung der Senonen zugesehen, sich die Gründung von Venusia, Hatria, Sena, die Besetzung von Thurii und Rhegion gefallen lassen ohne Einspruch zu thun. Aber als jetzt die römische Flotte auf ihrer Fahrt vom tyrrhenischen ins adriatische Meer in die tarentinischen Gewässer gelangte und im Hafen der befreundeten Stadt vor Anker ging, schwoll die langgehegte Erbitterung endlich über; die alten Verträge, die den römischen Kriegsschiffen untersagten östlich vom Iakinischen Vorgebirg zu fahren, wurden in der Bürgerversammlung von den Volksmännern zur Sprache gebracht; wüthend stürzte der Haufen über die römischen Kriegsschiffe her, die unversehens nach Piratenart überfallen nach heftigem Kampfe unterlagen; fünf Schiffe wurden genommen und deren Mannschaft hingerichtet oder in die Knechtschaft verkauft, der römische Admiral selbst war in dem Kampf gefallen. Nur der souveräne Unverstand und die souveräne Gewissenlosigkeit der Pöbelherrschaft erklärt diese schmachvollen Vorgänge. Jene Verträge gehörten einer Zeit an, die längst überschritten und verschollen war; es ist einleuchtend, daſs sie wenigstens seit der Gründung von Hatria und Sena schlechterdings keinen Sinn mehr hatten und daſs die Römer im guten Glauben an das bestehende Bündniſs in den Golf einfuhren — lag es doch gar sehr in ihrem Interesse, wie der weitere Verlauf der Dinge zeigt, den Tarentinern durchaus keinen Anlaſs zur Kriegserklärung darzubieten. Wenn die Staatsmänner Tarents den Krieg an Rom erklären wollten, so thaten sie bloſs was längst hätte geschehen sollen; und wenn sie es vorzogen die Kriegserklärung statt auf den wirklichen Grund vielmehr auf formalen Vertragsbruch zu stützen, so ließ sich dagegen weiter nichts erinnern, da ja die Diplomatie zu allen Zeiten es unter ihrer Würde erachtet hat das Einfache einfach zu sagen. Allein daſs man, statt den Admiral zur Umkehr aufzufordern, die Flotte mit gewaffneter Hand ungewarnt überfiel, war eine Thorheit nicht minder als eine Barbarei, eine jener entsetzlichen Barbareien der Civilisation, wo die Gesittung plötzlich das Steuerruder verliert und die nackte Gemeinheit vor uns hintritt, gleichsam um zu warnen vor dem kindischen Glauben, als vermöge die Civilisation

[504] Bruch zwischen Rom und Tarent.

aus der Menschennatur die Bestialität auszuwurzeln. — Und als
wäre damit noch nicht genug gethan, überfielen nach dieser
Heldenthat die Tarentiner Thurii, dessen römische Besatzung in
Folge der Ueberrumpelung capitulirte (im Winter 472/3), und
bestraften die Thuriner, dieselben, die so oft von Tarent selbst
den Lucanern vertragsmäfsig preisgegeben und dadurch gewaltsam zur Ergebung an Rom gedrängt worden waren, schwer für
ihren Abfall von der hellenischen Partei zu den Barbaren.

Friedens-   Die Barbaren verfuhren indefs mit einer Mäfsigung, die bei
versuche. solcher Macht und nach solchen Kränkungen Bewunderung erregt. Es lag im Interesse Roms die tarentinische Neutralität so
lange wie möglich gelten zu lassen, und die leitenden Männer im
Senat verwarfen defshalb den Antrag, den eine Minorität in begreiflicher Erbitterung gestellt hatte, den Tarentinern sofort den
Krieg zu erklären. Vielmehr wurde die Fortdauer des Friedens
römischer Seits an die mäfsigsten Bedingungen geknüpft, die
sich mit Roms Ehre vertrugen: Entlassung der Gefangenen,
Rückgabe von Thurii, Auslieferung der Urheber des Ueberfalls
der Flotte. Mit diesen Vorschlägen ging eine römische Gesandtschaft nach Tarent (473), während gleichzeitig, ihren Worten
Nachdruck zu geben, ein römisches Heer unter dem Consul Lucius Aemilius in Samnium einrückte. Die Tarentiner konnten,
ohne ihrer Unabhängigkeit etwas zu vergeben, diese Bedingungen
eingehen und bei der geringen Kriegslust der reichen Kaufstadt
durfte man in Rom mit Recht annehmen, dafs ein Abkommen
noch möglich sei. Allein der Versuch den Frieden zu erhalten
scheiterte — sei es an dem Widerspruch derjenigen Tarentiner,
die die Nothwendigkeit erkannten den Uebergriffen Roms je eher
desto lieber mit den Waffen entgegenzutreten, sei es blofs an der
Unbotmäfsigkeit des städtischen Pöbels, der sich mit beliebter
griechischer Ungezogenheit sogar an der Person des Gesandten
in unwürdiger Weise vergriff. Nun rückte der Consul in das
tarentinische Gebiet ein; aber statt sofort die Feindseligkeiten zu
eröffnen, bot er noch einmal auf dieselben Bedingungen den Frieden; und da auch dies vergeblich war, begann er zwar die Aecker
und Landhäuser zu verwüsten und schlug die städtischen Milizen,
aber die vornehmeren Gefangenen wurden ohne Lösegeld entlassen und man gab die Hoffnung nicht auf, das der Kriegsdruck
der aristokratischen Partei in der Stadt das Uebergewicht geben
und damit den Frieden herbeiführen werde. Die Ursache dieser
Zurückhaltung war, dafs die Römer die Stadt nicht dem Epeiro-
tenkönig in die Arme treiben wollten. Die Absichten desselben

auf Italien waren kein Geheimnifs mehr. Schon war eine tarentinische Gesandtschaft zu Pyrrhos gegangen und unverrichteter Sache zurückgekehrt; der König hatte mehr begehrt als sie zu bewilligen Vollmacht hatte. Man mufste sich entscheiden. Dafs die Bürgerwehr vor den Römern nur wegzulaufen verstand, davon hatte man sich sattsam überzeugt; es blieb nur die Wahl zwischen Frieden mit Rom, den die Römer unter billigen Bedingungen zu bewilligen fortwährend bereit waren, und Vertrag mit Pyrrhos auf jede dem König gutdünkende Bedingung, das heifst die Wahl zwischen Unterwerfung unter die römische Obermacht oder unter die Tyrannis eines griechischen Soldaten. Die Parteien hielten in der Stadt sich fast die Wage; endlich blieb die Oberhand der Nationalpartei, wobei aufser dem wohl gerechtfertigten Motiv, sich wenn einmal überhaupt einem Herrn, lieber einem Griechen als Barbaren zu eigen zu geben, auch noch die Furcht der Demagogen mitwirkte, dafs Rom trotz seiner jetzigen durch die Umstände erzwungenen Mäfsigung bei geeigneter Gelegenheit nicht säumen werde Rache für die von dem tarentiner Pöbel verübten Schändlichkeiten zu nehmen. Die Stadt schlofs also mit Pyrrhos ab. Er erhielt den Oberbefehl über die Truppen der Tarentiner und der übrigen gegen Rom unter Waffen stehenden Italioten; ferner das Recht in Tarent Besatzung zu halten. Dafs die Stadt die Kriegskosten trug, versteht sich von selbst. Pyrrhos versprach dagegen in Italien nicht länger als nöthig zu bleiben, vermuthlich unter dem stillschweigenden Vorbehalt die Zeit, während welcher er dort nöthig sein werde, nach eigenem Ermessen festzustellen. Dennoch wäre ihm die Beute fast unter den Händen entschlüpft. Während die tarentinischen Gesandten — ohne Zweifel die Häupter der Kriegspartei — in Epeiros abwesend waren, schlug in der von den Römern jetzt hart gedrängten Stadt die Stimmung um; schon war der Oberbefehl dem Agis, einem römisch Gesinnten übertragen, als die Rückkehr der Gesandten mit dem abgeschlossenen Tractat in Begleitung von Pyrrhos vertrautem Minister Kineas die Kriegspartei wieder ans Ruder brachte. Bald fafste eine festere Hand die Zügel und machte dem kläglichen Schwanken ein Ende. Noch im Herbst 473 landete Pyrrhos General Milon mit 3000 Epeiroten und besetzte die Citadelle der Stadt; ihm folgte zu Anfang des Jahres 474 nach einer stürmischen zahlreiche Opfer fordernden Ueberfahrt der König selbst. Er führte nach Tarent ein ansehnliches, aber buntgemischtes Heer, theils bestehend aus den Haustruppen, den Molossern, Thesprotiern, Chaonern, Ambrakioten, theils aus dem makedonischen Fufsvolk und der thessalischen Reiterei, die König Ptolemaeos von Makedonien vertragsmäfsig ihm überlassen, theils aus aetolischen, akarnanischen, athamanischen Söldnern; im Ganzen zählte man 20000 Phalangiten, 2000 Bogenschützen, 500 Schleuderer, 3000 Reiter und 20 Elephanten, also nicht viel weniger als dasjenige Heer betragen hatte, mit dem Alexander funfzig Jahre zuvor den Hellespont überschritt. — Die Angelegenheiten der Coalition standen nicht zum Besten, als der König kam. Zwar hatte der römische Consul, so wie er die Soldaten Milons anstatt der tarentinischen Miliz sich gegenüber aufziehen sah, den Angriff auf Tarent aufgegeben und sich nach Apulien zurückgezogen; aber mit Ausnahme des Gebietes von Tarent beherrschten die Römer so gut wie ganz Italien. Nirgends in Unteritalien hatte die Coalition eine Armee im Felde und auch in Oberitalien hatten die Etrusker, die allein noch in Waffen standen, in dem letzten Feldzug (473) nichts als Niederlagen erlitten. Die Verbündeten hatten, ehe der König zu Schiff ging, ihm den Oberbefehl über ihre sämmtlichen Truppen übertragen und ein Heer von 350000 Mann zu Fufs und 20000 Reitern ins Feld stellen zu können erklärt; zu diesen grofsen Worten bildete die Wirklichkeit einen unerfreulichen Contrast. Das Heer, dessen Oberbefehl man Pyrrhos übertragen, war noch erst zu schaffen und vorläufig standen dazu hauptsächlich nur Tarents eigene Hülfsquellen zu Gebot. Der König befahl die Anwerbung eines italischen Söldnerheeres mit tarentinischem Gelde und hob die dienstfähigen Leute aus der Bürgerschaft zum Kriegsdienst aus. So aber hatten die Tarentiner den Vertrag nicht verstanden. Sie hatten gemeint den Sieg wie eine andere Waare für ihr Geld sich gekauft zu haben; es war eine Art Contractbruch, dafs der König sie zwingen wollte sich ihn selber zu erfechten. Je mehr die Bürgerschaft anfangs nach Milons Eintreffen sich gefreut hatte des lästigen Postendienstes los zu sein, desto unwilliger stellte man jetzt sich unter die Fahnen des Königs; den Säumigen mufste mit Todesstrafe gedroht werden. Jetzt gab der Ausgang bei Allen der Friedenspartei Recht und es wurden sogar mit Rom Verbindungen angeknüpft oder schienen doch angeknüpft zu werden. Pyrrhos, auf solchen Widerstand vorbereitet, behandelte die Stadt fortan wie eine eroberte: die Soldaten wurden in die Häuser einquartirt, die Volksversammlungen und die zahlreichen Kränzchen ($\sigma\nu\sigma\sigma i\tau\iota\alpha$) suspendirt, das Theater geschlossen, die Promenaden gesperrt, die Thore mit epeirotischen Wachen besetzt. Eine Anzahl der führenden Männer wurden als Geifseln über das Meer gesandt; an-

dere entzogen sich dem gleichen Schicksal durch die Flucht nach
Rom. Diese strengen Maſsregeln waren nothwendig, da es
schlechterdings unmöglich war sich in irgend einem Sinn auf die
Tarentiner zu verlassen; erst jetzt konnte der König, gestützt
auf den Besitz der wichtigen Stadt, die Operationen im Felde beginnen.

Auch in Rom wuſste man sehr wohl, welchem Kampf man *Rüstungen in Rom.*
entgegenging. Um vor allem die Treue der Bundesgenossen, das
heiſst der Unterthanen zu sichern, erhielten die unzuverlässigen
Städte Besatzung und wurden die Führer der Partei der Unabhängigkeit, wo es nothwendig schien, festgesetzt oder hingerichtet, so zum Beispiel eine Anzahl Mitglieder des praenestinischen
Senats. Für den Krieg selbst wurden groſse Anstrengungen gemacht; es ward eine Kriegssteuer ausgeschrieben, von allen Unterthanen und Bundesgenossen das volle Contingent eingemahnt,
ja die eigentlich von der Dienstpflicht befreiten Proletarier unter
die Waffen gerufen. Ein römisches Heer blieb als Reserve in *Beginn der Kämpfe in Unteritalien.*
der Hauptstadt. Ein zweites rückte unter dem Consul Tiberius
Coruncanius in Etrurien ein und trieb Volci und Volsinii zu Paa-
ren. Die Hauptmacht war natürlich nach Unteritalien bestimmt;
man beschleunigte so viel als möglich ihren Abmarsch, um Pyrrhos noch in der Gegend von Tarent zu erreichen und ihn zu
hindern die Samniten und die übrigen gegen Rom in Waffen stehenden süditalischen Aufgebote mit seinen Truppen zu vereinigen. Einen vorläufigen Damm gegen das Umsichgreifen des Königs sollten die römischen Besatzungen gewähren, die in den
Griechenstädten Unteritaliens lagen. Indeſs die Meuterei der in
Rhegion liegenden Truppe — es waren 800 Campaner und 400
Sidiciner unter einem campanischen Hauptmann Decius — ent-
riſs den Römern diese wichtige Stadt, ohne sie doch Pyrrhos in
die Hände zu geben. Wenn einerseits bei diesem Militäraufstand
der Nationalhaſs der Campaner gegen die Römer unzweifelhaft
mitwirkte, so konnte andrerseits Pyrrhos, der zu Schirm und
Schutz der Hellenen über das Meer gekommen war, unmöglich
die Truppe in den Bund aufnehmen, welche ihre rheginischen
Wirthe in den Häusern niedergemacht hatte; und so blieb sie für
sich, im engen Bunde mit ihren Stamm- und Frevelgenossen,
den Mamertinern, das heiſst den campanischen Söldnern des
Agathokles, die das gegenüberliegende Messana in ähnlicher Weise
gewonnen hatten, und brandschatzte und verheerte auf eigene
Rechnung die umliegenden Griechenstädte, so Kroton, wo sie die
römische Besatzung niedermachte, und Kaulonia, das sie zerstörte.

Dagegen gelang es den Römern durch ein schwaches Corps, das an die lucanische Grenze rückte, und durch die Besatzung von Venusia die Lucaner und Samniten an der Vereinigung mit Pyrrhos zu hindern, während die Hauptmacht, wie es scheint vier Legionen, also mit der entsprechenden Zahl von Bundestruppen mindestens 50000 Mann stark, unter dem Consul Publius Laevinus gegen Pyrrhos marschirte. Dieser hatte sich zur Deckung der tarentinischen Colonie Herakleia zwischen dieser Stadt und Pandosia*) mit seinen eigenen und den tarentinischen Truppen aufgestellt (474). Die Römer erzwangen unter Deckung ihrer Reiterei den Uebergang über den Siris und eröffneten die Schlacht mit einem hitzigen und glücklichen Reiterangriff; der König, der seine Reiter selber führte, stürzte und die griechischen Reiter, durch das Verschwinden des Führers in Verwirrung gebracht, räumten den feindlichen Schwadronen das Feld. Indefs Pyrrhos stellte sich an die Spitze seines Fufsvolks und von neuem begann ein entscheidenderes Treffen. Siebenmal trafen die Legionen und die Phalanx im Stofs auf einander und immer noch stand der Kampf. Da fiel Megakles, einer der besten Offiziere des Königs, und weil er an diesem heifsen Tage die Rüstung des Königs getragen hatte, glaubte das Heer zum zweiten Male, dafs der König gefallen sei; die Reihen wurden unsicher, schon meinte Laevinus den Sieg in der Hand zu haben und warf seine sämmtliche Reiterei den Griechen in die Flanke. Aber Pyrrhos, entblöfsten Hauptes durch die Reihen des Fufsvolks schreitend, belebte den sinkenden Muth der Seinigen. Gegen die Reiter wurden die bis dahin zurückgehaltenen Elephanten vorgeführt; die Pferde scheuten vor ihnen, die Soldaten wufsten den gewaltigen Thieren nicht beizukommen und wandten sich zur Flucht. Die zersprengten Reiterhaufen, die nachsetzenden Elephanten lösten endlich auch die geschlossenen Glieder des römischen Fufsvolks und die Elephanten im Verein mit der trefflichen thessalischen Reiterei richteten ein grofses Blutbad unter den Flüchtenden an. Hätte nicht ein tapferer römischer Soldat, Gaius Minucius, der erste Hastat der vierten Legion, einen der Elephanten verwundet und dadurch die verfolgenden Truppen in Verwirrung gebracht, so wäre das römische Heer aufgerieben worden; so gelang es den Rest der römischen Truppen über den Siris zurückzuführen. Ihr Verlust war grofs: 7000 Römer wurden todt oder verwundet von den

---

*) Bei dem heutigen Anglona; nicht zu verwechseln mit der bekannteren Stadt gleichen Namens in der Gegend von Cosenza.

Siegern auf der Wahlstatt gefunden, 2000 gefangen eingebracht; die Römer selbst gaben, wohl mit Einschluſs der vom Schlachtfeld zurückgebrachten Verwundeten, ihren Verlust an auf 15000 Mann. Aber auch Pyrrhos Heer hatte nicht viel weniger gelitten; gegen 4000 seiner besten Soldaten bedeckten das Schlachtfeld und mehrere seiner tüchtigsten Obersten waren gefallen. Erwägend, daſs sein Verlust hauptsächlich auf die altgedienten Leute traf, die bei weitem schwerer zu ersetzen waren als die römische Landwehr, und daſs er den Sieg nur der Ueberraschung durch den Elephantenangriff verdankte, die sich nicht oft wiederholen lieſs, mag der König wohl, strategischer Kritiker wie er war, späterhin diesen Sieg einer Niederlage ähnlich genannt haben; wenn er auch nicht so thöricht war, wie die römischen Poeten nachher gedichtet haben, in der Aufschrift des von ihm in Tarent aufgestellten Weihgeschenkes diese Selbstkritik dem Publicum mitzutheilen. Politisch kam zunächst wenig darauf an, welche Opfer der Sieg gekostet hatte; vielmehr war der Gewinn der ersten Schlacht gegen die Römer für Pyrrhos ein unschätzbarer Erfolg. Sein Feldherrntalent hatte auch auf diesem neuen Schlachtfeld sich glänzend bewährt, und wenn irgend etwas muſste der Sieg von Herakleia dem hinsiechenden Bunde der Italiker Einigkeit und Energie einhauchen. Aber auch die unmittelbaren Ergebnisse des Sieges waren ansehnlich und nachhaltig. Lucanien war für die Römer verloren; Laevinus zog die dort stehenden Truppen an sich und ging nach Apulien. Die Brettier, Lucaner, Samniten vereinigten sich ungehindert mit Pyrrhos. Mit Ausnahme von Rhegion, das unter dem Druck der campanischen Meuterer schmachtete, fielen die Griechenstädte sämmtlich dem König zu, ja Lokri lieferte ihm freiwillig die römische Besatzung aus; von ihm waren sie überzeugt, und mit Recht, daſs er sie den Italikern nicht preisgeben werde. Die Sabeller und Griechen also traten zu Pyrrhos über; aber weiter wirkte der Sieg auch nicht. Unter den Latinern zeigte sich keine Neigung der römischen Herrschaft, wie schwer sie auch lasten mochte, mit Hülfe eines fremden Dynasten sich zu entledigen. Venusia, obgleich jetzt rings von Feinden umschlossen, hielt unerschütterlich fest an Rom. Den am Siris Gefangenen, deren tapfere Haltung der ritterliche König durch die ehrenvollste Behandlung vergalt, bot er nach griechischer Sitte an in sein Heer einzutreten; allein er erfuhr, daſs er nicht mit Söldnern focht, sondern mit einem Volke. Nicht einer, weder Römer noch Latiner, nahm bei ihm Dienste.

Friedens- Pyrrhos bot den Römern Frieden an. Er war ein zu ein-
versuche. sichtiger Militär, um das Mifsliche seiner Stellung zu verkennen
und ein zu gewiegter Staatsmann, um nicht denjenigen Augenblick, der ihm die günstigste Stellung gewährte, rechtzeitig zum Friedensschlufs zu benutzen. Jetzt hoffte er unter dem ersten Eindruck der gewaltigen Schlacht es in Rom durchsetzen zu können, dafs die griechischen Städte in Italien frei würden und zwischen ihnen und Rom eine Reihe Staaten zweiten und dritten Ranges als abhängige Verbündete der neuen griechischen Macht ins Leben träten; denn darauf gingen seine Forderungen: Entlassung aller griechischen Städte — also namentlich der campanischen und lucanischen — aus der römischen Botmäfsigkeit und Rückgabe des den Samniten, Dauniern, Lucanern, Brettiern abgenommenen Gebiets, das heifst namentlich Aufgabe von Luceria und Venusia. Konnte ein weiterer Kampf mit Rom auch schwerlich vermieden werden, so war es doch wünschenswerth diesen erst zu beginnen, wenn die westlichen Hellenen unter einem Herrn vereinigt, Sicilien gewonnen, vielleicht Africa erobert war. — Mit solchen Instructionen versehen begab sich Pyrrhos vertrauter Minister, der Thessalier Kineas, nach Rom. Der gewandte Unterhändler, den seine Zeitgenossen dem Demosthenes verglichen, so weit sich dem Staatsmann der Rhetor, dem Volksführer der Herrendiener vergleichen läfst, hatte Auftrag, die Achtung, die der Sieger von Herakleia für seine Besiegten in der That empfand, auf alle Weise zur Schau zu tragen, den Wunsch des Königs, selber nach Rom zu kommen, zu erkennen zu geben, durch die im Munde des Feindes so wohlklingende Lob- und durch ernste Schmeichelrede, gelegentlich auch durch wohlangebrachte Geschenke die Gemüther zu des Königs Gunsten zu stimmen, kurz alle Künste der Cabinetspolitik, wie sie an den Höfen von Alexandreia und Antiochia erprobt waren, gegen die Römer zu versuchen. Der Senat schwankte; manchen erschien es der Klugheit gemäfs einen Schritt zurück zu thun und abzuwarten bis der gefährliche Gegner sich weiter verwickelt haben oder nicht mehr sein würde. Indefs der greise und blinde Consular
312 307 296 Appius Claudius (Censor 442, Consul 447. 458), der seit langem sich von den Staatsgeschäften zurückgezogen hatte, aber in diesem entscheidenden Augenblick sich in den Senat führen liefs, hauchte die ungebrochene Energie einer gewaltigen Natur mit seinen Flammenworten dem jüngeren Geschlecht in die Seele. Man antwortete dem König das stolze Wort, das hier zuerst vernommen und seitdem Staatsgrundsatz ward, dafs Rom nicht un-

terhandle, so lange auswärtige Truppen auf italischem Gebiet
ständen, und das Wort wahr zu machen, wies man den Gesandten
sofort aus der Stadt. Der Zweck der Sendung war verfehlt und
der gewandte Diplomat, statt mit seiner Redekunst Effect zu
machen, hatte vielmehr durch diesen männlichen Ernst nach so
schwerer Niederlage sich selber imponiren lassen — er erklärte
daheim, daſs in dieser Stadt jeder Bürger ihm erschienen sei wie
ein König; freilich, der Hofmann hatte ein freies Volk zu Gesicht
bekommen. — Pyrrhos, der während dieser Verhandlungen in Campanien eingerückt war, brach auf die Nachricht von ihrem Abbruch sogleich auf gegen Rom, um den Etruskern die Hand *Pyrrhos gegen Rom.*
zu reichen, die Bundesgenossen Roms zu erschüttern, die Stadt
selber zu bedrohen. Aber die Römer lieſsen sich so wenig
schrecken wie gewinnen. Auf den Ruf des Heroldes ‚an die
Stelle der Gefallenen sich einschreiben zu lassen' hatte gleich
nach der Schlacht von Herakleia die junge Mannschaft sich schaarenweise zur Aushebung gedrängt; mit den beiden neugebildeten
Legionen und dem aus Lucanien zurückgezogenen Corps folgte
Laevinus, stärker als vorher, dem Marsch des Königs; er deckte
gegen denselben Capua und vereitelte dessen Versuche mit Neapel Verbindungen anzuknüpfen. So straff war die Haltung der
Römer, daſs auſser den unteritalischen Griechen kein namhafter
Bundesstaat es wagte vom römischen Bündniſs abzufallen. Da
wandte Pyrrhos sich gegen Rom selbst. Durch die reiche Landschaft, deren blühenden Zustand er mit Bewunderung schaute,
zog er gegen Fregellae, das er überrumpelte, erzwang den Uebergang über den Liris, und gelangte bis nach Anagnia, das
nicht mehr als acht deutsche Meilen von Rom entfernt ist. Kein
Heer warf sich ihm entgegen; aber überall schlossen die Städte
Latiums ihm die Thore und gemessenen Schrittes folgte von
Campanien aus Laevinus ihm nach, während von Norden der
Consul Tiberius Coruncanius, der so eben mit den Etruskern
durch einen rechtzeitigen Friedensschluſs sich abgefunden hatte,
eine zweite römische Armee heranführte und in Rom selbst die
Reserve unter dem Dictator Gnaeus Domitius Calvinus sich zum
Kampfe fertig machte. Dagegen war nichts auszurichten; dem
König blieb nichts übrig als umzukehren. Eine Zeitlang stand er
noch in Campanien den vereinigten Heeren der beiden Consuln
unthätig gegenüber; aber es bot sich keine Gelegenheit einen
Hauptschlag auszuführen. Als der Winter herankam, räumte der
König das feindliche Gebiet und vertheilte seine Truppen in die
befreundeten Städte; er selbst nahm Winterquartier in Tarent.

Hierauf stellten auch die Römer ihre Operationen ein; das Heer bezog Standquartiere bei Firmum im Picenischen, wo auf Befehl des Senats die am Siris geschlagenen Legionen den Winter hindurch zur Strafe unter Zelten campirten.

Zweites [280 Kriegsjahr.
So endigte der Feldzug des Jahres 474. Der Sonderfriede, den Etrurien im entscheidenden Augenblick mit Rom abgeschlossen hatte, und des Königs unvermutheter Rückzug, der die hochgespannten Hoffnungen der italischen Bundesgenossen gänzlich täuschte, wogen zum grofsen Theil den Eindruck des Sieges von Herakleia auf. Die Italiker beschwerten sich über die Lasten des Krieges, namentlich über die schlechte Mannszucht der bei ihnen einquartierten Söldner, und der König, müde des kleinlichen Gezänks und des unpolitischen wie unmilitärischen Gehabens seiner Bundesgenossen, fing an zu ahnen, dafs die Aufgabe, die ihm zugefallen war, trotz aller taktischen Erfolge politisch unlösbar sein möge. Die Ankunft einer römischen Gesandtschaft, dreier Consulare, darunter der Sieger von Thurii Gaius Fabricius, liefs einen Augenblick wieder die Friedenshoffnungen bei ihm erwachen; allein es zeigte sich bald, dafs sie nur Vollmacht hatte wegen Lösung oder Auswechselung der Gefangenen zu unterhandeln. Pyrrhos schlug diese Forderung ab, allein er entliefs zur Feier der Saturnalien sämmtliche Gefangene auf ihr Ehrenwort; dafs sie es hielten und dafs der römische Gesandte einen Bestechungsversuch abwies, hat man in der Folgezeit in unschicklichster und mehr für die Ehrlosigkeit der späteren als die Ehrenhaftigkeit der früheren Zeit bezeichnender Weise gefeiert. —

Mit dem Frühjahr 475 ergriff Pyrrhos abermals die Offensive und rückte in Apulien ein, wohin das römische Heer ihm entgegenkam. In der Hoffnung durch einen entscheidenden Sieg die römische Symmachie in diesen Landschaften zu erschüttern, bot der König eine zweite Schlacht an und die Römer verweigerten sie nicht. Bei Ausculum (Ascoli di Puglia) trafen beide Heere auf einander. Unter Pyrrhos Fahnen fochten aufser seinen epeirotischen und makedonischen Truppen die italischen Söldner, die Bürgerwehr — die sogenannten Weifsschilde — von Tarent, und die verbündeten Lucaner, Brettier und Samniten, zusammen 70000 Mann zu Fufs, davon 16000 Griechen und Epeiroten, über 8000 Reiter und 19 Elephanten. Mit den Römern standen an diesem Tage die Latiner, Campaner, Volsker, Sabiner, Umbrer, Marruciner, Paeligner, Frentaner und Arpaner; auch sie zählten über 70000 Mann zu Fufs, darunter 20000 römische Bürger und 8000 Reiter. Beide Theile hatten in ihrem Heerwesen

Aenderungen vorgenommen. Pyrrhos, mit scharfem Soldatenblick die Vorzüge der römischen Manipularordnung erkennend, hatte auf den Flügeln die lange Fronte seiner Phalangen vertauscht mit einer der Cohortenstellung nachgebildeten unterbrochenen Aufstellung in Fähnlein und, vielleicht nicht minder aus politischen wie aus militärischen Gründen, zwischen die Abtheilungen seiner eigenen Leute die tarentinischen und samnitischen Cohorten eingeschoben; im Mitteltreffen allein stand die epeirotische Phalanx in geschlossener Reihe. Die Römer führten zur Abwehr der Elephanten eine Art Streitwagen heran, aus denen Feuerbecken an eisernen Stangen hervorragten und auf denen bewegliche zum Herablassen eingerichtete und in Eisenstachel endende Maste befestigt waren — gewissermafsen das Vorbild der Enterbrücken, die im ersten punischen Krieg eine so grofse Rolle spielen sollten. — Nach dem griechischen Schlachtbericht, der minder parteiisch scheint als der uns auch vorliegende römische, waren die Griechen am ersten Tage im Nachtheil, da sie weder dazu gelangten an den schroffen und sumpfigen Flufsufern, wo sie gezwungen wurden das Gefecht anzunehmen, ihre Linie zu entwickeln noch Reiterei und Elephanten ins Gefecht zu bringen. Am zweiten Tage kam dagegen Pyrrhos den Römern in der Besetzung des durchschnittenen Terrains zuvor und erreichte so ohne Verlust die Ebene, wo er seine Phalanx ungestört entfalten konnte. Vergeblich stürzten sich die Römer verzweifelten Muths mit ihren Schwertern auf die Sarissen; die Phalanx stand unerschütterlich jedem Angriff von vorn, doch vermochte auch sie es nicht die römischen Legionen zum Weichen zu bringen. Erst als die zahlreiche Bedeckung der Elephanten die auf den römischen Streitwagen fechtende Mannschaft durch Pfeile und Schleudersteine vertrieben und der Bespannung die Stränge zerschnitten hatte und nun die Elephanten gegen die römische Linie anprallten, kam dieselbe ins Schwanken. Das Weichen der Bedeckungsmannschaft der römischen Wagen gab das Signal zur allgemeinen Flucht, die indefs nicht sehr zahlreiche Opfer kostete, da das nahe Lager die Verfolgten aufnahm. Dafs während des Haupttreffens ein von der römischen Hauptmacht abgesondertes arpanisches Corps das schwach besetzte epeirotische Lager angegriffen und in Brand gesteckt habe, meldet nur der römische Schlachtbericht; wenn es aber auch richtig ist, so haben doch die Römer auf alle Fälle mit Unrecht behauptet, dafs die Schlacht unentschieden geblieben sei. Beide Berichte stimmen vielmehr darin überein, dafs das römische Heer über den Flufs zurückging und Pyrrhos im Besitz des Schlachtfeldes blieb. Die Zahl der Gefallenen war nach dem griechischen Bericht auf römischer Seite 6000, auf griechischer 3505*); unter den Verwundeten war der König selbst, dem ein Wurfspiefs den Arm durchbohrt hatte, während er wie immer im dichtesten Getümmel kämpfte. Wohl war es ein Sieg, den Pyrrhos erfochten hatte, aber es waren unfruchtbare Lorbeeren; als Feldherrn wie als Soldaten machte der Sieg dem König Ehre, aber seine politischen Zwecke hat er nicht gefördert. Pyrrhos bedurfte eines glänzenden Erfolges, der das römische Heer auflöste und den schwankenden Bundesgenossen die Gelegenheit und den Anstofs zum Parteiwechsel gab; da aber die römische Armee und die römische Eidgenossenschaft ungebrochen geblieben und das griechische Heer, das nichts war ohne seinen Feldherrn, durch dessen Verwundung auf längere Zeit angefesselt ward, mufste er wohl den Feldzug verloren geben und in die Winterquartiere gehen, die der König in Tarent, die Römer diesmal in Apulien nahmen. Immer deutlicher offenbarte es sich, dafs militärisch die Hülfsquellen des Königs den römischen ebenso nachstanden, wie politisch die lose und widerspenstige Coalition den Vergleich nicht aushielt mit der festgegründeten römischen Symmachie. Wohl konnte das Ueberraschende und Gewaltige in der griechischen Kriegführung, das Genie des Feldherrn noch einen Sieg mehr wie die von Herakleia und Ausculum erfechten, aber jeder neue Sieg vernutzte die Mittel zu weiteren Unternehmungen und es war klar, dafs die Römer schon jetzt sich als die Stärkeren fühlten und den endlichen Sieg mit muthiger Geduld erharrten. Dieser Krieg war nicht das feine Kunstspiel, wie die griechischen Fürsten es übten und verstanden; an der vollen und gewaltigen Energie der Landwehr zerschellten alle strategischen Combinationen. Pyrrhos fühlte, wie die Dinge standen; überdrüssig seiner Siege und seine Bundesgenossen verachtend harrte er nur aus, weil die militärische Ehre ihm vorschrieb Italien nicht zu verlassen, bevor er seine Schutzbefohlenen vor den Barbaren gesichert haben würde. Es war bei seinem ungeduldigen Naturell vorauszusetzen, dafs er den ersten Vorwand ergreifen würde

---

*) Diese Zahlen scheinen glaubwürdig. Der römische Bericht giebt, wohl an Todten und Verwundeten, für jede Seite 15000 Mann an, ein späterer sogar auf römischer 5000, auf griechischer 20000 Todte. Es mag das hier Platz finden, um an einem der seltenen Beispiele, wo Controle möglich ist, die fast ausnahmslose Unglaubwürdigkeit der Zahlenangaben zu zeigen, in denen die Lüge bei den Annalisten lawinenartig anschwillt.

um der lästigen Pflicht sich zu entledigen; und die Veranlassung sich von Italien zu entfernen boten bald die sicilischen Angelegenheiten ihm dar.

Nach Agathokles Tode (465) fehlte es den sicilischen Griechen an jeder leitenden Macht. Während in den einzelnen hellenischen Städten unfähige Demagogen und unfähige Tyrannen einander ablösten, dehnten die Karthager, die alten Herren der Westspitze, ihre Herrschaft ungestört aus. Nachdem Akragas ihnen erlegen war, glaubten sie die Zeit gekommen um zu dem seit Jahrhunderten im Auge behaltenen Ziel endlich den letzten Schritt zu thun und die ganze Insel unter ihre Botmäfsigkeit zu bringen: sie wandten sich zum Angriff auf Syrakus. Die Stadt, die einst mit ihren Heeren und Flotten Karthago den Besitz der Insel streitig gemacht hatte, war durch den innern Hader und die Schwäche des Regiments so tief herabgekommen, dafs sie ihre Rettung suchen mufste in dem Schutz ihrer Mauern und in auswärtiger Hülfe; und niemand konnte diese gewähren als König Pyrrhos. Pyrrhos war des Agathokles Tochtermann, sein Sohn, der damals sechzehnjährige Alexander, des Agathokles Enkel, beide in jeder Beziehung die natürlichen Erben der hochfliegenden Pläne des Herrn von Syrakus; und wenn es mit der Freiheit doch zu Ende war, konnte Syrakus den Ersatz darin finden die Hauptstadt eines westhellenischen Reiches zu sein. So trugen die Syrakuser gleich den Tarentinern und unter ähnlichen Bedingungen dem König Pyrrhos freiwillig die Herrschaft entgegen (um 475) und durch eine seltene Fügung der Dinge schien sich alles zu vereinigen zum Gelingen der grofsartigen, zunächst auf den Besitz von Tarent und Syrakus gebauten Pläne des Epeirotenkönigs. — Freilich war die nächste Folge von dieser Vereinigung der italischen und sicilischen Griechen unter eine Hand, dafs auch die Gegner sich enger zusammenschlossen. Karthago und Rom verwandelten ihre alten Handelsverträge jetzt in ein Offensiv- und Defensivbündnifs gegen Pyrrhos (475), dessen Bedingungen dahin lauteten, dafs, wenn Pyrrhos römisches oder karthagisches Gebiet betrete, der nicht angegriffene Theil dem angegriffenen auf dessen Gebiet Zuzug leisten und die Hülfstruppen selbst besolden solle; dafs in solchem Fall Karthago die Transportschiffe zu stellen und auch mit der Kriegsflotte den Römern beizustehen sich verpflichte, doch solle deren Bemannung nicht gehalten sein zu Lande für die Römer zu fechten; dafs endlich beide Staaten sich das Wort gäben keinen Sonderfrieden mit Pyrrhos zu schliefsen. Der Zweck des Vertrages war auf römischer Seite einen Angriff auf Tarent möglich zu machen und Pyrrhos von der Heimath abzuschneiden, was beides ohne Mitwirkung der punischen Flotte nicht ausführbar war; auf Seiten der Karthager den König in Italien festzuhalten, um ihre Absichten auf Syrakus ungestört ins Werk setzen zu können*). Es lag also im Interesse beider Mächte zunächst sich des Meeres zwischen Italien und Sicilien zu versichern. Eine starke karthagische Flotte von 120 Segeln unter dem Admiral Mago ging von Ostia, wohin Mago sich begeben zu haben scheint um jenen Vertrag abzuschliefsen, nach der sicilischen Meerenge. Die Mamertiner, die für ihre Frevel gegen die griechische Bevölkerung Messanas die gerechte Strafe erwartete, wenn Pyrrhos in Sicilien und Italien ans Regiment kam, schlossen sich eng an die Römer und Karthager und sicherten diesen die sicilische Seite des Passes. Gern hätten die Verbündeten auch Rhegion auf der gegenüberliegenden Küste in ihre Gewalt gebracht; allein verzeihen konnte Rom der campanischen Besatzung unmöglich und ein Versuch der vereinigten Römer und Karthager sich der Stadt mit gewaffneter Hand zu bemächtigen schlug fehl. Von dort segelte die karthagische Flotte nach Syrakus und blokirte die Stadt von der Seeseite, während gleichzeitig ein starkes phoenikisches Heer die Belagerung zu Lande begann (476). Es war hohe Zeit, dafs Pyrrhos in Syrakus erschien; aber freilich standen in Italien die Angelegenheiten keineswegs so, dafs er und seine Truppen dort entbehrt werden konnten. Die beiden Consuln des Jahres 476, Gaius Fabricius Luscinus und Quintus Aemilius Papus, beide erprobte Generale, hatten den neuen Feldzug kräftig begonnen und obwohl bisher die Römer in diesem Kriege nur Niederlagen erlitten hatten, waren nicht sie es, sondern die Sieger, die sich ermattet fühlten und den Frieden herbeiwünschten. Pyrrhos machte noch einen Versuch ein leidliches Abkommen zu erlangen. Der Consul Fabricius hatte dem König einen Elenden zugesandt, der ihm den Antrag gemacht gegen gute Bezahlung den König zu vergiften. Zum Dank gab der König nicht blofs alle römischen

---

*) Die späteren Römer und mit ihnen die Neueren geben dem Bündnifs die Wendung, als hätten die Römer absichtlich vermieden die karthagische Hülfe in Italien anzunehmen. Das wäre unvernünftig gewesen und die Thatsachen sprechen dagegen. Dafs Mago in Ostia nicht landete, erklärt sich nicht aus solcher Vorsicht, sondern einfach daraus, dafs Latium von Pyrrhos ganz und gar nicht bedroht war und karthagischen Beistandes also nicht bedurfte; und vor Rhegion kämpften die Karthager allerdings für Rom.

Gefangenen ohne Lösegeld frei, sondern er fühlte sich so hingerissen von dem Edelsinn seiner tapfern Gegner, dafs er zur Belohnung ihnen selber einen ungemein billigen und günstigen Frieden antrug. Kineas scheint noch einmal nach Rom gegangen zu sein und Karthago ernstlich gefürchtet zu haben, dafs sich Rom zum Frieden bequeme. Indefs der Senat blieb fest und wiederholte seine frühere Antwort. Wollte der König nicht Syrakus den Karthagern in die Hände fallen und damit seinen grofsen Plan sich zerstören lassen, so blieb ihm nichts anderes übrig als seine italischen Bundesgenossen preiszugeben und sich vorläufig auf den Besitz der wichtigsten Hafenplätze, namentlich von Tarent und Lokri zu beschränken. Vergebens beschworen ihn die Lucaner und Samniten sie nicht im Stich zu lassen; vergebens forderten die Tarentiner ihn auf entweder seiner Feldherrnpflicht nachzukommen oder die Stadt ihnen zurückzugeben. Den Klagen und Vorwürfen setzte der König Vertröstungen auf künftige bessere Zeiten oder auch derbe Abweisung entgegen; Milon blieb in Tarent zurück, des Königs Sohn Alexander in Lokri und mit der Hauptmacht schiffte noch im Frühjahr 476 sich Pyrrhus in Tarent nach Syrakus ein.

Durch Pyrrhos Abzug erhielten die Römer freie Hand in Italien, wo Niemand ihnen auf offenem Felde zu widerstehen wagte und die Gegner überall sich einschlossen in ihre Festen oder in ihre Wälder. Indefs der Kampf ging nicht so schnell zu Ende, wie man wohl gehofft haben mochte, woran theils die Natur dieses Gebirgs- und Belagerungskrieges Schuld war, theils wohl auch die Erschöpfung der Römer, von deren furchtbaren Verlusten das Sinken der Bürgerrolle von 473 auf 479 um 17000 Köpfe zeugt. Noch im Jahre 476 gelang es dem Consul Gaius Fabricius die bedeutende tarentinische Pflanzstadt Herakleia zu einem Sonderfrieden zu bringen, der ihr unter den günstigsten Bedingungen gewährt ward. Im Feldzug von 477 schlug man sich in Samnium herum, wo ein leichtsinnig unternommener Angriff auf die verschanzten Höhen den Römern viele Leute kostete, und wandte sich alsdann nach dem südlichen Italien, wo die Lucaner und Brettier geschlagen wurden. Dagegen kam bei einem Versuch Kroton zu überrumpeln Milon von Tarent aus den Römern zuvor; die epeirotische Besatzung machte alsdann sogar einen glücklichen Ausfall gegen das belagernde Heer. Indefs gelang es endlich dem Consul dennoch dieselbe durch eine Kriegslist zum Abmarsch zu bestimmen und der unvertheidigten Stadt sich zu bemächtigen (477). Wichtiger war es, dafs die Lokrenser, die früher die römische Besatzung dem König ausgeliefert hatten, jetzt den Verrath durch Verrath sühnend die epeirotische erschlugen; womit die ganze Südküste in den Händen der Römer war mit Ausnahme von Rhegion und Tarent. Indefs mit diesen Erfolgen war man im Wesentlichen doch wenig gefördert. Unteritalien selbst war längst wehrlos; Pyrrhos aber war nicht bezwungen, so lange Tarent in seinen Händen und ihm damit die Möglichkeit blieb den Krieg nach Belieben wieder zu erneuern, und an die Belagerung dieser Stadt konnten die Römer nicht denken. Selbst davon abgesehen, dafs in dem durch Philipp von Makedonien und Demetrios den Belagerer umgeschaffenen Festungskrieg die Römer gegen einen erfahrenen und entschlossenen griechischen Commandanten im entschiedensten Nachtheil waren, bedurfte es dazu einer starken Flotte, und obwohl der karthagische Vertrag den Römern Unterstützung zur See verhiefs, so standen doch Karthagos eigene Angelegenheiten in Sicilien durchaus nicht so, dafs es diese hätte gewähren können. — Pyrrhos Landung auf der Insel welche trotz der karthagischen Flotte ungehindert erfolgt war, hatte dort mit einem Schlage die Lage der Dinge verändert. Er hatte Syrakus sofort entsetzt, alle freien Griechenstädte in kurzer Zeit in seiner Hand vereinigt und als Haupt der sikeliotischen Conföderation den Karthagern fast ihre sämmtlichen Besitzungen entrissen. Kaum vermochten mit Hülfe der damals auf dem Mittelmeer ohne Nebenbuhler herrschenden karthagischen Flotte sich die Karthager in Lilybaeon, die Mamertiner in Messana mühsam und unter steten Angriffen zu behaupten. Unter solchen Umständen wäre in Gemäfsheit des Vertrags von 475 viel eher Rom im Fall gewesen den Karthagern auf Sicilien Beistand zu leisten als Karthago mit seiner Flotte den Römern Tarent erobern zu helfen; überhaupt aber war man eben von keiner Seite sehr geneigt dem Bundesgenossen die Macht zu sichern oder gar zu erweitern. Karthago hatte den Römern die Hülfe erst angeboten, als die wesentliche Gefahr vorüber war; diese ihrerseits hatten nichts gethan den Abzug des Königs aus Italien, den Sturz der karthagischen Macht in Sicilien zu verhindern. Ja in offener Verletzung der Verträge hatte Karthago sogar dem König einen Sonderfrieden angetragen und gegen den ungestörten Besitz von Lilybaeon sich erboten auf die übrigen sicilischen Besitzungen zu verzichten, ja dem König Geld und Kriegsschiffe zur Verfügung zu stellen, natürlich zu Ueberfahrt nach Italien und zur Erneuerung des Krieges gegen Rom. Indefs es war einleuchtend, dafs mit dem Besitz von Lilybaeon und der

Entfernung des Königs die Stellung der Karthager auf der Insel ungefähr dieselbe geworden wäre, wie sie vor Pyrrhos Landung gewesen war; sich selbst überlassen waren die griechischen Städte ohnmächtig und das verlorene Gebiet leicht wieder gewonnen. So schlug Pyrrhos den nach zwei Seiten hin perfiden Antrag aus und ging daran sich selber eine Kriegsflotte zu erbauen. Nur Unverstand und Kurzsichtigkeit haben dies später getadelt; es war vielmehr ebenso nothwendig als mit den Mitteln der Insel leicht durchzuführen. Abgesehen davon, dafs der Herr von Ambrakia, Tarent und Syrakus nicht ohne Seemacht sein konnte, bedurfte er der Flotte um Lilybaeon zu erobern, um Tarent zu schützen, um Karthago daheim anzugreifen, wie es Agathokles, Regulus, Scipio vor- und nachher mit so grofsem Erfolg gethan. Nie stand Pyrrhos seinem Ziele näher als im Sommer 478, wo er Karthago gedemüthigt vor sich sah, Sicilien beherrschte und mit Tarents Besitz einen festen Fufs in Italien behauptete, und wo die neugeschaffene Flotte, die alle diese Erfolge zusammenknüpfen, sichern und steigern sollte, zur Abfahrt fertig im Hafen von Syrakus lag.

Die wesentliche Schwäche von Pyrrhos Stellung beruhte auf seiner fehlerhaften inneren Politik. Er regierte Sicilien wie er Ptolemaeos hatte in Aegypten herrschen sehen; er respectirte die Gemeindeverfassungen nicht, setzte seine Vertrauten zu Amtleuten über die Städte wann und auf so lange es ihm gefiel, gab anstatt der einheimischen Geschworenen seine Hofleute zu Richtern, sprach Confiscationen, Verbannungen, Todesurtheile nach Gutdünken aus und selbst über diejenigen, die seine Ueberkunft nach Sicilien am lebhaftesten betrieben hatten, legte Besatzungen in die Städte und beherrschte Sicilien nicht als der Führer des Nationalbundes, sondern als König. Mochte er dabei nach orientalisch-hellenistischen Begriffen sich ein guter und weiser Regent zu sein dünken und auch wirklich sein, so ertrugen doch die Griechen mit aller Ungeduld einer in langer Freiheitsagonie aller Zucht entwöhnten Nation diese Verpflanzung des Diadochensystems nach Syrakus; sehr bald schien das karthagische Joch dem thörichten Volk erträglicher als das neue Soldatenregiment. Die bedeutendsten Städte knüpften mit den Karthagern, ja mit den Mamertinern Verbindungen an; ein starkes karthagisches Heer wagte wieder sich auf der Insel zu zeigen und überall von den Griechen unterstützt, machte es reifsende Fortschritte. Zwar in der Schlacht, die Pyrrhos ihm lieferte, war das Glück wie immer mit dem „Adler"; allein es hatte sich bei dieser Gelegenheit offenbart, wie die Stimmung auf der Insel war und was kommen konnte und mufste, wenn der König sich entfernte. — Zu diesem ersten und wesentlichsten Fehler fügte Pyrrhos einen zweiten: er ging mit der Flotte statt nach Lilybaeon nach Tarent. Augenscheinlich mufste er, eben bei der Gährung in den Gemüthern der Sikelioten, vor allen Dingen erst von dieser Insel die Karthager ganz verdrängt und damit den Unzufriedenen den letzten Rückhalt abgeschnitten haben, ehe er nach Italien sich wenden durfte; hier war nichts zu versäumen, denn Tarent war ihm sicher genug und an den übrigen Bundesgenossen, nachdem sie einmal aufgegeben waren, jetzt wenig gelegen. Es ist begreiflich, dafs sein Soldatensinn ihn trieb den nicht sehr ehrenvollen Abzug vom Jahre 476 durch eine glänzende Wiederkehr auszutilgen und dafs ihm das Herz blutete, wenn er die Klagen der Lucaner und Samniten vernahm. Allein Aufgaben, wie sie Pyrrhos sich gestellt hatte, können nur gelöst werden von eisernen Naturen, die das Mitleid und selbst das Ehrgefühl zu beherrschen vermögen; und eine solche war Pyrrhos nicht.

Die verhängnifsvolle Einschiffung fand statt gegen das Ende des Jahres 478. Unterwegs hatte die neue syrakusanische Flotte mit der karthagischen ein heftiges Gefecht zu bestehen und büfste darin eine beträchtliche Anzahl Schiffe ein. Die Entfernung des Königs und die Kunde von diesem ersten Unfall genügten zum Sturz des sikeliotischen Reiches; auf sie hin weigerten alle Städte dem abwesenden König Geld und Truppen und der glänzende Staat brach schneller noch als er entstanden war wiederum zusammen, theils weil der König selbst die Treue und Liebe, auf der jeder Staat ruht, in den Herzen seiner Unterthanen untergraben hatte, theils weil es dem Volk an der Hingebung fehlte zur Rettung der Nationalität auf vielleicht nur kurze Zeit der Freiheit zu entsagen. Damit war Pyrrhos Unternehmen gescheitert, der Plan seines Lebens ohne Aussicht dahin; er ist fortan ein Abenteurer, der es fühlt, dafs er viel gewesen und nichts mehr ist, der den Krieg nicht mehr als Mittel zum Zwecke führt, sondern um in wildem Würfelspiel sich zu betäuben und wo möglich im Schlachtgetümmel einen Soldatentod zu finden. An der italischen Küste angelangt begann der König mit einem Versuch sich Rhegions zu bemächtigen, aber mit Hülfe der Mamertiner schlugen die Campaner den Angriff ab und in dem hitzigen Gefecht vor der Stadt ward der König selbst verwundet, indem er einen feindlichen Offizier vom Pferde hieb. Dagegen überrumpelte er Lokri, dessen Einwohner die Niedermetzelung der epeirotischen Besatzung schwer büfsten, und plünderte den reichen Schatz des Persephonetempels daselbst, um seine leere Kasse zu füllen. So gelangte er nach Tarent, angeblich mit 20000 Mann zu Fufs und 3000 Reitern. Aber es waren nicht mehr die erprobten Veteranen von vordem und nicht mehr begrüfsten die Italiker in ihnen ihre Retter; das Vertrauen und die Hoffnung, damit man den König fünf Jahre zuvor empfing, waren gewichen, den Verbündeten Geld und Mannschaft ausgegangen. Den schwer bedrängten Samniten, in deren Gebiet die Römer 478/9 überwintert hatten, zu Hülfe rückte der König im Frühjahr 479 ins Feld und zwang bei Benevent auf dem arusinischen Felde den Consul Manius Curius zur Schlacht, bevor er sich mit seinem von Lucanien heranrückenden Collegen vereinigen konnte. Aber die Heeresabtheilung, die den Römern in die Flanke zu fallen bestimmt war, verirrte sich während des Nachtmarsches in den Wäldern und blieb im entscheidenden Augenblick aus; und nach heftigem Kampf entschieden auch hier wieder die Elephanten die Schlacht, aber diesmal für die Römer, indem sie, von den zur Bedeckung des Lagers aufgestellten Schützen in Verwirrung gebracht, auf ihre eigenen Leute sich warfen. Die Sieger besetzten das Lager; in ihre Hände fielen 1300 Gefangene und vier Elephanten — die ersten, die Rom sah, aufserdem eine unermefsliche Beute, aus deren Erlös später in Rom der Aquäduct, welcher das Aniowasser von Tibur nach Rom führte, gebaut ward. Ohne Truppen um das Feld zu halten und ohne Geld sandte Pyrrhos an seine Verbündeten, die ihm zur Ausrüstung nach Italien gesteuert hatten, die Könige von Makedonien und Asien; aber auch in der Heimath fürchtete man ihn nicht mehr und schlug die Bitte ab. Verzweifelnd an dem Erfolg gegen Rom und erbittert durch diese Weigerungen liefs Pyrrhos Besatzung in Tarent und ging selber noch im selben Jahre (479) heim nach Griechenland, wo eher noch als bei dem stetigen und gemessenen Gang der italischen Verhältnisse sich dem verzweifelten Spieler eine Aussicht eröffnen mochte. In der That gewann er nicht blofs schnell zurück was von seinem Reiche war abgerissen worden, sondern er griff noch einmal und nicht ohne Erfolg nach der makedonischen Krone. Allein an Antigonus Gonatas ruhiger und umsichtiger Politik und mehr noch an seinem eigenen Ungestüm und der Unfähigkeit den stolzen Sinn zu zähmen scheiterten auch seine letzten Pläne; er gewann noch Schlachten, aber keinen dauernden Erfolg mehr und

<small>Pyrrhos Tod.</small> fand sein Ende in einem elenden Strafsengefecht im peloponnesi-
schen Argos (482).

<small>Letzte Kämpfe in Italien.</small> In Italien ist der Krieg zu Ende mit der Schlacht bei Benevent; langsam verenden die letzten Zuckungen der nationalen Partei. Zwar so lange der Kriegsfürst, dessen mächtiger Arm es gewagt hatte dem Schicksal in die Zügel zu fallen, noch unter den Lebenden war, hielt er, wenn gleich abwesend, gegen Rom <small>Einnahme von Tarent.</small> die feste Burg von Tarent. Mochte auch nach des Königs Entfernung in der Stadt die Friedenspartei die Oberhand gewinnen, Milon, der für Pyrrhos darin den Befehl führte, wies ihre Anmuthungen ab und liefs die römisch gesinnten Städter in dem Castell, das sie im Gebiet von Tarent sich errichtet hatten, auf ihre eigene Hand mit Rom Frieden schliefsen, wie es ihnen beliebte, ohne darum seine Thore zu öffnen. Aber als nach Pyrrhos Tode eine karthagische Flotte in den Hafen einlief und Milon die Bürgerschaft im Begriff sah die Stadt an die Karthager auszuliefern, zog er es vor dem römischen Consul Lucius Papirius die Burg zu übergeben (482) und damit für sich und die Seinigen freien Abzug zu erkaufen. Für die Römer war dies ein ungeheurer Glücksfall. Nach den Erfahrungen, die Philipp vor Perinth und Byzanz, Demetrios vor Rhodos, Pyrrhos vor Lilybaeon gemacht hatten, läfst sich bezweifeln, ob die damalige Strategik überhaupt im Stande war eine wohl befestigte und wohl vertheidigte und von der See her zugängliche Stadt zur Uebergabe zu zwingen; und welche Wendung hätten die Dinge nehmen mögen, wenn Tarent das in Italien für die Phoenikier geworden wäre, was in Sicilien Lilybaeon für sie gewesen war! Indefs das Geschehene war nicht zu ändern. Der karthagische Admiral, da er die Burg in den Händen der Römer sah, erklärte nur vor Tarent erschienen zu sein um den Bundesgenossen gemäfs des Vertrages bei der Belagerung der Stadt Hülfe zu leisten und ging unter Segel nach Afrika; und die römische Gesandtschaft, welche wegen der versuchten Occupation von Tarent Aufklärung zu fordern und Beschwerde zu führen nach Karthago gesandt ward, brachte nichts zurück als die feierliche und eidliche Bekräftigung dieser angeblichen bundesfreundlichen Absicht, wobei man denn auch in Rom vorläufig sich beruhigte. Die Tarentiner erhielten, vermuthlich durch Vermittelung ihrer Emigrirten, die Autonomie von den Römern zurück; aber Waffen und Schiffe mufsten ausgeliefert und die Mauern niedergerissen werden. —
<small>Unteritalien unterworfen.</small> In demselben Jahre, in dem Tarent römisch ward, unterwarfen sich endlich auch die Samniten, Lucaner und Brettier, welche

letztere die Hälfte des einträglichen und für den Schiffbau wichtigen Silawaldes abtreten mufsten. — Endlich traf auch die seit zehn Jahren in Rhegion hausende Bande die Strafe für den gebrochenen Fahneneid wie für den Mord der rheginischen Bürgerschaft und der Besatzung von Kroton. Es war zugleich die allgemeine Sache der Hellenen gegen die Barbaren, welche Rom hier vertrat; der neue Herr von Syrakus Hieron unterstützte darum auch die Römer vor Rhegion durch Sendung von Lebensmitteln und Zuzug und machte gleichzeitig einen mit der römischen Expedition gegen Rhegion combinirten Angriff auf deren Stamm- und Schuldgenossen in Sicilien, die Mamertiner in Messana. Die Belagerung der letzteren Stadt zog sich sehr in die Länge; dagegen wurde Rhegion, obwohl auch hier die Meuterer hartnäckig und lange sich wehrten, im Jahre 484 von den Römern erstürmt, was von der Besatzung übrig war, in Rom auf offenem Markte gestäupt und enthauptet, die alten Einwohner aber zurückgerufen und so viel möglich in ihr Vermögen wieder eingesetzt. So war im Jahre 484 ganz Italien zur Unterthänigkeit gebracht. Nur die hartnäckigsten Gegner Roms, die Samniten, setzten trotz des officiellen Friedensschlusses noch als ‚Räuber' den Kampf fort, so dafs sogar im Jahre 485 noch einmal beide Consuln gegen sie geschickt werden mufsten. Aber auch der hochherzigste Volksmuth, die tapferste Verzweiflung geben einmal zu Ende; Schwert und Galgen brachten endlich auch den samnitischen Bergen die Ruhe. — Zur Sicherung dieser ungeheuren Erwerbungen wurde wiederum eine Reihe von Colonien angelegt: in Lucanien Paestum und Cosa (481), als Zwingburgen für Samnium Beneventum (486) und Aesernia (um 491), als Vorposten gegen die Gallier Ariminum (486), in Picenum Firmum (um 490) und die Bürgercolonie Castrum novum; die Fortführung der grofsen Südchaussee, welche an der Festung Benevent eine neue Zwischenstation zwischen Capua und Venusia erhielt, bis zu den Häfen von Tarent und Brundisium und die Colonisirung des letzteren Seeplatzes, den die römische Politik zum Nebenbuhler und Nachfolger des tarentinischen Emporiums sich ausersehen hatte, wurden vorbereitet. Die neuen Festungs- und Strafsenanlagen veranlafsten noch einige Kriege mit den kleinen Völkerschaften, deren Gebiet durch dieselben geschmälert ward, den Picentern (485. 486), von denen eine Anzahl in die Gegend von Salernum verpflanzt ward, den Sallentinern (487. 488), den umbrischen Sassinaten (487. 488), welche letzte nach der Austreibung der Senonen das Gebiet von Ariminum besetzt zu haben scheinen. Durch diese Anlagen ward die Herrschaft Roms über das unteritalische Binnenland und überhaupt vom Apennin bis zum ionischen Meere ausgedehnt.

Seeverhältnisse. Bevor wir die politische Ordnung darstellen, nach der das also geeinigte Italien von Rom aus regiert ward, bleibt es noch übrig auf die Seeverhältnisse im vierten und fünften Jahrhundert einen Blick zu werfen. Es waren in dieser Zeit wesentlich Syrakus und Karthago, die um die Herrschaft in den westlichen Gewässern mit einander rangen; im Ganzen überwog trotz der grofsen Erfolge, welche Dionysios (348—389), Agathokles (437—465) und Pyrrhos (476—478) vorübergehend zur See erlangten, doch hier Karthago und sank Syrakus mehr und mehr zu einer Seemacht zweiten Ranges herab. Mit Etruriens Bedeutung zur See war es völlig vorbei (S. 327); die bisher etruskische Insel Corsica kam wenn nicht gerade in den Besitz, doch unter die maritime Suprematie der Karthager. Tarent, das eine Zeitlang noch eine Rolle gespielt hatte, ward durch die römische Occupation gebrochen. Die tapferen Massalioten behaupteten sich wohl in ihren eigenen Gewässern; aber in die Vorgänge auf den italischen griffen sie nicht wesentlich ein. Die übrigen Seestädte kamen kaum noch ernstlich in Betracht. — Rom selber

Sinken der römischen Seemacht. entging dem gleichen Schicksal nicht; in seinen eigenen Gewässern herrschten ebenfalls fremde Flotten. Wohl war es Seestadt von Haus aus und ist in der Zeit seiner Frische seinen alten Traditionen niemals so untreu geworden, dafs es die Kriegsmarine gänzlich vernachlässigt hätte und nie so thöricht gewesen blofs Continentalmacht sein zu wollen. Latium lieferte zum Schiffbau die schönsten Stämme, welche die gerühmten unteritalischen bei weitem übertrafen, und die fortdauernd in Rom unterhaltenen Docks bewiesen allein schon, dafs man dort nie darauf verzichtet hat eine eigene Flotte zu besitzen. Indefs während der gefährlichen Krisen, welche die Vertreibung der Könige, die inneren Erschütterungen in der römisch-latinischen Eidgenossenschaft und die unglücklicken Kriege gegen die Etrusker und die Kelten über Rom brachten, konnten die Römer sich um den Stand der Dinge auf dem Mittelmeer nur wenig bekümmern und bei der immer entschiedener hervortretenden Richtung der römischen Politik auf Unterwerfung des italischen Continents verkümmerte die Seemacht. Es ist bis zum Ende des vierten Jahrhunderts kaum von latinischen Kriegschiffen die Rede, aufser dafs auf einem römischen das Weihgeschenk aus der vejentischen Beute nach Delphi gesandt ward (360). Die Antiaten freilich fuhren fort ihren Handel mit bewaffneten Schiffen und also auch gelegentlich das Piratengewerbe zu betreiben und der ‚tyrrhenische Corsar' Postumius, den Timoleon um 415 aufbrachte, könnte allerdings ein Antiate gewesen sein; aber unter den Seemächten jener Zeit zählten sie schwerlich mit und wäre es der Fall gewesen, so würde bei der Stellung Antiums zu Rom darin für Rom nichts weniger als ein Vortheil gelegen haben. Wie weit es um das Jahr 400 mit dem Verfall der römischen Seemacht gekommen war, zeigt die Ausplünderung der latinischen Küsten durch eine griechische, vermuthlich sicilische Kriegsflotte im Jahre 405, während zugleich keltische Haufen das latinische Land brandschatzend durchzogen (S. 337). Das Jahr darauf (406) und ohne Zweifel unter dem unmittelbaren Eindruck dieser bedenklichen Ereignisse schlossen die römische Gemeinde und die Phönikier von Karthago, beiderseits für sich und die abhängigen Bundesgenossen, einen Handels- und Schifffahrtsvertrag, die älteste römische Urkunde, von der der Text, freilich nur in griechischer Uebersetzung, auf uns gekommen ist*). Die Römer mufsten darin sich verpflichten die Gewässer vom schönen Vorgebirge (Cap Bon) an der libyschen Küste, Nothfälle ausgenommen, nicht zu befahren; dagegen erhielten sie freien Verkehr gleich den Einheimischen auf Sicilien, so weit dies karthagisch war, und in Africa und Sardinien wenigstens das Recht dort gegen den unter Zuziehung der karthagischen Beamten festgestellten und von der karthagischen Gemeinde garantirten Kaufpreis ihre Waaren abzusetzen. Den Karthagern scheint wenigstens in Rom, vielleicht in ganz Latium freier Verkehr zugestanden zu sein, nur machten sie sich anheischig die botmäfsigen latinischen Gemeinden nicht zu vergewaltigen (S. 353), auch wenn sie als Feinde den latinischen Boden betreten würden, dort nicht Nachtquartier zu nehmen — also ihre Seeräuberzüge nicht in das Binnenland auszudehnen — noch gar Festungen im latinischen Lande anzulegen. Wahrscheinlich in dieselbe Zeit gehört auch der oben (S. 395) schon erwähnte Vertrag zwischen Rom und Tarent, von dessen Entstehungszeit nur berichtet wird, dafs er längere Zeit vor 472 abgeschlossen ward; durch denselben verpflichteten sich die Römer, gegen welche Zusicherungen tarentinischer Seits wird nicht gesagt, die Gewässer östlich vom lakini-

---

*) Die Nachweisung, dafs die bei Polybios 3, 22 mitgetheilte Urkunde nicht dem Jahre 245, sondern dem Jahre 406 angehört, ist in der Chronologie S. 320 fg. gegeben worden.

schen Vorgebirge nicht zu befahren, wodurch sie also völlig vom östlichen Becken des Mittelmeeres ausgeschlossen wurden. — Es waren dies Niederlagen so gut wie die an der Allia, und auch der römische Senat scheint sie als solche empfunden und die günstige Wendung, die die italischen Verhältnisse bald nach dem Abschlufs der demüthigenden Verträge mit Karthago und Tarent für Rom nahmen, mit aller Energie benutzt zu haben, um die gedrückte maritime Stellung zu verbessern. Die wichtigsten Küstenstädte wurden mit römischen Colonien belegt: der Hafen von Caere Pyrgi, dessen Colonisirung wahrscheinlich in diese Zeit fällt; ferner an der latinischen Küste Antium im Jahre 416 (S. 361), Tarracina im Jahre 425 (S. 361), die jetzige Insel Ponza 441 (S. 372), womit, da Ostia, Ardea und Circeii bereits früher Colonisten empfangen hatten, alle namhaften latinischen Seeplätze latinische oder Bürgercolonien geworden waren; weiter an der campanischen und lucanischen Minturnae und Sinuessa im Jahre 459 (S. 384), Paestum und Cosa im Jahre 481 (S. 416), und am adriatischen Littoral Sena gallica und Castrum novum um das Jahr 471 (S. 394), Ariminum im Jahre 486 (S. 415), wozu noch die gleich nach der Beendigung des pyrrhischen Krieges erfolgte Besetzung von Brundisium hinzukommt. In der gröfseren Hälfte dieser Ortschaften, den Bürger- oder Seecolonien*) war die junge Mannschaft vom Dienst in den Legionen befreit und lediglich bestimmt die Küsten zu überwachen. Die gleichzeitige wohlüberlegte Bevorzugung der unteritalischen Griechen vor ihren sabellischen Nachbarn, namentlich der ansehnlichen Gemeinden Neapolis, Rhegion, Lokri, Thurii, Herakleia und deren gleichartige und unter gleichartigen Bedingungen gewährte Befreiung vom Zuzug zum Landheer vollendete das um die Küsten Italiens gezogene römische Netz. — Aber mit einer staatsmännischen Sicherheit, von welcher die folgenden Generationen hätten lernen können, erkannten es die leitenden Männer des römischen Gemeinwesens, dafs alle diese Küstenbefestigungen und Küstenbewachungen unzulänglich bleiben mufsten, wenn nicht die Kriegsmarine des Staats wieder auf einen achtunggebietenden Fufs gebracht ward. Einen gewissen Grund dazu legte schon nach der Unterwerfung von Antium (416) die Abführung der brauchbaren Kriegsgaleeren in die römischen Docks; die gleichzeitige Verfügung indefs, dafs die Antiaten sich alles Seeverkehrs

---

*) Es waren dies Pyrgi, Ostia, Antium, Tarracina, Minturnae, Sinuessa, Sena gallica und Castrum novum.

zu enthalten hätten*), charakterisirt mit schneidender Deutlichkeit, wie ohnmächtig damals die Römer noch zur See sich fühlten und wie völlig ihre Seepolitik noch aufging in der Occupirung der Küstenplätze. Als sodann die süditalischen Griechenstädte, zuerst 428 Neapel, in die römische Clientel eintraten, machten die Kriegsschiffe, welche jede dieser Städte sich verpflichtete den Römern als bundesmäfsige Kriegshülfe zu stellen, zu einer römischen Flotte wenigstens wieder einen Anfang. Im Jahre 443 wurden weiter in Folge eines eigens defswegen gefafsten Bürgerschaftsschlusses zwei Flottenherren (*duoviri navales*) ernannt und diese römische Seemacht wirkte im samnitischen Krieg mit bei der Belagerung von Nuceria (S. 376). Vielleicht gehört selbst die merkwürdige Sendung einer römischen Flotte von 25 Segeln zur Gründung einer Colonie auf Corsica, welcher Theophrastos in seiner um 447 geschriebenen Pflanzengeschichte gedenkt, dieser Zeit an. Wie wenig aber mit allem dem unmittelbar erreicht war, zeigt der im Jahre 448 erneuerte Vertrag mit Karthago. Während die Italien und Sicilien betreffenden Bestimmungen des Vertrages von 406 (S. 417) unverändert blieben, wurde den Römern aufser der Befahrung der östlichen Gewässer jetzt weiter die früher gestattete des atlantischen Meers, so wie der Handelsverkehr mit den Unterthanen Karthagos in Sardinien und Africa, endlich wahrscheinlich auch die Festsetzung auf Corsica**) un-

---

*) Diese Angabe ist eben so bestimmt (Liv. 8, 14: *interdictum mari Antiati populo est*) wie an sich glaubwürdig; denn Antium war ja nicht blofs von Colonisten, sondern auch noch von der ehemaligen in der Feindschaft gegen Rom aufgenährten Bürgerschaft bewohnt (S. 361). Damit im Widerspruch stehen freilich die griechischen Berichte, dafs Alexander der Grofse († 431) und Demetrius der Belagerer († 471) in Rom über antiatische Seeräuber Beschwerde geführt haben sollen. Der erste aber ist mit dem über die römische Gesandtschaft nach Babylon (S. 386) gleichen Schlages und vielleicht gleicher Quelle. Demetrios dem Belagerer sieht es eher ähnlich, dafs er die Piraterie im tyrrhenischen Meer, das er nie mit Augen gesehen hat, durch Verordnung abschaffte, und undenkbar ist es gerade nicht, dafs die Antiaten auch als römische Bürger ihr altes Gewerbe noch trotz des Verbots unter der Hand eine Zeitlang fortgesetzt haben; viel wird indefs auch auf die zweite Erzählung nicht zu geben sein.

**) Nach Servius (zur Aeneis 4, 628) war in den römisch-karthagischen Verträgen bestimmt, es solle kein Römer karthagischen, kein Karthager römischen Boden betreten (vielmehr besetzen), Corsica aber zwischen beiden neutral bleiben (*ut neque Romani ad litora Carthaginiensium accederent neque Carthaginienses ad litora Romanorum — — Corsica esset media inter Romanos et Carthaginienses*). Das scheint hieher zu gehören und die Colonisirung von Corsica eben durch diesen Vertrag verhindert worden zu sein.

tersagt, so dafs nur das karthagische Sicilien und Karthago selbst ihrem Handel geöffnet blieben. Man erkennt hier die mit der Ausdehnung der römischen Küstenherrschaft steigende Eifersucht der herrschenden Seemacht: sie zwang die Römer sich ihrem Prohibitivsystem zu fügen, sich von den Productionsplätzen im Occident und im Orient ausschliefsen zu lassen — in diesen Zusammenhang gehört noch die Erzählung von der öffentlichen Belohnung des phönikischen Schiffers, der ein in den atlantischen Ocean ihm nachsteuerndes römisches Fahrzeug mit Aufopferung seines eigenen auf eine Sandbank geführt hatte — und ihre Schifffahrt auf den engen Raum des westlichen Mittelmeers vertragsmäfsig zu beschränken, um nur ihre Küste nicht der Plünderung preiszugeben und die alte und wichtige Handelsverbindung mit Sicilien zu sichern. Die Römer mufsten sich fügen; aber sie liefsen nicht ab von den Bemühungen ihr Seewesen aus seiner Ohnmacht zu reifsen. Eine durchgreifende Mafsregel in diesem Sinne war die Einsetzung der vier Flottenquästoren (*quaestores classici*) im Jahre 487, von denen der erste in Ostia, dem Seehafen der Stadt Rom, seinen Sitz erhielt, der zweite von Cales, damals der Hauptstadt des römischen Campaniens, aus die campanischen und grofsgriechischen, der dritte von Ariminum aus die transapenninischen Häfen zu beaufsichtigen hatte; der Bezirk des vierten ist nicht bekannt. Diese neuen ständigen Beamten waren zwar nicht allein, aber doch mit bestimmt die Küsten zu überwachen und zum Schutze derselben eine Kriegsmarine zu bilden. Die Absicht des römischen Senats die Selbstständigkeit zur See wieder zu gewinnen und theils die maritimen Verbindungen Tarents abzuschneiden, theils den von Epeiros kommenden Flotten das adriatische Meer zu sperren, theils sich von der karthagischen Suprematie zu emancipiren liegt deutlich zu Tage. Das schon erörterte Verhältnifs zu Karthago während des letzten italischen Krieges weist davon die Spuren auf. Zwar zwang König Pyrrhos die beiden grofsen Städte noch einmal — es war das letzte Mal — zum Abschlufs einer Offensivallianz; allein die Lauigkeit und Treulosigkeit dieses Bündnisses, die Versuche der Karthager sich in Rhegion und Tarent festzusetzen, die sofortige Besetzung Brundisiums durch die Römer nach Beendigung des Krieges zeigen deutlich, wie sehr die beiderseitigen Interessen schon sich einander stiefsen. — Begreiflicher Weise suchte Rom sich gegen Karthago auf die hellenischen Seestaaten zu stützen. Mit Massalia bestand das alte enge Freundschaftsverhältnifs ununterbrochen fort. Das nach Veiis Eroberung von Rom nach Delphi gesandte Weihgeschenk ward daselbst in dem Schatzhaus der Massalioten aufbewahrt. Nach der Einnahme Roms durch die Kelten ward für die Abgebrannten in Massalia gesammelt, wobei die Stadtkasse voranging; zur Vergeltung gewährte dann der römische Senat den massaliotischen Kaufleuten Handelsbegünstigungen und räumte bei der Feier der Spiele auf dem Markt neben der Senatorentribüne den Massalioten einen Ehrenplatz (*graecostasis*) ein. Eben dahin gehören die um das Jahr 448 mit Rhodos und nicht lange nachher mit Apollonia, einer ansehnlichen Kaufstadt an der epirotischen Küste, von den Römern abgeschlossenen Handels- und Freundschaftsverträge und vor allem die für Karthago sehr bedenkliche Annäherung, welche unmittelbar nach dem Ende des pyrrhischen Krieges zwischen Rom und Syrakus stattfand (S. 415). — Wenn also die römische Seemacht zwar mit der ungeheuren Entwicklung der Landmacht auch nicht entfernt Schritt hielt und namentlich die eigene Kriegsmarine der Römer keineswegs war, was sie nach der geographischen und commerciellen Lage des Staates hätte sein müssen, so fing doch auch sie an allmählich sich aus der völligen Nichtigkeit, zu welcher sie um das Jahr 400 herabgesunken war, wieder emporzuarbeiten; und bei den grofsen Hülfsquellen Italiens mochten wohl die Phoenikier mit besorgten Blicken diese Bestrebungen verfolgen.

Die Krise über die Herrschaft auf den italischen Gewässern nahte heran; zu Lande war der Kampf entschieden. Zum erstenmal war Italien unter der Herrschaft der römischen Gemeinde zu einem Staat vereinigt. Welche politischen Befugnisse dabei die römische Gemeinde den sämmtlichen übrigen italischen entzog und in ihren alleinigen Besitz nahm, das heifst, welcher staatsrechtliche Begriff mit dieser Herrschaft Roms zu verbinden ist, wird nirgends ausdrücklich gesagt und es mangelt selbst, in bezeichnender und klug berechneter Weise, für diesen Begriff an einem allgemeingültigen Ausdruck*). Nachweislich gehörten dazu nur das Kriegs- und Vertrags- und das Münzrecht, so dafs keine

Das vereinigte Italien.

---

*) Die Clausel, dafs das abhängige Volk sich verpflichet ‚die Hoheit des römischen freundlich gelten zu lassen' (*maiestatem populi Romani comiter conservare*), ist allerdings die technische Bezeichnung dieser mildesten Unterthänigkeitsform, aber wahrscheinlich erst in bedeutend späterer Zeit aufgekommen (Cic. *pro Balbo* 16, 35). Auch die privatrechtliche Bezeichnung der Clientel, so treffend sie eben in ihrer Unbestimmtheit das Verhältnifs bezeichnet (Dig. 49, 15, 7, 1), ist schwerlich in älterer Zeit officiell auf dasselbe angewendet worden.

italische Gemeinde einem auswärtigen Staat Krieg erklären oder
mit ihm auch nur verhandeln und keine Courantgeld schlagen
durfte, dagegen jede von der römischen Gemeinde erlassene
Kriegserklärung und jeder von ihr abgeschlossene Staatsvertrag von Rechtswegen alle übrigen italischen Gemeinden
mit band und das römische Silbergeld in ganz Italien gesetzlich gangbar ward; und es ist wahrscheinlich, dafs formell
die allgemeinen Rechte der führenden Gemeinde sich nicht weiter erstreckten. Indefs nothwendig knüpfte hieran eine thatsächlich viel weiter gehende Herrschaftsbefugnifs sich an. — Im Einzelnen war das Verhältnifs, in welchem die Italiker zu der führenden Gemeinde standen, ein höchst ungleiches und es sind in
dieser Hinsicht, aufser der römischen Vollbürgerschaft, drei verschiedene Klassen von Unterthanen zu unterscheiden. Jene
selbst vor allem ward so weit ausgedehnt, als es irgend möglich
war ohne den Begriff eines städtischen Gemeinwesens für die römische Commune völlig aufzugeben. Das alte Bürgergebiet war
nicht blofs durch Einzelassignation bis tief in Etrurien einer-
und Campanien andererseits hinein erweitert, sondern es war
auch, seit zuerst mit Tusculum das Beispiel gegeben war, eine
grofse Anzahl näherer oder entfernterer Gemeinden allmählich
der römischen einverleibt worden und vollständig in ihr aufgegangen. Dafs in Folge der wiederholten Schilderhebungen der
Latiner gegen Rom ein ansehnlicher Theil der ursprünglichen
Glieder des latinischen Bundes in die römische Vollbürgerschaft
hatte eintreten müssen, wurde schon erzählt (S. 349. 361). Dasselbe geschah im Jahre 486 für die sämmtlichen Gemeinden der
Sabiner, die den Römern nächst verwandt waren und in dem letzten schweren Kriege ihre Treue hinreichend bewährt hatten. In
ähnlicher Weise und aus gleichen Ursachen scheinen um dieselbe
Zeit eine Anzahl Gemeinden des ehemaligen volskischen Gebietes
aus dem Unterthanen- in das Bürgerverhältnifs übergetreten zu
sein. Diese ursprünglich sabinischen und volskischen, wahrscheinlich aber damals schon wesentlich romanisirten Communen
waren die ersten dem römischen Bürgerverband incorporirten
eigentlich stammfremden Glieder. Dazu kamen die eben erwähnten sogenannten See- oder Bürgercolonien, deren Bewohner
gleichfalls sämmtlich das römische Vollbürgerrecht besafsen.
Danach mag die römische Bürgerschaft sich nördlich bis in die
Nähe von Caere, östlich bis an den Apennin, südlich bis an und
über Formiae erstreckt haben, obwohl freilich von einer eigentlichen Grenze hier nirgends die Rede sein kann und einzelne Ge-

meinden innerhalb dieses Gebietes, wie Tibur, Praeneste, Signia, Norba das römische Bürgerrecht entbehrten, andere auſserhalb desselben, wie Sena, dasselbe besaſsen und römische Bauernfamilien vereinzelt oder in Dörfern vereinigt vermuthlich schon jetzt durch ganz Italien zerstreut sich fanden. — Unter den unterthänigen Gemeinden war die bevorzugteste und wichtigste Klasse die der latinischen Städte, welche zwar von den ursprünglichen albanischen Festgenossen nur noch wenige und mit Ausnahme von Praeneste und Tibur durchgängig unbedeutende Gemeinden umfaſste, dagegen an den von Rom inner- und selbst schon auſserhalb Italien gegründeten autonomen Gemeinden, den sogenannten latinischen Colonien eben so zahlreichen als ansehnlichen Zuwachs erhielt und stetig durch neue Gründungen dieser Art sich vermehrte. Diese neuen Stadtgemeinden römischen Ursprungs, aber latinischen Rechts wurden immer mehr die eigentlichen Stützen der römischen Herrschaft über Italien. Es waren dies keineswegs diejenigen Latiner, mit denen am Regillersee und bei Trifanum gestritten worden war — nicht jene alten Glieder des albischen Bundes, welche der Gemeinde Rom von Haus aus sich gleich, wo nicht besser achteten und welche, wie die gegen Praeneste zu Anfang des pyrrhischen Krieges verfügten furchtbar strengen Sicherheitsmaſsregeln und die nachweislich lange noch fortzuckenden Reibungen namentlich mit den Praenestinern beweisen, die römische Herrschaft als schweres Joch empfanden. Das Latium der späteren republikanischen Zeit bestand vielmehr fast ausschlieſslich aus Gemeinden, die von Anbeginn an in Rom ihre Haupt- und Mutterstadt verehrt hatten, die inmitten fremdsprachiger und andersgearteter Landschaften durch Sprach-, Rechts- und Sittengemeinschaft an Rom geknüpft waren, die als kleine Tyrannen der umliegenden Districte ihrer eigenen Existenz wegen wohl an Rom halten muſsten wie die Vorposten an der Hauptarmee, die endlich, in Folge der steigenden materiellen Vortheile des römischen Bürgerthums, aus ihrer wenn gleich beschränkten Rechtsgleichheit mit den Römern immer noch einen sehr ansehnlichen Gewinn zogen, wie ihnen denn zum Beispiel ein Theil der römischen Domäne zur Sondernutzung überwiesen zu werden pflegte und die Betheiligung an den Staatsverpachtungen ihnen wie dem römischen Bürger offen stand. Eine gewisse Gefahr drohte den Römern freilich auch von dieser Seite her. Venusinische Inschriften aus der Zeit der römischen Republik und kürzlich zum Vorschein gekommene bene-

Unterthänige Gemeinden.

Latiner.

ventanische*) lehren, dafs Venusia so gut wie Rom seine Plebs und seine Volkstribune gehabt und dafs die Oberbeamten von Benevent wenigstens um die Zeit des hannibalischen Krieges den Consultitel geführt haben. Beide Gemeinden gehören zu den jüngsten unter den latinischen Colonien älteren Rechts; man sieht, welche Ansprüche um die Mitte des fünften Jahrhunderts in denselben sich regten. Es konnte auch nicht anders sein, als dafs diese sogenannten Latiner, hervorgegangen aus der römischen Bürgerschaft und in jeder Beziehung sich ihr gleich fühlend, auch ihrerseits anfingen ihr untergeordnetes Bundesrecht unwillig zu empfinden und nach voller Gleichberechtigung zu streben. Deswegen war denn der Senat bemüht, diese latinischen Gemeinden, wie wichtig sie immer für Rom waren, doch nach Möglichkeit in ihren Rechten und Privilegien herabzudrücken und ihre bundesgenössische insoweit in eine Unterthanenstellung umzuwandeln als dies geschehen konnte ohne zwischen ihnen und den nicht latinischen Gemeinden Italiens die Scheidewand wegzuziehen. Die Aufhebung des Bundes der latinischen Gemeinden selbst und der Verlust der wichtigsten denselben zuständigen politischen Rechte so wie der ehemaligen vollständigen Gleichberechtigung ist schon dargestellt worden; mit der vollendeten Unterwerfung Italiens geschah ein weiterer Schritt und wurde der Anfang dazu gemacht auch die bisher nicht angetasteten individuellen Rechte des einzelnen latinischen Mannes, vor allem die wichtige Freizügigkeit zu beschränken. Zwar an die den älteren Gemeinden verbrieften Privilegien rührte man nicht; wohl aber wurde zuerst der im Jahre 486 gegründeten Gemeinde Ariminum und ebenso allen später constituirten autonomen Gemeinden die Befugnifs nicht mehr zugestanden durch Niederlassung in Rom das Passivbürger- und selbst ein gewisses Stimmrecht daselbst zu gewinnen (S. 344), sondern die Bevorzugung dieser jüngeren latinischen Gemeinden vor den übrigen Unterthanen in der Hauptsache beschränkt auf die privatrechtliche Gleichstellung ihrer und der römischen Gemeindebürger im Handel und Wandel so wie im Erbrecht. Nur denjenigen Bürgern dieser Ortschaften, welche in denselben ein Gemeindeamt bekleidet hatten, wurde für die Zukunft das römische Bürgerrecht, dann aber auch und wie es scheint von Anfang an, ohne jede Rechtsbeschränkung ertheilt**). Es er-

---

*) *V. Cervio A.f. cosol dedicavit* und *Iunonei Quiritei sacra. C. Falcilius L.f. consol dedicavit.*
**) Nach Ciceros Zeugnifs (*pro Caec.* 35) gab Sulla den Volaterranern das ehemalige Recht von Ariminum, das heifst, setzt der Redner hinzu, das

scheint hier deutlich die vollständige Umänderung der Stellung Roms. So lange Rom noch wenn auch die erste, doch nur eine der vielen italischen Stadtgemeinden war, wurde der Eintritt selbst in das unbeschränkte römische Bürgerrecht durchgängig als ein Gewinn für die aufnehmende Gemeinde und als ein Rechtsverlust für die Aufgenommenen betrachtet und die Gewinnung dieses Bürgerrechts den Nichtbürgern auf alle Weise erleichtert, ja oft als Strafe ihnen auferlegt. Seit aber die römische Gemeinde allein herrschte und die übrigen alle ihr dienten, kehrte das Verhältnifs sich um: die römische Gemeinde fing an ihr Bürgerrecht eifersüchtig zu bewahren und darum zunächst der alten vollen Freizügigkeit ein Ende zu machen; obwohl die Staatsmänner dieser Zeit doch einsichtig genug waren wenigstens den Spitzen und Capacitäten der höchstgestellten Unterthanengemeinden den Eintritt in das römische Bürgerrecht gesetzlich offen zu halten. Auch die Latiner also hatten es zu empfinden, dafs Rom, nachdem es hauptsächlich durch sie sich Italien unterworfen hatte, jetzt ihrer nicht mehr so wie bisher bedurfte. — In einer weit gedrückteren Stellung befanden sich die beiden anderen Klassen der römischen Unterthanen, die unterthänigen römischen Bürger und die nicht latinischen Bundesgemeinden.

Recht der ‚zwölf Colonien', welche nicht die römische Civität, aber volles Commercium mit den Römern hatten. Ueber wenige Dinge ist so viel verhandelt worden wie über die Beziehung dieses Zwölfstädterechts; und doch liegt dieselbe nicht fern. Es sind in Italien und im cisalpinischen Gallien, abgesehen von einigen früh wieder verschwundenen, in Ganzen vierunddreifsig latinische Colonien gegründet worden; die zwölf jüngsten derselben — Ariminum, Beneventum, Firmum, Aesernia, Brundisium, Spoletium, Cremona, Placentia, Copia, Valentia, Bononia, Aquileia — sind hier gemeint und da Ariminum von ihnen die älteste und diejenige ist, für welche diese neue Ordnung zunächst festgesetzt ward — vielleicht zum Theil defswegen mit, weil dies die erste aufserhalb Italien gegründete römische Colonie war —, so heifst das Stadtrecht dieser Colonien richtig das ariminensische. Damit ist zugleich erwiesen, was schon aus anderen Gründen die höchste Wahrscheinlichkeit für sich hatte, dafs alle nach Aquileias Gründung in Italien (im weiteren Sinn) gestifteten Colonien zu den Bürgercolonien gehörten. — Den Umfang der Rechtsschmälerung der jüngeren latinischen Städte im Gegensatz zu den älteren vermögen wir übrigens nicht völlig zu bestimmen. Das Niederlassungsrecht an sich ward den Bürgern jener natürlich nicht entzogen, da es rechtlich überhaupt jedem, der nicht Feind oder dem von Wasser und Feuer abgesagt war, freistand in Rom seinen Wohnsitz aufzuschlagen. Wenn die Ehegemeinschaft, wie es nicht unwahrscheinlich, aber freilich nichts weniger als ausgemacht ist (oben S. 106; Diodor p. 590, 62. *fr. Vat.* p. 130 Dind.), ein Bestandtheil der ursprünglichen bundesgenössischen Rechtsgleichheit war, so ist sie jedenfalls den jüngeren nicht mehr zugestanden worden.

Passivbürger. Die Gemeinden mit römischem Bürgerrecht ohne actives und passives Wahlrecht (*civitas sine suffragio*) standen formell der römischen Vollbürgerschaft näher als die rechtlich autonomen latinischen Gemeinden. Ihre Gemeindeglieder wurden als römische Bürger von allen bürgerlichen Lasten, namentlich von der Aushebung und den Steuern mit betroffen und unterlagen der römischen Schatzung, wogegen sie, wie schon ihre Benennung anzeigt, auf die Ehrenrechte keinen Anspruch hatten. Sie lebten nach römischen Gesetzen und nahmen Recht vor römischen Richtern; doch ward beides dadurch gemildert, dafs ihnen ihr bisheriges Landrecht nach vorgenommener Revision von Rom als römisches Localgesetz zurückgegeben und zur Handhabung der Rechtspflege ein jährlich von dem römischen Praetor ernannter*) ‚Stellvertreter‘ (*praefectus*) gesandt ward. Dagegen behielten diese Gemeinden ihre eigene Verwaltung und wählten dazu selbst ihre Oberbeamten. Dies Rechtsverhältnifs, das zuerst im Jahre 403 für Caere (S. 338), sodann für Capua (S. 362) und eine Reihe anderer von Rom entfernterer Gemeinden festgestellt ward, war der Sache nach vermuthlich die drückendste unter den verschiedenen Formen der Unterthänigkeit. Das Verhältnifs endlich der nicht latinischen Bundesgemeinden unterlag selbstverständlich den mannichfachsten Normen, wie eben der einzelne Bundesvertrag sie festgesetzt hatte. Manche dieser ewigen Bündnisse, wie zum Beispiel die der hernikischen Gemeinden (S. 379) und die von Neapel (S. 367), Nola (S. 372), Herakleia (S. 409), gewährten verhältnifsmäfsig sehr umfassende Rechte, während andere, wie zum Beispiel die tarentinischen und die samnitischen Verträge, der Zwingherrschaft sich genähert haben mögen. —

Auflösung der Völkerbünde. Als allgemeine Regel kann wohl angenommen werden, dafs nicht blofs die latinische und hernikische, von denen es überliefert ist, sondern sämmtliche italische Völkergenossenschaften, namentlich auch die samnitische und die lucanische, rechtlich aufgelöst oder doch zur Bedeutungslosigkeit abgeschwächt wurden und durchschnittlich keiner italischen Gemeinde mit anderen italischen die Verkehrs- oder Ehegemeinschaft oder gar das gemeinsame Berathschlagungs- und Beschlufsfassungsrecht zustand.

Contingentstellung. Ferner wird, wenn auch in verschiedener Weise, dafür gesorgt

---

*) Dafs diese Praefecten bis in das siebente Jahrhundert hinein von dem Praetor, nicht von der Bürgerschaft ernannt wurden und Livius 9, 20, wenn er mit dem Worte *creari* die Volkswahl hat bezeichnen wollen, die Ordnung der letzten republikanischen Epoche fälschlich auf die frühere übertragen hat, ist im *corpus inscr. Lat.* 1 p. 47 gezeigt worden.

worden sein, dafs die Wehr- und Steuerkraft der sämmtlichen italischen Gemeinden der führenden zur Disposition stand. Wenn gleich auch ferner noch nur die Bürgermiliz einer- und die Contingente ‚latinischen Namens' andrerseits als die wesentlichen und integrirenden Bestandtheile des römischen Heeres angesehen wurden und ihm somit sein nationaler Charakter im Ganzen bewahrt blieb, so wurden doch nicht blofs die römischen Passivbürger zu demselben mit herangezogen, sondern ohne Zweifel auch die nichtlatinischen föderirten Gemeinden entweder, wie dies mit den griechischen geschah, zur Stellung von Kriegsschiffen verpflichtet, oder wie dies für die apulischen, sabellinischen und etruskischen auf einmal oder allmählich verordnet worden sein mufs, in das Verzeichnifs der zuzugpflichtigen Italiker (*formula togatorum*) eingetragen. Durchgängig scheint dieser Zuzug eben wie der der latinischen Gemeinden fest normirt worden zu sein, ohne dafs doch die führende Gemeinde erforderlichen Falls verhindert gewesen wäre mehr zu fordern. Es lag hierin zugleich eine indirecte Besteuerung, indem jede Gemeinde verpflichtet war, ihr Contingent selbst auszurüsten und zu besolden. Nicht ohne Absicht wurden darum vorzugsweise die kostspieligsten Kriegsleistungen auf die latinischen oder nicht latinischen föderirten Gemeinden gewälzt, die Kriegsmarine zum gröfsten Theil durch die griechischen Städte in Stand gehalten und bei dem Rofsdienst die Bundesgenossen, späterhin wenigstens, in dreifach stärkerem Verhältnifs als die römische Bürgerschaft angezogen, während im Fufsvolk der alte Satz, dafs das Bundesgenossencontingent nicht zahlreicher sein dürfe als das Bürgerheer, noch lange Zeit wenigstens als Regel in Kraft blieb.

Das System, nach welchem dieser Bau im Einzelnen zusammengefügt und zusammengehalten ward, läfst aus den wenigen auf uns gekommenen Nachrichten sich nicht mehr feststellen. Selbst das Zahlenverhältnifs, in welchem die drei Klassen der Unterthanenschaft zu einander und zu der Vollbürgerschaft standen, ist nicht mehr auch nur annähernd zu ermitteln*) und

Regierungssystem.

---

*) Es ist zu bedauern, dafs wir über die Zahlenverhältnisse nicht genügende Auskunft zu geben im Stande sind. Man kann die Zahl der waffenfähigen römischen Bürger für die spätere Königszeit auf etwa 20000 veranschlagen (S. 95). Nun ist aber von Albas Fall bis auf die Eroberung von Veii die unmittelbare römische Mark nicht wesentlich erweitert worden; womit es vollkommen übereinstimmt, dafs von der ersten Einrichtung der einundzwanzig Bezirke um das Jahr 259 an (S. 281), worin keine oder doch keine bedeutende Erweiterung der römischen Grenze lag, bis auf das

ebenso die geographische Vertheilung der einzelnen Kategorien über Italien nur unvollkommen bekannt. Die bei diesem Bau zu Grunde liegenden leitenden Gedanken liegen dagegen so offen vor, dafs es kaum nöthig ist sie noch besonders zu entwickeln. Vor allem ward, wie gesagt, der unmittelbare Kreis der herrschenden Gemeinde so weit ausgedehnt, wie es irgend möglich war ohne die römische Gemeinde, die doch eine städtische war und bleiben sollte, vollständig zu decentralisiren. Als das Incorporationssystem bis an und vielleicht schon über seine natürlichen Grenzen ausgedehnt war, mufsten die weiter hinzutretenden Ge-

---

Jahr 367 neue Bürgerbezirke nicht errichtet wurden. Mag man nun auch die Zunahme durch den Ueberschufs der Geborenen über die Gestorbenen, durch Einwanderungen und Freilassungen noch so reichlich in Anschlag bringen, so ist es doch schlechterdings unmöglich mit den engen Grenzen eines Gebiets von schwerlich 30 Quadratmeilen die überlieferten Censuszahlen in Uebereinstimmung zu bringen, nach denen die Zahl der waffenfähigen römischen Bürger in der zweiten Hälfte des dritten Jahrhunderts zwischen 104000 und 150000 schwankt, und im Jahre 362, wofür eine vereinzelte Angabe vorliegt, 152573 betrug. Vielmehr werden diese Zahlen mit den 84700 Bürgern des servianischen Census auf einer Linie stehen und überhaupt die ganze bis auf die vier Lustren des Servius Tullius hinaufgeführte und mit reichlichen Zahlen ausgestattete ältere Censusliste nichts sein als eine jener scheinbar urkundlichen Traditionen, die eben in ganz detaillirten Zahlenangaben sich gefallen und sich verrathen. — Erst mit der zweiten Hälfte des vierten Jahrhunderts beginnen theils die grofsen Gebietserwerbungen, theils die Incorporationen ganzer Gemeinden in die römische (S. 349), wodurch die Bürgerrolle plötzlich und beträchtlich steigen mufste. Es ist glaubwürdig überliefert wie an sich glaublich, dafs um 416 man 165000 römische Bürger zählte, wozu es recht gut stimmt, dafs zehn Jahre vorher, als man gegen Latium und Gallien die ganze Miliz unter die Waffen rief, das erste Aufgebot zehn Legionen, also 50000 Mann betrug. Seit den grofsen Gebietserweiterungen in Etrurien, Latium und Campanien zählte man im fünften Jahrhundert durchschnittlich 250000, unmittelbar vor dem ersten punischen Kriege 280000 bis 290000 waffenfähige Bürger. Diese Zahlen sind sicher genug, allein aus einem andern Grunde geschichtlich wenig brauchbar: dabei nämlich sind unzweifelhaft die römischen Vollbürger und die ‚Bürger ohne Stimme', wie zum Beispiel die Caeriten und Capuaner, in einander gerechnet, während doch die letzteren factisch durchaus den Unterthanen beigezählt werden müssen und Rom viel sicherer zählen konnte auf die hier nicht eingerechneten Zuzüge der Latiner als auf die campanischen Legionen. Wenn die Angabe bei Livius 23, 5, dafs aus Capua 30000 Mann zu Fufs und 4000 Reiter ausgehoben werden könnten, wie wohl unzweifelhaft, aus den römischen Censusrollen stammt, so darf man, da die Campaner wohl die Hauptmasse der Passivbürger gebildet haben und bei Polyb. 2, 24, 14 geradezu dafür gesetzt werden, diese Passivbürger ungefähr auf 50000 Waffenfähige schätzen; aber es ist diese Zahl doch nicht sicher genug, um darauf hin weiter zu combiniren.

meinden sich in ein Unterthänigkeitsverhältnifs fügen; denn die reine Hegemonie als dauerndes Verhältnifs ist innerlich unmöglich. So stellte sich, nicht durch willkürliche Monopolisirung der Herrschaft, sondern durch das unvermeidliche Schwergewicht der Verhältnisse neben die Klasse der herrschenden Bürger die zweite der Unterthanen. Unter den Mitteln der Herrschaft standen in erster Linie natürlich die Theilung der Beherrschten durch Sprengung der italischen Eidgenossenschaften und Einrichtung einer möglichst grofsen Zahl verhältnifsmäfsig geringer Gemeinden, so wie die Abstufung des Druckes der Herrschaft nach den verschiedenen Kategorien der Unterthanen. Wie Cato in seinem Hausregiment dahin sah, dafs die Sklaven sich mit einander nicht allzu gut vertragen möchten, und absichtlich Zwistigkeiten und Parteiungen unter ihnen nährte, so hielt es die römische Gemeinde im Grofsen; das Mittel war nicht schön, aber wirksam. Nur eine weitere Anwendung desselben Mittels war es, wenn in jeder abhängigen Gemeinde die Verfassung nach dem Muster der römischen umgewandelt und ein Regiment der wohlhabenden und angesehenen Familien eingesetzt ward, welches mit der Menge in einer natürlichen mehr oder minder lebhaften Opposition stand und durch seine materiellen und communalregimentlichen Interessen darauf angewiesen war auf Rom sich zu stützen. Das merkwürdigste Beispiel in dieser Beziehung gewährt die Behandlung von Capua, welches als die einzige italische Stadt, die vielleicht mit Rom zu rivalisiren vermochte, von Haus aus mit argwöhnischer Vorsicht behandelt worden zu sein scheint. Man verlieh dem campanischen Adel einen privilegirten Gerichtsstand, gesonderte Versammlungsplätze, überhaupt in jeder Hinsicht eine Sonderstellung, ja man wies ihm sogar nicht unbeträchtliche Pensionen — sechzehnhundert je von jährlich 450 Stateren (etwa 200 Thaler) — auf die campanische Gemeindecasse an. Diese campanischen Ritter waren es, deren Nichtbetheiligung an dem grofsen latinisch-campanischen Aufstand 414 zu dessen Scheitern wesentlich beitrug und deren tapfere Schwerter im J. 459 bei Sentinum für die Römer entschieden (S. 383); wogegen das campanische Fufsvolk in Rhegion die erste Truppe war, die im pyrrhischen Kriege von Rom abfiel (S. 399). Einen anderen merkwürdigen Beleg für die römische Praxis: die ständischen Zwistigkeiten innerhalb der abhängigen Gemeinden durch Begünstigung der Aristokratie für das römische Interesse auszubeuten, giebt die Behandlung, die Volsinii im Jahre 489 widerfuhr. Es müssen dort, ähnlich wie in Rom, die Alt- und Neubürger sich gegenüber gestanden und die letzteren auf gesetzlichem Wege die politische Gleichberechtigung erlangt haben. In Folge dessen wandten die Altbürger von Volsinii sich an den römischen Senat mit dem Gesuch um Wiederherstellung der alten Verfassung; was die in der Stadt herrschende Partei begreiflicher Weise als Landesverrath betrachtete und die Bittsteller dafür zur gesetzlichen Strafe zog. Der römische Senat indefs nahm Partei für die Altbürger und liefs, da die Stadt sich nicht gutwillig fügte, durch militärische Execution nicht blofs die in anerkannter Wirksamkeit bestehende Gemeindeverfassung von Volsinii vernichten, sondern auch durch die Schleifung der alten Hauptstadt Etruriens das Herrenthum Roms den Italikern in einem Exempel von erschreckender Deutlichkeit vor Augen legen. — Aber der römische Senat war weise genug nicht zu übersehen, dafs das einzige Mittel, der Gewaltherrschaft Dauer zu geben, die eigene Mäfsigung der Gewalthaber ist. Darum ward den abhängigen Gemeinden entweder anstatt der Selbstständigkeit das römische Vollbürgerrecht bewilligt oder eine gewisse Autonomie ihnen gelassen, die einen Schatten von Selbstständigkeit, einen eigenen Antheil an Roms militärischen und politischen Erfolgen und vor allem eine freie Communalverfassung in sich schlofs — so weit die italische Eidgenossenschaft reichte, gab es keine Helotengemeinde. Darum verzichtete Rom von vorn herein mit einer in der Geschichte vielleicht beispiellosen Klarheit und Hochherzigkeit auf das gefährlichste aller Regierungsrechte, auf das Recht die Unterthanen zu besteuern. Höchstens den abhängigen keltischen Gauen mögen Tribute auferlegt worden sein; so weit die italische Eidgenossenschaft reichte, gab es keine zinspflichtige Gemeinde. Darum endlich ward die Wehrpflicht zwar wohl auf die Unterthanen mit, aber doch keineswegs von der herrschenden Bürgerschaft abgewälzt; vielmehr wurde wahrscheinlich die letztere nach Verhältnifs bei weitem stärker als die Bundesgenossenschaft und in dieser wahrscheinlich wiederum die Gesammtheit der Latiner bei weitem stärker in Anspruch genommen als wo nicht die Passivbürger, doch wenigstens die nichtlatinischen Bundesgemeinden; so dafs es eine gewisse Billigkeit für sich hatte, wenn auch von dem Kriegsgewinn zunächst Rom und nach ihm die Latinerschaft den besten Theil für sich nahmen. — Der schwierigen Aufgabe über die Masse der italischen zuzugpflichtigen Gemeinden den Ueberblick und die Controle sich zu bewahren, genügte die römische Centralverwaltung theils durch die vier italischen Quästuren, theils durch die Ausdehnung der römischen Censur über die sämmtlichen abhängigen Gemeinden. Die Flottenquästoren (S. 420) hatten neben ihrer nächsten Aufgabe auch von den neu gewonnenen Domänen die Einkünfte zu erheben und die Zuzüge der neuen Bundesgenossen zu controliren; sie waren die ersten römischen Beamten, denen gesetzlich Sitz und Sprengel aufserhalb Rom angewiesen ward und bildeten zwischen dem römischen Senat und den italischen Gemeinden die nothwendige Mittelinstanz. Es hatte ferner, wie die spätere Municipalverfassung zeigt, in jeder italischen*) Gemeinde die Oberbehörde, wie sie immer heifsen mochte, jedes vierte oder fünfte Jahr eine Schatzung vorzunehmen; eine Einrichtung, zu der die Anregung nothwendig von Rom ausgegangen sein mufs und welche nur den Zweck gehabt haben kann, mit der römischen Censur correspondirend dem Senat den Ueberblick über die Wehr- und Steuerfähigkeit des gesammten Italiens zu bewahren. — Mit dieser militärisch-administrativen Einigung der gesammten diesseit des Apennin bis hinab zum iapygischen Vorgebirg und zur Meerenge von Rhegion wohnhaften Völkerschaften hängt endlich auch das Aufkommen eines neuen ihnen allen gemeinsamen Namens zusammen, der ‚Männer der Toga‘, was die älteste staatsrechtliche römische, oder der Italiker, was die ursprünglich bei den Griechen gebräuchliche und sodann allgemein gangbar gewordene Bezeichnung ist. Die verschiedenen Nationen, welche diese Landschaften bewohnen, mögen wohl zuerst sich als eine Einheit gefühlt und zusammengefunden haben theils in dem Gegensatz gegen die Hellenen, theils und vor allem in der gemeinschaftlichen Abwehr der Kelten; denn mochte auch einmal eine italische Gemeinde mit diesen gegen Rom gemeinschaftliche Sache machen und die Gelegenheit nutzen um die Unabhängigkeit wieder zu gewinnen, so brach doch auf die Länge das gesunde Nationalgefühl nothwendig sich Bahn. Wie der gallische Acker bis in späte Zeit als der rechtliche Gegensatz des italischen erscheint, so sind auch die ‚Männer der Toga‘ also genannt worden im Gegensatz der keltischen ‚Hosenmänner‘ (*braccati*); und wahrscheinlich hat selbst bei der Centralisirung des italischen Wehrwesens in den Händen Roms die Abwehr der keltischen Einfälle als Ursache oder als Vorwand eine diplomatisch wichtige Rolle gespielt. Indem die Römer theils in dem grofsen Nationalkampf an die Spitze

Reichsschatzung.

Italia und Italiker.

---

*) Nicht blofs in jeder latinischen: denn die Censur oder die sogenannte Quinquennalität kommt bekanntlich auch bei solchen Gemeinden vor, deren Verfassung nicht nach dem latinischen Schema constituirt ist.

traten, theils die Etrusker, Latiner, Sabeller, Apuler und Hellenen innerhalb der sogleich zu bezeichnenden Grenzen gleichmäfsig nöthigten unter ihren Fahnen zu fechten, erhielt die bis dahin schwankende und mehr innerliche Einheit geschlossene und staatsrechtliche Festigkeit und ging der Name Italia, der ursprünglich und noch bei den griechischen Schriftstellern des fünften Jahrhunderts, zum Beispiel bei Aristoteles, nur dem heutigen Calabrien eignet, über auf das gesammte Land der Togaträger.

Aelteste Grenze der italischen Eidgenossenschaft. Die ältesten Grenzen dieser grofsen von Rom geführten Wehrgenossenschaft oder des neuen Italien reichen am westlichen Littoral bis in die Gegend von Livorno unterhalb des Arnus*), am östlichen bis an den Aesis oberhalb Ancona; die aufserhalb dieser Grenzen liegenden von Italikern colonisirten Ortschaften, wie Sena Gallica und Ariminum jenseit des Apennin, Messana in Sicilien, galten, selbst wenn sie, wie Ariminum, Glieder der Eidgenossenschaft oder sogar, wie Sena, römische Bürgergemeinden waren, doch als geographisch aufserhalb Italien gelegen. Noch weniger konnten die keltischen Gaue jenseit des Apennin, wenngleich vielleicht schon jetzt einzelne derselben in der Clientel von Rom sich befanden, den Togamännern beigezählt werden. Das

Anfänge der Latinisirung Italiens. neue Italien war also eine politische Einheit geworden; es war aber auch im Zuge eine nationale zu werden. Bereits hatte die herrschende latinische Nationalität die Sabiner und Volsker sich assimilirt und einzelne latinische Gemeinden über ganz Italien verstreut; es war nur die Entwicklung dieser Keime, dafs später einem jeden zur Tragung des latinischen Rockes Befugten auch die latinische Sprache Muttersprache war. Dafs aber die Römer schon jetzt dieses Ziel deutlich erkannten, zeigt die übliche Erstreckung des latinischen Namens auf die ganze zuzugpflichtige italische Bundesgenossenschaft**). Was immer von diesem grofs-

---

*) Diese älteste Grenze bezeichnen wahrscheinlich die beiden kleinen Ortschaften *ad fines*, wovon die eine nördlich von Arezzo auf der Strafse nach Florenz, die zweite an der Küste unweit Livorno lag. Etwas weiter südlich von dem letzteren heifst Bach und Thal von Vada noch jetzt *fiume della fine*, *valle della fine* (Targioni Tozzetti *viaggj* 4, 430).

**) Im genauen geschäftlichen Sprachgebrauch geschieht dies freilich nicht. Die vollständigste Bezeichnung der Italiker findet sich in dem Ackergesetz von 643 Z. 21: [*ceivis*] *Romanus sociumve nominisve Latini, quibus ex formula togatorum* [*milites in terra Italia imperare solent*]; ebenso wird daselbst Z. 29 vom *Latinus* der *peregrinus* unterschieden und heifst es im Senatsbeschlufs über die Bacchanalien von 568: *ne quis ceivis Romanus neve nominis Latini neve socium quisquam*. Aber im gewöhnlichen Gebrauch wird von diesen drei Gliedern sehr häufig das zweite oder das dritte weggelassen und neben den Römern bald nur derer *Latini* no-

artigen politischen Bau sich noch erkennen läfst, daraus spricht der hohe politische Verstand seiner namenlosen Baumeister; und die ungemeine Festigkeit, welche diese aus so vielen und so verschiedenartigen Bestandtheilen zusammengefügte Conföderation späterhin unter den schwersten Stöfsen bewährt hat, drückte ihrem grofsen Werke das Siegel des Erfolges auf. Seitdem die Fäden dieses so fein wie fest um ganz Italien geschlungenen Netzes in den Händen der römischen Gemeinde zusammenliefen, war diese eine Grofsmacht und trat anstatt Tarents, Lucaniens und anderer durch die letzten Kriege aus der Reihe der politischen Mächte gelöschter Mittel- und Kleinstaaten in das System der Staaten des Mittelmeers ein. Gleichsam die officielle Anerkennung seiner neuen Stellung empfing Rom durch die beiden feierlichen Gesandtschaften, die im Jahre 481 von Alexandreia nach Rom und wieder von Rom nach Alexandreia gingen, und wenn sie auch zunächst nur die Handelsverbindungen regelten, doch ohne Zweifel schon eine politische Verbündung vorbereiteten. Wie Karthago mit der ägyptischen Regierung um Kyrene rang und bald mit der römischen um Sicilien ringen sollte, so stritt Makedonien mit jener um den bestimmenden Einflufs in Griechenland, mit dieser demnächst um die Herrschaft der adriatischen Küsten; es konnte nicht fehlen, dafs die neuen Kämpfe, die allerseits sich vorbereiteten, in einander eingriffen und dafs Rom als Herrin Italiens in den weiten Kreis hineingezogen ward, den des grofsen Alexanders Siege und Entwürfe seinen Nachfolgern zum Tummelplatz abgesteckt hatten.

Neue Weltstellung Roms.

---

minis, bald nur der *socii* gedacht (Weifsenborn zu Liv. 22, 50, 6), ohne dafs ein Unterschied in der Bedeutung wäre. Die Bezeichnung *homines nominis Latini ac socii Italici* (Sallust *Iug.* 40), so correct sie an sich ist, ist dem officiellen Sprachgebrauch fremd, der wohl ein *Italia*, aber nicht *Italici* kennt.

KAPITEL VIII.

**Recht. Religion. Kriegswesen. Volkswirthschaft.
Nationalität.**

Rechtswesen. In der Entwicklung, welche während dieser Epoche dem Recht innerhalb der römischen Gemeinde zu Theil ward, ist wohl die wichtigste materielle Neuerung die eigenthümliche Sittencon-
Polizei. trole, welche die Gemeinde selbst und in untergeordnetem Grade ihre Beauftragten anfingen über die einzelnen Bürger auszuüben. Der Keim dazu ist nicht so sehr zu suchen in den religiösen Banndrohungen, welche in ältester Zeit gleichsam als Surrogat der Polizei gedient hatten (S. 178), als in dem Rechte des Beamten wegen Ordnungswidrigkeiten Vermögensbufsen (*multae*) zu erkennen (S. 152). Bei allen Bufsen von mehr als 2 Schafen und 30 Rindern, oder, nachdem durch Gemeindebeschlufs vom Jahre 324 die Viehbufsen in Geld umgesetzt worden waren, von mehr als 3020 Libralassen (218 Thlr.), kam bald nach der Vertreibung der Könige die Entscheidung im Wege der Provocation an die Gemeinde (S. 252) und es erhielt damit das Brüchverfahren ein ursprünglich ihm durchaus fremdes Gewicht. Unter den vagen Begriff der Ordnungswidrigkeit liefs sich alles was man wollte bringen und durch die höheren Stufen der Vermögensbufsen alles was man wollte erreichen; es war eine Milderung, die die Bedenklichkeit dieses arbiträren Verfahrens weit mehr offenbart als beseitigt, dafs diese Vermögensbufsen, wo sie nicht gesetzlich auf eine bestimmte Summe festgestellt waren, die Hälfte des dem Gebüfsten gehörigen Vermögens nicht erreichen durften. In diesen Kreis gehören schon die Polizeigesetze, an denen die römische Gemeinde seit ältester Zeit überreich war: die

Bestimmungen der zwölf Tafeln, welche die Salbung der Leiche durch gedungene Leute, die Mitgabe von mehr als einem Pfühl und mehr als drei purpurbesetzten Decken so wie von Gold und flatternden Kränzen, die Verwendung von bearbeitetem Holz zum Scheiterhaufen, die Räucherungen und Besprengungen desselben mit Weihrauch und Myrrhenwein untersagten, die Zahl der Flötenbläser im Leichenzug auf höchstens zehn beschränkten und die Klageweiber und die Begräbnifsgelage verboten — gewissermafsen das älteste römische Luxusgesetz; ferner die aus den ständischen Kämpfen hervorgegangenen Gesetze gegen Uebernutzung der Gemeinweide und unverhältnifsmäfsige Aneignung von occupablem Domanialland so wie gegen den Geldwucher. Weit bedenklicher aber als diese und ähnliche Brüchgesetze, welche doch wenigstens die Contravention und oft auch das Strafmafs ein für allemal formulirten, war die allgemeine Befugnifs eines jeden mit Jurisdiction versehenen Beamten wegen Ordnungswidrigkeit eine Bufse zu erkennen und, wenn diese das Provocationsmafs erreichte und der Gebüfste sich nicht in die Strafe fügte, die Sache an die Gemeinde zu bringen. Schon im Laufe des fünften Jahrhunderts ist in diesem Wege wegen sittenlosen Lebenswandels sowohl von Männern wie von Frauen, wegen Kornwucher, Zauberei und ähnlicher Dinge gleichsam criminell verfahren worden. In innerlicher Verwandtschaft hiemit steht die gleichfalls in dieser Zeit aufkommende Quasijurisdiction der Censoren, welche ihre Befugnifs das römische Budget und die Bürgerlisten festzustellen benutzten theils um von sich aus Luxussteuern aufzulegen, welche von den Luxusstrafen nur der Form nach sich unterschieden, theils besonders um auf die Anzeige anstöfsiger Handlungen hin dem tadelhaften Bürger die politischen Ehrenrechte zu schmälern oder zu entziehen (S. 318). Wie weit schon jetzt diese Bevormundung ging, zeigt, dafs solche Strafen wegen nachlässiger Bestellung des eigenen Ackers verhängt wurden, ja dafs ein Mann wie Publius Cornelius Rufinus (Consul 464. 477) von den Censoren des Jahres 479 aus dem Rathsherrnverzeichnifs gestrichen ward, weil er silbernes Tafelgeräth zum Werthe von 3360 Sesterzen (240 Thlr.) besafs. Allerdings hatten nach der allgemein für Beamtenverordnungen gültigen Regel (S. 263) die Verfügungen der Censoren nur für die Dauer ihrer Censur, das heifst durchgängig für die nächsten fünf Jahre rechtliche Kraft, und konnten von den nächsten Censoren nach Gefallen erneuert oder nicht erneuert werden; aber nichts desto weniger war diese censorische Befugnifs von einer

28*

so ungeheuren Bedeutung, dafs in Folge dessen die Censur aus
einem der letzten der römischen Gemeindeämter an Rang und
Ansehen von allen das erste ward (S. 294. 313). Das Senatsregiment
ruhte wesentlich auf dieser doppelten mit ebenso ausgedehnter
wie arbiträrer Machtvollkommenheit versehenen Ober-
und Unterpolizei der Gemeinde und der Gemeindebeamten. Dieselbe
hat wie jedes ähnliche Willkürregiment viel genützt und
viel geschadet und es soll dem nicht widersprochen werden, der
den Schaden für überwiegend hält; nur darf es nicht vergessen
werden, dafs bei der allerdings äufserlichen, aber straffen und
energischen Sittlichkeit und dem gewaltig angefachten Bürgersinn,
welche diese Zeit recht eigentlich bezeichnen, der eigentlich
gemeine Mifsbrauch doch von diesen Institutionen fern blieb und,
wenn die individuelle Freiheit hauptsächlich durch sie niedergehalten
worden ist, auch die gewaltige und oft gewaltsame Aufrechthaltung
des Gemeinsinns und der guten alten Ordnung und
Sitte in der römischen Gemeinde eben auf diesen Institutionen
beruhen. — Daneben macht in der römischen Rechtsentwickelung
zwar langsam, aber dennoch deutlich genug eine humanisirende
und modernisirende Tendenz sich geltend. Die meisten
Bestimmungen der zwölf Tafeln, welche mit dem solonischen
Gesetz übereinkommen und defshalb mit Grund für materielle
Neuerungen gehalten werden dürfen, tragen diesen Stempel; so
die Sicherung des freien Associationsrechts und der Autonomie
der also entstandenen Vereine; die Vorschrift über die Grenzstreifen,
die dem Abpflügen wehrte; die Milderung der Strafe des
Diebstahls, indem der nicht auf frischer That ertappte Dieb sich
fortan durch Leistung des doppelten Ersatzes von dem Bestohlenen
lösen konnte. Das Schuldrecht ward in ähnlichem Sinn, jedoch
erst über ein Jahrhundert nachher, durch das poetelische
Gesetz gemildert (S. 305). Die freie Bestimmung über das Vermögen,
die dem Herrn desselben bei Lebzeiten schon nach ältestem
römischem Recht zugestanden hatte, aber für den Todesfall
bisher geknüpft gewesen war an die Einwilligung der Gemeinde,
wurde auch von dieser Schranke befreit, indem das
Zwölftafelgesetz oder dessen Interpretation dem Privattestament
dieselbe Kraft beilegte, welche dem in den Curien bestätigten zukam;
es war dies ein wichtiger Schritt zur Sprengung der Geschlechtsgenossenschaften
und zur völligen Durchführung der
Individualfreiheit im Vermögensrecht. Die furchtbar absolute
väterliche Gewalt wurde beschränkt durch die Vorschrift, dafs
der dreimal vom Vater verkaufte Sohn nicht mehr in dessen Ge-

walt zurückfallen, sondern fortan frei sein solle; woran bald durch eine — streng genommen freilich widersinnige — Rechtsdeduction die Möglichkeit angeknüpft ward, dafs sich der Vater freiwillig der Herrschaft über den Sohn begebe durch Emancipation. Im Eherecht wurde die Civilehe gestattet (S. 90 A.); und wenn auch mit der rechten bürgerlichen ebenso nothwendig wie mit der rechten religiösen die volle eheherrliche Gewalt verknüpft war, so lag doch in der Zulassung der ohne solche Gewalt geschlossenen Verbindung an Ehestatt (S. 58 A.*.) der erste Anfang zur Lockerung der Vollgewalt des Eheherrn. Der Anfang einer gesetzlichen Nöthigung zum ehelichen Leben ist die Hagestolzensteuer (*uxorium*), mit deren Einführung Camillus als Censor im Jahre 351 seine öffentliche Laufbahn begann.

Durchgreifendere Aenderungen als das Recht selbst erlitt die politisch wichtigere und überhaupt veränderlichere Rechtspflegeordnung. Vor allen Dingen gehört dahin die wichtige Beschränkung der oberrichterlichen Gewalt durch die gesetzliche Aufzeichnung des Landrechts und die Verpflichtung des Beamten fortan nicht mehr nach dem schwankenden Herkommen, sondern nach dem geschriebenen Buchstaben im Civil- wie im Criminalverfahren zu entscheiden (303. 304). Die Einsetzung eines ausschliefslich für die Rechtspflege thätigen römischen Oberbeamten im Jahre 387 (S. 300) und die gleichzeitig in Rom erfolgte und unter Roms Einflufs in allen latinischen Gemeinden nachgeahmte Gründung einer besonderen Polizeibehörde (S. 300. 353) erhöhten die Schnelligkeit und Sicherheit der Justiz. Diesen Polizeiherren oder den Aedilen kam natürlich zugleich eine gewisse Jurisdiction zu, insofern sie theils für die auf offenem Markt abgeschlossenen Verkäufe, also namentlich für die Vieh- und Sklavenmärkte die ordentlichen Civilrichter waren, theils in der Regel sie es waren, welche in dem Bufs- und Brüchverfahren als Richter erster Instanz oder, was nach römischem Recht dasselbe ist, als öffentliche Ankläger fungirten. In Folge dessen lag die Handhabung der Brüchgesetze und überhaupt das ebenso unbestimmte wie politisch wichtige Brüchrecht hauptsächlich in ihrer Hand. Aehnliche, aber untergeordnetere und besonders gegen die geringen Leute gerichtete Functionen standen den zuerst 465 ernannten drei Nacht- oder Blutherren (*tres viri nocturni* oder *capitales*) zu: sie wurden mit der nächtlichen Feuer- und Sicherheitspolizei und mit der Aufsicht über die Hinrichtungen beauftragt, woran sich sehr bald, vielleicht schon von Haus aus eine gewisse summarische Gerichtsbarkeit geknüpft hat*). Mit der steigenden Ausdehnung der römischen Gemeinde wurde es endlich theils mit Rücksicht auf die Gerichtspflichtigen nothwendig in den entfernteren Ortschaften eigene wenigstens für die geringeren Civilsachen competente Richter niederzusetzen, was für die Passivbürgergemeinden Regel war (S. 426), aber vielleicht selbst auf die entfernteren Vollbürgergemeinden erstreckt ward**) — die ersten Anfänge einer neben der eigentlich römischen sich entwickelnden römisch-municipalen Jurisdiction. — In dem Civilverfahren, welches indefs nach den Begriffen dieser Zeit die meisten gegen Mitbürger begangenen Verbrechen einschlofs, wurde die wohl schon früher übliche Theilung des Verfahrens in Feststellung der Rechtsfrage vor dem Magistrat (*ius*) und Entscheidung derselben durch einen vom Magistrat ernannten Privatmann (*iudicium*) mit Abschaffung des Königthums gesetzliche Vorschrift (S. 253); und dieser Trennung hat das römische Privatrecht seine logische und praktische Schärfe und Bestimmtheit wesentlich zu verdanken***). Im Eigenthumsprozefs wurde die bisher

---

*) Die früher aufgestellte Behauptung, dafs diese Dreiherren bereits der ältesten Zeit angehören, ist defswegen irrig, weil der ältesten Staatsordnung Beamtencollegien von ungerader Zahl fremd sind (Chronol. S. 15 A. 12). Wahrscheinlich ist die gut beglaubigte Nachricht, dafs sie zuerst 465 ernannt wurden (Livius *ep.* 11), einfach festzuhalten und die auch sonst bedenkliche Deduction des Fälschers Licinius Macer (bei Livius 7, 46), welche ihrer vor 450 Erwähnung thut, einfach zu verwerfen. Anfänglich wurden ohne Zweifel, wie dies bei den meisten der späteren *magistratus minores* der Fall gewesen ist, die Dreiherren von den Oberbeamten ernannt; das papirische Plebiscit, das die Ernennung derselben auf die Gemeinde übertrug und zugleich ihre Competenz auf die Eintreibung der Prozefsbufsen (*sacramenta*) erstreckte (Festus v. *sacramentum* p. 344 M.), ist auf jeden Fall, da es den Praetor nennt, *qui inter cives ius dicit*, erst nach Einsetzung der Fremdenpraetur, also frühestens gegen die Mitte des 6. Jahrhunderts erlassen.

**) Dahin führt was Liv. 9, 20 über die Reorganisation der Colonie Antium zwanzig Jahre nach ihrer Gründung berichtet; und es ist an sich klar, dafs, wenn man dem Ostienser recht wohl auferlegen konnte seine Rechtshändel alle in Rom abzumachen, dies für Ortschaften wie Antium und Sena sich nicht durchführen liefs.

***) Man pflegt die Römer als das zur Jurisprudenz privilegirte Volk zu preisen und ihr vortreffliches Recht als eine mystische Gabe des Himmels anzustaunen; vermuthlich besonders um sich die Scham zu ersparen über die Nichtswürdigkeit des eigenen Rechtszustandes. Ein Blick auf das beispiellos schwankende und unentwickelte römische Criminalrecht könnte von der Unhaltbarkeit dieser unklaren Vorstellungen auch diejenigen überzeugen, denen der Satz zu einfach scheinen möchte, dafs ein gesundes Volk ein gesundes Recht hat und ein krankes ein krankes. Abgesehen von

der unbedingten Willkür der Beamten anheimgegebene Entscheidung über den Besitzstand allmählich rechtlichen Regeln unterworfen und neben dem Eigenthums- das Besitzrecht festgestellt, wodurch abermals die Magistratsgewalt einen wichtigen Theil ihrer Macht einbüfste. Im Criminalverfahren wurde das Volksgericht, die bisherige Gnaden- zur rechtlich gesicherten Appellationsinstanz. War der Angeklagte vom Beamten verurtheilt und berief sich auf das Volk, so wurde in drei Gemeindeversammlungen die Sache verhandelt, indem der urtheilende Beamte seinen Spruch rechtfertigte und so der Sache nach als öffentlicher Ankläger auftrat; im vierten Termin erst fand die Umfrage (*anquisitio*) statt, indem das Volk das Urtheil bestätigte oder verwarf. Milderung war nicht gestattet. Denselben republikanischen Sinn athmen die Sätze, dafs das Haus den Bürger schütze und nur aufserhalb des Hauses eine Verhaftung stattfinden könne; dafs die Untersuchungshaft zu vermeiden und es jedem Angeklagten und noch nicht verurtheilten Bürger zu gestatten sei durch Verzicht auf sein Bürgerrecht den Folgen der Verurtheilung, so weit sie nicht das Vermögen, sondern die Person betrafen, sich zu entziehen — Sätze, die allerdings keineswegs gesetzlich formulirt wurden und den anklagenden Beamten also nicht rechtlich banden, aber doch durch ihren moralischen Druck namentlich für die Beschränkung der Todesstrafe von dem gröfsten Einflufs gewesen sind. Indefs wenn das römische Criminalrecht für den starken Bürgersinn wie für die steigende Humanität dieser Epoche ein merkwürdiges Zeugnifs ablegt, so litt es dagegen praktisch namentlich unter den hier besonders schädlich nachwirkenden ständischen Kämpfen. Die aus diesen hervorgegangene concurrirende Criminaljurisdiction erster Instanz der sämmtlichen Gemeindebeamten (S. 278) war die Ursache, dafs es in dem römischen Criminalverfahren eine feste Instructionsbehörde und eine

---

allgemeineren staatlichen Verhältnissen, von welchen die Jurisprudenz eben auch und sie vor allem abhängt, liegen die Ursachen der Trefflichkeit des römischen Civilrechts hauptsächlich in zwei Dingen: einmal darin, dafs der Kläger und der Beklagte gezwungen wurden vor allen Dingen die Forderung und ebenso die Einwendung in bindender Weise zu motiviren und zu formuliren; zweitens darin, dafs man für die gesetzliche Fortbildung des Rechtes ein ständiges Organ bestellte und dies an die Praxis unmittelbar anknüpfte. Mit jenem schnitten die Römer die advokatische Rabulisterei, mit diesem die unfähige Gesetzmacherei ab, so weit sich dergleichen abschneiden läfst, und mit beiden zusammen genügten sie, so weit es möglich ist, den zwei entgegenstehenden Forderungen, dafs das Recht stets fest und dafs es stets zeitgemäfs sein soll.

ernsthafte Voruntersuchung fortan nicht mehr gab; und indem
das Criminalurtheil letzter Instanz in den Formen und von den
Organen der Gesetzgebung gefunden ward, auch seinen Ursprung
aus dem Gnadenverfahren niemals verleugnete, überdies noch
die Behandlung der polizeilichen Bufsen auf das äufserlich sehr
ähnliche Criminalverfahren nachtheilig zurückwirkte, wurde nicht
etwa mifsbräuchlich, sondern gewissermafsen verfassungsmäfsig
die Entscheidung in den Criminalsachen nicht nach festem Gesetz, sondern nach dem willkürlichen Belieben der Richter gefällt. Auf diesem Wege ward das römische Criminalverfahren
vollständig grundsatzlos und zum Spielball und Werkzeug der
politischen Parteien herabgewürdigt; was um so weniger ent-
schuldigt werden kann, als dies Verfahren zwar vorzugsweise für
eigentliche politische Verbrechen, aber doch auch für andere,
zum Beispiel für Mord und Brandstiftung zur Anwendung kam.
Dazu kam die Schwerfälligkeit jenes Verfahrens, welche im Verein mit der republikanisch hochmüthigen Verachtung des Nichtbürgers es verschuldet hat, dafs man sich immer mehr gewöhnte
ein summarisches Criminal- oder vielmehr Polizeiverfahren gegen
Sklaven und geringe Leute neben jenem förmlichen zu dulden.
Auch hier überschritt der leidenschaftliche Streit um die politischen Prozesse die natürlichen Grenzen und führte Institutionen herbei, die wesentlich dazu beigetragen haben die Römer
allmählich der Idee einer festen sittlichen Rechtsordnung zu ent-
wöhnen.

Religion. Weniger sind wir im Stande die Weiterbildung der römischen Religionsvorstellungen in dieser Epoche zu verfolgen. Im
Allgemeinen hielt man einfach fest an der einfachen Frömmigkeit der Ahnen und den Aber- wie den Unglauben in gleicher
Neue Götter. Weise fern. Wie lebendig die Idee der Vergeistigung alles Irdischen, auf der die römische Religion beruhte, noch am Ende
dieser Epoche war, beweist der vermuthlich doch erst in Folge
der Einführung des Silbercourants im Jahre 485 neu entstandene
Gott ‚Silberich‘ (*Argentinus*), der natürlicher Weise des älteren
Gottes ‚Kupferich‘ (*Aesculanus*) Sohn war. — Die Beziehungen
zum Ausland sind dieselben wie früher; aber auch hier und hier
vor allem ist der hellenische Einflufs im Steigen. Erst jetzt beginnen den hellenischen Göttern in Rom selber sich Tempel zu
erheben. Der älteste war der Tempel der Kastoren, welcher in
der Schlacht am regillischen See (S. 342) gelobt und am 15. Juli
269 eingeweiht ward. Die Sage, welche an denselben sich knüpft,
dafs zwei übermenschlich schöne und grofse Jünglinge auf dem

Schlachtfelde in den Reihen der Römer mit kämpfend und unmittelbar nach der Schlacht ihre schweifstriefenden Rosse auf dem römischen Markt am Quell der Iuturna tränkend und den grofsen Sieg verkündend gesehen worden seien, trägt ein durchaus unrömisches Gepräge und ist ohne allen Zweifel der bis in die Einzelheiten gleichartigen Epiphanie der Dioskuren in der berühmten etwa ein Jahrhundert vorher zwischen den Krotoniaten und den Lokrern am Flusse Sagras geschlagenen Schlacht in sehr früher Zeit nachgedichtet. Auch der delphische Apoll wird nicht blofs beschickt, wie es üblich ist bei allen unter dem Einflufs griechischer Cultur stehenden Völkern, und nicht blofs nach besonderen Erfolgen, wie nach der Eroberung von Veii, mit dem Zehnten der Beute (360) beschenkt, sondern es wird auch ihm ein Tempel in der Stadt gebaut (323, erneuert 401). Dasselbe geschah gegen das Ende dieser Periode für die Aphrodite (459), welche in räthselhafter Weise mit der alten römischen Gartengöttin Venus zusammenflofs*), und für den von Epidauros im Peloponnes erbetenen und feierlich nach Rom geführten Asklapios oder Aesculapius (463). Einzeln wird in schweren Zeitläuften Klage vernommen über das Eindringen ausländischen Aberglaubens, vermuthlich etruskischer Haruspicin (so 326); wo aber dann die Polizei nicht ermangelt ein billiges Einsehen zu thun. — In Etrurien dagegen wird, während die Nation in politischer Nichtigkeit und träger Opulenz stockte und verdarb, das theologische Monopol des Adels, der stumpfsinnige Fatalismus, die wüste und sinnlose Mystik, die Zeichendeuterei und das Bettelprophetenwesen sich allmählich zu jener Höhe entwickelt haben, auf der wir sie später dort finden. — In dem Priesterwesen traten unsers Wissens durchgreifende Veränderungen nicht ein. Die Verschärfungen, welche hinsichtlich der zur Bestreitung der Kosten des öffentlichen Gottesdienstes angewiesenen Prozefsabgabe um das Jahr 465 verfügt wurden, deuten auf das Steigen des sacralen Staatsbudgets, wie es die vermehrte Zahl der Staatsgötter und Tempel mit Nothwendigkeit mit sich brachte. Unter den üblen Folgen des Ständehaders ist es schon angeführt worden, dafs man den Collegien der Sachverständigen einen gröfseren Einflufs einzuräumen begann und sich ihrer bediente um politische Acte zu cassiren (S. 296), wodurch theils der Glaube im

---

*) In der späteren Bedeutung als Aphrodite erscheint die Venus wohl zuerst bei der Dedication des in diesem Jahre geweiheten Tempels (Liv. 10, 31. Becker Topographie S. 472).

Volke erschüttert, theils den Pfaffen ein sehr schädlicher Einfluſs auf die öffentlichen Geschäfte zugestanden ward.

Kriegswesen. Im Kriegswesen trat in dieser Epoche eine vollständige Revolution ein. Die uralte graecoitalische Heerordnung, welche gleich der homerischen auf der Aussonderung der angesehensten und tüchtigsten in der Regel zu Pferde fechtenden Kriegsleute zu einem eigenen Vordertreffen beruht haben mag, war in der späteren Königszeit durch die altdorische Hoplitenphalanx von wahrscheinlich acht Gliedern Tiefe ersetzt worden (S. 95), welche fortan das Schwergewicht des Kampfes übernahm, während die Reiter auf die Flügel gestellt und, je nach den Umständen zu Pferde oder abgesessen, hauptsächlich als Reserve verwandt wurden. Aus dieser Heerstellung entwickelte sich ungefähr

Manipularlegion. gleichzeitig in Makedonien die Sarissenphalanx und in Italien die Manipularlegion, jene durch Verdichtung und Vertiefung, diese durch Auflösung und Vermannichfaltigung der Glieder. Die alte dorische Phalanx hatte durchaus auf dem Nahgefecht mit dem Schwert und vor allem dem Spieſs beruht und den Wurfwaffen nur eine beiläufige und untergeordnete Stellung im Treffen eingeräumt. In der Manipularlegion wurde die Stoſslanze auf das dritte Treffen beschränkt und den beiden ersten anstatt derselben eine neue und eigenthümlich italische Wurfwaffe gegeben, das Pilum, ein fünftehalb Ellen langes viereckiges oder rundes Holz mit drei- oder vierkantiger eiserner Spitze, das vielleicht ursprünglich zur Vertheidigung der Lagerwälle erfunden worden war, aber bald von dem letzten auf die ersten Glieder überging und von dem vorrückenden Gliede auf eine Distanz von zehn bis zwanzig Schritten in die feindlichen Reihen geworfen ward. Zugleich gewann das Schwert eine bei weitem gröſsere Bedeutung als das kurze Messer des Phalangiten hatte haben können; denn die Wurfspeersalve war zunächst nur bestimmt dem Angriff mit dem Schwerte die Bahn zu brechen. Wenn ferner die Phalanx, gleichsam eine einzige gewaltige Lanze, auf einmal auf den Feind geworfen werden muſste, so wurden in der neuen italischen Legion die kleineren im Phalangensystem wohl auch vorhandenen, aber in der Schlachtordnung unauflöslich fest verknüpften Einheiten wieder von einander gesondert. Das geschlossene Quadrat trat in der Tiefrichtung aus einander in drei Treffen, das der Hastaten, das der Principes und das der Triarier, von ermäſsigter wahrscheinlich in der Regel nur vier Glieder betragender Tiefe und löste in der Frontrichtung sich auf in je zehn Haufen (*manipuli*), so daſs zwischen je zwei Treffen und je zwei

Haufen ein merklicher Zwischenraum blieb. Es war nur eine Fortsetzung derselben Individualisirung, wenn der Gesammtkampf auch der verkleinerten taktischen Einheit zurück- und der Einzelkampf in den Vordergrund trat, wie dies aus der schon erwähnten entscheidenden Rolle des Handgemenges und Schwertgefechtes deutlich hervorgeht. Eigenthümlich entwickelte sich *Lager.* auch das System der Lagerverschanzung; der Platz, wo der Heerhaufe wenn auch nur für eine einzige Nacht sein Lager nahm, ward ohne Ausnahme mit einer regelmäfsigen Umwallung versehen und gleichsam in eine Festung umgeschaffen. Wenig *Reiterei.* änderte sich dagegen in der Reiterei, die auch in der Manipularlegion die secundäre Rolle behielt, welche sie neben der Phalanx eingenommen hatte. Auch das Offiziersystem blieb in der Haupt- *Offiziere.* sache ungeändert; doch dürfte in dieser Zeit sich die scharfe Grenze festgestellt haben zwischen den Subalternofizieren, welche ihren Platz an der Spitze der Manipel sich als Gemeine mit dem Schwerte zu gewinnen hatten und in regelmäfsigem Avancement von den niederen in die höheren Manipel übergingen, und den je sechs und sechs den ganzen Legionen vorgesetzten Kriegstribunen, für welche es kein regelmäfsiges Avancement gab und zu denen man gewöhnlich Männer aus der besseren Klasse nahm. Namentlich mufs es dafür von Bedeutung geworden sein, dafs, während früher die Subaltern- wie die Stabsoffiziere gleichmäfsig vom Feldherrn ernannt wurden, seit dem Jahre 392 ein Theil *362* der letzteren Posten durch Bürgerschaftswahl vergeben ward (S. 311). Endlich blieb auch die alte furchtbar strenge Kriegs- *Kriegszucht.* zucht unverändert. Nach wie vor war es dem Feldherrn gestattet jedem in seinem Lager dienenden Mann den Kopf vor die Füfse zu legen und den Stabsoffizier so gut wie den gemeinen Soldaten mit Ruthen auszuhauen; auch wurden dergleichen Strafen nicht blofs wegen gemeiner Verbrechen erkannt, sondern ebenso wenn sich ein Offizier gestattet hatte von der ertheilten Ordre abzuweichen oder wenn eine Abtheilung sich hatte überrumpeln lassen oder vom Schlachtfeld gewichen war. Dagegen bedingte die neue *Schule und* Heerordnung eine weit ernstere und längere militärische Schule *Klassen der Soldaten.* als die bisherige phalangitische, worin das Schwergewicht der Masse auch die Ungeübten zusammenhielt. Wenn dennoch kein eigener Soldatenstand sich entwickelte, sondern das Heer nach wie vor Bürgerheer blieb, so ward dies hauptsächlich dadurch erreicht, dafs man die bisherige Gliederung der Soldaten nach dem Vermögen (S. 93) aufgab und sie nach dem Dienstalter ordnete. Der römische Rekrut trat jetzt ein unter die leichtbewaffneten aufserhalb der Linie besonders mit Steinschleudern fechtenden ‚Sprenkler' (*rorarii*) und avancirte aus diesem allmählich in das erste und weiter in das zweite Treffen, bis endlich die langgedienten und erfahrenen Soldaten in dem an Zahl schwächsten, aber dem ganzen Heer Ton und Geist angebenden Triariercorps sich zusammenfanden. — Die Vortrefflichkeit dieser Kriegsordnung, welche die nächste Ursache der überlegenen politischen Stellung der römischen Gemeinde geworden ist, beruht wesentlich auf den drei grofsen militärischen Principien der Reserve, der Verbindung des Nah- und Ferngefechts und der Verbindung von Offensive und Defensive. Das Reservesystem war schon in der älteren Verwendung der Reiterei angedeutet, hier aber durch die Gliederung des Heeres in drei Treffen und die Aufsparung der Veteranenkernschaar für den letzten und entscheidenden Stofs vollständig entwickelt. Wenn die hellenische Phalanx den Nahkampf, die orientalischen mit Bogen und leichten Wurfspeeren bewaffneten Reitergeschwader den Fernkampf einseitig ausgebildet hatten, so wurde durch die römische Verbindung des schweren Wurfspiefses mit dem Schwerte, wie mit Recht gesagt worden ist, ein ähnlicher Erfolg erreicht wie in der modernen Kriegführung durch die Einführung der Bajonettflinte: es arbeitete die Wurfspeersalve dem Schwertkampf genau in derselben Weise vor wie jetzt die Gewehrsalve dem Angriff mit dem Bajonett. Endlich das ausgebildete Lagersystem gestattete es den Römern die Vortheile des Belagerungs- und des Offensivkrieges mit einander zu verbinden und die Schlacht je nach Umständen zu verweigern oder zu liefern, und im letzteren Fall sie unter den Lagerwällen gleich wie unter den Mauern einer Festung zu schlagen — der Römer, sagt ein römisches Sprichwort, siegt durch Stillsitzen. — Dafs diese neue Kriegsordnung im Wesentlichen eine römische oder wenigstens italische Um- und Fortbildung der alten hellenischen Phalangentaktik ist, leuchtet ein; wenn gewisse Anfänge des Reservesystems und der Individualisirung der kleineren Heerabtheilungen schon bei den späteren griechischen Strategen, namentlich bei Xenophon begegnen, so folgt daraus nur, dafs man auch hier die Mangelhaftigkeit des alten Systems empfunden, aber nicht vermocht hat sie zu beseitigen. Vollständig entwickelt erscheint die Manipularlegion im pyrrhischen Kriege; wann und unter welchen Umständen und ob sie auf einmal oder nach und nach entstanden ist, läfst sich nicht mehr nachweisen. Die erste von der älteren italisch-hellenischen gründlich verschiedene Taktik, die den Römern gegenübertrat, war die keltische Schwerterphalanx; es ist nicht unmöglich, dafs man durch die Gliederung der Armee und die Frontalintervalle der Manipel ihren ersten und allein gefährlichen Stofs abwehren wollte und abgewehrt hat; und damit stimmt es zusammen, wenn in manchen einzelnen Notizen der bedeutendste römische Feldherr der Gallierzeit, Marcus Furius Camillus als Reformator des römischen Kriegswesens erscheint. Die weiteren an den samnitischen und pyrrhischen Krieg anknüpfenden Ueberlieferungen sind weder hinreichend beglaubigt noch mit Sicherheit einzureihen*); so wahrscheinlich es auch an sich ist, dafs der langjährige samnitische Bergkrieg auf die individuelle Entwickelung des römischen Soldaten und der Kampf gegen einen der ersten Kriegskünstler aus der Schule des grofsen Alexander auf die Verbesserung des Technischen im römischen Heerwesen nachhaltig eingewirkt hat.

In der Volkswirthschaft war und blieb der Ackerbau die sociale und politische Grundlage sowohl der römischen Gemeinde als des neuen italischen Staates. Aus den römischen Bauern bestand die Gemeindeversammlung und das Heer; was sie als Soldaten mit dem Schwerte gewonnen hatten, sicherten sie als Colonisten mit dem Pfluge. Die Ueberschuldung des mittleren Grundbesitzes führte die furchtbaren inneren Krisen des dritten und vierten Jahrhunderts herbei, an denen die junge Republik zu Grunde gehen zu müssen schien; die Wiedererhebung der latinischen Bauerschaft, welche während des fünften theils durch die massenhaften Landanweisungen und Incorporationen, theils durch das Sinken des Zinsfufses und die steigende Volksmenge Roms bewirkt ward, war zugleich Wirkung und Ursache der gewaltigen

Volkswirthschaft.
Bauerschaft.

---

*) Nach der römischen Tradition führten die Römer ursprünglich viereckige Schilde, worauf sie von den Etruskern den runden Hoplitenschild (*clupeus*, ἀσπίς), von den Samniten den späteren viereckigen Schild (*scutum*, θυρεός) und den Wurfspeer (*veru*) entlehnten (Diodor. *Vat. fr.* p. 51; Sallust. *Cat.* 51, 38; Virgil *Aen.* 7, 665; Festus *ep. v. Samnites* p. 327 Müll. und die bei Marquardt Handb. 3, 2, 241 Angeff.). Allein dafs der Hoplitenschild, das heifst die dorische Phalangentaktik nicht den Etruskern, sondern den Hellenen unmittelbar nachgeahmt ward, darf als ausgemacht gelten. Was das Scutum anlangt, so wird dieser grofse cylinderförmig gewölbte Lederschild allerdings wohl an die Stelle des platten kupfernen Clupeus getreten sein, als die Phalanx in Manipel auseinander trat; allein die unzweifelhafte Herleitung des Wortes aus dem Griechischen macht mifstrauisch gegen die Herleitung der Sache von den Samniten. Von den Griechen kam den Römern auch die Schleuder (*funda* aus σφενδόνη, wie *fides* aus σφίδη, oben S. 229). Das Pilum gilt den Alten durchaus als römische Erfindung.

Machtentwickelung Roms — wohl erkannte Pyrrhos scharfer Soldatenblick die Ursache des politischen und militärischen Uebergewichts der Römer in dem blühenden Zustande der römischen Bauernwirthschaften. Aber auch das Aufkommen der Grofswirthschaft in dem römischen Ackerbau scheint in diese Zeit zu fallen. In der älteren Zeit gab es wohl auch schon einen — wenigstens verhältnifsmäfsig — grofsen Grundbesitz; aber dessen Bewirthschaftung war keine Grofs-, sondern nur eine vervielfältigte Kleinwirthschaft (S. 193). Dagegen darf die mit der älteren Wirthschaftsweise zwar nicht unvereinbare, aber doch der späteren bei weitem angemessenere Bestimmung des Gesetzes vom Jahre 387, dafs der Grundbesitzer neben den Sklaven eine verhältmäfsige Zahl freier Leute zu verwenden verbunden sei (S. 298), wohl als die älteste Spur der späteren centralisirten Gutswirthschaft angesehen werden*); und es ist bemerkenswerth, dafs gleich hier bei ihrem ersten Vorkommen dieselbe wesentlich auf dem Sklavenhalten ruht. Wie sie aufkam, mufs dahin gestellt bleiben; möglich ist es, dafs die karthagischen Pflanzungen auf Sicilien schon den ältesten römischen Gutsbesitzern als Muster gedient haben und vielleicht steht selbst das Aufkommen des Weizens in der Landwirthschaft neben dem Spelt (S. 190), das Varro um die Zeit der Decemvirn setzt, mit dieser veränderten Wirthschaftsweise in Zusammenhang. Noch weniger läfst sich ermitteln, wie weit diese Wirthschaftsweise schon in dieser Epoche um sich gegriffen hat; nur daran, dafs sie noch nicht Regel gewesen sein und den italischen Bauernstand noch nicht absorbirt haben kann, läfst die Geschichte des hannibalischen Krieges keinen Zweifel. Wo sie aber aufkam, vernichtete sie die ältere auf dem Bittbesitz beruhende Clientel; ähnlich wie die heutige Gutswirthschaft grofsentheils durch Niederlegung der Bauernstellen und Verwandlung der Hufen in Hoffeld entstanden ist. Es ist keinem Zweifel unterworfen, dafs zu der Bedrängnifs des kleinen Ackerbauerstandes eben das Einschränken dieser Ackerclientel höchst wesentlich mitgewirkt hat.

Ueber den inneren Verkehr der Italiker unter einander sind die schriftlichen Quellen stumm; einigen Aufschlufs geben lediglich die Münzen. Dafs in Italien, von den griechischen Städten

---

*) Auch Varro (*de r. r.* 1, 2, 9) denkt sich den Urheber des licinischen Ackergesetzes offenbar als Selbstbewirthschafter seiner ausgedehnten Ländereien; obgleich übrigens die Anekdote leicht erfunden sein kann um den Beinamen zu erklären.

und dem etruskischen Populonia abgesehen, während der ersten drei Jahrhunderte Roms nicht gemünzt ward und als Tauschmaterial anfangs das Vieh, später Kupfer nach dem Gewicht diente, wurde schon gesagt (S. 201). In die gegenwärtige Epoche fällt der Uebergang der Italiker vom Tausch- zum Geldsystem, wobei man natürlich zunächst auf griechische Muster sich hingewiesen sah. Es lag indefs in den Verhältnissen, dafs in Mittelitalien statt des Silbers das Kupfer zum Münzmetall ward und die Münzeinheit sich zunächst anlehnte an die bisherige Wertheinheit, das Kupferpfund; womit es zusammenhängt, dafs man die Münzen gofs statt sie zu prägen, denn kein Stempel hätte ausgereicht für so grofse und schwere Stücke. Doch scheint von Haus aus zwischen Kupfer und Silber ein festes Gleichungsverhältnifs (250 : 1) normirt und die Kupfermünze mit Rücksicht darauf ausgebracht worden zu sein, so dafs zum Beispiel in Rom das grofse Kupferstück, der As dem Werthe nach einem Scrupel ($= \frac{1}{288}$ Pf.) Silber gleichkam. Geschichtlich bemerkenswerther ist es, dafs die Münze in Italien höchst wahrscheinlich von Rom ausgegangen ist und zwar eben von den Decemvirn, die in der solonischen Gesetzgebung das Vorbild auch zur Regulirung des Münzwesens fanden, und dafs sie von Rom aus sich verbreitete über eine Anzahl latinischer, etruskischer, umbrischer und ostitalischer Gemeinden; zum deutlichen Beweise der überlegenen Stellung, die Rom schon seit dem Anfang des vierten Jahrhunderts in Italien behauptete. Wie alle diese Gemeinden formell unabhängig neben einander standen, war gesetzlich auch der Münzfufs durchaus örtlich und jedes Stadtgebiet ein eigenes Münzgebiet; indefs lassen sich doch die mittel- und norditalischen Kupfermünzfüfse in drei Gruppen zusammenfassen, innerhalb welcher man die Münzen im gemeinen Verkehr als gleichartig behandelt zu haben scheint. Es sind dies theils die Münzen der nördlich vom ciminischen Walde gelegenen etruskischen und der umbrischen Städte, theils die Münzen von Rom und Latium, theils die des östlichen Littorals. Dafs die römischen Münzen mit dem Silber nach dem Gewicht geglichen waren, ist schon bemerkt worden; diejenigen der italischen Ostküste finden wir dagegen in ein bestimmtes Verhältnifs gesetzt zu den Silbermünzen, die im südlichen Italien seit alter Zeit gangbar waren und deren Fufs sich auch die italischen Einwanderer, zum Beispiel die Brettier, Lucaner, Nolaner, ja die latinischen Colonien daselbst wie Cales und Suessa und sogar die Römer selbst für ihre unteritalischen Besitzungen aneigneten. Danach wird auch der italische

Binnenhandel in dieselben Gebiete zerfallen sein, welche unter sich verkehrten gleich fremden Völkern.

Ueber-seeischer Verkehr.
Im überseeischen Verkehr bestanden die früher (S. 202 fg.) bezeichneten sicilisch-latinischen, etruskisch-attischen und adriatisch-tarentinischen Handelsbeziehungen auch in dieser Epoche fort oder gehören ihr vielmehr recht eigentlich an; denn obwohl die derartigen in der Regel ohne Zeitangabe vorkommenden Thatsachen der Uebersicht wegen schon bei der ersten Periode zusammengefasst worden sind, erstrecken sich diese Angaben doch ebensowohl auf die gegenwärtige mit. Am deutlichsten sprechen natürlich auch hierfür die Münzen. Wie die Prägung des etruskischen Silbergeldes auf attischen Fufs (S. 203) und das Eindringen des italischen und besonders latinischen Kupfers in Sicilien (S. 204) für die ersten beiden Handelszüge zeugen, so spricht die eben erwähnte Gleichsetzung des grofsgriechischen Silbergeldes mit der picenischen und apulischen Kupfermünze nebst zahlreichen anderen Spuren für den regen Verkehr der unteritalischen Griechen, namentlich der Tarentiner mit dem ostitalischen Littoral. Dagegen scheint der früher wohl lebhaftere Handel zwischen den Latinern und den campanischen Griechen durch die sabellische Einwanderung gestört worden zu sein und während der ersten hundert und funfzig Jahre der Republik nicht viel bedeutet zu haben; die Weigerung der Samniten in Capua und Cumae den Römern in der Hungersnoth von 343 mit ihrem Getreide zu Hülfe zu kommen dürfte eine Spur der zwischen Latium und Campanien veränderten Beziehungen sein, bis im Anfang des fünften Jahrhunderts die römischen Waffen die alten Verhältnisse wieder herstellten und steigerten. — Im Einzelnen mag es noch gestattet sein als eines der seltenen datirten Facten aus der Geschichte des römischen Verkehrs der Notiz zu gedenken, welche aus der ardeatischen Chronik erhalten ist, dafs im Jahre 454 der erste Barbier aus Sicilien nach Ardea kam und einen Augenblick bei dem gemalten Thongeschirr zu verweilen, das vorzugsweise aus Attika, daneben aus Kerkyra und Sicilien nach Lucanien, Campanien und Etrurien gesandt ward, um dort zur Ausschmückung der Grabgemächer zu dienen und über dessen mercantilische Verhältnisse wir zufällig besser als über irgend einen andern überseeischen Handelsartikel unterrichtet sind. Der Anfang dieser Einfuhr mag um die Zeit der Vertreibung der Tarquinier fallen, denn die noch sehr sparsam in Italien vorkommenden Gefäfse des ältesten Stils dürften in der zweiten Hälfte des dritten Jahrhunderts der Stadt gemalt sein, während die

zahlreicheren des strengen Stils der ersten, die des vollendet 450—400
schönen der zweiten Hälfte des vierten angehören und die unge- 400—350
heuren Massen der übrigen oft durch Pracht und Gröfse, aber
selten durch vorzügliche Arbeit sich auszeichnenden Vasen im
Ganzen dem folgenden Jahrhundert beizulegen sein werden. Es 350—250
waren allerdings wieder die Hellenen, von denen die Italiker diese
Sitte der Gräberschmückung entlehnten; aber wenn die bescheidenen Mittel und der feine Tact der Griechen sie bei diesen in
engen Grenzen hielten, ward sie in Italien mit barbarischer Opulenz und barbarischer Verschwendung weit über das ursprüngliche und schickliche Mafs ausgedehnt. Aber es ist bezeichnend,
dafs es in Italien lediglich die Länder der hellenischen Halbcultur
sind, in welchen diese Ueberschwänglichkeit begegnet; wer solche
Schrift zu lesen versteht, wird in den etruskischen und campanischen Leichenfeldern, den Fundgruben unserer Museen, den
redenden Commentar zu den Berichten der Alten über die im
Reichthum und Uebermuth erstickende etruskische und campanische Halbbildung (S. 340. 357) erkennen. Dagegen blieb das
schlichte samnitische Wesen diesem thörichten Luxus zu allen
Zeiten fern; in dem Mangel des griechischen Grabgeschirrs tritt
ebenso fühlbar wie in dem Mangel einer samnitischen Landesmünze die geringe Entwickelung des Handelsverkehrs und des
städtischen Lebens in dieser Landschaft hervor. Noch bemerkenswerther ist es, dafs auch Latium, obwohl den Griechen nicht
minder nahe wie Etrurien und Campanien und mit ihnen im
engsten Verkehr, dieser Gräberpracht sich fast ganz enthalten
hat. Es ist wohl mehr als wahrscheinlich, dafs wir hierin den
Einflufs der strengen römischen Sittlichkeit, oder, wenn man
lieber will, der straffen römischen Polizei wiederzuerkennen
haben. Im engsten Zusammenhange damit stehen die schon erwähnten Interdicte, welche schon das Zwölftafelgesetz gegen purpurne Bahrtücher und den Goldschmuck als Todtenmitgift schleudert, und die Verbannung des silbernen Geräthes mit Ausnahme
des Salzfasses und der Opferschale aus dem römischen Hausrath
wenigstens durch das Sittengesetz und die Furcht vor der censorischen Rüge; und auch in dem Bauwesen werden wir demselben allem gemeinen wie edlen Luxus feindlichen Sinn wiederbegegnen. Indefs mochte auch durch solche Einwirkung von oben
her Rom länger als Volsinii und Capua eine gewisse äufsere Einfachheit bewahren, so werden darum Roms Handel und Gewerbe,
auf denen ja neben dem Ackerbau seine Blüthe von Haus aus
beruhte, noch nicht als unbedeutend gedacht werden dürfen und

nicht minder den Einfluſs der neuen Machtstellung Roms empfunden haben.

Römische Capitalwirthschaft. Zu der Entwickelung eines eigentlichen städtischen Mittelstandes, einer unabhängigen Handwerker- und Kaufmannschaft kam es in Rom nicht. Die Ursache war neben der früh eingetretenen unverhältniſsmäſsigen Centralisirung des Capitals vornehmlich die Sklavenwirthschaft. Es war im Alterthum üblich und in der That eine nothwendige Consequenz der Sklaverei, daſs die kleineren städtischen Geschäfte sehr häufig von Sklaven betrieben wurden, welche ihr Herr als Handwerker oder Kaufleute etablirte, oder auch von Freigelassenen, für welche der Herr nicht bloſs sehr oft das Geschäftscapital hergab, sondern von denen er sich auch regelmäſsig einen Antheil, oft die Hälfte des Geschäftsgewinns ausbedang. Der Kleinbetrieb und der Kleinverkehr in Rom waren ohne Zweifel in stetigem Steigen; es finden sich auch Belege dafür, daſs die dem groſsstädtischen Luxus dienstbaren Gewerbe anfingen sich in Rom zu concentriren — so ist das ficoronische Schmuckkästchen im fünften Jahrhundert der Stadt von einem praenestinischen Meister verfertigt und nach Praeneste verkauft, aber dennoch in Rom gearbeitet worden*). Allein da der Reinertrag auch des Kleingeschäfts zum gröſsten Theil in die Kassen der groſsen Häuser floſs, so kam ein industrieller und commercieller Mittelstand nicht in entsprechender Ausdehnung empor. Ebensowenig sonderten sich die Groſshändler und groſsen Industriellen scharf von den groſsen Grundbesitzern. Einerseits waren die letzteren seit alter Zeit (S. 205. 270) zugleich Geschäftsbetreibende und Capitalisten und in ihren Händen Hypothekardarlehn, Groſshandel und Lieferungen und Arbeiten für den Staat vereinigt. Andrerseits war es bei dem starken sittlichen Accent, der in dem römischen Gemeinwesen auf den Grundbesitz fiel, und bei seiner politischen Alleinberechtigung, welche erst gegen das Ende dieser Epoche einige Einschränkung erlitt (S. 310), ohne Zweifel schon in dieser Zeit gewöhnlich, daſs der glückliche Speculant mit einem Theil seiner Capitalien sich ansässig machte. Es geht auch aus der politischen Bevorzugung

---

*) Die Vermuthung, daſs der Künstler, welcher an diesem Kästchen für die Dindia Macolnia in Rom gearbeitet hat, Novius Plautius ein Campaner gewesen sei, wird durch die neuerlich gefundenen alten praenestinischen Grabsteine widerlegt, auf denen unter andern Macolniern und Plautiern auch ein Lucius Magulnius des Plautius Sohn (*L. Magolnio Pla. f.*) vorkommt.

der ansässigen Freigelassenen (S. 310) deutlich genug hervor, dafs die römischen Staatsmänner dahin wirkten auf diesem Wege die gefährliche Klasse der nicht grundsässigen Reichen zu vermindern.

Aber wenn auch in Rom weder ein wohlhabender städtischer Mittelstand noch eine streng geschlossene Capitalistenschaft sich bildete, so war das grofsstädtische Wesen doch an sich in unaufhaltsamem Steigen. Deutlich weist darauf hin die zunehmende Zahl der in der Hauptstadt zusammengedrängten Sklaven, wovon die sehr ernsthafte Sklavenverschwörung des J. 335 zeugt, und mehr noch die steigende allmählich unbequem und gefährlich werdende Menge der Freigelassenen, worauf die im Jahre 397 auf die Freilassungen gelegte ansehnliche Steuer (S. 304) und die Beschränkung der politischen Rechte der Freigelassenen im J. 450 (S. 310) einen sichern Schlufs gestatten. Denn es lag nicht blofs in den Verhältnissen, dafs die grofse Majorität der freigelassenen Leute sich dem Gewerbe oder dem Handel widmen mufste, sondern es war auch die Freilassung selbst bei den Römern wie gesagt weniger eine Liberalität als eine industrielle Speculation, indem der Herr bei dem Antheil an dem Gewerb- oder Handelsgewinn des Freigelassenen oft besser seine Rechnung fand als bei dem Anrecht auf den ganzen Reinertrag des Sklavengeschäfts. Die Zunahme der Freilassungen mufs defshalb mit der Steigerung der commerciellen und industriellen Thätigkeit der Römer nothwendig Hand in Hand gegangen sein. — Einen ähnlichen Fingerzeig für die steigende Bedeutung des städtischen Wesens in Rom gewährt die gewaltige Entwickelung der städtischen Polizei. Es gehört zum grofsen Theil wohl schon dieser Zeit an, dafs die vier Aedilen unter sich die Stadt in vier Polizeibezirke theilten und dafs für die ebenso wichtige wie schwierige Instandhaltung des ganz Rom durchziehenden Netzes von kleineren und gröfseren Abzugskanälen so wie der öffentlichen Gebäude und Plätze, für die gehörige Reinigung und Pflasterung der Strafsen, für die Beseitigung den Einsturz drohender Gebäude, gefährlicher Thiere, übler Gerüche, für die Fernhaltung der Wagen aufser in den Abend- und Nachtstunden und überhaupt für die Offenhaltung der Communication, für die ununterbrochene Versorgung des hauptstädtischen Marktes mit gutem und billigem Getreide, für die Vernichtung gesundheitsschädlicher Waaren und falscher Mafse und Gewichte, für die besondere Ueberwachung von Bädern, Schenken, schlechten Häusern von den Aedilen Fürsorge getroffen ward. — Im Bauwesen mag wohl die Königszeit, namentlich die Epoche der grofsen Eroberungen, mehr geleistet haben als die ersten zwei Jahrhunderte der Republik. Anlagen wie die Tempel auf dem Capitol und dem Aventin und der grofse Spielplatz mögen den sparsamen Vätern der Stadt ebenso wie den frohnenden Bürgern ein Gräuel gewesen sein und es ist bemerkenswerth, dafs das vielleicht bedeutendste Bauwerk der republikanischen Zeit vor den samnitischen Kriegen, der Cerestempel am Circus, ein Werk des Spurius Cassius (261) war, welcher in mehr als einer Hinsicht wieder in die Traditionen der Könige zurückzulenken suchte. Auch den Privatluxus hielt die regierende Aristokratie mit einer Strenge nieder, wie sie die Königsherrschaft bei längerer Dauer sicher nicht entwickelt haben würde. Aber auf die Länge vermochte selbst der Senat sich nicht länger gegen das Schwergewicht der Verhältnisse zu stemmen. Appius Claudius war es, der in seiner epochemachenden Censur (442) das veraltete Bauernsystem des Sparschatzsammelns bei Seite warf und seine Mitbürger die öffentlichen Mittel in würdiger Weise gebrauchen lehrte. Er begann das grofsartige System gemeinnütziger öffentlicher Bauten, das wenn irgend etwas Roms militärische Erfolge auch von dem Gesichtspunkt der Völkerwohlfahrt aus gerechtfertigt hat und noch heute in seinen Trümmern Tausenden und Tausenden, welche von römischer Geschichte nie ein Blatt gelesen haben, eine Ahnung giebt von der Gröfse Roms. Ihm verdankt der römische Staat die erste grofse Militärchaussee, die römische Stadt die erste Wasserleitung. Claudius Spuren folgend schlang der römische Senat um Italien jenes Strafsen- und Festungsnetz, dessen Gründung früher (S. 415) beschrieben ward und ohne das, wie von den Achaemeniden bis hinab auf den Schöpfer der Simplonstrafse die Geschichte aller Militärstaaten lehrt, keine militärische Hegemonie bestehen kann. Claudius Spuren folgend baute Manius Curius aus dem Erlös der pyrrhischen Beute eine zweite hauptstädtische Wasserleitung (482) und öffnete schon einige Jahre vorher (464) mit dem sabinischen Kriegsgewinn dem Velino, da wo er oberhalb Terni in die Nera sich stürzt, das heute noch von ihm durchflossene breitere Bett, um in dem dadurch trocken gelegten schönen Thal von Rieti für eine grofse Bürgeransiedelung Raum und auch für sich eine bescheidene Hufe zu gewinnen. Solche Werke verdunkelten selbst in den Augen verständiger Leute die zwecklose Herrlichkeit der hellenischen Tempel. Auch das bürgerliche Leben wurde jetzt ein anderes. Um die Zeit des Pyrrhos begann auf den römischen Tafeln das Silbergeschirr sich zu zeigen*) und das Verschwinden der Schindeldächer in Rom datiren die Chronisten von dem J. 470. Die neue Hauptstadt Italiens legte endlich ihr dorfartiges Ansehen allmählich ab und fing nun auch an sich zu schmücken. Zwar war es noch nicht Sitte in den eroberten Städten die Tempel zu Roms Verherrlichung ihrer Zierden zu berauben; aber dafür prangten an der Rednerbühne des Marktes die Schnäbel der Galeeren von Antium (S. 362) und an öffentlichen Festtagen längs der Hallen am Markte die von den Schlachtfeldern Samniums heimgebrachten goldbeschlagenen Schilde (S. 376). Besonders der Ertrag der Brüchgelder diente zur Pflasterung der Strafsen in und vor der Stadt oder zur Errichtung und Ausschmückung öffentlicher Gebäude. Die hölzernen Buden der Fleischer, welche an den beiden Langseiten des Marktes sich hinzogen, wichen zuerst an der palatinischen, dann auch an der den Carinen zugewandten Seite den steinernen Hallen der Geldwechsler; dadurch ward dieser Platz zur römischen Börse. Die Bildsäulen der gefeierten Männer der Vergangenheit, der Könige, Priester und Helden der Sagenzeit, des griechischen Gastfreundes, der den Zehnmännern die solonischen Gesetze verdolmetscht haben sollte, die Ehrensäulen und Denkmäler der grofsen Bürgermeister, welche die Veienter, die Latiner, die Samniten überwunden hatten, der Staatsboten, die in Vollziehung ihres Auftrages umgekommen waren, der reichen Frauen, die über ihr Vermögen zu öffentlichen Zwecken verfügt hatten, ja sogar schon gefeierter griechischer Weisen und Helden, wie des Pythagoras und des Alkibiades wurden auf der Burg oder auf dem römischen Markte aufgestellt. Also ward, nachdem die römische Gemeinde eine Grofsmacht geworden war, Rom selber eine Grofsstadt.

Endlich trat denn auch Rom als Haupt der römisch-italischen Eidgenossenschaft wie in das hellenistische Staatensystem, so auch in das hellenische Geld- und Münzwesen ein. Bis dahin hatten die Gemeinden Nord- und Mittelitaliens mit wenigen Ausnahmen einzig Kupfercourant, die süditalischen Städte dagegen

---

*) Der wegen seines silbernen Tafelgeräths gegen Publius Cornelius Rufinus (Consul 464. 477) verhängten censorischen Makel wurde schon gedacht (S. 435). Fabius befremdliche Angabe (bei Strabon 5, p. 228), dafs die Römer zuerst nach der Besiegung der Sabiner sich dem Luxus ergeben hätten (αἰσθέσθαι τοῦ πλούτου), ist offenbar nur eine Uebersetzung derselben Anekdote ins Historische; denn die Besiegung der Sabiner fällt in Rufinus erstes Consulat.

durchgängig Silbercourant geschlagen und es der Münzfüfse und Münzsysteme gesetzlich so viele gegeben als es souveräne Gemeinden in Italien gab. Im Jahre 485 wurden alle diese Münzstätten auf die Prägung von Scheidemünze beschränkt, ein allgemeiner für ganz Italien geltender Courantfufs eingeführt und die Courantprägung in Rom centralisirt, nur dafs Capua seine eigene zwar unter römischem Namen, aber auf abweichenden Fufs geprägte Silbermünze auch ferner behielt. Das neue Münzsystem beruhte auf dem gesetzlichen Verhältnisse der beiden Metalle wie dasselbe seit langem feststand (S. 447); die gemeinsame Münzeinheit war das Zehnafsstück oder der Denarius, der in Kupfer $3\frac{1}{3}$, in Silber $\frac{1}{72}$ eines römischen Pfundes, eine Kleinigkeit mehr als die attische Drachme wog. Zunächst herrschte in der Prägung noch die Kupfermünze vor und wahrscheinlich ist der älteste Silberdenar hauptsächlich für Unteritalien und für den Verkehr mit dem Ausland geschlagen worden. Wie aber der Sieg der Römer über Pyrrhos und Tarent und die römische Gesandtschaft nach Alexandreia dem griechischen Staatsmanne dieser Zeit zu denken geben mufsten, so mochte auch der einsichtige griechische Kaufmann wohl nachdenklich diese neuen römischen Drachmen betrachten, deren flaches, unkünstlerisches und einförmiges Gepräge neben dem gleichzeitigen wunderschönen der Münzen des Pyrrhos und der Sikelioten freilich dürftig und unansehnlich erscheint, die aber dennoch keineswegs, wie die Barbarenmünzen des Alterthums, sklavisch nachgeahmt und in Schrot und Korn ungleich sind, sondern mit ihrer selbstständigen und gewissenhaften Prägung von Haus aus jeder griechischen ebenbürtig sich an die Seite stellen.

Ausbreitung der lateinischen Nationalität.
Wenn also von der Entwickelung der Verfassungen, von den Völkerkämpfen um Herrschaft und Freiheit, wie sie Italien und insbesondere Rom von der Verbannung des tarquinischen Geschlechts bis zur Ueberwältigung der Samniten und der italischen Griechen bewegten, der Blick sich wendet zu den stilleren Kreisen des menschlichen Daseins, die die Geschichte doch auch beherrscht und durchdringt, so begegnet auch hier ihm überall die Nachwirkung der grofsartigen Ereignisse, durch welche die römische Bürgerschaft die Fesseln des Geschlechterregiments sprengte und die reiche Fülle der nationalen Bildungen Italiens ein einziges Volk zu bereichern allmählich unterging. Durfte auch der Geschichtschreiber es nicht versuchen den grofsen Gang der Ereignisse in die grenzenlose Mannichfaltigkeit der individuellen Gestaltung hinein zu verfolgen, so überschritt er doch seine Auf-

gabe nicht, wenn er aus der zertrümmerten Ueberlieferung einzelne Bruchstücke ergreifend hindeutete auf die wichtigsten Aenderungen, die in dieser Epoche im italischen Volksleben stattgefunden haben. Wenn dabei noch mehr als früher das römische in den Vordergrund trat, so ist dies nicht blofs in den zufälligen Lücken unserer Ueberlieferung begründet; vielmehr ist es eine wesentliche Folge der veränderten politischen Stellung Roms, dafs die latinische Nationalität die übrigen italischen immer mehr verdunkelte. Es ist schon darauf hingewiesen worden, dafs in dieser Epoche die Nachbarländer, das südliche Etrurien, die Sabina, das Volskerland, ja selbst Campanien sich zu romanisiren anfingen, wovon der fast gänzliche Mangel von Sprachdenkmälern der alten Landesdialecte und das Vorkommen sehr alter römischer Inschriften in diesen Gegenden Zeugnifs ablegt. Die zahlreich durch ganz Italien zerstreuten Einzelassignationen und Colonialgründungen sind nicht blofs militärisch, sondern auch sprachlich und national die vorgeschobenen Posten des latinischen Stammes. Zwar war die Latinisirung der Italiker schwerlich schon damals Ziel der römischen Politik; im Gegentheil scheint der römische Senat den Gegensatz der latinischen gegen die übrigen Nationalitäten absichtlich aufrecht erhalten und zum Beispiel die Einführung des Lateinischen in den officiellen Sprachgebrauch den von Rom abhängigen Gemeinden keineswegs unbedingt gestattet zu haben. Indefs die Natur der Verhältnisse ist stärker als selbst die stärkste Regierung; mit dem latinischen Volke gewannen auch dessen Sprache und Sitte in Italien zunächst das Principat und fingen bereits an die übrigen italischen Nationalitäten zu untergraben. — Gleichzeitig wurden dieselben von einer anderen Seite und mit einem anders begründeten Uebergewicht angegriffen durch den Hellenismus. Es war dies die Epoche, wo das Griechenthum seiner geistigen Ueberlegenheit über die übrigen Nationen anfing sich bewufst zu werden und nach allen Seiten hin Propaganda zu machen. Auch Italien blieb davon nicht unberührt. Die merkwürdigste Erscheinung in dieser Art bietet Apulien, das seit dem fünften Jahrhundert Roms allmählich seine barbarische Mundart ablegte und sich im Stillen hellenisirte. Es erfolgte dies ähnlich wie in Makedonien und Epeiros nicht durch Colonisirung, sondern durch Civilisirung, die mit dem tarentinischen Landhandel Hand in Hand gegangen zu sein scheint — wenigstens spricht es für die letztere Annahme, dafs die den Tarentinern befreundeten Landschaften der Poediculer und Daunier die Hellenisirung vollständiger durch-

Steigerung des Hellenismus in Italien.

führten als die Tarent näher wohnenden, aber beständig mit ihm
hadernden Sallentiner, und dafs die am frühesten graecisirten
Städte, zum Beispiel Arpi nicht an der Küste gelegen waren.
Dafs auf Apulien das griechische Wesen stärkeren Einflufs übte
als auf irgend eine andere italische Landschaft, erklärt sich theils
aus seiner Lage, theils aus der geringen Entwicklung einer eigenen nationalen Bildung, theils wohl auch aus seiner dem griechischen Stamm minder fremd als die übrigen italischen gegenüber-
stehenden Nationalität (S. 10). Indefs ist schon früher (S. 356)
darauf aufmerksam gemacht worden, dafs auch die südlichen sabellischen Stämme, obwohl zunächst sie im Verein mit den syrakusanischen Tyrannen das hellenische Wesen in Grofsgriechenland knickten und verdarben, doch zugleich durch die Berührung
und Mischung mit den Griechen theils griechische Sprache neben
der einheimischen annahmen, wie die Brettier und Nolaner, theils
wenigstens griechische Schrift und griechische Sitte, wie die
Lucaner und ein Theil der Campaner. Etrurien zeigt gleichfalls
die Ansätze einer verwandten Entwickelung in den bemerkenswerthen dieser Epoche angehörenden Vasenfunden (S. 448), in
denen es mit Campanien und Lucanien rivalisirt; und wenn Latium und Samnium dem Hellenismus ferner geblieben sind, so
fehlt es doch auch hier nicht an Spuren des beginnenden und
immer steigenden Einflusses griechischer Bildung. In allen
Zweigen der römischen Entwickelung dieser Epoche, in Gesetzgebung und Münzwesen, in der Religion, in der Bildung der
Stammsage stofsen wir auf griechische Spuren, und namentlich
seit dem Anfang des fünften Jahrhunderts, das heifst seit der
Eroberung Campaniens erscheint der griechische Einflufs auf das
römische Wesen in raschem und stets zunehmendem Wachsthum. In das vierte Jahrhundert fällt die Einrichtung der auch
sprachlich merkwürdigen „*graecostasis*", einer Tribüne auf dem
römischen Markt für die vornehmen griechischen Fremden, zunächst die Massalioten (S. 421). Im folgenden fangen die Jahrbücher an vornehme Römer mit griechischen Beinamen, wie
Philippos oder römisch Pilipus, Philon, Sophos, Hypsaeos aufzuweisen. Griechische Sitten dringen ein; so der nichtitalische
Gebrauch Inschriften zur Ehre des Todten auf dem Grabmal
anzubringen, wovon die Grabschrift des Lucius Scipio Consul 456
das älteste uns bekannte Beispiel ist; so die gleichfalls den Italikern fremde Weise ohne Gemeindebeschlufs an öffentlichen Orten
den Vorfahren Ehrendenkmäler zu errichten, womit der grofse
Neuerer Appius Claudius den Anfang machte, als er in dem neuen

Tempel der Bellona Erzschilde mit den Bildern und den Elogien seiner Vorfahren aufhängen liefs (442); so die im Jahre 461 bei dem römischen Volksfest eingeführte Ertheilung von Palmzweigen an die Wettkämpfer; so vor allem die griechische Tischsitte. Die Weise bei Tische nicht wie ehemals auf Bänken zu sitzen, sondern auf Sophas zu liegen; die Verschiebung der Hauptmahlzeit von der Mittag- auf die Stunde zwischen zwei und drei Uhr Nachmittags nach unserer Rechnung; die Trinkmeister bei den Schmäusen, welche meistens durch Würfelung aus den Gästen für den Schmaus bestellt werden und nun den Tischgenossen vorschreiben, was, wie und wann getrunken werden soll; die nach der Reihe von den Gästen gesungenen Tischlieder, die freilich in Rom nicht Skolien, sondern Ahnengesänge waren — alles dies ist in Rom nicht ursprünglich und doch schon in sehr alter Zeit den Griechen entlehnt; denn zu Catos Zeit waren diese Gebräuche bereits gemein, ja zum Theil schon wieder abgekommen. Man wird daher ihre Einführung spätestens in diese Zeit zu setzen haben. Charakteristisch ist auch die Errichtung der Bildsäulen 'des weisesten und des tapfersten Griechen' auf dem römischen Markt, die während der samnitischen Kriege auf Geheifs des pythischen Apollon stattfand; man wählte, offenbar unter sicilischem oder campanischem Einflufs, den Pythagoras und den Alkibiades, den Heiland und den Hannibal der Westhellenen. Wie verbreitet die Kenntnifs des Griechischen schon im fünften Jahrhundert unter den vornehmen Römern war, beweisen die Gesandtschaften der Römer nach Tarent, wo der Redner der Römer wenn auch nicht im reinsten Griechisch, doch ohne Dolmetsch sprach, und des Kineas nach Rom; es leidet kaum einen Zweifel, dafs seit dem fünften Jahrhundert die jungen Römer, die sich den Staatsgeschäften widmeten, durchgängig die Kunde der damaligen Welt- und Diplomatensprache sich erwarben. — So schritt auf dem geistigen Gebiet der Hellenismus eben so unaufhaltsam vorwärts, wie der Römer arbeitete die Erde sich unterthänig zu machen; und die secundären Nationalitäten, wie die samnitische, keltische, etruskische, verloren, von zwei Seiten her bedrängt, immer mehr an Ausdehnung wie an innerer Kraft.

Wie aber die beiden grofsen Nationen, beide angelangt auf dem Höhepunkt ihrer Entwickelung, in feindlicher wie in freundlicher Berührung anfangen sich zu durchdringen, tritt zugleich ihre Gegensätzlichkeit, der gänzliche Mangel aller Individualität in dem italischen und vor allem in dem römischen Wesen gegenüber der unendlichen stammlichen, örtlichen und menschlichen Mannichfaltigkeit des Hellenismus in voller Schärfe hervor. Es giebt keine gewaltigere Epoche in der Geschichte Roms als die Epoche von der Einsetzung der römischen Republik bis auf die Unterwerfung Italiens; in ihr wurde das Gemeinwesen nach innen wie nach aufsen begründet, in ihr das einige Italien erschaffen, in ihr das traditionelle Fundament des Landrechts und der Landesgeschichte erzeugt, in ihr das Pilum und der Manipel, der Strafsen- und Wasserbau, die Guts- und Geldwirthschaft begründet, in ihr die capitolinische Wölfin gegossen und das ficoronische Kästchen gezeichnet. Aber die Individualitäten, welche zu diesem Riesenbau die einzelnen Steine herbeigetragen und sie zusammengefügt haben, sind spurlos verschollen und die italischen Völkerschaften nicht völliger in der römischen aufgegangen als der einzelne römische Bürger in der römischen Gemeinde. Wie das Grab in gleicher Weise über dem bedeutenden wie über dem geringen Menschen sich schliefst, so steht auch in der römischen Bürgermeisterliste der nichtige Junker ununterscheidbar neben dem grofsen Staatsmann. Von den wenigen Aufzeichnungen, welche aus dieser Zeit bis auf uns gekommen sind, ist keine ehrwürdiger und keine zugleich charakteristischer als die Grabschrift des Lucius Cornelius Scipio, der im Jahre 456 Consul war und drei Jahre nachher in der Entscheidungsschlacht bei Sentinum mitfocht (S. 383). Auf dem schönen Sarkophag in edlem dorischen Stil, der noch vor achtzig Jahren den Staub des Besiegers der Samniten einschlofs, ist der folgende Spruch eingeschrieben:

> *Cornélius Lucius — Scipió Barbátus,*
> *Gnaivód patré prognátus, — fórtis vir sapiénsque,*
> *Quoiús fórma virtu — tei parisuma fuit,*
> *Consól censór aidílis — quei fuit apúd vos,*
> *Taurásiá Cisauna — Sámnió cépit,*
> *Subigit omné Loucánam — opsidésque abdoúcit.*
>
> ⏑ ‒ ⏑ ‒ ⏑ ‒ ⏑ ‒ ‖ ‒ ⏑ ‒ ⏑ ‒ ⏑
>
> Cornelius Lucius — Scipio Barbatus,
> Des Vaters Gnaevus Sohn, ein — Mann so klug wie tapfer,
> Defs Wohlgestalt war seiner — Tugend angemessen,
> Der Consul, Censor war bei — euch wie auch Aedilis,
> Taurasia, Cisauna — nahm er ein in Samnium,
> Bezwingt Lucanien ganz und — führet weg die Geifseln.

So wie diesem römischen Staatsmann und Krieger mochte man unzähligen anderen, die an der Spitze des römischen Gemeinwesens gestanden haben, es nachrühmen, dafs sie adliche und schöne, tapfere und kluge Männer gewesen; aber weiter war auch nichts von ihnen zu melden. Es ist wohl nicht blofs Schuld der Ueberlieferung, dafs unter all diesen Corneliern, Fabiern, Papiriern und wie sie weiter heifsen, uns nirgends ein bestimmtes individuelles Bild entgegentritt. Der Senator soll nicht schlechter und nicht besser, überhaupt nicht anders sein als die Senatoren alle; es ist nicht nöthig und nicht wünschenswerth, dafs ein Bürger die übrigen übertreffe, weder durch prunkendes Silbergeräth und hellenische Bildung noch durch ungemeine Weisheit und Trefflichkeit. Jene Ausschreitungen straft der Censor und für diese ist kein Raum in der Verfassung. Das Rom dieser Zeit gehört keinem Einzelnen an; die Bürger müssen sich alle gleichen, damit jeder einem König gleich sei. — Allerdings macht schon jetzt daneben die hellenische Individualentwickelung sich geltend; und die Genialität und Gewaltsamkeit derselben trägt eben wie die entgegengesetzte Richtung den vollen Stempel dieser grofsen Zeit. Es ist nur ein einziger Mann hier zu nennen; aber in ihm ist auch der Fortschrittsgedanke gleichsam incarnirt. Appius Claudius (Censor 442; Consul 447. 458), der Ururenkel des Decemvirs, war ein Mann von altem Adel und stolz auf die lange Reihe seiner Ahnen; aber dennoch ist er es gewesen, der die Beschränkung des vollen Gemeindebürgerrechts auf die ansässigen Leute gesprengt (S. 310), der das alte Finanzsystem gebrochen hat (S. 452). Von Appius Claudius datiren nicht blofs die römischen Wasserleitungen und Chausseen, sondern auch die römische Jurisprudenz, Eloquenz, Poesie und Grammatik — die Veröffentlichung eines Klagspiegels, aufgezeichnete Reden und pythagoreische Sprüche, selbst Neuerungen in der Orthographie werden ihm beigelegt. Man darf ihn darum noch nicht unbedingt einen Demokraten nennen noch jener Oppositionspartei ihn beizählen, die in Manius Curius ihren Vertreter fand (S. 309); in ihm war vielmehr der Geist der alten und neuen patricischen Könige mächtig, der Geist der Tarquinier und der Caesaren, zwischen denen er in dem fünfhundertjährigen Interregnum aufserordentlicher Thaten und gewöhnlicher Männer die Verbindung macht. So lange Appius Claudius an dem öffentlichen Leben thätigen Antheil nahm, trat er in seiner Amtsführung wie in seinem Lebenswandel, keck und ungezogen wie ein Athener, nach rechts wie nach links hin Gesetzen und Gebräuchen entgegen; bis dann, nachdem er längst von der politischen Bühne abgetreten war, der blinde Greis wie aus dem Grabe wiederkehrend in der entscheidenden Stunde den König Pyrrhos im Senate überwand und Roms vollendete Herrschaft zuerst förmlich und feierlich aussprach (S. 402). Aber der geniale Mann kam zu früh oder zu spät; die Götter blendeten ihn wegen seiner unzeitigen Weisheit. Nicht das Genie des Einzelnen herrschte in Rom und durch Rom in Italien, sondern der eine unbewegliche von Geschlecht zu Geschlecht im Senat fortgepflanzte politische Gedanke, in dessen leitende Maximen schon die senatorischen Knaben sich hineinlebten, indem sie in Begleitung ihrer Väter mit im Rathsaal erschienen und hier der Weisheit derjenigen Männer lauschten, auf deren Stühlen sie dereinst bestimmt waren zu sitzen. So wurden ungeheure Erfolge um ungeheuren Preis erreicht; denn auch der Nike folgt ihre Nemesis. Im römischen Gemeinwesen kommt es auf keinen Menschen besonders an, weder auf den Soldaten noch auf den Feldherrn, und unter der starren sittlich-polizeilichen Zucht wird jede Eigenartigkeit des menschlichen Wesens erstickt. Rom ist grofs geworden wie kein anderer Staat des Alterthums; aber es hat seine Gröfse theuer bezahlt mit der Aufopferung der anmuthigen Mannichfaltigkeit, der bequemen Läfslichkeit, der innerlichen Freiheit des hellenischen Lebens.

KAPITEL IX.

Kunst und Wissenschaft.

Die Entwickelung der Kunst und namentlich der Dichtkunst steht im Alterthum im engsten Zusammenhang mit der Entwickelung der Volksfeste. Das schon in der vorigen Epoche wesentlich unter griechischem Einfluſs zunächst als auſserordentliche Feier geordnete Dankfest der römischen Gemeinde, die ‚groſsen‘ oder ‚römischen Spiele‘ (S. 230), nahm während der gegenwärtigen an Dauer wie an Mannichfaltigkeit der Belustigungen zu. Ursprünglich beschränkt auf die Dauer eines Tages wurde das Fest nach der glücklichen Beendigung der drei groſsen Revolutionen von 245, 260 und 387 jedesmal um einen Tag verlängert und hatte am Ende dieser Periode also bereits eine viertägige Dauer*). Wichtiger noch war es, daſs das Fest wahrscheinlich mit Einsetzung der von Haus aus mit der Ausrichtung

<small>Das römische Volksfest.</small>

<small>509 494 367</small>

---

*) Was Dionys (6, 95; vgl. Niebuhr 2, 40) und schöpfend aus einer andern dionysischen Stelle Plutarch (*Camill.* 42) von dem latinischen Fest berichtet, ist, wie auſser andern Gründen schlagend die Vergleichung der letzteren Stelle mit Liv. 6, 42 (Ritschl *parerg.* 1, p. 313) zeigt, vielmehr von den römischen Spielen zu verstehen; Dionys hat, und zwar nach seiner Gewohnheit im Verkehrten beharrlich, den Ausdruck *ludi maximi* miſsverstanden. — Uebrigens gab es auch eine Ueberlieferung, wonach der Ursprung des Volksfestes, statt wie gewöhnlich auf die Besiegung der Latiner durch den ersten Tarquinius, vielmehr auf die Besiegung der Latiner am Regillersee zurückgeführt ward (Cicero *de div.* 1, 26, 55. Dionys 7, 71). Daſs die wichtigen an der letzten Stelle aus Fabius aufbehaltenen Angaben in der That auf das gewöhnliche Dankfest und nicht auf eine besondere Votivfeierlichkeit gehen, zeigt die ausdrückliche Hinweisung auf die jährliche Wiederkehr der Feier und die genau mit der Angabe bei dem falschen Asconius (p. 142 Or.) stimmende Kostensumme.

und Ueberwachung desselben betrauten (S. 300) curulischen Aedilität (387) seinen aufserordentlichen Charakter und damit seine Beziehung auf ein bestimmtes Feldherrngelübde verlor und in die Reihe der ordentlichen jährlich wiederkehrenden als erstes unter allen eintrat. Indefs blieb die Regierung beharrlich dabei das eigentliche Schaufest, namentlich das Hauptstück, das Wagenrennen nicht mehr als einmal am Schlufs des Festes stattfinden zu lassen; an den übrigen Tagen war es wohl zunächst der Menge überlassen sich selber ein Fest zu geben, obwohl Musikanten, Tänzer, Seilgänger, Taschenspieler, Possenreifser und dergleichen Leute mehr nicht verfehlt haben werden, gedungen oder nicht gedungen dabei sich einzufinden. Aber um das Jahr 390 trat eine wichtige Veränderung ein, welche mit der kurz vorher erfolgten Fixirung und Verlängerung des Festes in Zusammenhang stehen wird: man schlug von Staatswegen während der ersten drei Tage im Rennplatz ein Brettergerüst auf und sorgte für angemessene Vorstellungen auf demselben zur Unterhaltung der Menge. Um indefs nicht auf diesem Wege zu weit geführt zu werden, wurde für die Kosten des Festes eine feste Summe von 200000 Assen (14500 Thlr.) ein für allemal aus der Staatskasse ausgeworfen und diese ist auch bis auf die punischen Kriege nicht gesteigert worden; den Mehrbetrag mufsten die Aedilen, welche diese Summe zu verwenden hatten, aus ihrer Tasche decken und es ist nicht wahrscheinlich, dafs sie in dieser Zeit oft und beträchtlich vom Eigenen zugeschossen haben. Dafs die neue Bühne im Allgemeinen unter griechischem Einflufs stand, beweist schon ihr Name (*scaena* σκηνή). Sie war zwar zunächst lediglich für Spielleute und Possenreifser jeder Art bestimmt, unter denen die Tänzer zur Flöte, namentlich die damals gefeierten etruskischen, wohl noch die vornehmsten sein mochten; indefs war nun doch eine öffentliche Bühne in Rom entstanden und damit dieselbe auch den römischen Dichtern eröffnet. — Denn an Dichtern fehlte es in Latium nicht. Latinische ‚Vaganten' oder ‚Bänkelsänger' (*grassatores, spatiatores*) zogen von Stadt zu Stadt und von Haus zu Haus und trugen ihre Lieder (*saturae*, S. 29) mit gestikulirendem Tanz zur Flötenbegleitung vor. Das Mafs war natürlich das einzige, das es damals gab, das sogenannte saturnische (S. 227). Eine bestimmte Handlung lag den Liedern nicht zu Grunde und ebensowenig scheinen sie dialogisirt gewesen zu sein; man wird sich dieselben nach dem Muster jener eintönigen bald improvisirten, bald recitirten Ballaten und Tarantellen vorstellen dürfen, wie man sie heute noch in den römischen Osterien zu hören bekommt. Dergleichen Lieder kamen denn auch früh auf die öffentliche Bühne und sind allerdings der erste Keim des römischen Theaters geworden. Aber diese Anfänge der Schaubühne sind in Rom nicht blofs, wie überall, bescheiden, sondern in bemerkenswerther Weise gleich von vorn herein bescholten. Schon die Zwölftafeln treten dem üblen und nichtigen Singsang entgegen, indem sie nicht blofs auf Zauber-, sondern selbst auf Spottlieder, die man auf einen Mitbürger verfertigt oder ihm vor der Thüre absingt, schwere Criminalstrafen setzen und die Zuziehung von Klagefrauen bei der Bestattung verbieten. Aber weit strenger als durch die gesetzlichen Restrictionen ward die beginnende Kunstübung durch den sittlichen Bann getroffen, welchen der philisterhafte Ernst des römischen Wesens gegen diese leichtsinnigen und bezahlten Gewerbe schleuderte. ‚Das Dichterhandwerk‘, sagt Cato, ‚war sonst nicht angesehen; wenn jemand damit sich abgab oder bei den Gelagen sich anhängte, so hiefs er ein Bummler.‘ Wer nun aber gar Tanz, Musik und Bänkelgesang für Geld betrieb, ward bei der immer mehr sich festsetzenden Bescholtenheit eines jeden durch Dienstverrichtungen gegen Entgelt gewonnenen Lebensunterhalts von einer zwiefachen Makel getroffen. Wenn daher das Mitwirken bei den landüblichen maskirten Charakterpossen (S. 228) als ein verzeihlicher jugendlicher Muthwille betrachtet ward, so galt das Auftreten auf der öffentlichen Bühne für Geld und ohne Maske geradezu für schändlich und der Sänger und Dichter stand dabei mit dem Seiltänzer und dem Hanswurst völlig in gleicher Reihe. Dergleichen Leute wurden durch die Sittenmeister (S. 435) regelmäfsig für unfähig erklärt in dem Bürgerheer zu dienen und in der Bürgerversammlung zu stimmen. Es wurde ferner nicht blofs, was allein schon bezeichnend genug ist, die Bühnendirection betrachtet als zur Competenz der Stadtpolizei gehörig, sondern es ward auch der Polizei wahrscheinlich schon in dieser Zeit gegen die gewerbmäfsigen Bühnenkünstler eine aufserordentliche arbiträre Gewalt eingeräumt. Nicht allein hielten die Polizeiherren nach vollendeter Aufführung über sie Gericht, wobei der Wein für die geschickten Leute ebenso reichlich flofs wie für den Stümper die Prügel fielen, sondern es waren auch sämmtliche städtische Beamte gesetzlich befugt über jeden Schauspieler zu jeder Zeit und an jedem Orte körperliche Züchtigung und Einsperrung zu verhängen. Die nothwendige Folge davon war, dafs Tanz, Musik und Poesie, wenigstens so weit sie auf der öffentlichen Bühne sich zeigten, den niedrigsten Klassen der römischen

Bürgerschaft und vor allem den Fremden in die Hände fielen; und wenn in dieser Zeit die Poesie dabei noch überhaupt eine zu geringe Rolle spielte, als dafs fremde Künstler mit ihr sich beschäftigt hätten, so darf dagegen die Angabe, dafs in Rom die gesammte sacrale und profane Musik wesentlich etruskisch, also die alte einst offenbar hochgehaltene latinische Flötenkunst (S. 228) durch die fremdländische unterdrückt war, schon für diese Zeit gültig erachtet werden. — Von einer poetischen Litteratur ist keine Rede. Weder die Maskenspiele noch die Bühnenrecitationen können eigentlich feste Texte gehabt haben, sondern wurden je nach Bedürfnifs regelmäfsig von den Vortragenden selbst verfertigt. Von schriftstellerischen Arbeiten aus dieser Zeit wufste man späterhin nichts aufzuzeigen als eine Art römischer ‚Werke und Tage', eine Unterweisung des Bauern an seinen Sohn*) und die schon erwähnten pythagoreischen Gedichte des Appius Claudius (S. 459), den ersten Anfang hellenisirender römischer Poesie. Uebrig geblieben ist von den Dichtungen dieser Epoche nichts als eine und die andere Grabschrift im saturnischen Mafse (S. 458).

Geschichtschreibung. Wie die Anfänge der römischen Schaubühne so gehören auch die Anfänge der römischen Geschichtschreibung in diese Epoche, sowohl der gleichzeitigen Aufzeichnung der merkwürdigen Ereignisse wie der conventionellen Feststellung der Vorgeschichte der römischen Gemeinde. — Die gleichzeitige Geschichtschreibung knüpft an das Beamtenverzeichnifs an. Das am weitesten zurückreichende, das den späteren römischen Forschern vorgelegen hat und mittelbar auch uns noch vorliegt, scheint aus dem Archiv des capitolinischen Jupitertempels herzurühren, da es von dem Consul Marcus Horatius an, der denselben am 13. Sept. seines Amtsjahres einweihte, die Namen der jährigen Gemeindevorsteher aufführt, auch auf das unter den Consuln Publius Servilius und Lucius Aebutius (nach der jetzt gangbaren Zählung 291 d. St.) bei Gelegenheit einer schweren Seuche erfolgte Gelöbnifs: von da an jedes hundertste Jahr in die Wand des capitolinischen Tempels einen Nagel zu schlagen, Rücksicht nimmt.

Magistratsverzeichnisse.

---

*) Erhalten ist davon das Bruchstück:
  Bei trocknem Herbste, nassem — Frühling wirst du, Knabe,
  Einernten grofse Spelte.
Wir wissen freilich nicht, mit welchem Rechte dieses Gedicht späterhin als das älteste römische galt (Macrob. *sat.* 5, 20. Festus *ep. v. flaminius* p. 93 M. Servius zu Virg. *georg.* 1, 101. Plin. 17, 2, 14).

Späterhin sind es die Mafs- und Schriftgelehrten der Gemeinde, das heifst die Pontifices, welche die Namen der jährigen Gemeindevorsteher von Amtswegen verzeichnen und also mit der älteren Monat- eine Jahrtafel verbinden; beide werden seitdem unter dem — eigentlich nur der Gerichtstagliste zukommenden — Namen der Fasten zusammengefafst. Diese Einrichtung mag nicht lange nach der Abschaffung des Königthums getroffen sein, da in der That, um die Reihenfolge der officiellen Acte constatiren zu können, die officielle Verzeichnung der Jahrbeamten dringendes praktisches Bedürfnifs war; aber wenn es ein so altes officielles Verzeichnifs der Gemeindebeamten gegeben hat, so ist dies wahrscheinlich im gallischen Brande (364) zu Grunde gegangen und die Liste des Pontificalcollegiums nachher aus der von dieser Katastrophe nicht betroffenen capitolinischen, so weit diese zurückreichte, ergänzt worden. Dafs das uns vorliegende Vorsteherverzeichnifs zwar in den Nebensachen, besonders den genealogischen Angaben nach der Hand aus den Stammbäumen des Adels vervollständigt worden ist, im Wesentlichen aber von Anfang an auf gleichzeitige und glaubwürdige Aufzeichnungen zurückgeht, leidet keinen Zweifel; die Kalenderjahre aber giebt dasselbe nur unvollkommen und annähernd wieder, da die Gemeindevorsteher nicht mit dem Neujahr, ja nicht einmal mit einem ein für allemal festgestellten Tage antraten, sondern aus mancherlei Veranlassungen der Antrittstag sich hin und her schob und die häufig zwischen zwei Consulaten eintretenden Zwischenregierungen in der Rechnung nach Amtsjahren ganz ausfielen. Wollte man dennoch nach dieser Vorsteherliste die Kalenderjahre zählen, so war es nöthig den Antritts- und Abgangstag eines jeden Collegiums nebst den etwaigen Interregnen mit anzumerken; und auch dies mag früh geschehen sein. Aufserdem aber wurde die Liste der Jahrbeamten zur Kalenderjahrliste in der Weise hergerichtet, dafs man durch Accommodation jedem Kalenderjahr ein Beamtenpaar zutheilte und, wo die Liste nicht ausreichte, Flüljahre einlegte, welche in der späteren (varronischen) Tafel mit den Ziffern 379—383. 421. 430. 445. 453 bezeichnet sind. Vom Jahre 291 d. St., 463 v. Chr. ist die römische Liste nachweislich, zwar nicht im Einzelnen, wohl aber im Ganzen mit dem römischen Kalender in Uebereinstimmung, also insoweit chronologisch sicher, als die Mangelhaftigkeit des Kalenders selbst dies verstattet; die jenseit jenes Jahres liegenden 47 Jahrstellen entziehen sich der Controle, werden aber wenigstens in der

Hauptsache gleichfalls richtig sein*); was jenseit des Jahres 245 d. St., 509 v. Chr. liegt, ist chronologisch verschollen. — Eine gemeingebräuchliche Aera hat sich nicht gebildet; doch ist in sacralen Verhältnissen gezählt worden nach dem Einweihungsjahr des capitolinischen Jupitertempels, von wo ab ja auch die Beamtenliste lief. — Nahe lag es neben den Namen der Beamten die wichtigsten unter ihrer Amtsführung vorgefallenen Ereignisse anzumerken; und aus solchen dem Beamtenkatalog beigefügten Nachrichten ist die römische Chronik, ganz wie aus den der Ostertafel beigeschriebenen Notizen die mittelalterliche, hervorgegangen. Aber erst spät kam es zu der Anlegung einer förmlichen die Namen sämmtlicher Beamten und die merkwürdigen Ereignisse Jahr für Jahr stetig verzeichnenden Chronik (*liber annalis*) durch die Pontifices. Vor der unter dem 5. Juni 351 angemerkten Sonnenfinsternifs, womit wahrscheinlich die vom 20. Juni 354 gemeint ist, fand sich in der späteren Stadtchronik keine Sonnenfinsternifs nach Beobachtung verzeichnet; die Censuszahlen derselben fangen erst seit dem Anfang des fünften Jahrhunderts der Stadt an glaublich zu lauten (S. 9S. 42S); die vor dem Volk geführten Bufssachen und die von Gemeindewegen gesühnten Wunderzeichen scheint man erst seit der zweiten Hälfte des fünften Jahrhunderts regelmäfsig in die Chronik eingetragen zu haben**). Allem Anschein nach hat die Einrichtung eines geordneten Jahrbuchs und, was sicher damit zusammenhängt, die eben erörterte Redaction der älteren Beamtenliste zum Zweck der Jahrzählung mittelst Einlegung der chronologisch nöthigen Flülljahre, in der ersten Hälfte des fünften Jahrhunderts stattgefunden. Aber auch nachdem sich die Uebung festgestellt hatte, dafs es dem Oberpontifex obliege Kriegsläufte und Colonisirungen, Pestilenz und theure Zeit, Finsternisse und Wunder, Todesfälle der Priester und anderer angesehener Männer, die neuen Gemeindebeschlüsse, die Ergebnisse der Schatzung Jahr für Jahr aufzuschreiben und diese Anzeichnungen in seiner Amt-

---

*) Nur die ersten Stellen in der Liste geben Anlafs zum Verdacht und mögen später hinzugefügt sein, um die Zahl der Jahre von der Königsflucht bis zum Stadtbrande auf 120 abzurunden.

) Auch was sonst von einzelnen bestimmt datirten Nachrichten aus älterer Zeit sich vorfindet, möchte strenge Prüfung kaum aushalten. So hat die Angabe über die Wegnahme des alten Feigenbaums auf dem römischen Markt im Jahre 260 jetzt sich gezeigt als handschriftlich unbeglaubigt (S. 191 A.) und auch gegen den anscheinend sehr glaubwürdigen Bericht, dafs im Jahre 259 einundzwanzig Tribus eingerichtet seien, haben sich ernstliche Bedenken ergeben (S. 281).

wohnung zu bleibendem Gedächtnifs und zu Jedermanns Einsicht aufzustellen, war man damit von einer wirklichen Geschichtschreibung noch weit entfernt. Wie dürftig die gleichzeitige Aufzeichnung noch am Schlusse dieser Periode war und wie weiten Spielraum sie der Willkür späterer Annalisten gestattete, zeigt mit schneidender Deutlichkeit die Vergleichung der Berichte über den Feldzug vom Jahre 456 in den Jahrbüchern und auf der Grabschrift des Consuls Scipio *). Die späteren Historiker waren augenscheinlich aufser Stande aus diesen Stadtbuchnotizen einen lesbaren und einigermafsen zusammenhängenden Bericht zu gestalten; und auch wir würden, selbst wenn uns das Stadtbuch noch in seiner ursprünglichen Fassung vorläge, schwerlich daraus die Geschichte der Zeit pragmatisch zu schreiben vermögen. Indefs gab es solche Stadtchroniken nicht blofs in Rom, sondern jede latinische Stadt hat wie ihre Pontifices, so auch ihre Annalen besessen, wie dies aus einzelnen Notizen zum Beispiel für Ardea, Ameria, Interamna am Nar deutlich hervorgeht; und mit der Gesammtheit dieser Stadtchroniken hätte vielleicht sich etwas Aehnliches erreichen lassen, wie es für das frühere Mittelalter durch die Vergleichung der verschiedenen Klosterchroniken erreicht worden ist. Leider hat man in Rom späterhin es vorgezogen die Lücke vielmehr durch hellenische oder hellenisirende Lüge zu füllen. — Aufser diesen freilich dürftig angelegten und unsicher gehandhabten officiellen Veranstaltungen zur Feststellung der verflossenen Zeiten und vergangenen Ereignisse können in dieser Epoche kaum Aufzeichnungen vorgekommen sein, welche der römischen Geschichte unmittelbar gedient hätten. Von Privatchroniken findet sich keine Spur. Nur liefs man sich Stammbäume. in den vornehmen Häusern es angelegen sein die auch rechtlich so wichtigen Geschlechtstafeln festzustellen und den Stammbaum zu bleibendem Gedächtnifs auf die Wand der Hausflur zu malen. An diesen Listen, die wenigstens auch die Aemter nannten, fand nicht blofs die Familientradition einen Halt, sondern es knüpften sich hieran auch wohl früh biographische Aufzeichnungen. Die Gedächtnifsreden, welche in Rom bei keiner vornehmen Leiche fehlen durften und regelmäfsig von dem nächsten Verwandten des Verstorbenen gehalten wurden, bestanden wesentlich nicht blofs in der Aufzählung der Tugenden und Würden des Todten,

---

*) S. 458. Nach den Annalen commandirt Scipio in Etrurien, sein College in Samnium und ist Lucanien dies Jahr im Bunde mit Rom; nach der Grabschrift erobert Scipio zwei Städte in Samnium und ganz Lucanien.

sondern auch in der Aufzählung der Thaten und Tugenden seiner Ahnen; und so gingen auch sie wohl schon in frühester Zeit traditionell von einem Geschlecht auf das andere über. Manche werthvolle Nachricht mochte hierdurch erhalten, freilich auch manche dreiste Verdrehung und Fälschung in die Ueberlieferung eingeführt werden.

Römische Vorgeschichte Roms. Aber wie die Anfänge der wirklichen Geschichtschreibung gehören ebenfalls in diese Zeit die Anfänge der Aufzeichnung und conventionellen Entstellung der Vorgeschichte Roms. Die Quellen dafür waren natürlich dieselben wie überall. Einzelne Namen und Thatsachen, die Könige Numa Pompilius, Ancus Marcius, Tullus Hostilius, die Besiegung der Latiner durch König Tarquinius und die Vertreibung des tarquinischen Königsgeschlechts mochten in allgemeiner mündlich fortgepflanzter wahrhafter Ueberlieferung fortleben. Anderes lieferte die Tradition der adlichen Geschlechter, wie zum Beispiel die Fabiererzählungen mehrfach hervortreten. In anderen Erzählungen wurden uralte Volksinstitutionen, besonders mit grofser Lebendigkeit rechtliche Verhältnisse symbolisirt und historisirt: so die Heiligkeit der Mauern in der Erzählung vom Tode des Remus, die Abschaffung der Blutrache in der von dem Ende des Königs Tatius (S. 151 A.), die Nothwendigkeit der die Pfahlbrücke betreffenden Ordnung in der Sage von Horatius Cocles*), die Entstehung des Gnadenurtheils der Gemeinde in der schönen Erzählung von den Horatiern und Curiatiern, die Entstehung der Freilassung und des Bürgerrechts der Freigelassenen in derjenigen von der Tarquinierverschwörung und dem Sklaven Vindicius. Eben dahin gehört die Geschichte der Stadtgründung selbst, welche Roms Ursprung an Latium und die allgemeine latinische Metropole Alba anknüpfen soll. Zu den Beinamen der vornehmen Römer entstanden historische Glossen, wie zum Beispiel Publius Valerius der ‚Volksdiener‘ (*Poplicola*) einen ganzen Kreis derartiger Anekdoten um sich gesammelt hat, und vor allem knüpften an den heiligen Feigenbaum und andere Plätze und Merkwürdigkeiten der Stadt sich in grofser Menge Küstererzählungen von der Art derjenigen an, aus denen über ein Jahrtausend später auf demselben Boden die Mirabilia Urbis erwuchsen. Eine gewisse Zusammenknüpfung dieser verschiedenen Mährchen, die Feststellung der Reihe der sieben Könige, die ohne Zweifel auf der Geschlechterrechnung

---

*) Diese Richtung der Sage erhellt deutlich aus dem älteren Plinius (*h. n.* 36, 15, 100).

ruhende Ansetzung ihrer Regierungszeit insgesammt auf 240 Jahre*) und selbst der Anfang officieller Aufzeichnung dieser Ansetzungen hat wahrscheinlich schon in dieser Epoche stattgefunden: die Grundzüge der Erzählung und namentlich deren Quasichronologie treten in der späteren Tradition mit so unwandelbarer Festigkeit auf, dafs schon darum ihre Fixirung nicht in, sondern vor die litterarische Epoche Roms gesetzt werden mufs. Wenn bereits im Jahre 458 die an den Zitzen der Wölfin saugenden Zwillinge Romulus und Remus in Erz gegossen an dem heiligen Feigenbaum aufgestellt wurden, so müssen die Römer, die Latium und Samnium bezwangen, die Entstehungsgeschichte ihrer Vaterstadt nicht viel anders vernommen haben als wir sie bei Livius lesen; sogar die Aboriginer, das sind die ‚Vonanfanganer', dies naive Rudiment der geschichtlichen Speculation des latinischen Stammes, begegnen schon um 465 bei dem sicilischen Schriftsteller Kallias. Es liegt in der Natur der Chronik, dafs sie zu der Geschichte die Vorgeschichte fügt und wenn nicht bis auf die Entstehung von Himmel und Erde, doch wenigstens bis auf die Entstehung der Gemeinde zurückgeführt zu werden verlangt; und es ist auch ausdrücklich bezeugt, dafs die Tafel der Pontifices das Gründungsjahr Roms angab. Danach darf angenommen werden, dafs das Pontificalcollegium, als es in der ersten Hälfte des fünften Jahrhunderts anstatt der bisherigen spärlichen und in der Regel wohl auf die Beamtennamen sich beschränkenden Aufzeichnungen zu der Anlegung einer förmlichen Jahrchronik fortschritt, auch die zu Anfang fehlende Geschichte der Könige Roms und ihres Sturzes hinzufügte und, indem es auf den Einweihungstag des capitolinischen Tempels, den 13. Sept. 245 zugleich die Stiftung der Republik setzte, einen freilich nur scheinhaften Zusammenhang zwischen der zeitlosen und der annalistischen Erzählung herstellte. Dafs bei dieser ältesten Aufzeichnung der Ursprünge Roms auch der Hellenismus seine Hand im Spiele gehabt hat, ist kaum zu bezweifeln; die Speculation über Ur- und spätere Bevölkerung, über die Priorität des Hirtenlebens vor dem Ackerbau und die Umwandlung des Menschen Romulus in den Gott Quirinus (S. 170) sehen

---

*) Man rechnete, wie es scheint, drei Geschlechter auf ein Jahrhundert und rundete die Ziffer 233⅓ auf 240 ab, ähnlich wie die Epoche zwischen der Königsflucht und dem Stadtbrand auf 120 Jahre abgerundet ward (S. 466 A.). Wodurch man gerade auf diese Zahlen geführt ward, zeigt zum Beispiel die oben (S. 206) erörterte Feststellung des Flächenmafses.

ganz griechisch aus und selbst die Trübung der ächt nationalen Gestalten des frommen Numa und der weisen Egeria durch die Einmischung fremdländischer pythagoreischer Urweisheit scheint keineswegs zu den jüngsten Bestandtheilen der römischen Vorgeschichte zu gehören. — Analog diesen Anfängen der Gemeinde sind auch die Stammbäume der edlen Geschlechter in ähnlicher Weise vervollständigt und in beliebter heraldischer Manier durchgängig auf erlauchte Ahnen zurückgeführt worden; wie denn zum Beispiel die Aemilier, Calpurnier, Pinarier und Pomponier von den vier Söhnen des Numa: Mamercus, Calpus, Pinus und Pompo, die Aemilier überdies noch von dem Sohne des Pythagoras Mamercus, der ‚Wohlredende‘ ($αἱμύλος$) genannt, abstammen wollten. — Dennoch darf trotz der überall hervortretenden hellenischen Reminiscenzen diese Vorgeschichte der Gemeinde wie der Geschlechter wenigstens relativ eine nationale genannt werden, insofern sie theils in Rom entstanden, theils ihre Tendenz zunächst nicht darauf gerichtet ist eine Brücke zwischen Rom und Griechenland, sondern eine Brücke zwischen Rom und Latium zu schlagen.

Hellenische Vorgeschichte Roms.

Es war die hellenische Erzählung und Dichtung, welche jener anderen Aufgabe sich unterzog. Die hellenische Sage zeigt durchgängig das Bestreben mit der allmählich sich erweiternden geographischen Kunde Schritt zu halten und mit Hülfe ihrer zahllosen Wander- und Schiffergeschichten eine dramatisirte Erdbeschreibung zu gestalten. Indefs verfährt sie dabei selten naiv. Ein Bericht wie der des ältesten Rom erwähnenden griechischen Geschichtswerkes, der sicilischen Geschichte des Antiochos von Syrakus (geschlossen 330): dafs ein Mann Namens Sikelos aus Rom nach Italia, das heifst nach der brettischen Halbinsel gewandert sei — ein solcher einfach die Stammverwandtschaft der Römer, Siculer und Brettier historisirender und von aller hellenisirenden Färbung freier Bericht ist eine seltene Erscheinung. Im Ganzen ist die Sage, und je später desto mehr, beherrscht von der Tendenz die ganze Barbarenwelt darzustellen als von den Griechen entweder ausgegangen oder doch unterworfen; und früh zog sie in diesem Sinn ihre Fäden auch über den Westen. Für Italien sind weniger die Herakles- und Argonautensage von Bedeutung geworden, obwohl bereits Hekataeos († nach 257) die Säulen des Herakles kennt und die Argo aus dem schwarzen Meer in den atlantischen Ocean, aus diesem in den Nil und zurück in das Mittelmeer führt, als die an den Fall Ilions anknüpfenden Heimfahrten. Mit der ersten aufdämmernden Kunde von Italien beginnt auch Diomedes im adriatischen, Odysseus im tyrrhenischen Meer zu irren (S. 140), wie denn wenigstens die letztere Localisirung schon der homerischen Fassung der Sage nahe genug lag. Bis in die Zeiten Alexanders hinein haben die Landschaften am tyrrhenischen Meer in der hellenischen Fabulirung zum Gebiet der Odysseussage gehört; noch Ephoros, der mit dem Jahre 414 schlofs, und der sogenannte Skylax (um 418) folgen wesentlich dieser. Von troischen Seefahrten weifs die ganze ältere Poesie nichts; bei Homer herrscht Aeneias nach Ilions Fall über die in der Heimath zurückbleibenden Troer. Erst der grofse Mythenwandler Stesichoros (122—201) führte in seiner ‚Zerstörung Ilions' den Aeneias in das Westland, um die Fabelwelt seiner Geburts- und seiner Wahlheimath, Siciliens und Unteritaliens durch den Gegensatz der troischen Helden gegen die hellenischen poetisch zu bereichern. Von ihm rühren die seitdem feststehenden dichterischen Umrisse dieser Fabel her, namentlich die Gruppe des Helden, wie er mit der Gattin und dem Söhnchen und dem alten die Hausgötter tragenden Vater aus dem brennenden Ilion davongeht und die wichtige Identificirung der Troer mit den sicilischen und italischen Autochthonen, welche besonders in dem troischen Trompeter Misenos, dem Eponymos des misenischen Vorgebirges schon deutlich hervortritt*). Den alten Dichter leitete dabei das Gefühl, dafs die italischen Barbaren den Hellenen minder fern als die übrigen standen und das Verhältnifs der Hellenen und der Italiker dichterisch angemessen dem der homerischen Achaeer und Troer gleich gefafst werden konnte. Bald mischt sich denn diese neue Troerfabel mit der älteren Odysseussage, indem sie zugleich sich weiter über Italien verbreitet. Nach Hellanikos (schrieb um 350) kamen Odysseus und Aeneias durch die thrakische und molottische (epirotische) Landschaft nach Italien, wo die mitgeführten troischen Frauen die Schiffe verbrennen und Aeneias die Stadt Rom gründet und sie nach dem Namen einer dieser Troerinnen benennt; ähnlich, nur minder unsinnig, erzählte Aristoteles (370—432), dafs ein achaeisches an die latinische Küste verschlagenes Geschwader von den troischen Sklavinnen angezündet worden und aus den Nachkommen der also

---

*) Auch die ‚troischen Colonien' auf Sicilien, die Thukydides, Pseudoskylax und Andere nennen, so wie die Bezeichnung Capuas als einer troischen Gründung bei Hekataeos werden auf Stesichoros und auf dessen Identificirung der italischen und sicilischen Eingebornen mit den Troern zurückgehen.

zum Dableiben genöthigten achaeischen Männer und ihrer troischen Frauen die Latiner hervorgegangen seien. Damit mischten denn auch sich Elemente der einheimischen Sage, wovon der rege Verkehr zwischen Sicilien und Italien wenigstens gegen das Ende dieser Epoche schon die Kunde bis nach Sicilien verbreitet hatte; in der Version von Roms Entstehung, welche der Sicilianer Kallias um 465 aufzeichnete, sind Odysseus-, Aeneias- und Romuluslusfabeln in einander geflossen*). Aber der eigentliche Vollender der später geläufigen Fassung dieser Troerwanderung ist Timaeos von Tauromenion auf Sicilien, der sein Geschichtswerk 492 schlofs. Er ist es, bei dem Aeneias zuerst Lavinium mit dem Heiligthum der troischen Penaten und dann erst Rom gründet; er mufs auch schon die Tyrerin Elisa oder Dido in die Aeneiassage eingeflochten haben, da bei ihm Dido Karthagos Gründerin ist und Rom und Karthago ihm in demselben Jahre erbaut heifsen. Den Anstofs zu diesen Neuerungen gaben, neben der eben zu der Zeit und an dem Orte, wo Timaeos schrieb, sich vorbereitenden Krise zwischen den Römern und den Karthagern, offenbar gewisse nach Sicilien gelangte Berichte über latinische Sitten und Gebräuche; im Wesentlichen aber kann die Erzählung nicht von Latium herübergenommen, sondern nur die eigene nichtsnutzige Erfindung der alten ‚Sammelvettel' gewesen sein. Timaeos hatte von dem uralten Tempel der Hausgötter in Lavinium erzählen hören; aber dafs diese den Lavinaten als die von den Aeneiaden aus Ilion mitgebrachten Penaten gälten, hat er ebenso sicher von den Seinigen hinzugethan, wie die scharfsinnige Parallele zwischen dem römischen Octoberrofs und dem troianischen Pferde und die genaue Inventarisirung der lavinischen Heiligthümer — es waren, sagt der würdige Gewährsmann, Heroldstäbe von Eisen und Kupfer und ein thönerner Topf troischer Fabrik! Freilich durften eben die Penaten noch Jahrhunderte später durchaus von keinem geschaut werden; aber Timaeos war einer von den Historikern, die über nichts so genau Bescheid wissen als über unwifsbare Dinge. Nicht mit Unrecht rieth Polybios, der den Mann kannte, ihm nirgends zu trauen und am wenigsten da, wo er — wie hier — sich auf urkundliche Beweisstücke berufe. In der That war der sicilische Rhetor, der das Grab des

---

*) Nach ihm vermählte sich eine aus Ilion nach Rom geflüchtete Frau Rome mit dem König der Aboriginer Latinos und gebar ihm drei Söhne, Romos, Romylos und Telegonos. Der letzte, der ohne Zweifel hier als Gründer von Tusculum und Praeneste auftritt, gehört bekanntlich der Odysseussage an.

Thukydides in Italien zu zeigen wufste und der für Alexander kein höheres Lob fand als dafs er schneller mit Asien fertig geworden sei als Isokrates mit seiner ‚Lobrede', vollkommen berufen aus der naiven Dichtung der älteren Zeit den wüsten Brei zu kneten, welchem das Spiel des Zufalls eine so seltsame Celebrität verliehen hat. — In wie weit die hellenische Fabulirung über italische Dinge, wie sie zunächst in Sicilien entstand, schon jetzt in Italien selbst Eingang gefunden hat, ist nicht mit Sicherheit zu bestimmen. Die Anknüpfungen an den odysseischen Kreis, welche späterhin in den Gründungssagen von Tusculum, Praeneste, Antium, Ardea, Cortona begegnen, werden wohl schon in dieser Zeit sich angesponnen haben; und auch der Glaube an die Abstammung der Römer von Troern oder Troerinnen mufste schon am Schlufs dieser Epoche in Rom feststehen, da die erste nachweisliche Berührung zwischen Rom und dem griechischen Osten die Verwendung des Senats für die ‚stammverwandten' Ilier im Jahre 472 ist. Dafs aber dennoch die Aeneiasfabel in Italien verhältnifsmäfsig jung ist, beweist ihre im Vergleich mit der odysseischen höchst dürftige Localisirung; und die Schlufsredaction dieser Erzählungen so wie ihre Ausgleichung mit der römischen Ursprungssage gehört auf jeden Fall erst der Folgezeit an. — Während also bei den Hellenen die Geschichtschreibung oder was so genannt ward sich um die Vorgeschichte Italiens in ihrer Art bemühte, liefs sie in einer für den gesunkenen Zustand der hellenischen Historie ebenso bezeichnenden wie für uns empfindlichen Weise die gleichzeitige italische Geschichte so gut wie vollständig liegen. Kaum dafs Theopomp von Chios (schlofs 418) der Einnahme Roms durch die Kelten beiläufig gedachte, und Aristoteles (S. 337), Kleitarchos (S. 386), Theophrastos (S. 419), Herakleides von Pontos († um 450) einzelne Rom betreffende Ereignisse gelegentlich erwähnten; erst mit Hieronymos von Kardia, der als Geschichtschreiber des Pyrrhos auch dessen italische Kriege erzählte, wird die griechische Historiographie zugleich Quelle für die römische Geschichte.

Unter den Wissenschaften empfing die Jurisprudenz eine unschätzbare Grundlage durch die Aufzeichnung des Stadtrechts in den Jahren 303. 304. Dieses unter dem Namen der zwölf Tafeln bekannte Weisthum ist wohl das älteste römische Schriftstück, das den Namen eines Buches verdient. Nicht viel jünger mag der Kern der sogenannten ‚königlichen Gesetze' sein, das heifst gewisser vorzugsweise sacraler Vorschriften, die auf Herkommen beruhten und wahrscheinlich von dem Collegium der

Pontifices, das zur Gesetzgebung nicht, wohl aber zur Gesetzweisung befugt war, unter der Form königlicher Verordnungen zu allgemeiner Kunde gebracht wurden. Aufserdem sind vermuthlich schon seit dem Anfang dieser Periode zwar nicht die Volks-, aber wohl die wichtigsten Senatsbeschlüsse regelmäfsig schriftlich verzeichnet worden; wie denn über deren Aufbewahrung bereits in den frühesten ständischen Kämpfen mit gestritten *Gutachten.* ward (S. 277 A. 289). — Während also die Masse der geschriebenen Rechtsurkunden sich mehrte, stellten auch die Grundlagen einer eigentlichen Rechtswissenschaft sich fest. Sowohl den jährlich wechselnden Beamten als den aus dem Volke herausgegriffenen Geschwornen war es Bedürfnifs an Gewährsmänner (*auctores*) sich wenden zu können, welche den Rechtsgang kannten und nach Präcedentien oder in deren Ermangelung nach Gründen eine Entscheidung an die Hand zu geben wufsten. Die Pontifices, die es gewohnt waren sowohl wegen der Gerichtstage als wegen aller auf die Götterverehrung bezüglichen Bedenken und Rechtsacte vom Volke angegangen zu werden, gaben auch in anderen Rechtspunkten auf Verlangen Rathschläge und Gutachten ab und entwickelten so im Schofs ihres Collegiums die Tradition, die dem römischen Privatrecht zu Grunde liegt, vor allem die *Klagspiegel.* Formeln der rechten Klage für jeden einzelnen Fall. Ein Spiegel, der all diese Klagen zusammenfafste, nebst einem Kalender, der 300 die Gerichtstage angab, wurde um 450 von Appius Claudius oder von dessen Schreiber Gnaeus Flavius dem Volk bekannt gemacht. Indefs dieser Versuch die ihrer selbst noch nicht bewufste Wissenschaft zu formuliren steht für lange Zeit gänzlich vereinzelt da. — Dafs die Kunde des Rechtes und die Rechtweisung schon jetzt ein Mittel war dem Volk sich zu empfehlen und zu Staatsämtern zu gelangen, ist begreiflich, wenn auch die Erzählung, dafs der erste plebejische Pontifex Publius Sempronius Sophus (Consul 304 450) und der erste plebejische Oberpontifex Tiberius Coruncanius 280 (Consul 474) ihre Ehrenämter der Rechtskenntnifs verdankten, wohl eher Muthmafsung Späterer ist als Ueberlieferung.

Sprache. Dafs die eigentliche Genesis der lateinischen und wohl auch der andern italischen Sprachen vor diese Periode fällt und schon zu Anfang derselben die lateinische Sprache im Wesentlichen fertig war, zeigen die freilich durch ihre halb mündliche Tradition stark modernisirten Bruchstücke der Zwölftafeln, welche wohl eine Anzahl veralteter Wörter und schroffer Verbindungen, namentlich in Folge der Weglassung des unbestimmten Subjects, aber doch keineswegs wie das Arvallied wesentliche Schwierigkeiten des Verständnisses darbieten und weit mehr mit der Sprache Catos als mit der der alten Litaneien übereinkommen. Wenn die Römer im Anfang des siebenten Jahrhunderts Mühe hatten Urkunden des fünften zu verstehen, so kam dies ohne Zweifel nur daher, dafs es damals in Rom noch keine eigentliche Forschung, am wenigsten eine Urkundenforschung gab. Dagegen wird in dieser Zeit der beginnenden Rechtweisung und Gesetzesredaction auch der römische Geschäftsstil zuerst sich festgestellt haben, welcher, wenigstens in seiner entwickelten Gestalt, an feststehenden Formeln und Wendungen, endloser Aufzählung der Einzelheiten und langathmigen Perioden der heutigen englischen Gerichtssprache nichts nachgiebt und sich dem Eingeweihten durch Schärfe und Bestimmtheit empfiehlt, während der Laie je nach Art und Laune mit Ehrfurcht, Ungeduld oder Aerger nichtsverstehend zuhört. Ferner begann in dieser Epoche die rationelle Behandlung der einheimischen Sprachen. Um den Anfang derselben drohte, wie wir sahen (S. 222), das sabellische wie das latinische Idiom sich zu barbarisiren und griff die Verschleifung der Endungen, die Verdumpfung der Vocale und der feineren Consonanten ähnlich um sich wie im fünften und sechsten Jahrhundert unserer Zeitrechnung innerhalb der romanischen Sprachen. Hiegegen trat aber eine Reaction ein: im Oskischen werden die zusammengefallenen Laute *d* und *r*, im Lateinischen die zusammengefallenen Laute *g* und *k* wieder geschieden und jeder mit seinem eigenen Zeichen versehen; *o* und *u*, für die es im oskischen Alphabet von Haus aus an gesonderten Zeichen gemangelt hatte und die im Latinischen zwar ursprünglich geschieden waren, aber zusammenzufallen drohten, traten wieder aus einander, ja im Oskischen wird sogar das *i* in zwei lautlich und graphisch verschiedene Zeichen aufgelöst; endlich schliefst die Schreibung sich der Aussprache wieder genauer an, wie zum Beispiel bei den Römern vielfältig *s* durch *r* ersetzt ward. Die chronologischen Spuren führen für diese Reaction auf das fünfte Jahrhundert: das lateinische *g* zum Beispiel war um das Jahr 300 noch nicht, wohl aber um das Jahr 500 vorhanden; der erste des papirischen Geschlechts, der sich Papirius statt Papisius nannte, war der Consul des Jahres 418; die Einführung von *r* anstatt *s* wird dem Appius Claudius Censor 442 beigelegt. Ohne Zweifel steht die Zurückführung einer feineren und schärferen Aussprache im Zusammenhang mit dem steigenden Einflufs der griechischen Civilisation, welcher eben in dieser Zeit sich auf allen Gebieten des italischen Wesens bemerklich macht; und wie die

Silbermünzen von Capua und Nola weit vollkommener sind als die gleichzeitigen Asse von Ardea und Rom, so scheint auch Schrift und Sprache rascher und vollständiger sich im campanischen Lande regulirt zu haben als in Latium. Wie wenig trotz der darauf gewandten Mühe die römische Sprache und Schreibweise noch am Schlusse dieser Epoche festgestellt war, beweisen die aus dem Ende des fünften Jahrhunderts erhaltenen Inschriften, in denen namentlich in der Setzung oder Weglassung von *m*, *d* und *s* im Auslaut und *n* im Inlaut und in der Unterscheidung der Vocale *o u* und *e i* die gröfste Willkür herrscht*); es ist wahrscheinlich, dafs gleichzeitig die Sabeller hierin schon weiter waren, während die Umbrer von dem regenerirenden hellenischen Einflufs nur wenig berührt worden sind.

Unterricht. Durch diese Steigerung der Jurisprudenz und Grammatik mufs auch der elementare Schulunterricht, der an sich wohl schon früher aufgekommen war, eine gewisse Steigerung erfahren haben. Wie Homer das älteste griechische, die Zwölftafeln das älteste römische Buch waren, so wurden auch beide in ihrer Heimath die wesentliche Grundlage des Unterrichts und das Auswendiglernen des juristisch-politischen Katechismus ein Hauptstück der römischen Kindererziehung. Neben den lateinischen ‚Schreibmeistern' (*litteratores*) gab es natürlich, seit die Kunde des Griechischen für jeden Staats- und Handelsmann Bedürfnifs war, auch griechische Sprachlehrer (*grammatici***), theils Hofmeistersklaven, theils Privatlehrer, die in ihrer Wohnung oder in der des Schülers Anweisung zum Lesen und Sprechen des Griechi-

---

*) In den beiden Grabschriften des Lucius Scipio Consul 456 und des gleichnamigen Consuls vom Jahre 495 fehlen *m* und *d* im Auslaut der Beugungen regelmäfsig, doch findet sich einmal *Luciom* und einmal *Gnaivod*; es steht neben einander im Nominativ *Cornelio* und *filios*; *cosol*, *cesor* neben *consol*, *censor*; *aidiles*, *dedet*, *ploirume* (= *plurimi*), *hec* (Nom. Sing.) neben *aidilis*, *cepit*, *quei*, *hic*. Der Rhotacismus ist bereits vollständig durchgeführt: man findet *duonoro* (= *bonorum*), *ploirume*, nicht wie im saliarischen Liede *foedesum*, *plusima*. Unsere inschriftlichen Ueberreste reichen überhaupt im Allgemeinen nicht über den Rhotacismus hinauf; von dem Aelteren begegnen nur einzelne Spuren, wie noch späterhin *honos*, *labos* neben *honor* und *labor* und die ähnlichen Frauenvornamen *Maio* (= *maios*, *maior*) und *Mino* auf neu gefundenen Grabschriften von Praeneste.

**) *Litterator* und *grammaticus* verhalten sich ungefähr wie Lehrer und Maitre; die letztere Benennung kommt nach dem älteren Sprachgebrauch nur dem Lehrer des Griechischen, nicht dem der Muttersprache zu. *Litteratus* ist jünger und bezeichnet nicht den Schulmeister, sondern den gebildeten Mann.

schen ertheilten. Dafs wie im Kriegswesen und bei der Polizei so auch bei dem Unterricht der Stock seine Rolle spielte, versteht sich von selbst*). Die elementare Stufe indefs kann der Unterricht dieser Zeit noch nicht überstiegen haben; es gab keine irgend wesentliche sociale Abstufung zwischen dem unterrichteten und dem nichtunterrichteten Römer.

Dafs die Römer in den mathematischen und mechanischen Wissenschaften zu keiner Zeit sich ausgezeichnet haben, ist bekannt und bewährt sich auch für die gegenwärtige Epoche an dem fast einzigen Factum, welches mit Sicherheit hierhergezogen werden kann, der von den Decemvirn versuchten Regulirung des Kalenders. Sie wollten den bisherigen auf der alten höchst unvollkommenen Trieteris beruhenden (S. 211) vertauschen mit dem damaligen attischen der Oktaeteris, welcher den Mondmonat von $29\frac{1}{2}$ Tagen beibehielt, das Sonnenjahr aber statt auf $368\frac{3}{4}$ vielmehr auf $365\frac{1}{4}$ Tage ansetzte und demnach bei unveränderter gemeiner Jahrlänge von 354 Tagen nicht, wie früher, auf je 4 Jahre 59, sondern auf je 8 Jahre 90 Tage einschaltete. In demselben Sinne beabsichtigten die römischen Kalenderverbesserer unter sonstiger Beibehaltung des geltenden Kalenders in den zwei Schaltjahren des vierjährigen Cyclus nicht die Schaltmonate, aber die beiden Februare um je 7 Tage zu verkürzen, also diesen Monat in den Schaltjahren statt zu 29 und 28 zu 22 und 21 Tagen anzusetzen. Allein mathematische Gedankenlosigkeit und theologische Bedenken, namentlich die Rücksicht auf das eben in die betreffenden Februartage fallende Jahrfest des Terminus, zerrütteten die beabsichtigte Reform in der Art, dafs der Schaltjahrfebruar vielmehr 24- und 23tägig ward, also das neue römische Sonnenjahr in der That auf $366\frac{1}{4}$ Tag auskam. Einige Abhülfe für die hieraus folgenden praktischen Uebelstände ward darin gefunden, dafs, unter Beseitigung der bei den jetzt so ungleich gewordenen Monaten nicht mehr anwendbaren Rechnung nach Kalendermonaten oder Zehnmonaten (S. 211), wo es auf genauere Bestimmungen ankam, man nach Zehnmonatfristen eines Sonnenjahrs von 365 Tagen oder dem sogenannten zehnmonatlichen Jahre von 304 Tagen zu rechnen sich gewöhnte.

---

*) Es ist doch wohl ein römisches Bild, was Plautus (*Bacch.* 431) als ein Stück der guten alten Kindererziehung anführt:
wenn du darauf nach Hause kamst,
In dem Jäckchen auf dem Schemel safsest du zum Lehrer hin;
Und wenn dann das Buch ihm lesend eine Silbe du gefehlt,
Färbte dir er deinen Buckel bunt wie einen Kinderlatz.

Ueberdies kam besonders für bäuerliche Zwecke der auf das ägyptische 365tägige Sonnenjahr von Eudoxos (blüht 386) gegründete Bauernkalender auch in Italien früh in Gebrauch. — Einen höheren Begriff von dem, was auch in diesen Fächern die Italiker zu leisten vermochten, gewähren die Werke der mit den mechanischen Wissenschaften eng zusammenhängenden Bau- und Bildkunst. Zwar eigentlich originelle Erscheinungen begegnen auch hier nicht; aber wenn durch den Stempel der Entlehnung, welcher der italischen Plastik durchgängig aufgedrückt ist, das künstlerische Interesse an derselben sinkt, so heftet das historische sich nur um so lebendiger an dieselbe, insofern sie theils von einem sonst verschollenen Völkerverkehr die merkwürdigsten Zeugnisse bewahrt, theils bei dem so gut wie vollständigen Untergang der Geschichte der nichtrömischen Italiker fast allein uns die verschiedenen Völkerschaften der Halbinsel in lebendiger Thätigkeit neben einander darstellt. Neues ist hier nicht zu sagen; aber wohl läfst sich mit schärferer Bestimmtheit und auf breiterer Grundlage ausführen, was schon oben (S. 241) gezeigt ward, dafs die griechische Anregung die Etrusker und die Italiker von verschiedenen Seiten her mächtig erfafst, und dort eine reichere und üppigere, hier, wo überhaupt, eine verständigere und innigere Kunst ins Leben gerufen hat.

Wie völlig die italische Architektur aller Landschaften schon in ihrer ältesten Periode von hellenischen Elementen durchdrungen ward, ist früher dargestellt worden. Die Stadtmauern, die Wasserbauten, die pyramidalisch gedeckten Gräber, der tuscanische Tempel sind nicht oder nicht wesentlich verschieden von den ältesten hellenischen Bauwerken. Von einer Weiterbildung der Architektur bei den Etruskern während dieser Epoche hat sich keine Spur erhalten; wir begegnen hier wieder einer wesentlich neuen Reception noch einer originellen Schöpfung — man müfste denn Prachtgräber dahin rechnen wollen, wie das von Varro beschriebene sogenannte Grabmal des Porsena in Chiusi, das lebhaft an die zwecklose und sonderbare Herrlichkeit der ägyptischen Pyramiden erinnert. — Auch in Latium bewegte man während der ersten anderthalb Jahrhunderte der Republik wohl sich lediglich in den bisherigen Gleisen und es ist schon gesagt worden, dafs mit der Einführung der Republik die Kunstübung eher gesunken als gestiegen ist (S. 452). Es ist aus dieser Zeit kaum ein anderes architektonisch bedeutendes latinisches Bauwerk zu nennen als der im Jahre 261 in Rom am Circus erbaute Cerestempel, der in der Kaiserzeit als

Muster des tuscanischen Stiles gilt. Aber gegen das Ende dieser Epoche kommt ein neuer Geist in das italische und namentlich das römische Bauwesen (S. 452): es beginnt der grofsartige Bogenbau. Zwar sind wir nicht berechtigt den Bogen und das Gewölbe für italische Erfindungen zu erklären. Es ist wohl ausgemacht, dafs in der Epoche der Genesis der hellenischen Architektur die Hellenen den Bogen noch nicht kannten und darum für ihre Tempel die flache Decke und das schräge Dach ausreichen mufsten; allein gar wohl kann der Bogen eine jüngere aus der rationellen Mechanik hervorgegangene Erfindung der Hellenen sein, wie ihn denn die griechische Tradition auf den Physiker Demokritos (294—397) zurückführt. Mit dieser Priorität des hellenischen Bogenbaus vor dem römischen ist auch vereinbar, was vielfach und vielleicht mit Recht angenommen wird, dafs die Gewölbe an der römischen Hauptkloake und dasjenige, welches über das alte ursprünglich pyramidalisch gedeckte capitolinische Quellhaus (S. 237) späterhin gespannt ward, die ältesten erhaltenen Bauwerke sind, bei welchen das Bogenprincip zur Anwendung gekommen ist; denn es ist mehr als wahrscheinlich, dafs diese Bogenbauten nicht der Königs-, sondern erst der republikanischen Periode angehören (S. 112) und in der Königszeit man auch in Italien nur flache oder überkragte Dächer gekannt hat (S. 237). Allein wie man auch über die Erfindung des Bogens selbst denken mag, die Anwendung im Grofsen ist überall und vor allem in der Baukunst wenigstens ebenso bedeutend wie die Aufstellung des Princips; und diese gebührt unbestritten den Römern. Mit dem fünften Jahrhundert beginnt der wesentlich auf den Bogen gegründete Thor-, Brücken- und Wasserleitungsbau, der mit dem römischen Namen fortan unzertrennlich verknüpft ist. Verwandt ist hiermit noch die Entwickelung der den Griechen fremden, dagegen bei den Römern vorzugsweise beliebten und besonders für die ihnen eigenthümlichen nicht griechischen Culte, namentlich den der Vesta, angewendeten Form des Rundtempels und des Kuppeldachs*). —

---

*) Eine Nachbildung der ältesten Hausform, wie man wohl gemeint hat, ist der Rundtempel sicher nicht; vielmehr geht der Hausbau durchaus vom Viereck aus. Die spätere römische Theologie knüpfte diese Rundform an die Vorstellung des Erdballs oder des kugelförmig die Centralsonne umgebenden Weltalls (Fest. v. *rutundam* p. 282; Plutarch *Num.* 11; Ovid. *fast.* 6, 267 fg.); in der That beruht dieselbe wohl einfach darauf, dafs für die zum Abwägen und Aufbewahren bestimmte Räumlichkeit als die bequemste wie die sicherste Form stets die kreisrunde gegolten hat. Darauf beruhten die runden Schatzhäuser der Hellenen ebenso wie der

Etwas ähnliches mag von manchen untergeordneten, aber darum nicht unwichtigen Fertigkeiten auf diesem Gebiet gelten. Von Originalität oder gar von Kunstübung kann dabei nicht die Rede sein; aber auch aus den festgefügten Steinplatten der römischen Strafsen, aus ihren unzerstörbaren Chausseen, aus den breiten klingend harten Ziegeln, aus dem ewigen Mörtel ihrer Gebäude redet die unverwüstliche Solidität, die energische Tüchtigkeit des römischen Wesens.

Bild- und Zeichenkunst. Wie die tektonischen und wo möglich noch mehr sind die bildenden und zeichnenden Künste auf italischem Boden nicht so sehr durch griechische Anregung befruchtet, als aus griechischen Samenkörnern gekeimt. Dafs dieselben, obwohl erst die jünge-
Etruskische. ren Schwestern der Architektur, doch wenigstens in Etrurien schon während der römischen Königszeit sich zu entwickeln begannen, wurde bereits bemerkt (S. 240); ihre hauptsächliche Entfaltung aber gehört in Etrurien, und um so mehr in Latium, dieser Epoche an, wie dies schon daraus mit Evidenz hervorgeht, dafs in denjenigen Landschaften, welche die Kelten und Samniten den Etruskern im Laufe des vierten Jahrhunderts entrissen, von etruskischer Kunstübung fast keine Spur begegnet. Die tuskische Plastik warf sich zuerst und hauptsächlich auf die Arbeit in gebranntem Thon, in Kupfer und in Gold, welche Stoffe die reichen Thonlager und Kupfergruben und der Handelsverkehr Etruriens den Künstlern darboten. Von der Schwunghaftigkeit, womit die Thonbildnerei betrieben wurde, zeigen die ungeheuren Massen von Reliefplatten und statuarischen Arbeiten aus gebranntem Thon, womit Wände, Giebel und Dächer der etruskischen Tempel nach Ausweis der noch vorhandenen Ruinen einst verziert waren und der nachweisliche Vertrieb derartiger Arbeiten aus Etrurien nach Latium. Der Kupfergufs stand nicht dahinter zurück. Etruskische Künstler wagten sich an die Verfertigung von colossalen bis zu funfzig Fufs hohen Bronzebildsäulen und in Volsinii, dem etruskischen Delphi, sollen um das Jahr 489 zweitausend Bronzestatuen gestanden haben; wogegen die

---

Rundbau der römischen Vorrathskammer oder des Penatentempels; es war natürlich auch die Feuerstelle — das heifst den Altar der Vesta — und die Feuerkammer — das heifst den Vestatempel — rund anzulegen, so gut wie dies mit der Cisterne und der Brunnenfassung (*puteal*) geschah. Der Rundbau an sich ist gräcoitalisch und jener der Kammer eigen, wie dieser dem Wohnhaus; aber die architektonische und religiöse Entwickelung des einfachen Tholos zum Rundtempel mit Pfeilern und Säulen ist latinisch.

Steinbildnerei in Etrurien, wie wohl überall, weit später begann und aufser inneren Ursachen auch durch den Mangel eines geeigneten Materials zurückgehalten ward — die lunensischen (carrarischen) Marmorbrüche waren noch nicht eröffnet. Wer den reichen und zierlichen Goldschmuck der südetruskischen Gräber gesehen hat, der wird die Nachricht nicht unglaublich finden, dafs die tyrrhenischen Goldschalen selbst in Attika geschätzt wurden. Auch die Steinschneidekunst ward, obwohl sie jünger ist, doch auch in Etrurien vielfältig geübt. Ebenso abhängig von den Griechen, übrigens den bildenden Künstlern vollkommen ebenbürtig, waren die sowohl in der Umrifszeichnung auf Metall wie in der monochromatischen Wandmalerei ungemein thätigen etruskischen Zeichner und Maler. — Vergleichen wir hiemit das Gebiet der eigentlichen Italiker, so erscheint es zunächst gegen die etruskische Fülle fast kunstarm. Allein bei genauerer Betrachtung kann man der Wahrnehmung sich nicht entziehen, dafs sowohl die sabellische wie die latinische Nation weit mehr als die etruskische Fähigkeit und Geschick für die Kunst gehabt haben müssen. Zwar auf eigentlich sabellischem Gebiet, in der Sabina, in den Abruzzen, in Samnium finden sich Kunstwerke so gut wie gar nicht und mangeln sogar die Münzen. Diejenigen sabellischen Stämme dagegen, welche an die Küsten der tyrrhenischen oder ionischen See gelangten, haben die hellenische Kunst sich nicht blofs wie die Etrusker äufserlich angeeignet, sondern sie mehr oder minder vollständig bei sich acclimatisirt. Schon in Velitrae, wo trotz der Verwandlung der Stadt in eine latinische Colonie und später in eine römische Passivbürgergemeinde volskische Sprache und Eigenthümlichkeit am längsten sich behauptet zu haben scheinen, haben sich bemalte Terracotten gefunden von lebendiger und eigenthümlicher Behandlung. In Unteritalien aber ist Lucanien zwar in geringem Grade von der hellenischen Kunst ergriffen worden; aber in Campanien wie im brettischen Lande haben sich Sabeller und Hellenen wie in Sprache und Nationalität so auch und vor allem in der Kunst vollständig durchdrungen und es stehen namentlich die campanischen und brettischen Münzen mit den gleichzeitigen griechischen so vollständig auf einer Linie der Kunstbehandlung, dafs nur die Aufschrift sie von ihnen unterscheidet. Weniger bekannt, aber nicht weniger sicher ist es, dafs auch Latium wohl an Kunstreichthum und Kunstmasse, aber nicht an Kunstsinn und Kunstübung hinter Etrurien zurückstand. Zwar mangelt hier nicht blofs die in dem üppigen Etrurien fleifsig gepflegte Steinschneidekunst völlig und

begegnet nirgends eine Spur, dafs die latinischen Gewerke gleich
den etruskischen Goldschmieden und Thonarbeitern für das
Ausland thätig gewesen sind. Zwar sind die latinischen Tempel
nicht gleich den etruskischen mit Bronze- und Thonzierrath
überladen, die latinischen Gräber nicht gleich den etruskischen
mit Goldschmuck angefüllt worden und schillerten die Wände
der letzteren nicht wie die der etruskischen von bunten Gemäl-
den. Aber nichts desto weniger stellt sich im Ganzen die Wage
nicht zum Vortheil der etruskischen Nation. Die Erfindung des
Janusbildes, welche wie die Gottheit selbst den Latinern beigelegt werden darf (S. 168), ist nicht ungeschickt und originelle-
rer Art als die irgend eines etruskischen Kunstwerks. Von der
Thätigkeit namhafter griechischer Meister in Rom zeugt der uralte Cerestempel: der Bildner Damophilos, der mit Gorgasos die
bemalten Thonfiguren für denselben verfertigt hat, scheint kein
anderer gewesen zu sein als der Lehrer des Zeuxis, Demophilos
von Himera (um 300). Am belehrendsten sind diejenigen Kunst-
zweige, in denen uns theils nach alten Zeugnissen, theils nach
eigener Anschauung ein vergleichendes Urtheil gestattet ist. Von
latinischen Arbeiten in Stein ist kaum etwas anderes übrig als
der am Ende dieser Periode in dorischem Stil gearbeitete Stein-
sarg des römischen Consuls Lucius Scipio; aber die edle Einfachheit desselben beschämt alle ähnlichen etruskischen Werke.
Aus den etruskischen Gräbern sind manche schöne Bronzen alten strengen Kunststils, namentlich Helme, Leuchter und dergleichen Geräthstücke erhoben worden; aber welches dieser
Werke reicht an die im Jahre 458 am ruminalischen Feigenbaum auf dem römischen Markte aus Strafgeldern aufgestellte
bronzene Wölfin, noch heute dem schönsten Schmuck des Capitols? Und dafs auch die latinischen Metallgiefser so wenig wie
die etruskischen vor grofsen Aufgaben zurückschraken, beweist
das von Spurius Carvilius (Consul 461) aus den eingeschmolze-
nen samnitischen Rüstungen errichtete colossale Erzbild des Jupiter auf dem Capitol, aus dessen Abfall beim Ciseliren die zu
den Füfsen des Colosses stehende Statue des Siegers hatte gegossen werden können; man sah dieses Jupiterbild bis vom albanischen Berge. Unter den gegossenen Kupfermünzen gehören
bei weitem die schönsten dem südlichen Latium an; die römischen und umbrischen sind leidlich, die etruskischen fast bild-
los und oft wahrhaft barbarisch. Die Wandmalereien, die Gaius
Fabius in dem 452 dedicirten Tempel der Wohlfahrt auf dem
Capitol ausführte, erwarben in Zeichnung und Färbung noch das

Lob griechisch gebildeter Kunstrichter der augusteischen Epoche; und es werden von den Kunstenthusiasten der Kaiserzeit wohl auch die caeritischen, aber mit noch gröfserem Nachdruck die römischen, lanuvinischen und ardeatischen Fresken als Meisterwerke der Malerei gepriesen. Die Zeichnung auf Metall, welche in Latium nicht wie in Etrurien die Handspiegel, sondern die Toilettenkästchen mit ihren zierlichen Umrissen schmückte, ward in Latium in weit geringerem Umfang und fast nur in Praeneste geübt; es finden sich vorzügliche Kunstwerke unter den etruskischen Metallspiegeln wie unter den praenestinischen Kästchen, aber es war ein Werk der letzteren Gattung, und zwar ein höchst wahrscheinlich in dieser Epoche in der Werkstatt eines praenestinischen Meisters entstandenes Werk*), von dem mit Recht gesagt werden konnte, dafs kaum ein zweites Erzeugnifs der Graphik des Alterthums so wie die ficoronische Cista den Stempel einer in Schönheit und Charakteristik vollendeten und noch vollkommen reinen und ernsten Kunst an sich trägt.

Der allgemeine Stempel der etruskischen Kunstwerke ist theils eine gewisse barbarische Ueberschwenglichkeit im Stoff wie im Stil, theils der völlige Mangel innerer Entwickelung. Wo der griechische Meister flüchtig skizzirt, verschwendet der etruskische Schüler schülerhaft den Fleifs; an die Stelle des leichten Materials und der mäfsigen Verhältnisse griechischer Werke tritt bei den etruskischen ein renommistisches Hervorheben der Gröfse und Kostbarkeit oder auch blofs der Seltsamkeit des Werkes. Die etruskische Kunst kann nicht nachbilden, ohne zu übertreiben: das Strenge wird ihr hart, das Anmuthige weichlich, das Schreckliche zum Scheusal, die Ueppigkeit zur Zote, und immer deutlicher tritt dies hervor, je mehr die ursprüngliche Anregung zurücktritt und die etruskische Kunst sich auf sich selber angewiesen findet. Noch auffallender ist das Festhalten an den hergebrachten Formen und dem hergebrachten Stil. Sei es, dafs die anfängliche freundlichere Berührung mit Etrurien hier den Hellenen den Samen der Kunst auszustreuen gestattete, eine spätere Epoche der Feindseligkeit aber den jüngeren Entwickelungsstadien der griechischen Kunst den Eingang in Etrurien erschwerte, sei es, was wahrscheinlicher ist, dafs die rasch ein-

---

*) Novius Plautius (S. 450) gofs vielleicht nur die Füfse und die Deckelgruppe; das Kästchen selbst kann von einem älteren Künstler herrühren, aber, da der Gebrauch dieser Kästchen sich wesentlich auf Praeneste beschränkt hat, kaum von einem anderen als einem praenestinischen.

tretende geistige Erstarrung der Nation die Hauptsache dabei that: die Kunst blieb in Etrurien auf der primitiven Stufe, auf welcher sie bei ihrem ersten Eindringen daselbst sich befunden hatte, wesentlich stehen — bekanntlich ist dies die Ursache gewesen, wefshalb die etruskische Kunst, die unentwickelt gebliebene Tochter der hellenischen, so lange als deren Mutter gegolten hat. Mehr noch als das strenge Festhalten des einmal überlieferten Stils in den älteren Kunstzweigen beweist die unverhältnifsmäfsig elende Behandlung der später aufgekommenen, namentlich der Bildhauerei in Stein und des Kupfergusses in der Anwendung auf Münzen, wie rasch aus der etruskischen Kunst der Geist entwich. Ebenso belehrend sind die gemalten Gefäfse, die in den jüngeren etruskischen Grabstätten in so ungeheurer Anzahl sich finden. Wären dieselben so früh wie die mit Umrissen verzierten Metallplatten oder die bemalten Terracotten bei den Etruskern gangbar geworden, so würde man ohne Zweifel auch sie in Menge und in wenigstens relativer Güte dort fabriciren gelernt haben; aber in der Epoche, in welcher dieser Luxus emporkam, mifslang die selbstthätige Reproduction vollständig, wie die vereinzelten mit etruskischen Inschriften versehenen Gefäfse beweisen, und man begnügte sich darum dieselben zu kaufen statt sie zu formen. — Aber auch innerhalb Etruriens erscheint ein weiterer bemerkenswerther Gegensatz in der künstlerischen Entwickelung der südlichen und der nördlichen Landschaft. Es ist Südetrurien, hauptsächlich die Bezirke von Caere, Tarquinii, Volci, die die gewaltigen Prunkschätze besonders von Wandgemälden, Tempeldecorationen, Goldschmuck und gemalten Thongefäfsen bewahren; das nördliche Etrurien steht weit dahinter zurück und es hat zum Beispiel sich kein gemaltes Grab nördlich von Chiusi gefunden. Die südlichsten etruskischen Städte Veii, Caere, Tarquinii sind es, die der römischen Tradition als die Ur- und Hauptsitze der etruskischen Kunst gelten; die nördlichste Stadt Volaterrae, mit dem gröfsten Gebiet unter allen etruskischen Gemeinden, steht von allen auch der Kunst am fernsten. Wenn in Südetrurien die griechische Halbcultur, so ist in Nordetrurien vielmehr die Uncultur zu Hause. Die Ursachen dieses bemerkenswerthen Gegensatzes mögen theils in der verschiedenartigen in Südetrurien wahrscheinlich stark mit nicht etruskischen Elementen gemischten Nationalität (S. 125), theils in der verschiedenen Mächtigkeit des hellenischen Einflusses zu suchen sein, welcher letztere namentlich in Caere sich sehr entschieden geltend gemacht haben mufs; die Thatsache

Nord- und südetruskische Kunst.

selbst ist nicht zu bezweifeln. Um so mehr mufste die frühe Unterjochung der südlichen Hälfte Etruriens durch die Römer und die sehr zeitig hier beginnende Romanisirung der etruskischen Kunst verderblich werden; was Nordetrurien, auf sich allein beschränkt, künstlerisch zu leisten vermochte, zeigen die wesentlich ihm angehörenden Kupfermünzen.

Wenden wir die Blicke von Etrurien nach Latium, so hat freilich auch dies keine neue Kunst geschaffen; es war einer weit späteren Culturepoche vorbehalten aus dem Motiv des Bogens eine neue von der hellenischen Tektonik verschiedene Architektur zu entwickeln und sodann mit dieser harmonisch eine neue Bildnerei und Malerei zu entfalten. Die latinische Kunst ist nirgends originell und oft gering; aber die frisch empfindende und tactvoll wählende Aneignung des fremden Gutes ist auch ein hohes künstlerisches Verdienst. Nicht leicht hat die latinische Kunst barbarisirt und in ihren besten Erzeugnissen steht sie völlig im Niveau der griechischen Technik. Eine gewisse Abhängigkeit der Kunst Latiums wenigstens in ihren früheren Stadien von der sicher älteren etruskischen (S. 240) soll darum nicht geleugnet werden; es mag Varro immerhin mit Recht angenommen haben, dafs bis auf die im Cerestempel von griechischen Künstlern ausgeführten (S. 482) nur ‚tuscanische‘ Thonbilder die römischen Tempel verzierten; aber dafs doch vor allem der unmittelbare Einflufs der Griechen die latinische Kunst bestimmt hat, ist an sich schon klar und liegt auch in eben diesen Bildwerken so wie in den latinischen und römischen Münzen deutlich zu Tage. Selbst die Anwendung der Metallzeichnung in Etrurien lediglich auf den Toilettenspiegel, in Latium lediglich auf den Toilettenkasten deutet auf die Verschiedenartigkeit der beiden Landschaften zu Theil gewordenen Kunstanregung. Es scheint indefs nicht gerade Rom gewesen zu sein, wo die latinische Kunst ihre frischesten Blüthen trieb; die römischen Asse und die römischen Denare werden von den latinischen Kupfer- und den seltenen latinischen Silbermünzen an Feinheit und Geschmack der Arbeit bei weitem übertroffen und auch die Meisterwerke der Malerei und Zeichnung gehören vorwiegend Praeneste, Lanuvium, Ardea an. Es stimmt dies auch vollständig zu dem früher bezeichneten realistischen und nüchternen Sinn der römischen Republik, welcher in dem übrigen Latium sich schwerlich mit gleicher Strenge geltend gemacht haben kann. Aber im Lauf des fünften Jahrhunderts und besonders in der zweiten Hälfte desselben regte es denn doch sich mächtig auch in der rö-

Charakter der latinischen Kunst.

mischen Kunst. Es war dies die Epoche, in welcher der spätere Bogen- und Strafsenbau begann, in welcher Kunstwerke wie die capitolinische Wölfin entstanden, in welcher ein angesehener Mann aus einem altadelichen römischen Geschlechte den Pinsel ergriff um einen neugebauten Tempel auszuschmücken und dafür den Ehrenbeinamen des ‚Malers' empfing. Das ist nicht Zufall. Jede grofse Zeit erfafst den ganzen Menschen; und wie starr die römische Sitte, wie streng die römische Polizei immer war, der Aufschwung, den die römische Bürgerschaft als Herrin der Halbinsel oder richtiger gesagt, den das zum ersten Mal staatlich geeinigte Italien nahm, tritt auch in dem Aufschwung der latinischen und besonders der römischen Kunst ebenso deutlich hervor wie in dem Sinken der etruskischen der sittliche und politische Verfall der Nation. Wie die gewaltige Volkskraft Latiums die schwächeren Nationen bezwang, so hat sie auch dem Erz und dem Marmor ihren unvergänglichen Stempel aufgedrückt.

www.ingramcontent.com/pod-product-compliance
Lightning Source LLC
Chambersburg PA
CBHW021417300426
44114CB00010B/536